Evangelium ecclesiasticum

Evangelium ecclesiasticum

Matthäus und die Gestalt der Kirche

Festschrift für Christoph Kähler
zum 65. Geburtstag

herausgegeben von
Christfried Böttrich, Hans-Peter Hübner,
Kerstin Voigt und Dietmar Wiegand

edition chrismon

Die Deutsche Nationalbibliothek verzeichnet diese Publikation in der Deutschen Nationalbibliografie; detaillierte bibliografische Daten sind im Internet über http://dnb.d-nb.de abrufbar.

Umschlaggestaltung:
Kristin Kamprad, Hansisches Druck- und Verlagshaus GmbH

Umschlagfoto:
Detail einer Majestas Domini aus der Viviansbibel, Tours um 850, Paris, BN MS Lat. 1, fol. 330b
(aus: Hans Holländer, Kunst des Frühen Mittelalters. Malerei Plastik Architektur,
Stuttgart/Zürich [Belser] 1968, Nachdr. 1991)

Satz:
Christfried Böttrich

Druck und Binden:
Druckerei Böhlau, Leipzig

Printed in Germany
ISBN: 978-3-86921-002-5

Landesbischof Dr. Christoph Kähler

Inhalt

Vorwort

Die Jesusgeschichte des Matthäus, geschrieben in einer Umbruchszeit, hat sich in der frühen Christenheit unerwartet schnell zu *dem* kirchlichen Evangelium entwickelt. Das mag an den Erfahrungen jener Gemeinde liegen, die in diese Erzählung eingeflossen sind – Erfahrungen eines schmerzlichen Abbruchs und eines ungewissen, wenngleich hoffnungsvollen Aufbruchs. Stärker als die anderen Evangelisten versucht Matthäus deshalb, zwischen verschiedenen Spannungspolen zu vermitteln: Zwischen der Vergangenheit seiner Gemeinde im Synagogenverband und ihrer Öffnung für die Völkermission, zwischen einer langen theologischen Tradition und den aktuellen Erfordernissen alltagspraktischer Fragen, zwischen rationaler Klarheit und pragmatischen Kompromissen. Wie jener Hausvater in Mt 13,52 holt er aus dem großen Vorrat der Geschichte Gottes mit Israel „Neues und Altes" hervor und verbindet es zu einer Geschichte, die seiner Gemeinde durch eine schwierige Zeit hilft.

Genau das hat dem Evangelium nach Matthäus nicht nur zu einer schnellen Akzeptanz und breiten Rezeption in der frühen Christenheit, sondern vor allem auch zu seiner ungebrochenen Faszination bis in unsere Tage verholfen. Für Christoph Kähler ist es zu einem Zentrum exegetischer Arbeit und kirchenleitender Orientierung gleichermaßen geworden. Seinen Studierenden in Leipzig hat er in vielen Lehrveranstaltungen einen Zugang zu diesem Text eröffnet und ihn dabei stets als „Evangelium ecclesiasticum" in den Horizont kirchlicher Wirklichkeitserfahrung gerückt. In den Texten aus der Zeit seines Eisenacher Bischofsamtes kehren die Perikopen des Matthäusevangeliums in vielen Zusammenhängen wieder, nun aber aus der Perspektive kirchlicher Entscheidungssituationen und praktischer Verantwortung.

Für die enge Verbindung von Exegese und Kirchenleitung gibt es deshalb kaum einen angemesseneren Patron als eben den Evangelisten Matthäus. Insofern lag es nahe, diese Festschrift unter den Titel des kirchlichen Evangeliums zu stellen. Darauf konnten sich alle, die an diesem Buch mitgearbeitet haben, gern einlassen – Schülerinnen und

Schüler sowie Weggefährten aus der Zeit der Hochschullehre und des Bischofsamtes. Sie alle sind in ganz unterschiedlicher Weise und in vielfältigen Bezügen mit Christoph Kähler über Matthäus und dessen kirchliche Relevanz im Gespräch gewesen. Mit den hier vorgelegten Beiträgen statten sie alle ein Stück Dank ab – in der Hoffnung auf bleibende Verbundenheit in der Sache der Theologie!

Den äußeren Anlass für dieses Buch bietet die Verabschiedung von Christoph Kähler als Landesbischof am Pfingstmontag, dem 1. Juni 2009, die auch die Vorgeschichte des Weges nach Eisenach noch einmal in Erinnerung ruft. Geboren 1944 in Freiberg verbrachte Christoph Kähler seine Schulzeit in Halle, Naumburg und Greifswald. Nach einer Lehre als Elektromonteur studierte er in Jena und Greifswald evangelische Theologie. Aus der Assistentenzeit in Jena erwuchs die 1974 verteidigte Dissertation „Studien zur Form- und Traditionsgeschichte der biblischen Makarismen“, deren Ausgangspunkt bereits in der Theologie des Matthäusevangeliums lag. Etwa zeitgleich absolvierte Christoph Kähler die kirchliche Ausbildung im Vikariat und übernahm – Theorie und Praxis verbindend – 1977 ein Gemeindepfarramt in der Leipziger Trinitatisgemeinde, verbunden mit einem Lehrauftrag für Neues Testament am Theologischen Seminar in Leipzig. Gemeinsam mit seiner Frau Rosmarie und bald schon drei Kindern führte er hier ein offenes Haus, in dem Gemeinde und Studierende stets gerne zu Gast waren. In den folgenden Jahren verschob sich der Schwerpunkt zunächst wieder in Richtung der exegetischen Arbeit. Aus dem Lehrauftrag wurde 1981 eine feste Dozentur. Von 1986 bis 1988 übernahm er das Rektorat des Theologischen Seminars. 1992 folgte er dem Ruf auf eine Professur für Neues Testament an der aus einer Fusion hervorgegangenen, neu strukturierten Theologischen Fakultät der Universität Leipzig. Von 1994 bis 1996 war er deren Dekan, von 1997 bis 2001 schließlich Prorektor für Studium und Lehre. Insofern war es nicht nur ein deutlicher Schnitt, sondern auch ein konsequenter Schritt, als Christoph Kähler 2001 die Wahl zum Landesbischof der Evangelisch-Lutherischen Kirche in Thüringen annahm und von Leipzig nach Eisenach zog. Auch auf diesem neuen Aufgabenfeld galt es, verschiedene Bereiche zu verbinden, namentlich die geistlich-seelsorgerliche Leitung einer Landeskirche mit weitreichenden strukturellen Entscheidungen. Im Zentrum stand dabei die Fusion zweier Kirchen zu der neuen Größe einer „Evangelischen Kirche in Mitteldeutschland“. Die Intensität der Debatten und die Komplexität der Probleme spiegeln sich in Bischofsberichten und Vorträgen wider. Und stets sind dabei die biblischen Vorgaben als Impulsgeber pastoraler und kirchenpolitischer Prozesse erkennbar.

Zum 1. Januar 2009 hat die neue Kirche nun ihren Weg in die Zukunft angetreten. Christoph Kähler wird sie nicht mehr als Landesbischof, wohl aber als aufmerksamer und engagierter Theologe begleiten. Vielleicht findet sich dann die Zeit, um auch dem Evangelisten Matthäus wieder mehr Platz auf dem Schreibtisch einzuräumen? Mit dieser Hoffnung verbinden jedenfalls viele Wegbegleiterinnen und Wegbegleiter aus beiden Phasen von Christoph Kählers akademisch-kirchlicher Tätigkeit ihre guten Segenswünsche für die kommenden Jahre!

Dass dieses Buch erscheinen kann, verdanken die Herausgeber vor allem der „Evangelisch-Lutherischen Kirche in Thüringen“! Ihre großzügige finanzielle Unterstützung hat es ermöglicht, diese Beiträge als eine Gabe des Dankes zum Abschied, aber auch als Ausdruck der Hoffnung auf künftige theologische Zusammenarbeit vorzulegen. Ein herzlicher Dank gilt ebenfalls der „edition chrismon“, die den Band gern in ihr theologisches Verlagsprogramm aufgenommen hat. Wertvolle Hilfe in der Zusammenstellung der Bibliographie leistete Jens Walker; die Mühen des Korrekturlesens teilten sich Nicole Chibici-Revneanu und Friederike Burmeister; auch ihnen sei herzlich gedankt!

Der Psalm des Pfingstfestes (Ps 118,24) behält das letzte Wort: „Dies ist der Tag, den der Herr gemacht hat! Wir wollen jubeln und uns an ihm freuen!“

Greifswald	Christfried Böttrich
München	Hans-Peter Hübner
Bad Frankenhausen	Kerstin Voigt
Schmölln	Dietmar Wiegand

Zum Pfingstfest 2009

Von der Mission der Kirche

Einige Überlegungen im Anschluss an das Matthäusevangelium

Hermann Barth

Am 16. Mai 2008 hielt der Generalsekretär der Gemeinschaft Evangelischer Kirchen in Europa (GEKE), *Michael Bünker*, einen bemerkenswerten Vortrag über den „missionarischen Auftrag evangelischer Kirchen in Europa".[1] Er überschrieb ihn: „Eine Botschaft ‚an alles Volk'", und passend zum Bezug des Titels auf die Barmer Theologische Erklärung fand sein Vortrag in Barmen statt. Zur zentralen Aussage hin führte – ausgerechnet – das Stichwort vom Aufhören:

„Der Einstieg in die Lebensweise einer missionarischen Kirche unter den heutigen Bedingungen beginnt für mich ... mit dem Aufhören. Manchmal habe ich den Eindruck, wir machen zuviel und tun zuwenig." Ingeborg Bachmann wurde in einem Interview gefragt, „ob sie nicht deshalb mit dem Schreiben von Gedichten aufgehört hätte, weil sie sich zu schwach fühlte. Ingeborg Bachmann antwortete: ‚Aufhören ist eine Stärke, nicht eine Schwäche'. Es meint nicht nur: ablassen, abwenden, losreißen, sondern: ganz und konzentriert zuwenden, hinhören, ganz Ohr sein." Und *Bünker* fügte hinzu: „Um ein Aufhören in diesem Sinn, ein Aufhören auf Jesus Christus, das eine Wort Gottes" gehe es ihm in dem Vortrag.

Die Formulierung „Aufhören auf Jesus Christus" ist erkennbar der biblischen Wendung vom „Aufsehen" zu Jesus (Hebr 12,2) nachgebildet. Insofern kann in einer ersten, vorläufigen Annäherung an die Mission der Kirche folgende Bestimmung versucht werden: Der missionarische Auftrag der Kirche will Menschen mitnehmen, aufzuhören und

---

[1] Derzeit nur im Internet zugänglich und als Typoskript erhältlich von der Geschäftsstelle der GEKE, Severin-Schreiber-Gasse 3, A-1180 Wien, sowie vom Amt der UEK, Herrenhäuser Str. 12, D-30419 Hannover.

aufzusehen auf Jesus Christus, den Anfänger und Vollender des Glaubens.

I. Die babylonische Sprachverwirrung bei der Rede von der Mission der Kirche

1. Im vergangenen Jahr hat der Ökumenische Rat der Kirchen, genauer: seine Kommission für Glauben und Kirchenverfassung, die Studie „The Nature and Mission of the Church“, in der deutschen Fassung: „Wesen und Auftrag der Kirche“, veröffentlicht.[2] Beim Vergleich der beiden Titelformulierungen fällt auf: Die deutsche Fassung vermeidet den Begriff „Mission“. Entsprechend ist innerhalb der Studie der Abschnitt „The Mission of the Church“ (§§ 34-42) in der deutschen Übersetzung überschrieben mit „Der Auftrag der Kirche“. Aber genau betrachtet ist die Sache noch ein wenig komplizierter und verwirrender. In der Einleitung und im Abschnitt „Der Auftrag der Kirche“ wird der Begriff „Mission“ als Wechselbegriff für „Auftrag“ verwendet. Ich merke nebenbei an: Die in Kirche und Theologie gern verwendete Formulierung vom „missionarischen Auftrag“ wäre unter diesen Voraussetzungen – die allerdings gar nicht zutreffen – ein unsinniger Pleonasmus.

Inhaltlich werden „Mission“ oder „Auftrag der Kirche“ in dreifacher Weise bestimmt. Zunächst wird die Kirche in eine kosmische und eschatologische Perspektive gerückt: „Es ist Gottes Plan, die ganze Schöpfung unter der Herrschaft Christi zu sammeln ... Als ein Spiegelbild der Gemeinschaft im dreieinigen Gott ist die Kirche Gottes Werkzeug zur Erfüllung dieses Ziels. Die Kirche ist berufen, der Menschheit Gottes Gnade zu offenbaren und sie ihrer wahren Bestimmung zuzuführen“ (§ 34).

Als zweiter Aspekt wird die Verkündigung des Evangeliums genannt: „In Ausübung ihrer Mission kann die Kirche nicht wahrhaftig Kirche sein, ohne Zeugnis abzulegen *(martyria)* von Gottes Willen für das Heil und die Verwandlung der Welt“ (§ 37). „Als Personen, die

---

2 The Nature and Mission of the Church. A Stage on the Way to a Common Statement, Faith and Order Paper 198, Geneva 2005 (ins Deutsche übersetzt vom Sprachendienst des ÖRK).

Jesus Christus als Herrn und Heiland anerkennen, sind Christen dazu berufen, das Evangelium in Wort und Tat zu verkünden. Sie sollen jenen, die nicht gehört haben, wie auch denen, die nicht länger evangeliumsgemäß leben, die Gute Nachricht von der Herrschaft Gottes bringen. Sie sind dazu berufen, ihren Werten gemäß zu leben und ein Vorgeschmack jener Herrschaft in der Welt zu sein" (§ 35).

Der dritte Aspekt schließlich betrifft die „Verpflichtung, für die Leidenden und Bedürftigen zu sorgen": „Die Kirche ist dazu berufen und ermächtigt, durch den Einsatz und die Sorge für die Armen, die Schwachen und an den Rand Gedrängten das Leiden aller zu teilen. Das bedeutet, daß sie ungerechte Strukturen kritisch analysiert, aufdeckt und auf ihre Veränderung hinarbeitet. Die Kirche ist dazu berufen, die Worte des Evangeliums, die Hoffnung und Trost bringen, durch Werke der Nächstenliebe und Barmherzigkeit zu verkünden. Dieses gehorsame Zeugnis kann auch bedeuten, daß einzelne Christen um des Evangeliums willen leiden. Die Kirche ist dazu berufen, zerbrochene Beziehungen unter den Menschen zu heilen und zu versöhnen und Gottes Werkzeug zu sein bei der Versöhnung von Spaltungen und der Überwindung von Hass unter den Menschen. Die Kirche ist auch berufen, zusammen mit allen Menschen guten Willens, Sorge für die Bewahrung der Schöpfung zu tragen, indem sie sich gegen den Mißbrauch und die Zerstörung von Gottes Schöpfung wendet, und an Gottes Heilung der zerbrochenen Beziehungen zwischen Schöpfung und Menschheit teilzuhaben" (§ 40).

2. Es gibt kaum etwas im kirchlichen und christlichen Handeln, das bei einem solchen Verständnis von Mission *nicht* unter diesen Begriff fällt. Man kann Gründe angeben, warum ein derart weiter Missionsbegriff möglich oder gar notwendig ist. Semantisch steht dem angesichts der Bedeutungsbreite des Begriffs „Mission" nichts im Wege. Biblisch fällt es nicht schwer, entsprechende Belege für die „Sendung" Jesu, der Jünger Jesu und der Kirche aufzubieten.

Missionstheologisch bewegt man sich dabei im Rahmen des *missio dei*-Konzepts. Es ist unter Aufnahme von Impulsen der Weltmissionskonferenz 1952 in Willingen in der zweiten Hälfte des 20. Jahrhunderts – jedenfalls im Bereich der weltmissionarischen Arbeit und in der Missionswissenschaft – für das theologische Verständnis der Mission bestimmend geworden. *Klaus Schäfer*, langjähriger theologischer Referent im Evangelischen Missionswerk und seit 2007 Direktor des Nordelbischen Zentrums für Weltmission und Kirchlichen Weltdienst, hat dies in einem Grundsatzartikel über „Mission – Die Sendung der Kirche in die Welt" folgendermaßen beschrieben:

„Vor dem Hintergrund der historischen Veränderungen nach dem Zweiten Weltkrieg und eines durchaus selbstkritischen Reflexionsprozesses über die Geschichte der Mission wurden ... die Grundlagen einer neuen Missionstheologie erarbeitet. Wichtig war dabei vor allem die Erkenntnis, dass Mission nicht mehr als von Spezialisten durchzuführende Sendung von Missionaren aus vermeintlich christlichen in vermeintlich nichtchristliche Länder verstanden werden kann, sondern Mission mit dem Wesen der christlichen Gotteserfahrung selbst zusammenhängt: Gott ist ein missionarischer Gott, der seinen Sohn Jesus Christus zum Heil der Menschen und zur Versöhnung der Schöpfung in die Welt gesandt hat; und Gott beruft und begabt Menschen mit seinem Heiligen Geist und schafft sich in der Kirche ein Instrument, seine eigene Mission – die Heilung und Versöhnung der Menschen – in der Welt weiterzuführen. Dieses Konzept ... hatte erhebliche Konsequenzen für das Verständnis von Mission insgesamt. Es unterstrich den engen Zusammenhang von Kirche und missionarischem Auftrag: Mission wurde geradezu zum Seinsgrund der Kirche, Kirche wurde Instrument der Mission Gottes in der Welt ... Mission wandelt ihre Gestalt, weil sich der historische Kontext immer wieder verändert, sie bleibt aber ständige Verpflichtung der Kirche. Mission hatte immer etwas mit Aufbruch und Erneuerung der Kirche zu tun. Mission bedeutet, sich – im Horizont der Mission Gottes, der das Heil der Welt will – auf den Weg zu den Menschen zu machen und sich in die Konflikte und Auseinandersetzungen dieser Welt ziehen zu lassen. Mission ist kritischer Impuls, auch gegenüber einer provinziellen und weltfremden Kirche. Das Wort Mission ist Erinnerung daran, dass die Kirche nicht für sich selbst lebt, sondern zu den Menschen in die Welt gesandt ist".[3]

---

[3] K. Schäfer, Mission – Die Sendung der Kirche in die Welt, in: R. Koppe / U. Hahn / P. Helbig (Hg.), Evangelisch in Deutschland, Breklum 2002, 45-48, dort 46f.48.

Der Bezug der Mission auf die *missio Dei* hat Stärken und Schwächen. Die Stärken liegen darin, dass die Blickverengung auf ein bestimmtes Segment kirchlichen und christlichen Handelns vermieden wird. Wer sachgemäß über die missionarische Herausforderung und die missionarische Aufgabe reden will, muss sie auf das heilschaffende und versöhnende Wirken Gottes insgesamt beziehen. Darin gehören Heil und Heilung, Versöhnung in der Beziehung zwischen Gott und den Menschen und Versöhnung in der zwischenmenschlichen Beziehung, Gerechtigkeit und Recht zusammen. Aber alles hat seinen Preis. Man kann nicht „Mission der Kirche" als Bezeichnung ihres gesamten Auftrags verwenden und gleichzeitig darin fortfahren, einzelne ihrer Aktivitäten in besonderer Weise der Mission zuzuordnen oder als missionarisch auszuzeichnen. Ein paar Beispiele: Wofür steht – unter der Voraussetzung eines weiten Missionsverständnisses – eine Arbeitsgemeinschaft Missionarische Dienste (AMD)? Wollen wir auch die Friedens- und Versöhnungsdienste und die Umweltbeauftragten in die AMD aufnehmen? Oder: Was für einen Sinn hat es, innerhalb der Kirche von einem Missionswerk zu sprechen? Die Kirche ist doch – nach dem referierten Gebrauch des Missionsbegriffs – auf jedem ihrer Handlungsfelder missionarisch. Und ein letztes Beispiel: Wir haben uns angewöhnt, im Blick auf zahlreiche kirchliche Arbeitsbereiche ihre missionarische Dimension oder ihre missionarischen Möglichkeiten hervorzuheben. Religionsunterricht, so sagen wir beispielsweise, hat eine missionarische Dimension. Diakonie hat eine missionarische Dimension. Aber was soll im letzten Beispielsatz ausgesagt werden, wenn diakonisches Handeln eo ipso Mission der Kirche ist?

3. In wachsendem Maße wird es zum Problem, dass und wenn diese Unklarheiten fortbestehen. Es kommt zu einer babylonischen Sprachverwirrung. Was ist zu tun?

Eine erste Möglichkeit der Remedur könnte darin bestehen, dass wir auf unbestimmte Zeit auf die Verwendung des Missionsbegriffs verzichten. Das würde uns nötigen, mit anderen Formulierungen klar und eindeutig anzugeben, worüber wir eigentlich reden und was wir eigentlich meinen. Im Ergebnis würden wir dadurch von einer Verlegenheit in eine andere gestürzt, aber gerade das könnte heilsam sein.

Eine zweite Möglichkeit liefe darauf hinaus, den Missionsbegriff fortan allein in seinem weiten Verständnis zu gebrauchen. Man muss im konkreten Fall dann allerdings konsequent sein und sich von vertrauten Bezeichnungen wie Missionarische Dienste oder Missionswerk trennen.

Ich favorisiere eine dritte Möglichkeit. Sie setzt bei der Einsicht an, dass ein weites und ein inhaltlich näher bestimmtes Verständnis von „Mission" keine Alternativen darstellen. Beides ist vielmehr aufeinander zu beziehen, dies allerdings in der Weise, dass das näher bestimmte Verständnis – also: Menschen zum Glauben an Jesus Christus hinzuführen – jedenfalls den Kern oder – um ein anderes Bild zu gebrauchen – den Herzschlag der Mission der Kirche ausmacht. Es ist kein Zufall, dass man bei der Darstellung dieses Sachverhalts zu bildhafter Sprache greift. Bilder, auch sprachliche Bilder besitzen eine besondere Ausdruckskraft. In eindrucksvoller Weise hat *Eberhard Jüngel* dies in dem Vortrag demonstriert, mit dem er auf der 4. Tagung der 9. Synode der Evangelischen Kirche in Deutschland (EKD) 1999 in Leipzig in das Schwerpunktthema „Reden von Gott in der Welt – Der missionarische Auftrag der Kirche" eingeführt hat:

„Wenn die Kirche ein Herz hätte ..., dann würden Evangelisation und Mission den Rhythmus des Herzens der Kirche in hohem Maße bestimmen. Und Defizite bei der missionarischen Tätigkeit der christlichen Kirche, Mängel beim Evangelisieren würden sofort zu schweren Herzrhythmusstörungen führen. Der Kreislauf des kirchlichen Lebens würde hypotonisch werden. Wer an einem gesunden Kreislauf des kirchlichen Lebens interessiert ist, muß deshalb auch an Mission und Evangelisation interessiert sein. Weithin ist die ausgesprochen missionarische Arbeit zur Spezialität eines ganz bestimmten Frömmigkeitsstils geworden. Nichts gegen die auf diesem Felde bisher besonders engagierten Gruppen, nichts gegen wirklich charismatische Prediger! Doch wenn Mission und Evangelisation nicht Sache der ganzen Kirche ist oder wieder wird, dann ist etwas mit dem Herzschlag der Kirche nicht in Ordnung."[4]

---

[4] Reden von Gott in der Welt – Der missionarische Auftrag der Kirche, Frankfurt am Main ^{2}2001, 36-45 (Zitat: 38f). Vgl. neben dieser Sonderveröffentlichung mit den Ergebnissen der „Missionssynode" auch die vollständige Dokumentation in: Berichte über die Tagungen der Synode der EKD, Bd. 56, Hannover 2000, 638- 646.

II. Der missionarische Auftrag der Jünger Jesu nach dem Matthäusevangelium

Im Matthäusevangelium sind es insbesondere zwei Passagen, die Aufschluss geben über sein Verständnis des missionarischen Auftrags der Jünger: 10,5-15 und 28,16-20.

Als Jesus die Zwölf aussandte, gebot er „ihnen und sprach: Geht nicht den Weg zu den Heiden und zieht in keine Stadt der Samariter, sondern geht hin zu den verlorenen Schafen des Hauses Israel. Geht aber und predigt und sprecht: Das Himmelreich ist nahe herbeigekommen. Macht Kranke gesund, weckt Tote auf, macht Aussätzige rein, treibt böse Geister aus" (10,5-8).

„Die elf Jünger gingen nach Galiläa auf den Berg, wohin Jesus sie beschieden hatte ... Und Jesus trat herzu und sprach zu ihnen: ‚Mir ist gegeben alle Gewalt im Himmel und auf Erden. Darum gehet hin und machet zu Jüngern alle Völker. Taufet sie auf den Namen des Vaters und des Sohnes und des heiligen Geistes und lehret sie halten alles, was ich euch befohlen habe ...'" (28,16+18-20a).

Die erstere Passage ist zusammengearbeitet aus Material von Q (vgl. Lk 10,2-12), dem Markusevangelium (6,8-11) und matthäischem Sondergut (insbesondere: V. 5f), die letztere stammt durchgängig aus dem matthäischen Sondergut. Beide Passagen sind erkennbar aufeinander bezogen: sowohl in übereinstimmenden Formulierungen als auch in den markanten inhaltlichen Abweichungen.

1. Die entscheidende Frage lautet: Wie verhalten sich beide Aussendungsreden zueinander? Wie hat das Matthäusevangelium das Nebeneinander der beiden Texte verstanden, deren Spannung mit „einer gewissen Raffinesse" (*Adolf von Harnack*) gestaltet ist? Am gründlichsten hat sich *Ulrich Luz* in seinem großen Matthäuskommentar[5] mit dieser Frage auseinandergesetzt. Seine Sicht[6] mache ich mir zu eigen und stelle

---

[5] Das Evangelium nach Matthäus, EKK I/1-4, Zürich / Braunschweig / Neukirchen-Vluyn 1985-2002.

[6] Sie ist von ihm im Laufe der Arbeit an dem großen Kommentarwerk präzisiert und korrigiert worden (vgl. Teilband I/1, 1985, 66f, und Teilband I/2, 1990, 90-93.102-104, mit Teilband I/4, 2002, 444-459).

sie im Folgenden – unter wörtlicher oder sinngemäßer Wiedergabe von Formulierungen aus *Luz*' Kommentar[7] – dar:

a) Zur universalen Herrschaft des Auferstandenen über Himmel und Erde in 28,18 passt es, dem Missionsbefehl in 28,19 ebenfalls eine universale Dimension zuzuschreiben und die Übersetzung „alle Völker", also einschließlich der Juden, und nicht „alle Heiden", also ohne die Juden, zu wählen.

b) Das Matthäusevangelium schließt eine weitere Israelmission nicht explizit aus, aber große Hoffnungen verbindet es damit wohl nicht mehr; das zeigen Abschnitte wie 22,8-10. Für das Matthäusevangelium und seine Gemeinden ist die Spaltung Israels in eine jesusfeindliche Mehrheit und eine Minderheit von Jesusjüngern definitiv. Sie leben spätestens seit dem Jüdischen Krieg nicht mehr im Land Israel, sondern im heidnischen Syrien. Dort ist es unter den Vorzeichen des universalen Missionsauftrags des Auferstandenen ihre eigene Aufgabe, den Heiden die Gebote Christi zu verkündigen.

c) Zwischen der Sendungsrede des Auferstandenen in 28,19 und der früheren Sendungsrede Jesu in 10,5f besteht ein Gegensatz. 28,19 ist nicht eine bloße Erweiterung von 10,5f; denn der Missionsauftrag der Jünger war in 10,5f exklusiv auf Israel beschränkt. Mit 28,19 ist die heilsgeschichtliche Sonderstellung des Volkes Israel aufgehoben; das bisher auserwählte Volk läuft nur noch als eines unter anderen Völkern mit; das ist etwas schockierend Neues. 10,23 rechnet wohl mit einer Israelmission bis zur Wiederkunft Christi, aber seine Boten erfahren dabei nichts als Verfolgung und Ablehnung.

d) 21,43 deutet eine „Sukzessionsvorstellung" an: Das Reich Gottes wird den Führern Israels weggenommen und einem Volk gegeben, das anders als Israel die Früchte des Reiches Gottes bringt. Dieses Volk wird weder mit der Kirche noch mit den Heiden direkt identifiziert, obwohl der Gedanke an letztere nicht fern liegt. Dies wird noch verstärkt durch 22,1-10: Dort tritt die Heidenmission nach der Zerstörung von Jerusalem an die Stelle der Israelmission.

---

7 Vgl. Teilband I/4, 448-452.

2. Die Abschnitte 10,5-15 und 28,16-20 unterscheiden sich aber nicht nur darin, an wen sich die Verkündigung der Jünger richtet, nämlich an das Volk Israel oder „die Heiden" oder „alle Völker". Zu fragen ist auch, welches jeweils der Inhalt der Sendung der Jünger ist. Der erste „Missionsbefehl" hat zwei Schwerpunkte: die Ansage, dass das Himmelreich nahe herbeigekommen ist (10,7), und machtvolle Taten der Heilung, der Totenauferweckung und der Geisteraustreibung, an denen sich die Nähe des Himmelreichs konkret erweist. Beim zweiten „Missionsbefehl" in 28,16-20 wird zwar die universale Macht des Auferstandenen ausdrücklich hervorgehoben, aber das Handeln der in die Welt gesandten Jünger konzentriert sich auf folgende drei Elemente: die Völker zu Jüngern zu machen, sie auf den Namen des Vaters und des Sohnes und des heiligen Geistes zu taufen und sie zu lehren, das zu halten, was Jesus ihnen an Geboten gegeben hat.

3. Es liegt auf der Hand, dass die beiden hier herausgestellten Abschnitte des Matthäusevangeliums zum biblischen Wurzelgrund auch gegenwärtigen kirchlichen Handelns gehören.

a) Von zentraler Bedeutung ist dabei der Auftrag, Menschen aus allen Völkern, ja die Völker insgesamt zu Jüngern Jesu Christi zu machen und sie zu taufen (Mt 28,19f). Die Stellung am Ende des ganzen Evangeliums und die Stilisierung als Vermächtnis des Auferstandenen sind deutliche Anzeichen dafür, dass es sich um das Herzstück des kirchlichen Auftrags handelt – wie in der Gegenwart die Weitergabe des Evangeliums und die Eingliederung in die Gemeinde Jesu Christi durch die Taufe das „Kerngeschäft" der Kirche bilden. These 6 der Barmer Theologischen Erklärung von 1934 zitiert an ihrem Anfang Mt 28,20 und fährt dann fort: „Der Auftrag der Kirche, in welchem ihre Freiheit gründet, besteht darin, an Christi Statt und also im Dienst seines eigenen Wortes und Werkes durch Predigt und Sakrament die Botschaft von der freien Gnade Gottes auszurichten an alles Volk." Der Verwerfungssatz der These 6 weist ausdrücklich die falsche Lehre zurück, „als könne die Kirche in menschlicher Selbstherrlichkeit das Wort und Werk des Herrn in den Dienst irgendwelcher eigenmächtig gewählter Wünsche, Zwecke und Pläne stellen."

b) Die Sendung der Jünger in Mt 28 beinhaltet in V. 20 ausdrücklich den Auftrag, die Menschen zu „lehren". Aber damit ist nicht nur im engeren Sinne der Unterricht über den christlichen Glauben gemeint, vielmehr ergibt sich daraus als weiterer Horizont ein allgemeiner Bildungsauftrag. Dementsprechend zieht es sich wie ein roter Faden durch die Geschichte der christlichen Kirche hindurch, selbst Erziehungs- und Bildungsaufgaben zu übernehmen und zugleich die „Maße des Menschlichen"[8] in den allgemeinen Bildungseinrichtungen, der wissenschaftlichen Diskussion und der Bildungspolitik zur Geltung zu bringen.

c) Bei der Frage nach dem genuinen Auftrag der Kirche verdient besondere Aufmerksamkeit jedoch auch das, was Jesus den zwölf Jüngern bei ihrer (ersten) Aussendung mit auf den Weg gibt: „Geht und predigt und sprecht: Das Himmelreich ist nahe herbeigekommen. Macht Kranke gesund, weckt Tote auf, macht Aussätzige rein, treibt böse Geister aus" (Mt 10,7f). Zu den bisher in den Blick genommenen Feldern des Auftrags treten hier machtvolle Zeichen der Nähe des Himmelreichs hinzu: die Heilung von Kranken, die Totenauferweckung und die Austreibung böser Geister. Das sind kühne Visionen für das kirchliche Handeln. Demgegenüber bleibt es recht konventionell, die Stelle allgemein auf die christliche Liebestätigkeit, also die diakonische Hilfe für den Nächsten in seinen leiblichen und seelischen Nöten zu beziehen. Dieser diakonische Dienst wird nicht auf die Angehörigen der eigenen Gruppe und Gemeinschaft begrenzt, sondern gilt, wie schon im Wirken Jesu selbst, allen Notleidenden, die uns zum Nächsten werden. Die Entwicklung von der christlichen Liebestätigkeit hin zur modernen Diakonie ist eine Geschichte fortschreitender, vor allem in den vergangenen 150 Jahren zunehmender Ausweitung und Professionalisierung. Neben dem Nächsten im Nahbereich wurde immer stärker auch der „ferne Nächste" in seiner Hilfsbedürftigkeit wahrgenommen. Dafür stehen Aktionen wie „Brot für die Welt" oder Einrichtungen wie der Kirchliche Entwicklungsdienst und die Missionswerke. Es ist hier nicht der Ort, die theologischen und strukturellen Probleme zu reflektieren, die sich mit der fortschreitenden Ausweitung und Professionalisierung

---

[8] Angespielt wird hier auf den Titel einer Denkschrift des Rates der EKD mit „Evangelischen Perspektiven zur Bildung in der Wissens- und Lerngesellschaft", Gütersloh 2003.

verbinden und – bereits deutlich erkennbar – einen Handlungs- und Umsteuerungsbedarf begründen.

4. Mt 28,16-20 wirkt in dieser Perspektive wie der Schlüsseltext zur Bestimmung des kirchlichen Auftrags. Doch erst seit dem 16. Jahrhundert – und selbst dies nur vereinzelt – ist der Abschnitt in seiner Auslegungs- und Wirkungsgeschichte zu einem für die Mission der Kirche entscheidenden Text geworden. Seinen Siegeszug als „Missionsbefehl" hat er überhaupt erst seit Beginn des 19. Jahrhunderts angetreten.[9] Nur so ist auch verständlich, warum der dem Inhalt gänzlich unangemessene Ausdruck eines „Missions*befehls*" eine derartige Dominanz erhalten hat. Er verrät mehr über die Zeit, in der er sich durchgesetzt hat, als über den biblischen Abschnitt, dem er den Namen gegeben hat.

Zur Magna Charta der Mission wurde Mt 28,18-20 „durch den englischen Baptisten William Carey und seine Schrift ‚An Enquiry into the Obligations of Christians to Use Means for the Conversions of Heathens' von 1792. Für Carey ist Mt 28,19a der Zentraltext der Mission. Der Befehl Jesu gilt universal und für alle Zeiten, genauso wie der Taufbefehl von V. 19b und die Verheißung von V. 20b. Durch Carey wurde 28,19a zu ‚*dem* Missionsbefehl', der die aus den Erweckungsbewegungen entstandenen kirchlichen und evangelikalen Missionsgesellschaften des 19. und 20. Jahrhunderts bestimmte." Für den holländischen Calvinisten Abraham Kuyper „war Mt 28,19a wie für viele ein absoluter *Befehl*. Er verstand Mission als Ausfluss von Gottes Souveränität, nicht von Gottes Liebe, und entsprechend die Mission als ‚obedience to God's command', ‚not an invitation, but a charge, an order'. Gegen Ende des 19. Jahrhunderts ist für *Gustav Warneck*, den Vater moderner protestantischer Missionswissenschaft, Mt 28,19 die ‚Stiftungsurkunde der Mission'". In der zweiten Hälfte des 20. Jahrhunderts wird die zentrale Stellung von Mt 28,16-20 hingegen kritisch gesehen. *Werner Ustorf* etwa spricht von dem „fälschlich so genannten ‚Missionsbefehl' ..., der für eine Art Militarisierung der Missionspraxis herhalten musste". Dabei sage er gar „nicht: Geht hin und gründet Kirchen", sondern es gehe „um das Reich Gottes in der Welt". Dies freilich ist eine falsche Alternative. Sie ist verantwortlich dafür, dass die spezifischen Aufgaben, die Mt 28,18-20 den in die Welt ausgesandten Jüngern Jesu ans Herz legt, hinter den Fragen der elementaren Lebensvorsorge und der sozialen Gerechtigkeit zurücktreten.

---

9 Zur Auslegungs- und Wirkungsgeschichte von Matthäus 28,16-20 vgl. vor allem Luz, Teilband I/4, 436-459 (Zitate 445-447).

III. Mission, Evangelisation, Evangelisierung

Das Wort „Mission“ ist in doppelter Weise belastet: durch die Geschichte der christlichen Mission und durch die verbreitete Abwehrhaltung gegenüber jeglicher Form des Missioniertwerdens.

Die Geschichte der christlichen Mission wirft ohne Zweifel dunkle Schatten auf den Missionsbegriff. Nicht nur dass die Bekehrung zum Christentum streckenweise, wie etwa im Falle der Sachsenmission, mit Zwang geschah. Dieser Zwang wurde auch noch theologisch legitimiert. Bis auf Augustin geht die Auslegung zurück, wonach im Gleichnis vom großen Abendmahl die Anweisung des Herrn an den Knecht: „Geh hinaus auf die Landstraßen und an die Zäune und *nötige* sie, hereinzukommen“ (Lk 14,23) die Ausübung von Zwang legitimiere.

Der Mission in der Neuzeit wird oft vorgehalten, dass sie die vorgefundenen kulturellen Verhältnisse rücksichtslos beseitigt und sich zum Handlanger kolonialer Bestrebungen gemacht habe. Man muss sich allerdings davor hüten, in rückwärtsgewandter Besserwisserei die Gegebenheiten früherer Zeiten an heutigen ethischen Kriterien zu messen. Dafür, dass die Missionsgeschichte der Neuzeit zumindest *auch* zum Segen geworden ist, sind die Nachfahren der damals missionierten Völker und Völkergruppen die glaubwürdigsten Zeugen. Daran hat die Synode der EKD 1999 in ihrer „Kundgebung“ zum missionarischen Auftrag der Kirche mit Recht erinnert:

„Eine Verständigung über Auftrag und Praxis der Mission heute steht im Schatten früherer Perioden der Christentums- und Kirchengeschichte. Die Geschichte der Mission war auch eine Geschichte von Schuld und Scheitern, für die Vergebung zu suchen und aus der zu lernen ist. Die pauschale Diskreditierung der Geschichte der christlichen Mission ist aber ungerechtfertigt. Sie wird gerade von den Menschen in den einstigen Missionsgebieten Afrikas oder Asiens selbst zurückgewiesen; sie erzählen uns von segensreichen Auswirkungen der christlichen Mission vergangener Jahrhunderte, die bis heute spürbar sind“.[10]

Das Wort „Mission“ hat heute auch deshalb einen schlechten Klang, weil es eher mit Überwältigung als mit freier Zustimmung, mehr mit

---

[10] Reden von Gott in der Welt (s. oben Anm. 4), Abschnitt II 3.

Indoktrination als mit Dialog assoziiert wird. Niemand will missioniert werden. Wenige Tage nachdem die ARD zum letzten Mal ihre „Scheibenwischer"-Sendung ausgestrahlt hatte, erschien in einer großen Tageszeitung ein Interview mit dem Kabarettisten *Dieter Hildebrandt*. Gegen Ende des Interviews wurde Hildebrandt gefragt: „Sind Sie ein Prediger?" Er antwortete: „Ich bin Realist. Und ich wollte meinem Publikum immer das Grimmige, das Spaßige und das Erklärende zugleich liefern. Prediger wollen missionieren. Das wollte ich nie."

Hildebrandt wünscht sich offenbar Predigten, die zugleich grimmig, spaßig und erklärend sind. Solange man nicht glaubt, Predigten könnten sich darin erschöpfen, gefällt mir dieser Qualitätsmaßstab nicht schlecht. Vor allem aber beschäftigt mich der letzte Teil der Antwort: „Prediger wollen missionieren. Das wollte ich nie." Missionieren droht zu einem Unwort zu werden. Vielen fällt zu diesem Wort offenbar nur ein: belehren, besser wissen, indoktrinieren, „einseifen", mit Zwang oder Psychotricks auf die andere Seite ziehen, einer Gehirnwäsche unterziehen.

Hat die christliche Mission es verdient, in den Horizont solcher Assoziationen gerückt zu werden? Es lässt sich nicht leugnen, dass es christliche Mission dieser Art gegeben hat. Sie ist bis heute nicht ganz ausgestorben. Manche US-amerikanischen Fernsehprediger haben durchaus das Zeug dazu, das Predigerklischee von *Dieter Hildebrandt* zu bestätigen. Weithin aber hat sich – so die Synode der EKD im Jahr 1999 – „das Verständnis des missionarischen Auftrags tiefgreifend verändert. Mission behält die Absicht, andere Menschen zu überzeugen, d. h. mitzunehmen auf einen Weg, auf dem die Gewissheit des christlichen Glaubens ihre eigene Gewissheit wird. Aber sie tut dies in Demut und Lernbereitschaft."

Wenn Kirchen und Christen Mission so betreiben, dann ist noch Hoffnung, das Wort „missionieren" von seinen Flecken zu reinigen und für einen vorurteilsfreien Gebrauch wiederzugewinnen. In der Mission geht es darum, dass Menschen zur Erkenntnis der Wahrheit kommen. Und das ist am Ende allein das Werk des Heiligen Geistes. Schon deswegen darf missionarisches Handeln nichts erzwingen wollen.

Es gibt freilich eine Abwehr gegen den Missionsgedanken, die von der Vorstellung geleitet ist: Jede Überzeugung, jede Weltanschauung, jedes Menschenbild ist gleich wichtig und gleich gültig. Wer so denkt, sieht es am liebsten, wenn einer den anderen in Ruhe lässt. Aber das wäre gleichbedeutend mit dem Verzicht auf die gemeinsame Frage nach der Wahrheit. Eines ist sicher: Das ist *Dieter Hildebrandts* Sache nicht. Denn Kabarettisten wollen ja nicht „mit Lachgas betäuben". Sie sind Aufklärer, und Aufklärern geht es um die Wahrheit

Man darf im übrigen[11] nicht übersehen, dass das Wort „Mission" heute in christentums- und kirchenfernen Bereichen auch ganz ohne Berührungsängste aufgegriffen werden kann. Größere und kleinere wirtschaftliche Unternehmen verwenden bei der Beschreibung ihrer unternehmerischen Ziele gern das Wort „Mission"; im englischen Sprachraum fassen sie diese Ziele gelegentlich in einem „Mission Statement" zusammen. *Lothar-Günter Buchheim* hat in dem für seine Sammlung expressionistischer Malerei errichteten Museum in Bernried sein Motiv, diese Kunstwerke zu sammeln und zu präsentieren, folgendermaßen beschrieben: Ich habe einen „missionarischen Tick"; es ist „eine Art Verkündigungslust" in mir.

Die christlichen Kirchen wären schlecht beraten, aus Scheu vor den Ambivalenzen ihrer eigenen Geschichte einen starken und entwicklungsfähigen Begriff wie den der Mission preiszugeben und ihn seiner säkularen Rezeption zu überlassen. Dies um so mehr, als eine überzeugende sprachliche Alternative nicht zur Verfügung steht. Dies gilt auch für die Begriffe „Evangelisation" und – vor allem im römisch-katholischen Bereich verwendet[12] – „Evangelisierung".

---

11 Vgl. hierzu noch B. Dinkelaker, Wovon reden wir, wenn wir Mission sagen? Diskursanalytische und semantische Annäherungen, in: S. Plonz / W. Klaiber, Wie viel Glaube darf es sein? Religion und Mission in unserer Gesellschaft, Stuttgart 2008, 252-286.

12 Vgl. insbesondere: Kongregation für die Glaubenslehre, Lehrmäßige Note zu einigen Aspekten der Evangelisierung, Verlautbarungen des Apostolischen Stuhls 180, Bonn 2007 (anders in: „Zeit zur Aussaat". Missionarisch Kirche sein, Die deutschen Bischöfe 68, Bonn 2000).

IV. Missionarische Existenz und interreligiöser Dialog

Mission und Dialog passen – so erscheint es vielen – nicht recht zusammen. Doch zu dieser Einschätzung gelangt man nur, wenn man einen verkürzten Begriff von Mission wie von Dialog zugrundelegt. Es kommt darauf an, den dialogischen Charakter von Mission wahrzunehmen und ihn in der Orientierung an der gemeinsamen Frage nach der Wahrheit weiterzuentwickeln.[13]

1. Schon die Synode der EKD hat 1999 bei ihrer Tagung in Leipzig den missionarischen Auftrag der Kirche in dieses Koordinatensystem eingezeichnet:

Das Verständnis des missionarischen Auftrags hat sich in den vergangenen Jahrzehnten „tiefgreifend verändert ... Eine so verstandene Mission hat nichts mit Indoktrination oder Überwältigung zu tun. Sie ist an der gemeinsamen Frage nach der Wahrheit orientiert. Sie verzichtet aus dem Geist des Evangeliums und der Liebe auf alle massiven oder subtilen Mittel des Zwangs und zielt auf freie Zustimmung. Eine solche Mission ist geprägt vom Respekt vor den Überzeugungen der anderen und hat dialogischen Charakter. Der Geist Gottes, von dem Christus verheißen hat, dass er uns in alle Wahrheit leiten wird ..., ist auch in der Begegnung und dem Dialog mit anderen Überzeugungen und Religionen gegenwärtig".[14]

Im Kontext der jüdisch-christlichen Zusammenarbeit ist – fast gleichzeitig – die Studienkommission „Kirche und Judentum" der EKD zu einem ähnlichen Ergebnis gelangt. Ihr Ansatzpunkt ist der Begriff des Zeugnisses:

„Er ist im biblischen Sprachgebrauch verwurzelt und gewinnt von da her einen gewissen Grad von Eindeutigkeit ... Es geht ... durchweg um die Haltung eines personhaften Eintretens für Gott und seine Wahrheit. Und zwar ist Zeugenschaft ... nicht auf bloß verbale Äußerungen eingegrenzt, sondern umfasst einen weiten Bereich von Bedeutungsnuancen,

---

[13] Vgl. zum Verhältnis von Dialog und missionarischem Zeugnis auch noch: Johannes Triebel, Interreligiöse Begegnungen und das christliche Zeugnis, in: Plonz / Klaiber, a. a. O. (s. oben Anm. 11) 234-249.

[14] Reden von Gott in der Welt (s. oben Anm. 4), Abschnitt II 3.

die in einem zentralen Sachverhalt übereinstimmen: Zeuge ist man nicht nur durch die Weitergabe einer Botschaft, sondern durch die Gesamtheit der Existenz. In solchem ... Sinn verstanden, können die Begriffe ‚Zeuge' und ‚Zeugnis' zum Ausdruck bringen: Christen und Juden begegnen einander als Zeugen in der Weise, dass sie jeweils ihre Glaubenserfahrung und Lebensform einbringen".[15]

Die Studienkommission hält freilich ihren Ansatz nur halbherzig durch. Statt den Begriff „Zeugnis" stark zu machen, gibt sie den Befangenheiten Raum, die durch einen unerleuchteten Gebrauch, nämlich „als Bezeichnung für monologische Verkündigung, für eine einseitige ... Proklamation", entstehen können. So wird er am Ende unter den Verdacht gerückt, den Juden „gleichberechtigte Partnerschaft zu verweigern und sie lediglich als Objekte von Verfügungs- bzw. Betreuungsabsicht wahrzunehmen".[16]

2. Für die Begegnung der Kulturen und Religionen ist der Dialog ein unersetzliches, praktisch bewährtes und zudem flexibles Instrument. Er gehört, theologisch gesprochen, mehr in das weltliche Regiment Gottes als in das geistliche, also in die Schöpfungs- und Erhaltungsordnung. Er eignet sich in besonderer Weise dazu, die Gemeinsamkeiten auszuloten und zu vertiefen und gleichzeitig die Unterschiede zu erkennen und zu achten, die kritische Auseinandersetzung in einer zivilisierten Form zu führen und eine Toleranz einzuüben, die über das bequeme Hinnehmen hinausgeht. Insofern kann man sagen: Zu einem Dialog in diesem Sinne gibt es keine Alternative.

Kürzlich ist freilich ein Buch[17] erschienen, das die Erwartungen an den Dialog als Brückenschlag zwischen den Kulturen nicht nur nicht teilt, sondern als politisch ohnmächtig und theologisch naiv beurteilt:

---

15 Christen und Juden III. Schritte der Erneuerung im Verhältnis zum Judentum. Eine Studie der EKD, Gütersloh 2000, 60-62 (Zitate: 60f); vgl. auch die Ausgabe „Christen und Juden I-III", Gütersloh 2002, 167-169 (Zitate: 167f).

16 N. Bolz, Das Wissen der Religion. Betrachtungen eines religiös Unmusikalischen, München 2008, 21ff (Zitat: 21-23.25f).

17 Bolz, a. a. O. 21-23.25f. Nach der anderen Seite schlägt das Pendel, wie der Titel schon zeigt (!), bei einer Veröffentlichung über Leben und Werk Reinhard von Kirchbachs aus: H.-Ch. Goßmann / M. Möbius (Hg.), Ich glaube den interreligiösen Dialog, Nordhausen 2008.

Der Glaube – so heißt es dort – „ist der blinde Fleck unseres Denkens. Das hat ... eine für die Utopie eines ‚Dialogs der Religionen' vernichtende Konsequenz ... Wer fromm ist, hat kein Interesse am Marktplatz der Ideen. Er hat die Wahrheit – und deshalb kein Interesse an einer anderen Wahrheit. Was nämlich eine Religion, die sich ernst nimmt, von einer bloßen Meinung unterscheidet, ist der Anspruch auf privilegierten Zugang zur Wahrheit. Und deshalb gibt es keine liberale Antwort auf die heute so dringliche Frage. Wie soll man mit Leuten diskutieren, die von der Überlegenheit ihrer Kultur überzeugt sind? ... Höchstwerte sind ... keine Alternativen, sondern Todfeinde ... Eine Religion, die es, wie heute der Islam. auch politisch ernst meint, ist nicht tolerant. Deshalb kann sie von der Religion der Toleranz, also dem Liberalismus, nicht toleriert werden. Man sollte sich hier nicht von der humanistischen Seminarerfahrung der Religionswissenschaftler und der politischen Korrektheit der Politiker irreführen lassen, die uns heute unisono einreden wollen, der Islam sei eine Religion des Friedens. Eine Religion predigt Toleranz, solange und wo sie nicht an der Macht ist. Und umgekehrt ist Macht immer ein Maß dafür, wie weit man sich nicht anpassen muss."

Der Autor, *Norbert Bolz*, hat sich als Kommunikationswissenschaftler einen Namen gemacht. Er hat sympathisch altmodische Ansichten von den Aufgaben der Kirche und dem Inhalt ihrer Verkündigung. Aber das verleiht seinen Invektiven gegen den Dialog der Religionen und seinen pauschalen Urteilen über den Islam noch lange keine Überzeugungskraft. Der Islam setzt sich – das weiß doch auch *Bolz* – nicht nur aus Fundamentalisten zusammen. Was spricht dagegen, den Dialog mit den Gesprächsbereiten zu beginnen? Und selbst fundamentalistische Kreise sind kein homogener Block, so dass man sie pauschal abschreiben und für den Terrorismus verlorengeben dürfte. Aus manchen Fundamentalisten von gestern ist schon die pragmatische Führungsschicht von heute geworden; deshalb ist es gut investierte Zeit, das Menschenmögliche zu versuchen, um die Chancen zu verbessern, dass Fundamentalisten nicht alle Fundamentalisten bleiben.

Auch wenn der Autor zu diesen Einsichten selbst nicht findet, so ringt er sich doch immerhin ein halbes Dementi in Form einer Ehrenerklärung für die Idee eines Dialogs der Religionen ab: „In all ihrer politischen Ohnmacht und theologischen Naivität bleibt die Idee eines Dialogs der Religionen doch ehrenhaft als der Versuch, heil hindurchzusteuern zwischen der Skylla hasserfüllter Gotteskrieger und der Charybdis wutschnaubender Aufklärer".[18] Das ist zwar nichts Halbes und nichts Ganzes, aber besser als nichts.

3. Damit ein Dialog gelingt, muss er mindestens zwei Voraussetzungen erfüllen – das gilt wie für den Dialog allgemein so auch für den interreligiösen Dialog: *Erstens* muss er in zivilisierten Formen verlaufen. Wo der eine dem anderen permanent ins Wort fällt, wo es also erkennbar an der Bereitschaft fehlt, eine andere Sicht der Dinge an sich herankommen

---

[18] A. a. O. 26.

zu lassen, da wird nicht nur kostbare Lebenszeit vergeudet. Es wird auch leichtfertig die Erwartung beschädigt, die Wahrheit habe eine besondere Affinität zum Dialog und sie erschließe sich eher auf dem Weg des Dialogs als auf dem Weg des einsamen Nachdenkens. *Zweitens* dürfen nicht Maskerade und Versteckspiel an die Stelle von wahrhaftiger Begegnung treten. Man meint dann, es diene dem Dialog, wenn das eigene Profil abgeschliffen, jede Schärfe herausgenommen und der eine oder andere Kritikpunkt verschwiegen wird. Gewiss – Provokationen und verletzende Äußerungen sind zu meiden. Aber Offenheit und Aufrichtigkeit sind unersetzlich.

Die 2006 erschienene Handreichung des Rates der EKD[19] mit dem Titel „Klarheit und gute Nachbarschaft" bietet eine nützliche Liste von zehn Regeln für die Vorbereitung und Durchführung von interreligiösen Dialogen. Sie stehen zwar im Kontext einer Schrift, die sich speziell mit dem Verhältnis von Christen und Muslimen in Deutschland beschäftigt. Doch reicht ihre Geltung weit darüber hinaus.

Die zehn Regeln streifen die Grenze des Banalen, etwa wenn es in der ersten heißt: „Kenntnisse über den jeweiligen Dialogpartner erwerben". Aber so elementar vorzugehen ist genau das Richtige. Es ist den Erfahreneren eher zuzumuten, dass sie etwas überblättern müssen, als den Unerfahrenen, dass ihnen mangels ausreichender Information Anfängerfehler unterlaufen.

Im vorliegenden Zusammenhang können die zehn Regeln unkommentiert bleiben:

„*1. Kenntnisse über den jeweiligen Dialogpartner erwerben*

Eine gute Recherche und inhaltliche Vorbereitung können den Blick schärfen und helfen, die richtigen Fragen anzusprechen. Dies darf aber die Offenheit und Neugier für die unmittelbare Begegnung nicht behindern.

2. Sich in Respekt und Einfühlungsvermögen üben

Es ist die Bereitschaft gefordert, dem Partner auf gleicher Augenhöhe zu begegnen und ihn zunächst von seinen Intentionen her zu verstehen.

3. Den Dialog zielgerichtet führen und auswerten

Ziele, Inhalte und Themen sollten genau abgesprochen werden. Dialogerfahrungen sollten von einer kundigen Person gesammelt, ausgewertet, geprüft und zu neuen Konzeptionen verdichtet werden.

---

19 Klarheit und gute Nachbarschaft. Christen und Muslime in Deutschland. Eine Handreichung des Rates der EKD, EKD-Texte 86, Hannover 2006, dort 112f.

4. Den Dialog vom eigenen Standpunkt aus führen
Dialog ist auch eine Chance zur Überprüfung und Festigung des eigenen Standortes und zur Verbesserung der Kenntnisse und Auskunftsfähigkeit zu zentralen christlichen Glaubensaussagen.

5. Eine Balance halten zwischen der Suche nach Gemeinsamkeiten und dem Festhalten von Unterschieden
Im Dialog mit Muslimen ist der Glaube an Jesus Christus und seine Heilsbedeutung ein zentraler Punkt, an dem sich Anknüpfungspunkte, aber auch grundlegende Differenzen zeigen.

6. Dialog und Mission im Zusammenhang sehen
Dialog und Mission schließen sich nicht aus. Christliche Mission versteht sich in der Trias von Zusammenleben (Konvivenz), Dialog und Mission. Christen sind auch gegenüber Muslimen ihrem Zeugnisauftrag verpflichtet.

7. Miteinander im Tun des Guten und Gerechten (vgl. Sure 5, 48; 16, 125) wetteifern
Christen und Muslime werden sich in erster Linie auf der Ebene der Ethik, der Werte und der konkreten Handlungsziele – dem „Dialog des Handelns" – treffen können; hier eröffnet sich ein breites Spektrum gemeinsamer Aktivitäten.

8. Wahrheitsfragen nicht ausklammern
Es ist eine zentrale Frage, wie der Wahrheitsanspruch des eigenen Glaubens vertreten, aber gleichzeitig dem Gegenüber sein Anspruch auf Wahrheit zugestanden werden kann.

9. Den Dialog aufrichtig führen
Die Dialogpartner sollten sich ihrer Motive und Ziele bewusst sein. Es sollte nicht die eigene „bessere" Theorie mit der „schlechten" Praxis des anderen verglichen werden.

10. Kritik und Selbstkritik üben
Für Kritik offen und zu Selbstkritik fähig zu sein, setzt Vertrauen voraus. Dieses muss in Zusammenarbeit wachsen. Die Geschichte der Feindschaft und der Konflikte zwischen Christentum und Islam anzusprechen und mit den Muslimen aufzuarbeiten, ist ein wichtiger Schritt zu vertiefter Zusammenarbeit."

V. Die heikle Frage nach der „Judenmission"

Der Streit schwelt schon lange. Man muss dabei zwei Fragen unterscheiden. Die erste lautet: Ist es für die evangelischen Christen und Kirchen in Deutschland eine aktuelle und vordringliche Aufgabe, sich mit der Verkündigung des Evangeliums an Juden zu wenden und sie für die Entscheidung zur Taufe zu gewinnen? Die zweite ist von grundsätzlicher Natur: Sind auch Juden Adressaten der missionarischen Einladung zum Glauben an Jesus Christus, oder gibt es nach dem Verständnis des Neuen Testaments für die Juden auch nach der Zeitenwende durch Christi Geburt einen eigenständigen Weg zum Heil?

Die Antwort auf die erste Frage ist ein klares Nein. Deutschland ist durch die Wiedervereinigung nicht, wie manche annahmen, protestantischer, es ist säkularer geworden. Die Zahl derer, die noch nie einer christlichen Kirche angehört haben, und derer, die zwar getauft sind, aber sich von der Kirche abgewandt haben, beträgt zusammen etwa 20 Millionen. Unter denen, die Mitglieder der Kirche sind, gibt es nicht wenige, deren Bindungen an den christlichen Glauben und die Institution Kirche sich gelockert haben. Das ist die missionarische Herausforderung von heute. „Judenmission" steht in Deutschland weder heute noch morgen noch übermorgen auf der Tagesordnung der christlichen Kirchen. Auch deshalb nicht, weil niemand absehen kann und absehen darf von der unseligen, schuldbeladenen Geschichte der Deutschen, auch der Christen in Deutschland, mit den Juden und den jüdischen Gemeinden. Wir haben allen Grund, uns zu freuen, mitzufreuen, wenn die jüdischen Gemeinden in Deutschland wieder wachsen.

Ich sehe allerdings keinen stichhaltigen theologischen Grund dafür, dass Christen – sei es in Deutschland oder anderswo – gegenüber Juden von Jesus Christus schweigen. Schon gar nicht unter Berufung auf Paulus. Gerade er war es doch, der geschrieben hat: „Wir aber predigen den gekreuzigten Christus, den Juden ein Ärgernis und den Griechen eine Torheit; denen aber, die berufen sind, Juden und Griechen, predigen wir Christus als Gottes Kraft und Weisheit" (1Kor 1,23f). Damit kann ich es nicht in Übereinstimmung bringen, dass (von der „Arbeitsgemeinschaft Juden und Christen" und anderen) die These aufgestellt wird: „Jüdinnen und Juden haben es für ihr Heil nicht nötig, dass ihnen Jesus als der Messias verkündigt wird." Soll denn die frühchristliche Missionsgeschichte, insbesondere die missionarische Tätigkeit des Paulus, ein grandioser theologischer Irrtum gewesen sein? Das sei ferne.

*****

Die Einleitung dieses Beitrags zur Festschrift für Christoph Kähler – mit dem mich, angefangen damit, dass wir beide durch die theologische Schule der alttestamentlichen und neutestamentlichen Exegese gegangen sind, so viel verbindet – lief auf eine erste vorläufige Annäherung an die Definition von „Mission der Kirche“ hinaus: Der missionarische Auftrag der Kirche will Menschen mitnehmen, aufzuhören und aufzusehen auf Jesus Christus, den Anfänger und Vollender des Glaubens. Der Blick auf die neuere Diskussion über die Mission der Kirche wie auch der Blick auf einige Texte des Matthäusevangeliums erlauben jetzt eine Präzisierung. Sie legen es nahe, das weite und das inhaltlich näher bestimmte Verständnis von „Mission“ nicht als Alternativen zu sehen, sondern den Auftrag Gottes, Menschen zum Glauben an Jesus Christus hinzuführen, als – es gibt mehrere geeignete Bilder – den Kern oder den Herzschlag der Mission der Kirche zu bestimmen. Das führt in eine große inhaltliche Nähe zu dem, was die Synode der EKD 1999 in Leipzig zum seinerzeitigen Schwerpunktthema formuliert hat. Darum ist es passend, mit einigen Sätzen aus der „Kundgebung“ der Synode[20] zu schließen:

„Alle Bemühungen um den missionarischen Auftrag fangen damit an, zu erkennen und zu beschreiben, wie schön, notwendig und wohltuend die christliche Botschaft ist. Sie zielt auf die Antwort des Glaubens ... Wir haben den Auftrag, Menschen die Augen zu öffnen für die Wahrheit und die Schönheit der christlichen Botschaft. Wir wollen sie dafür gewinnen, dass sie sich in Freiheit an Jesus Christus binden und sich zur Kirche als der Gemeinschaft der Glaubenden halten. Diese Bindung geschieht grundlegend in der Taufe ... Der Leib Christi soll wachsen. Darum wollen die Kirchen Mitglieder gewinnen. Dafür setzen wir uns kräftig ein. Eine Kirche, die den Anspruch, wachsen zu wollen, aufgegeben hat, ist in der Substanz gefährdet.“

---

20 Reden von Gott in der Welt (s. oben Anm. 4), 36ff, dort Abschnitte I und II1.

„... denn ihrer ist das Himmelreich“ (Mt 5,3)

Die Eschatologie des Septuagintapsalters und die Seligpreisungen der Bergpredigt

Martina Böhm

Nicht wenige der Lehrer der Kirche haben sich mit den Seligpreisungen der Bergpredigt befasst.[1] Was bei der Interpretation dieses prominenten Textes im Ergebnis herausgekommen ist, hat von Anfang an immer auch das Selbstverständnis der *ecclesia*, ihre Ziele und Ideale, ihr Hoffen und Handeln mit beeinflusst und geprägt. Mit wohl kaum einem anderen Text kann Kirche sich selbst so gut fragen, ob ihre gegenwärtige Gestalt ihrem eigenen Anspruch, ihren Möglichkeiten, Aufgaben und Grenzen insgesamt entspricht. Sich exegetisch um die Seligpreisungen zu bemühen, ist auch deshalb immer wieder eine verantwortungsvolle Angelegenheit. Nicht zuletzt führt sie aber auch an ein „Herzstück“ des Glaubens und kann ganz elementare (und u. U. auch beseligende) Einsichten erschließen.

1. Einführung / Problematisierung – These

Ehe in den Antithesen der Bergpredigt die erste konkrete Forderung, den von Jesus interpretierten Willen Gottes zu erfüllen, ergeht, steht am Anfang der Rede in der ersten und achten Seligpreisung bekanntlich die Zusage der βασιλεία τῶν οὐρανῶν.[2] Diese Zusage nimmt eine eminent

---

1 Der Jubilar gehört zu ihnen: vgl. Christoph Kähler, Studien zur Form- und Traditionsgeschichte der biblischen Makarismen, Diss. masch. Jena 1974, 175-187. Beim Recherchieren für den folgenden Beitrag ist die Verfasserin in der einschlägigen Literatur immer wieder auf das Bedauern gestoßen, diese Arbeit nicht einfach (und damit faktisch einfach nicht) konsultieren zu können.

2 Vgl. Mt 5,3.10.

wichtige Bedeutung ein, da sie letztlich die entscheidende Motivation für alles nachfolgend beschriebene christliche Handeln und Verhalten darstellt. In diesem Zusammenhang muss sich aber auch – und immer wieder – die Frage nach dem von Matthäus intendierten Zeitaspekt der βασιλεία τῶν οὐρανῶν stellen, da von ihrer Beantwortung abhängt, *wann* sich christliches Handeln und Verhalten, wie es in der Bergpredigt gefordert wird, nach der Vorstellung des ersten Evangelisten für den Menschen über den wirksamen Zuspruch hinaus eigentlich auszahlt.

Zumindest in der deutschen Exegese der Gegenwart besteht am Ende einer mehr als einhundert Jahre währenden Forschungsdebatte über das Verständnis der Reich-Gottes-Verkündigung Jesu[3] auch für das Matthäusevangelium weithin Konsens, die βασιλεία τῶν οὐρανῶν als eine rein zukünftige Größe zu betrachten.[4] Schließt man sich dieser Interpretation an, geschieht auch alles an der Bergpredigt orientierte christliche Handeln und Verhalten bis heute auf eine eschatologische Lohnzusage für die Zukunft hin. Gerade die Seligpreisungen wie auch andere Texte des Matthäusevangeliums zeigen m. E. jedoch, dass im ersten Evangelium die Basis für diesen Konsens nach wie vor nicht wirklich gesichert ist. Von der Textbasis her kann mit gleichem Recht die These vertreten werden, dass für Matthäus das Himmelreich eine auch hier und jetzt schon erfahrbare Dimension der Gegenwart darstellt, die sich im Handeln und Verhalten, wie es etwa in der Bergpredigt gefordert wird, erschließt. Für diese These sind die Makarismen der wichtigste Referenztext. Sollte sie sich als plausibel erweisen, muss sich auch die Motivationslage für das in der Bergpredigt geforderte christliche Verhalten und Handeln ändern: Wenn sich Himmelreich bereits hier und

---

3 Vgl. dazu im Überblick G. Theißen / A. Merz, Der historische Jesus, Göttingen [3]2001, 223-226.

4 Vgl. exemplarisch dazu U. Luz, Das Evangelium nach Matthäus, EKK I/1, Düsseldorf u. a. [5]2002, 237: Die Himmelsherrschaft bei Matthäus ist eine „eindeutig noch ausstehende Größe." Vgl. auch J. Gnilka, Das Matthäusevangelium, HThK I/1, Freiburg u. a. 1993, 100ff. Diese Auffassung wird auf die erste und achte Seligpreisung übertragen. Vgl. Gnilka, HThK I/1, 122: „Die präsentische Zusage ‚ihnen gehört die Basileia' darf hier nicht im Sinn des schon gegenwärtigen Heils aufgefasst werden. Sie ist Ausdruck der Gewissheit, die für die Armen gilt." Ähnlich äußert sich auch Luz, EKK I/1, 281, über das Verständnis des Himmelreichs in Mt 5,3: „4,17 und die Futura der Verse 4-9 machen deutlich, dass es noch in der Zukunft liegt."

jetzt erschließt, kann es als Erfahrung christliches Handeln immer neu motivieren und die Hoffnung auf die noch ausstehende Vollendung der βασιλεία auch begründet sein lassen. Mit diesem Ansatz einer quasi sowohl-präsentischen-als-auch-futurischen-Eschatologie steht der stets die heiligen Schriften reflektierende Matthäus m. E. in der theologischen Denktradition des Septuagintapsalters. Im griechischen Psalter als Ganzem sind verschiedene, von ihrer Entstehung her systematisch zunächst nicht miteinander vereinbare Facetten jüdischer Eschatologie wie innerweltlich-weisheitliche und endzeitlich-eschatologische Vorstellungen nebeneinander gestellt bzw. ineinander verschränkt und so zu einer fruchtbaren theologischen Koexistenz miteinander verknüpft worden.[5] Auf diese traditionsgeschichtlichen Verbindungen soll zunächst eingegangen werden, ehe der Zeitaspekt in den Seligpreisungen genauer zu untersuchen ist.

2. Der griechische Psalter als traditionsgeschichtliche Voraussetzung für das Verständnis der matthäischen Seligpreisungen

Die griechische Übersetzung des Psalters ist sehr wahrscheinlich im 2. Jh. v. Chr. entstanden und ist nicht nur als Übersetzung, sondern auch als eigenständige theologische Leistung zu würdigen.[6] Ergibt sich die Motivation zum gottgemäßen Handeln in den hebräischen Psalmen noch typisch für alttestamentliches Denken allein aus dem irdischen Wohler-

5 Vgl. dazu H. Gzella, Lebenszeit und Ewigkeit. Studien zur Eschatologie und Anthropologie des Septuagintapsalters, BBB 134, Berlin u. a. 2002, 49-52.253.

6 Vgl. dazu Gzella, Lebenszeit 49-52.253; J. Schaper, Der Septuaginta-Psalter. Interpretation, Aktualisierung und liturgische Verwendung der biblischen Psalmen im hellenistischen Judentum, in: E. Zenger (Hg.), Der Psalter in Judentum und Christentum, HBS 18, Freiburg u. a. 1998, 165-183, spez. 168-172.

gehen[7] und findet sich nur ganz vereinzelt und spät wie etwa in Ps 73[8] eine verhalten anklingende Hoffnung auf ewige Gemeinschaft mit Gott über das irdische Dasein hinaus, zeigt die Septuaginta bei einer ganzen Reihe von Psalmen das bis zum 2. Jh. v. Chr. deutlich weiter fortgeschrittene Stadium innerhalb des alttestamentlichen Todesverständnisses. Ps 16, 17, 23, 24, 101 und einige Psalmen mehr haben im Zuge des Übersetzungsprozesses ins Griechische eine Eschatologisierung erfahren, in der die Grenze von Welt und Zeit, vom Diesseits ins Jenseits durch verschiedene interpretative Mittel aufgebrochen worden ist.[9] Diese in der Septuaginta vorgenommene Grenzüberschreitung vom Diesseits ins Jenseits ist weniger als unvermeidbare Konsequenz aus immanenten Defiziterfahrungen, sondern primär als theologisch folgerichtiges Weiterdenken zu deuten: wenn „wirklich galt, dass JHWH der einzige Gott war, dann konnte es keinen Bereich geben, der seinem Zugriff entzogen wäre."[10] Aus neutestamentlichem Blickwinkel ist nun interessant, dass in den Septuagintapsalmen die Hoffnung auf Gottes Treue über den Tod hinaus aus der im Leben erfahrenen Gegenwart Gottes so abgeleitet wird, dass das irdische Dasein keinerlei Entwertung erfährt. Lebenszeit und Ewigkeit können jetzt so miteinander in Bezie-

7 Vgl. Gzella, Lebenszeit 83: „Eine (...) Kausalverbindung zwischen irdischem Verhalten und jenseitigem Los ist im hebräischen Psalter nicht gegeben, denn dort gibt es keinen Hinweis etwa darauf, dass das Schicksal des Gerechten im Tod anders ist als das des Frevlers, obwohl für die ersteren der Tod vielleicht wegen der Gewissheit des Lebensweges vor Gott erträglicher war. Der Lohn der Frömmigkeit wird im irdischen Leben gezahlt."

8 Vgl. Ps 73,24-26. Vgl. dazu B. Janowski, Konfliktgespräche mit Gott. Eine Anthropologie der Psalmen, Neukirchen-Vluyn 2003, 343f; F.-L. Hossfeld / E. Zenger, Psalmen 51-100, HThK, Freiburg u. a. 2000, 348-352; K. Seybold, Die Psalmen, HAT 1/15, Tübingen 1996, 284. In der Septuaginta ist der Psalm dann eindeutig eschatologisiert: vgl. dazu J. Schaper, Eschatology in the Greek Psalter, WUNT 2/76, Tübingen 1995, 68-72; Gzella, Lebenszeit 270-276.

9 Vgl. Gzella, Lebenszeit 88ff. Am deutlichsten kann man das vielleicht an Ps 17,15/LXX demonstrieren: Ἐγὼ δὲ ἐν δικαιοσύνῃ ὀφθήσομαι τῷ προσώπῳ σου χορτασθήσομαι ἐν τῷ ὀφθῆναι τὴν δόξαν σου. Die aktiven Verbformen der hebräischen Vorlage sind in der griechischen Version in Passiva umgewandelt worden, der Anthropomorphismus wurde zurückgenommen. Ist das Erwachen in der hebräischen Version noch auf das Erwachen aus der Nacht des Betens und das Erscheinen Gottes auf eine Theophanie zu beziehen, weist die griechische Phrase demgegenüber vom Gesamtkontext her auf die Offenbarung der Herrlichkeit Gottes nach der Nacht des Todes hin. Vgl. dazu Gzella, Lebenszeit 240-243.

10 Janowski, Konfliktgespräche 339.

hung gesetzt werden, dass ein linearer Weg durch das Diesseits zum Jenseits hinführt – sofern sich dieser Weg denn durch Torafrömmigkeit auszeichnet.[11] Die Ewigkeit bedeutet also keine absolute Diskontinuität, sondern stellt die krönende Fortsetzung des Lebens dar – Geschichte und Eschatologie zeigen sich jetzt als fest zusammengebunden.[12]

Interessant für den traditionsgeschichtlichen Hintergrund des eschatologischen Ansatzes in den matthäischen Seligpreisungen ist aber nicht nur der Septuagintapsalter als Ganzer, sondern speziell auch das doppelte Psalmenportal aus Ps 1/LXX und Ps 2/LXX.[13] Auch Ps 1 ist in der griechischen Übersetzung vorsichtig eschatologisiert worden – er kann jetzt, muss aber nicht eschatologisch verstanden werden.[14] Die Kausalverbindungen bleiben hier offener, doch gerade deshalb kann man sie nun auch sowohl zwischen dem Verhalten eines Menschen und seinem irdischen Leben wie auch zwischen dem Verhalten und dem jenseitigen Los ziehen.[15] Ps 2, der in der LXX „nach dem Vorbild von Ps 1 in einem didaktischen und weisheitlichen Sinn verstanden“[16] wird, thematisiert das universale Königtum des Messias und macht diesen in Vers 12 zum Verkünder der Toraerziehung.[17] In der zusammenhängenden Lektüre von Ps 1 und 2 finden sich nun toraweisheitliche, messianische und transzendent-eschatologische Heilselemente ineinander verschränkt und sind im folgenden Rezeptionsprozess vermutlich kaum noch auseinander gehalten worden.

---

[11] Vgl. Gzella, Lebenszeit 84ff.360f.

[12] Vgl. Gzella, Lebenszeit 361. Erfahrungen der Hilfe Gottes in der Gegenwart können so zu Fixpunkten der Hoffnung werden, „die ... Ausblicke auf die endgültige Erlösung erlauben“ (ebd.).

[13] Zur Zusammengehörigkeit beider Psalmen vgl. u. a. P. Maiberger, Das Verständnis von Psalm 2 in der Septuaginta, im Targum, in Qumran, im frühen Judentum und im Neuen Testament, in: J. Schreiner (Hg.), Beiträge zur Psalmenforschung. Psalm 2 und 22, fzb 60, Würzburg 1988, 85-151.

[14] Vgl. Gzella, Lebenszeit 254ff.

[15] Gzella, Lebenszeit 255, vermutet vorsichtig sogar eine (vollständige) „eschatologische Transposition eines toraweisheitlichen Lebensmodells“. Gerade Ps 1,3 legt aber auch schon irdische Heilserfahrungen nahe; in V. 6 stehen Präsens (γινώσκει) und Futur (ἀπολεῖται) nebeneinander.

[16] Maiberger, Verständnis, 91.

[17] Vgl. Gzella, Lebenszeit 338.343.

Ps 1 beginnt nun interessanterweise mit einer Seligpreisung[18] und Ps 2 endet bezeichnenderweise mit einer Seligpreisung.[19] Beide Psalmen zusammen ermahnen zum Tun des durch den Messias verkündeten Willens Gottes, um das wahrhaft-glückliche Leben hier und dann nicht zu verfehlen.[20] Damit liefern sie gleich am Anfang des Psalters auch eine starke Motivation zur Annahme der Weisungen: Es ist das von Gott begleitete und auch über den Tod hinaus währende Leben in der Gemeinde der Gerechten. Die stilistische wie auch funktionale Analogie des Psalmenproömiums zu den Seligpreisungen, die quasi das Proömium zur Bergpredigt bilden und die durch den Messias vermittelte Toraweisheit Gottes und ihre ethischen Implikationen einleiten, ist nun kaum zu übersehen.[21] Beide Psalmen führen zudem auch noch wie die Seligpreisungen das Wortfeld der Gerechtigkeit.[22]

Matthäus selbst wie auch die Träger der von ihm aufgenommenen Tradition haben das griechische Psalmenbuch intensiv rezipiert[23] und

---

18 Ps 1,1/LXX: Μακάριος ἀνήρ ὃς οὐκ ἐπορεύθη ἐν βουλῇ ἀσεβῶν ...

19 Ps 2,12/LXX: Μακάριοι πάντες οἱ πεποιθότες ἐπ' αὐτῷ.

20 Vgl. F.-L. Hossfeld / E. Zenger, Die Psalmen I, Würzburg 1993, 5.

21 Vgl. Beat Weber, Werkbuch Psalmen I. Die Psalmen 1 bis 72, Stuttgart u. a. 2001, 50: „Nach dem Matthäus-Evangelium ... eröffnet auch die erste der fünf (!) Lehrreden Jesu, die Bergpredigt ..., mit Seligpreisungen wie Ps 1 und damit zugleich der Psalter insgesamt (Mt 5,3-12). Sowohl dort wird ‚Lohn, Gelingen' versprochen wie hier (vgl. I,3d). Die Topik der beiden Wege findet sich bei Jesus aufgenommen (v. a. Mt 7,13f). Schließlich ist auch der Schluss der Bergpredigt mit dem Gleichnis der beiden Häuser (Mt 7,24-27) weisheitlich gestaltet und nicht ganz ohne Analogie zu Ps 1 (vgl. die Baum / Spreu-Bilder)."

22 Vgl. Ps 1,6/LXX: ὅτι γινώσκει κύριος ὁδὸν δικαίων; Ps 2,12/LXX: καὶ ἀπολεῖσθε ἐξ ὁδοῦ δικαίας. Vgl. dazu Gzella, Lebenszeit 336: „Damit erfährt die *inclusio* zwischen dem Anfang von Ps 1 und dem Ende von Ps 2 die Bereicherung um eine weitere Tiefendimension: der, wie ein Zusatz der Septuaginta mit Nachdruck hervorhebt, *gerechte Weg* (und damit der Weg des Lebens) und der Weg der Ungerechtigkeit (was dem Verderben entspricht) sind in der Septuaginta in beiden Psalmen die Folge der Annahme oder Verweigerung der Tora-Erziehung."

23 Davon zeugen neben zahlreichen Anspielungen (vgl. u. a. Ps 2 in Mt 3,17; 4,3) die direkten Aufnahmen von Ps 91,11f in Mt 4,6 (Q); Ps 6,9 in Mt 7,23 (Q); Ps 104,12 in Mt 13,32 (Q); Ps 78,2 in Mt 13,35b; Pss 118,25f und 148,1 in Mt 21,9 (par Mk 11,9); Ps 8,3/LXX in Mt 21,16 (MtS;); Ps 118,22f in Mt 21,42 (par Mk 12,10f); Ps 110,1 in Mt 22,44 (par Mk 12,36); Ps 118,26 in Mt 23,39 (Q); Pss 42,12; 43,6 in Mt 26,38 (par Mk 14,34); Ps 110,1 in Mt 26,64 (par Mk 14,62); Ps 22,19 in Mt 27,35 (par Mk 15,24); Ps 22,9 in Mt 27,43; Ps 22,2 in Mt 27,46 (par Mk 15,34). Ps 1,5 wird fast wörtlich zitiert in Mt 12,41 par Lk 11,32, wo er eindeutig eschatologisch verstanden wird. Vgl. Schaper, Eschatology, 165. Nicht zuletzt sind aber

auch eschatologisch interpretiert.[24] So kann m. E. denn auch gefragt werden, ob der erste Evangelist am Anfang der Bergpredigt nicht auch inhaltlich eine Analogie zum Psalter geschaffen hat: Gelingendes Menschsein in lebensspendender Gottesnähe und eschatologisches Heil wird denen zugesagt, die sich mit ihrer ganzen Person auf Gottes Willen, wie er in der Tora verkündigt wird, ausrichten. So konnte und kann sich für Israel jetzt und dann Gottes Königsherrschaft erschließen[25] – und so erschließt sie sich m. E. auch nach der Intention des Matthäus. Damit handelt es sich bei den Seligpreisungen letztlich um Traditionsanbindung und aktualisierende, kreative Schriftrezeption. Dies liegt um so näher, als die Seligpreisungen – wie schon immer beobachtet worden ist – insgesamt stark von der Sprache der Psalmen geprägt sind.[26]

Um die These weiter zu verifizieren, soll im Folgenden der Zeitaspekt in den Seligpreisungen näher beleuchtet werden, wobei hier auch

---

auch die Seligpreisungen selbst ein Ausweis für intensive Psalmenrezeption (vgl. u. a. die Anspielungen von Ps 36,11/LXX in Mt 5,5; Ps 106,5.8f/LXX in Mt 5,6; Ps 23,4/LXX in Mt 5,8). Die meisten direkten Zitate aus dem Psalter entstammen zwar Q, der Markusvorlage und Vorlagen im Sondergut, die offensichtlich eigenen Übernahmen von Ps 78,2 in Mt 13,35; Ps 62,13 in Mt 16,27 und Ps 22,9 in Mt 27,43 wie die sprachliche Verstärkung des Anklangs an Ps 6,9 in Mt 7,23 zeugen jedoch von einer auch eigenen Vertrautheit des ersten Evangelisten mit diesem biblischen Buch. Vgl. M. J. J. Menken, The Psalms in Matthew's Gospel, in: S. Moyise / M. J. J. Menken (Hg.), The Psalms in the New Testament, London u. a. 2004, 61-82. Zur Aufnahme von Ps 78 in Mt 13 vgl. K. Löning, Die Funktion des Psalters im Neuen Testament, in: E. Zenger (Hg.), Der Psalter in Judentum und Christentum, HBS 18, Freiburg u. a. 1998, 269-295, spez. 276-278.

24 Vgl. dazu D. C. Mitchell, The Message of the Psalter. An Eschatological Programme in the Book of Psalms, JSOT.S 252, Sheffield 1997, 27.

25 Das Gottesreich wird in den Psalmen gegenüber allen anderen Schriften des AT besonders breit thematisiert. Während in den ersten drei Büchern (Ps 3-89) königstheologische bzw. „messianische“ Aussagen überwiegen, tritt in Ps 90-145 das Programm der Königsherrschaft JHWHs in den Vordergrund. In den Rahmenteilen (Ps 1-2 und 146-150) überlagern sich beide Perspektiven. Ps 145 stellt einen Lobpreis auf die universale Königsherrschaft JHWHs dar, „aus dem das Finale (Ps 146-150) herauswächst und den Psalter als Medium der Vergegenwärtigung und Annahme dieser Königsherrschaft deutet“ (G. Vanoni / B. Heininger, Das Reich Gottes. Perspektiven des Alten und Neuen Testament, NEB Themen 4, Würzburg 2002, 30 im Anschluss an E. Zenger, Der Psalter als Buch, in: ders., Der Psalter in Judentum und Christentum, HBS 18, Freiburg 1998, 1-57, 39).

26 Dass die Sanftmütigen die Erde erben werden, entstammt Ps 36,11/LXX; Mt 5,6 zeigt deutliche Anklänge an Ps 106,5.8f/LXX, Mt 5,8 korrespondiert Ps 23,4/LXX.

auf forschungsgeschichtliche Aspekte intensiver eingegangen werden muss.

3. Zum Zeitaspekt in den mt Seligpreisungen. Forschungsgeschichtliche Antworten

„Selig sind, die da geistlich arm sind, denn ihrer ist das Himmelreich“[27] – so lautet es am Anfang der Bergpredigt zumindest in der revidierten Fassung der Lutherbibel von 1984. Die Zusage wird hier präsentisch wiedergegeben, genau, wie es der Urtext erfordert.[28] „... denn ihnen gehört das Himmelreich / ὅτι αὐτῶν ἐστιν ἡ βασιλεία τῶν οὐρανῶν“ lautet die Apodosis nicht nur in der ersten, sondern auch in der achten Seligpreisung in Mt 5,10. Im Matthäusevangelium wird mit der ersten und achten Seligpreisung zum ersten Mal inhaltlich konkret ausgeführt, was der Begriff „Himmelreich“ in der Verkündigung Jesu eigentlich meint.[29] Formal bilden die beiden gleich lautenden Nachsätze bekanntlich eine Klammer um die inneren sechs, stilistisch gleich gestalteten Makarismen.[30] Insofern kann man die inneren sechs Seligpreisungen auch als Konkretisierungen dessen, was das Himmelreich ist, verstehen:[31] Das Himmelreich ist getröstet werden, die Erde erben, Barmherzigkeit erfahren, Gottesschau usw. Schaut man noch genauer in den durch die erste und achte Seligpreisung vorgegebenen Rahmen, fällt

---

27 Mt 5,3.

28 In der Ausgabe von 1545 heißt es sprachlich leicht abweichend: „denn das Himmelreich ist ihr“; ebenso bis zur revidierten Fassung von 1970. „Denn ihrer ist das Reich der Himmel“ bieten auch die Zürcher Bibel (1949) und die Elberfelder Bibel ([4]1992). Auch die meisten modernen Übersetzungen nehmen das griechische ἐστιν ernst. Die Einheitsübersetzung ([11]2000) bietet in Mt 5,3.10 „Selig sind ..., denn ihnen gehört das Himmelreich“. Ebenso übersetzen Wilckens ([8]1991) und Luz, EKK I/1, 268f. Die Bibel in gerechter Sprache ([3]2007) gibt die Verheißungen in Mt 5,3.10 jeweils mit „Selig sind ..., denn ihnen gehört Gottes Welt“ wieder. Dass das nicht ganz selbstverständlich ist und schon an dieser Stelle ein bezeichnendes Stück Interpretation einfließen kann, zeigt die Übertragung der Guten Nachricht Bibel (1997): „... mit Gott *werden* sie leben in seiner neuen Welt“.

29 Das Syntagma βασιλεία τῶν οὐρανῶν begegnet davor nur noch in Mt 3,2; 4,17.23.

30 Mt 5,4-9.

31 Vgl. Georg Eichholz, Auslegung der Bergpredigt, Neukirchen-Vluyn [3]1975, 28; Luz, EKK I/1, 280f.

auch der zweimal verwendete Begriff δικαιοσύνη / Gerechtigkeit auf.[32] Aus diesen Beobachtungen lässt sich eine zweistrophig angelegte Rahmenkomposition erschließen[33] – am Ende der Strophen steht jeweils der Terminus δικαιοσύνη, während sich die Nachsätze im ersten und achten Makarismus spiegelgleich verhalten. Von dieser Rahmenkomposition hebt sich die letzte, neunte Seligpreisung indessen durch ihren direkt formulierten Zuspruch und ihre Länge deutlich ab.[34]

Man kann nun innerhalb der Seligpreisungen über vieles streiten – auch darüber, ob die erste Strophe innerhalb der Rahmenkomposition Menschen meint, die unverschuldet unter einem Defizit leiden, und die zweite Strophe Menschen, die bewusst eine bestimmte Haltung einnehmen,[35] oder ob sich alle acht Vordersätze einheitlich auf ein aktiv zu steuerndes Verhalten und Tun beziehen.[36] Wie auch immer man sich an

---

32 Mt 5,6.10.

33 Vgl. dazu u. a. Luz, EKK I/1, 269; Gnilka, HThK I/1, 115; H. Weder, Die Rede der Reden. Eine Auslegung der Bergpredigt heute, Zürich 1985, 39f; H. D. Betz, The Sermon of the Mount, Minneapolis 1995, 110; F. Zeilinger, Zwischen Himmel und Erde. Ein Kommentar zur „Bergpredigt“ Matthäus 5-7, Stuttgart 2002, 34.

34 Vgl. auch den Wechsel zur 2. Person Plural. Wegen des neunmaligen μακάριος jeweils am Anfang wird hier von neun Makarismen (2x4+1) ausgegangen. Die Zahl der Makarismen wird seit der Antike diskutiert: vgl. dazu Betz, Sermon 105-109. Betz selbst geht von der (durch Trennung von Mt 5,11 und 12 bedingten) Zehnzahl aus: vgl. H. D. Betz, Die Makarismen der Bergpredigt (Matthäus 5,3-12). Beobachtungen zur literarischen Form und theologischen Bedeutung, in: ders., Studien zur Bergpredigt, Tübingen 1985, 17-33, 22; ders., Sermon 105f. Ob Matthäus eine Neuner- oder Zehnerreihe intendiert hat, ist nicht nur eine Frage verschiedener gängiger Ordnungsprinzipien. Vgl. Betz, Makarismen 22: „Die Zahl 10 (...) entspricht einem in der jüdischen Literatur häufig anzutreffenden Ordnungsprinzip und symbolisiert die Vollkommenheit.“ Eine Entscheidung ist auch theologisch insofern von Bedeutung, als die Zehnzahl mit dem Dekalog korrespondieren könnte. So (ohne Begründungszusammenhang, aber mit Folgen für die Interpretation) M. Köhnlein, Die Bergpredigt, Stuttgart 2005, 43: „Er (i. e. Matthäus) legt großen Wert auf die Zehnerzahl der Seligpreisungen, weil sie für ihn in seinem Evangelium den Stellenwert haben, den in der Thora des Mose die Zehn Gebote einnehmen.“ Die Annahme Köhnleins (die schon auf F. Delitzsch zurückgeht, Anm. d. Verfn.) ist grundsätzlich bedenkenswert, setzt jedoch weitergehende Analysen zur Rezeption der Exodustradition im Matthäusevangelium voraus.

35 Vgl. so W. Grundmann, Das Evangelium nach Matthäus, ThHK 1, Berlin [6]1986, 119; Köhnlein, Bergpredigt 42. Vgl. zu den Grundtypen in der Auslegungsgeschichte Luz, EKK I/1, 273.

36 So Kähler, Studien 178-186; Gnilka, HThK I/1, 129; M. Hengel, Zur matthäischen Bergpredigt und ihrem jüdischen Hintergrund, ThR 52, 1987, 327-400, spez. 331: „auf jeden Fall ein *wesentlich* vom aktiven Verhalten und Tun abhängiger Zu-

dieser Stelle entscheidet (und hier wird im Folgenden die zuletzt genannte Möglichkeit zur Grundlage der weiteren Überlegungen gemacht), bleibt doch eine andere und ebenfalls zu klärende Frage, wie man mit den unterschiedlichen Tempora in den Nachsätzen umgehen soll, denn die Zusagen der inneren sechs Makarismen sind anders als die der beiden rahmenden Seligpreisungen futurisch formuliert.[37] Die neunte Seligpreisung in Mt 5,11f, die die Überleitung zum nachfolgenden Salz- und Lichtwort bildet, ist vom zeitlichen Aspekt her hingegen durch den mit ὅτι eingeleiteten Nominalsatz nicht eindeutig festgelegt.[38]

Die Klärung des Verhältnisses beider Tempora zueinander ist m. E. nun ausschlaggebend für die genauere Bestimmung der Motivation allen in der Bergpredigt geforderten Handelns und Verhaltens. Von dieser Klärung hängt ab, wann sich für einen Menschen das Tun des Willens Gottes auszahlt bzw. wann sich Himmelreich ereignet. In der Exegese wird die Klärung der beiden Tempora üblicherweise so vorgenommen, dass entweder die Futura als leitend für das Verständnis auch der präsentischen Formulierungen angesehen werden oder umgekehrt die präsentischen Formulierungen als leitend für die Futura.[39] Versucht man dagegen, das Neben-, In- und Miteinander der verschiedenen Tempora in den Seligpreisungen als bewusste Setzung ernst zu nehmen, kann man zunächst ein Verhältnis von 2:6 konstatieren – zwei präsentischen Formulierungen stehen dreimal so viele futurische Aussagen gegenüber. Dieses wohl geordnete Zahlenverhältnis lässt sich im Hinblick auf die Wann-Frage des Himmelreichs in zweifacher Hinsicht interpretieren:

---

spruch". Gegen ein einheitlich ethisches Verständnis der matthäischen Makarismenreihe u. a. Broer, Seligpreisungen 96f. Broer sieht vor allem in Mt 5,3.4.6.10ff den Widerfahrnischarakter im Vordergrund stehen; ähnlich auch Weder, Rede 44f.

37 Vgl. Mt 5,3.10: ὅτι αὐτῶν ἐστιν ἡ βασιλεία τῶν οὐρανῶν; und Mt 5,4-9: παρακληθήσονται; κληρονομήσονται; χορτασθήσονται; ἐλεηθήσονται; ὄψονται; κληθήσονται.

38 Der Nominalsatz in Vers 12 wird jedoch in den einschlägigen Übersetzungen futurisch übersetzt: „es wird euch im Himmel reichlich belohnt werden" (Luther 1984); „euer Lohn im Himmel wird groß sein" (Einheitsübersetzung). Mit dieser Übersetzung befindet sich der Vers m. E. deutlich im Sog einer Interpretationsgeschichte, in der die Alternative Zukunftshoffnung oder Erfahrungsdimension der Gegenwart in den matthäischen Seligpreisungen zugunsten einer reinen Zukünftigkeit der basileia entschieden wird.

39 Dazu siehe Anm. 4 und unten Anm. 53.

Zum einen kann das Zahlenverhältnis prinzipiell etwas über die von Matthäus angenommene Relation von Gegenwart und Zukunft in der Himmelsherrschaft aussagen: Zu einem kleineren Teil ist die Himmelsherrschaft schon da, zu einem symbolisch dreifach größeren Teil steht sie noch aus. Zum anderen ist das Zahlenverhältnis möglicherweise als Konkretisierung auf jede einzelne Seligpreisung übertragbar: ersten Erfahrungen von Trost, Barmherzigkeit, Gerechtigkeit und Gotteskindschaft in der Gegenwart steht jeweils ein Dreifaches davon in der Zukunft gegenüber.

Nun hat nicht erst Matthäus die eschatologisch-zweideutige Spannung zwischen den beiden Zeitformen geschaffen – er hat sie bereits vorgefunden und übernommen.[40] Sie findet sich genauso in den Seligpreisungen der lukanischen Feldrede[41] und muss also schon auf die Logienquelle zurückgehen.[42] Da die am Anfang der Feldrede überlieferten Makarismen mit hoher Wahrscheinlichkeit auf Jesus selbst zurück geführt werden können,[43] dürfte das spannungsvolle Verhältnis zwi-

---

40 Matthäus hat die in der Logienquelle vorgefundenen Makarismen zwar noch einmal verändert, im Hinblick auf die Tempora ist er der Tradition jedoch genau wie Lukas treu geblieben. Der genaue traditionsgeschichtliche Werdegang der matthäischen Makarismen ist schwer zu erhellen, der Anteil der matthäischen Redaktion stark umstritten. Vgl. zur kontroversen Diskussion u. a. Broer, Seligpreisungen 53-63. Matthäus gerade am Anfang der Bergpredigt primär als Redaktoren und Tradenten vormt Rezensionen zu sehen (vgl. dazu u. a. Luz, EKK I/1, 270f), ist auch wenig plausibel. Die Bergpredigt ist in der Gesamtkonzeption des Evangeliums zu wichtig, als dass Matthäus an ihrem Beginn grundsätzlich nicht auch theologische Eigenständigkeit zugestanden werden sollte. Andererseits muss die Übernahme von Tradition auch nicht einfach treues „Weiterschleppen" bedeuten und gegen typische Absichten und eigene Gedanken des ersten Evangelisten sprechen. Selbst wenn er also die Sondergutmakarismen Mt 5,8f(10) oder Mt 5,4f(7) nicht selbst formuliert, sondern übernommen hat (vgl. dazu Broer, Seligpreisungen 54-63), können sie seiner eigenen Intention doch genau entsprochen haben. Insofern muss die viel diskutierte Frage nach Tradition und Redaktion an dieser Stelle einen Teil ihrer Bedeutung verlieren.

41 Vgl. Lk 6,20b.21: Μακάριοι οἱ πτωχοί, ὅτι ὑμετέρα ἐστὶν ἡ βασιλεία τοῦ θεοῦ. (21) Μακάριοι οἱ πεινῶντες νῦν, ὅτι χορτασθήσεσθε. Μακάριοι οἱ κλαίοντες νῦν, ὅτι γελάσετε.

42 Vgl. Luz, EKK I/1, 270.

43 Vgl. Zeilinger, Himmel 34: „Vermutlich weisen die drei ersten Seligpreisungen auf Jesus selbst zurück, da es sich um einen dreifach variierten Heilszuspruch an Deklassierte handelt, wobei aber jede christologische oder ekklesiologische Note fehlt." Vgl. auch M. Sato, Q und Prophetie. Studien zur Gattungs- und Traditionsgeschichte der Quelle Q, WUNT 2/29, Tübingen 1988, 256; Luz, EKK I/1,

schen präsentischen und futurischen Aussagen im Hinblick auf Gottes Reich also schon auf den ersten Sprecher zurückgehen.

Dass Matthäus und Lukas ihm in dieser Hinsicht die Treue bewahrt haben, hat forschungsgeschichtlich gesehen nun aber auch dazu geführt, dass in der Exegese bei der Frage nach dem Beginn des Gottesreichs zwischen jesuanischer und nachfolgender Tradition nicht immer getrennt worden ist. So ist auch das jeweilig theologiegeschichtlich beherrschende Paradigma für das temporale Verständnis der Reich-Gottes-Predigt Jesu automatisch auf das Verständnis der Bergpredigt übertragen worden – und ist dadurch auch die Motivation christlichen Handelns und Verhaltens indirekt mehrfach anders akzentuiert worden. Wirft man einen ganz kurzen Blick auf die klassisch gegebenen und in der modernen Exegese in prinzipiell ähnlichen Denkmustern wiederholten Antworten zur Frage, wie Jesus selbst das Reich Gottes verstanden hat,[44] müssen vor allem drei forschungsgeschichtlich relevant gewordene Ansätze genannt werden:[45]

1. Der erste lautet: das Reich Gottes war für Jesus zwar nahe herbeigekommen, aber nicht ohne das Ende der Welt und insofern nur rein zukünftig zu denken. Die eschatologische Verkündigung Jesu wird in diesem Interpretationsmodell als eine besondere Form der jüdischen Apokalyptik verstanden und die basileia demzufolge in der gesamten

---

271; F. Bovon, Das Evangelium nach Lukas, EKK III/1, Zürich 1989, 295; Gnilka, HThK I/1, 117.130; W. Trilling, Christusverkündigung in den synoptischen Evangelien. Beispiele gattungsgemäßer Auslegung, Leipzig 1968, 78; Theißen / Merz, Jesus 232f. Nur das zweimalige νῦν in Lk 6,21 wird als redaktionell angesehen. Vgl. Bovon, EKK III/1, 297. Die vierte Seligpreisung in Lk 6,22f, die mit Mt 5,11f parallel läuft, gilt als schon in Q zu findender gemeindlicher Zusatz. Vgl. Gnilka, HThK I/1, 117f.

44 Diese Frage hat durch die gesamte Kirchengeschichte bis in die Gegenwart hinein verschiedene Antworten erfahren und die neutestamentliche Wissenschaft seit Erscheinen der „Predigt Jesu vom Reich Gottes“ von Johannes Weiß (1892) stark bewegt. Vgl. dazu vor allem: Die Bedeutung der Reich-Gottes-Erwartung für das Zeugnis der christlichen Gemeinde. Votum des Theologischen Ausschusses der EKU, Neukirchen-Vluyn 1986, 76-94. Gnilka, EKK II/1, 68, bemerkt zusammenfassend zur Interpretationsgeschichte des jesuanischen Basileiabegriffs: „Es wäre möglich, mit seiner Hilfe eine Theologiegeschichte zu entwerfen.“

45 Vgl. dazu im Überblick H. Merkel, Die Gottesherrschaft in der Verkündigung Jesu, in: M. Hengel / A.-M. Schwemer (Hg.), Königsherrschaft Gottes und himmlischer Kult im Judentum, Urchristentum und in der hellenistischen Welt, WUNT 55, Tübingen 1991, 119-161, spez. 119ff.

Jesusüberlieferung – auch in den Seligpreisungen – als erst kommende und in völliger Diskontinuität zum Diesseits stehende Herrschaft der Himmel gedeutet.[46]

2. In der zweiten Lösung wird vom genauen Gegenteil ausgegangen. Sie verbindet sich mit dem in den 30er Jahren des vergangenen Jahrhunderts entstandenen Begriff der „realized eschatology“.[47] Nach Ansicht ihres Hauptvertreters Charles Harold Dodd hat Jesus überhaupt keine zukünftigen Ereignisse im Hinblick auf das Reich Gottes erwartet, sondern war das überzeitliche Gottesreich mit und in ihm auf Erden realisiert und von nun an eine Sache ausschließlich innerweltlicher Erfahrung und Entscheidung.[48] Christliches Handeln und Verhalten gewinnt in diesem Ansatz, der seine Nachwirkungen in der nordamerikanischen Exegese bis heute hat, folgerichtig seine Motivation von den allein immanent möglichen Erfahrungen des Gottesreichs her.[49] Die durch Dodd vorgenommene rein präsentische Deutung des Gottesreichs[50] war – forschungsgeschichtlich gesehen – allerdings in ähnlicher Weise wie die Resultate der konsequenten Eschatologie das Ergebnis einer axiomatisch geleiteten Interpretation des relevanten Quellenmaterials.[51] Das wird gerade auch an Dodds beiläufig erwähntem Verständnis der Seligpreisungen deutlich: Die futurischen Seligpreisungen sind nur Aspekte der ersten herausragenden Seligpreisung und als –

46 Vgl. J. Weiß, Die Predigt Jesu vom Reich Gottes, Göttingen 1892; ders. (Hg.), Die Schriften des Neuen Testaments I, Göttingen 1906, 240f; A. Schweitzer, Von Reimarus zu Wrede. Eine Geschichte der Leben-Jesu-Forschung, Tübingen 1906. Dieses Interpretationsmodell wird mit Modifizierungen bis in die Gegenwart vertreten. Vgl. u. a. L. Schenke, u. a., Jesus von Nazaret – Spuren und Konturen, Stuttgart 2004, 106-116.

47 Ch. H. Dodd, The Parables of the Kingdom, Oxford [6]1969, 41. Dodd hat seinen Ansatz in bewusster Absetzung vom apokalyptischen Interpretationsschema entwickelt.

48 Vgl. vor allem Dodd, Parables 40-44.151-153.

49 So abgeleitet aus Dodd, Parables 39 Anm. 19: das Reich Gottes „is realized in experience“.

50 Damit ist gemeint, dass Jesus ausschließlich eine eschatologisch erfüllte Gegenwart verkündet hat.

51 Vgl. dazu Dodd, Parables 29ff. Zur Kritik an Dodds Textauslegungen vgl. W. G. Kümmel, Verheißung und Erfüllung. Untersuchungen zur eschatologischen Verkündigung Jesu, Berlin [3]1967, 20f.51f.136-138.

irgendwann immanent mögliche Erfahrungen[52] – vollkommen konsistent mit der Vorstellung vom bereits gekommenen Gottesreich.[53]

3. Da Lösung 1 und 2 gleichermaßen mit der Gesamtheit der Texte nicht zu vereinbarende Extreme darstellten, hat es eine Vielzahl von Versuchen gegeben, beide Modelle miteinander zu verbinden.[54] Klassisch geworden ist dabei der Interpretationsansatz Werner Georg Kümmels, der sich – obwohl mehr als 60 Jahre alt – bisher immer noch als am tragfähigsten erwiesen hat, weil er auch dem gesamten Bestand der Jesusüberlieferung gerecht wird. Nach Kümmel war das Spannungsverhältnis von Gegenwart und Zukunft für das jesuanische Verständnis des Reiches Gottes grundlegend und das Reich Gottes also beides: Verheißung *und* Erfüllung, in ihm selbst schon wirksam werdende Realität *und* Hoffnung auf die Vollendung der Gottesherrschaft zugleich.[55] Auch in diesem Ansatz der so genannten doppelten Eschatologie gelten die Seligpreisungen jedoch als Ausdruck des zukünftigen Aspekts der Gottesherrschaft[56] und motivieren sie zum christlichen Handeln also erst auf ein Ziel in unbestimmter Zukunft hin.

---

52 So abgeleitet aus Dodd, Parables 39 Anm. 19: die basileia „is realized in experience“.

53 Dodd ist in seinem Hauptwerk, Parables 39 Anm. 19, zunächst nur marginal und bezeichnenderweise nur auf die präsentisch formulierten Makarismen Mt 5,3 und Lk 6,20 eingegangen. In einem späteren, formgeschichtlich ausgerichteten Aufsatz (ders., The Beatitudes. A form-critical study, in: ders., More New Testament Studies, Manchester 1968, 1-10) hat Dodd sein Verständnis der Eschatologie der Seligpreisungen so definiert, „that all the several kinds of blessedness are aspects of the one supreme blessing of possessing the Kingdom of Heaven“ (a. a. O. 7). „But all would be entirely consistent with the idea of a kingdom which already ἔφθασεν ἐφ' ὑμᾶς (Mt 12,28) – and after all, ἐστιν is in the present tense.“

54 Vgl. als Überblick u. a. W. Vogler, Die „Naherwartung“ Jesu, in: ders., Von Jesus zur Urkirche. Beiträge zum Neuen Testament (1982-1999), hg. von Chr. Böttrich, Leipzig 2001, 19-37, spez. 19f.

55 Vgl. Kümmel, Verheißung 145-147, der beides untrennbar miteinander verbunden und sich gegenseitig bedingend ansieht, „weil die Verheißung ihre Gewissheit erhält durch die in Jesus schon geschehene Erfüllung, und weil die Erfüllung als vorläufige und verborgene ihren Charakter als σκάνδαλον nur verliert im Wissen um die noch ausstehende Verheißung.“

56 Für den Ansatz der doppelten Eschatologie hat Kümmel die Seligpreisungen bewusst nicht herangezogen, „weil ihr futurisch-eschatologischer Sinn sich nicht aus dem Wortlaut, sondern nur aus dem Zusammenhang mit den übrigen eschatologischen Aussagen Jesu ergibt“ (Kümmel, Verheißung 42 Anm. 98).

Seitdem herrscht zumindest in der deutschen Exegese Konsens: Die Seligpreisungen gehören klar zu den futurischen Aussagen der Reich-Gottes-Predigt Jesu[57] und Matthäus hat sie auch genau mit diesem Sinn an den Anfang der Bergpredigt gestellt. Flankiert und unterstützt wurde dieses Verständnis noch durch eine Reihe formgeschichtlicher Untersuchungen zur Stilform des Makarismus.[58] In deren Ergebnis werden die Seligpreisungen durch alle Traditionsstufen hindurch als eschatologische Makarismen in der Nähe der Apokalyptik aufgefasst[59] und damit einem Strang der jüdischen Überlieferung zugeordnet, der sich u. a. im

---

57 Vgl. u. a. Vogler, Naherwartung 22; Theißen / Merz, Jesus 232f; Bovon, EKK III/1, 300f; Vanoni / Heininger, Reich Gottes 92; J. Gnilka, Jesus von Nazaret. Botschaft und Geschichte, Freiburg 1993, 145: „Wir stellen nur die Zukunftsperspektive heraus, die sich hier (i. e. in Lk 6,20f) für die Basileia besonders klar ergibt.“ Vielfach wird für die futurische Deutung des ἐστίν allerdings keine Begründung gegeben. Eine sachliche Begründung findet sich bei H. Merklein, Jesu Botschaft von der Gottesherrschaft. Eine Skizze, SBS 111, Stuttgart 1983, 52: „Tatsache ist, dass zumindest die zweite und dritte Seligpreisung im Nachsatz eine Verheißung aussprechen, die sich auf die *Zukunft* bezieht. Dagegen lässt sich nicht die erste, (im Griechischen) präsentisch formulierte Seligpreisung ins Feld führen, da eine Rückübersetzung ins Hebräische oder Aramäische einen Nominalsatz (ohne Verb) ergibt, dessen Bedeutung im Kontext der zweiten und dritten Seligpreisung eindeutig futurisch zu bestimmen ist. Die Nachsätze der Seligpreisungen, die eine Verheißung beinhalten, beziehen sich also auf eine Heils*zukunft.*“ (Hervorhebungen durch den Verfasser). Dieser Argumentation ist entgegenzuhalten, dass das Präsens dann – negativ gesehen – eine Fehlübersetzung oder – positiv gesehen – eigene Interpretation durch die ersten Übersetzer ins Griechische sein müsste, die sowohl Matthäus wie auch Lukas übernommen haben. Gerade weil es durch die ersten Übersetzer aber bewusst sperrig gegen die futurischen Aussagen gesetzt worden ist, kann es m. E. auch nur so gemeint gewesen sein. Im Übrigen ist auch EvThom 54 präsentisch formuliert.

58 Vgl. Kähler, Makarismen passim; E. Schweizer, Formgeschichtliches zu den Seligpreisungen, in: ders., Matthäus und seine Gemeinde, SBS 71, Stuttgart 1974, 69-85; K. Koch, Was ist Formgeschichte? Methoden der Bibelexegese, Neukirchen-Vluyn [5]1989, 8ff.

59 Vgl. zur Jesusstufe Merklein, Botschaft 24f; S. Schulz, Q – die Spruchquelle der Evangelisten, Zürich 1972, 83 zur Q-Stufe: „Das ἐστίν ist ... parusiechristologisch zu interpretieren: der apokalyptische Anbruch der Basileia steht so unmittelbar bevor, dass diese bereits als gegenwärtig zugesagt wird.“ Zur Mt-Stufe unter Bezug auf J. Schniewind vgl. Eichholz, Auslegung 28: „Ich denke, dass auch die präsentisch formulierten Nachsätze von 5,3 und 5,10 futurisch zu verstehen sind. Sie sprechen eschatologische Verheißung *schon jetzt* zu, aber eben: *eschatologische* Verheißung!“

äthiopischen Henoch in Kapitel 58,2 findet: „Selig seid ihr Gerechten und Auserwählten, denn herrlich wird euer Los sein."[60]

Folgt man diesem common sense, besteht die Funktion der Makarismen in diesem Interpretationsschema auf der Jesusstufe vor allem im Trost, der Menschen in defizitären Lebenssituationen kurz vor dem Anbruch des Reiches Gottes erreichen und vergewissern soll.[61] Dabei wird auch die erste Seligpreisung futurisch verstanden, denn ein bereits gegebener Zustand würde sachlich wie das präsentische Verständnis des ersten Makarismus überhaupt eine der Erfahrung kaum einleuchtende Tatsache beschreiben: Die wenigsten unfreiwillig Armen dieser Welt sind selig oder glücklich zu preisen,[62] und ihnen zu verkünden, dass sie jetzt schon das Gottesreich besitzen, kann ob der augenscheinlichen Kontrafaktizität einer solchen Predigt auch als purer Zynismus aufgefasst werden.[63]

---

[60] Vgl. u. a. Koch, Formgeschichte 9.21f; Schulz, Q, 81; Schweizer, Formgeschichtliches 71-77; G. Strecker, Die Bergpredigt. Ein exegetischer Kommentar, Göttingen 1984, 30-32. Gnilka, HThK I/1, 117, weist allerdings darauf hin, dass „die hier auffindbaren Beispiele spärlich" (ebd.) sind. Vgl. mit ähnlichem Ergebnis auch die Untersuchungen von Betz, Sermon 96. Betz sieht in beiden Makarismenreihen eschatologische wie innerweltliche Implikationen enthalten, weicht im Ergebnis aber nicht von anderen Studien ab, wenn er die innerweltlichen Implikationen der Seligpreisungen im Sinne eines antizipierten Verdikts bzw. der Offenbarung eines eschatologischen Urteils bestimmt: „Spoken in the present they reveal a message that belongs to the future of persons for whose eternal salvation this message is decisive" (ebd.; vgl. auch a. a. O. 110).

[61] Vgl. u. a. Gnilka, HThK I/1, 130. Solchen Menschen wird verheißen, dass sie für die Leiden in der gegenwärtigen Endzeit der Welt im eschatologischen Heilsraum Entschädigung erlangen werden. Vgl. auch Koch, Formgeschichte 52; Eichholz, Bergpredigt 28f.

[62] Vgl. Sato, Q, 255: „Warum sollten Hungernde glücklich sein? ... Die erste Heilsankündigung mit dem präsentischen ἐστίν spricht ... von einem bereits definitiv zugesprochenen Heil." Gnilka, HThK I/1, 119: „Wichtig ist zu sehen, dass nicht eine Feststellung getroffen wird. Wer wollte schon Arme glücklich preisen? Vielmehr wird eine Zusage gemacht ...". Luz, EKK I/1, 275: „Gegen die Evidenz der Seligpreisung z. B. der Hungernden spricht die alltägliche Erfahrung, dass sie nicht satt werden." Die Schwierigkeiten im Umgang mit den Urmakarismen fasst Bovon, EKK III/1, 298, zusammen: „Wie kann ich als wohlhabender Exeget es wagen, die Seligpreisungen in einer armen Welt auszulegen?" Vgl. ders. auch a. a. O. 300.

[63] Dieses Problem wird m. E. auch dadurch nicht gelöst, dass man die (unfreiwillig) Armen durch die Ansage des Gottesreiches in Selige verwandelt sieht. Vgl. H. Conzelmann, Grundriss der Theologie des Neuen Testaments, München 1967, 130, zu Lk 6,20: „Das Reich ist noch nicht da – es gibt noch Arme. Aber es manifestiert sich; den Armen wird nicht nur eine schönere Zukunft vorausgesagt, sondern die

Auf der Matthäusstufe handelt es sich in den Vordersätzen der Makarismen nach diesem exegetischen Konsens – streng gesagt – um Ermahnungen, werbend gesagt um eine Einladung im Blick auf das künftige Heil.[64] Lässt sich demgegenüber jedoch zeigen, dass das Nebeneinander präsentischer und futurisch-eschatologischer Formulierungen in den Seligpreisungen auf allen Traditionsstufen quasi in der theologischen Denklinie des Septuagintapsalters steht und bewusst so gesetzt worden ist, müssen sich in der Folge auch die Akzente für die Motivation christlichen Handelns am Anfang der Bergpredigt verschieben: Dann besteht die Funktion der Seligpreisungen genau wie die des griechischen Psalmenproömiums in der Einladung zu diesseitig und jenseitig erfahrbarem Heil. Versteht man dabei auch alle acht Vordersätze der matthäischen Makarismen einheitlich als aktiv zu beeinflussendes Sichverhalten und Tun, würde nach dem Tun-Ergehens-Schema ein erstes Stück Heil für das Hier und Jetzt verheißen, das sich aus den Grundhaltungen und dem aus ihnen folgenden Handeln erschließt. Dieser ersten Heilsverheißung in eschatologischer Ausrichtung, dem temporal-symbolischen Zahlenverhältnis von 2:6, korrespondiert möglicherweise dann auch der maßlos wirkende Anspruch der in der Bergpredigt folgenden Forderungen: Sie sind hier und jetzt noch nicht vollständig zu erfüllen, anfanghaft im symbolischen Zahlenverhältnis von 2:6 aber schon. Das ist trotzdem noch bessere Gerechtigkeit – auch wenn das Leben eines derartig Gerechten auf eine nicht für jeden und jede evidente Weise als auch schon irdisch wahrhaft glücklich – oder eben selig – zu bezeichnen ist.

---

jetzige Ansage verwandelt sie in Selige." Gnilka, HThK I/1, 130, versucht das Problem so zu lösen, dass er aus den drei Makarismen eine soziale Verpflichtung gegenüber den Armen für die ableitet, die sich auf Jesu Wort einlassen. Dabei bleibt m. E. für die Jesusstufe selbst schwierig, dass mit der direkten Anrede eben nicht die implizit zum Handeln aufgeforderten Jüngerinnen und Jünger gemeint sind, sondern die Armen selbst. Vgl. auch Schweizer, Formgeschichtliches 73: die Makarismen sind „als direkter Zuspruch an die eben jetzt vor dem Sprecher Stehenden formuliert." Die Vertreter der Auffassung vom nahe gekommenen, aber rein zukünftigen Reich Gottes in Jesu Verkündigung können dem Problem indessen begegnen: „Soll diese Zusage nicht zynische Vertröstung sein, muss Jesus das Kommen des Reiches in allernächster Zukunft erwartet haben" (Schenke, Jesus 118).

[64] Vgl. Hengel, Bergpredigt 361, der den ermahnenden Charakter der matthäischen Seligpreisungen betont (ähnlich auch Betz, Makarismen 96f); Gnilka, HThK I/1, 129, der in den neun Makarismen eine „nachdrückliche Einladung" sieht.

Die These kann weiterhin an Plausibilität gewinnen, wenn sich – traditionsgeschichtlich gesehen – auch schon auf der Jesusstufe eine Verschränkung weisheitlicher und endzeitlich-eschatologischer Perspektiven zeigen lässt und sich damit insgesamt für die urchristliche Eschatologie möglicherweise überhaupt ein neues, von der Septuagintatheologie her kommendes Verstehensmodell eröffnet.

3. Zur Eschatologie der Seligpreisungen auf der Jesusstufe

Für diese Stufe ist entscheidend, wie Jesus sich selbst in Bezug auf das Gottesreich verstanden hat. Wenn es richtig ist, dass er selbst die Kontinuität zwischen Gegenwart und Zukunft gestiftet hat und nach seinem Selbstverständnis in seinem Auftreten schon Gegenwart war, was das zukünftige Reich in noch größerer Fülle bringen würde,[65] dann können auch die Urmakarismen in einer Analogie zu seinem Leben und Wirken gesehen werden. Indem Arme, Hungernde und Weinende durch seine Person mit Gottes Nähe und Güte in Berührung kamen, ist ihnen in einer ersten, irdischen Dimension das Heil bereits zuteil geworden.[66] Die Auftaktposition des ersten Makarismus mit seiner präsentischen Formulierung ist so gewiss nicht zufällig, das ἐστίν konsequent und die Seligpreisung auch nicht kontrafaktisch. Mit den beiden Futura wurde für die ersten Adressatinnen und Adressaten gleichzeitig der Horizont in Richtung Zukunft geweitet,[67] ohne jedoch zu sagen, wann und wie diese

---

[65] Vgl. Kümmel, Verheißung 132.145-147. Dieser zeitliche Aspekt ist natürlich nur *eine* Dimension des Gottesreichs. Er erhält sein Recht u. a. aus den dezidiert unterschiedlich gewählten Tempora der Seligpreisungen. Andere Aussagen der Jesusüberlieferung akzentuieren eher den räumlichen Aspekt des Reiches Gottes. Vgl. M. Wolter, „Was heisset nu Gottes reich?“, ZNW 86, 1995, 5-19, 14: (zu Lk 11,20) „Es geht darum, dass eine im Himmel bereits bestehende Wirklichkeit in den Exorzismen Jesu irdische Realität gewinnt. Insofern akzentuiert diese Aussage nicht in erster Linie die Gegenwärtigkeit des Zukünftigen, sondern die irdische Präsenz des Himmlischen.“

[66] Das sieht auch Luz, EKK I/1, 275, so: „Die verheißene herrliche Zukunft bricht in seinem Wirken schon an.“

[67] Die beiden Futura müssen auch nicht ausschließlich endzeitlich gemeint gewesen sein. Im Weinen wieder Freude geschenkt zu bekommen und satt zu werden bei Hunger, das konnte sich zumindest in der Begegnung mit dem historischen Jesus auch schon gegenwärtig ereignen. Zumindest scheint Lukas diese Intention aufge-

Zukunft anbricht.[68] Schon bei den Urmakarismen lässt sich durch das Überwiegen der Zukunftsaussagen also prinzipiell der Mehrwert des Ausstehenden gegenüber ersten heilvollen Erfahrungen im Hier und Jetzt ablesen – doch auch die Gegenwart hat eben auch sehr wohl eine Heilsdimension. Insofern kann man auch hier innerweltlich-weisheitliche und endzeitlich-eschatologische Vorstellungen prinzipiell in einem fruchtbaren Neben- und Miteinander sehen. Während die eschatologische Ausrichtung der Urmakarismen exegetischer Konsens ist, wird ein weisheitlicher Hintergrund jedoch weithin abgelehnt,[69] zum einen deshalb, weil die Makarismen generell dem Zukunftsaspekt der basileia-Verkündigung Jesu zugeordnet werden, dann aber auch, weil sie offenbar nicht vom für die Weisheit typischen Tun-Ergehen-Zusammenhang her zu interpretieren sind: „Sie stellen weder ein menschliches Verhalten in den Vordergrund, noch ist die Verheißung an die Seliggesprochenen irgendwie die Folge eines Verhaltens. Hintergrund dieser drei Seligpreisungen ist vielmehr die apokalyptische Hoffnung auf eine totale Umkehr der Verhältnisse.“[70]

M. E. wird jedoch auch bei den Urmakarismen indirekt ein Verhalten und damit im weitesten Sinne ein Tun impliziert. Die Urmakarismen dürften kaum völlig voraussetzungslos auf alle Armen, Hungernden und Weinenden Israels bezogen gewesen sein.[71] Im Gegenteil: nur wer sich

---

nommen zu haben, indem er solche Episoden im Anschluss an die Feldrede erzählt. Vgl. Lk 7,1ff; 8,40-56; 9,10-17.

68 Vgl. zu diesem Sachverhalt allgemein Merkel, Gottesherrschaft 142, im Anschluss an die Analyse aller Logien von der nahen Gottesherrschaft: „Es gibt zwar Hinweise darauf, dass Jesus an eine künftige Basileia gedacht hat, aber der Zeitfaktor wird in keinem auch nur mit einiger Sicherheit als authentisch anzusehenden Logion thematisiert.“

69 Vgl. Sato, Q, 254; Luz, EKK I/1, 275. Anders jedoch Bovon, EKK III/1, 301, der bei Jesus die weisheitliche Tradition vom gegenwärtigen Glück mit der apokalyptischen Sicht vom zukünftigen Heil verbunden sieht.

70 Luz, EKK I/1, 275.

71 Vgl. jedoch Schenke, Jesus 118; und Merklein, Botschaft 46: „Kurz und apodiktisch werden ... Arme, Hungernde und Weinende seliggepriesen; bedingungslos wird ihnen das eschatologische Heil zugesprochen.“ Mit dieser Tendenz auch Weder, Rede 47f.81: „Sie (i. e. die Urmakarismen) setzen nichts anderes voraus als die Lage, in der sich die Angesprochenen faktisch befinden.“ Ebenso Schweizer, Formgeschichtliches 76f. Schweizer schränkt allerdings a. a. O. 76 seine Aussage selbst ein: „Losgelöst ... (vom) Ereignis des vollmächtigen Zuspruchs und des dadurch hervorgerufenen Hörens, zu allgemein gültigen und zugänglichen Regeln

unter den sozial Deklassierten und Leidenden auf die Autorität ihres Sprechers und dessen Anspruch in Bezug auf die Gottesherrschaft überhaupt einließ, konnte an den Verheißungen auch partizipieren.[72] Insofern gibt es also auch bei den Urmakarismen einen gewissen Tun-Ergehens-Zusammenhang, den man sachlich genauer eigentlich als einen Zusammenhang aus der aktiv zu beeinflussenden Grundhaltung des Vertrauens und einer entsprechenden ersten Erfahrung beschreiben muss. Dass dieser Zusammenhang aus Vertrauen und Erfahrung gerade für Menschen in defizitären Situationen auch schon hier und jetzt aufgehen kann, ist allerdings in der Tat nicht so evident und verallgemeinerbar wie es andere weisheitliche Sentenzen sind. Dass das Gottesreich für Arme, Hungernde und Weinende auch schon Gegenwart werden kann, ist letztlich ein Stück nicht auf die Jesuszeit einzuschränkender Glaubensweisheit, erfassbar nur in der Dimension der eigenen, Gott vertrauenden Erfahrung.[73] Solche kaum zu objektivierende Erfahrung weiß nach vielen Zeugnissen, für die biblisch wieder vor allem die Psalmen stehen, vom leichteren Zugang zu Gottes Nähe unter leidvollen Bedingungen, ohne dass diese als Voraussetzung für diese Art von Erfahrung formuliert werden könnten. Das wäre in der Tat mehr als problematisch und hier liegt auch das Recht aller Vorbehalte gegenüber einer präsentischen Interpretation des ersten Makarismus. Sprechen konnte, durfte die drei Urmakarismen so allerdings nur Jesus selbst, weil nur er auch für ihren Realitätsgehalt und die entsprechende Erfahrung schon in der Immanenz einstehen konnte.[74] Nach ihm konnte man diese Seligpreisungen m. E.

---

umformuliert, würden sie falsch." Vgl. ähnlich auch Weder, Rede 47f.82, der ebenfalls das Hören als Voraussetzung benennt.

72 Damit ist m. E. noch mehr im Spiel als das durch den Zuspruch veranlasste Hören des Angesprochenen (vgl. so Schweizer, Formgeschichtliches 76f). Etwas weiter geht hier Weder, Rede 47, wenn er das Gelingen des in der Seligpreisung vorliegenden Sprechaktes an das Sich-Ansprechen-Lassen der Angesprochenen und an deren Vertrauen auf die Handlungsmacht des Sprechers gebunden sieht. Von „Glaubenden" geht dagegen Bovon, EKK III/1, 301, aus.

73 Insofern ist Bovons Ansicht, dass man das Reich Gottes als „verborgen" durch die Person Jesu zu den Glaubenden gekommen betrachten muss, noch zu differenzieren. Vgl. ders., EKK III/1, 301.

74 Bovon, EKK III/1, 298, sieht das implizit ähnlich, wenn er die eigene Position beschreibt und zu Lukas in Beziehung setzt: „Wie kann ich als wohlhabender Exeget es wagen, die Seligpreisungen in einer armen Welt auszulegen? Auf keinen Fall darf ich mich als Vermittler verstehen. Meine einzig mögliche Stellung ist

nur noch im engsten Kreis der Gemeinde verkündigen – oder ihrer Wahrheit in eigener Lektüre auf die Spur zu kommen versuchen.[75]

Matthäus dürfte ein Bewusstsein dafür gehabt haben, dass nur Jesus selbst Notleidenden das bereits angebrochene Heil auch wirklich erfahrbar machen konnte. In der dritten Generation nach Ostern musste die Realität des ersten Stücks Himmelreich zwangsläufig auf andere Weise erfahrbar werden. Wenn man Matthäus gefragt hätte, wie? Hätte er wohl geantwortet: durch Hören auf die Verheißung und den durch Jesus interpretierten Willen Gottes, durch Tun und die daraus resultierende Erfahrung. Wenn die Bergpredigt primär an die Jünger im Sinne der vollgültigen Anhängerschaft Jesu gerichtet ist,[76] ist die ganze Rede von vornherein auf ein Hören mit vertrauensvollen Ohren und auf eine Bereitschaft zum Tun ausgerichtet. Die Offenheit eines solchen Hörens ist bei Matthäus genau wie auf der Jesusstufe die erste Voraussetzung, um die Gegenwart des Heils auch erfassen, Hoffnung für die Zukunft schöpfen und sich dann entsprechend verhalten zu können. Wiederum befinden wir uns hier in einer gewissen Analogie zum Eingang des Psalters.

Abschließend soll an anderen Stellen des Matthäusevangeliums exemplarisch das hier postulierte Verständnis der Himmelsherrschaft überprüft werden.

---

nicht auf der Seite Jesu, sondern auf der seiner Hörer. Seligpreisungen und Weherufe darf ich nur hören. Dies scheint auch die Haltung von Lukas gewesen zu sein.“

75 Die in den drei Urmakarismen angesprochene Erfahrung findet sich allerdings auch in anderen Texten des Neuen Testaments – in Texten, nach denen Gottesnähe gerade in Situationen des Mangels und Verlusts bzw. in Situationen, die sich keiner ausgesucht hat, für Glaubende als besonders dicht erfahrbar beschrieben wird und so die Hoffnung auf künftiges Heil auch begründet sein lässt. Für diese Paradoxie gibt es im frühen Christentum mehrere Parallelen: dazu gehört die paulinische Rede vom Kreuz und der von ihm geprägten Existenz (vgl. 2Kor 12,1-10; 1Kor 1,18-25) und die Aussagen des 1. Petrusbriefes (vgl. 1Petr 3,14; 4,13f; beide Texte sind als präsentische Makarismen formuliert!).

76 Vgl. Gnilka, HThK I/1, 110.

4. Zum zeitlichen Verständnis der Himmelsherrschaft im Matthäusevangelium

Nicht erst in den Seligpreisungen, schon an entscheidender Stelle zuvor im ersten Evangelium lässt sich die Himmelsherrschaft als auch-schon-präsentische Erfahrungsdimension deuten. Die Rede von der βασιλεία begegnet vor der Bergpredigt dreimal: in Mt 3,2; in Mt 4,17 und in Mt 4,23. Mt 3,2 wird als Ausspruch Johannes des Täufers im Munde Jesu wörtlich in 4,17 wiederholt: „Kehrt um, denn das Himmelreich ist nahe herbeigekommen!“[77] Wichtig sind in diesem Zusammenhang vor allem die beiden letzten Stellen: Mt 4,17 und Mt 4,23. Dass die Himmelsherrschaft im gesamten Matthäusevangelium in der Exegese gegenwärtig als eindeutig zukünftig interpretiert werden kann, hängt nicht nur an paradigmatischen Vorentscheidungen, sondern auch daran, dass Matthäus in 4,17 gegenüber Mk 1,15 gekürzt hat. Er hat vor allem nicht die Rede vom Kairos, der jetzt eingetreten ist, übernommen – und das kann als Ausdruck dafür verstanden werden, dass der erste Evangelist ganz bewusst „das präsentische Element in Jesu Verkündigung“[78] unterdrückt hat. Dabei gerät allerdings aus dem Blick, dass Matthäus das Perfekt des Verbums „sich nähern“ / ἤγγικεν verwendet hat. Das Perfekt eines Verbs im Griechischen bezeichnet bekanntlich den durch die vollendete Handlung bewirkten bleibenden Zustand, „die Dauer des Vollendeten“.[79] De facto ist es ein Gegenwartstempus. So ist auch nach matthäischer Diktion das Nahekommen der Himmelsherrschaft vollendet und – wenn man hier weiter schlussfolgert – die Himmelsherrschaft nun eigentlich auch da.[80] Zum anderen bietet Matthäus gegenüber seiner

---

77 In Mt 10,7 erfolgt der Ausspruch noch einmal durch die Jünger.

78 Luz, EKK I/1, 237.

79 F. Blass / A. Debrunner / F. Rehkopf, Grammatik des neutestamentlichen Griechisch. Göttingen [17]1990, 279.

80 Zur Bedeutung des Perfekts ἤγγικεν ist eine breite Forschungsdiskussion geführt worden. Vgl. u. a. Kümmel, Verheißung 13-18, der selbst (a. a. O. 17f) von der Übersetzung „nahe gekommen“ ausgeht. M. E. lässt sich nur (aber doch immerhin!) von Mt 26,45 ableiten, dass die Verbform bei Matthäus einen eigentlich eingetretenen Zustand bezeichnet. So wie in Mt 26,45 noch während des Redens der mit ἤγγικεν angekündigte Zustand eintritt, dürfte es sich auch in Mt 4,17 verhalten. Spätestens mit der Predigt des Evangeliums und den ersten Heilungen in Mt 4,23 war der Anfang des Himmelreichs auch da.

Markusvorlage in 4,23 zusätzlich ein Summarium, in dem er die Himmelreichs-Verkündigung mit Heilungen jedweder Art ausdrücklich verbindet.[81] Dieses Summarium lässt sich auch so interpretieren, dass beides, Verkündigung und Heilungen, Ausdruck konkreter Heilserfahrung und damit auch die ersten Realisierungen des Himmelreichs sind – nur dass das an dieser Stelle nicht explizit gesagt wird.[82] Matthäus bietet aber überhaupt nur selten explizite Aussagen darüber, dass Jesu Verkündigung und seine Heilungen Ausdruck des begonnenen Himmelreiches sind.[83] Im Prinzip können als ausdrückliche Hinweise dafür nur das Wort vom Austreiben der Dämonen durch den Gottesgeist und die Seligpreisung der Augenzeugen angeführt werden.[84] In der Regel müssen sich die Leserinnen und Leser des Evangeliums diese Zusammenhänge sonst aus dem erzählten Geschehen selbst erschließen[85] – und das wiederum liegt vermutlich daran, dass man das letztlich ohnehin nur mit den Augen und Ohren des Glaubens kann.[86] Die Realität des Himmelreiches zu erfassen ist eine nicht jeder und jedem gegebene Möglichkeit.[87] Zusammenfassend gesagt unterdrückt Matthäus das präsentisch-eschatologische Element der Markusvorlage also nicht, sondern bringt es nur mit anderen Mitteln zum Ausdruck. Wenn man es so sieht, bieten die Seligpreisungen im Matthäusevangelium jedenfalls nicht die erste Aussage zur Gegenwart des Heils. Und die letzte auch nicht: im ersten Evangelium finden sich eine ganze Reihe Logien, die dem präsentischen Aspekt des Himmelreichs deutlich Ausdruck verlei-

---

81 Mt 4,23: Καὶ περιῆγεν ἐν ὅλῃ τῇ Γαλιλαίᾳ διδάσκων ἐν ταῖς συναγωγαῖς αὐτῶν καὶ κηρύσσων τὸ εὐαγγέλιον τῆς βασιλείας καὶ θεραπεύων πᾶσαν νόσον καὶ πᾶσαν μαλακίαν ἐν τῷ λαῷ.

82 In Mt 9,35 wird 4,23 wiederholt. Auf dem Hintergrund der vielen in den Kapiteln 8 und 9 erzählten Heilungen ist das in 4,23 summarisch Angedeutete nun auch anschaulich geworden.

83 Vgl. Mt 12,28. Nach Merkel, Gottesherrschaft 143, zeigt dieses Logion philologisch deutlich, dass die Gottesherrschaft nicht nur vor der Tür steht, sondern bereits angebrochen ist.

84 Mt 12,28; 13,16f.

85 Vgl. vor allem Mt 8,1-4.5-13.14-17.28-34 und Mt 9,2-8.18-26.27-34.

86 Dieses Muster wird durch Mt 10,7 m. E. bestätigt. Auf die Ankündigung des de facto angekommenen Himmelreiches hin erfolgen Heilungen. Was sie bedeuten (können), wird auch hier nicht explizit gesagt, sondern muss aus dem Erzählten selbständig erschlossen werden.

87 Vgl. Mt 13,11(-17).

hen. Exemplarisch stehen dafür die beiden Gleichnisse vom Schatz im Acker und der Perle des Kaufmanns.[88]

Besonders interessant ist in diesem Rahmen jedoch der Kontext der Bergpredigt. Alle Himmelreichsstellen in Mt 5-7 lassen sich m. E. in analoger Weise zu den Seligpreisungen verstehen und rufen so in regelmäßigem Abstand innerhalb der Rede immer wieder die zentrale Motivation zum Handeln ins Bewusstsein.[89] Dem gerechten Tun und Sichverhalten entspricht ein Lohn, den man auch an den anderen Stellen als immanent bereits mögliche Ersterfahrung von Heil auffassen kann. Selbst die zweite Vaterunserbitte, um die sich alle anderen Himmelreichstexte konzentrisch legen, muss sich nicht zwingend allein auf ein universal gedachtes zukünftig-eschatologisches Kommen des Reiches beziehen, sondern kann individuell gesehen schon hier und jetzt – quasi morgen – Realität werden. Wo Gottes Name geheiligt wird, sein Wille geschieht, Menschen Brot haben und ihnen Schuld vergeben wird, da ereignet sich der Anfang des Reiches Gottes und motiviert zur Bitte um das vollständige Kommen. Im Hinblick auf die Eschatologie ist nicht zuletzt die Beziehung der Makarismen zum Ende der Bergpredigt beachtenswert. Hier findet sich erst das Logion über das Tun des Willens Gottes: „Nicht jeder, der zu mir sagt: Herr! Herr!, wird in das Himmelreich kommen, sondern nur wer den Willen meines Vaters im Himmel erfüllt“ (Mt 7,21) – und dann folgt mit der Doppelparabel vom Haus auf dem Felsen oder Sand der eschatologische Ausblick auf das Gericht (Mt 7,24-27). Beide Worte am Ende der Bergpredigt stehen den Seligpreisungen mit ihren schon-und-noch-nicht-Aussagen über das Himmelreich formal genau gegenüber.[90] M. E. hat Matthäus mit diesem Abschluss der Bergpredigt auch versucht, einem Missverständnis der prä-

---

[88] Mt 13,44-46. Vgl. dazu Merkel, Gottesherrschaft 149: „Der Mensch im Gleichnis verkauft sein Hab und Gut ja nicht deswegen, weil er in jenem Acker einen Schatz finden könnte, sondern weil er ihn bereits gefunden hat; der Perlenkaufmann hofft nicht nur auf eine besonders kostbare Perle, sondern sieht sie vor sich.“ Vgl. weiterhin Mt 11,5f.12f; 12,28; 13,16f; Mt 11,5f par.

[89] Vgl. neben Mt 5,3-12 die Stellen Mt 5,19 (Klein und Groß im Himmelreich aufgrund der Gebotserfüllung und -lehre); Mt 5,20 (Gerechtigkeit); Mt 6,10 (Vaterunser); Mt 6,20 (Schätze im Himmel); Mt 6,33 (Trachten nach dem Reich und Gerechtigkeit); Mt 7,21 (Tun des Willens Gottes).

[90] Vgl. Luz, EKK I/1, 254.

sentischen Seite des Himmelreichs in seiner Gemeinde zu begegnen.[91] Die Erfahrbarkeit von Himmelreich, von Gottes Nähe und Güte in der Gegenwart, bedeutete noch keinen endgültigen und vor allem auch keinen unverlierbaren Heilsbesitz.[92]

Damit zeigt Matthäus auch an den anderen Stellen der Bergpredigt ein Verständnis des Himmelreichs, das im Prinzip dem seit Werner Georg Kümmel eingeführten Ansatz der doppelten Eschatologie entspricht, das traditionsgeschichtlich präziser m. E. jedoch als Verschränkung weisheitlicher und eschatologischer Motivationen in der Traditionslinie des griechischen Psalters zu beschreiben ist. Im Septuagintapsalter wie auch bei Matthäus, letztlich auch bei Jesus, ist zwischen den einzelnen innerjüdischen Auffassungen davon, worauf zu hoffen und wie Leben daher zu gestalten ist, nicht exakt getrennt worden. Hier spiegelt sich überall die Lebendigkeit und Komplexität eines gewachsenen und wachsenden Glaubens, dem nicht an Definitionen gelegen war und dessen genaue Aufspaltung in einzelne Strömungen nur einer begrenzten Realität entsprach, so sehr die Erforschung der frühjüdischen Religionsgeschichte auf sie als analytisches Instrumentarium auch angewiesen ist.[93] Vielmehr ist auf die fruchtbare Koexistenz verschiedener Facetten zu achten – das Weiterziehen der von Gott begleiteten Lebenslinie bis in die Ewigkeit hinein jedenfalls, die sich seit dem 2. Jh. v. Chr. immer deutlicher in der Theologie des frühen Judentums abzeichnet, findet ihre Fortsetzung ganz folgerichtig in der eschatologischen Botschaft Jesu und der des frühen Christentums. Umgekehrt bietet die christliche Botschaft an dieser Stelle nur insofern wirklich Neues, als die konkrete Heilserfahrung im Hier und Jetzt wie auch Aspekte des künftigen Heils an die Person Jesu bzw. an sein Wort gebunden werden.

---

91 Mt 7,21 ist an die Gemeinde gerichtet! Vgl. Luz, EKK I/1, 527: „‚Herr‘ ist bei Matthäus die Anrede der Jünger ... Matthäus denkt also an die Gemeinde.“

92 Genau in diesem Sinn lässt sich m. E. auch der Abschluss der Gleichnisrede in Mt 13,47-50 verstehen. Matthäus war möglicherweise mit ähnlichen theologischen Problemen im Hinblick auf die Eschatologie konfrontiert wie Paulus in der Gemeinde von Korinth.

93 Vgl. J. Schaper, Der Septuaginta-Psalter als Dokument jüdischer Eschatologie, in: M. Hengel / A. M. Schwemer (Hg.), Die Septuaginta zwischen Judentum und Christentum, WUNT 72, Tübingen 1994, 38-61, spez. 44.

Abschließend noch einmal zurück zur ersten Seligpreisung. Hier findet sich in der rabbinischen Literatur eine bezeichnende Analogie im Hinblick auf den individuellen, jederzeit möglichen Zugang zur Himmelsherrschaft auch schon in der Gegenwart.[94] Nach der Auffassung der Rabbinen realisiert sich die malkhut schamajim, das Reich der Himmel, für einen Menschen überall dort, wo er sich bewussterweise dem Willen Gottes unterstellt.[95] Darauf, dass Matthäus ein Zwischen- und Bindeglied in der Kette frühjüdischer Vorstellungen über die Himmelsherrschaft bildet, verweist m. E. gerade die erste Seligpreisung. Wenn es richtig ist, dass sie die Niedrigkeit im Geist, die Demut meint,[96] dann dürfte sie als bewusst eingenommene Haltung nicht zufällig von Matthäus an den Anfang der Bergpredigt mit ihrer Fülle von Forderungen und Geboten als Empfehlung oder Ermahnung gestellt worden sein. Nicht dem eigenen Willen, sondern Gottes Willen Raum im Leben zu geben,[97] kann der Anfang der jederzeit möglichen Erfahrung der Himmelsherrschaft für einen Menschen werden.[98] Mit der Erfahrung dieses Anfangs dürfte dann aber auch die Motivation dafür gegeben sein, sich all den nachfolgenden Geboten zu unterstellen. Um in der

---

94 Zur Vorstellung vom Himmelreich bei den Rabbinen vgl. L. Jakobs, Art. Herrschaft Gottes / Reich Gottes III, TRE 15, 190: „Die rabbinischen Quellen sprechen nicht vom ‚Kommen' der Gottesherrschaft, da in ihrer Sicht Gott bereits in der gegenwärtigen Welt König ist. Der eschatologische Aspekt dieser Herrschaft betrifft lediglich ihre ‚Errichtung', d. h. ihre Anerkennung durch die gesamte Menschheit." D. h. Gott ist jetzt bereits König, hat aber noch nicht die Herrschaft über alles inne, da sie nicht von jedermann anerkannt wird. „Diese Anerkennung durch alle wird in der Endzeit erfolgen" (ebd.).

95 Vgl. Strack / Billerbeck I, 173. Das ist etwa im Rezitieren des Schema der Fall, für das „die Gottesherrschaft auf sich nehmen" als Synonym gebraucht wird.

96 Vgl. dazu Kähler, Studien 180; Luz, EKK I/1, 277f. Zu diesem schon bei Augustin zu findenden Verständnis vgl. auch Betz, Sermon 107f; Hengel, Bergpredigt 353.

97 Man muss Demut nicht zwingend pejorativ als Folge einer äußeren Bedrängnis verstehen. Vgl. so Gnilka, HThK I/1, 120: „die es gelernt haben, haben lernen müssen, sich zu bücken, ‚demütig' zu sein". Man kann Demut inhaltlich genauso verstehen, wie es Gnilka selbst im Anschluss an 1QM 11,9; 14,7; 1QH 5,22; 14,3 tut: „eine geistige Haltung gegenüber Gott ... In ihr erwarten die Gemeindeglieder alle Hilfe von Gott, auf dessen Eingreifen sie sich angewiesen wissen" (ebd.). Vgl. auch Mt 18,3f.

98 In diesem Sinne dürften auch die übrigen acht Makarismen einen jeweils möglichen Anfang beschreiben; die Demut hatte für Matthäus sicher aber inhaltliche Priorität.

Diktion des Matthäus zu bleiben: Selig sind, die das hören, tun und erfahren, denn ihrer *ist* und *wird* das Himmelreich sein.

Fundamente.

Beobachtungen zum Bildgebrauch in Mt 7,24-27

Christfried Böttrich

„Dieses Haus ist AUF KREIDE GEBAUT" – verkündet stolz die Inschrift einer kleinen Tafel im Nationalparkmuseum Jasmund (Rügen). Sie befindet sich neben einem Fenster, das im Fußboden der unteren Etage den Blick auf das weiß schimmernde Fundament des Bauwerkes freigibt. Im Kontext der Ausstellung, in der es um die Kreideküste rings um den „Königsstuhl" geht, stellt die Tafel einen unmittelbaren Bezug zum Ort her. Auch die Gefahren eines solchen Fundamentes werden nicht verschwiegen.

Gut dokumentiert und bei den Bewohnern Rügens noch in lebendiger Erinnerung ist der letzte große Kreideabbruch vom Februar 2005, als die berühmten „Wissower Klinken" unter dem Getöse von 50.000 Kubikmetern Material ins Wasser stürzten. Wenig später, am 20. März 2005, brach das Steilufer im nahegelegenen Lohme. Ein neues, gerade erst fertiggestelltes Heim der Diakonie fand sich plötzlich vier Meter vor der Bruchkante wieder; im Juli 2007 war die Kante bereits bis auf einen Meter herangerückt. Am 6. Mai 2008 begann der ferngesteuerte Rückbau des Hauses.[1] Die Erinnerung an Mt 7,24-27 lässt sich kaum unterdrücken: „Ein risikofreudiger Architekt baute sein Haus auf die Kreideküste bei Lohme. Und es kamen die Frühjahrsstürme, und das Sickerwasser drang in den Hang ein und weichte ihn auf, und der Hang kam ins Rutschen und das Haus geriet an den Rand des Abgrunds. Und der Absturz des Hauses wäre spektakulär gewesen – wenn die Erosion an der Steilküste nur ein kleines Stück weiter gearbeitet hätte." Gott sei

---

[1] Ausführlich berichtete die „Ostseezeitung" über das Diakonieheim am 26. Juli 2007, 6; 9. Januar 2008, 5; 7. Mai 2008, 6. Der jüngste Kreideabbruch in der Nähe von Sassnitz fand am 9. April 2008 statt.

Dank kam, abgesehen von der finanziellen Katastrophe, niemand zu Schaden.

Das Bildfeld von Mt 7,24-27 hat auch in einer ganz anderen Landschaft als der des bergigen Galiläa nichts von seiner Anschaulichkeit verloren. Häuser stürzen in allen Regionen und Kulturkreisen ein und müssen dazu nicht notwendiger Weise auf Sand gebaut sein. Fels wiederum erweist sich überall auf der Welt als das sicherste Fundament. Dennoch ist dem Verständnis des Bildes in diesem Gleichnis nicht so leicht beizukommen, wie es auf den ersten Blick erscheint.

Im Wintersemester 1994/95 hielt Christoph Kähler an der Theologischen Fakultät in Leipzig ein Hauptseminar zum Thema „Gerichtsgleichnisse“. Das Protokoll vom 24. Oktober dokumentiert dabei eine höchst kontroverse Diskussion über Mt 7,24-27: Ein Kommilitone, der vor seinem Theologiestudium Baufacharbeiter gelernt hatte, bestritt vehement die „Dummheit“ des zweiten Mannes und stellte die These auf, dass verdichteter Sand der beste Baugrund überhaupt sei, weswegen Sand und Fels im Zusammenspiel der Naturgewalten hier ausschließlich symbolisch verstanden werden müssten. Noch in den folgenden beiden Sitzungen setzte sich die Diskussion fort in Gestalt mehrerer Tischvorlagen mit detaillierten Erörterungen über den Hausbau in Palästina sowie über die Methodik der Bildfeldanalyse in Gleichnistexten.

In der Seminardiskussion über die scheinbare Plausibilität des Bildes traten manche Einsichten wie auch Dilemmata der langen Auslegungsgeschichte von Mt 7,24-27 deutlich zu Tage. Einerseits gehört seit Adolf Jülicher[2] die Wahrnehmung der sozialgeschichtlichen Wirklichkeit im Bildmaterial der Gleichniserzählungen zu den unverzichtbaren Standards jeder sachgemäßen Interpretation. Andererseits meldete sich schon bald unter den Nachfahren Jülichers wieder ein zunehmendes Gespür für die Komplexität metaphorischer Sprache zu Wort, die auch mit einem Verzicht auf Allegorese nicht einfach ausgeblendet werden kann.[3] In dem neuen „Kompendium der Gleichnisse Jesu“, dessen Konzeption

---

2 A. Jülicher, Die Gleichnisreden Jesu I/II, Freiburg / Leipzig / Tübingen 1899.

3 Vgl. dazu den instruktiven Forschungsüberblick bei C. Kähler, Gleichnisse, Glauben und Lernen 13, 1998, 98-111; ausführlicher ders., Jesu Gleichnisse als Poesie und Therapie. Versuch eines integrativen Zugangs zum kommunikativen Aspekt von Gleichnissen Jesu, WUNT 78, Tübingen 1995, 1-80.

als eine Art Pendant zu Jülichers epochalem Werk erscheint,[4] schlägt sich diese Entwicklung in einer sehr viel breiteren Berücksichtigung des metaphorischen Potentials von Sprache nieder. Auch wenn die Übertragung immer den Text als Ganzen im Blick haben muss, behalten die einzelnen Züge des Bildfeldes ihre metaphorische Qualität und lassen sich nie vollständig unter ein „tertium comparationis" subsumieren.

Für Mt 7,24-27 haben diese Beobachtungen eine besondere Bedeutung. Denn mit dem Verständnis dieses Gleichnisses ist das Verständnis der Bergpredigt auf das engste verbunden. Das Interesse der folgenden Beobachtungen gilt deshalb vor allem den verschiedenen Zügen und Facetten des Bildfeldes, um das „Fundament" der beiden Hausbauer und seine Übertragung genauer bestimmen zu können.

1. Literarische Konstellationen

Das Gleichnis von den beiden Hausbauern bildet in Mt 7,24-27 den Abschluss der Bergpredigt – so wie seine Parallele in Lk 6,47-49 analog am Schluss der Feldrede steht.[5] Daraus lässt sich folgern, dass beide Evangelisten das Gleichnis schon in derselben exponierten Stellung am Schluss der „programmatischen Rede" Jesu in Q vorfanden.

---

4 Kompendium der Gleichnisse Jesu, hg. v. R. Zimmermann, Gütersloh 2007.

5 Vgl. außer den einschlägigen Kommentaren zum Matthäusevangelium oder zur Bergpredigt noch: K. Abou-Chaar, The Two Builders: A Study of the Parable in Luke: 6:47-49, ThRev 5, 1982, 44-58; I. H. Jones, The Matthean Parables. A Literary and Historical Commentary, NT.S 80, Leiden / New York / Köln 1995, 174-189 (The Two Houses Mt 7:24-27 / Lk 6:47-49); C. L. Blomberg, Die Gleichnisse Jesu. Ihre Interpretation in Theorie und Praxis, Wuppertal 1998, 230-232; J. P. Heil, Parable of the Wise and Foolish Builders in Matthew 7:24-27, in: W. Carter / J. P. Heil, Matthew's parables. Audience-oriented perspectives, CBQ.MS 30, Washington 1998, 23-35; M. P. Knowles, „Everyone Who Hears These Words of Mine": Parables on Discipleship (Matt 7:24-27 // Luke 6:47-49; Luke 14:28-33; Luke 17:7-10; Matt 20:1-16), in: R. Longenecker (Hg.), The Challenge of Jesus' Parables, Grand Rapids 2000, 286-305; M. Mayordomo, „Einstürzende Neubauten" (Hausbau auf Felsen oder Sand) Q 6,47-49 (Mt 7,24-27 / Lk 6,47-49), in: Kompendium der Gleichnisse Jesu, hg. v. R. Zimmermann, Gütersloh 2007, 92-99.

Für eine Rekonstruktion dieser Vorlage, deren Wortlaut vermutlich näher an Matthäus als an Lukas lag,[6] können die folgenden Sachverhalte als wahrscheinlich angenommen werden:[7] Die gegensätzliche Entsprechung von Felsen (πέτρα) und Sand (ἄμμος) gehörte schon dem ursprünglichen Text an, ebenso die Beschreibung der Witterungsunbilden (Regen, Ströme, Winde). Der Akteur war auch in Q „ein Mensch", was beiden Szenen den Charakter unbestimmter Allgemeingültig verleiht. Die Handschrift des Matthäus verrät sich dann in der einleitenden Wendung „wer *diese* meine Worte hört und sie tut", die einen deutlichen Rückbezug auf den vorangegangenen Textkomplex der Bergpredigt herstellt;[8] ganz ähnlich offenbart auch Lukas in der Wendung „jeder der zu mir kommt" ein Charakteristikum seiner Konzeption.[9] Mit der alternativen Kennzeichnung eines „verständigen" und eines „dummen Mannes" macht sich erneut Matthäus bemerkbar,[10] während die Beschreibung der Fundamentierungsarbeiten wohl auf das Konto des

---

6 Vgl. dazu den Wortlaut bei J. M. Robinson / P. Hoffmann / J. S. Kloppenborg, The Critical Edition of Q, Leuven 2000, 96-101; ebenso Die Spruchquelle Q. Studienausgabe Griechisch und Deutsch, hg. und eingeleitet von P. Hoffmann / C. Heil, Darmstadt / Leuven 2002, 46-47.

7 Eine ausführliche Diskussion der Argumente bieten Jones, Matthean Parables (s. Anm. 5), 173-189; B. H. Gregg, The historical Jesus and the final judgment sayings in Q, WUNT 2/207, Tübingen 2006, 79-91, spez. 85-88. S. Witeschek, Propheten auf der Baustelle. Zur redaktionellen Gestaltung von Mt 7,24-27, BZ 51, 2007, 44-60, argumentiert gegen den Trend wieder für eine größere Nähe der Lk-Fassung zu Q und unterzieht dabei alle Indizien erneut einer kritischen Prüfung.

8 Eine andere Frage ist, ob „meine Worte" (Mt / Lk) ursprünglich sind oder, wie Flusser (s. unten Anm. 28) meint, „Worte des Gesetzes" (über die Jesus ja dezidiert spricht) ersetzt haben. Wenn man allerdings den Vollmachtsanspruch Jesu, der sich an vielen Stellen zeigt, ernst nimmt, dann muss „meine Worte" gerade als das Proprium der ursprünglichen Einleitung verstanden werden: Die Worte der Tora erhalten ein neues Profil in der Auslegung Jesu, was nun zum Maßstab für Bestand oder Fall wird.

9 Lukas tendiert immer wieder zu einer Aufweitung der Perspektive bzw. zu Verallgemeinerungen: 6,44 (jeder Baum), 14,33 (jeder von euch, der nicht ...); 9,23 (der nehme täglich sein Kreuz auf sich); 11,23 (das Brot für den nächsten Tag gib uns täglich / Tag für Tag) usw.

10 Beides sind bei Matthäus Vorzugsvokabeln; ganz analog erscheinen die „vernünftigen" und „dummen" jungen Frauen in Mt 25,1-13; vgl. zu φρόνιμος noch Mt 10,16 (vernünftig wie Schlangen); 24,45 (treuer und vernünftiger Sklave); zu μωρός Mt 5,22 (Bezeichnung ‚Dummkopf' als strafwürdige Rede); 23,17 (‚blinde Dummköpfe' als Auftakt einer Drohrede).

Lukas geht.[11] Im katastrophalen Ende stimmen beide Fassungen wieder (bei geringfügigen Varianten) überein.

Besonderes Interesse verdienen jedoch die jeweiligen Spezifika des Bildes. Matthäus beschreibt den Hausbau mit Blick auf den Baugrund, ohne ein Fundament eigens zu erwähnen: Der verständige Mann baut „auf den Felsen", der dumme Mann baut „auf den Sand". Die Bedrohung des Hauses schildert Matthäus als eine dreifache, wobei zunächst offen bleibt, ob es sich dabei um eine Steigerung oder um eine Art konzertierter Aktion handelt: „Regen / Ströme / Wind" greifen das Haus jedenfalls von allen Seiten an und signalisieren die Totalität der Bedrohung. Anders verfährt Lukas, dem es ausdrücklich um die Herstellung eines Fundamentes geht. Der erste Protagonist tut, was man im Tiefbau zu tun pflegt: Er hebt eine Baugrube aus, bis er auf Felsen stößt – „und er legte ein Fundament (θεμέλιον) auf den Felsen." Die Dummheit des Zweiten aber besteht nicht darin, dass er den falschen Baugrund wählt, sondern dass er sich das Ausschachten spart: Er „baute sein Haus auf die Erde ohne Fundament (ἐπὶ τὴν γῆν χωρὶς θεμελίου)". Die Bedrohung erfolgt durch ein Hochwasser (πλήμμυρα und ποταμός), dem das im Boden versenkte Fundament standhält, dem aber das auf die Oberfläche gesetzte Haus schutzlos ausgeliefert ist.

Man hat das abweichende Szenario gern als Reflex unterschiedlicher geographisch-topographischer Verhältnisse verstanden:[12] Im wolkenbruchartigen, von starken Sturmböen begleiteten Regen bei Matthäus, der auf dem lockeren Sandboden einen Sturzbach erzeugen kann, würde sich dann eher palästinisches Lokalkolorit widerspiegeln. In dem Haus, das wie bei Lukas vom Hochwasser bedroht und „erschüttert" (σαλεύω) wird, käme indessen die Situation eines Flusstals zur Darstellung, was auch in andere Gegenden passt. Ansonsten wird freilich über einen Ort

---

11 Ein ähnliches Interesse an konkreter Arbeit zeigen Lk 12,18 (Baupläne des reichen Bauern); 13,8 (Pflege des Feigenbaums); 14,28-29 (Planung eines Turmbaues); 16,3 (Überlegungen des Verwalters). Entgegen dieser Tendenz lässt Lk 20,9-19 (böse Winzer) dann allerdings gegen Mk / Mt die Anlage des Weinbergs nach dem Vorbild von Jes 5,2.5 wieder aus.

12 So erstmals Jülicher, Gleichnisreden II (s. Anm. 2), 264; dann wirksam J. Jeremias, Die Gleichnisse Jesu, Berlin 1972 (= Göttingen [7]1965), 193; U. Luz, Das Evangelium nach Matthäus. 1 (Mt 1-7), EKK I/1, Zürich / Neukirchen-Vluyn 1985, 412; Mayordomo, „Einstürzende Neubauten" (s. Anm. 5), 94.

oder ein Umfeld in beiden Zusammenhängen nichts gesagt. Die wenigen Andeutungen gestatten es kaum, das lokale Ambiente der beiden Evangelisten präziser zu bestimmen. Auch die Bauweise der Häuser oberhalb des Fundamentes lässt sich aus der Art ihrer Bedrohung (Matthäus: der Sturm bringe instabile Lehmhäuser zum Einsturz; Lukas: da der Sturm nicht erwähnt werde, sei an Steinhäuser gedacht)[13] noch nicht erkennen. Sicher ist nur, dass die Standfestigkeit der beiden Häuser von ihrem Baugrund bzw. von ihrer Fundamentierung abhängt.

Die Struktur des Gleichnisses hat ihr auffälligstes Merkmal in dem Kontrast zweier parallel gestalteter Szenen.[14] Alle narrativen Mittel sind äußerst sparsam eingesetzt. Bei Matthäus tritt die Parallelität noch konsequenter zu Tage als bei Lukas. Doch davon unabhängig lebt die Pointe in beiden Fassungen ausschließlich von dem scharf gezeichneten Gegensatz: Im Lichte der Klugheit des Einen erscheint die Dummheit des Anderen um so größer – und umgekehrt.[15] Das positive Beispiel kommt zuerst, die Katastrophe steht am Schluss. Beide Szenen bieten somit Alternativen an, von denen die erste beim Publikum auf Zustimmung, die zweite aber auf Ablehnung stößt.[16] Dass Matthäus die Bedrohung des Hauses differenzierter schildert als Lukas, weckt auch die Neugierde für diesen Nebenzug. Doch an dem für das Gleichnis konstitutiven Kontrast ändert die Ausschmückung des Unwetters nichts. Im Hintergrund steht hier jener ethische Dualismus weisheitlicher Prägung,

---

13 Luz, Matthäus 1 (s. Anm. 12), 412.

14 Zu den formalen Besonderheiten vgl. vor allem C. Münch, Die Gleichnisse Jesu im Matthäusevangelium. Eine Studie zu ihrer Form und Funktion, WMANT 104, Neukirchen-Vluyn 2004. Ein Kontrastbild als entscheidendes Strukturmerkmal findet sich noch in Mt 18,23-35 („Schalksknecht"); 21,28-32 (ungleiche Söhne); 24,45-48par (vernünftiger / böser Sklave); 25,1-13 (vernünftige / dumme junge Frauen); 25,31-46 (Schafe / Böcke). Über Mt hinaus erscheint dieses Merkmal als ein Charakteristikum der Gleichnisse Jesu überhaupt – vgl. etwa noch Lk 7,41-42 (zwei Schuldner); 16,19-31 (reicher Mann / armer Lazarus); 18,9-14 (Pharisäer / Zöllner).

15 Deshalb handelt es sich hier auch nicht um ein „Doppelgleichnis" (wie häufig zu lesen), in dem derselbe Sachverhalt variiert und durch ein neues Bild dargestellt wird (z. B. verlorenes Schaf und verlorene Drachme Lk 15,1-10); in Mt 7,24-27 / Lk 6,47-49 sind beide Szenen unmittelbar aufeinander bezogen und könnten selbständig nur schlecht existieren.

16 Diesen pragmatischen Effekt betont Heil, Parable (s. Anm. 5): Ziel ist es, „... encouraging Matthew's audience to be the wise man ..." (34).

der sich in der frühjüdischen Paränese einen vielfältigen Ausdruck verschafft hat.[17] Gerechter und Frevler werden einander gegenüber gestellt; sie beschreiten den Weg des Lebens oder des Todes, bewahren oder verachten Gottes Gebot, sind Kinder des Lichtes oder der Finsternis.[18] Matthäus hat diese Tradition aufgenommen[19] und dadurch unterstrichen, dass er von vornherein beide Männer als „verständig" (φρόνιμος) und als „dumm" (μωρός) bezeichnet und insgesamt den Kontrast noch symmetrischer als Lukas gestaltet.[20] Da nach dem einleitenden Satz ihr Verhalten in Analogie zu „hören und tun" steht, liegt die ethisch-paränetische Absicht auf der Hand.

In formaler Hinsicht ist es unerheblich, ob man diese kleine Erzählung als Gleichnis oder Parabel bezeichnet.[21] Bei Matthäus entsteht durch die beiden Konkretisierungen „ein verständiger Mann" und „ein dummer Mann" stärker der Eindruck eines Präzedenzfalles, während Lukas mit „ein Mensch" so und „ein Mensch" so eher Beispiele andeutet, denen man überall und jederzeit begegnen kann. Aber für den Witz der Sache tragen solche Unterscheidungen wenig aus. Vielmehr liegt alles daran, dass die Verfahrensweisen beider Akteure in sich als sinnvoll oder als unsinnig erkennbar sind. Das aber wird jeweils durch das abschließende Urteil gesichert: Im ersten Fall bleibt das Haus stehen (Matthäus: „Und es fiel nicht ein."; Lukas: „Und er konnte es nicht

---

17 Zur Zwei-Wege-Ethik vgl. immer noch grundlegend S. Wibbing, Die Tugend- und Lasterkataloge im Neuen Testament und ihre Traditionsgeschichte unter besonderer Berücksichtigung der Qumran-Texte, BZNW 25, Berlin 1959.

18 Im unmittelbaren Kontext: 7,16-18 (guter und schlechter Baum / gute und schlechte Frucht).

19 Sie prägt bereits die Struktur der Bergpredigt: 5,21-48: es ist gesagt / ich aber sage; 6,1-8: öffentliches / verborgenes Almosengeben und Beten; 6,16-18: auffälliges / unauffälliges Fasten ; 6,22-23: gutes / böses Auge; 6,24: Gott oder Mammon; 7,3-5: Splitter im fremden / Balken im eigenen Auge; 6,19-21: Schätze auf Erden / im Himmel; 7,13-14: enges / breites Tor; 7,15-20: gute / faule Früchte.

20 G. Schwarz, Er „wird einem klugen / törichten Mann ähnlich werden"? (Matthäus 7,24b.26b), BN 68, 1993, 24-25, plädiert auf der Basis einer Rückübertragung ins Aramäische für die Übersetzung: „Mit ihm wird es sein, wie mit einem vernünftigen / törichten Mann."

21 Seit Jülichers Definitionen wird die Zuordnung unterschiedlich vorgenommen: Ob hier eine allgemein einsichtige, unmittelbar nachvollziehbare Begebenheit aus dem Alltag (Gleichnis im engeren Sinne) oder ein spektakulärer, unerhörter Einzelfall, der auf die Überraschung des Publikums aus ist (Parabel) erzählt wird, hängt letztlich vom Geschmack des Exegeten ab.

erschüttern."), wobei Lukas noch als ausdrückliches Gütesiegel vermerkt: „Denn es war gut gebaut." Im zweiten Fall ist der Einsturz übereinstimmend „groß" (μέγας). Das alles leuchtet unmittelbar ein und bedarf keiner weiteren Erklärung.

Für die Einordnung in den Makrotext ergibt sich bei Matthäus noch einmal ein besonderer Zusammenhang. Alle fünf großen Redeeinheiten enden mit einem Ausblick auf das Gericht – von der Bergpredigt Mt 5-7 bis hin zu der großen Endzeitrede Mt 24-25 als dem Finale dieses Motivstranges.[22] Das Gleichnis, dessen alternierende bzw. kontrastierende Struktur die Tradition weisheitlicher Paränese aufnimmt, ist thematisch demnach als ein Gerichtsgleichnis zu bestimmen. So war es bereits in der Q-Fassung angelegt, auch wenn Matthäus diese Vorgabe dann viel konsequenter aufgenommen und genutzt hat als Lukas.[23] Auf der Ebene der Jesuserzählung des Matthäus wird damit jedenfalls eine Thematik von existentieller Bedeutung angeschnitten. Es geht nicht nur um mehr oder weniger geschicktes Verhalten, sondern letztlich um Sein oder Nichtsein, um Bestehen oder Fallen.

2. Rabbinische Parallelen

Der Bildgebrauch in Mt 7,24-27 lässt sich noch schärfer profilieren, wenn man ihn im Licht anderer Gleichnistexte liest. Dabei geht es nicht um die Frage von Abhängigkeiten oder Beeinflussungen, sondern darum, wie ein vergleichbares Bildfeld für ein ähnliches oder auch ganz

---

22 Lediglich die Aussendungsrede Mt 10 endet mit einer Heilszusage. Bergpredigt 5,1-7,29: Gleichnis von den beiden Hausbauern (7,24-27); Aussendungsrede 10,5-11,1: Lohn für Gastfreundschaft (10,40-42); Gleichnisrede 13,1-52: Gleichnis vom Fischnetz (13,47-50); Jüngerrede 18,1-35: Gleichnis vom „Schalksknecht" (18,23-35); Endzeitrede 24,1-25,46: Weltgericht (25,31-46).

23 Gregg, The historical Jesus (s. Anm. 7), 79-91 (= Q 6:47-49). Nach der Ebene des historischen Jesus fragen M. Reiser, Die Gerichtspredigt Jesu. Eine Untersuchung zur eschatologischen Verkündigung Jesu und ihrem frühjüdischen Hintergrund, NTA 23, Münster 1990 (auf Mt 7,24-27par geht Reiser nicht eigens ein); C. Riniker, Die Gerichtsverkündigung Jesu, EHS.T 653, Bern 1999, 275-287 (= Lk 6,47-49par).

anders geartetes Anliegen genutzt werden kann.[24] Für die synoptischen Gleichnisse stellen dafür die Gleichniserzählungen der rabbinischen Tradition die nächste Bezugsgröße dar.[25] Aufschlussreich sind für Mt 7,24-27 vor allem drei Textzusammenhänge, auf die auch in der Kommentarliteratur regelmäßig hingewiesen wird.[26] Sie repräsentieren eines der Hauptthemen im Traktat Abot (mAb), das in Abot de Rabbi Natan (ARN) weitergeführt wird:[27] Es handelt sich dabei um den Zusammenhang von Studieren und Tun bzw. um „die rabbinische Theorie-Praxis-Diskussion".[28]

---

24 Die Problematik solcher Vergleiche findet sich klassisch referiert bei S. Sandmel, Parallelomania, JBL 31, 1962, 1-13; zum Umgang speziell mit den Rabbinica vgl. Christina Biere, Jüdische Theologie als Gegenstand christlicher-theologischer Rezeption bei Paul Billerbeck, VuF 53/2, 2008, 16-26.

25 Ein relevantes Beispiel bietet im frühen Judentum bereits Sir 22,19: „Wie ein Haus, das mit Holzbalken fest gefügt ist, im Sturmwind nicht zerfällt, so ist auch ein Herz, das seiner Sache gewiss ist: das fürchtet sich vor keinem Schrecken." Hier fehlt freilich das Gegenbild, und die Gewissheit des Herzens erscheint lediglich als Ausdruck individueller Stärke.

26 Außer den einschlägigen Kommentaren vgl. vor allem A. Wünsche, Neue Beiträge zur Erläuterung der Evangelien aus Talmud und Midrasch, Göttingen 1878, Nachdr. Hildesheim / Zürich / New York 2005, 110; Jülicher, Gleichnisreden II (s. Anm. 5), 267; P. Fiebig, Die Gleichnisreden Jesu im Lichte der rabbinischen Gleichnisse des neutestamentlichen Zeitalters, Tübingen 1912, 69-71. 81-82. 186-187; P. Billerbeck, Kommentar zum Neuen Testament aus Talmud und Midrasch 1, München 1926, 469-470; G. B. Ginzel, Die Bergpredigt: jüdisches und christliches Glaubensdokument. Eine Synopse, Tacheles 3, Heidelberg 1985, 122-126; K. Berger / C. Colpe, Religionsgeschichtliches Textbuch zum Neuen Testament, NTD.TNT 1, Göttingen 1987, 105.

27 Über die Datierung von mAb gehen die Auffassungen weit auseinander. L. Finkelstein, Introductory study to Pirke Abot, JBL 57, 1938, 13-50, repräsentiert etwa die lange verbreitete Frühdatierung und sieht in dem Traktat vorrabbinische Tradition. Für ein langes Wachstum bis in nachtalmudische Zeit wiederum plädiert neuerdings mit guten Gründen G. Stemberger, Mischna Avot. Frühe Weisheitsschrift, pharisäisches Erbe oder spätrabbinische Bildung?, ZNW 96, 2005, 242-258: „Erst seine späte Wirkungsgeschichte hat ihn zur Quintessenz rabbinischen Denkens gemacht ..." (257).

28 C. Thoma / S. Lauer, Die Gleichnisse der Rabbinen. Erster Teil. Pesiqtā de Rav Kahanā (PesK). Einleitung, Übersetzung, Parallelen, Kommentar, Text, JudChr 10, Frankfurt u. a. 1986, 215; insgesamt auch D. Flusser, Die rabbinischen Gleichnisse und der Gleichniserzähler Jesus. I: Das Wesen der Gleichnisse, JudChr 4, Frankfurt u. a. 1981, 98-104.

Interesse verdient zunächst das „Gleichnis von der Standfestigkeit eines Baumes" in mAb 3,17,[29] das Rabbi Eleazar ben Azarja zugeschrieben wird.[30] Das Bildfeld entstammt nicht dem Hausbau, sondern der Vegetationsmetaphorik (Baumwuchs und Verwurzelung).[31] Als Parallele zu Mt 7,24-27 bietet sich dieses Gleichnis aufgrund seines sachlichen Bezuges an. Zwar ist der Baum mit Wurzeln und Blättern anders als ein Haus und dessen Fundament nicht das Ergebnis kluger oder dummer menschlicher Tätigkeit. Er ist schon da und lädt lediglich zur Beobachtung seiner Besonderheiten ein. Doch man kann die Wurzeln durchaus als eine Art „Fundament" des Baumes verstehen, das für seine Stabilität verantwortlich ist. Worauf sich diese Stabilität bezieht, verrät die Einleitung des Gleichnisses: „Jeder, dessen Weisheit größer ist als seine Taten – wem gleicht er? ... / Und jeder, dessen Taten mehr sind als seine Weisheit – wem gleicht er? ..." Wie in Mt 7,24-27 wird die Zuordnung von Theorie und Praxis reflektiert. Aber das Verhältnis ist nicht grundsätzlicher Art (Praxis ja oder nein?), sondern quantitativer Art (was dominiert – Praxis oder Theorie?). Es geht weder um ein Defizit noch um eine Balance, sondern um die richtige Rangordnung von Wissen und Tun, wobei das Tun einen deutlichen Vorrang erhält. Der erste, theorielastige Typ Mensch gleicht „einem Baum, dessen Wipfel groß und dessen Wurzeln wenige sind; wenn der Wind kommt, reißt er ihn aus und stülpt ihn um auf sein Gesicht." Der praxislastige Mensch aber

---

29 Die Zählung der Paragraphen erfolgt in den verschiedenen Editionen uneinheitlich: Die meisten folgen der Hs. Kaufmann (Basis der Gießener Mischna) und schreiben 3,17; Fiebig (s. Anm. 26) schreibt 3,18 und bezieht sich damit vermutlich auf die Edition von H. L. Strack, Leipzig 1882; Viviano (s. Anm. 30) nimmt mit 3:17 (D 18) beide Zählungen auf und bezieht sich damit vermutlich auf die Edition von H. Danby, Oxford 1933; Wünsche, Neue Beiträge (s. Anm. 26) 110, schreibt Aboth III 22 (was es gar nicht gibt) und meint damit offensichtlich ARN(A) 22, wenngleich seine Übersetzung dann mAb 3,17 wiedergibt.

30 Text hebr. / dt. bei G. Beer, 'Abôt (Väter), Die Mischna IV/9, Gießen 1927; F. Ueberschaer / M. Krupp, Avot. Väter, in: Die Mischna. Textkritische Übersetzung und Kommentar, hg. von M. Krupp, Jerusalem 2003. Weitere dt. Übersetzungen bei D. Correns, Die Mischna in deutscher Übertragung, Wiesbaden 2005, 591; Billerbeck I (s. Anm. 26), 469; Fiebig (s. Anm. 26) 69f (= Nr. 14). Hebr. / engl. mit ausführlichem Kommentar bietet den ganzen Traktat auch B. T. Viviano, Study as Worship. Aboth and the New Testament, SJLA 26, Leiden 1978, 4-102, spez. 82-86. Die weiteren Zitate aus mAb folgen der Übersetzung von Ueberschaer / Krupp.

31 P. von Gemünden, Vegetationsmetaphorik im Neuen Testament und seiner Umwelt. Eine Bildfelduntersuchung, NTOA 18, Göttingen 1993.

gleicht „einem Baum, dessen Wipfel wenig und dessen Wurzeln viele sind; sogar wenn alle Winde über ihn kommen, bewegen sie ihn nicht von seinem Ort." Das Wurzelwerk des Baumes erinnert an Ps 1,1; zudem werden für die so unterschiedlich gearteten Bäume auch noch Schriftbelege angeführt (Jer 17,6 und Jer 17,8).[32] Ähnlich wie bei Matthäus ist es der Sturmwind, der die Katastrophe verursacht. Stärker als in dem Gleichnis Jesu wird jedoch in mAb auch noch die Differenz zwischen Schein und Sein in Szene gesetzt. Bei Matthäus sehen beide Häuser zunächst gleich aus, da ihre Fundamente ja verborgen sind. Erst das Unwetter offenbart ihre unterschiedliche Qualität. In mAb aber ist der eine Baum sichtbar prächtig mit einer respektablen Krone ausgestattet, während der andere als eher kümmerlich erscheint; was man nicht sieht (die Wurzeln), entscheidet am Ende genau entgegengesetzt zum äußeren Erscheinungsbild über Bestand oder Untergang. Wichtiger als die Krone sind also die Wurzeln; wichtiger als die Weisheit ist demnach das Tun. An dieser Stelle setzt mAb 3,17 einen eigenen Akzent: Auch wenn die Weisheit unverzichtbar bleibt, bildet doch das Tun allein die Basis für die Beurteilung eines Menschen vor Gott. Das Gleichnis in Mt 7,24-27enthält sich indessen jeder Relativierung des Hörens, das seine fundamentale Funktion behält. Diese fundamentale Funktion des Hörens wird nur dann auf gefährliche Weise unterminiert, wenn es sich nicht im Tun realisiert. Den Vorrang aber behält das Hören, das in beiden Teilen des Kontrastbildes die Konstante darstellt.

Das „Gleichnis von der Standfestigkeit eines Baumes" repräsentiert einen der thematischen Stränge, die den ganzen Traktat mAb durchziehen. Auf seiner Linie liegen verschiedene Aussagen, die das Verhältnis von Wissen und Tun zum Inhalt haben und dabei stets das Tun höher schätzen.[33] Darin äußert sich die unverhohlene Kritik an einem abge-

---

[32] Die Belege bzw. Zitate von Jer 17,6 und 17,8 sind offensichtlich sekundär hinzugefügt worden; sie finden sich nur in einem Teil der handschriftlichen Überlieferung.

[33] Viviano hat seine Analyse des Traktates mAb unter die programmatische These „Studium als Gottesdienst" gestellt. Weisheit, Wissen oder Erkenntnis, die aus der Tora stammen, lassen sich nie auf eine rationale Tätigkeit reduzieren. Sie erfassen den ganzen Menschen in allen seinen Lebensbezügen. Auch H. Braun, Spätjüdisch-häretischer und frühchristlicher Radikalismus. Jesus von Nazareth und die essenische Qumransekte. I: Das Spätjudentum, BHTh 24, Tübingen 1957, 2-14 (zu mAb), analysiert das Torastudium als ein Geschehen, das nie Selbstzweck ist.

hobenen Intellektualismus, der sich im Studium der Tora selbst genügt.[34] Erstmals klingt das Thema in der Mahnung Rabbi Schammais an (mAb 1,15): „Rede wenig, aber tue viel und empfange jeden Menschen mit freundlichem Gesicht." Schimon, Sohn des Gamaliel, der unter Gelehrten aufgewachsen ist, nimmt dieses Lob des Schweigens auf und fügt hinzu (mAb 1,17): „Und nicht das Studium ist die Hauptsache, sondern die Tat."[35] Das meint nicht die allgemeine handwerkliche Betätigung (mAb 2,2), die immerhin vor Sünde bewahrt, sondern die praktische Umsetzung dessen, was die Tora lehrt. In mAb 3,9 spricht es Chanina ben Dosa ganz klar aus: „Bei jedem, bei dem seine Taten mehr sind als seine Weisheit, bleibt seine Weisheit bestehen. Ist seine Weisheit mehr als seine Taten, bleibt seine Weisheit nicht bestehen."[36] Damit wird schon das Gleichnis vom Baum und seinen Wurzeln in mAb 3,17 vorbereitet; was Rabbi Eleazar ben Azarja erzählt ist letztlich nichts anderes als eine Illustration des Ausspruchs von Chanina ben Dosa.[37] Dem Gleichnis in mAb 3,17 gehen vier Begriffspaare voraus, die einander komplementär zugeordnet sind: 1. Ohne Tora kein Anstand / ohne Anstand keine Tora; 2. Ohne Weisheit keine Furcht (Gottes) / ohne Furcht (Gottes) keine Weisheit; 3. Ohne Erkenntnis kein Verstehen / ohne Verstehen keine Erkenntnis; 4. Ohne Mehl (= Lebensunterhalt) keine Tora / ohne Tora kein Mehl. Diese Zuordnungen sind an der Balance der genannten Phänomene interessiert; keines kann ohne das andere bestehen. Darüber aber geht das folgende „Gleichnis von der Standfestigkeit eines Baumes" hinaus: Auch hier gehören zunächst Weisheit und Tat zueinander wie Krone und Wurzeln eines Baumes, aber dann wird – in Aufnahme der Worte Chanina ben Dosas – der Tat ein Vorrang zugestanden. Denn Weisheit, die sich in der Theorie erschöpft, ist keine Weisheit mehr. Dieser Gedanke bestimmt den Traktat

---

34 Vgl. dazu ausführlich Flusser, Gleichnisse (s. Anm. 28), 98-104.

35 Flusser (s. Anm. 28), 101, notiert eine Episode aus SifDev 41, die von einer Versammlung rabbinischer Gelehrter berichtet; man habe dabei die Frage erörtert, ob das Lernen oder die Tat wichtiger sei. Die Entscheidung lautete: Das Lernen ist wichtiger, weil es zur Tat führt; vgl. noch Thoma / Lauer (s. Anm. 28), 215; Ginzel (s. Anm. 26), 122 (nach mKidd 40b). Hier liegt die Gegenposition vor.

36 Nach mSot 9,15 gehörte Chanina ben Dosa zu jenen Frommen, die man als „Männer der Tat" bezeichnete; vgl. auch Flusser (s. Anm. 28), 102.

37 Entscheidend ist die Bevorzugung des Tuns vor dem Wissen; die Konsequenz ist wie im Gleichnis „Bestand haben" oder „keinen Bestand haben".

mAb im Ganzen und findet deshalb folgerichtig in ARN noch einmal eine neue Entfaltung.

Abot de Rabbi Natan gehört zu den außerkanonischen Traktaten und ist in zwei voneinander abweichenden Fassungen überliefert,[38] die beide frühestens in das 3. Jh. datiert werden.[39] Sie sind von mAb abhängig und schreiben dessen Aussprüche weiter. Dabei nehmen sie auch jenes Grundthemen von mAb auf, das die Beziehung zwischen dem Studium der Tora und dessen praktischer Realisierung betrifft.

Offensichtlich ist es eine Kurzfassung des „Gleichnisses von der Standfestigkeit eines Baumes“ in ARN(A) 22,[40] die zum Haftpunkt für die Gleichnissammlung in ARN(A) 24 wird. Der spätere Autor greift die frühere Überlieferung auf und gestaltet sie in homiletischer Absicht weiter aus. Ihre Bedeutung für Mt 7,24-27 geht also weit über die Zufälligkeit einzelner Parallelen hinaus. Die größte Nähe im Bildgebrauch zeigt dabei das „Gleichnis von der Standfestigkeit eines Hauses“ in ARN(A) 24.[41] Die Analogie zu Mt 7,24-27 ist bereits in der Eröffnung gegeben. „Elischa ben Abuja sagte: Ein Mensch, der viele gute Werke hat und viel Tora gelernt hat – womit lässt er sich vergleichen ? ... / Ein Mensch aber, der keine guten Werke hat und Tora lernt, womit lässt sich der vergleichen? ...“ In Mt 7,24-27 geht es um den Zusammenhang von Hören und Tun, wobei das Hören die Konstante darstellt; die Alternati-

---

38 Der Text von ARN(A) und ARN(B) findet sich bei S. Schechter, Aboth de Rabbi Nathan, London / Wien / Frankfurt 1887, Nachdr. Hildesheim / New York 1979; H.-J. Becker, Avot de-Rabbi Natan. Synoptische Edition beider Versionen, TSAJ 116, Tübingen 2006. Vgl. ARN(A) dt., bei K. Pollak, Rabbi Nathans System der Ethik und Moral, Budapest 1905; engl. bei J. Goldin, The Fathers according to Rabbi Nathan, YJS 10, New Haven 1955. ARN(B) engl. bei A. J. Saldarini, The fathers according to Rabbi Nathan (Abot de Rabbi Nathan) version B. A translation and commentary, SJLA 11, Leiden 1975. Die Gleichnisse aus Fassung A sind in Fassung B nur teilweise vorhanden: unmittelbar miteinander verbunden sind in ARN(B) 34 das „Gleichnis von der Standfestigkeit eines Baumes“ und das „Gleichnis von Ross und Zaumzeug“; das „Gleichnis von der Haltbarkeit des Kalkes“ steht einzeln in ARN(B) 35.

39 G. Stemberger, Einleitung in Talmud und Midrasch, München [8]1992, 224-226.

40 In ARN(B) ist dieses Gleichnis nicht enthalten.

41 Schechter (s. Anm. 38), 77; Becker (s. Anm. 38), 196/197; Pollak (s. Anm. 38), 90; Goldin (s. Anm. 38), 103; das Gleichnis wird ferner zitiert bei Jülicher, Gleichnisreden II (s. Anm. 5), 267; Fiebig (s. Anm. 26), 81f (= Nr. 20); Billerbeck I (s. Anm. 26), 469; Berger / Colpe (s. Anm. 26), 105. Für die Überprüfung der folgenden Übersetzungen aus ARN(A) danke ich meiner Mitarbeiterin Friederike Burmeister.

ve besteht zwischen einem Hören mit und einem Hören ohne Tun. In ARN(A) 24 geht es um den Zusammenhang von guten Werken und Torastudium, wobei das Torastudium die Konstante darstellt; die Alternative besteht zwischen einem Torastudium mit und einem Torastudium ohne gute Werke. Das Torastudium entspricht dem Hören auf Gottes Wort; die guten Werke entsprechen der Realisierung des Hörens im Tun. Die Bildgeschichte, die auf die Gleichniseinleitung folgt, steht näher bei Lk 6,47-49: „Mit einem Menschen, der unten mit Steinen baut und danach mit Ziegeln ... / Mit einem Menschen, der zuerst mit Ziegeln baut und danach mit Steinen ..." Im Blick ist die Tätigkeit des Fundamentierens. Es geht hier nicht um die Wahl des Baugrundes wie bei Matthäus, sondern um die Wahl der untersten Fundamentschicht. Für den „Tiefbau" sind allein die haltbaren (Feld-)steine geeignet, während sich Ziegel nur für den weiteren „Hochbau" empfiehlt. Ein umgekehrter Einsatz des Materials muss zur Katastrophe führen: „... auch wenn viel Wasser kommt und an ihren Seiten stehen bleiben, lösen sie sie (die festen Steine) nicht auf von ihrer Stelle weg. ... / auch wenn nur geringe Wassermassen kommen, stürzen sie (die Ziegel) alsbald um." Zwar ist hier von einem Haus nicht ausdrücklich die Rede (es könnte sich auch um eine einzelne Mauer oder um einen Turm handeln), doch der Sachverhalt ist eindeutig: die gemauerten Steine haben entweder Bestand – oder sie stürzen ein. Auslöser ist wie bei Lukas eine Flut oder Überschwemmung („viel Wasser"), die zuerst das Fundament angreift. Die Entsprechung zu dem Gleichnis Jesu reicht somit bis in die narrativen Details hinein. Der einzige Unterschied besteht darin, dass an Stelle des Hörens auf die „Worte Jesu" das Hören auf die Tora (bzw. deren Studium) steht. Die Worte Jesu aber erheben den Anspruch, Wort Gottes zu sein – was auch für die Worte der Tora gilt.[42]

---

[42] Flusser, Gleichnisse (s. Anm. 28), 99-101, hat die These vertreten, dass in dem ursprünglichen Jesusgleichnis nicht von „(diesen) meinen Worten", sondern allein vom „Wort Gottes" die Rede gewesen sei und stellt damit eine noch größere Nähe zwischen beiden Texten her. Luz, Matthäus 1 (s. Anm. 12), 412 Anm. 5, bemerkt dazu, dass hier doch wohl eher der Wunsch der Vater des Gedankens sei. Dass Jesu vollmächtige Rede Teil des Gotteswortes ist, wie es in der Tora begegnet, macht in der Tat die Besonderheit von Mt 7,24-27 aus – bedeutet jedoch keinen Gegensatz, sondern lediglich eine Aktualisierung des Wortes Gottes. Rinicker, Gerichtsverkündigung (s. Anm. 23), 282, formuliert, „dass bei Jesus tendenziell das Tun des Gesetzes als des Willens Gottes zu einem Tun des Willens Gottes als des Wortes

Im unmittelbaren Zusammenhang erfährt dieses Gleichnis dann in ARN(A) 24 noch drei weitere Variationen – zunächst im „Gleichnis von der Haltbarkeit des Kalkes“, dann im „Gleichnis von der Standfestigkeit eines Pokals“ und schließlich im „Gleichnis von Ross und Zaumzeug“.[43] Die Gleichniseinleitung ist bei allen stereotyp dieselbe; erneut geht es um die vorhandene oder fehlende Zuordnung von guten Werken zum Studium der Tora. Allein das Bildfeld wechselt. Im ersten Fall verbleibt es im Kontext der Bautätigkeit. Die beiden Typen von Mensch lassen sich vergleichen „mit Kalk, der auf Steine gestrichen ist ...“ bzw. „mit Kalk, der auf Ziegel gestrichen ist“.[44] Entscheidend ist die Eignung des Untergrundes, um Kalk möglichst haltbar auf eine Wand aufzutragen. Stein bietet einen soliden, wasserabweisenden Untergrund; Ziegel erweist sich hingegen als porös und wasserlöslich. Entsprechend gestaltet sich die Perspektive: Kalk auf Stein hält – „wenn auch Regengüsse auf ihn niedergehen, entfernen sie ihn nicht von seinem Platz“; Kalk auf Ziegel hält nicht – „wenn auch nur geringe Regengüsse auf ihn niedergehen, löst er sich alsbald auf und fällt ab“. Die Katastrophe scheint angesichts eines ganz alltäglichen Regens weniger dramatisch zu sein. Aber ärgerlich ist es immerhin, eine Wand umsonst gekalkt zu haben.[45] Ein ganz anderes Bildfeld nutzt die zweite Variante. Die beiden Typen von Mensch werden nun mit einem Pokal oder Becher verglichen, bei dem der Schwerpunktes im Fuß dafür verantwortlich ist, ob er sicher steht oder ob er umkippt. Auch das ist eine Art Fundamentfrage, wenngleich auf anderer Ebene. Die „Katastrophe“ wird dabei deutlich herun-

---

Jesu wird.“

43 Alle drei sind auch bei Billerbeck I (s. Anm. 26), 469f, zu finden.

44 Offensichtlich nimmt das Gleichnis Bezug auf Sir 22,20: “Wie eine gute Tünche an glatter Wand, so ist ein Herz, das festhält an verständiger Erkenntnis.“ Auch hier bildet eine kleine Gleichnissammlung zur Beschaffenheit des Herzens den Kontext (Sir 22,19-22): 1. Ein mit Holzbalken festgefügtes Haus zerfällt nicht im Sturmwind – so auch ein Herz, das seiner Sache gewiss ist; 2. Tünche an glatter Wand hält – wie ein verständiges Herz an der Erkenntnis, 3. Ein Zaun auf der Bergkuppe hält dem Wind nicht stand – so auch ein zaghaftes Herz.

45 Ez 13,11-16 bietet einen ähnlichen Haftpunkt (Haltbarkeit der Tünche auf einer Wand). Dort wird allerdings das Gerichtszenario ganz unverblümt geschildert – der Regen wäscht nicht nur den Kalk ab, sondern stürzt im Zusammenspiel mit Hagel und Wirbelwind die ganze Mauer um; das Tünchen erweist sich angesichts solcher Urgewalten als ein von vornherein vergebliches Tun. In ARN(A) 24 verbleibt das Interesse wie in Sir 22,20 ausschließlich bei der Beschaffenheit des Untergrundes.

ter gestimmt. Sie erfolgt nicht mehr durch eine von außen kommende Aggression, sondern lediglich durch die Probe aufs Exempel. Für den Pokal mit einem ausreichenden Schwerpunkt gilt: „... wenn man ihn aus der Hand wegstellt, neigt er sich nicht auf seine Seite und es wird nichts von dem vergossen, was in ihm ist"; von dem anderen aber heißt es: „... wenn man ihn gefüllt hat, neigt er sich auf seine Seite und es wird alles vergossen, was in ihm ist."[46] Der erste Pokal erweist sich schlicht als funktionstüchtig, der andere aber nicht. Das letzte Gleichnis ist am wenigsten ausgearbeitet. Der erste Typ Mensch „gleicht einem Ross mit gutem Zaumzeug", der zweite „einem Ross, das kein Zaumzeug hat; sobald man auf ihm reitet, wirft es einen kopfüber ab."[47] Der Gegensatz liegt auf der Hand, auch wenn er relativ unspektakulär ins Bild gesetzt wird.

Alle vier Gleichnisvarianten in ARN(A) 24 bauen so wie Mt 7,24-27 / Lk 6,47-49 auf einem Kontrastbild auf. Dieses Bild bedient sich handwerklicher Tätigkeiten (Bauen, Kalken, Pokalherstellung, Aufzäumen). Der Kontrast besteht zwischen Erfolg und Misserfolg der Ausführung; immer geht es dabei um Fragen einer grundlegenden Stabilität (Baugrund / Fundament, Untergrundhaftung, Schwerpunkt im Fuß, sicherer Sitz). Den Erfolg garantiert eine Ausführung, die alle Faktoren gleichermaßen berücksichtigt; eine Ausführung, die defizitär bleibt, führt zum Misserfolg bzw. zur Katastrophe. Für die Sache bedeutet das: Ein Studium der Tora ohne entsprechende Praxis bleibt defizitär und hat letztlich keinen Bestand. Genau dasselbe gilt für ein Hören auf die Worte Jesu, das sich nicht im alltäglichen Leben realisiert.[48] Sowohl die Tora als auch die Worte Jesu bleiben dafür die vorgegebene Größe.[49]

---

46 Der Haupttext bei Schechter malt das Bild nur in der zweiten Hälfte aus; die streng parallele Form, die beide Vorgänge (nicht kippen / kippen) kontrastierend einander gegenüber stellt, findet sich in einer Sekundärlesart in Schechters Apparat.

47 Das Bild ist aufgrund seiner Alltäglichkeit in der Antike weit verbreitet; vgl. z. B. Jak 3,3 (wenngleich mit anderer Intention) und die zahlreichen Belege bei C. Burchard, Der Jakobusbrief, HNT 15/1, Tübingen 2000, 138-139.

48 Vgl. Braun, Radikalismus II (s. Anm. 33), 29-34; „Jesus wie die anschließende Tradition geben dem Tun vor dem Hören und vor dem Sagen eindeutig den Vorzug und bleiben auch damit auf dem Boden des offiziellen Judentums ..." (32).

49 H. Weder, Die Rede der Reden, Zürich 1994, 245-248, möchte indessen gerade hier einen schwerwiegenden Unterschied festmachen: Bei Mt ginge es um das Fundament, das schon da ist, bei ANR aber um das Fundament, das erst gebaut werden

In einen ganz anderen Kontext führt schließlich noch einmal das „Gleichnis vom verlorenen Myrtenzweig“ in PesK 14,4.[50] Seine Struktur wird nicht wie in den bisherigen Gleichnissen von einem Kontrastbild bestimmt.[51] Im Mittelpunkt stehen vielmehr zwei Dinge, von denen eines verloren geht. Rabbi Lewi erzählt: „Gleich einer vornehmen Frau, die dem König (zur Hochzeit) zwei Myrtenzweige brachte. Sie verlor einen und grämte sich darüber. Der König sagte zu ihr: Bewahre diesen, als ob du beide bewahrst! So: als die Israeliten am Berg Sinai standen sagten sie: ‚Alles was der Ewige gesprochen hat, wollen wir tun, und wir wollen hören‘ (Ex 24,7). Sie verloren das ‚wir wollen tun‘: Sie gossen ein Kalb (aus Metall). Der Heilige, gelobt sei er, sagte zu ihnen: Bewahrt das ‚wir wollen hören‘, als ob ihr beides bewahrt!“ Ursprünglich gehören also beide Dinge zusammen. Doch bei Verlust kann eine intensivere Bemühung um das Eine das Andere kompensieren. Was bei den Myrtenzweigen noch als gleichgewichtig erscheint, erfährt in der Übertragung dann eine deutliche Wertung: Das Hören ist wichtiger! Hier bezieht das Gleichnis eine Gegenposition zu mAb 3,17 und der allgemeinen Hochschätzung des Tuns. Wer die Aufmerksamkeit für Gottes Wort bewahrt, erfährt auch Vergebung für seine Verfehlungen im Tun. Das wird nicht als eine Art Automatismus verkündet, sondern als Trost zugesprochen. Der König reagiert in der Bildgeschichte auf den Kummer der Frau. Dieser Zuspruch gilt auch den Israeliten in ihrem Scheitern.[52] Die Basis der Gottesbeziehung ist deshalb das „wir wollen

---

muss. Daraus leitet Weder (247) ab, „dass die Gerechtigkeit aus der Tora ein selbsterbautes Fundament ist.“ Damit aber wird das Bild m. E. ganz unzulässig gepresst. Auch die Lk-Fassung des Jesus-Gleichnisses ist an der Herstellung des Fundamentes interessiert; auch das „Gleichnis von der Haltbarkeit des Kalkes“ thematisiert (im unmittelbaren Textzusammenhang) allein die Bedeutung des Untergrundes. Tora und Jesu Worte stellen in gleicher Weise die maßgeblich vorgegebene Größe dar.

50 Zur Pesiqtā de Rav Kahanā, einem Homlienmidrasch aus dem 5. Jh., vgl. Stemberger, Einleitung (s. Anm. 39), 287-291.

51 Text bei Thoma / Lauer, Gleichnisse (s. Anm. 28), 214-215 (= Nr. 44); dazu P. Dschulnigg, Rabbinische Gleichnisse und das Neue Testament. Die Gleichnisse der PesK im Vergleich mit den Gleichnissen Jesu und dem Neuen Testament, JudChr 12, Frankfurt u. a. 1988, 286-291.

52 Nach Thoma / Lauer, Gleichnisse (s. Anm. 28), 215, setzt das Gleichnis voraus, dass die Israeliten für ihre Verfehlung mit dem „Goldenen Kalb“ Busse getan haben. Deshalb bleibt der Bund Gottes vom Sinai bestehen.

hören“, weil aus diesem Hören heraus immer wieder ein Neuanfang möglich ist.[53] Zwar bleibt der Verlust ein Verlust, so wie sich auch das Scheitern nicht schönreden lässt. Aber die Konstante bei allem Gelingen und Scheitern ist das Hören auf Gottes Wort. Auch Mt 7,24-27 betont: Die Konstante ist das Hören. Nur schlägt das Gleichnis Jesu nicht den Ton des Trostes an. Sein Anliegen besteht darin, zu sachgemäßem, richtigem Hören aufzufordern – zu einem Hören, das in konkreter Lebenspraxis Gestalt gewinnen soll.[54]

Die Gemeinsamkeiten zwischen Mt 7,24-27 und der Tradition rabbinischer Gleichniserzählungen sind frappierend.[55] Dass sich viele Kommentatoren seit Adolf Jülicher große Mühe gegeben haben, diese Gemeinsamkeiten herunterzuspielen,[56] ist weniger Ausdruck genauer Beobachtung als vorgefasster Meinung. Ein Blick in die rabbinischen Quellen lässt das Gleichnis Jesu als Teil eines jüdischen Traditionszusammenhanges erkennen: Das Hören auf Gottes Willen hat nur Bestand, wenn es im Tun wirksam wird.[57]

---

[53] Thoma / Lauer, Gleichnisse (s. Anm. 28), 215, verweisen auf SifDev 41, wo von einer Versammlung in Lydda im 2. Jh. berichtet wird; man habe da über die Frage debattiert, was größer sei – die Lehre oder das Tun? Die Entscheidung lautete: „Die Lehre ist bedeutsamer, denn sie führt zum Tun.“; vgl. dazu auch Billerbeck I (s. Anm. 26), 222, der die Episode nach bQid 40b wiedergibt; s. auch oben Anm. 35.

[54] Dabei zeichnet sich – am deutlichsten bei Matthäus – die Perspektive des Gerichtes ab. Die Situation der Adressaten ist eine völlig andere als in PesK 14,4.

[55] Das ist von jüdischen Autoren immer stärker empfunden worden als von christlichen, vgl. z. B. C. G. Montefiore, The Synoptic Gospels 2, London 1927, 125: der Kerngedanke von Mt 5,24-27 sei „thoroughly Jewish and Rabbinic“. Konsequent nutzen diesen Rahmen Flusser (s. Anm. 28) und B. H. Young, Jesus and His Jewish Parables. Rediscovering the Roots of Jesus' Teaching, New York / Mahwah 1989 (251-259: „The Solid Foundation“, mit der Rekonstruktion eines aramäischen Wortlautes).

[56] Jülicher, Gleichnisreden II (s. Anm. 2), 267, betrachtet das Gleichnis Jesu als „jugendfrischer“, da es „ohne jede ergrübelte Pointe blos den Eindruck lebendig erzielen möchte“. Auch die Späteren kommen in der Regel über Geschmacksurteile nicht hinaus wie etwa exemplarisch W. Grundmann, Das Evangelium nach Matthäus, ThHK 1, Berlin 1968, [2]1971, 242 Anm. 2, der die rabbinischen Gleichnisse als „konstruierte Beispiele“ abtut und allein Jesus „dichterische Originalität“ zugestehen will, die „die gelehrte Konstruktion an Kraft und Unmittelbarkeit weit überragt.“

[57] In diesem Zusammenhang löst sich auch die scheinbare Differenz zwischen dem Pharisäer Paulus und dem judenchristlichen Autor Jakobus auf: „Glaube“ verdient seinen Namen nur dann, wenn er „lebendiger Glaube“ ist – und d. h., wenn er sich in sozialgerechtem Verhalten niederschlägt (Jak 1,22-27; 2,14-26); das aber ist

3. Sozialgeschichtliche Hintergründe

In den Gleichniserzählungen Jesu spiegelt sich die Lebenswelt Palästinas im 1. Jh. wider. Es ist vor allem die Welt der „kleinen Leute", einfacher Bauern, Fischer und Handwerker. Das Kolorit ländlicher Verhältnisse beherrscht die Szenarien, auch wenn gelegentlich ein städtisches Milieu spürbar wird. Das Gleichnis von den beiden Hausbauern fügt sich einem solchen Kontext stimmig ein. Deshalb ist es unumgänglich, nach dem Phänomen „Haus" im Umfeld der Jesusbewegung zu fragen – wobei in diesem Fall vor allem seine bauliche Beschaffenheit von Interesse ist.

Übereinstimmend erzählt das Gleichnis bei Matthäus und Lukas von einem, „der sein / ein Haus baute" (ᾠκοδόμησεν αὐτοῦ τὴν οἰκίαν / οἰκοδομοῦντι οἰκίαν). Nichts wird indessen über die Größe, Beschaffenheit, Ausstattung oder Funktion des Hauses gesagt. Ob der Erbauer dabei selbst Hand anlegt, bleibt bei Matthäus offen und klingt lediglich bei Lukas durch die Beschreibung der Tätigkeiten („er grub, er schachtete, er legte ein Fundament") an.[58] Vermutlich ist hier an ein Privathaus von geringer Größe gedacht, so wie man es in Dörfern finden kann. Denn was der eine wie der andere tut, soll ja unmittelbar nachvollziehbar sein für „jeden, der diese meine Worte hört und tut" (Mt 7,24) bzw. „jeden, der zu mir kommt und meine Worte hört und sie tut" (Lk 6,47). Ausführlicher wird nur über das Fundament gehandelt – sei es in der Beschreibung des Baugrundes oder in der Beschreibung des Fundamentlegens. Doch auch hier setzt die knappe Darstellung voraus, dass es sich um selbstverständliche, alltägliche Vorgänge handelt.

Genauere Anweisungen zum „Tiefbau" liefert im 1. Jh. n. Chr. der römische Autor Vitruv in seinem für die hellenistisch-römische Welt repräsentativen Werk „De architectura".[59] Da, wo er über die Wahl eines Bauplatzes schreibt (I 4,1-12), ist Vitruv weniger an dem Baugrund

---

nichts anderes als „der Glaube, der durch die Agape wirksam wird" (Gal 5,6).

58 Sprachlich ist es natürlich immer der Bauherr, der „baut", auch wenn er dazu Arbeiter hat; hier legt jedoch das Milieu ländlicher Verhältnisse den Gedanken an Eigenleistung nahe.

59 Vitruvii De Architectura Libri Decem / Vitruv. Zehn Bücher über die Architektur, hg. und übersetzt von C. Fensterbusch, Berlin 1964, ^{3}1981. Es handelt sich dabei um das einzige aus dem Altertum erhaltene Werk über die Baukunst.

selbst als am ganzen Ambiente und an den klimatischen Bedingungen interessiert. Auf das Fundament kommt er nur in zwei Zusammenhängen zu sprechen: bei der Errichtung von Stadtmauern (I 5,1) und bei der Anlage von Tempeln (III 4,1-2). Bei der Behandlung von Privatbauten (VI 1-8) werden Fragen des Fundamentes nicht noch einmal wiederholt; hier genügt ein Rückverweis auf das, was „von uns in den früheren Büchern über die Stadtmauern und Theater auseinander gesetzt ist" (VI 8,1). Die erste dieser beiden Passagen erinnert an Lk 6,48: sie enthält die Anweisung, dass „Baugruben, wenn fester Boden gefunden werden kann, bis zum festen Boden und noch im festen Boden ausgehoben werden so tief, wie es der Mächtigkeit des Baues entsprechend zu sein scheint ..."[60] Letztlich hängt der Aufwand, den einer mit dem Fundament betreibt, von der Größe des Baues bzw. von den finanziellen und sonstigen Kapazitäten des Bauherren ab. Wenn sich ein anderer das Fundamentieren spart (wie in Lk 6,49), dann kann das auch Ausdruck einer nüchternen Kalkulation von Aufwand und Nutzen sein.[61]

Für das Gleichnis Jesu liegt der archäologische Befund zum Hausbau in Palästina sicher näher als die hohe Fachliteratur römischer Provenienz.[62] Schon die ältere Palästinakunde hatte mit großer Sorgfalt Beobachtungen zur Beschaffenheit arabischer Häuser zusammengetragen – in der Annahme, dass deren Bauweise über viele Jahrhunderte hin relativ konstant geblieben sei.[63] Dabei sprang zunächst ins Auge, dass

---

60 De architectura I, 5,1. Diesen Passus zitiert auch Mayordomo, „Einstürzende Neubauten" (s. Anm. 5), 94. In VI 6,1-7 geht es um ländliche Gebäude, bei denen die Proportionen im Mittelpunkt stehen; VI 8 handelt von der Unterkellerung von Privathäusern.

61 Abou-Chaar, Two Builders (s. Anm. 5) erwägt, ob sich in beiden Häusern unterschiedliche soziale Zugehörigkeiten widerspiegeln könnten (46). Davon sagt das Gleichnis freilich nichts; der einzige Gegensatz ist „vernünftig / dumm".

62 G. A. Buttrick, The Parables of Jesus, New York 1929, 56, verweist auf den Sachverstand des Bauhandwerkers Jesus. Das ist ein interessanter Gedanke, wenngleich eine unnötige Voraussetzung.

63 Vgl. z. B. S. Kraus, Talmudische Archäologie I, Leipzig 1910, 19-47, spez. 19f (Baugrund), 22f (Fundament); T. Canaan, The Palestinian Arab House. Its Architecture and Folklore, Jerusalem 1933; G. Dalman, Arbeit und Sitte in Palästina. VII: Das Haus, Hühnerzucht, Taubenzucht, Bienenzucht, Gütersloh 1942.

Dörfer vorzugsweise auf Hügeln oder an Hängen angelegt sind,[64] die einen felsigen Untergrund haben.[65] Auch freistehende Häuser baute man eher auf Kuppen als etwa in einer Senke oder gar in einem Wadi. Bevorzugter Baugrund ist deshalb auch ganz natürlich der gewachsene Fels, den man zumindest in den bergigen Gegenden der Region ausreichend vorfindet.[66]

Zahlreiche Bestätigungen liefern die jüngsten Ausgrabungen in Galiläa, die über die Bauweise arabischer Häuser hinaus nun auch archäologische Daten für Städte und Dörfer aus hellenistischer Zeit bereitstellen.[67] Für das soziologische „setting" der Logienquelle, das im Zusammenhang des „third quest" eine zentrale Rolle gespielt hat, stellt Galiläa die wichtigste Bezugsgröße überhaupt dar.[68] Stärker als das Milieu der Wandercharismatiker kommt dabei die Welt von Hausge-

---

64 Vgl. etwa auch die sprichwörtliche „Stadt auf dem Berg" (Mt 5,14). Canaan (Anm. 63) schreibt: „Peasants nearly always prefer elevated sites for their villages. In the hill-country we find them on the top of hills or on a hill side, even in the plain villages are built on small mounds or hills ..." (6). Dafür macht er fünf Gründe technischer und strategischer Art geltend; einer der technischen Gründe liegt in der besseren Stabilität (6f), denn Hügel und Hänge sind Orte, „where the rock strata are near the surface", was im Besonderen auch für die Altstadt von Jerusalem gelte (25f).

65 F. A. Klein, Mitteilungen über Leben, Sitten und Gebräuche der Fellachen, ZDPV 3, 1880, 100-115, 109, liefert folgende Begründung für die übliche Fundamentierung auf Fels: „Die winterlichen Stürme und Regengüsse von October bis April bringen nämlich in der Regel solche Massen Wasser herab, dass dasselbe mehrere Fuss tief in den Boden eindringt und Alles erweicht; ein Fundament von blosser Erde, wenn auch im Sommer sehr fest, wird unter solchen Umständen der Last nachgeben und der Bau zusammenstürzen."

66 So Dalman, Arbeit und Sitte VII (s. Anm. 63), 47; vgl. auch die Karte zur Bodenverteilung bei O. Keel / M. Küchler / C. Uehlinger, Orte und Landschaften der Bibel I, Freiburg / Göttingen 1984, 34; dazu Y. Karmon, Israel. Eine geographische Landeskunde, Darmstadt [2]1994, 33-37: der Großteil der Wüsten ist felsig, aber auch bei den landwirtschaftlich nutzbaren Böden spielt der steinige Untergrund immer noch eine große Rolle; in Galiläa handelt es sich dabei vor allem um Gestein vulkanischen Ursprungs.

67 Zum Ganzen vgl. A. Lichtenberger Architektur und Bauwesen, in: Neues Testament und Antike Kultur 2, hg. v. K. Scherberich, Neukirchen-Vluyn 2005, 199-205.

68 Vgl. z. B. L. Vaage, Galilean Upstarts: Jesus' First Followers according to Q, Valley Forge / Pa. 1994; H. Moxnes, Putting Jesus in His Place. A Radical Vision of Household and Kingdom, Lousville / London 2003.

meinschaften und ihrer realen Lebensverhältnisse in den Blick.[69] Gut erschlossene Ortslagen wie Yodefat, Gamla oder Khirbet Cana ermöglichen es heute, ein sehr viel genaueres Bild von der Alltagswirklichkeit des Hauses im Umfeld Jesu zu gewinnen.[70] Dabei lässt sich hinsichtlich der Bauweise übereinstimmend feststellen: In der Regel waren die Böden aus gestampfter Erde oder direkt aus dem Felsen ausgehauen; die Mauern setzen unmittelbar auf dem gewachsenen Fels auf. In Hanglagen musste der Fels stärker bearbeitet werden. Aber generell machte man sich seine vorgegebene Struktur zu nutze. Ein reiches Material bietet auch die Untersuchung von Yizhar Hirschfeld,[71] der die Bauweise von Wohnhäusern in den Bergen bei Hebron untersucht hat und durchgängig gewachsenen Felsen als den bevorzugten Baugrund beschreibt.

Angesichts dieses Befundes stellt sich die Frage, wo denn überhaupt Sand als alternativer Baugrund zur Verfügung stand? Nach der Lk-Fassung geht es nur um die „Erde" (γῆ), die bis zum gewachsenen Fels auszuschachten sich der zweite Bauherr spart. „Sand" (ἄμμος) im Gegensatz zum „Felsen" (πέτρα) wäre eher an der Küste oder in den Wadis bzw. größeren Flächen der judäischen, syrischen oder jordanischen Wüste zu finden. Nach dem Sprachgebrauch der LXX ist ἄμμος durchgängig der „Sand des Meeres". Im Binnenland finden sich Flächen mit Sand vor allem in Verbindung mit Lehmböden, was ihre Stabilisierung nicht eben erleichtert.[72] Beispiele für buchstäblich „in den Sand gesetzte"[73] Wohnhäuser gibt es in Petra. Sie resultieren aus der Gewohnheit der Beduinen, ihre Zelte gerade nicht auf Felsen, sondern auf Sand- oder Erdboden zu setzen. Genau so sind die nabatäischen Nomaden, als sie sesshaft wurden, dann auch beim Hausbau verfahren. „Diese Lage der

---

69 P. Richardson, First-Century Houses and Q's Setting, in: Christology, Controversy and Community. New Testament Essays in Honour of David R. Catchpole, hg. v. D. G. Horrell und C. M. Tuckett, Leiden u. a. 2000, 63-83.

70 Darauf bezieht sich das Material, das Richardson vorlegt.

71 Y. Hirschfeld, The Palestinian Dwelling in the Roman-Byzantine Period, SBF 34, Jerusalem 1995,117. 120f. 145. 164. 191. 210. 221.

72 Zur Verteilung vgl. Keel / Küchler / Uehlinger, Orte und Landschaften I (s. Anm. 66), 32; zur Nutzung vgl. Karmon, Israel (s. Anm. 66), 90-94. Vitruv handelt in De architectura II 4,1-3 über verschiedene Sande hinsichtlich ihrer Eignung für die Herstellung von Mörtel.

73 Diese vor allem für geschäftliche Pleiten jeder coleur beliebte Redensart ist nachweislich von Mt 7,26 aus in die dt. Alltagssprache übergegangen.

oftmals weiträumigen Wohnhäuser Petras direkt auf den natürlichen, nicht zusätzlich gefestigten Geländeterassen widerspricht jeder hellenistischen Ingenieurwissenschaft. ... Gleich wie die Nabatäer einst ihre Zelte unabhängig von jeglicher Art übergeordneter Planung dort aufstellten, wo die Natur ihnen ein einigermassen ebenes Gelände bot, errichteten sie jetzt ihre Häuser ohne urbanistisches Konzept und ohne Stützmauern auf den natürlichen Geländeterassen. ... Ganze Raumkomplexe rutschten deshalb immer wieder die Abhänge hinunter und mussten ersetzt bzw. durch Stützmauern konsolidiert werden. ... Als Beduinen waren sie von alters her gewohnt, dass ihre Behausungen nicht besonders stabil waren, und so nahmen sie die ständig wiederkehrenden Erneuerungs- und Absicherungsarbeiten in Kauf ...“[74] Auch solche Katastrophen sind also archäologisch nachweisbar. Dies alles dürfte jenen, für die das Gleichnis ursprünglich gedacht war, gut vorstellbar gewesen sein.

Insgesamt liegt die Klugheit des Mannes, der auf Felsen baut, sehr viel näher als die Dummheit dessen, der Sand als Baugrund bevorzugt.[75] Sein befremdliches Verhalten lässt sich nur aus der Macht der Gewohnheit heraus verstehen – oder aus dem Bestreben, Mühe und Aufwand möglichst gering zu halten.

4. Metaphorische Bezüge

Die Bildgeschichte von Mt 7,24-27 greift auf unmittelbar verständliche Weise ein Stück Alltagswirklichkeit in Galiläa / Palästina auf. Doch zugleich lässt sich für jeden einzelnen Begriff eine vielgestaltige metaphorische Verwendung in der biblischen Überlieferung nachweisen.[76] Es

---

[74] B. Kolb / R. A. Stucky, Die schweizerisch-liechtensteinischen Ausgrabungen im Wohnquartier Ez Zantur, in: Petra und die Weihrauchstrasse. Ausstellungskatalog, Zürich 1993, 41-50, spez.49-50. Den Hinweis verdanke ich Christoph Kähler.

[75] H. D. Betz, The Sermon on the Mount. A Commentary on the Sermon on the Mount, including the Sermon on the Plain (Matthew 5.3-7.27 and Luke 6.20-49), Minneapolis 1995, 558: „What the builder does is nothing exceptional; rather, it is what is professionally commendable.“

[76] Betz, Sermon (s. Anm. 75), meint: „The images used in the passage are traditional; its major terms are to be taken as metaphors.“ (557), und schlussfolgert daraus: „The narrative stands between a parable and an allegory ...“ (558).

kommt nicht von ungefähr, dass die Allegorese in Mt 7,24-27 immer wieder ein dankbares Betätigungsfeld entdeckt hat.[77]

Die Metaphorik des „Hauses“ erweist sich als vielschichtig. Von jeher fungierte der Begriff im Alten Orient (בית) wie in der hellenistisch-römischen Welt (οἶκος, domus) nicht nur für die Kennzeichnung einer Behausung, sondern auch für die Kennzeichnung eines Personenverbandes.[78] Diese soziale Dimension war durch eine lange Tradition philosophischer Reflexionen tief im Bewusstsein aller Gebildeten verankert.[79] Dank seiner real-architektonischen wie ökonomisch-sozialen Implikationen empfahl sich das Bildfeld des Oikos besonders für die Beschreibung stabiler gesellschaftlicher Verhältnisse. Als ein solches Leitbild gewann der Oikos in der Zeit der 2./3. Generation auch für die frühe Christenheit zunehmend an Attraktivität. Während Paulus vor allem den Begriff der οἰκοδομή für seine Tätigkeit der Gemeindegründung bzw. des Gemeindeaufbaues benutzt hatte, avancierte der Begriff des Oikos nun (etwa in den Pastoralbriefen) zum zentralen Leitbild für die „Kirche“ als das „Haus Gottes“ überhaupt.[80] Vor diesem Hintergrund schwingt auch in Mt 7,24-27 das Moment sozialer Bezüge mit. Zwar erscheint die Bautätigkeit der beiden Männer zunächst als etwas Individuelles. Doch ihr „Haus“ werden sie nicht allein bewohnen, und in der Einleitung des Gleichnisses ist schon die Gemeinschaft derer („jeder nun / jeder, der zu mir kommt“) im Blick, die „Jesu Worte hören und tun“. Dass damit auch so etwas wie „das Haus des Lebens“ im Sinne eines persönlichen Lebensentwurfes gemeint wäre,[81] erscheint indessen als fraglich und beschreibt wohl eher moderne Assoziationen. Die kollektive und damit ekklesiologische Dimension lag im 1. Jh. zweifellos näher als eine individuell-biographische.

---

77 Abou-Chaar, Two Builders (s. Anm. 5), 51, teilt eine Liste von 12 Einzel-Entsprechungen mit, die sich bei Thomas von Aquin findet.

78 C. Kähler / K.-H. Bieritz, Art. Haus III, TRE 14, 1985, 478-492.

79 K. Lehmeier, Oikos und Oikonomia. Antike Konzepte der Haushaltsführung und der Bau der Gemeinde bei Paulus, MThS 92, Marburg 2006. Diese Studie arbeitet das gesamte Material zur antiken Oikonomia-Literatur umfangreich auf (53-218).

80 J. Roloff, Die Kirche im Neuen Testament, NTD.E 10, Göttingen 1993, 250-267.

81 Das erwägt Betz, Sermon (s. Anm. 75), 563, und spezifiziert dieses „Haus des Lebens“ auch noch nach seinen biographischen Stationen.

Mit Händen zu greifen sind die Konnotationen, die dem Begriff „Felsen“ anhaften. Im Blick auf die hebräische Bibel bietet sich sofort die poetische Prädikation Gottes als „Fels“ an.[82] Der Bergprediger verweist, in dem er die Tora interpretiert, mit seinen Worten zurück auf Gott. Das Vertrauen auf diese Worte ist Vertrauen auf Gott selbst, den der Fromme als einen „starken Fels und eine Burg“ (Ps 31,3) bekennt. Auf der Ebene des Matthäustextes liegt jedoch ein anderer Bezug noch näher. In Mt 16,19 proklamiert Jesus seinen Schüler Simon als den „Felsenmann“: „Du bist ‚Stein‘ (Πέτρος), und auf diesem ‚Gestein‘ (πέτρα) werde ich meine Kirche bauen, und die Tore des Hades werden nicht stärker sein als sie.“[83] Nicht dem Petrus selbst als einer Art einsamem Heros, sondern Petrus, dem Traditionsträger der Worte Jesu, dem Repräsentanten der apostolischen Tradition (Eph 2,20), wird hier eine solche tragende Funktion zugesprochen. Damit aber ist der Fels bereits als Fundament eines Bauwerkes verstanden, das seinerseits eine soziologische Größe (ἐκκλεσία) darstellt. Wer von der Bergpredigt an bis Mt 16,19 gehört oder gelesen hat, erinnert sich an den „verständigen Mann“ von Mt 7,24. So wie er seinen Oikos auf den Felsen baut (analog Hören und Tun), baut Jesus Christus seine Ekklesia auf den Felsen der apostolischen Verkündigung.[84] Deren Kern sind eben jene Worte Jesu als

---

[82] A. Wiegand, Der Gottesname צור und seine Deutung in dem Sinne Bildner oder Schöpfer in der alten jüdischen Litteratur, ZAW 10, 1890, 85-96; D. Eichhorn, Gott als Fels, Burg und Zuflucht. Eine Untersuchung zum Gebet des Mittlers, EHS.T 4, Frankfurt 1972. Die LXX ersetzt dieses Epitheton der hebr. Bibel dann durch andere Äquivalente, vgl. S. Olofsson, God is my Rock. A Study of Translation Technique and Theological Exegesis in the Septuagint, CB.OT 31, Stockholm 1990, 35-45.

[83] Diese Übersetzung stammt von Ulrich Luz (Matthäus 1, z. St.). Sie fängt das Wortspiel mit den Begriffen Kefa / Kefa bzw. Petros / Petra am besten ein. Ursprünglich hebt der Beiname „Petrus“ wohl auf die charakterliche Festigkeit des Simon ab; in Mt 16,19 erfährt der Beiname jedoch mit dem Bezug auf den „Fels“ eine neue Deutung; vgl. vor allem P. Lampe, Das Spiel mit dem Petrusnamen – Matt. XVI. 18, NTS 25, 1979, 227-245.

[84] In beiden Fällen besteht der Bau die denkbar schwerste Prüfung: das eschatologische Gericht (Mt 7,27) oder die Bedrohung durch die „Tore des Hades“ (Mt 16,18); vgl. dazu Knowles, Discipleship (s. Anm. 5), 290.

vollmächtige Interpretation des Gotteswillens, die nun (in Hören und Tun) zum Fundament für die Gemeinde des Matthäus werden.[85]

Das Bildfeld des Fundamentes reicht indessen noch sehr viel weiter.[86] Auf der Ebene des neutestamentlichen Kanons springt sofort der Sprachgebrauch des Paulus ins Auge. In Korinth kommt es zu Gruppenbildungen und internen Spannungen. Der Apostel entwirft deshalb für seine Adressaten eine Art Gegenbild: Gemeinde ist wie ein gemeinsames Haus (1Kor 3,10-15).[87] Gleich zu Beginn führt er sich selbst als „klugen Architekten" (σοφὸς ἀρχιτέκτων) ein, der – in der Funktion des Gemeindegründers – das „Fundament" (θεμέλιον) gelegt hat, auf das andere dann weiter bauen.[88] Damit jedoch keine Missverständnisse aufkommen, hält er in 1Kor 3,11 sofort fest: „Denn ein anderes Fundament (θεμέλιον) kann niemand legen als das, das gelegt ist: Das ist Christus."[89] Man hat versucht, daraus vor allem einen Konflikt zwischen petrinischer und paulinischer Tradition zu konstruieren,[90] was den Text

---

85 Über Mt 16,18 in Kombination mit 1Kor 3,10-11 in der syr. Vätertradition handelt ausführlich R. Murray, The Rock and the House on the Rock, in: ders., Symbols of Church and Kingdom: A Study in Early Syriac Tradition, Cambridge 1975, 205-238; ebenso K. A. Valavanolickal, The Use of the Gospel Parables in the Writings of Aphrahat and Ephrem, Studies in the Religion and History of Early Christianity 2, Frankfurt / Bern 1996, 31-38 (= The Two Houses).

86 Seine Vorgeschichte als religiöse Metapher im AT und vor allem in Qumran wird erschöpfend dargestellt bei H. Muszyński, Fundament. Bild und Metapher in den Handschriften aus Qumran. Studie zur Vorgeschichte des ntl. Begriffs ΘΕΜΕΛΙΟΣ, AnBib 61, Rom 1975.

87 Den weitesten Horizont leuchtet hier noch immer aus Ph. Vielhauer, Oikodome. Das Bild vom Bau in der christlichen Literatur vom Neuen Testament bis Clemens Alexandrinus, in ders., Oikodome. Aufsätze zum Neuen Testament, hg. von G. Klein, München 1979, 1-168.

88 Auch diese Bautätigkeit steht unter dem Vorbehalt einer Qualitätsprüfung – nämlich am Tag des Gerichtes durch Feuer (1Kor 3,13).

89 1Kor 10,4 („Der Fels aber war Christus") gehört in einen ganz anderen Zusammenhang: Hier unternimmt Paulus eine typologische Interpretation von Ex 17,6 / Num 20,7-11. Das hat jedoch nichts mit dem Gedanken an ein Fundamentes zu tun.

90 Eine solche kontroverse, polemische Situation, sieht Betz, Sermon (s. Anm. 75), gegeben (564-565). Wichtigster Anhaltspunkt ist dabei die Beobachtung, dass Kephas / Petrus von den Korinthern dezidiert als eine ihrer Gruppenautoritäten betrachtet wird (1Kor 1,12; 3,22); Paulus würde demnach mit dem Verweis auf Christus nicht nur seine eigene Bedeutung, sondern vor allem die des Petrus relativieren. Aber lassen sich ein solcher Anspruch oder eine solche Verehrung des Petrus überhaupt wahrscheinlich machen? Sind nicht allein schon die Episoden, die das Scheitern des Petrus darstellen, Relativierung genug – und ausreichende Rück-

m. E. jedoch überstrapaziert. Für Paulus geht es nur um eines: Jenseits individueller Ansprüche bleibt Christus, wie er in der apostolischen Verkündigung präsent ist, die einzige Basis für die Identität der christlichen Gemeinde. Nichts anderes meint auch Matthäus, wenn er Petrus als grundlegenden Bekenner und Traditionsträger an den Auftrag Jesu selbst zurück bindet. Insofern lag es durchaus nahe, in freier Assoziation jenes Bild, das nach Mt 7,24-27 auf Hören und Tun der Worte Jesu verweist, im Licht von 1Kor 3,11 zu lesen und damit auf Christus selbst zu beziehen.[91]

Eine Variante bietet dazu die christologische Interpretation von Ps 118,22: „Der Stein, den die Bauleute verworfen haben, ist zum Eckstein geworden." Auch hier sind der Basischarakter bzw. die Orientierungsfunktion des „Ecksteins" das entscheidende Element.[92] Paulus bezieht diesen Vers in Röm 9,32-33 knapp und bündig auf Christus. In Eph 2,20 wird der Eckstein Christus programmatisch mit dem „Fundament der Apostel und Propheten" als Grund der Kirche verbunden.[93] 1Petr 2,4-8 führt das Bild weiter aus und beschreibt darin (unter Einbeziehung von Jes 28,16) den auf Christus gegründeten Bau der Gemeinde. Im Gleichnis von den bösen Winzern fungiert der Vers als christologische Anwendung (Mk 12,10 / Mt 21,42 / Lk 20,17). In Act 4,8-11 erscheint das Zitat bereits als eingeführte Argumentation im Rahmen des frühchristlichen Bekenntnisses. Fundamental für die christliche Identität ist und bleibt Christus, verwurzelt in der Geschichte Gottes mit Israel.

---

bindung an Christus?

91 Allgemeiner formulieren Kol 1,23: „... wenn ihr im Glauben Gegründete und Feste seid (τεθεμελιωμένοι καὶ ἑδραῖοι)"; 1Tim 6,19: wer Gutes tut, sammelt sich einen Schatz als „gutes Fundament (θεμέλιον καλὸν) für die Zukunft"; 2Tim 2,19: das „feste Fundament (στερεὸς θεμέλιος) Gottes" besteht in der Wechselbeziehung von Zuwendung Gottes zu den Seinen und Abwendung des Glaubenden von Ungerechtigkeit.

92 Vgl. U. Maiburg, Christus der Eckstein. Ps. 118,22 und Jes. 28,16 im Neuen Testament und bei den lateinischen Vätern, in: Viviarium. FS Th. Klauser, JAC.E 11, Münster 1984, 247-256; F. Siegert, Christus, der ‚Eckstein', und sein Unterbau: Eine Entdeckung an 1Petr 2,6f, NTS 50, 2004, 139-146.

93 F. Schnider / W. Stenger, Die Kirche als Bau und die Erbauung der Kirche. Statik und Dynamik eines ekklesiologischen Bildkreises, Conc(D) 8, 1972, 714-720, 718, sprechen in diesem Zusammenhang von einer durch den Eckstein bedingten „Christusförmigkeit des Fundaments" und lösen so den scheinbaren Widerspruch zwischen Eph 2,20 und 1Kor 3,11 auf.

Im Gegensatz zum Felsen und allen steinernen Fundamenten tritt die Metaphorik des Sandes deutlich zurück. Generell dient der „Sand des Meeres“ im biblischen Sprachgebrauch dazu, eine unzählbar große Menge von irgend etwas zu assoziieren. Dass man hier unter Verweis auf die Vielzahl der Völker jedoch eine polemische Spitze gegen die Völkermission sehen müsste, lässt sich nicht nachvollziehen.[94] Zu berücksichtigen sind indessen auch solche Aussagen, die von „Staub“ (χοῦς, πηλός) als Ausdruck der Instabilität oder der Erniedrigung sprechen.[95] Hi 4,19 etwa vergleicht die Vergänglichkeit des Menschen mit jenen, „die Lehmhäuser bewohnen, deren Grundmauer im Staub liegt.“ Die Hoffnung des Gottlosen ist nach Sap 5,15 „wie Staub, vom Wind zerstreut, wie feiner Schnee, vom Sturm getrieben, wie Rauch, vom Wind verweht ...“. Der Staub des trockenen Erdbodens verhält sich nicht anders als der Flugsand der Wüste oder der Schwemmsand der Küste. Es ist die Unbeständigkeit des lockeren Materials, die im Gegensatz zum soliden Felsen als gemeinsamer Nenner solcher Aussagen fungiert.

Die Witterungsunbilden schließlich, die für das Haus auf Sand bzw. das Haus ohne Fundament katastrophale Folgen haben, spielen deutlich ein Gerichtsszenario ein.[96] Nach den biblischen Sprachkonventionen sind damit nicht die Stürme oder Widrigkeiten des Lebens gemeint, sondern Hinweise auf das eschatologische Gericht. Wettereinbrüche oder Fluten galten von jeher als transparent für Gottes richtendendes Handeln. Vor allem das urzeitliche Flutgericht ist in der jüdisch-christlichen Tradition immer wieder als Typos des Endgerichts verstanden worden.[97] In den Winden, die über das Haus „herfallen“ (προσπίπτω,

---

94 Das erwägt Betz, Sermon (s. Anm. 75), 566-567. Keine der 9 Stellen, die er in Anm. 73 notiert, verweist indessen auf die Völker! Mit einer solchen spezifischen Konnotation wird „Sand“ auch nirgendwo verwendet. Die Gemeinde des Matthäus hat sich zudem der Völkermission geöffnet; zumindest auf der Ebene des Makrotextes wäre diese Art Polemik deshalb nicht nur verfehlt, sondern geradezu kontraproduktiv.

95 Nach Jes 25,12 werden im Kriegsfall Mauern erniedrigt und „in den Staub geworfen“; immer wieder heißt es von Feinden oder von den Gottlosen, dass sie „zu Staub gemacht“ werden; der Mensch zerfällt wieder „zu Staub“, aus dem er geschaffen ist.

96 Zu Recht wird hier immer wieder auf Ez 13,11-16 und Sir 39,26-39 verwiesen.

97 Ausgehend von Gen 6-7 finden sich z. B. Anspielungen in Jes 28,2-4; 29,5-6; in der Henochtradition ist das paradigmatisch verstandene urzeitliche Flutgericht fester Bestandteil apokalyptischer Visionen (1Hen, 2Hen); im NT taucht es etwa in Mt

προσκόπτω), klingt sicher mehr als nur die Aggressivität der Naturgewalten an. Insofern ist auch der „Fall" (πτῶσις) des Hauses nicht nur ein reparables Unglück. Längst schon fungiert „fallen" (πίπτω) als eine eingeführter Metapher für das Nicht-Bestehen des Menschen vor Gott.[98]

Dieses ganze reiche Potential ist in der Auslegung vom 2. Jh. an sehr viel freudiger genutzt worden als der reale Gehalt der Bildgeschichte. Erst Jülicher hat der schlichten Wirklichkeit des Erzählten wieder zu ihrem Recht verholfen, auch wenn er dabei nicht anders konnte, als das Kind mit dem Bade auszuschütten. Inzwischen ist die von ihm verbannte Allegorese wieder still und leise durch die Hintertür eingetreten und erfreut sich vor allem in der Homiletik großer Beliebtheit. Um so wichtiger ist es, die metaphorischen Konventionen vor allem in ihrem gesamtbiblischen Zusammenhang bewusst wahrzunehmen und als Teil des Bildfeldes zu begreifen. Das Bildmaterial verliert dadurch nichts von seiner konkreten Anschaulichkeit, sondern gewinnt vielmehr durch jene Ober- und Untertöne an Plastizität.

5. Ausgewählte Rezeptionsmuster

Von der patristischen Exegese bis weit in die Moderne hinein ist das methaphorische Potential von Mt 7,24-27 der entscheidende Ansatzpunkt allegorischer Auslegung gewesen. Zu den biblischen Konnotationen gesellte sich zunehmend eine dogmatische oder spirituelle Symbolik hinzu.[99] Der Felsen etwa ist nicht mehr nur Gott oder Christus, sondern auch der Glaube, die rechte Lehre oder das sittlich religiöse Leben überhaupt. Das Haus wird ganz im individuellen Sinne als Ausdruck der Tugendübung verstanden. In den Witterungsunbilden sieht man nun den Teufel, den Antichrist oder die Häretiker am Werk, erkennt darin Versu-

---

24,37-39 / Lk 17,26-27 oder 2Petr 2,5 und 3,5-7 auf. Jeremias, Gleichnisse (s. Anm. 12), hat deshalb Mt 7,24-27par ganz direkt als „Gleichnis von der Sintflut" bezeichnet (46).

98 Vgl. z. B. 1Kor 10,12; Röm 14, 4; Apk 2,5; dazu auch Lk 2,34 oder Prov 24,16.

99 Einige Beispiele finden sich bei Jülicher, Gleichnisreden II (s. Anm. 2), 265-266; Abou-Chaar, Two Builders (s. Anm. 5); Luz, Matthäus 1 (s. Anm. 12), 414-415; Ancient Christian Commentary on Scripture. New Testament Ia, Matthew 1-13, hg. von M. Simonetti, Downers Grove 2001, 156-158.

chungen, Verfolgungen oder Anfechtungen jeder Art. Das paränetische Interesse an dem Schlussgleichnis der Bergpredigt dominiert.

Interesse verdient, dass auch im islamischen Bereich das Gleichnis nicht unbekannt ist. Im Koran etwa findet sich eine Anspielung, die – wenn auch weniger deutlich als bei anderen Jesusworten – einen eigenständigen Umgang mit Mt 7,24-27 erkennen lässt.[100] In Sure 9,108-111 heißt es: „108 (107). Andere haben eine Moschee erbaut, um Unheil und Unglauben und Spaltung zwischen den Gläubigen anzustiften ... 109 (108). Stehe nimmerdar in ihr. Wahrlich, es gibt eine Moschee, gegründet auf Frömmigkeit vom ersten Tag an; geziemender ist's, dass du in ihr stehst. In ihr sind Leute, die sich zu reinigen wünschen, und Allah liebt die sich Reinigenden. 110 (109). Ist nun etwa der besser, der sein Gebäude auf Gottesfurcht und auf Allahs Huld gegründet hat, oder der, welcher sein Gebäude gegründet hat auf den Rand fortgespülten Schwemmsandes, der mit ihm in Dschehannams Feuer gespült wird? Und Allah leitet nicht die Ungerechten. 111 (110). Ihr Gebäude, das sie erbaut, wird nicht aufhören, Zweifel in ihren Herzen zu erregen, als bis ihre Herzen zerschnitten sind, und Allah ist wissend und weise."[101] Grundsätzlich geht es um die wahre und um die falsche Lehre. Beide werden im Bild zweier Bauwerke (Moscheen) dargestellt, die jedoch weniger in architektonischer als in soziologischer Perspektive erscheinen. Denn es handelt sich um zwei gegensätzliche Gemeinschaften: Die einen stiften Unheil, Unglauben und Spaltung, die anderen sind auf Frömmigkeit bzw. auf Gottesfurcht und Allahs Huld gegründet. Der Anklang an Mt 7,24-27 äußert sich darin, dass die erste Moschee offensichtlich Bestand hat, während die zweite, die „auf den Rand fortgespülten Schwemmsandes" gebaut ist, in das Höllenfeuer gespült wird. Der Ausgangspunkt (richtige / falsche Lehre) und der Endpunkt (Bestehen /

---

[100] Zu den Parallelen vgl. vor allem J.-D. Thyen, Bibel und Koran. Eine Synopse gemeinsamer Überlieferungen, Kölner Veröffentlichungen zur Religionsgeschichte 19, Köln / Weimar / Wien 2000, 220/221; M. Bauschke, Jesus im Koran, Köln / Weimar / Wien 2001, 50-51 (Bauschke führt als Parallele Sure 2, 261-265 an, was aber eher zum Gleichnis von der vierfachen Saat passt); J. Gnilka, Bibel und Koran. Was sie verbindet, was sie trennt, Freiburg / Basel / Wien 2004 (Gnilka geht auf Mt 7,24-27 nicht ein).

[101] Übersetzung nach Der Koran, aus dem Arabischen von Max Henning, reclam 351, Leipzig 1980.

Nichtbestehen) entsprechen dem Jesusgleichnis ebenso wie der Gegensatz von festem und unsicherem Grund. Anders als in Mt 7 ist das Bildmaterial in Sure 9 allerdings von vornherein als eine Allegorie gestaltet worden. Wie plausibel das Bildfeld in der islamischen Literatur dann bis in die Gegenwart hinein bleibt, zeigt die zufällige Lesefrucht aus einem Roman des Ägypters Alaa al-Aswani.[102] Darin wird die Predigt eines fundamentalistischen Scheiks in Kairo wiedergegeben, der seinen Hörern zwei Möglichkeiten zum Handeln vorlegt. Die eine Möglichkeit des Menschen besteht darin, alle seine Kräfte auf dieses vergängliche Leben zu konzentrieren: “Dann ist er wie jener Mann, der sich ein prächtiges, luxuriöses Haus bauen wollte, es aber auf Sand errichtete, am Strand des Meeres, weshalb es nun in jedem Augenblick in Gefahr ist, von einer kräftigen Meereswoge weggespült zu werden. Das ist die Wahl, die zum Scheitern führt.“ Die zweite Möglichkeit, die ohne Fortführung des Bildes auskommt, ruft dann zu einer Ausrichtung auf das ewige Leben auf, die den Kampf und den Tod (hier für die Sache der Muslimbrüder) nicht scheut. Das „Haus auf Sand“ dient in diesem Kontext als Bild verfehlter Lebensgestaltung in eschatologischer Perspektive und wird zugleich politisch instrumentalisiert.

Einen ganz anderen Bereich stellt das protestantische Liedgut dar.[103] Unter den zahlreichen biblischen Bezügen taucht auch Mt 7,24-27 auf und spiegelt ein Stück Alltagsfrömmigkeit wider. Das populäre und weit verbreitete Lied von Georg Neumark (1641 / 1657) versteht Gottvertrauen als entscheidenden Vergleichspunkt (EG 369,1): „Wer nur den lieben Gott lässt walten / und hoffet auf ihn allezeit, / den wird er wunderbar erhalten / in aller Not und Traurigkeit. / Wer Gott, dem Allerhöchsten, traut, / der hat auf keinen Sand gebaut.“ Paul Gerhard (1653) zielt auf die Vergeblichkeit eines Lebens, dessen Tun nicht in Gottes „Werk und Willen“ gründen (EG 497,3): „Es fängt so mancher weise Mann / ein gutes Werk zwar fröhlich an / und bringt’s doch nicht Stande; / er baut ein Schloss und festes Haus, / doch nur auf lauterm Sande.“ Diesen Gedanken unterstreicht auch Ernst Moritz Arndt (1819). Das,

---

102 Alaa al-Aswani, Der Jakubijân-Bau, Kairo 2005, dt. Übersetzung von H. Fähndrich, Basel 2007.

103 Zu den im folgenden genannten Liedern vgl. K. C. Thust, Bibliografie über die Lieder des Evangelischen Gesangbuchs, Göttingen 2006.

was im Leben fest besteht, ist nach EG 357,4 allein Christus: „Das ist das Licht der Höhe, / das ist der Jesus Christ, / der Fels, auf dem ich stehe, / der diamanten ist, / der nimmermehr kann wanken, / der Heiland und der Hort, / die Leuchte der Gedanken, / die leuchten hier und dort." Lediglich diese auf Christus bezogene Felsenmetaphorik nimmt dann auch Philipp Spitta (1833) auf EG 374,2: „Er ist ein Fels, ein sichrer Hort, / und Wunder sollen schauen, / die sich auf sein wahrhaftig Wort / verlassen und ihm trauen. / Er hat's gesagt, / und darauf wagt / mein Herz es froh und unverzagt / und lässt sich gar nicht grauen." Das Tun als die Realisierung des Hörens / des Gottvertrauens / der Christusgewissheit tritt hier völlig zurück. Darin klingt noch etwas von dem reformatorische Erbe nach, in dem das Gleichnis in die Kontroverse zwischen Glaube und Werken geraten war.[104]

Aufschlussreich ist auch die regelmäßige Behandlung des Gleichnisses im Genre der Predigtmediationen.[105] Darin wird das Ringen mit drei Problemkreisen spürbar, die sich auf unterschiedliche Weise überlagern. Der erste, besonders intensiv reflektierte Problemkreis betrifft das metaphorische Potential des Bildfeldes. Belehrt von Jülicher und der jüngeren Gleichnisexegese weisen die meisten Autoren jede Verlockung zur Allegorese strikt zurück: Für die Häuser, die da gebaut werden, gibt es keine konkrete Entsprechung; die Unwetter sind Zeichen des eschatologischen Gerichts. Alles Interesse gilt ausschließlich dem in der Einleitung thematisierten Zusammenhang von Hören und Tun. Gut protestantisch ist dabei das Insistieren auf dem Vorrang des Hörens, das jedoch erst in der Einheit von Wort und Tat die Lebensgestaltung im Ganzen zu prägen vermag; der ganzen Botschaft entspricht auch ein ungeteilter Dienst. Unversehens schleicht sich dann aber doch bei eini-

---

104 Vgl. dazu Luz, Matthäus 1 (s. Anm. 12), 414.

105 Mt 7,24-27 ist in Reihe III dem 9. Sonntag nach Trinitatis zugeordnet. Für die folgenden Beobachtungen habe ich (in völlig subjektiver Auswahl) 18 Meditationen protestantischer Autoren zwischen 1947 und 2005 durchgesehen. In GPM: W. Trillhaas, 1946/47, 31-33; G. Friedrich, 1951/52, 183-185; K. G. Steck, 1962/63, 274-281; F. Winter, 1968/69, 294-299; M. Voigt, 1974/75, 354-358; Th. Fürst, 1980/81, 367-372; F. Christ, 1986/87, 333-339; F. Merkel, 1992/93, 334-338; H. Weder, 1998/99, 349-355; Th. Mämecke, 2004/05, 370-375. In EPM: H.-F. Weiß, 1974/75, 244-247; G. Falk, 1980/81, 283-286; J. Wiebering, 1986/87, 254-257. In ZdZ: G. Basserack, 1963, P73-P74; J. Althausen, 1975, P67-P69; Chr. Grengel, 1981, P67-P69; G. Herprecht, 1987, P53-P54; M. Wild, 1993, P99-P100.

gen Autoren trotz anders lautender Absicht wieder das Spiel mit den Metaphern in den homiletischen Entwurf ein. Vorzugsweise wird dann das Haus als Bild unseres Leben verstanden, das vielfältigen Anfechtungen zu widerstehen hat. Einige Auslegungen reflektieren diese Situation auch ganz bewusst, fassen sich ein Herz und raten ausdrücklich zu einer vorsichtigen Allegorese – um etwa eine Brücke vom palästinischen Wadi zum Obi-Baumarkt schlagen zu können. Die Tür zu einem offensiveren Umgang mit den Metaphern öffnet sich dann in der Regel da, wo die Bewährung im Gericht aus ihrer endzeitlichen Perspektive bei Matthäus gelöst und in die unmittelbare Lebenswirklichkeit der Hörerinnen und Hörer verlegt wird. Gelegentlich schlägt der vorsichtige Rat auch unversehens in eine muntere, nicht mehr länger bezähmte Allegorese um: Zum „Haus des Daseins" und den „Stürmen des Lebens" tritt der Sand hinzu, der mangelnde Solidität oder politische Utopien signalisiert; der „Lauf der Dinge" und der „Alltagstrott" führen hin bis zu den Angeboten verschiedener Materialien für den Hausbau. Ein zweiter Problemkreis gilt der christologischen Dimension des Textes. Durch den einleitenden Rückverweis auf „die Worte Jesu" kommt die ganze Bergpredigt ins Spiel, relativiert sich die Frage der Ethik bzw. moralischer Appelle, tritt vor allem das christliche Existenzverständnis in den Mittelpunkt. Solche Überlegungen knüpfen häufig bei Bonhoeffer an und verstehen das Gleichnis als einen Text über die Nachfolge.[106] Entscheidend ist die Christuszugehörigkeit bzw. die Herstellung einer Christusbeziehung. Tätiges Christsein in der Einheit von Hören und Tun erwächst allein aus der Verbundenheit mit Christus und bewährt darin das, was das Gleichnis als vernünftiges Handeln beschreibt. Der dritte Problemkreis hat den Zusammenhang von Theorie und Praxis zum Gegenstand. In reformatorischer Tradition kann der ganze Zusammenhang als solcher rundheraus abgewiesen werden: Die Wahrheit der Worte Jesu lässt sich nicht in ein Schema pressen; die bessere Gerechtigkeit ist eine

---

106 Vgl. dazu D. Bonhoeffer, Nachfolge, München ²1940, 130-133. „Dieses Wort, dem ich über mich rechtgebe, dieses Wort, das aus dem ‚ich habe dich erkannt' herkommt, das mich sofort ins Tun, ins Gehorchen stellt, ist der Fels, auf dem ich ein Haus bauen kann. ... Wer mit Jesu Wort irgend anders umgeht als durchs Tun, gibt Jesus unrecht, sagt Nein zur Bergpredigt, tut sein Wort nicht. Alles Fragen, Problematisieren und Deuten ist Nichttun."

Gabe, die zum Tun befreit. Andererseits kann die Gewichtung von Hören und Tun auch als Erbe weisheitlicher Theologie ernstgenommen werden, so dass Jesu Worte als Wegweiser zu wahrer Lebensklugheit erscheinen. Nachdrücklich erklingt wiederholt ein Plädoyer für die Rückbindung des Tuns an das Hören, das nicht nur das Hören qualifiziert, sondern auch das Tun vor seiner Verabsolutierung bewahrt. Die Ganzheitlichkeit der Lebensgestaltung, die in dem Gleichnis angemahnt wird, durchzieht wie ein roter Faden alle ansonsten so vielgestaltigen Meditationen.

Schluss

Die Beziehung zwischen „Hören und Tun" ist das Thema von Mt 7,24-27 – in allen seinen Akzentuierungen und Bezügen. Darin begegnet nicht etwa ein Spezifikum der Botschaft Jesu, sondern ein Thema von gesamtbiblischer Relevanz. Dass Gottes Wort im alltäglichen Handeln Gestalt gewinnt, verbindet deshalb dieses Gleichnis Jesu mit verschiedenen rabbinischen Gleichnissen und macht darin ihren gemeinsamen Bezug auf die Geschichte Gottes mit Israel deutlich. „Hören und Tun" stellen weder eine Alternative noch eine hierarchische Beziehung dar, sondern sind wechselseitig miteinander verbunden: Erst das „Hören" ermöglicht ein vernünftiges „Tun", und nur das „Tun" qualifiziert das „Hören" als das, was es sein soll. Die einzige Alternative besteht zwischen einem richtigen und einem falschen Hören, zwischen lebendigem und totem Glauben, zwischen relevantem oder irrelevantem Wissen. Der Rückbezug auf Gottes Wort ist der gemeinsame Nenner dieses gesamtbiblischen Themas. In Mt 7,24 stellt Jesus seine eigenen Worte in diesen großen Zusammenhang. Die Wendung „meine Worte" bezeichnet deshalb kein Ausschluss-, sondern ein Anschlusskriterium.[107]

[107] Sie verweist zurück auf den Anfang der Bergpredigt, wo in 5,17-20 die unauflösbare Geltung der Tora (des Willens Gottes) als Vorzeichen steht; dem Gleichnis unmittelbar voraus geht Mt 7,21-23: „Nicht jeder, der zu mir sagt: ‚Herr, Herr!' wird in die Königsherrschaft der Himmel hineinkommen, sondern wer den Willen meines Vaters in den Himmeln tut!"; vgl. dazu auch 12,50: Bruder, Schwester und Mutter Jesu sind diejenigen, „die den Willen meines Vaters tun".

Für den Gleichniserzähler Jesus steht die Verkündigung der nahen Gottesherrschaft im Mittelpunkt. Dafür kann er das Bild vom Baugrund in seiner ganz realen Anschaulichkeit nutzen. Worauf lässt sich vertrauen? Auf das, was nahe liegt und längst bewährt ist! Der erste Bauherr tut ja nichts Extraordinäres oder Innovatives. Auf Felsen zu bauen ist in Galiläa das, was vernünftigerweise alle tun. Der Fels ist schon da, so wie Gottes Wort in der Tora die vorgegebene, schon bekannte Größe ist. Darauf kann man „bauen". Auffällig ist demnach nicht das positive, sondern das negative Beispiel. Leichtfertig oder kurzsichtig auf ein sicheres Fundament zu verzichten, kann nur schiefgehen. Denn es bedeutet, wider besseres Wissen an der falschen Stelle zu sparen. Vertrauen auf Gott und sein Wort hingegen erscheint in diesem Zusammenhang als etwas ganz Vernünftiges, beinahe Selbstverständliches. Riskant ist nur der Verzicht auf dieses Fundament, wofür die im allgemeinen Bewusstsein gegenwärtige Gerichtserwartung die bekannten Farben liefert.

Die erste Generation, die sich der Gleichnisse Jesu erinnerte, musste dem Bildfeld neue Aspekte abgewinnen. Ein Fundament ist das, worauf sich der Bau zurück bezieht, von dem er sein Maß und seine Stabilität erhält. Zugleich steht es aber auch für die Bewährung des Ganzen, so dass die intensivierte Gerichtserwartung für das Bild selbst ein stärkeres Gewicht erhält und damit die Metaphorik der entsprechenden Begriffe ins Bewusstsein rückt. Ein Haus ist nicht einfach das Produkt einer Augenblickslaune. Es wird auf Zukunft hin gebaut, um Schutz und Lebensraum zu bieten. Unter diesem Aspekt treten die soziale und die eschatologische Dimension deutlicher hervor.

Matthäus hat das Gleichnis (nach dem Vorbild der programmatischen Rede in Q) an den Schluss der Bergpredigt gestellt. Durch die Eröffnung („*diese* meine Worte") ist dieser Kontext ausdrücklich benannt. Dabei erweist sich der Rückbezug jedoch als ein doppelter: Zum einen sind es „die Tora oder die Propheten" vom Anfang der großen Rede (Mt 5,17-20), auf die Jesu Worte verweisen – also das längst bekannte und bewährte Gotteswort, von dem kein Jota vergeht. Zum anderen ist es die Interpretation dieser vorgegebenen Größe durch den Bergprediger selbst. An der Tora gibt es keine Abstriche. Aber sie ist auch kein starres Regelwerk. Ihre Weisung erschließt sich vielmehr durch fortwährende Auslegung neu. In diesen Prozess tritt der Bergprediger mit einem hohen Anspruch prophetischer Unmittelbarkeit ein.[108] Die Realisierung „dieser seiner Worte“ bedarf deshalb der bleibenden Gemeinschaft mit ihrem Verkündiger. Der Christusbezug, aus dem heraus die Realisierung des „Hörens“ erfolgen soll, wird bei Matthäus durch den Gedanken der Nachfolge zum Ausdruck gebracht. Darin meldet sich auch die soziale Dimension zu Wort. Die Gemeinde des Matthäus hat zudem längst erfahren, was der Anschluss an Christus bedeutet, wobei das Moment der Bewährung eine zentrale Rolle spielt und die Frage des göttlichen Gerichtes an Dringlichkeit gewinnt. Die Bergpredigt reduziert sich in diesem Zusammenhang nicht auf ein Kompendium der Ethik. Vielmehr bleibt das „Hören“ die Konstante. Die Vergewisserung über die Allmacht und die Barmherzigkeit Gottes ist der Ausgangs- und Bezugspunkt, wenn es um die Gestaltung des Alltags geht.[109]

Diese Konstante – das „Hören / Vertrauen / Glauben“ auf bzw. an den Gott Israels als den Vater Jesu Christi als Grund und Ziel christlicher Lebenswirklichkeit – prägt die Theologie des Neuen Testamentes im Ganzen. Den entscheidenden Kontext stellen dabei die Christologie und die Ekklesiologie dar. Aus der Christusgemeinschaft, dem „in / mit Christus Sein“, erwächst das Handeln. Christus selbst ist das Fundament, auf dem der Bau der Kirche steht und das diesem Bau Bestand verleiht. Dadurch öffnen sich für das Bildfeld des Gleichnisses aus Mt 7,24-27 zahlreiche neue intertextuelle Bezüge.

Die Beziehung zwischen „Hören und Tun“ hat im Gleichnis „fundamentalen“ Charakter. Doch das liegt fernab von allem, was man als religiösen Fundamentalismus zu bezeichnen pflegt.[110] Die Wechselbe-

---

108 Die ausgedehnte Diskussion darüber, wie die Beziehung zwischen der Tora des Mose und der durch Jesus interpredierten, modidifizierten, erfüllten oder erneuerten Tora zu verstehen sei, referiert A. Chester, Messiah and Torah, in: ders., Messiah and Exaltation, WUNT 207, Tübingen 2007, 497-536, spez. 501-506.

109 Vgl. die Debatte zwischen R. Feldmeier und U. Luz über das Thema „Die Bergpredigt – politisches Programm oder lebensferne Utopie?, ZNT 11, 2003, 33-47.

110 Vgl. C. Kähler, Die Bibel im Widerstreit. Historisch-kritische und fundamentalistische Auslegungsansätze: Gibt es einen dritten Weg? in: Christlicher Wahrheitsanspruch zwischen Fundamentalismus und Pluralität. Texte der Theologischen Tage 1996, hg. von Ulrich Kühn / Michael Markert / Matthias Petzoldt, Leipzig 1998, 149-158; M. Honnecker, Das Problem des Fundamentalismus und das Fundament des Glaubens, in: Paulus, Apostel Jesu Christi. FS G. Klein, hg. von M. Tro-

ziehung zwischen „Hören / Vertrauen / Glauben" einerseits und verantwortlichem Handeln andererseits beschreibt ein dynamisches Geschehen, das die Dynamik des Wortes Gottes selbst widerspiegelt. Darin ist auch das Hören aufeinander eingeschlossen. Um im Bild zu bleiben: Dieses Fundament hat keine unbegrenzte Fläche. Aber es bietet Raum für verschiedene architektonische Entwürfe; oder anders: Der Bau, der darauf entsteht, hat viele Räume. Das Fundament bewährt seine Stabilität nur dadurch, dass man auch darauf baut. Ob Gottes Wort angemessen verstanden ist (u. a. die Aufgabe der Theologie), erweist sich erst in der Gestaltung christlichen Lebens (u. a. die Aufgabe kirchenleitenden Handelns). Dafür stellt der Evangelist Matthäus in seinem „evangelium ecclesiasticum" mit dem Gleichnis von den beiden Hausbauern ein Leitbild vor, das an Brisanz ebensowenig verloren hat wie die Anschaulichkeit seines Bildfeldes.

---

witzsch, Tübingen 1998, 273-284 (vor allem mit Bezug auf die Fundamentmetaphorik in 1Kor 3).

Geschwisterlichkeit, Versöhnungsbereitschaft und Integrationskraft als Kennzeichen der Kirche Jesu Christi

Von Mt 18 aus im Gespräch mit der römisch-katholischen Kirche

Johannes Friedrich

1. Die Fragestellung

In der Erklärung „Dominus Iesus“ der Kongregation für die Glaubenslehre werden die reformatorischen Kirchen als „nicht Kirchen im eigentlichen Sinn“ bezeichnet, weil sie „den gültigen Episkopat und die ursprüngliche und vollständige Wirklichkeit des eucharistischen Mysteriums“ nicht bewahrt hätten.[1] Die reformatorischen Kirchen und kirchlichen Gemeinschaften erfüllen demnach strukturelle Kriterien nicht im erforderlichen Maß.

Ein solches Urteil muss sich biblisch ausweisen können. Das heißt: Zentrale biblische Texte für die Ekklesiologie müssen die Norm des römisch-katholischen Kirchenverständnisses dergestalt bestätigen, dass das Urteil über die reformatorischen Kirchen seine Begründung findet. Ist das nicht der Fall, muss von den reformatorischen Kirchen das römisch-katholische Kirchenverständnis auf seinen biblischen Grund hin angefragt werden. Darauf hat Christoph Kähler, der Neutestamentler, als Landesbischof immer wieder hingewiesen, zuletzt etwa als stellvertretender Ratsvorsitzender der EKD in seiner Stellungnahme vom 25. September 2007 zu der Rede von Kardinal Lehmann vor der Bischofskonferenz, in der die katholische Haltung vom Vatikanum II bis hin zu „Dominus Jesus“ interpretiert wird.[2]

---

1 Ziffer 17: Verlautbarungen des Apostolischen Stuhls 148, 2000, 23.

2 ekd.de Pressearchiv 2007.

Da die Definition des Dokuments „Dominus Iesus“ die genannten Kriterien verabsolutiert, wird mit ihnen eine theologische Vollständigkeit beansprucht. Sollte der biblische Befund jedoch entscheidende andere ekklesiologische Kriterien geltend machen, müsste auch von daher die Feststellung in „Dominus Iesus“ angefragt werden.

Einer dieser zentralen Texte ist die so genannte Gemeinderede Matthäus 18. Diesen Text will ich hier im Hinblick auf die gegebene Fragestellung genauer bedenken. Aus Sicht einer Quellenscheidung ist das Kapitel eindeutig eine Komposition des Evangelisten. Er verwendet vorliegendes Material, stellt es aber absichtsvoll zur „Gemeinderede“ zusammen.

2. Matthäus 18 im Kontext

Der Kirchengedanke prägt das Matthäusevangelium. Der Evangelist erzählt die Geschichte Jesu mit der Absicht, durch sie das Wesen und das Selbstverständnis der Kirche darzustellen. Er lässt uns auf die Geschichte Jesu nicht als eine vergangene Geschichte zurückblicken, sondern stellt die Kontinuität des Handelns Gottes an seinem Volk heraus, das sich von Jesus Christus in die Gegenwart der Kirche hinein fortsetzt.[3] In den drei kleinen Passagen ab V. 12 leuchten dabei drei Regeln auf, die für die Ekklesiologie, also das Kirchenverständnis des Matthäus, kennzeichnend und für die Ökumene, die sich vom Gedanken der Einen Kirche Christi bestimmen lässt, produktiv sind.

Das Matthäus-Evangelium ist das Votum der syrischen Diaspora-Kirche zu den kirchlichen Fragen, die sich in der nachpaulinischen Zeit stellten. Das Profil dieses Votums wird deutlich im Vergleich mit der Stimme aus dem Westen, die insbesondere im lukanischen Geschichtswerk ihren Niederschlag findet. Entscheidender Grundzug bei Matthäus ist der Gedanke, dass Israel sich der Sendung Jesu Christi versagt. Schon in Mt 2,3 erschrickt Herodes über diese Sendung – und mit ihm „ganz Jerusalem“. Schlüsselstelle für diesen Gedanken ist das Wein-

---

[3] Vgl. Jürgen Roloff, Die Kirche im Neuen Testament, NTD-Ergänzungsreihe 10, 1993, 144.

berggleichnis Mt 21,33-45. Die Ablehnung Jesu Christi durch Israel findet ihren Höhepunkt in der Passions- und Kreuzigungsdarstellung. Die Konsequenz aus der Versagung ist die Heidenmission.[4]

Aus diesen Gründen ist für Matthäus das Christusbekenntnis Mt 16,16 so zentral. Es geht hier zuerst um das Christusbekenntnis (also den Inhalt), nicht um das Petrusbekenntnis (die Person, die bekennt).

Matthäus ist bei allem ein kirchlicher Theologe, kein unabhängiger theologischer Kopf. Sein kirchenpolitischer Hintergrund ist das Judenchristentum in der syrischen Diaspora, das ergibt sich aus seiner kenntnisreichen Auseinandersetzung mit der judenchristlichen Tradition. Gleichzeitig hat sein Evangelium eine klare universalistische Tendenz.[5] Es tritt also deutlich aus seinem Hintergrund, der pharisäisch dominierten Synagoge, heraus und macht die Öffnung für die nichtjüdischen Völker evident, vgl. Mt. 28,16-20. Die Abgrenzung von der Synagoge führt die syrische Diasporakirche zur Bildung einer christlichen Gemeindeidentität. Diese findet ihre Orientierung im Matthäusevangelium.

Christof Landmesser hat in seiner Habilitationsschrift[6] die schlüssige These vertreten, das Matthäus-Evangelium sei der Kontext von Mt 9,9-13. Damit würden die „Kirche als Jüngergemeinde" und die „Soteriologie" die theologischen Oberthemen des Evangeliums bilden. „Der gesamte Abschnitt Mt 16,21-28,20 beschreibt ein Offenbarungsgeschehen, das den Jüngern Jesu bzw. der Gemeinde gilt. Dies wird von Beginn des Abschnitts an und eben auch mit der zentralen Proklamation Jesu als Sohn Gottes verdeutlicht. Die ausdrückliche Hinwendung Jesu zu den Jüngern wird nochmals unterstrichen durch die Gemeinderede Mt 18".[7] Die Kirche wird in Mt 16,17-19 als Jüngerschaft konstituiert.[8]

Damit ist auch die Einordnung von Kapitel 18 in die Konzeption des Evangeliums klar: Mt 12,1-16,12 beschreibt das Ringen um Israel.

---

4 Vgl. Johannes Friedrich, Gott im Bruder? Eine methodenkritische Untersuchung von Redaktion, Überlieferung und Tradition in Mt 25,31-46, CThM.BW 7, Stuttgart 1977, 303 u. ö.

5 A. a. O.

6 Christof Landmesser, Jüngerberufung und Zuwendung zu Gott. Ein exegetischer Beitrag zum Konzept der matthäischen Soteriologie im Anschluss an Mt 9,9-13, WUNT 133, 2001.

7 Ebd. 47.

8 Leonhard Goppelt, Theologie des Neuen Testaments, Göttingen 1975, 564.

16,13 beginnt die Hinwendung zur Jüngergemeinde. Speziell Kapitel 18 dient der Regelung von Gemeindefragen. Absicht des Matthäus ist es, ein Buch zur Unterweisung für die Kirche vorzulegen. Der irdische Jesus wird christologisch und ekklesiologisch gedeutet: Jesus ist der Christus Gottes. Und: Die Kirche wird auf Jesu Wort und Wirken verpflichtet.

Mt 18 gliedert sich in folgende Passagen:

V. 1-5	Rangstreit der Jünger
V. 6-11	Warnung vor Anstoß, der zum Abfall führt
V. 12-14	Gleichnis vom verlorenen Schaf
V. 15-18	Gemeinderegel
V. 19-20	Gewissheit der Gegenwart Jesu Christi
V. 21-22	Vom Vergeben
V. 23-35	Gleichnis vom Schalksknecht

3. Der Durchgang durch die Texte

3.1 Matthäus 18,1-5

„Wer ist der Größte im Himmelreich?“ Das ist das Auftakt-Thema für die Gemeinderede. Es geht um den Rangstreit der Jünger. Es geht nicht um einen Rangstreit unter Hierarchen, es geht um die Gemeinde.

Wir haben gelernt, dass diese Frage ungehörig ist. Es ist etwas unbescheiden, der Größte sein zu wollen. Dabei ist die Frage menschlich – allzu menschlich. Die Parallelen bei Markus (9,35-50) und Lukas (9,46-50) haben genau dieselbe Fragestellung. Aber deren Zuordnung in der Komposition ihres Evangeliums ist anders als bei Matthäus. Markus antwortet auf die Frage „Wer ist der Größte?“ mit dem Kinderevangelium. Bei Matthäus geht es um die Rettung der Verlorenen (siehe V. 6-35). Offensichtlich liegt eine mündliche Spruchüberlieferung vor, die an verschiedenen Orten weitererzählt, verändert und verwandelt wurde.[9]

„Ich möchte dein bester Freund sein“. „Du sollst niemanden lieber haben als mich“. „Ich bin das Lieblingskind meiner Eltern“. „Mein

[9] Ernst Lohmeyer / Werner Schmauch, Das Evangelium des Matthäus, KEK Sonderband, Göttingen ^{4}1967, 277.

bester Schüler!“ Solche Wünsche, solche Erfahrungen sind alltäglich. Das Gegenteil natürlich auch. Wenn ich immer nur das Aschenbrödel bin, wie Luft für meinen Lehrer, das unbeachtete Sandwich-Kind, die, die man zwar gebrauchen kann, aber die niemand liebt – das stürzt in Selbstzweifel. In der Folge verliert man entweder sein Selbstwertgefühl und wird depressiv, oder man wird zum Rebellen und begehrt auf. Darum wünschen wir uns das Gegenteil: Jeder von uns möchte wertschätzend wahrgenommen werden als jemand, der für andere eine Bereicherung darstellt.

„Wer ist im Himmelreich der Größte?“ Das ist auch eine ekklesiologische Frage: Welche Kirche ist vor Gott die richtige Kirche? Die Kirchengeschichte kennt zahllose Exklusivitätsansprüche. Es ist das Selbstverständnis vieler Sekten und Sondergemeinschaften, dass sie sagen: Wir sind die einzig wahren Christen, die anderen sind Ketzer, Häretiker, Sektierer, haben nicht den Heiligen Geist usw. Wer Christ sein will, kann nur so Christ sein, wie wir Christen sind. Wer Kirche sein will, kann nur Kirche sein, wie wir Kirche sind.

Jesus lässt sich, so Matthäus, auf ein solches Ranking nicht ein. Er ruft ein Kind in die Runde, stellt es in die Mitte und rät den Fragestellern zum Umdenken. „Wer so klein sein kann wie dieses Kind, der ist der Größte.“

Das Besondere an einem Kind ist, dass es um seine Kleinheit weiß. Es hat nichts aufzuweisen, sondern ist darauf angewiesen, sich alles schenken zu lassen. Es weiß um seine Unterlegenheit.

Unter dem Gesichtspunkt der Kontinuität zwischen dem Handeln Gottes in der Jesusgeschichte und in der Kirchengeschichte, um die es Matthäus geht, heißt das für die Kirche in der Ökumene: Es geht unter uns und vor der Welt nicht um ein Ranking unserer Kirchen: Welche ist die wahre Kirche? Sondern es geht um die Einsicht, dass wir alle, ob evangelisch, katholisch, orthodox oder anglikanisch, klein sind vor Gott, als Christen, aber auch als Kirche. Im Verhältnis zueinander kann es nicht um Selbstgerechtigkeit, nicht um Überlegenheitsdoktrinen gehen, sondern nur um Umkehr und Abkehr vom Exklusivitätswahn. Kein einziges Kirchentum ist bei Gott das größte, das sich als das größte wähnt. Wer der Größte sein will, sei der Diener aller, heißt es in der Markusvariante unseres Textes.

Ein Bild mag das verdeutlichen. Wenn ich eine Brezel in mehrere Stücke zerbreche, ist keines dieser Stücke die authentische Brezel oder wahrer Brezel als die anderen. Denn die wahre, die authentische Brezel ist die ungeteilte. Aber alle Stücke tragen in sich die Anlage zum Ganzen. Die Brezel lässt sich wohl wieder zusammenfügen. Allerdings gelingt das nicht, wenn auch nur ein einziges Stück fehlt, weil es sich verweigert oder rechthaberisch für sich bleiben will. Nur Abkehr von der Absonderung und Umkehr zur Einheit führt zum Reichtum des Ganzen.

So ist das auch mit den Kirchen. Die eine Kirche Jesu Christi ist im Laufe von zwei Jahrtausenden in viele Konfessionen zerbrochen. Keine Konfession ist für sich allein die wahre Eine Kirche. Wir müssen alle, um an ein Wort des Theologen Joseph Ratzinger zu erinnern, so Kirche sein, dass wir immer mehr eine Kirche werden, auch wenn wir Kirchen bleiben.

Über die Wege, wie dieses geschehen kann, werden weiterhin viele Gespräche nötig sein. Entscheidend ist, dass wir uns gegenseitig nicht das Kirche-Sein absprechen oder gar uns gegenseitig verketzern, denn Ausgrenzung führt ebenso wie Verweigerung dazu, dass dem Ganzen immer ein Teil fehlt. Darum braucht es in der Ökumene Demut und nicht Überheblichkeit, Buße und nicht Selbstgerechtigkeit.

3.2 Matthäus 18,6-11

Der nächste Abschnitt V. 6-11 führt das Thema „Kind“ auf besondere Weise fort. Nichts darf in der Gemeinde geschehen, dass „einer dieser Kleinen“ sich veranlasst sieht, von der Gemeinde abzufallen. Abfall von der Gemeinde, den die Gemeinde selbst oder einige in der Gemeinde verschuldet haben, ist der Super-GAU für die Kirche Jesu Christi. Mit drastischen Bildern („Wenn dich dein Auge zum Abfall verführt, reiß es aus“ V. 9) sucht der Evangelist seine Adressaten davon zu überzeugen, dass alles unternommen werden muss, um eine Verführung zum Abfall zu verhindern. Dabei darf niemand sich selbst schonen. Wehe-Rufe wie in V. 7 sind sonst im Neuen Testament mit der Warnung vor dem Antichrist verbunden. Hier werden sie auf jeden bezogen, der einen von „diesen Kleinen“ zu Fall bringt. Mit Sicherheit haben wir hier den

Sprachgebrauch der nachösterlichen Gemeinde.[10] Eine solch emotionale Drastik wird ihren Hintergrund in den Verhältnissen der nachpaulinischen Kirchenwirklichkeit haben. Offenbar hat die Kirche eher Spaltungen und Austritte in Kauf genommen, als eigene Standpunkte aufzugeben.

Auf der einen Seite der Wehe-Ruf, auf der anderen werden die Engel im Himmel als Anwälte der Kleinen beschworen. Engel sind kosmische Mächte, durch die Gott sein Weltregiment ausübt. Die Angesichts-Engel (V. 11), die das Privileg haben, Gott zu schauen, stehen in der spätjüdischen Engel-Hierarchie ganz oben. Der Gemeinde gebührt also von Gott her allerhöchster Schutz, deshalb ist ihre Spaltung, ist Abfall das Verwerflichste, was sich in dieser Hinsicht denken lässt.

Auffällig ist: Nicht die, die abfallen, werden hier beschworen, sondern die, die Abfall provozieren. Kirchenspalter sind also nicht die, die sich trennen, sondern die, die keine ausreichende Integrationskraft an den Tag legen. Für die Deutung der Kirchengeschichte der letzten 2000 Jahre ist das doch aufschlussreich. Das heißt aber auch: Es steht Kirchen nicht an, die Gemeinschaft – etwa durch Lehre – zu eng zu ziehen, sondern Spielräume zu lassen. Für die Volkskirchen heute, die oft in der Kritik stehen, zu vieldeutig zu sein, ist dies eine stärkende Überlegung.

Wer aber sind „die Kleinen“, von denen in diesem Abschnitt die Rede ist? „Die Kleinen“ kommen nicht nur in Matthäus 18, sondern auch in anderen Zusammenhängen vor. Es sind „die Träger bestimmter Gaben und Dienste in der Gemeinde ... vom Geist bewegte Verkünder, Ausdeuter der Schrift im Lichte der Weisungen Jesu. Menschen, die vor allem durch ihr Handeln Zeugnis für Jesus ablegen, aber grundsätzlich steht keiner von ihnen über den anderen, sind sie alle ‚Kleine‘ und ist umgekehrt jeder Jünger zu all diesen Diensten gerufen. In Matthäus 18, das das Leben in der Gemeinde ordnet, wie überhaupt im Matthäusevangelium, begegnet nirgends ein Amt“.[11]

Es geht also um die Gemeinde. Das – lutherisch gesprochen – Priestertum aller Getauften wird hier thematisiert. Von Amt und Hierarchie ist in diesem ganzen Zusammenhang keine Rede. Die Gemeinderede

---

[10] Vgl. Friedrich, a. a. O. 244-248.

[11] Eduard Schweitzer, Das Evangelium nach Matthäus, NTD 2, Göttingen 1973, 116 zu Mt 7,13-23.

wendet sich nicht an das apostolische Amt, wie es denn mit der Gemeinde zu verfahren habe. Gemeinderegeln sind eine innergemeindliche Angelegenheit. Für sie und die Kirchenzucht braucht es das Amt nicht. Das Amt ist gottesdienstbezogen.

3.3 Matthäus 18,12-14[12]

Das nächste kleine Textstück ist das Gleichnis vom verlorenen Schaf. Neunundneunzig Schafe sind bei der Herde, eines ist verloren gegangen. Hier geht es um den Maßstab für den Umgang in der Gemeinde. Rigorismus, der zu Abfall und Austritt führt, soll es nicht sein. Das kleine Gleichnis will statt dessen einladen, das Verlorene nicht abzuschreiben, sondern dem Verlorenen nachzugehen, sich auf die Suche zu machen, statt lediglich den Bestand zu verwalten. Die Verirrten müssen zur Umkehr bewegt werden.

Gott lässt keinen verloren gehen. Gott macht sich auf, die Sünder zu suchen, das, was verloren ist, zu finden und zu integrieren. Das Vorbild Gottes ruft auch die Jünger und damit die Kirche in die Nachfolge.

Es kann uns nicht in erster Linie darum gehen, selbstgenügsam das eigene Kirchentum zu pflegen. Denen, die anders glauben und die anders Kirche sind, gilt es nachzugehen, sich für sie zu interessieren. Ziel ist nicht, dass diese anderen ihr Kirchentum oder ihren Frömmigkeitsstil aufgeben und für mein Kirchentum, für meine Art zu glauben gewonnen werden, sondern dass sie sich nicht vereinzeln, sich vielmehr im Rahmen der Kirche bzw. der Einen Kirche Jesu Christi verstehen und sich auf den ökumenischen Weg machen. Vereinzelung, Eigenwilligkeit, Exklusivität führen in die Irre. Was nicht dem Ziel der Einen Kirche Christi dient, führt ins Abseits.

Damit hat Matthäus 18 nun bereits zwei wichtige Einsichten und Grundregeln vermittelt:
- den Standpunkt der Buße und Demut statt eines Überlegenheitsdünkels und
- die Zuwendung zu dem, was sich getrennt hat, statt der Verwaltung des eigenen Bestandes.

Dies gilt für die Kirche wie auch für die Kirchen in der Ökumene.

---

[12] Vgl. Friedrich, a. a. O. 244-246.

3.4 Matthäus 18,15-20

Schauen wir uns den folgenden Abschnitt an. In der Einheitsübersetzung ist er überschrieben mit „Verantwortung für den Bruder". Das Kirchenbild des Matthäus ist nicht hierarchisch, sondern geschwisterlich.[13] Geschwisterlichkeit macht die innere Struktur der Kirche Christi aus. Wenn es nicht zu kühn erscheint, möchte ich von der *communio*-Struktur der Kirche nach dem Matthäus-Evangelium sprechen. „Wenn dein Bruder sündigt, dann geh zu ihm und weise ihn zurecht." Das scheint der modernen Mediengesellschaft kategorial zu widersprechen. Sünde und Beichte erfolgen heute gleichermaßen im Rampenlicht der Öffentlichkeit. Jeder Fehltritt ist sofort nachzulesen. Und bei den Beckmanns und Korners folgt kurz darauf die Beichte. Großzügig vergeben die Moderatoren allen und alles, sofern die Sünder nur bereit sind, sich selbst in einer ihrer Sendungen bloßzustellen.

Wenn dein Bruder sündigt, dann geh zu ihm und weise ihn zurecht. Hört er nicht, nimm zwei oder drei Zeugen mit. Hört er immer noch nicht, sag's der Gemeinde. Erst danach mag die Sache an die Öffentlichkeit. Für die Kirchenzucht legt Matthäus hier ein dreistufiges Verfahren ans Herz. Dass Kirche ein *corpus permixtum* ist, zeigt schon das Gleichnis vom Unkraut unter dem Weizen (Mt 13,24-30). Aber gerade nicht die Zucht als Strafe steht hier im Blick, sondern Kirchenzucht steht unter dem Oberthema der Versöhnung, des Zurechtbringens, des Wiedereingliederns. Der Abschnitt ist umrahmt von den Gleichnissen vom verlorenen Schaf und vom Schalksknecht.

Die Absicht dieser Rede Jesu ist klar. Der Konflikt soll möglichst klein gehalten werden. Ziel ist nicht die Bloßstellung, nicht die Investigation, sondern, das Verlorene zurück zu gewinnen, den Sünder auf dem Heilsweg zu halten.

Das ist durchaus zu erreichen: Mit dem Bruder, der Schwester so umgehen, dass er bzw. sie am Angebot des Heils nicht vorbei lebt, nicht ins eigene Verderben rennt. Mancher, auch in der Kirche, reitet sich allerdings selbst so in die Öffentlichkeit der Medienlandschaft hinein, dass er schon gar nicht mehr aus den Schlagzeilen kommt. Nach dem 18. Kapitel des Matthäusevangeliums rät Jesus dazu nicht, vielmehr zu

---

[13] Vgl. Friedrich, a. a. O. 234.

einem Vorgehen, das weder den Sünder noch den Zurechtweisenden beschädigt. Ziel ist schließlich die Vergebung, nicht, einem anderen den Stuhl vor die Tür zu stellen. Weil Versöhnung keine Begrenzung kennt, bleibt dem anderen immer die Chance zur Umkehr und zum Heil.

Zwei Verse in diesem Abschnitt verdienen besondere Aufmerksamkeit. Einmal das Wort vom Binden und Lösen V. 18. Es scheint eine Parallele zu Mt 16,18 zu sein. Im Unterschied zu dieser Stelle ist das Binden und Lösen hier aber nun nicht Petrus übertragen, sondern der Gemeinde als ganzer. Da Binden und Lösen als apostolischer Auftrag auch nach der lutherischen Agende dem ordinierten Amt gilt, muss man auf den Kontext achten, um keinen Widerspruch zu konstatieren. In Kapitel 16 geht es das Christusbekenntnis, damit um die Gottesbeziehung des Menschen. Hier geht es um die Beziehungen innerhalb der Gemeinde. Kirchenzucht ist keine Bekenntnisfrage. Sie ist nicht an das Amt gebunden, sondern regelt sich innerhalb der Gemeinde. Vergeben kann jeder dem anderen, im Endeffekt die Gemeindeversammlung dem irrenden Einzelnen.

Die andere besondere Stelle ist V. 20: Wo zwei oder drei versammelt sind in meinem Namen, da bin ich mitten unter ihnen. Martin Luther vermerkt als Randglosse zu dieser Stelle: „(Meinem Namen) Aus meinem Befehl / und mir zu Ehren / so gehets auch alles wol aus.“ Die Anwesenheit Gottes erfolgt auf göttliche Weise. Weder das Glaubensbewusstsein noch das religiöse Bedürfnis von zweien oder dreien konstituiert Gottes Gegenwart. Gott selbst ist das Subjekt dieser Konstitution. Im Vergleich mit anderen Texten fällt die hier waltende antienthusiastische Vorstellung vom Gottesdienst auf.[14]

Ich finde auch diesen Abschnitt ökumenisch in hohem Maße produktiv. Er bestätigt, was wir schon in den beiden ersten Abschnitten kennen lernten. Aber hier geht es um die Methode der Geschwisterlichkeit. Sie setzt Dialog an die Stelle des Machtworts. Über den Sünder wird nicht der Stab gebrochen, es wird mit ihm gesprochen. Und wenn das Gespräch kein positives Ergebnis gebracht hat, soll weiter gesprochen werden. Gibt es immer noch keine Einigung, wird auf anderer Ebene verhandelt.

---

[14] Goppelt, a. a. O. 565.

3.5 Matthäus 18,21-35[15]

Sehr kurz kann ich das abschließende Gleichnis vom Schalksknecht verhandeln. Seine Botschaft ist ja klar: Die Vergebung, die wir empfangen, ist der Maßstab für den Umgang in der Gemeinde. Wer anders handelt, ist ein Schalk. Kein Wunder, wenn Gott mit ihm gerade so verfährt wie der Herr im Gleichnis mit seinem Knecht.

4. Das Ergebnis

Zunächst einmal fällt auf, dass strukturelle Bestimmungen des Kircheseins in der Gemeinderede keine Rolle spielen. Zumindest in Matthäus 18 können also Bischofsamt und Weihepriestertum ihren biblischen Grund nicht finden. Das ist umso gewichtiger, als ja die Autorität Jesu Christi für die Gemeinderede ausdrücklich geltend gemacht wird.

Umgekehrt spielt die Gemeinde selbst, die – wie es im katholischen Raum immer wieder heißt – „Basis“ eine gewichtige Rolle für die Regelung des kirchlichen Lebens. Und zwar, ohne dass sie sich des priesterlich-bischöflichen Plazets vergewissern muss.

Statt struktureller dominieren materiale Kriterien. Geschwisterlichkeit, Versöhnungsbereitschaft und Integrationskraft geben der Kirche ihr Profil. Eine geschwisterliche Kirche, die die von Gott empfangene Vergebung intern praktiziert und auch die anders Glaubenden und eigene Wege gehen Wollenden in der Kirche hält, ist nach Matthäus 18 Kirche im eigentlichen Sinne.

Orthodoxe und Katholiken, Anglikaner und Evangelische sind auf dem Weg zur einen Kirche. Die Kirchenspaltungen haben uns die Einheit verlieren lassen. Nur gemeinsam finden wir zu ihr zurück. Kirche muss sich auf das Bekenntnis zu Christus gründen und von der Bibel leiten lassen. Daraus empfängt sie entscheidende Impulse.

Martin Luther hat in einer Auslegung zu Matthäus 18 beziehungsreich vom Kuckuck und der Nachtigall gesprochen: Der Kuckuck ruft seinen eigenen Namen aus und lässt die Nachtigall nicht singen.[16] Dahin

---

15 Friedrich, a. a. O. 234.

16 WA 47, 237.

darf es nicht kommen, wenn sich die Kirchen über ihr Kirche-Sein verständigen. Das auf die Bibel gegründete Wort Gottes (die Nachtigall) muss immer noch das Kriterium sein. Keine Kirche darf bei der Formulierung ihrer Äußerungen zum Thema nur ihre eigene Tradition und Lehre hören. Das wäre nämlich der Kuckuck.

Die aus Mt 18 gewonnenen Grundregeln für das Zusammenleben, auch das ökumenische Zusammenleben, sind also:

- Demut und Buße als Grundhaltung statt Rechthaberei und Überheblichkeit,
- Interesse am anderen und Sorge um ihn statt der bloßen Verwaltung des eigenen Kirchentums,
- Dialog statt Machtwort als Methode.

Damit lassen sich, davon bin ich überzeugt, Geschwisterlichkeit, Versöhnung und Integration gestalten und erfahren. Versöhnung braucht Grundregeln, wenn sie denn gelingen soll. Gemeinschaft heißt nicht Uniformität, sondern ist als versöhnte Verschiedenheit möglich.

Christoph Kähler hat als Landesbischof und besonders als evangelischer Vorsitzender des Kontaktgesprächskreises zwischen der römisch-katholischen Deutschen Bischofskonferenz und dem Rat der EKD die Gemeinschaft zwischen diesen Kirchen genau in diesem Sinne vorangebracht. Dass er es auch im „Ruhestand" weiter tun und dort seine Kompetenzen als Bibelwissenschaftler mit seinen Erfahrungen als Leitender Geistlicher weiterhin so gelingend zusammenführen möge, das wünsche ich ihm und uns.

Auferstehung und Weltende als Rätsel?

Zur Funktion und Bedeutung von Mt 27,51b-53 im Kontext der matthäischen Jesuserzählung

Jens Herzer

1. Problemstellung

Es gibt Texte, die auch als Bestandteil einer ansonsten sehr intensiv erforschten Schrift wie dem Matthäusevangelium rätselhaft bleiben und in sonderbarer Weise neben die großen Hauptlinien der Christologie, Theologie, Ekklesiologie oder Eschatologie treten. Ein solcher Text ist Mt 27,51b-53, jenes Sondergut in der matthäischen Passionsgeschichte, mit dem der Evangelist die aus dem Markusevangelium bekannten Begleiterscheinungen des Todes Jesu – die Finsternis und der zerteilte Tempelvorhang – um weitere theophan-apokalyptische Zeichen ergänzt. Die kurze Episode über das Beben der Erde, durch das Gräber geöffnet werden, aus denen die „auferweckten Leiber" „vieler verstorbener Heiliger" heraustreten, um dann – freilich erst „nach *seiner* Auferweckung" – in der „heiligen Stadt" zu erscheinen, hat die Ausleger beschäftigt, seit Matthäus sich entschlossen hat, sie ausgerechnet an dieser Stelle seines Evangeliums zu erzählen. Mit der Rätselhaftigkeit steigt allerdings das spekulative Potenzial: Je weniger der Evangelist ausdrücklich erklärt, umso größer ist der Raum für unterschiedlichste interpretatorische Assoziationen, wobei oft mehr an Bedeutung in den Text eingetragen wird, als er selbst zu erkennen gibt. Das betrifft nicht nur Einzelzüge der kurzen Episode, sondern auch deren Bedeutung als Ganze im Kontext der matthäischen Schilderung des Todes Jesu.

Einem Leser oder einer Leserin im 21. Jahrhundert wird diese Episode zunächst eher wie eine Schauergeschichte vorkommen, vergleichbar mit allerlei pseudoreligiösen Geistererzählungen nekrophiler Art, wie sie nicht nur in der Antike bekannt waren. In der Auslegung von Mt 27 jedoch wird die „Auferweckung der Heiligen" traditionsgeschichtlich eher positiv beurteilt: Der Tod Jesu, so der Grundtenor, markiere die eschatologisch-apokalyptische Wende der Heilsgeschichte, mit der gewissermaßen zeichenhaft die endzeitliche Totenauferstehung beginne. Dabei fallen je nach Gewichtung bestimmter Motive und traditionsgeschichtlicher Zusammenhänge die begrifflichen Fassungen dieser Intention recht unterschiedlich aus.

Eine kleine Auswahl soll veranschaulichen, in welcher Weise die seltsame und singuläre Episode des Matthäus theologisch aufgeladen wird. Adolf Schlatter hat die soteriologische Perspektive des Todes Jesu vor Augen, wie sie durch Mt 20,28 vorgegeben ist. Er sieht in den Erscheinungen der Heiligen vor Vielen eine Erläuterung dessen, „was für Mat. das λύτρον bedeutet hat, das Jesus durch seinen Tod herstellt. Es wird dadurch wirksam, daß sich mit seinem Tod ‚eine erste Auferstehung' verbindet, die den kommenden Äon weissagt."[1] Joachim Gnilka verallgemeinert dies in der Einschätzung, Matthäus komme es darauf an, „Tod und Auferstehung Jesu als die Grundfaktoren unseres Heils, als die Quelle des neuen Lebens zu erweisen".[2] Raymond Brown deutet in seiner umfangreichen Erörterung des Textes die apokalyptischen Zeichen als Illustration des „partial fulfillment of the divine judgement".[3] Wolfgang Trilling sieht in dem Geschehen eine „zeichenhafte Vorwegnahme der Auferstehung Jesu ... Matthäus will sagen: Im Tod Jesu ereignet sich schon der Umbruch in die neue Zeit. Das Leben triumphiert jetzt schon mitten im Tode Jesu über den Tod, wie es der Gläubige aus der Einheit von Kreuz und Auferstehung Jesu weiß."[4] Die geschilderten Ereignisse seien eine Ankündigung des „Beginn(s) des neuen Äons, einer den ganzen Kosmos umgreifenden Wende".[5] Auch für Wolfgang Wiefel wird mit Mt 27,51b-53 der Tod Jesu „dem zentralen Akt der endzeitlichen Vollendung, der Totenauferstehung, zu-

---

1 A. Schlatter, Der Evangelist Matthäus. Seine Sprache, sein Ziel, seine Selbständigkeit. Ein Kommentar zum ersten Evangelium, Stuttgart [6]1963, 785. – Zu danken habe ich meiner Assistentin Michaela Engelmann für ihre konstruktiven Hinweise zur formalen Gestaltung und zu inhaltlichen Aspekten des Manuskriptes.

2 J. Gnilka, Das Matthäusevangelium. Zweiter Teil: Kommentar zu Kapitel 14,1-28,20 und Einleitungsfragen, HThK I/2, Freiburg u. a. 1988, 478.

3 R. Brown, The Death of the Messiah. From Gethsemane to the Grave: A Commentary on the Passion Narratives in the Four Gospels 2, ABRL, New York u. a. 1994, 1126; vgl. ähnlich D. Sim, The Gospel of Matthew and Christian Judaism. The History and Social Setting of the Matthean Community, 226: „proleptic judgement scene". Sim geht sogar so weit, die in 27,54 erwähnten Soldaten trotz des Gottessohnbekenntnisses vor dem Hintergrund der Gerichtsvorstellung als die Frevler zu identifizieren, die als Folterer und Mörder des Messias „Gentiles of the worst type" seien; vgl. auch ders., The „Confession" of the Soldiers in Matthew 27:54, HJ 34, 1993, 401-424.

4 W. Trilling, Christusverkündigung in den synoptischen Evangelien. Beispiele gattungsgemäßer Auslegung, Leipzig 1968, 195.

5 A. a. O. 222; vgl. M. Konradt, Israel, Kirche und die Völker im Matthäusevangelium, WUNT 215, Tübingen 2007, 327: „Beginn der neuen Heilszeit".

geordnet und damit als Äonenwende charakterisiert ... Jesu Tod ist der Anbruch der Heilsvollendung."[6] Willibald Bösen geht noch einen Schritt weiter in Richtung einer präsentischen Eschatologie. Matthäus beschreibe „mit den Worten eines unbekannten jüdischen Apokalyptikers, was er mit seinem ‚inneren' Auge sieht: Daß sich just in der Stunde des Todes Jesu die für die Endzeit verheißene Auferweckung der Heiligen *realisiert*."[7] Die Beispiele ließen sich leicht durch zahlreiche Urteile mit ähnlicher Intention vermehren.

Ein wichtiges Indiz für heilsgeschichtlich-apokalyptische Interpretationen ist die oft beschriebene formale und motivische Parallelität von Mt 27,51b-53 zur Erzählung von der Öffnung des Grabes Jesu und der Botschaft von seiner Auferstehung in Mt 28,2-10. Doch so plausibel eine apokalyptische Deutung von Mt 27,51b-53 aus der Perspektive von Mt 28 auch auf den ersten Blick anmutet: Mit ihr wird ein ganzer Fragenkatalog eröffnet, der die interpretatorischen Probleme der Geschichte deutlich macht. Warum erzählt Matthäus sie nicht erst im Zusammenhang von Kap. 28, eben *nach* Jesu Auferweckung, wo er die Erscheinungen der auferweckten Heiligen in 27,53 ohnehin zeitlich verankert und damit eine eigentümliche Verschränkung der Heiligenauferweckung und der Auferweckung Jesu vornimmt? Inwiefern lässt sich angesichts der konkreten Motivik in 27,51b-53 tatsächlich an die *endzeitliche* Totenauferstehung bzw. ihre proleptische Vorausdarstellung denken und nicht vielmehr an eine partielle und zeitlich begrenzte Rückkehr einiger in das irdische Leben – eben zum Zwecke der Erscheinung in der „heiligen Stadt"? Wer ist eigentlich mit den „vielen Heiligen" gemeint, wer mit den „Vielen", denen sie erscheinen? Was genau ist mit der „heiligen Stadt" gemeint – das irdische oder gar das eschatologische, himmlische Jerusalem?

In der folgenden Darstellung soll nach einer kurzen, forschungsgeschichtlich orientierten Skizze wichtiger, z. T. literarkritisch begründeter Interpretationsansätze einer Spur nachgegangen werden, die bisher in der Forschung aus meiner Sicht nicht hinreichend berücksichtigt wurde

---

6 W. Wiefel, Das Evangelium nach Matthäus, ThHK 1, Leipzig 1998, 478; ähnlich W. D. Davies / D. C. Allison, A Critical and Exegetical Commentary on the Gospel According to Saint Matthew III, ICC, London / New York 2004, 629, mit Hinweis auf Röm 1,4 und 1Kor 15,20, woraus diese Deutung plausibilisiert wird.

7 W. Bösen, Der letzte Tag des Jesus von Nazareth, Freiburg u. a. 1999, 308 (Hervorh. J.H.).

und doch gerade im Blick auf die literarische Verankerung dieses seltsamen Textes im Kontext der matthäischen Jesus-Erzählung interessant sein könnte. Dabei wird sich zeigen, dass die Suche nach traditionsgeschichtlich relevanten Überlieferungen zwar ein wichtiger und unerlässlicher Schritt für die Interpretation des Textes ist, aber nicht losgelöst von der Frage nach der literarischen Vernetzung des Textes im größeren Erzählzusammenhang betrieben werden darf. Sonst wird die Gefahr groß, aus Mangel an Klarheit im zu interpretierenden Text zunächst Bedeutungszusammenhänge in mutmaßlichen traditionsgeschichtlichen Parallelen zu erheben, um sie dann aus diesen anderen Kontexten in den zu interpretierenden Text einzutragen. Dies wäre nicht nur methodisch problematisch, sondern auch inhaltlich, da der Evangelist durch *seine* Anordnung traditionsgeschichtlichen Materials und die intra- und intertextuellen Verknüpfungen im konkreten Erzählzusammenhang sowie im übergeordneten Kontext der Passionsgeschichte bzw. des Evangeliums dieses Material insgesamt verändert und dadurch eben oft neue Bedeutungszusammenhänge schafft, die sich nicht mehr nur durch die Aneinanderreihung der „ursprünglichen“ Inhalte der traditionsgeschichtlichen Parallelen erschließen. Eine Erhebung *möglicher* Parallelen und Bezugstexte sichert nicht sogleich die Bedeutung eines neuen Textes, der mit einem möglichen Bezug auf solche Parallelen entsteht. Dabei spielt auch das *intra-narrative* „Lokalkolorit“ eine Rolle, mit dem der Erzähler Matthäus seine Jesusgeschichte anschaulich macht und damit den Verstehenskontext für die Leser vorgibt. Unter diesen methodischen Vorzeichen und unter besonderer Berücksichtigung rezeptionstheoretischer Aspekte soll schließlich die These begründet werden, dass für das Verständnis von Mt 27,51b-53 nicht eine vorwiegend traditions- oder motivgeschichtlich begründete, heilsgeschichtlich-apokalyptische Deutung nahe liegt, sondern dass der rätselhafte Text aus dem Kontext des Evangeliums selbst heraus verstanden werden kann.[8] Dabei stellt die in der Volksfrömmigkeit des zeitgenössischen

---

[8] Dezidiert skeptisch gegenüber einer apokalyptischen Deutung auch U. Luz, Das Evangelium nach Matthäus 4 (Mt 26-28), EKK I/4, Düsseldorf u. a. 2002, 361f. 370. Kritisch äußern sich auch R. D. Troxel, Matt 27.51-4 Reconsidered: Its Role in the Passion Narrative, Meaning and Origin, NTS 48, 2002, 30-47, bes. 30-33, und R. D. Aus, Samuel, Saul and Jesus. Three Early Palestinian Jewish Christian

Judentums lebendige Propheten- und Heiligengräberverehrung einen wichtigen extratextuellen Bezugspunkt dar, und zwar nicht nur als ein weiterer möglicher Assoziationsrahmen aufgrund der Bedeutung von „Heiligengräbern" speziell in Jerusalem und Umgebung, sondern – und das ist das Entscheidende – weil dieser Aspekt auch im Kontext der matthäischen Großerzählung *ausdrücklich* narrativ und inhaltlich verankert ist.

2. Der Tod Jesu als apokalyptische Zeitenwende? Literarische und traditionsgeschichtliche Aspekte

2.1 Zur Bedeutung literarischer und literarkritischer Beobachtungen

Die Untersuchungen zu Mt 27,51b-53 waren in der Vergangenheit stark von literarkritischen Überlegungen geprägt, mit denen man eine Vorlage des matthäischen Textes bestimmen wollte. Die Ergebnisse sind recht unterschiedlich und in ihrer Vielfalt letztlich kaum überzeugend. Während Philipp Seidensticker und Wolfgang Trilling in je unterschiedlicher Weise ein *christliches* Osterfragment vermuten,[9] rekonstruiert Wolfgang

---

Gospel Haggadoth, South Florida Studies in the History of Judaism 105, Atlanta 1994, 130, allerdings jeweils mit eigenen, z. T. recht spekulativen Lösungsvorschlägen (s. u. Anm. 41 und Anm. 59).

9 P. Seidensticker, Auferstehung Jesu in der Botschaft der Evangelisten. Ein traditionsgeschichtlicher Versuch zum Problem der Sicherung der Osterbotschaft in der apostolischen Zeit, SBS 26, Stuttgart [2]1968, 56 (galiläischer Typ der Osterüberlieferung ist apokalyptisch geprägt) sowie 147 (in Mt 27,51-53 finden sich Einzelmotive des galiläischen Typs der Ostertradition); Trilling, Christusverkündigung (s. Anm. 4), 196. D. D. Hutton, The Resurrection of the Holy Ones (Mt 27:51b-53). A Study of the Theology of the Matthean Passion Narrative (unveröffentlichte Diss., Harvard 1970; kritisch und im Ergebnis ablehnend referiert bei D. Senior, The Death of Jesus and the Resurrection of the Holy Ones [Mt 27:51-53], CBQ 38, 1976, 312-329: 314-318), nimmt eine dem Petrusevangelium und Mt 27,51b-53 zugrunde liegende gemeinsame Passionstradition an. Zu Recht skeptisch gegenüber der Theorie einer traditionsgeschichtlichen Verbindung zur Passionserzählung des Petrusevangeliums äußern sich neben Senior z. B. auch Gnilka, Matthäusevangelium (s. Anm. 2), 470; I. Maisch, Die österliche Dimension des Todes Jesu, in: L. Oberlinner (Hg.), Auferstehung Jesu – Auferstehung der Christen. Deutungen des Osterglaubens, QD 105, Freiburg u. a. 1986, 96-123: 102f. Die mit Huttons These verbundene und rezeptionsgeschichtlich bedeutsame Verbindung zur Vorstellung von der Hadesfahrt und -predigt Christi bleibt hier unberücksichtigt; Mt 27,51b-53 gibt keinen Anhaltspunkt dafür und kann erst sekundär für eine solche

Schenk einen *jüdisch-apokalyptischen* Hymnus, der von Matthäus redaktionell bearbeitet worden sei.[10] In vergleichbarer Weise rechnet Joachim Gnilka mit einer Sonderüberlieferung, die auf ein jüdisch-apokalyptisches Traditionsstück zurückgehe, das alle Elemente vom Erdbeben bis zur Erscheinung in der Stadt beinhaltet habe; lediglich die Zeitangabe „nach seiner Auferstehung" sowie die Notiz über das Herauskommen aus den Gräbern sei der matthäischen Redaktion zuzuweisen.[11] Auch Raymond Brown vermutet – weniger konkret – in Mt 27,51b-52b ein dem Matthäus vorgegebenes „poetic piece" über eschatologische Phänomene beim Tod Jesu, das der Evangelist um V. 53 erweitert habe.[12]

Anhaltspunkte für derartige literarkritische Rekonstruktionen sind neben der narrativen Unterbrechung der von Markus vorgegebenen Erzählabfolge des Sterbens Jesu, des Zerreißens des Vorhanges und des Bekenntnisses des Hauptmanns (Mk 15,37-39) vor allem die sprachlichen Eigentümlichkeiten des Abschnittes wie etwa die parataktische Verwendung von καί für die Zusammenstellung der apokalyptischen Motive, der nicht-matthäische Stil der passivischen Verbformen[13] oder die Verwendung des neutestamentlich singulären Begriffes ἔγερσις.[14]

Insbesondere der parataktische Stil der häufigen καί-Anfänge ist jedoch kaum eine tragfähige Basis für weit reichende Operationen. Donald Senior hat gezeigt,[15] dass die Parataxe ein Stilmittel ist, mit dem Matthäus gelegentlich über seine Vorlage hinausgeht, um „a series of rapid events … in breathless fashion"[16] zu erzählen (vgl. z. B. Mt

Vorstellung vereinnahmt werden. Für eine Hadespredigt lässt der Text keinen Raum, da die Toten unmittelbar in Verbindung mit dem Tod Jesu auferweckt werden.

10 W. Schenk, Der Passionsbericht nach Markus. Untersuchungen zur Überlieferungsgeschichte der Passionstraditionen, Berlin 1974, 75-81, bes. 77.

11 Gnilka, Matthäusevangelium (s. Anm. 2), 470f. Ähnlich bereits die Rekonstruktion eines jüdischen Theophanietextes durch M. Riebl, Auferstehung Jesu in der Stunde seines Todes? Zur Botschaft von Mt 27,51b-53, SBB 8, Stuttgart 1978.

12 Brown, Death of the Messiah (s. Anm. 3), 1133; vgl. auch Davies / Allison, Matthew (s. Anm. 6), 629.

13 Vgl. Aus, Samuel, Saul and Jesus (s. Anm. 8), 116f, der im Ergebnis seiner Untersuchung den Text auf ein ursprünglich aramäisches Stück zurückführt (a. a. O. 133).

14 Vgl. zum Ganzen Maisch, Dimension (s. Anm. 9), 99-112.

15 Senior, Death of Jesus (s. Anm. 9), 319f; zustimmend Maisch, Dimension (s. Anm. 9), 114.

16 Senior, a. a. O. 319.

7,25.27). Matthäus selbst – so Senior – habe die Episode aus traditionellen Motiven gebildet, allen voran Ez 37, und sie in den Kontext der Interpretation des Todes Jesu kohärent eingefügt.[17] Das Gewicht liege dabei auf dem Erweis der Gottessohnschaft Jesu, dem Erweis des Todes Jesu „as a crucial turning point in salvation history“[18] sowie der soteriologischen Bedeutung des Todes Jesu, die Senior zumindest implizit in Mt 27,51-53 findet.[19] Der gehorsame Tod Jesu sei Ursache der Auferstehung der Heiligen als Befreiung aus der Sheol.[20] So sehr der Kritik Seniors an den literarkritischen Hypothesen zuzustimmen ist, erscheint doch die von ihm suggerierte Mehrdimensionalität der Interpretation von Mt 27,51-53 überzogen. Sie überfrachtet den Text mit Bedeutungszuweisungen, die dieser so nicht zu erkennen gibt. Von einer „Rettung“ der Seelen aus dem Hades ist nicht die Rede; auch bliebe das Moment der Erscheinung und ihrer Bedeutung dabei unberücksichtigt. Senior verkennt dabei nicht zuletzt die literarische Verkettung der verschiedenen apokalyptischen Motive, die *insgesamt* auf etwas verweisen und nicht als einzelne Ereignisse theologisch allegorisiert werden dürfen.

Eine besondere interpretatorische Herausforderung stellt immer wieder die Wendung μετὰ τὴν ἔγερσιν αὐτοῦ[21] dar. Bei literarkritischen Rekonstruktionen wird sie zumeist als matthäische Ergänzung zum aufgenommenen Traditionsstück identifiziert, während diejenigen, die den ganzen Abschnitt eher Matthäus zuweisen, sie oft als spätere Glosse ausscheiden[22] oder als eine „dogmatische Korrektur“[23] ansehen, die das

---

17 Senior, a. a. O. 321.324f; zu einem ähnlichen Ergebnis kommt Maisch, Dimension (s. Anm. 9), 115-121.

18 Senior, a. a. O. 325; vgl. dazu kritisch Troxel, Matt 27.51-4 Reconsidered (s. Anm. 8), 33.

19 Senior, a. a. O. 328. Dies berührt sich mit der eingangs erwähnten Deutung Schlatters (s. o. bei Anm. 1).

20 Senior, a. a. O. 329.

21 Im aktuellen NA nicht mehr nachvollziehbar, aber in vielen Untersuchungen vermerkt ist die Variante αὐτῶν statt αὐτοῦ, belegt etwa in den Minuskeln 30.220, der äthiopischen und syrischen Überlieferung, vgl. E. Fascher, Die Auferweckung der Heiligen (Mt. 27,51-53), in: ders., Das Weib des Pilatus (Matthäus 27,19). Die Auferweckung der Heiligen (Matthäus 27,51-53). Zwei Studien zur Geschichte der Schriftauslegung, Hallische Monographien 20, Halle 1951, 32-51: 33; E. Klostermann, Das Matthaeusevangelium, HNT 4, Tübingen ³1938, 225. Aber dies muss als sekundäre Abschwächung der nicht nur zeitlichen, sondern in gewissem Sinn auch narrativen Komplikation gelten, die das αὐτοῦ verursacht, da Jesus als Bezugswort zuletzt in Mt 27,50 erwähnt wurde; vgl. Troxel, Matt 27.51-4 Reconsidered (s. Anm. 8), 36, jedoch mit der Konsequenz, αὐτοῦ als sekundäre Einfügung zu identifizieren (a. a. O. 37; s. u.).

22 E. Schweizer, Das Evangelium nach Matthäus, NTD 2, Berlin 1977, 337; Davies / Allison, Matthew (s. Anm. 6), 634 u. a.; unsicher Luz, Matthäus (s. Anm. 8), 367.

23 W. Grundmann, Das Evangelium nach Matthäus, ThHK 1, Berlin ⁶1986, 562.

Problem der Vorzeitigkeit der Auferweckung der Heiligen vor der Auferweckung Jesu beheben soll, da dies nicht zu der urchristlichen Vorstellung passe, dass Jesus als der „Erstling der Entschlafenen“ auferweckt wurde (vgl. 1Kor 15,20; Kol 1,18).[24] Damit würde eine *paulinische* Vorstellung, die *den mutmaßlichen Glossatoren* als maßgeblich vor Augen stand bzw. die ihnen von *den Interpretatoren* zugewiesen wird, in das Matthäusevangelium eingetragen; sie darf jedoch nicht a priori auch bei dem ersten Evangelisten vorausgesetzt werden. Das gilt vor allem auch dann, wenn er – wovon auszugehen ist – selbst für diese Wendung verantwortlich ist. Darüber hinaus würde selbst mit dieser „Korrektur“ das Problem nicht gelöst, denn sie bezieht sich gerade nicht auf die Auferweckung der Heiligen als solche, sondern ist syntaktisch mit den nachfolgenden Ereignissen verbunden. Deshalb ist die Kritik von Matthias Konradt berechtigt, der die narrative Intention des Textes in den Vordergrund stellt: „Die Szenerie ist vielmehr als ein narrativer Versuch zu würdigen, dem Tod Jesu österliches Kolorit zu verleihen, um ihn so eng wie möglich mit der Auferweckung zu *einem* Geschehenszusammenhang zusammenzubinden und als Beginn der neuen Heilszeit zu markieren …“[25] Dabei weisen die Begleitereignisse des Todes Jesu nach Konradt „als eschatologische Zeichen auf die Erhöhung Jesu“ hin.[26]

In diesem Zusammenhang wird daher immer wieder auch die durch die mittlere Satzstellung in V. 53 entstehende Frage erörtert, worauf sich die Wendung μετὰ τὴν ἔγερσιν αὐτοῦ beziehe: auf die voranstehende Aussage des Herauskommens aus den Gräbern oder die nachgestellte über das Hineingehen in die heilige Stadt. Versucht man, das erzähllogische Problem zu lösen, entsteht der Eindruck einer schlechten

---

[24] Vgl. in diesem Sinne bereits Klostermann, Matthaeusevangelium (s. Anm. 21), 225, in Anlehnung an eine Vermutung des Origenes, Commentarius in Mattheum 139 (lat.). Vgl. u. a. auch A. Oepke, Art. ἔγερσις, ThWNT II (1935), 336; Schweizer, Matthäus (s. Anm. 22), 338; Davies / Allison, Matthew (s. Anm. 6), 634; Troxel, Matt 27.51-4 Reconsidered (s. Anm. 8), 37. Aus, Samuel, Saul and Jesus (s. Anm. 8), 117, hält αὐτοῦ für einen Abschreibfehler des ursprünglichen αὐτῶν.

[25] Konradt, Israel (s. Anm. 5), 326f. Ähnlich Riebl, Auferstehung (s. Anm. 11), wo bereits der Titel „Auferstehung Jesu in der Stunde seines Todes“ diesen Zusammenhang andeutet; vgl. a. a. O. 122: „zeichenhafte(.) Vorwegnahme der Auferstehung Jesu in seinem Tode“.

[26] Konradt, Israel (s. Anm. 5), 160.

Choreographie in der Präsentation der endzeitlichen Ereignisse. Dieser wird verstärkt durch eine weitere Unausgeglichenheit, die sich bei der Einführung der Soldaten in V. 54 ergibt. Mit dieser Szene kehrt Matthäus zwar zum Markusfaden zurück, verändert diesen aber auf markante Weise. Während sich in Mk 15,38f die Aussage über die Gottessohnschaft des Gekreuzigten ausdrücklich auf das οὕτως ἐξέπνευσεν bezieht (ähnlich wie in Lk 23,46-48), wird sie in Mt 27,54 auf den Sondergut-einschub bezogen (τὸν σεισμὸν καὶ τὰ γενόμενα). Die Soldaten werden so literarisch zu Zeugen der den Tod Jesu begleitenden Ereignisse, die das Bekenntnis veranlassen, wobei auf der Erzählebene unklar bleibt, was *konkret* sie denn gesehen haben können – doch höchstens das Erdbeben und das Öffnen der Gräber; eventuell das Herauskommen der Heiligen, nicht aber die Erscheinungen, die ja erst nach der Auferstehung stattfinden.

Diese Beobachtungen legen zunächst einmal nahe, dass für den Evangelisten in der Ergänzung und Neugestaltung der Begleiterscheinungen des Todes Jesu eine Tiefendimension der geschilderten Ereignisse wichtiger ist als die erzählerisch plausible Konsequenz. Für die Frage, was er damit beabsichtigt und welche Bedeutung des Todes Jesu damit unterstrichen werden soll, tragen literarkritische Rekonstruktionen vorausliegender Textformen nichts aus, nicht zuletzt deshalb, weil damit die Erhebung der Bedeutung der aufgenommenen Tradition für Matthäus abhängig gemacht wird von der Rekonstruktion der Vorlage durch den Ausleger bzw. den Voraussetzungen dieser Rekonstruktion. Methodisch ist damit auch die Notwendigkeit angezeigt, bei der Interpretation vorsichtig zu sein mit allzu intensiven Überlegungen hinsichtlich der realistischen Aspekte der Geschichte und ihrer Stimmigkeit in der Erzähllogik: Was haben die Soldaten konkret sehen können, was nicht? Wann sind die Toten erweckt worden, wann herausgekommen, wann erschienen, d. h. worauf konkret bezieht sich „nach seiner Auferstehung“? Und wo waren sie in der Zwischenzeit? In den Gräbern[27], bei den Gräbern[28]? Oder sind sie unmittelbar nach Jerusalem gegangen?

---

27 So Schlatter, Matthäus (s. Anm. 1), 785: „so lange …, als Jesus im Grabe liegt“.

28 Vgl. Brown, Death of the Messiah (s. Anm. 3), 1130: Die Heiligen seien zwar vor Jesus aus den Gräbern auferweckt, warteten aber noch („an extraordinary courtesy!“, vgl. ähnlich bereits Fascher, Auferweckung [s. Anm. 21], 34) und erschienen

Bereits solche spekulativen Fragen, geschweige denn die entsprechenden Antworten[29] lassen Zweifel aufkommen, ob Matthäus mit diesem Text wirklich diese Fragen aufwerfen wollte, sich derartiger Komplikationen schlicht nicht bewusst war oder ob nicht vielmehr der Sinn und die Intention des gesamten Einschubs – nicht einzelner Elemente – in einer ganz anderen Richtung zu suchen sind.

2.2 Der Ertrag traditionsgeschichtlicher Aspekte

Neben die verschiedenen literarkritischen Hypothesen treten traditionsgeschichtliche und motivgeschichtliche Aspekte, deren Bedeutung für das Verständnis des Textes unterschiedlich beurteilt wird. Solche Aspekte spielen natürlich auch bei der Frage nach der Herkunft einer möglichen Vorlage eine Rolle, aber unter der Voraussetzung, dass Matthäus selbst diesen apokalyptisch anmutenden Einschub gestaltet hat, wäre auch dann immerhin zu vermuten, dass er mit den traditionsgeschichtlichen Bezügen das Sinnpotenzial des Textes bestimmt, so dass *seine* Intention damit unmittelbar zugänglich wäre.[30] In der Forschung haben bei der Suche nach möglichen Motiven das Alte Testament und frühjüdische Schriften ebenso eine Rolle gespielt wie Texte und Vorstellungen aus der griechisch-römischen Welt. Dem soll hier nicht in extenso nachgegangen werden, denn viele der angeführten Parallelen sind zwar als Einblick in die vielfältigen Vorstellungen der Antike insgesamt zu Naturphänomenen bei besonderen Anlässen sowie zu Toten- und Geistererscheinungen interessant, aber Texte wie Vergils

---

erst nach seiner Auferstehung; nur so bleibe der Vorrang der Auferstehung Jesu erhalten, weil sie dadurch als Ermöglichungsgrund der Erscheinungen der Heiligen verstanden werde.

29 Vgl. dazu schon Fascher, a. a. O. bes. 34. Auch die immer wieder angeführten Zeugnisse der altkirchlichen Auslegung von Mt 27,51b-53 machen die Unsicherheit und den spekulativen Charakter der Interpretationsmöglichkeiten deutlich, die sich unterschiedlich weit vom Text des Matthäusevangeliums entfernen (vgl. a. a. O. 39-51, darin insbesondere die Darstellung des Nikodemusevangeliums).

30 Vgl. dazu die Argumentation bei Senior, Death of Jesus (s. Anm. 9), passim.

Gedicht Georgica I 466-497[31], Dio Cassius 51 17,5[32] oder auch Ovid, Metamorphosen VII 2,205[33] tragen für das konkrete Verständnis von Mt 27,51b-53 im Erzählzusammenhang des Evangeliums nicht viel aus, sondern veranschaulichen lediglich, dass die Motivik auf einen antiken Leser nicht befremdlich wirkt.[34] Vergleichbares gilt auch für alttestamentliche Bezüge, wobei es wichtig ist, alttestamentliche Motive und griechisch-römische Vorstellungen nicht alternativ gegenüberzustellen und durch die Bevorzugung eines Bereiches den anderen auszuschließen.[35] Unstrittig dürfte jedoch sein, dass für Matthäus als judenchristlichen Autor die Motive von 27,51b-53 in jüdisch-apokalyptischer Tradition stehen und dieser entnommen sind. Erdbeben sind Begleiterschei-

---

31 Hier findet sich die Erwähnung eines Erdbebens beim Tod Cäsars, wobei neben dem Beben auch von Finsternis, Felsen sowie zerstörten Gräbern die Rede ist (I 497: *effosis sepulcris*; Erscheinungen werden jedoch nicht erwähnt).

32 Neben anderen Phänomenen wird hier von Totenerscheinungen (καὶ νεκρῶν εἴδωλα ἐφαντάζετο) bei der Eroberung Alexandrias durch die Römer erzählt; vgl. unten Anm. 34 und 64.

33 Hier wird das Beben der Berge (*tremescere montes*) verbunden mit dem Heraussteigen der „Manen" aus den Gräbern (*manesque exire sepulcris*). Vgl. Klostermann, Matthaeusevangelium (s. Anm. 21), 225, der Mt 27,51-53 auf direkten Einfluss solcher hellenistischer Texte zurückführt (R. Bultmann, auf den Klostermann sich bezieht, bleibt eher unentschieden und nennt sowohl jüdische als auch hellenistische Parallelen zu diesem Abschnitt [Geschichte der synoptischen Tradition, [9]1979, 305]). Vgl. weiterhin R. Kratz, Auferweckung als Befreiung. Eine Studie zur Passions- und Auferstehungstheologie des Matthäus (besonders Mt 27,62-28,15), SBS 65, Stuttgart 1973, 38-40.

34 Vgl. zu diesem Vorstellungsbereich insgesamt – bezogen jedoch auf die Erscheinungen Jesu, nicht auf Mt 27,51-53 – D. Zeller, Erscheinungen Verstorbener im griechisch-römischen Bereich, in: R. Bieringer u. a. (Hg.), Resurrection in the New Testament, FS J. Lambrecht, BEThL 165, Leuven u. a. 2002, 1-19. Zeller geht davon aus, dass weder im Alten Testament noch in der antiken Literatur Auferstehung und Erscheinung in einem vorgegebenen Zusammenhang stehen. Von der Erscheinung Verstorbener ist ohne Auferstehungsmotiv die Rede (1Sam 28; 2Makk 15,12-16), allenfalls der relativ späte Text syrBar 50,3 (Ende 1. Jh. n. Chr.) deutet diesen Zusammenhang an. Hauptsächlich geht es bei Erscheinungsgeschichten um ruhelose Totengeister, die sich aus unterschiedlichen Gründen in einer rastlosen Zwischenexistenz befinden und beschwichtigt oder endgültig beigesetzt werden müssen (vgl. etwa Euripides, Alkestis 1127f: Erscheinen nicht der Toten selbst, sondern ihrer εἴδωλα); weitere Begriffe sind φάσμα, φαντάσματα oder auch δαίμων, vgl. Zeller, a. a. O. 4-12. Diese Vorstellung steht wohl auch hinter der – als falsch erwiesenen – Vermutung in Lk 24,37, man sähe einen „Geist", auch wenn dort der Begriff πνεῦμα verwendet wird, vgl. die Lesart in D: φάντασμα, dazu a. a. O. 12.

35 Vgl. in diesem Sinne etwa Klostermann, Matthaeusevangelium (s. Anm. 21), 225.

nungen von Theophanien und Zeichen des göttlichen Gerichts (vgl. Ri 5,4; 2Sam 22,8; Ps 68,9; Jes 5,25; 24,18; Jer 4,23f; 8,16; Ez 38,19; Joel 2,10; TestLev 3,9; äthHen 1,3-8), aber eben auch Zeichen apokalyptischer Zeit (Sach 14,4f; äthHen 1,6; 51,4[36]).

Eine besondere Bedeutung wird in diesem Zusammenhang immer wieder der Vision in Ez 37 von der Wiederherstellung Israels aus den Gräbern und der Zurückführung aus dem Exil in das Land zugeschrieben; ein Text, der im Laufe der Überlieferung zu einem gegenständlichen Szenarium der individuellen endzeitlichen Totenauferstehung pharisäischer Prägung avancierte und seinen genuinen Ausdruck in der Wandmalerei der Synagoge von Dura Europos aus dem 3. Jh. n. Chr. gefunden hat.[37] Dabei ist jedoch zu beachten, dass die in Ez 37 auf die Wiederherstellung Israels bezogene Symbolik der zusammengefügten und mit Fleisch und Haut überzogenen Knochen in der Rezeption buchstäblich auf die Wiederherstellung der Körperlichkeit der Toten bezogen wird, was sich in der Darstellung von Körperteilen in Dura Europos anschaulich niederschlägt. Gerade dieses Motiv spielt aber bei Matthäus nicht einmal andeutungsweise eine Rolle, da mit dem Begriff σῶμα lediglich die geläufige Bezeichnung für Leichnam verwendet wird.[38]

Erweitert wird der traditionsgeschichtliche Motivzusammenhang durch Sach 14,4f, weil hier das Spalten des Ölbergs beim Kommen Gottes zum Gericht mit der Hineinführung der Heiligen in die Stadt verbunden ist (καὶ ἥξει κύριος ὁ θεός μου καὶ πάντες οἱ ἅγιοι μετ' αὐτοῦ),[39] während in Ez lediglich von der Rückführung des Volkes „in

---

36 In äthHen 51,4 ist allerdings die Bewegung der Berge kein Gerichtsmotiv, sondern positiv konnotiert: Sie „hüpfen wie Lämmer, die mit Milch gesättigt sind“.

37 Vgl. Schenk, Passionsbericht (s. Anm. 10), 77f; Gnilka, Matthäusevangelium (s. Anm. 2), 477; Maisch, Dimension (s. Anm. 9), 103-105; Brown, Death of the Messiah (s. Anm. 3), 1123: Ez 37,12f „may be the key passage behind Matt's description both in this line and in what follows, for it offers the only opening of tombs (as distinct from the simple raising of the dead) described in the OT“. Zu Dura Europos vgl. H. C. Hopkins, The Discovery of Dura-Europos, New Haven 1979. Zur Darstellung von Ez 37 vgl. H. Riesenfeld, The Resurrection in Ezechiel 37 and the Dura-Europos Paintings, Uppsala 1948.

38 Vgl. E. Schweizer / A. Baumgärtel, Art. σῶμα κτλ., ThWNT VII, 1964, 1024-1091.

39 Vgl. ausführlich Aus, Samuel, Saul and Jesus (s. Anm. 8), 117-120; ferner Luz, Matthäus (s. Anm. 8), 357.364; Davies / Allison, Matthew (s. Anm. 6), 628f; Brown, Death of the Messiah (s. Anm. 3), 1123 Anm. 63; R. Deines, Die Gerechtigkeit der Tora im Reich des Messias. Mt 5,13-20 als Schlüsseltext der

das Land Israel“ (37,12) die Rede ist und daher die Motive von Ez 37 für die Erklärung von Mt 27,51b-53 nicht ausreichen. Darüber hinaus ist auf die Bedeutung von Jes 26,19 aufmerksam gemacht worden, womit das Motiv des Sichtbarwerdens „für Viele“ in Mt 27,53 illustriert werde.[40] Auch auf Dan 12,2 als potentiellen Motivspender wird immer wieder hingewiesen.[41]

Vor diesem traditionsgeschichtlichen Hintergrund scheint die Verbindung der Motive Erdbeben, Auftun der Gräber, Auferweckung der Heiligen und deren Erscheinung in der heiligen Stadt – wie eingangs skizziert – eine apokalyptische Deutung von Mt 27,51b-53 als Anbruch des neuen Äons der Heilszeit durch die Vorabdarstellung der Totenauferstehung nahe zu legen. Doch aufgrund der unterschiedlichen traditionsgeschichtlichen Verankerung der je einzelnen Motive dürfen sie

---

matthäischen Theologie, WUNT 177, Tübingen 2004, 492 Anm. 107. Kritisch Troxel, Matt 27.51-4 Reconsidered (s. Anm. 8), 42f.

40 Brown, Death of the Messiah (s. Anm. 3), 1140. In Jes 26,19 ist zwar vom Lebendigwerden der Toten die Rede, nicht aber von deren Erscheinungen, so dass das damit zu belegende Motiv von Mt 27,53 gerade nicht vorkommt. Dennoch nimmt Brown an, dass diese Stelle die Formulierung des Matthäus beeinflusst habe (Jes 26,19 „may have shaped Matt’s addition, especially the last clause“, ebd.).

41 Vgl. Kratz, Auferweckung (s. Anm. 32), 44, der Ez 37, Jes 26,19 *und* Dan 12,2 als sprachlichen Hintergrund vermutet, auf den Matthäus zurückgreife, ähnlich N. T. Wright, The Resurrection of the Son of God, Minneapolis 2003, 633. Allerdings erinnert die Auferstehung zum ewigen Leben oder zur ewigen Schmach von Dan 12,2 eher an Joh 5,28f, vgl. Brown, Death of the Messiah (s. Anm. 3), 1125. – Aus, Samuel, Saul and Jesus (s. Anm. 8), 129, gesteht zwar einen Einfluss von Ez 37, Sach 14 und Dan 12 auf Mt 27,51b-53 zu, sieht jedoch hinter dem Material, das der Evangelist hier aufnimmt, eine Tradition, die „basically derives from Judaic tradition on 1 Samuel 28. There, too, (and only there), many of the righteous arise with a particular person, falsely thinking the Day of Judgement has arrived.” Durch die assoziative Art und Weise, in der Aus verschiedene rabbinische Überlieferungen und Übersetzungen des Alten Testaments, die sich auf 1Sam 28 beziehen, miteinander in Verbindung bringt und sich gewissermaßen gegenseitig auslegen lässt, entsteht zwar ein Gesamtbild, das Mt 27,51b-53 nahe kommt, aber dieses liegt eher im zusammenschauenden Auge des Betrachters als in der Anschaulichkeit der einzelnen Ausgangstexte. Während 1Sam 28 lediglich in den weiten Kontext motivgeschichtlicher Hinweise dafür gehört, dass Totenbeschwörung und Geisterglaube verbreitete Phänomene in der Antike waren, sind die wesentlichen Elemente von Mt 27,51b-53 in der von Aus postulierten Tradition nicht enthalten, und umgekehrt spielt das für diese Tradition zentrale Element des Gerichtstages in Mt 27,51b-53 keine ausdrückliche Rolle – es sei denn, man interpretiert den Text und damit das matthäische Verständnis des Todes Jesu apokalyptisch, was Aus aber selbst ausdrücklich ablehnt (vgl. a. a. O. 130).

hinsichtlich ihrer Bedeutung für die Erklärung eines Textes nicht einfach vermischt werden, denn nicht jede Theophanie ist apokalyptischer Natur, und nicht jedes apokalyptische Zeichen ist mit einer Theophanie verbunden. Wenn man daher dem Evangelisten ausdrücklich als Motiv der Zufügung von V. 53 die Erfüllung der Schrift zuschreibt,[42] dann wäre besonders für Matthäus immerhin auffällig, dass er keine der in der Forschung immer wieder benannten Stellen ausdrücklich nennt, obwohl sonst das Motiv der Erfüllung zweifellos eine wichtige Rolle spielt. Allerdings ist es bei Matthäus dadurch gekennzeichnet, dass der Evangelist auf diesen Aspekt stets ausdrücklich durch die sog. „Erfüllungszitate" hinweist.[43] Dies ist aber ausgerechnet hier nicht der Fall, und man wird daher das Motiv der Erfüllung der Schrift nicht einfach als selbstverständlich voraussetzen dürfen. Die von Matthäus ergänzten Ereignisse nach dem Tod Jesu sind daher kaum in diesem Sinne zu verstehen, da Matthäus als Gestalter des Abschnittes wie sonst auch ein solches Erfüllungszitat hätte einfügen können.

Diese Überlegungen relativieren die Bedeutung traditionsgeschichtlicher Bezüge für die Interpretation von Mt 27,51b-53. Wie schon im Blick auf literarische und literarkritische Hypothesen bemerkt wurde, so ergibt sich auch aus den traditionsgeschichtlichen Überlegungen die Notwendigkeit, nach dem *intentionalen Gefälle des matthäischen Kontextes* zu fragen, ehe man der Gefahr erliegt, aus traditionsgeschichtlichen Bezügen eine Bedeutung zu erheben, die dann in den Text eingetragen wird. Eine Zusammenschau traditionsgeschichtlicher Motive unterschiedlichster Provenienz ist nicht per se problematisch, muss aber in methodischer Hinsicht erneut Anlass zur Vorsicht sein, um nicht sekundär und oft assoziativ *mögliche* Zusammenhänge als Bezugspunkt der matthäischen Intention in den Text einzutragen, der selbst diese Zusammenhänge nicht benennt. Dass der Evangelist selbst gestaltet und nicht ein vorgegebenes Stück übernimmt, ist nicht nur für die parataktische Struktur bereits vermutet worden (s. o. unter 2.1), sondern gilt auch für inhaltliche Aspekte.

---

42 Vgl. Brown, Death of the Messiah (s. Anm. 3), 1140.

43 Vgl. Mt 1,22; 2,15.17.23; 4,14; 8,17; 12,17; 13,14.35; 21,4; 26,54.56; 27,9 (vgl. auch 5,17).

Im Blick auf das Motiv des Erdbebens hat Ingrid Maisch zu Recht darauf hingewiesen, dass Matthäus dieses Element zwar an einer Stelle aus seiner markinischen Vorlage übernimmt (vgl. 27,7 par. Mk 13,8), an anderen aber bewusst über die Vorlage hinausgeht und dieses Motiv einträgt (so in 28,2 das Beben, das den Stein vom Grab entfernt; vgl. auch das „Erbeben" [ἐσείσθησαν] der Grabwächter in 28,4) bzw. den vorgegebenen Wortlaut entsprechend verändert (so in 8,24 σεισμὸς μέγας statt λαῖλαψ μεγάλη wie Mk 4,37; in Mt 21,10 wird das Erbeben der Stadt [ἐσείσθη] beim Einzug in Jerusalem hinzugefügt). Selbst das auffällige *hapax legomenon* ἔγερσις in 27,53 für die Bezeichnung der Auferstehung Jesu, das zumeist als Indiz für nicht-matthäische Herkunft gewertet wird,[44] lässt sich gleichsam als *ad hoc*-Bildung des Evangelisten aus seinem Sprachgebrauch ableiten. Dafür spricht auch die Beobachtung, dass der Wortstamm ἐγερ- von Matthäus bevorzugt verwendet wird. Dies wird nicht nur an der Aussage über die Auferweckung der Heiligen unmittelbar zuvor in 27,52 deutlich, sondern insbesondere an der *konsequenten* redaktionellen Veränderung der markinischen Vorgaben des Wortstammes ἀνιστ- zu ἐγερ- in den Leidensankündigungen 16,21; 17,23 und 20,19 sowie in der Verklärungsgeschichte 17,9. Auch die Vorhersage der Erscheinungen μετὰ τὸ ἐγερθῆναί με in 26,32 par. Mk 14,28 ist hier hervorzuheben, die trotz der Übernahme aus dem Markusevangelium im Kontext mit der *deutlichen Parallelformulierung* von 27,53 ein besonderes Gewicht für die begriffliche Formulierung erlangt.[45]

Aus diesen Überlegungen ergibt sich zunächst folgendes Zwischenergebnis, das als Voraussetzung für den nächsten Abschnitt festzuhalten ist: Die für die Interpretation von Mt 27,51b-53 herangezogenen traditionsgeschichtlichen Parallelen dürfen in ihrer Bedeutung für die Erhebung des Sinns des eigentümlichen matthäischen Textes nicht überbewertet werden, sondern sind in ein angemessenes Verhältnis zur literarischen Gestaltung des Abschnittes durch den Evangelisten im Kontext seiner eigenen Darstellung und begrifflichen Vorgaben zu setzen. Die in

---

44 Vgl. J. Kremer, Art. ἔγερσις, EWNT I, 1980, 910.

45 Zu nennen wäre hier auch Mt 12,42, wobei hier der Stamm ἐγερ- wegen der Parallele in Lk 11,31 vorgegeben ist. Allein die Tatsache, dass es sich bei ἔγερσις um ein neutestamentliches *hapax legomenon* handelt, das in der Septuaginta und in frühjüdischer Literatur nur selten belegt ist (und zwar im profanen Sinn des Aufstehens nach dem Schlaf, vgl. LXX Ps 139,2; 1Esdr 5,39; Arist 160 – Ri 7,19 entfällt als Beleg, da nur in der Aquila-Bearbeitung aus dem 2. Jh. n. Chr. enthalten) und auch in der späteren christlichen Literatur kaum verwendet wird, macht die Spekulation über einen nicht- bzw. nach-matthäischen Ursprung genauso plausibel oder schwierig wie die – zunächst allerdings nahe liegende – Vermutung, Matthäus habe dieses Wort im Zusammenhang seiner Gestaltung des Abschnittes selbst gebildet. Aufgrund der Tatsache, dass Matthäus offenbar den Wortstamm ἐγερ- bevorzugt, ist Letzteres eher wahrscheinlich, so dass die Singularität von ἔγερσις nicht als Hinweis auf einen vorgegebenen Text verstanden werden muss.

diesem Sinn *relative* Nähe zu jüdischen Auferstehungsvorstellungen bzw. diesen zugrunde liegenden Texten wie Ez 37; Jes 26,19; Dan 12,2 oder auch Sach 14,4f lässt nicht auf eine direkte Abhängigkeit des Evangelisten oder eine direkte Bezugnahme auf diese Texte schließen, um von daher das Sinnpotenzial seines eigenen Textes zu füllen.[46] Vielmehr ist damit ein traditionsgeschichtlicher Hintergrund pharisäisch-apokalyptischer Provenienz vorgegeben bzw. vorausgesetzt, in dessen Zentrum die Vorstellung von der leiblichen Auferweckung der Toten aus den Gräbern steht.[47] Da diese im zeitgenössischen pharisäischen Judentum eine geläufige eschatologische Erwartung war, wird man diesen Aspekt auch in der Episode Mt 27,51-53 voraussetzen dürfen. Allerdings ist die Auferweckung der Heiligen nicht als solche Thema des Einschubs, sondern dieses Motiv ist eigentümlich gebrochen durch die Art der Darstellung und den Bezug auf den Tod Jesu, so dass man vorsichtig sein muss, darin das *eigentliche* Sinnzentrum zu erkennen, wie das zumeist geschieht. Der Sinn, die Funktion und die Bedeutung des Textes sind vielmehr im Kontext des Matthäusevangeliums maßgeblich bestimmt durch folgende Faktoren: die Betonung, dass es sich um die Auferweckung „vieler" in den Gräbern schlafender „Heiliger" handelt, den engen Bezug zur heiligen Stadt, der damit verbundenen Erscheinung der „vielen Heiligen" vor „Vielen" in der Stadt sowie nicht zuletzt durch den engeren literarischen Kontext, in welchem es sehr viel deutlicher als bei Markus um das Sterben Jesu *als Gottessohn* geht (27,54).[48] Diesen Spuren ist im Folgenden nachzugehen, wobei der

---

46 Vgl. Maisch, Dimension (s. Anm. 9), 105, mit Blick auf Ez 37: „Die Einzelbilder von Mt 27 sind demnach in der geistigen Welt, aus der Matthäus (oder seine Vorlage) stammt, im einzelnen und im geschlossenen Bildzusammenhang durchaus bekannt. Allerdings dürfen bei der Herausstellung dieser Bezüge andere alttestamentlich-apokalyptische Parallelen nicht völlig ausgeschlossen werden. Hinter Mt 27 steht die lebendige Erfahrung der umfassenden alttestamentlich-jüdischen Bildwelt."

47 Vgl. dazu ausführlich und grundlegend M. Hengel, Das Begräbnis Jesu bei Paulus und die leibliche Auferstehung aus dem Grabe, in: F. Avemarie / H. Lichtenberger (Hg.), Auferstehung – Resurrection. The Fourth Durham-Tübingen Research Symposium Resurrection, Transfiguration and Exaltation in Old Testament, Ancient Judaism and Early Christianity, WUNT 135, Tübingen 2001, 119-183.

48 Vgl. zu dieser Betonung nicht nur die gegenüber Mk 15,39 veränderte Wortstellung in Mt 27,54 (ἀληθῶς *θεοῦ υἱὸς* ἦν οὗτος statt ἀληθῶς οὗτος ὁ ἄνθρωπος *υἱὸς θεοῦ* ἦν

Ausgangspunkt des Geschehens, das Motiv vom Öffnen der Gräber vieler Heiliger, besondere Beachtung verdient.

3. Die Gräber der „entschlafenen Heiligen" als Schlüssel zum Verständnis von Mt 27,51b-53

Als strukturell auffällig wurde bereits festgestellt, dass die Auferweckung „vieler entschlafener Heiliger" nicht im Zusammenhang mit der Auferstehung Jesu, sondern mit seinem Tod erzählt wird. Schon diese Tatsache lässt den Gedanken an eine partielle *Vorwegnahme* der endzeitlich-apokalyptischen Totenauferstehung problematisch werden. Daran ändert auch die eingeschobene Bemerkung „nach seiner Auferweckung" nichts, denn sie bezieht sich nicht auf die Aussage von der Auferweckung der Heiligen, sondern auf ihr Kommen aus den Gräbern und bzw. oder das Erscheinen in der Stadt. Die Aussage vom Kommen aus den Gräbern ist durch καί von der Auferweckung selbst abgehoben und wird der Erscheinungsaussage durch die partizipiale Konstruktion *zugeordnet*. Damit bleibt die Auferweckung der Heiligen *auf den Tod Jesu* bezogen, und damit bleibt auch sie – wie die Finsternis, das Zerreißen des Tempelvorhangs, das Erdbeben – ein *den Tod Jesu begleitendes Zeichen*, das auf besondere Weise die von Matthäus neu gestaltete, durch verschiedene Änderungen im Erzählverlauf des Evangeliums bis zu dieser Stelle vorbereitete und dadurch mit besonderem Gewicht versehene Aussage über Jesus als den Gottessohn unterstreicht.

Gegenüber einer Deutung vor dem Hintergrund der Vorstellung von der endzeitlichen Totenauferstehung fällt in Mt 27,51b-53 weiterhin auf,

---

sohntitels unmittelbar zuvor in Mt 27,40.43; vgl. weiterhin die in diesem Sinn vorgenommene Veränderung in der Frage des Hohepriesters Mt 26,63; ferner die Ergänzung des Gottessohn-Bekenntnisses in Mt 14,32f im Vergleich zu Mk 6,51f. Auf die Bedeutung dieses Zusammenhanges hat bereits Senior, Death of Jesus (s. Anm. 9), 322-325, hingewiesen; vgl. auch Maisch, Dimension (s. Anm. 9), 98; Troxel, Matt 27.51-4 Reconsidered (s. Anm. 8), 33-35; zum Ganzen D. J. Verseput, The Role and Meaning of the „Son of God" Title in Matthew's Gospel, NTS 33, 1987, 532-556; Luz, Matthäus (s. Anm. 8), 368f. Für Troxel ist vor allem diese Gottessohn-Christologie des Matthäus Indiz für die Fragwürdigkeit einer apokalyptischen Deutung von 27,51b-53, da dies der „Klimax" der Episode in V. 54 nicht hinreichend gerecht werde.

dass gerade nicht von den Toten generell, sondern von einer Auferweckung „vieler Heiliger“, konkret: von „vielen Leibern der entschlafenen Heiligen“ aus ihren geöffneten Gräbern die Rede ist. Das Lexem πολλὰ σώματα τῶν κεκοιμημένων ἁγίων ist in dieser Form sonst nicht belegt und kann – will man es nicht als Teil einer Vorlage ansehen – somit als Bildung des Matthäus gelten. Allerdings darf es auch nicht semantisch überlastet werden, denn zunächst handelt es sich um eine Zusammenstellung geläufiger und daher unmittelbar verständlicher Begriffe. Auf die Grundbedeutung von σῶμα im Sinne von Leichnam ist bereits hingewiesen worden. Diese wird unterstützt durch die Perfekt Passiv Form von κοιμᾶσθαι, ein Begriff, der als Bezeichnung von Verstorbenen ebenfalls breit belegt ist.[49] Mit der Verbindung der Begriffe wird im Zusammenhang die Körperlichkeit des Vorganges der Auferweckung der Heiligen anschaulich, wobei dieser Aspekt in 27,52 nicht selbst im Mittelpunkt des Interesses steht, sondern eine offenbar selbstverständliche Voraussetzung für das Verständnis der Aussage insgesamt vor dem Hintergrund der pharisäischen Auferstehungsvorstellung bildet.

Die Besonderheit dieses Vorganges liegt nun konkret darin, dass die „Heiligen“ mit der Ergänzung „viele“ numerisch eingeschränkt werden. Während man diese Einschränkung im Sinne einer nur partiellen Vorwegnahme der endzeitlichen Totenauferstehung deuten könnte,[50] bliebe der Begriff ἅγιοι gerade unter diesem Vorzeichen unklar, denn man müsste dann voraussetzen, dass er sich gewissermaßen auf die Heiligen bzw. die Gerechten unter allen Toten beziehen würde – und auch davon eben nicht alle, sondern „nur“ viele.[51] Man hat in ihnen daher die „ἅγιοι

---

[49] Vgl. aus den zahlreichen Belegen z. B. Sir 48,19, wo beide Begriffe in Bezug auf den toten Propheten Elia sich gegenseitig ergänzend verwendet werden: Noch der Leichnam des Propheten prophezeit im Tod (πᾶς λόγος οὐχ ὑπερῆρεν αὐτόν καὶ *ἐν κοιμήσει* ἐπροφήτευσεν *τὸ σῶμα* αὐτοῦ). Zum Motiv des Schlafens der Toten vgl. weiterhin 1Kön 1,21 (Bathseba über David); 2Kön 14,22 // 2Chr 26,2; 2Sam 7,12 // 1Chr 17,11 (Gottesspruch an Nathan über David); 2Kön 4,32; Hiob 3,13; 21,26; Sap 17,13; 2Makk 12,45; äthHen 91,10; 92,3, 100,5; 4Esr 7,29-32; 1Thess 4,13-15; 1Kor 7,39; 11,30; 15,18.20 (κεκοιμημένων).51; Joh 11,1-12.

[50] Vgl. exemplarisch in diesem Sinne Schlatter, Matthäus (s. Anm. 1), 785: „eine erste Auferstehung“.

[51] Vgl. bereits Fascher, Auferweckung (s. Anm. 21), 38: „Man wird also diese ‚zeitweilige Auferweckung‘ nicht als eine ‚erste Auferstehung‘, der die allgemeine folgt, verstehen dürfen (Schlatter), sie nicht mit der ‚jüdischen Auferstehung der Gerechten‘ vergleichen.“ Fascher weist demgegenüber darauf hin, dass im matthä-

des alten Bundes"[52] oder die „Gerechten des Alten Bundes"[53] gesehen, aber auch „heilige" Engel oder die ins Paradies entrückten Heroen der Vorzeit.[54] Unter Hinweis auf Dan 7,18-27 könnte man ferner bei den Heiligen an „die Frommen und Gerechten aus dem Gottesvolk" denken, „vor allem solche, die der widergöttlichen Macht für eine Weile ausgeliefert sind (1Makk 1,46; Dan 7,25), dann aber von Gott gerettet werden."[55] Die Unsicherheit entsteht vor allem in der Einschränkung auf „viele" und kommt in den Überlegungen Gnilkas anschaulich zum Ausdruck, der – um den verschiedenen Möglichkeiten gerecht zu werden – zwischen der Bedeutung des Begriffes in der Vorlage und beim Evangelisten selbst unterscheidet: „Die Heiligen – im vorgegebenen Text vielleicht alle Gerechten … – schränkt er [sc. Matthäus] auf eine bestimmte Gruppe ein. Sind es die Patriarchen? Es ist besser, an die Propheten und Gerechten zu denken, die Opfer der Gewalt geworden sind (23,29) und jetzt durch Jesu Tod befreit wurden und Zeugnis davon geben, indem sie vor vielen Bewohnern Jerusalems offenbar werden."[56]

Auch bei solchen Überlegungen zum Begriff ἅγιοι zeigt sich erneut das problematische Vorgehen, dass aus der Bedeutungsbreite des für sich genommen im Kontext von Mt 27,51b-53 recht unspezifisch klingenden Begriffes bestimmte traditionsgeschichtlich *mögliche* Aspekte eingetragen werden, weil er im *unmittelbaren* Kontext nicht eindeutig semantisch definiert ist. Woran aber sollen die impliziten Leserinnen und Leser des Matthäusevangeliums bei diesem Begriff denken? Dabei fällt auf, dass der Begriff ἅγιοι in Bezug auf Personen bei Matthäus

---

ischen Sondergut kosmische Aspekte eine besondere Rolle spielen: angefangen von dem die Geburt anzeigenden Stern (2,1-11) über die kosmische Herausforderung des Satans (4,8-10) bis hin zur Proklamation der kosmischen Dimension der Macht Christi nach der Auferstehung (28,18-20). Interessant in diesem Zusammenhang ist Faschers vorsichtige Frage: „(K)önnte man diesen Vorgang in Rm. 1,4 (ἐξ ἀναστάσεως νεκρῶν) hineininterpretieren?" – allerdings zu Recht mit dem Unterton: wohl kaum. „Urchristliche Gemeindetheologie hat sich mit diesem Vorgang nicht beschäftigt" (a. a. O. 35).

52 Klostermann, Matthaeusevangelium (s. Anm. 21), 225.

53 Vgl. Wiefel, Matthäus (s. Anm. 6), 481: „Mit den Heiligen sind offenbar Gestalten des Alten Bundes gemeint, die schon vor der Geburt Christi als Gerechte gelebt hatten."

54 Vgl. dazu Fascher, Auferweckung (s. Anm. 21), 36-38.

55 Riebl, Auferstehung (s. Anm. 11), 118f.

56 Gnilka, Matthäusevangelium (s. Anm. 2), 477.

außer 27,52 sonst nicht vorkommt. Das lässt einerseits erheblichen Spielraum für die inhaltliche Definition, bedeutet aber auch, dass die Leserlenkung des Evangelisten im Blick auf die Identifizierung der „vielen Heiligen“ durch andere Faktoren bestimmt sein muss, die sich aus dem semantischen Feld *insgesamt* ergeben müssen: Gräber, entschlafene Heilige, Auferweckung ihrer Leiber. Das trifft auch zu, wenn man den Begriff ἅγιοι einer Traditionsschicht zuordnen will; im Kontext *seines* neuen Textes weist ihm der Evangelist eine Plausibilität zu, die textintern verankert sein muss, um für die Leser und Leserinnen verständlich zu sein. Daher ist weiterhin zu fragen, wie dies mit den weiteren Motiven des Kommens der Heiligen nach Jerusalem und ihrer Erscheinungen in der Stadt – nach der Auferweckung Jesu – zusammenhängt. Joachim Gnilka hat hier – ohne dies freilich weiter interpretatorisch auszuwerten – mit seinem Hinweis auf Mt 23,29 einen entscheidenden und im Kontext des Matthäusevangeliums plausiblen Hinweis gegeben.

Hinsichtlich der Frage nach der Identität der „vielen Heiligen“ liegt es textintern für die Leserinnen und Leser vor allem durch die semantische Zusammenordnung von „entschlafenen Heiligen“ und dem zweifachen Hinweis auf deren „Gräber“ nahe, an Mt 23,29-33 zu denken, wo Jesus selbst den Pharisäern und Schriftgelehrten gegenüber von den Gräbern der Propheten und Gerechten[57] spricht und ihre Heuchelei entlarvt, weil sie zwar die Gräber verehren, damit aber die Tatsache verschleiern, dass sie mit ihren „Vätern“ zusammen für den gewaltsamen Tod der Gerechten verantwortlich und somit dem Gericht verfallen sind: „Wehe euch Schriftgelehrten und Pharisäern, (ihr) Heuchler, weil ihr die Gräber der Propheten erbaut und schmückt die Grabmale der Gerechten und sagt: Hätten wir in den Tagen unserer Väter gelebt, wären wir nicht mit ihnen gemeinsam (schuldig geworden) am Blut der Propheten. Auf diese Weise stellt ihr euch selbst das Zeugnis aus, dass ihr die Söhne derer seid, die die Propheten getötet haben. Und ihr macht das Maß eurer Väter voll. (Ihr) Schlangen, (ihr) Otternbrut, wie wollt ihr dem Urteil der Hölle entfliehen?“

---

[57] Mit der Hinzufügung der Aussage über das Schmücken der Gräber der Gerechten geht Matthäus über die Version des Logions hinaus, wie sie Lukas in 11,47 nur auf das Bauen der Prophetengräber bezogen bietet. Vgl. auch Mt 13,17 par. Lk 10,24.

In der Auslegung von Mt 27,51b-53 haben dieser Text und sein anklagender Kontext trotz gelegentlicher Verweise auf das Prophetenschicksal in Kap. 23 so weit ich sehe bisher keine Rolle gespielt.[58] Hierbei ist auch der weitere Kontext des Kap. 23 interessant, da einige der dortigen Motive auch in 27,52f wiederkehren. Auffällig ist freilich, dass Matthäus nicht einen der dort gebrauchten Begriffe „Propheten" oder „Gerechte" aufgreift, sondern „Heilige" verwendet. Aber dafür könnte es mehrere Gründe geben. Der erste wurde bereits angedeutet: Wenn Mt 27,51b-53 tatsächlich einer Tradition entstammen *sollte*, dann könnte der Begriff zunächst schlicht vorgegeben sein,[59] muss aber als solcher dann auch im Evangelium des Matthäus einen erkennbaren Sinn erhalten. Darüber hinaus sind „Propheten", „Gerechte" und „Heilige" Begriffe, die durchaus einem semantischen Feld angehören. An Mt 23,29 wird deutlich, dass Propheten und Gerechte nebeneinander stehen können, ohne dass man freilich beides synonym verstehen müsste. Darüber hinaus werden die Begriffe „gerecht" und „heilig" oft parallel

---

58 Vgl. z. B. Luz, Matthäus (s. Anm. 8), 364-370, der lediglich in einer Anmerkung notiert, dass sich in der Nähe des Ölbergs viele Prophetengräber befinden (a. a. O. 357 Anm. 16).

59 Vgl. Troxel, Matt 27.51-4 Reconsidered (s. Anm. 8), 42. Troxel nimmt jedoch wegen des für Matthäus eigentümlichen Begriffes „Heilige" an, Matthäus habe die Szene aus äthHen 93,6 heraus gebildet (vgl. Troxel, Matt 27.51-4 Reconsidered [s. Anm. 8], 43-47), wo am Ende der vierten apokalyptischen Woche eben von jenen Heiligen die Rede sei: „A vision of holy ones and righteousness shall be revealed, and a law for generations upon generations" (so die von Troxel zitierte Übersetzung von M. Black). Auch J. Uhlig, Das äthiopische Henochbuch, JSHRZ V/6, Gütersloh 1984, 461-780: 712, übersetzt äthHen 93,6: „Und danach, in der vierten Woche, an ihrem Ende, werden die Visionen der Heiligen und Gerechten gesehen werden, und ein Gesetz wird für alle Generationen und ein umfriedeter Raum wird für sie geschaffen werden." Troxel verknüpft nun die matthäischen Heiligenerscheinungen mit dem Motiv der Gabe „der Tora" in äthHen 93,6 (wobei das äthiopische *wa-śәr'at* allgemein „ein Gesetz" bedeutet und wohl nicht speziell auf die Tora zu beziehen ist), die in äthHen mit den Erscheinungen verbunden sei – und wo sei dies besser lokalisiert als in der „heiligen Stadt" (a. a. O. 45)? Und dies schließlich korrespondiere mit der Darstellung Jesu als des „neuen Mose" bei Matthäus (ebd.). Am Ende bezweifelt Troxel jedoch selbst zu Recht, ob die Leser des Matthäus in der Lage gewesen seien, diese Zusammenhänge zu durchschauen – und so eben die Intention des Evangelisten zu verstehen: „Once again God had impressed his seal on an event crucial for Israel's life" (a. a. O. 47).

gebraucht.[60] Auch an Sap 7,27 wäre zu denken, wo von der Weisheit die Rede ist, die in „heilige Seelen" (εἰς ψυχὰς ὁσίας) eingeht und sie dadurch zu „Freunden Gottes und Propheten" macht (φίλους θεοῦ καὶ προφήτας κατασκευάζει). Die begriffliche Variation von „Propheten und Gerechten" in 23,29 zu „Heiligen" ist also zumindest plausibel. In Apk 11,18; 16,6; 18,24 steht die Wendung „Heilige und Propheten" bzw. „Propheten und Heilige" für die getöteten Gottesknechte (vgl. 18,20: „Heilige und Apostel und Propheten"). Und schließlich ist zu beachten, dass der Begriff ἅγιοι im Zusammenhang von 27,51b-53 sprachlich mit dem Attribut ἅγιος zu Jerusalem korrespondiert (vgl. 4,5). Unter diesen Vorzeichen werden mit dem Begriff ἅγιοι in Mt 27,52 die verschiedenen Termini zusammengefasst, die Matthäus in Kap. 23 vorgegeben hatte.

Zu den sprachlichen Aspekten treten einige narrative Bezüge hinzu. Sowohl in Mt 27,51b-53 wie in Kap. 23 geht es darum, dass die Betreffenden schon gestorben sind und ihre Gräber eine ausdrückliche und hervorgehobene Rolle spielen. Weiterhin ist im Kontext von Mt 23,29 von der Sendung der „Propheten, Weisen und Schriftgelehrten" zu Israel (23,34) und besonders *nach Jerusalem* (23,37f) die Rede, wo man ihren Worten nicht geglaubt hat und die Propheten tötete – ein Schicksal, das der Evangelist *implizit und explizit* auf Jesus überträgt[61] –, sowie den Gräbern eben dieser Propheten und Gerechten, die von den angeklagten „Pharisäern und Schriftgelehrten" auf heuchlerische Weise „gepflegt" und verehrt werden. Mit all dem geht Matthäus über Markus hinaus,[62]

---

60 Vgl. z. B. LXX Ps 145,17; Dtn 32,4 (von Gott); äthHen 51,2 (Auferweckung der „Heiligen und Gerechten", äth: *qədūdsān wa-sādəqān*); 93,6 (Visionen der „Heiligen und Gerechten"); Mk 6,20 (von Johannes dem Täufer); Apg 3,14 (von Jesus); Röm 7,12 (von ἐντολή); 1Kor 6,1 (von Menschen; hier „ungerecht" als Gegensatz zu „heilig"); Apk 16,5 (von Gott). Vgl. Luz, Matthäus (s. Anm. 8), 365.

61 Vgl. U. Luz, Das Evangelium nach Matthäus 3 (Mt 18-25), EKK I/3, Düsseldorf u. a. 1997, 371: Bezug des Topos der Prophetentötung auf Jesus in der Passionsankündigung 20,19 sowie in Bezug auf die Jünger 10,17.23-25; vgl. ferner auch Apg 3,14 (auf Jesus bezogen in der Predigt des Petrus vor dem Volk): „den Heiligen und Gerechten habt ihr verleugnet". Auch hier zeigt der Zusammenhang, dass die alten Worte der Propheten mit Tod und Auferstehung Jesu in Erfüllung gehen!

62 Mt 23,37 gehört zwar zum „Q"-Material, aber Lukas bietet das Logion in einem anderen Zusammenhang (Lk 11,49 – auch dort verbunden mit der Erwähnung der Gräber der Propheten, die die Väter getötet haben, 11,47f), so dass die matthäische Intention sich von Lukas dennoch unterscheidet.

wodurch die für ihn besondere Bedeutung der Sendung Jesu nach Israel und Jerusalem in Fortsetzung der Linie der Propheten Gottes zum Ausdruck kommt.

Das Erscheinen der „vielen Heiligen" aus ihren Gräbern in Jerusalem, das die Frage geradezu provoziert, was diese Erscheinungen denn konkret beinhalteten oder bewirkten, hat also sprachlich wie inhaltlich ein deutliches assoziatives Gefälle zurück zu Kap. 23 und den getöteten Gerechten, Propheten, Weisen und Schriftgelehrten, die einst schon nach Jerusalem gesandt waren – und nun gleichsam aus den in zweifelhafter Weise verehrten Gräbern zurückkehren im Zusammenhang mit dem Tod des letzten Gesandten Gottes, nicht eines Weisen, Gerechten oder Propheten, sondern seines Sohnes! An diesem Punkt macht Matthäus in ganz eigener Weise ernst mit dem aus Markus zwar übernommenen, aber doch neu kontextualisierten Winzergleichnis (Mt 21,33-44), in welchem nach der Sendung der Knechte des Weinbauern am Ende sein Sohn gesandt – und getötet wird. Das aber würde bedeuten, dass das Erscheinen der Heiligen vor Vielen in der heiligen Stadt etwas mit dem Verständnis des Todes Jesu *als Konsequenz seiner Sendung zu Israel* zu tun hat, wie es Jesus selbst in der Rede von Kap. 23 mit dem Schicksal der Propheten verbindet.[63] Wenn es stimmt, dass sich mit dem Begriff ἐμφανίζειν nicht nur ein visueller Aspekt, sondern auch der der Vermittlung bestimmter Inhalte verbindet, die sich aus dem jeweiligen

---

[63] Zur exklusiven Sendung Jesu an Israel als Charakteristikum des Matthäus (Sondergut!) vgl. bes. Mt 15,24: οὐκ ἀπεστάλην εἰ μὴ εἰς τὰ πρόβατα τὰ ἀπολωλότα οἴκου Ἰσραήλ, sowie auf die Jünger bezogen Mt 10,6; vgl. dazu Konradt, Israel (s. Anm. 5), 17-52.52-94, bes. 93f. Dabei ist zu beachten, dass in Mt 27,53 mit ἅγια πόλις tatsächlich das Jerusalem gemeint ist, in welchem Jesus gekreuzigt wird (vgl. Konradt, Israel [s. Anm. 5], 256, mit Hinweis auf Mt 4,5), und nicht – wie eine apokalyptische Lesart nahe legen könnte – das himmlische Jerusalem. Im letzteren Sinne vgl. etwa Deines, Gerechtigkeit der Tora (s. Anm. 39), der zwar davon ausgeht, dass Matthäus die besondere Sendung Jesu zu Jerusalem hervorhebt, im Blick auf 27,53 aber feststellt, es sei „nicht ausgeschlossen, dass Matthäus hier an das himmlische Jerusalem denkt" (a. a. O. 235 Anm. 396 im Anschluss an H. Zeller, Corpora Sanctorum, SKTh 71, 1949, 385-465; vgl. dagegen Luz, Matthäus [s. Anm. 8], 366). Die Perspektive auf die Heiden, die Matthäus zweifellos auch hat und die hier nicht weiter verfolgt werden kann, wird bei Matthäus auf besondere Weise mit diesem Israel-Konzept verbunden und am Schluss in 28,18-20 als ein Auftrag für die missionarische Gegenwart der Gemeinde „bis zur Vollendung (dieser) Weltzeit" vom Auferstandenen vermittelt.

Kontext ergeben müssen,[64] dann ist die inhaltliche Bedeutung der Erscheinung der Heiligen im Kontext des Matthäusevangeliums eben dieser Zusammenhang: Der Tod Jesu ist – wie das gewaltsame Schicksal der nach Jerusalem gesandten Gerechten und Propheten – die Konsequenz seiner Sendung zu und seiner Botschaft an Israel.[65] Es sind eben jene „*vielen* Heiligen", die in Jerusalem getötet wurden, deren Gräber dort verehrt werden und von denen in Kap. 23 bereits die Rede war, die angesichts der Tötung des Gottessohnes jenen „Vielen" in der Stadt erscheinen, welche dafür die Verantwortung tragen. Dies unterstreicht deutlich die Gerichtsansage von Kap. 23 und ruft sie erneut in Erinnerung: Ihre Schuld und Mitschuld ist damit erwiesen.

Aber damit ist das Sinnpotenzial des Begriffes πολλοί im matthäischen Kontext noch nicht ausgeschöpft, denn die Erscheinung vor „Vielen" ist nicht in der gleichen Weise auf nur eine konkrete Gruppe bezogen wie hinsichtlich der „vielen Heiligen". Unter dem Vorzeichen der relativen Offenheit und in Verbindung mit dem Bezug auf die Tötung der Gesandten könnte die Erscheinung vor „Vielen" tatsächlich,

---

64 Zu ἐμφανίζειν als Terminus bei Erscheinungen von Heroen vergangener Zeiten vgl. Zeller, Erscheinungen Verstorbener (s. Anm. 34). Die Grundbedeutung des Begriffes ist „(etwas) anzeigen" – etwa vor einer Behörde (vgl. Josephus, Bell 6, 47f; Apg 23,15.22 u.ö.; dazu A. Sand, Art. ἐμφανίζω κτλ., EWNT I, 1980, 1091f; Zeller, a. a. O. 13f). Auch Erscheinungen aus dem Grab werden mit dem Verstehen bzw. Vermitteln bestimmter Inhalte verbunden, vgl. Midrasch Klagelieder Einl. 24 (38a): Die Erscheinung des Mose aus dem Grab in Babylon, um die Exulanten zurückzuführen. „Als die Exulanten des Mose ansichtig wurden, sprachen sie untereinander: Der Sohn Amrams ist aus seinem Grabe gekommen, um uns aus der Hand unsrer Dränger zu erlösen" (zitiert nach [H. L. Strack /] P. Billerbeck, Kommentar zum Neuen Testament aus Talmud und Midrasch, Bd. I: Das Evangelium nach Matthäus, München [10]1994, 755f). Billerbeck kommentiert dazu: „Man erkennt daraus, daß das Erscheinen Verstorbener aus ihren Gräbern dem jüdischen Denken keine besonderen Schwierigkeiten bereitet hat" (a. a. O. 756). Zeller allerdings warnt vor einer allzu großen Annäherung solcher Erscheinungsvorstellungen an die Erscheinungen Jesu: „Die Epiphanien von Heroen erfolgen aus dem Grab heraus, das ihre Reliquien birgt; sie bekunden nicht unmittelbar nach dem Tod das Leben des dort Begrabenen, sondern bringen oft viele Jahre später Hilfe, manchmal aber auch Unheil" (a. a. O. 14). Auf die unübersehbare Nähe zu Mt 27,51b-53 geht Zeller erstaunlicherweise nicht ein!

65 Vgl. Schlatter, Matthäus (s. Anm. 1), 785. Ähnlich Luz, Matthäus (s. Anm. 8), 366.370, der jedoch die Erscheinungen der Heiligen „mit Test L 4,1 und im Licht von 23,34-39 als unheilvolles Gerichtszeichen" (370) verstehen will, konkret für die Zerstörung Jerusalems; vgl. demgegenüber Brown, Death of the Messiah (s. Anm. 3), 1131 Anm. 84, wonach in der Szene nichts Unheilvolles zu entdecken sei.

wie Adolf Schlatter vermutete, *intratextuell* eine Verbindung zum Lösegeldwort von Mt 20,28 erlauben und die soteriologische Sinndeutung des Todes Jesu unterstützen.[66] Dies würde schließlich mit einer anderen Deutelinie des Evangelisten korrespondieren, die gerade dem am Kreuz sterbenden Gottessohn Jesus eine solche soteriologische Dimension ausdrücklich beilegt, wenn Mt am Anfang den Jesusnamen mit der Verheißung begründet „denn er wird sein Volk retten von ihren Sünden" (Mt 1,21), die Sündenvergebungsaussage aus dem von Markus vorgegebenen Täuferkontext herausnimmt und in die die Lebenshingabe deutenden Abendmahlsworte einfügt (vgl. Mk 1,1-4 mit Mt 3,1f und 26,28), um schließlich im *titulus* am Kreuz nochmals ausdrücklich und wieder in Erweiterung der markinischen Vorgabe mit der Einfügung des Jesusnamens zu betonen: „*Dieser* ist *Jesus*, der König der Juden" (οὗτός ἐστιν Ἰησοῦς ὁ βασιλεὺς τῶν Ἰουδαίων, 27,37; vgl. auch Mk 15,26: ὁ βασιλεὺς τῶν Ἰουδαίων); der textinterne Rückverweis auf die Namensgebung Jesu am Anfang des Evangeliums ist unübersehbar. Das Bekenntnis der Soldaten bekommt so noch einmal eine besondere Bedeutung: Dieser zu Israel und zur Rettung seines Volkes von „ihren Sünden" gesandte und vom „ganzen Volk" (Mt 27,25) verurteilte Jesus ist wahrhaftig Gottes Sohn.

Mit den herausgearbeiteten Bezügen zwischen Mt 27,51b-53 und der Pharisäerrede Jesu in Mt 23 soll ein letzter Gedanke verbunden werden, der diese Bezüge von einer textexternen Perspektive aus auf besondere Weise unterstreicht. Joachim Jeremias hat eindrücklich auf den realgeschichtlichen Hintergrund von Mt 23,29 in der Verehrung der „Heili-

---

[66] Vgl. gegenüber dieser Deutung aus dem Kontext des Evangeliums heraus etwa die Überlegungen von E. Lohmeyer, Das Evangelium des Matthäus. Nachgelassene Ausarbeitungen und Entwürfe zur Übersetzung und Erklärung, Für den Druck erarbeitet und herausgegeben von W. Schmauch, KEK Sonderband, Göttingen ²1958, 396, der von „Boten der Vollendung und ... Erstlinge(n) des eschatologisch heiligen Volkes" spricht, die als „Zug heiliger Gestalten ... wie der Anfang der heiligen Gemeinde" in die heilige Stadt einziehen; ähnlich Maisch, Dimension (s. Anm. 9), 119: „Ihr Einzug in die heilige Stadt ist Heilsgeschehen ..."; oder auch Riebl, Auferstehung (s. Anm. 11), 40: Sie „treten ein in die Fülle des Lebens ihres Gottes", wobei man sich nicht nur fragt, wo Matthäus in seinem Text solches konkret anzeigt oder zumindest andeutet, sondern auch, was dies jeweils bedeuten soll.

gengräber in Jesu Umwelt“[67] hingewiesen, genauer der Propheten- und Königsgräber im zeitgenössischen Judentum.[68] Jeremias verwendet den Begriff „Heiligengräber“ dabei ausdrücklich für die Interpretation von Mt 23,29 („Wehe euch, ihr Schriftgelehrten und Pharisäer, ihr Heuchler, dass ihr erbaut die Gräber der Propheten und schmückt die Grabmäler der Gerechten …“) und macht deutlich, dass die Verehrung der Gräber vorwiegend der Propheten, aber auch anderer „Heiliger“ „ein Stück der Volksreligion des Judentums der Zeit Jesu“[69] gewesen sei, die zwar nicht unbedingt im Sinne der normativen Religionsausübung, dennoch aber sehr gegenwärtig und in volkstümlicher Frömmigkeit fest verankert war.[70]

Vor dem Hintergrund einer endzeitlich-apokalyptischen Deutung hatte Matthias Konradt von einem „österlichen Kolorit“ der Szene von Mt 27,51b-53 gesprochen.[71] Schaut man jedoch genauer hin, so könnte das „Kolorit“ der eigentümlichen Szene ganz anderer Art sein. Speziell für Jerusalem und den eng mit Jerusalem verbundenen Kontext der Prophetengräber-Aussagen des Matthäus wäre zunächst daran zu denken, dass in Jerusalem die Gräber der Prophetin Hulda (2Kön 22,14; 2Chr 34,22); der Propheten Jesaja (VitProph 1,1.9; vgl. AscJes 5,11-14), Haggai (VitProph 14,2), Sacharja ben Jojada (2Chr 24,20-22; VitProph 23,1) sowie Sacharja ben Berechja (VitProph 15,6) zu finden sind, die

---

67 So der Titel der einschlägigen Studie von J. Jeremias, Heiligengräber in Jesu Umwelt (Mt. 23,29; Lk. 11,47). Eine Untersuchung zur Volksreligion der Zeit Jesu, Göttingen 1958. Vgl. ders., Drei weitere spätjüdische Heiligengräber, ZNW 52, 1961, 95-101.

68 Vgl. insbesondere die Vitae Prophetarum als Zeugnis der Bedeutung dieser Traditionen; vgl. dazu die Jeremias' Arbeit positiv aufnehmende und ergänzende Studie von Pieter W. van der Horst, Die Prophetengräber im antiken Judentum, Franz-Delitzsch-Vorlesung 2000, Münster 2001, mit besonderem Hinweis auf den „plausiblen historischen Kontext für eine Schrift von der Art der *Vitae Prophetarum* bzw. für die darin enthaltenen Grabtraditionen im Judentum des 1. Jhs.“ (a. a. O. 23). Zur frühjüdischen Provenienz der später christlich bearbeiteten Schrift vgl. A. M. Schwemer, Studien zu den frühjüdischen Prophetenlegenden Vitae Prophetarum, Tübingen 1995, 25-87; van der Horst, a. a. O. 5f.

69 Jeremias, Heiligengräber (s. Anm. 67), 144.

70 Vgl. van der Horst, Prophetengräber (s. Anm. 68), 24-26, der ebenfalls die – z. T. gegen theologisch begründete „normative“ Verbote und Einschränkungen – tiefe Verankerung der Prophetengrabverehrung in der Volksfrömmigkeit betont.

71 Konradt, Israel (s. Anm. 5), 326f (s. o.).

zum Teil als Märtyrerpropheten verehrt wurden.[72] Aber nicht nur Propheten, sondern auch andere „Gerechte“, „Weise“ und „Schriftgelehrte“ werden in ihren Gräbern in Jerusalem verehrt, so etwa der Hohepriester Simon der Gerechte (vgl. Sir 50) und nach Josephus, Ant 11,158 auch der biblische Esra.[73] Daneben spielt für Jerusalem auch die Tradition der Königsgräber eine Rolle, zu denen nicht nur das Grab des Königs Hiskia (2Chr 32,33) gehört, sondern allen voran das Erbbegräbnis der davidischen Dynastie.[74] Die „Heiligen“ werden dabei als unverweslich und körperlich im Grab anwesend geglaubt,[75] sie wirken als Wundertäter und Interzessoren,[76] und ihre Gräber sind Ziel von Pilgerfahrten.[77]

Nicht nur Mt 23,29, sondern in enger Verbindung damit auch Mt 27,51b-53 könnten vor dem Hintergrund der Propheten- und Heiligengräberverehrung im Zusammenhang mit der kontextuellen Einbindung in die Erzählstränge des Evangeliums den Tod Jesu als Gottessohn und seine Bedeutung *für Israel bzw. Jerusalem* unterstreichen. Aus dieser Perspektive ließe sich auch die seltsame zeitliche Verknüpfung mit der Auferstehung Jesu durch die Notiz verstehen, die Erscheinungen der auferweckten Heiligen hätten erst „nach *seiner* Auferweckung“ stattgefunden. Jenseits der erzählerischen Konsequenz macht der Evangelist mit dieser nur literarisch möglichen und sinnvollen Verschränkung deutlich, dass die Bedeutung des Todes Jesu als Konsequenz seiner Sendung zu Israel im oben skizzierten Sinne erst nach dessen eigener Auferstehung verstehbar und vermittelbar ist.[78]

---

72 Vgl. Jeremias, Heiligengräber (s. Anm. 67), 137; vgl. auch Hebr 11,37.

73 Vgl. Jeremias, a. a. O. 74.

74 Vgl. Neh 3,16: „die Gräber Davids“ – hebr. im Plural, in LXX im Singular: „Garten des Grabes Davids“, vgl. auch Apg 2,29, wo die selbstverständliche Bekanntheit mit den prominenten Gräbern in Jerusalem vorausgesetzt ist; vgl. Jeremias, a. a. O. 53-60.

75 A. a. O. 127-129.

76 A. a. O. 129-137.

77 A. a. O. 138-143; vgl. dazu die ausführlichen Ergänzungen bei van der Horst, Prophetengräber (s. Anm. 68), 13-23.

78 Vgl. dazu auch Mt 17,9 (par Mk 9,9): Nach der Verklärung untersagt Jesus seinen Jüngern, das Gesehene weiterzutragen, bis er von den Toten auferweckt werde.

4. Zusammenfassung und Ausblick: Mt 27,51b-53, der Tod des Messias Israels und das „Ende der Welt“

Die vielfältigen und im Detail sehr unterschiedlichen Deutungen von Mt 27,51b-53 vor dem Hintergrund frühjüdisch-apokalyptischer Motive haben gezeigt, dass hierbei in der Regel die Bedeutung der identifizierten traditionsgeschichtlichen Parallelen oder auch literarkritisch konstruierter Vorlagen in den Text des Matthäus eingetragen werden und ihm dadurch eine Intention zugewiesen wird, die er für sich genommen so nicht erkennen lässt. Aufgrund der methodischen Problematik dieses Vorgehens wurde deutlich, dass aus den verschiedenen denkbaren Parallelen lediglich eine Plausibilität für einzelne Motive gewonnen werden kann, nicht aber eine konkrete Deutung im Gesamtzusammenhang der Erzählung möglich ist. Diese kann sich erst aus dem Kontext des Matthäus selbst ergeben, der – und das immerhin ist Ergebnis traditionsgeschichtlicher Analysen – verschiedene motivische Aspekte zu einem eigenen, neuen Verstehenszusammenhang ordnet.

Gegenüber einer apokalyptischen Deutung ist vor allem einzuwenden, dass die Vorstellung einer Vorwegnahme endzeitlicher Totenauferstehung dem Evangelisten Matthäus fremd ist. Der Tod Jesu als Konsequenz seiner Sendung zu Israel ist bei Matthäus grundlegend vor dem Hintergrund der in der alttestamentlich-jüdischen Tradition verankerten Vorstellung vom gewaltsamen Geschick der Propheten entfaltet. Was in dem aus dem Markus-Erzählfaden entnommenen Gleichnis von den bösen Weingärtnern bildhaft angesprochen ist, macht der matthäische Jesus in der großen Pharisäerrede deutlich: Die für das Heil in Israel Verantwortlichen haben die Propheten, Weisen und Schriftgelehrten getötet, deren Gräber sie heuchlerisch pflegen und verehren. Und sie haben auch den Tod Jesu veranlasst und damit seiner dem Wirken der Propheten entsprechenden Sendung zu Israel ein gewaltsames Ende bereitet. Der aus dem Wirken des Geistes geboren ist (Mt 1,20) und dem der Name Jesus gegeben ist, um „*sein* Volk zu retten von *ihren* Sünden“ (1,21), der sein Leben hingibt „für Viele zur Vergebung der Sünden“ (26,28), dieser Gottessohn namens Jesus stirbt am Kreuz den gewaltsamen Tod aller zu Israel gesandten Propheten. Die von Matthäus im unmittelbaren Anschluss an den Tod Jesu zur markinischen Überlieferung hinzugefügten Theophanie-Motive der sich öffnenden Gräber, der Auferweckung vieler Heiliger und ihrer Erscheinung vor Vielen in der Stadt unterstreichen eben diese soteriologische Bedeutung des Todes Jesu als Tod des Gottessohnes in der Konsequenz seiner Sendung zu Israel. Die Gräber der auferweckten Heiligen sind im Erzählzusammenhang des Evangeliums die Gräber der bereits zuvor getöteten Propheten und Gerechten, deren Erscheinen in der Stadt den „Vielen" diese Bedeutung des Todes Jesu vermittelt. Der Evangelist ist sich freilich bewusst, dass diese Heilsbedeutung des Todes Jesu erst von der Auferweckung Jesu her verstehbar und gültig ist, ein Aspekt, den er mit der Verlegung der Erscheinungen in die Zeit „nach seiner Auferweckung" zum Ausdruck bringt. Das ist keine ungeschickte dogmatische Korrektur, sondern die Konsequenz der theologischen Verschränkung von Tod und Auferstehung Jesu mit der Sinndeutung dieses Zusammenhanges *auf der Erzählebene*. Die Verwendung von Motiven für diese erzählerische Entfaltung, die auch aus apokalyptischen Kontexten bekannt sind, könnte unter diesen Vorzeichen fast als eine „Entapokalyptisierung" dieser Motive verstanden werden, weil es Matthäus gerade nicht um die apokalyptische Vorabdarstellung der endzeitlich zu erwartenden Totenauferstehung geht, sondern um die nur allzu gegenwärtige Sinndeutung des Todes Jesu. Dieser Tendenz – das kann hier nur angedeutet werden – entsprechen auch jene Texte bei Matthäus, die auf eine eschatologische Zukunft ausgerichtet sind, diese aber nicht als eine unmittelbar zu erwartende ausmalen, sondern gerade auf die zeitliche Unbestimmtheit Wert legen. Pseudo-Messiaserwartungen, falsche Propheten, Kriege, Bedrängnisse, Hungersnöte, Erdbeben usw. – dies alles ist „noch nicht das Ende" (Mt 24,3-28), sondern vor dem „Ende des Äons" muss allen Völkern das Evangelium verkündet werden (24,14; 28,18-20). Allein diese Bemerkung relativiert auch jene von 24,34, dass „diese Generation" nicht vergehen werde, bis dies alles geschieht, nämlich die Verkündigung des Evangeliums angesichts der *Zeichen* des Endes, die nicht das Ende selbst sind. Wichtig ist dabei die Wachsamkeit in der Erwartung des Herrn, der „wie ein Dieb in der Nacht" kommt (24,42-51), ein Motiv, das auch im Jungfrauen-Gleichnis thematisiert (25,1-13) wird. Das Gleichnis von den Talenten gleich im Anschluss daran macht deutlich, dass Wachsamkeit nicht tatenloses Ausschauhalten bedeutet, sondern Tätigsein – für Matthäus und seine Gemeinde im Sinne des Auftrages des Auferstandenen: allen Völkern das Evangelium zu verkünden in der Gewissheit der Gegenwart des Erhöhten bis an das Ende dieses Äons (28,18-20). Das ist alles andere als apokalyptische Endzeitstimmung, die etwa durch die Vorwegnahme der Auferstehung einiger Heiliger noch geschürt werden müsste, um die Bedeutung des Todes Jesu anzuzeigen, sondern eine nüchterne Besinnung auf den Auftrag des Auferstandenen, der durch seinen Tod nicht nur sein Volk, sondern auch die „Vielen" von ihren Sünden und den Folgen ihrer Sünden rettet.

Zuletzt ist die im Titel des Aufsatzes gestellte Frage nochmals aufzunehmen: Gibt Matthäus mit 27,51b-53 seinen Leserinnen und Lesern ein Rätsel auf? Blickt man auf die divergierenden Interpretationsvorschläge der Auslegungsgeschichte, kommt man nicht umhin, die Frage zu bejahen; für die intendierten Adressaten seiner Zeit jedoch, die die narrativen Signale des Evangelisten in seiner Erzählung von Jesus als Messias Israels und Gottessohn aufmerksam verfolgen, wohl kaum.

Reformatorische Theologie und Kirchenreform

Bugenhagen und wir[1]

Wolfgang Huber

„Das Himmelreich gleicht einem Schatz, verborgen im Acker, den ein Mensch fand und verbarg; und in seiner Freude ging er hin und verkaufte alles, was er hatte, und kaufte den Acker." (Mt 13,44)

I.

Welche Landeskirche hat das schon – einen bedeutenden Reformator, der ihren Namen selbst im Namen trägt? Nicht in dem Sinne, dass sie sich als lutherische Kirche auf Martin Luther bezöge. Luther hat solch einen Namensbezug auch nie gewollt. Sondern in dem Sinne, dass der Reformator selbst mit seinem Namen auf seine Heimatkirche Bezug nimmt? Die Pommersche Evangelische Kirche hat diese Besonderheit; und es ist der große Johannes Bugenhagen, der als „Pomeranus" seine Verwurzelung in dieser Region deutlich gemacht hat. Er gehörte zu den bedeutendsten Männern der lutherischen Reformation, die ohne ihn nicht ihre weite Verbreitung gefunden hätte. Deshalb ist es angemessen, in vielfältigen Formen an Johannes Bugenhagen zu erinnern.

Zunächst aber führt dieses Gedenken weg aus Stralsund, weg aus Pommern, nämlich nach Hamburg. Johannes Bugenhagen kam aus Pommern, war aber nicht an diese Region gebunden oder gar in seiner Wirksamkeit auf sie beschränkt. Es ist deshalb richtig, wenn die evangelische Kirche auch weit über Pommern hinaus seiner in seinem 450. Todesjahr gedenkt.

Den Blick müssen wir nach Hamburg richten, wenn wir eine der bedeutendsten Schriften Bugenhagens recht würdigen wollen. Wir wollen diese Schrift in den Blick nehmen, weil sie Bugenhagens zu-

---

[1] Vortrag vor dem Gesamtmitarbeiterkonvent der Pommerschen Evangelischen Kirche. Stralsund, 5. März 2008.

gleich reformatorisches und kirchenreformerisches Konzept zusammenfassend darlegt. Dieses umfangreiche Werk aus dem Jahr 1526 trägt den Titel „Von dem christlichen Glauben und den rechten guten Werken wider den falschen Glauben und erdichtete gute Werke, dazu, wie man's soll anrichten mit guten Predigern, daß solch Glaube und Werke gepredigt werden".

Diese Schrift war notwendig geworden, weil die Lehre Martin Luthers in Hamburg zwar bereits 1525 so weit Fuß gefasst hatte, dass es ernsthafte Bemühungen gab, den Wittenberger Stadtpfarrer Bugenhagen für ein halbes Jahr nach Hamburg zu holen. Aber die Berufung Bugenhagens scheiterte lange Zeit am Widerstand der altgläubigen Kleriker; und dies obwohl die Anhänger der neuen Lehre schnell die Mehrheit der Bürger stellten. Bugenhagen sah sich daraufhin veranlasst, der „ehrenreichen Stadt Hamburg" im Frühjahr 1526 einen Sendbrief zu schreiben.

Mit ihm – so weit möchte ich der Darstellung dieser kirchenreformerischen Programmschrift vorgreifen – hatte Bugenhagen Erfolg. Zweieinhalb Jahre später wurde er für acht Monate als Pfarrer nach Hamburg berufen, wo die von ihm auf dieser Grundlage ausgearbeitete Kirchenordnung am 23. Mai 1529 feierlich angenommen wurde. Bugenhagens weiter Denkhorizont wie seine weitgespannte Wirksamkeit wurden auch daran deutlich, dass das in dieser Schrift entfaltete Programm einer Kirchenreform auch seinen späteren Kirchenordnungen für Braunschweig, Braunschweig-Wolfenbüttel, Dänemark, Hildesheim, Holstein, Lübeck, Norwegen, Pommern und Schleswig zugrunde lag.

II.

Wer sich den Sendbrief Bugenhagens und seine Vorschläge zur Kirchenreform näher ansieht, dem fällt Folgendes auf:

Vorangestellt ist den konkreten Vorschlägen zur Kirchenreform eine umfangreiche Darlegung theologischer Grundsatzfragen. Bugenhagen hatte sich nämlich in den Jahren zuvor ausführlich mit der biblischen Rechtfertigungslehre auseinandergesetzt. Für ihn stand außer Frage, dass die Vorschläge zu einer Kirchenreform aus der reformatorischen Rechtfertigungslehre entwickelt werden müssten. Denn eine falsche Lehre vom Glauben und den guten Werken schade nicht nur der Kirche, sondern auch dem christlichen Leben. So kann er beispielsweise sagen:

„Wenn aber Lehre kommt, die Menschen, als Bischof, Pfaffen und Mönche erdacht haben ohne oder wider Gottes Wort und geben vor, daß sie die Schafe damit weiden wollen zu dem ewigen Leben, so laufen die Schafe vor ihnen als vor Wölfen, denn es ist kein Rath, daß sie Gift essen sollen für gut Futter". Über drei Viertel der gesamten Schrift sind deshalb dieser Frage gewidmet.

Erst in einem zweiten Schritt beschäftigt sich Bugenhagen mit der Frage, welche konkreten Maßnahmen ergriffen werden müssten, damit die rechte Verkündigung der wahren Lehre gewährleistet sei.

Seine Ratschläge entfaltet Bugenhagen indes nicht als ungebetener Ratgeber, sondern als „erwählter Pastor und Prediger" – Bugenhagen fühlte sich offenbar als erwählter Pfarrer der Hamburger Gemeinde, dessen Berufung lediglich durch die ungünstigen Mehrheitsverhältnisse in Hamburg nicht zustande kam. Er zeigt sich mit den Verhältnissen vor Ort vertraut und vermag den Reformbedarf sachgemäß einzuschätzen. Diesen sah Bugenhagen vor allem in drei Bereichen: dem Gottesdienst, der Diakonie und dem Unterricht, bzw. konkret gesprochen: in den Fragen der Predigeranstellung und -besoldung, der Regelung der Armenfürsorge und der Verbesserung des Schulwesens.

Die Vorschläge, die Bugenhagen zu diesen drei Punkten macht, zeichnen sich durch eine gewisse Leuchtkraft aus, die auch fast ein halbes Jahrtausend später durchaus noch erhellend ist. Doch davon später; zunächst gilt es, die einzelnen Vorschläge zu sichten.

III.

Bugenhagen identifiziert klar als zentralen Ort einer Kirchenreform den Gottesdienst. Diesen gilt es, konsequent als angemessenen Ausdruck der Rechtfertigungslehre zu gestalten: „Erkenntniß der Sünden und der Gnade Gottes ist alle unsere Lehre und Predigt" schrieb Bugenhagen.

Zugleich ist sich Bugenhagen aber auch darüber im Klaren, dass eine Reform des Gottesdienstes nur durch „gute Prediger" vorangebracht werden könne: „Zu solcher Lehre aber bedarf man gute Prediger, denen Gott sein Wort ins Herz gegeben hat und sonderlich Gaben, daß sie es mündlich und verständlich dem Volk vortragen können, nach rechtem Maße und zu rechter Zeit, zu Nutze und nicht zu Verderbniß, [Prediger,] denen die Sache Gottes zu Herzen gehet, daß sie nicht Ehre und Vorteil suchen, sondern Gottes Ehre und der Menschen Seligkeit.“ Bugenhagen warnt in diesem Zusammenhang vor populistischen, radikalen und ungeduldigen Predigern, zu denen er die Bilderstürmer und die Prediger der Bauernkriege zählt. Nicht die Kritik sei in den Mittelpunkt zu stellen, sondern es gelte, bei der Freiheit des Glaubens anzusetzen. Zudem plädiert Bugenhagen für behutsame Reformen, die niemanden abschrecken und im Einverständnis mit der Obrigkeit stehen. Was hingegen nicht sofort erreicht werden könne, solle man getrost der Gnade Gottes anbefehlen.

Johannes Bugenhagen versteht diese theologische Grundlegung freilich nicht als Grund dafür, seinen Reformdrang zu unterdrücken: „Bisher möchte Gott um unsrer Unwissenheit willen Geduld haben gehabt, nun aber die Wahrheit an den Tag ist gekommen, womit wollen wir uns entschuldigen?“

Als enger Mitarbeiter Luthers in Wittenberg wusste Bugenhagen natürlich, wie schwer es war, zu diesem Anforderungsprofil geeignete Pfarrpersonen zu finden. So ist von ihm der Seufzer überliefert, „daß nicht so viel guter Prediger sind, als man wohl meinet, und als sich Viele dafür halten.“ Er rät deshalb dazu, zunächst Gott um gute Prediger zu bitten. Denn selbst wenn genügend Finanzmittel zur Verfügung stünden und die Nachbarkirchen Personalüberhänge hätten, wäre dies ein allzu „grober und tölpischer“ Ansatz, auf den man nicht vertrauen könne. Auch solle man „nicht so lange warten, bis etliche aus der Luft herniederregnen“. Vielmehr solle man nach biblischem Vorbild aus der Gemeinde die gelehrtesten, frömmsten und geschicktesten Personen auswählen und sie zu Predigern und Diakonen machen. Die Wahl der Prediger solle nach dem jeweiligen Recht vor Ort erfolgen, d. h. durch den Fürsten, den Rat, die Patrone oder durch die Kirchenvorsteher. Des Weiteren weist Bugenhagen darauf hin, dass die Gemeinden ihre Pfarrer gut behandeln sollten, so dass sie auch auf längere Sicht blieben. Bugenhagen hatte hierbei insbesondere die dürftige Besoldung einzelner evangelischer Pfarrer im Blick. Er weist darauf hin, dass sich mit der Reformation die Verhältnisse grundlegend geändert hätten: Zum einen sei jetzt nicht mehr nur ein einzelner Priester zu versorgen, sondern ein Pfarrer mit seiner ganzen Familie. Zum anderen aber seien zusätzliche Einnahmen der Pfarrer zumeist weggefallen.

Ganz ähnlich wie in Bezug auf den Gottesdienst argumentiert Bugenhagen auch im Blick auf den diakonischen Bereich. Vielerorts waren kirchliche Güter und Stiftungen, die bisher der Kranken- und Armenfürsorge gedient hatten, durch die Obrigkeit säkularisiert und zweckentfremdet worden. Bugenhagen legt dagegen Einspruch ein und plädiert dafür, die Einnahmen für einen „Gemeinen Kasten" zu verwenden. Dieser solle von einem Diakon verwaltet werden und den „verlassenen Witwen, Waisen, Armen, Kranken, nothdürftigen Hausarmen, armen Mägden und dergleichen" zugute kommen. Bugenhagen war sich nämlich darüber im Klaren, dass ohne eine verbindliche Sicherung der dafür notwendigen finanziellen Mittel die vorgesehenen Regelungen nicht zu realisieren wären. Zudem fordert Bugenhagen, dass sich die Diakone nicht darauf beschränken sollten, den Kranken das Abendmahl zu reichen, sondern ihnen auch regelmäßig als Seelsorger zur Seite zu stehen hätten. Hilfreich, so Bugenhagen, sei es auch, wenn die Diakone darüber hinaus so gebildet wären, dass sie den Pfarrer in seiner Verpflichtung, täglich zu predigen, im Notfall entlasten könnten. Denn, so bemerkt er, „man muß betrachten, daß ein Mann sich verderbet, wenn er in einer großen Kirche für viel Volks alle Tage schreien soll".

Schließlich richtet Bugenhagen sein Augenmerk auf das Schulwesen. Neben der Finanzierung der Lehrer und Schulhelfer galt es insbesondere, Regularien dafür zu entwickeln, dass auch Kinder aus armen Familien eine angemessene Schuldbildung erführen und nicht auf der Straße betteln müssten.

Des Weiteren macht Bugenhagen Vorschläge zum Lehrplan an den Schulen und zur Verbesserung der Qualität der Lehre. Zu dem Fächerkanon einer Schule sollen gehören: „Grammatica, Logica, Rhetorica, item Lateinisch, Griechisch, Hebräisch, Poeten, Oratores, Historien", außerdem Gesang. Dabei steht ihm als Ziel vor Augen, dass „man also vernünftige, geschickte, erfahrene, gehorsame, nütze, bescheidene, gelehrte, fromme, christliche Bürger möchte aufziehen, die man nützlich brauchen möchte, wozu eine Stadt wollte". Ein hervorgehobener Akzent des Unterrichts soll im Bereich des Katechumenats liegen, also die Zehn Gebote, das Glaubensbekenntnis, das Vaterunser, die neutestamentlichen Briefe und Evangelien sowie die Psalmen betreffen. Bugenhagen macht keinen Hehl daraus, dass er sich aus dem Programm einer christlichen Schule und aus der allgemeinen Hebung des Bildungsniveaus auch dem offensichtlichen Pfarrermangel langfristig abhelfen wollte.

Die Zeit war reif für ein solches Bildungsprogramm. Die Zeit war reif für die Reformation. Bugenhagens Impulsschrift fand breite Aufnahme, viele seiner Vorschläge wurden schon bald von ihm oder anderen in die Tat umgesetzt.

IV.

Mancher der Vorschläge Bugenhagens liest sich, als sei er für heute bereit gestellt. Der Gottesdienst als zentraler Ausgangspunkt aller Reformbemühungen; die Diakonie als elementares Feld kirchlicher Arbeit; die grundlegende Bedeutung kirchlicher Bildungsarbeit.

Bevor ich aber auf die Bedeutung dieser thematischen Schwerpunktsetzung durch Bugenhagen für uns abschließend zurückkomme, will ich zunächst danach fragen, was ein Reformprojekt bedeutet, das sich im Horizont der Rechtfertigungslehre versteht, das sich konsequent in den reformatorischen Kerngedanken einzeichnet, wie ihn Martin Luther 1530 an Spalatin zusammenfasste: „Wir sollen Menschen und nicht Gott sein. Das ist die Summa!" Die Rechtfertigungslehre ist radikal, sie führt zu den Wurzeln. Sie bringt nicht nur das Verhältnis zwischen Gott und dem Menschen zur Klarheit, sondern auch die menschlichen Verhältnisse selbst. Das heißt nun zweierlei:

Die Botschaft von der Rechtfertigung des Gottlosen durch Gottes Gnade ist der entscheidende Impuls für eine grundsätzliche Reformfähigkeit der Kirche. Die Kirche ist nicht göttlich, göttlich ist Gott allein. Die kirchlichen Ordnungen sind nicht göttlich; Gottes ist die Botschaft von der Rechtfertigung des Gottlosen allein aus Gnade. Die Rechtfertigungslehre entlässt jedes menschliche Werk zunächst in den Raum der verantworteten menschlichen Freiheit. Keine Reformbemühung gilt als ein Werk, das dem Glauben zugute gerechnet werden könnte. Es gibt grundsätzlich keine Form, keine Struktur, keinen kirchlichen Bau, dem Gott im Blick auf die Botschaft von seiner Gnade einen Vorzug geben würde. Dass Gottes Gnade voraussetzungslos gilt, stimmt vielmehr auch im Blick auf kirchliche Strukturen. Reformer, Ideengeber und Konstrukteure, Kirchenleitungen, Projektbüros und scharfsinnige Juristen setzen im Horizont der Rechtfertigungslehre alle gleich Noah ihren Fuß auf einen noch feuchten und nicht in sich selbst tragfähigen Boden. Vor ihnen erstreckt sich ein schier grenzenloses Land. Werden nicht die Werke dem Glauben zugerechnet, öffnet sich das Spektrum der Möglichkeiten wie über Abraham der Sternenhimmel. Die Rechtfertigung des Gottlosen, die heilsame Entlassung des Menschen in seinen Verantwortungsbereich, ist eine Botschaft der Freiheit.

Auf dem Boden dieser radikalen Einsicht könnte sich rasch die Meinung ausbreiten, dass es angesichts einer solchen Freiheit gleichgültig sei, in welcher Art und Weise ein Reformprojekt Gestalt nimmt. Und mitunter kann der Eindruck entstehen, diesem Verständnis der Rechtfertigungslehre würde im Protestantismus manches abgewonnen. Und die einen sagen dann: Egal wie – Hauptsache anders. Während die anderen erwidern: Egal wie – Hauptsache es bleibt, wie es war. Doch Noah und seine Familie werden nicht in Gleichgültigkeit und Beliebigkeit entlassen; vielmehr werden sie von Gott beauftragt: „Und Gott segnete Noah und seine Söhne und sprach: ‚Seid fruchtbar und mehret euch und füllet die Erde'" (Gen 9,1). Deshalb sollte einigen nahe liegenden Missverständnissen der Freiheit von vornherein vorgebeugt werden.

Die Botschaft von der Freiheit des Gottlosen führt nicht in Beliebigkeit. Gottes Anspruch wie Ansprache an Noah, seine Verheißung an Abraham, die ihm keinen Weg beschreibt, wohl aber eine Zielperspektive öffnet, die „Wegweisung der Freiheit" (Lochman), die Gottes Volk durch Mose in Form des Dekalogs erhält, die Predigt Jesu an seine Jünger – in all dem bildet sich ab, dass das Geschenk der Freiheit den Gläubigen nicht anspruchslos übereignet wird: Nicht Beliebigkeit sondern Bezogenheit, nicht Gleichgültigkeit sondern Interesse, nicht Anspruchslosigkeit sondern Zuspruch prägen das Verhältnis zwischen Gott und dem in die Freiheit von der Sünde entlassenen Gerechtfertigten.

Diese Freiheit ist deshalb auch keine Verlassenheit. Der Selbstgerechte und Selbstgenügsame, der „homo incurvatus in se ipsum", wie Martin Luther dies ausdrückt, der in einer Gefahrsituation wie Petrus beim Gang über die Wellen gewahr wird, dass seine Kraft und Fähigkeit ihn unmöglich wird über Wasser halten können, der wird die Freiheit als Gottvergessenheit erleben. Søren Kierkegaard hat das Gefühl der Freiheit mit dem Blick von einem hohen Gipfel hinab verglichen. Es entsteht ein Gefühl des Schwindels; der Boden schwankt unter den Füßen.

Dieser „Schwindel der Freiheit“ steigt auf, „wenn der Geist die Synthesis setzen will, und die Freiheit nun niederschaut in ihre eigne Möglichkeit, und sodann die Endlichkeit packt sich daran zu halten.“ (Der Begriff Angst, GW2 9, 60f) Die Freiheit des gerechtfertigten Gottlosen bedarf der beständigen Vergewisserung in Gottes Gnade.

Es wäre deshalb schließlich auch ein Missverständnis, die Unterscheidung von Mensch und Gott dahingehend auflösen zu wollen, als sei der Mensch von Gott gänzlich frei geworden und bräuchte ihn nicht mehr. Das Gegenteil trifft zu: Die Unterscheidung zwischen Gott und Mensch macht bewusst, dass ein Mensch zu sich selbst in ein Verhältnis treten kann, weil ihm dies durch Gott möglich wird. Die Rechtfertigung des Gottlosen ermöglicht die Erkenntnis seiner selbst einschließlich seiner Werke.

Die Freiheit der Kinder Gottes ist ein Gottesgeschenk, sie ist der Ruf in die Verantwortung vor den Menschen und in die Verantwortung vor Gott selbst. Diese Freiheit wird durch das Evangelium, durch die Botschaft von der Rechtfertigung des Sünders, selbst geleitet. So wie sie dort ihren Ursprung findet, so auch ihren Maßstab und ihr Ziel. Wer sich einer Freiheit verdankt, die geschenkt und unverfügbar ist, weiß sich für die Gestaltung von Räumen verantwortlich, in denen diese Freiheit zur Erfahrung und zur Entfaltung kommt. Deshalb interessiert sich der christliche Glaube für die Bedingungen, Voraussetzungen und Folgen der Freiheit im eigenen Handeln ebenso wie für die Bedingtheiten und Bestimmtheiten des gesellschaftlichen Zusammenlebens. Er setzt sich leidenschaftlich in all seinen Verantwortungsbereichen für Lebensverhältnisse ein, in denen diese Freiheit erfahrbar wird.

Wer ein Reformprojekt im Horizont der Rechtfertigungslehre betrachtet, zeichnet es durch Jesus Christus ein in die Freiheitsgeschichte Gottes mit seinem Volk. Die Neuordnung des Verhältnisses zwischen Gott und Mensch führt dazu, die Verkündigung der Freiheit der Kinder Gottes als Orientierungspunkt und entscheidendes Kriterium kirchlicher Reformbemühungen zu entdecken.

Wenn man die Grenzlinien und die Verbindungen zwischen Gott und Mensch im Licht der Rechtfertigungsbotschaft nachzeichnet, ergibt sich daraus zum andern eine genaue Unterscheidung zwischen dem, was Gottes Werk, und dem, was Menschenwerk ist, zwischen Gottes Wort und Menschenwort. Das, was in der Reichweite unseres Handelns liegt, muss klar von dem unterschieden werden, was wir nur von Gott und seinem Geist erhoffen können. Diese Unterscheidung ist ebenso wichtig wie die Unterscheidung zwischen dem, was wir ändern, und dem, was wir durch unser eigenes Handeln nicht beeinflussen können. Gott selbst weckt Glauben; er baut sich seine Kirche. In diesem Sinne ist es möglich, eine sorglose Kirche zu sein; sie macht sich nicht Sorgen um sich selbst. Denn eine Kirche, die sich in Gottes Wort gegründet und von der Barmherzigkeit Gottes gehalten weiß, muss sich nicht um ihre Existenz und ihre Zukunft sorgen. Für uns gilt heute ebenso wie für alle anderen Generationen vor uns und nach uns die Feststellung Martin Luthers: „Wir sind es doch nicht, die da die Kirche erhalten könnten, unsere Vorfahren sind es auch nicht gewesen, unsere Nachkommen werden's auch nicht sein, sondern der ist's gewesen, ist's noch und wird's sein, der da spricht: ‚Siehe, ich bin bei euch bis an der Welt Ende.'"

Gewiss – die Zukunft kommt im Ablauf der Zeiten. Diese Zukunft erwarten wir, so gut wir das auf der Grundlage bisheriger Erfahrungen können, und stellen uns planend auf sie ein. Doch für den Glauben ist die Zukunft mehr als das, was wir voraussagen können; sie ist der Raum des Unerwartbaren und Überraschenden. Gewiss kann sie auch an Schrecken mehr in sich bergen, als wir zu antizipieren vermögen. Aber ihre Überraschungen können auch in ihrer Güte über das hinausgehen, was wir für möglich hielten, und uns alle miteinander des Kleinglaubens überführen. Wer nur auf den möglichen Schrecken schaut, begegnet dieser Zukunft mit Furcht. Der christliche Glaube begegnet ihr mit der Hoffnung, dass „das Morgen sich zu unseren Gunsten ereignet" (W. Krötke). Diese Gewissheit trägt uns; und sie kann uns gerade dabei helfen, das zu ändern, was der Weitergabe des Evangeliums hindernd im Wege steht, und das zu fördern, was den Zugang zu ihm erleichtert.

V.

In welchem Sinn sind nun die von Johannes Bugenhagen gesetzten Themen Gottesdienst, Schulwesen und Diakonie auch heute die richtigen Schwerpunkte? Wer versucht, sich einer Antwort auf diese Frage zu nähern, kann im Sinne Bugenhagens nur sagen: Es gilt der Ausgangspunkt, Gottes Wort zu kennen. Die Rechtfertigungsbotschaft verkäme zu einer bloßen Worthülse, wenn sie nicht immer wieder im Lesen und Hören der Heiligen Schrift erkannt und im eigenen Herzen erneuert würde. Aus ihr heraus ist alles Reformhandeln zu entwickeln. Betrachtet man nun die Bugenhagenschen Schwerpunkte, fühlt man sich als unmittelbar Beteiligter zunächst an die drei von Kirchenkonferenz und Rat identifizierten Schwerpunkten des Reformprozesses der EKD erinnert: Die Qualität insbesondere im Bereich des Gottesdienstes und der Kasualien entwickeln; die missionarische Kompetenz fördern; Leitung und Führung in allen Bereichen kirchlichen Handelns stärken. Freilich sollte nicht der Eindruck entstehen, dass lediglich diese Themen dem Reformanliegen des Protestantismus in Deutschland dienlich sind. Es handelt sich um jene Themen, die sinnvollerweise derzeit eine hohe Priorität für eine Bearbeitung in gliedkirchenübergreifender Weise beanspruchen können. Der Reformprozess insgesamt ist vielfältiger; denn er verdient seinen Namen überhaupt nur dann, wenn er von den Gliedkirchen der EKD je mit ihren Mitteln und ihren eigenen Schwerpunkten getragen und verwirklicht wird. Es geht um eine gemeinsame Bewegung, nicht um einen zentral gesteuerten Prozess.

Das erste Reform-Stichwort Johannes Bugenhagens lautet Reform des Gottesdienstes. Bugenhagen begründet dies mit der Beobachtung, „daß nicht so viel guter Prediger sind, als man wohl meinet, und als sich Viele dafür halten". Wir würden dieses Urteil gewiss so nicht wiederholen; denn wir haben viel Grund dafür, den starken Einsatz für das gottesdienstliche Leben in unserer Kirche zu würdigen und dafür dankbar zu sein. Doch ein wirkliches Bild von dessen Qualität haben wir nicht; ja manchmal wissen wir auch selbst als unmittelbar Beteiligte nicht, was uns in diesem zentralen Handlungsfeld gelingt oder misslingt. Es ist deshalb eine Folge dieser dankbaren Würdigung, wenn wir uns intensiver der Frage nach der Qualität kirchlicher Arbeit in diesem Feld stellen. Denn nur so kann Handlungssicherheit entwickelt und erreicht werden. Deshalb ist es kein Wunder, dass der besondere Reformbedarf hinsichtlich der Wahrnehmung, Sicherung und Steigerung der Qualität kirchlicher Arbeit bei der Erörterung heute anstehender Reformthemen besonders deutlich hervorgehoben wurde. Der Gottesdienst als Kernvollzug des kirchlichen Verkündigungsauftrags sowie die Kasualien als herausragende Gelegenheiten zur Verkündigung des Evangeliums vor einer anlassbezogen versammelten Gemeinde sind dabei von besonderer Bedeutung. Inwiefern können ein Gottesdienst und in ihm insbesondere eine Predigt das Evangelium der Freiheit so zur Sprache bringen, dass es im eigenen Leben und Erleben nachvollzogen werden kann? In welcher Weise sind die sprachliche Gestalt von Predigten und Gebeten, die poetische und musikalische Gestalt von Liedern, liturgischen Stücken und Kantaten oder die künstlerische Gestalt des Kirchenraumes, Plastiken oder Bilder dieser Botschaft von der Freiheit eines Christenmenschen zugeordnet? Hier stehen wir vor der großen Aufgabe, zusammen mit einer theologischen Klärung dessen, was wir vom Gottesdienst erwarten, auch Kriterien zu entwickeln, die wir dem Gespräch über dessen Qualität zu Grunde legen, und Wege zu erkunden, um diese Qualität zu steigern.

Dazu fand bereits ein erster Workshop im Kirchenamt der EKD statt (22.-23. 2. 2008). Er hat im Ergebnis drei wichtige Themen hervorgehoben.

Ein erstes Thema ist die Entwicklung einer Feed-Back-Kultur. Wir müssen die Hülle des Schweigens durchbrechen, von der die Frage nach der Qualität unserer Gottesdienste umgeben ist. Damit ist eng die Frage der Vergleichbarkeit von Gottesdiensten verbunden; man hat das damit aufgeworfene Problem als Frage nach einer „Theologie des Messens" bezeichnet. Wenn als Kriterium für einen guten Gottesdienst genannt wird, Menschen sollten das Gefühl haben, ihre Zeit „gut verbraucht" zu haben – woran misst man das? Wenn als Kriterien genannt werden: Gottesbegegnung, Lebensorientierung, Gemeinschaftserfahrung – woran will man das messen? Aber wenn hier offenkundig viele unbeantwortete – und vielleicht sogar unbeantwortbare – Fragen bleiben, so sicher ist doch, dass das Ignorieren der Qualitätsfrage und der Schleier des Schweigens über diese Frage unserem kirchlichen Auftrag nicht gut tun.

Genannt wurde in dem erwähnten Workshop ferner die Stärkung grundständiger Professionalität. Hier geht es um Überlegungen dazu, wie das lebenslange Lernen, gleichsam eine „dritte Ausbildungsphase", weiter zu fördern ist. Hier geht es um die Ermutigung zu zielgerichteter Fortbildung.

Schließlich aber brauchen wir einen Ausbruch aus dem Gefühl permanenter Überforderung. Fortschritte in der Qualitätsentwicklung sind nur zu erwarten, wenn die Mitarbeiterinnen und Mitarbeiter im Verkündigungsdienst in dem anerkannt und gewürdigt werden, was sie tun. Darüber hinaus brauchen sie Ermutigung dazu, sich geistige Freiräume zu bewahren oder zu erobern, um mit ihrer theologischen Existenz und ihrem theologischen Auftrag ringen und sich Neuland erschließen zu können. Bei Jürgen Moltmann las ich, er habe stets als seine theologische Tugend die „Neugier" angesehen; theologische Fragen seien für ihn – gerade weil er nicht in einer theologisch geprägten Familie aufgewachsen sei – immer wieder neu und aufregend gewesen. Moltmann bedauert in diesem Zusammenhang, dass „Neugier" unter den theologischen Tugenden gar nicht vorgesehen ist. Ich mache mir sein Plädoyer für die theologische Neugier sehr gern zu eigen.

Der Arbeitsbereich der Diakonie hat, verglichen mit der Zeit Bugenhagens, inzwischen eine weitaus breitere Bedeutung angenommen, als man dies in den Anfangsjahren der reformatorischen Kirchen auch nur von ferne ahnen konnten. Insofern fügt es sich auch gut, dass wir in diesem Jahr neben Johannes Bugenhagen Johann Hinrich Wichern als zweite protestantische Jubiläumsgestalt feiern. Dem 450. Todestag Bugenhagens tritt Wicherns 200. Geburtstag zur Seite.

Nicht nur über Bugenhagens, sondern auch über Wicherns Vorstellungen hat sich die verfasste Diakonie inzwischen weit hinausentwickelt. Aber man muss sich fragen, ob dabei die enge Zusammengehörigkeit von Glaube und Liebe, von der Wichern sprach, und damit auch von Gemeinde und Diakonie, immer aufrecht erhalten wurde. Daran aber müssen wir im Prozess einer Reform unserer Kirche leidenschaftlich interessiert sein. Deshalb hat das Impulspapier des Rates der EKD „Kirche der Freiheit" der Diakonie eine eigene Überlegung gewidmet. Dies geschah aus der Einsicht heraus, dass der christliche Glaube auch darin der ihm geschenkten Freiheit die Treue hält, dass er aufmerksam ist für die Bedingungen, unter denen diese Freiheit erfahren werden kann, und wachsam ist gegenüber Umständen, die dieser Freiheit den Entfaltungsraum verweigern. Das aber kann keineswegs nur für die jeweils eigene Freiheit gelten, sondern meint gerade auch die Freiheit des andern. Evangelischsein im 21. Jahrhundert zeigt ein neues Gespür dafür, dass das Evangelium in Wort und Tat, in Verkündigung und Diakonie bezeugt wird. Die evangelische Kirche sieht in der Solidarität mit dem hilfsbedürftigen Nächsten eine zentrale Lebensäußerung der Kirche. Sie macht sich die Klage über Unfrieden und Ungerechtigkeit zu Eigen und sucht nach Wegen dazu, wie die vorrangige Option für die Armen und die vorrangige Option für gewaltfreies Handeln Gestalt gewinnen können. An solchen Themen wird uns derzeit bewusst, dass, um Dietrich Bonhoeffer zu zitieren, das Beten und das Tun des Gerechten unter den Menschen zusammengehören. Bei aller organisatorischen Freiheit der Diakonie und bei aller Entscheidungsfreiheit der einzelnen Träger sollten wir die innere Zusammengehörigkeit von Gemeinde und Diakonie neu zum Leuchten bringen. Immer mehr Projekte werden derzeit auf allen Ebenen entwickelt, die als „Tandem" zwischen Kirche und Diakonie konzipiert sind.

Auch die Frage nach Führen und Leiten in der Kirche lässt sich hier einordnen. Die Führungsakademie für Kirche und Diakonie in Berlin ist ein konkretes Vorhaben, in dem wir die Fragen von verantwortlicher Leitung und Personalführung für Kirche und Diakonie zusammen bearbeiten wollen. Dem wollen wir auch in den Reforminitiativen, die auf der Ebene der EKD ergriffen werden, genauer nachgehen.

Explizit hatte Johannes Bugenhagen eine Verknüpfung zwischen der Reform der katechetischen Arbeit in der Schule mit der Erwartung hergestellt, dass auf diese Weise mittelfristig der in den Anfangsjahren der Reformation flächenweise enorme Pfarrermangel behoben würde. Wir sollten nicht verzagt hinter der Kühnheit dieses Gedankenganges zurückbleiben. In einer neuen – keineswegs nur auf den Stand der Pfarrerinnen und Pfarrer bezogenen – Weise anerkennen wir, dass unser Bemühen um ein evangelisches Schulwesen eine missionarische Dimension hat. Wir spüren auch immer deutlicher, dass in unseren Schulen evangelische Christen heranwachsen sollen, die zur Übernahme von Verantwortung in Kirche, Gesellschaft und Staat bereit sind. Zugleich stehen wir zu der Bildungsverantwortung, die wir als evangelische Kirche im allgemeinen Schulwesen wahrzunehmen haben.

Doch daneben behält der Bildungsauftrag in den Gemeinden und das damit verbundene Bemühen um eine verstärkte missionarische Ausstrahlung herausgehobene Bedeutung. Dem Reformvorhaben, die missionarische Kompetenz evangelischer Christen zu stärken, steht als Zielfoto einer verstärkten Erkennbarkeit und Leuchtkraft evangelischer

Personen und Einrichtungen vor Augen. Dazu bedarf es des Tastens und Suchens nach geeigneten Mitteln und Wegen, wir brauchen den Mut, Wagnisse einzugehen und auch Ausgefallenes zu erproben.

Dass in der der Pommerschen Evangelischen Kirche benachbarten Landeskirche in einem Pilotprojekt für die Evangelische Kirche in Deutschland sich ein Kirchenkreis – der Kirchenkreis Stargarder Land – auf eine solche Suche begeben hat, verdient eine besondere Erwähnung. Denn es ist ein wichtiger Ansatz für den Reformprozess in der EKD insgesamt, wenn eine solche – ja wirklich nicht immer leichte – Lernerfahrung anderen interessierten Kirchenkreisen innerhalb der Gemeinschaft der Gliedkirchen der EKD zur Verfügung gestellt wird.

Ein weiteres Element im Bereich dieses Reformfeldes wird es sein, sich der Ausdrucksfähigkeit des christlichen Glaubens zuzuwenden. Wir brauchen eine neue katechetische Vergewisserung, einen missionarischen Bildungsbegriff, der Christen mit elementaren Glaubensdimensionen so vertraut macht, dass sie auch anderen gegenüber einladend von ihrem Glauben sprechen können und gerade so in ihrer eigenen Glaubensidentität gestärkt werden. Zugleich bedarf es einer neuen Konzentration auf die Kraft der Sprache, einer Lust am Wort und den Wörtern, einer freudigen Suche nach Bildern, in denen sich die oft unter der Asche verborgene Glut des Glaubens neu entfachen lässt.

VI.

Wenn wir uns heute den Reformaufgaben in unserer Kirche zuwenden, stehen wir in einem großen Traditionsstrom. Wenn wir theologische Vergewisserung und praktische Reformarbeit miteinander verbinden, geschieht dies in Erinnerung an einen grundlegenden Impuls der Reformation. Die Erneuerung des geistlichen Lebens der Kirche aus dem Evangelium und das Bemühen um bessere Arbeitsformen in unserer Kirche gehören zusammen. Das können wir von Johannes Bugenhagen lernen. Das von ihm Gelernte können wir auf die eigene Gegenwart anwenden. Eine solche Bereitschaft zur Reform entwertet das, was bisher geleistet wurde, nicht. Unter veränderten Bedingungen – und deshalb auch in veränderten Formen – wird es vielmehr weitergeführt. Dabei bleiben wir dem Auftrag unserer Kirche treu, dass wir Menschen dabei helfen, als Christen fröhlich zu leben und getröstet zu sterben.

„Wo zwei oder drei versammelt sind" (Mt 18,20)

Entwicklung, Herausforderungen und Perspektiven der evangelischen Gemeindeverfassung in Thüringen

Hans-Peter Hübner

In seinen Berichten bei den Frühjahrstagungen der Landessynode der Evang.-Luth. Kirche in Thüringen (ELKTh) 2003 und 2005[1] hat Landesbischof Dr. Kähler das sich zunehmend ungünstiger entwickelnde Verhältnis zwischen der Zahl der rechtlich selbständigen Kirchgemeinden und dem Bestand an Gemeindepfarrstellen problematisiert. Während die Zahl der rechtlich selbständigen Kirchgemeinden seit Gründung der Thüringer Landeskirche im Jahre 1921 bei damals um die 1430 gegenüber ca. 1330 im Jahre 2003 relativ stabil geblieben ist, haben sich wesentlich drastischere Veränderungen in der Gesamtzahl der Kirchenmitglieder und der Zahl der Pfarrstellen ergeben: Ca. 1,4 Mio. Gemeindegliedern im Jahre 1921 und ca. 1,6 Mio. Gemeindegliedern im Jahre 1952 und damals jeweils 800 besetzten Pfarrstellen[2] standen 2003 485.000 Gemeindeglieder und 442,5 Gemeindepfarrstellen[3] gegenüber.

Die ELKTh hatte somit im Vergleich der Gliedkirchen der EKD – mit Ausnahme von Anhalt – mit durchschnittlich 364 die wenigsten Kirchenmitglieder pro Gemeinde. In den westlichen Landeskirchen ist

---

[1] Veröffentlicht in: Amtsblatt ELKTh 2003, 162-168 (163f) bzw. Amtsblatt EKM 2005, 78-84 (83).

[2] Zahlenangaben nach Erich W. Reichardt, Der Neubau der Thüringer evangelischen Kirche, Jena 1922, 79, und ders., Neue Thüringer Kirchenkunde, Jena 1952, 54.

[3] Zum 1. Januar 1990 waren in der Evang.-Luth. Kirche in Thüringen bei 660.000 Gemeindegliedern noch 795 Gemeindepfarrstellen ausgewiesen, die allerdings zu einem erheblichen Teil nicht besetzt waren. 1996 wurde die Zahl der Gemeindepfarrstellen auf 550, 1998 auf 462,5 und bis Ende 2002 auf 444,5 reduziert. Bei den 444,5 Gemeindepfarrstellen sind die 0,5-Stellenanteile für die Wahrnehmung der Superintendentenfunktion in den 18 Kirchenkreisen der ELKTh, insgesamt also 9 weitere volle Stellen, nicht mit eingerechnet.

diese Durchschnittszahl mindestens dreimal, mitunter acht- bis zehnmal so hoch. In den Städten im Bereich der ELKTh, wo es in der Regel nur eine Kirchgemeinde mit mehreren Pfarrbezirken gibt, gilt Entsprechendes. Tatsächlich aber rangierten mehr als die Hälfte der Kirchgemeinden der ELKTh, nämlich

- 117 Kirchgemeinden mit bis zu 49,
- 255 Kirchgemeinden mit bis zu 99 und
- 375 Kirchgemeinden mit bis zu 199 Gemeindegliedern

noch einmal erheblich unter der landeskirchlichen Durchschnittszahl.

Aus der Sicht westlicher Landeskirchen mag die sich aus den genannten Zahlen ergebende Relation von durchschnittlich 1.096 Gemeindegliedern pro (voller) Pfarrstelle auf den ersten Blick als recht günstig erscheinen. In diesem Zusammenhang ist aber zu bedenken, dass – anders als dort – Pfarrern und Pastorinnen im Bereich der ELKTh berufliche Mitarbeiter und Mitarbeiterinnen, z. B. im Pfarrbüro, im Küster- oder Organistendienst, in der Regel nicht zur Verfügung stehen. Dem entsprechend zeigt die EKD-Statistik, dass die ELKTh vergleichsweise zwar mehr Ordinierte, aber deutlich weniger andere berufliche Mitarbeiter und Mitarbeiterinnen (einschließlich geringfügig Beschäftigter) als nahezu alle anderen deutschen Landeskirchen beschäftigt. Außerdem wird deutlich, dass jeder Pfarrer / jede Pastorin ein Kirchspiel (Pfarrbezirk) mit durchschnittlich drei, tatsächlich häufig aber vier, fünf oder noch mehr Kirchgemeinden mit entsprechend vielen regelmäßigen Predigtstellen und Gemeindekirchenräten zu betreuen bzw. zu begleiten hat. Angesichts der anhaltend rückläufigen Gemeindegliederzahlen,[4] von denen die einzelnen Kirchgemeinden ebenso wie die Landeskirche betroffen sind, und der dadurch bedingten strukturell rückläufigen kirchlichen Finanzentwicklung sind deutliche Absenkungen der Zahl der Gemeindepfarrstellen und der Stellen für Mitarbeitende im

---

4 Die Mitgliederzahl der Evang.-Luth. Kirche in Thüringen verringerte sich in den letzten Jahren – vor allem aus Gründen ihres Altersaufbaues – jährlich um etwa 12.000, Ende 2006 betrug sie 453.000.

Verkündigungsdienst unausweichlich geblieben,[5] so dass davon auszugehen ist, dass sich die dargestellte Relation weiter verschlechtern wird.

Vor diesem Hintergrund hat der Jubilar in den erwähnten Bischofsberichten insbesondere danach gefragt,

– wie das gemeindliche Leben auch an Orten, an denen nicht mehr Christen wohnen, als ein Hauskreis umfasst, aber alle Altersgruppen vertreten sind, gestaltet und die Verantwortlichkeit für die kirchlichen Gebäude gesichert werden kann,
– wie die immer wenigeren Hauptamtlichen dauerhaft die ganze Vielfalt der ortskirchlichen Aufgaben verkraften können,
– wie sie mit den mitunter recht unterschiedlichen Interessen und Erwartungen mehrerer Gemeindekirchenräte umgehen sollen,
– wie die Bereitschaft zur Zusammenarbeit in den und für die Kirchgemeinden des Kirchspiels geweckt und gestärkt werden kann,
– wie vor Ort unvermeidlich gewordene Veränderungen, wie der Wegfall einer eigenen Pfarrstelle oder der Zusammenschluss mit einer anderen Kirchgemeinde, „nachdem Konsum, Arzt und Schule gegangen sind", konstruktiv bewältigt werden können.

In Konsequenz der dadurch ausgelösten Diskussion in der Landessynode ist gemäß Beschluss des Landeskirchenrates vom Juni 2003 unter Federführung des Gemeindedienstes der ELKTh eine Arbeitsgruppe („AG 2019") gebildet worden, die unter Aufnahme dieser Fragestellungen den Auftrag erhielt, begleitend Möglichkeiten aufzuzeigen, mit denen auf die strukturellen Veränderungen bei den Stellen für den Gemeindepfarrdienst und der Mitarbeitenden im Verkündigungsdienst mit ihren Auswirkungen auf die Gemeindearbeit reagiert werden kann. Die in diesem Rahmen erarbeiteten Analysen, Anregungen und Lösungsideen, die der Landessynode der ELKTh bei ihrer Tagung vom 4. / 5. Juli 2008 von einer Unterarbeitsgruppe der „AG 2019" im Sinne eines Gesprächsimpulses unter dem Titel „Bei dir ist die Quelle des Lebens –

[5] Auf ihrer Tagung im November 2003 hat die Landessynode festgelegt, die Zahl der Gemeindepfarrstellen und der 185 Stellen für Mitarbeitende im Verkündigungsdienst entsprechend der Gemeindegliederzahl und der Finanzlage stufenweise 2007 und 2012 anzupassen und dabei bis zum 31. Dezember 2007 eine Absenkung von insgesamt 638,5 auf 604,75 Stellen beschlossen. Gemäß Beschluss der Landessynode vom 5. Juli 2008 soll bis zum 31. Dezember 2012 eine weitere Reduzierung auf insgesamt 544 Stellen erreicht werden.

Überlegungen und Anregungen für eine Gemeindekirche von morgen“[6] vorgestellt worden sind, beschränken sich nicht darauf, Anstöße zur geistlichen Konsolidierung, für den Gemeindeaufbau und die künftige Gestaltung des pastoralen Dienstes zu geben, sondern unterbreiten in Kapitel 6 auch Vorschläge für einen „weit reichenden Umbau der Organisationsstruktur der Ortsgemeinden“, welcher nach der Überzeugung der Verfasser als wesentliche Rahmenbedingung für den Prozess der geistlichen Konsolidierung – jedenfalls unter dem besonderen Blickwinkel der Situation in den strukturschwachen Regionen Ost- und Nordthüringens – erforderlich sei.

Eine weitere Reaktion auf die Situationsanalyse von Christoph Kähler war das Kirchengesetz zur strukturellen Sicherung der kirchengemeindlichen Arbeit (Gemeindestrukturgesetz) vom 18. Februar 2006. Schließlich sind die Problemanzeigen des Jubilars bei der Ausarbeitung der Verfassung für die Evangelische Kirche in Mitteldeutschland (EKM), zu der sich die ELKTh mit Wirkung vom 1. Januar 2009 gemeinsam mit der bisherigen Evangelischen Kirche der Kirchenprovinz Sachsen zusammengeschlossen hat, mitbedacht worden. All diesen Überlegungen und Neuregelungen ist die Überzeugung gemeinsam, dass die Zusage der Gegenwart Jesu überall dort, wo (auch nur) zwei oder drei in seinem Namen versammelt sind (Mt 18,20), bei der rechtlichen Ausgestaltung der kirchlichen Gemeindestrukturen unbedingt zu beachten ist, diese Zusage aber keinesfalls auf die aus dem 19. Jahrhundert überkommenen Strukturen der Gemeindeorganisation und -leitung beschränkt ist.

In den folgenden Ausführungen soll Letzteres am Beispiel der verfassungsgeschichtlichen Entwicklung der ortskirchlichen Gemeindestrukturen in Thüringen[7] verdeutlicht werden (A.), bevor in der Thüringer Landeskirche bereits vollzogene Schritte zu regional ausgerichteten

---

6 Veröffentlicht im Internet unter www.ekmd-online.de/UnsereKirchen/Synoden/ThüringerLandeskirche/11.Tagung/Drucksache 5.2.

7 Die Darstellung beschränkt sich auf den Bereich der bisherigen Evangelisch-Lutherischen Kirche in Thüringen; die Entwicklung des Gemeindeverfassungsrechts in den ehemals preußischen, bisher zur bisherigen Kirchenprovinz Sachsen gehörenden Gebieten des Freistaates Thüringen bleibt also unberücksichtigt. Zur Entwicklung der Kirchengrenzen vgl. Robert-Dieter Klee, Kirchengrenzen nach der Einigung – am Beispiel Thüringens, ZRG 120, 2003, kan. Abt. 89, 592-611.

Gemeindestrukturen (B.) sowie die Neuansätze der Verfassung der Evangelischen Kirche in Mitteldeutschland und die Überlegungen der „AG 2019“ (C.) dargestellt und gewürdigt werden.

A. Entwicklung der kirchlichen Gemeindestrukturen in Thüringen

1. Allgemeines

Auf der Grundlage von Mt 18,20 wird in Art. 7 der Confessio Augustana bestimmt: „Est autem ecclesia congregatio sanctorum, in qua evangelium pure docetur et recte administrantur sacramenta.” Da „ecclesia“ sowohl mit „Kirche“ als auch mit „Gemeinde“ übersetzt werden kann, sind die Verkündigung des Evangeliums, zu welcher neben der Wortverkündigung Mission, Seelsorge, Diakonie und Bildung gehören, und die Verwaltung der Sakramente die allein maßgeblichen konstitutiven Merkmale („satis est“) für die leibliche Gestalt der geistlichen Gemeinschaft der Glaubenden gleichermaßen in jeder einzelnen (rechtlich geordneten) christlichen Gemeinde wie in jedem (rechtlich geordneten) gesamtkirchlichen Verband von Gemeinden. Die konstitutiven Merkmale von Gemeinde und Kirche bedingen, dass der Gemeindebegriff weit gedacht werden muss. Wie im Impulspapier des Rates der EKD „Kirche der Freiheit“ vom Juli 2006 ausgeführt, umfasst er „alle Orte, an denen sich Menschen um das Evangelium versammeln.“[8]

So hat es auch von Beginn der Kirchengeschichte an verschiedene Formen einer Gemeinde- und Kirchenorganisation gegeben.[9] Allerdings zeigt sich, dass der Versammlungscharakter und das gottesdienstliche Geschehen als Grundmerkmale der Gemeinde regelmäßig eine räumlich bestimmte Ausprägung erfordern. Dies hat im Verlauf der Kirchengeschichte durchgängig zur Folge gehabt, dass sich konkrete Kirchengemeinden dort herausbildeten, wo innerhalb eines politischen Gemeinwesens Christen beieinander wohnten. Die räumliche Bindung der

---

8 Kirche der Freiheit – Perspektiven für die evangelische Kirche im 21. Jahrhundert. Ein Impulspapier des Rates der EKD, Hannover 2006, 36.

9 Hendrik Munsonius, Das undeutliche Wort „Gemeinde“, ZevKR 53, 2008, 61-67 (64).

christlichen Gemeinde an die vorfindliche soziale Umgebung hat somit zur Bildung territorial abgegrenzter Kirchengemeinden geführt, denen alle in ihrem Bereich wohnenden Christen angehörten.[10] Freilich sind aber bereits in der Alten Kirche „Gegentendenzen" zur territorialen Orientierung festzustellen, insbesondere im Mönchtum als gemeinschaftlicher Lebensform, die auf persönlicher Wahl beruhte.[11] Im Mittelalter verstärkte sich die territoriale Orientierung. Allerdings vollzog sich diese nicht im Sinne einer Abgrenzung von mit Rechtsfähigkeit ausgestatteten und durch eigene Organe repräsentierten Personenverbänden (Körperschaften), sondern in der Ausformung des Parochialsystems (Pfarrzwangs), wodurch die Gemeindeglieder einem bestimmten Pfarrer zugeordnet wurden. Diese Zuordnung diente einerseits der Sicherung der christlichen Unterweisung und der Kontrolle der Gläubigen hinsichtlich der Erfüllung der kirchlichen Pflichten, andererseits dem Lebensunterhalt des Pfarrers durch die ihm für die Vornahme von Amtshandlungen an „seinen" Gemeindegliedern zustehenden Stolgebühren.[12]

Durch die Reformation wird die Gemeinde, wie in besonderer Weise in Martin Luthers Schrift „Dass eine christliche Versammlung oder Gemeine Recht und Macht habe, alle Lehre zu beurteilen und Lehrer zu berufen, ein- und abzusetzen; Grund und Ursach aus der Schrift"[13] zum Ausdruck kommt, zweifellos theologisch enorm aufgewertet, ohne dass sich daraus jedoch unmittelbare Konsequenzen für ihre Organisationsform und Rechtsgestalt ergeben hätten.[14] Es gab in der Reformationszeit zwar, z. B. in der „Ordnung eines gemeinen Kastens" für die Stadt Leisnig von 1523,[15] Ansätze zu einer eigenen Verwaltung des örtlichen Vermögens durch die Ortsgemeinde, Eigentümerin des Gemeindevermögens, mithin Rechtssubjekt, wurde sie jedoch nicht. Vielmehr blieb auch in den reformatorischen Kirchen die mittelalterliche, auf stiftungs-

---

10 Herbert Frost, Strukturen evangelischer Kirchenverfassung, Göttingen 1972, 36.

11 Uta Pohl-Patalong, Von der Ortskirche zu kirchlichen Orten, Göttingen 38f.

12 Rainer Rausch, „Parochialsystem" und „Pfarrzwang", in: Lexikon für Kirchen- und Staatskirchenrecht III, Paderborn u. a., 145f und 235; Pohl-Patalong, a. a. O. 42f.

13 WA 11, 408-416.

14 Axel von Campenhausen, Selbstverwaltung-Autonomie-Eigenständigkeit im Kirchenrecht, in: Festschrift von Unruh, 1983, 977 (979) = ders., Gesammelte Schriften, JusEccl. 50, 1995, 56 (58); Pohl-Patalong, a. a. O. 45ff.

15 Vgl. dazu die Einführung in WA XII, 1-10; Karl Dummler, Die Leisniger Kastenordnung von 1523, ZevKR 29, 1984, 337ff.

rechtlichen Grundsätzen beruhende Ordnung des örtlichen Kirchenvermögens durch die Kirchenstiftung einerseits und die Pfründestiftung andererseits erhalten.[16]

Durch das Preußische Allgemeine Landrecht von 1794 wurde die Kirchengemeinde erstmals als von der politischen Gemeinde getrenntes, selbständiges Rechtssubjekt und möglicher Träger des Ortskirchenvermögens anerkannt.[17] Wie der dort verwendete Begriff der „Kirchengesellschaft“ zeigt, sind damit aber nicht etwa die Lehren der Reformation, insbesondere vom allgemeinen Priestertum, in organisatorischer Hinsicht umgesetzt worden. Statt dessen wurde der den aufgeklärten Staat nach der kollegialistischen Staatsidee tragende Vertragsgedanke auch auf die Kirche angewandt und damit deren Herkunft aus göttlicher Stiftung durch ihre Qualifikation als rein menschlicher Zusammenschluss im Sinne des Vereinsrechts ignoriert. Die Rechtsfigur der Kirchengemeinde als einer „privilegierten Corporation“[18] bewirkte also nichts anderes als die Einordnung des örtlichen Kirchenwesens in das öffentliche Vereinsrecht – übrigens mit sehr weit reichenden Folgen: einmal hatte eine solche Kirchengesellschaft vornehmlich staatliche Zwecke zu erfüllen, nämlich „ihren Mitgliedern Ehrfurcht gegen die Gottheit, Gehorsam gegen die Gesetze, Treue gegen den Staat und sittlich gute Gesinnungen gegen ihre Mitbürger einzuflößen“;[19] zum anderen wurden sie einer strengen staatlichen Aufsicht unterworfen, die einer Eingliederung in den Staat und ihrer Verwandlung in staatliche Einrichtungen zumindest nahe kam.[20] Von dieser und späteren anderen landesrechtlichen Bestimmungen führt „eine zwar verschlungene, geschichtlich aber doch konsequente Linie“[21] zur staatlichen Verfassungsnorm des Art. 137 Abs. 5 der Weimarer Reichsverfassung von 1919, die heute über Art. 140 Grundgesetz geltendes Bundesrecht ist, und zu

---

16 Siegfried Grundmann, Die Kirchengemeinde und das kirchliche Vermögensrecht, in: Festgabe für Rudolf Smend, 1962, 309-330 (311) = ders., Abhandlungen zum Kirchenrecht, Köln-Wien 1969, 177-198 (178f).

17 Vgl. insbesondere ALR 11 II § 190.

18 ALR 11 II § 17.

19 ALR 11 II § 12.

20 Grundmann, a. a. O. (Anm. 16) 312f bzw. 180; von Campenhausen, a. a. O. (Anm.14) 979 bzw. 58.

21 Frost, a. a. O. (Anm. 10) 61.

entsprechenden Bestimmungen der Landesverfassungen, welche den (Landes-)Kirchen und ihren Kirchengemeinden den Status öffentlich-rechtlicher Körperschaften zusichern. Allerdings ist unter der Geltung des Grundgesetzes klar, dass der kirchliche Körperschaftsstatus ein solcher sui generis ist, weil die kirchlichen Körperschaften weder mittelbar Staatsaufgaben wahrnehmen noch der besonderen staatlichen Aufsicht unterliegen.[22]

2. Kirchliche Gemeindestrukturen in Thüringen bis 1919

In Thüringen[23] gibt es die traditionell so genannte „Kirchgemeinde" als kirchliche Ebene mit eigenen Leitungsorganen erst seit der Mitte des 19. Jahrhunderts.[24] Bis dahin existierte auf örtlicher Ebene auch hier lediglich die Pfarrei als das unterste Organ der Kirchenverwaltung und Amtsbezirk eines oder mehrerer Pfarrer. Das Netz der Pfarreien war bis zum Beginn des 19. Jahrhunderts ziemlich gleichmäßig über das Land ausgespannt. In den Landpfarreien war im Allgemeinen nur ein Pfarrer tätig, in den Stadtpfarreien zumeist mehrere, rangmäßig unterschiedene Geistliche (Superintendent, Archidiakon, Diakon). Neben den allgemeinen parochialen Strukturen bestanden besondere Personalgemeinden in Residenz- und Garnisonsstädten Hof- und Militärpfarreien. Die Ernennung der Pfarrer erfolgte durch den Landesherren bzw. das Konsistorium. Mitwirkungsrechte der Gemeinde waren nicht vorgesehen.

Bedingt durch die große Bevölkerungsbewegung, die die industrielle Revolution des 19. Jahrhunderts zur Folge hatte, ergaben sich in der dienstlichen Belastung des einzelnen Pfarrers erhebliche Unterschiede. In der ländlichen Superintendentur Großrudestedt beispielsweise kamen

---

22 Axel von Campenhausen / Heinrich de Wall, Staatskirchenrecht, München ^{4}2006, 130.

23 Zur territorialen Entwicklung der thüringischen Staaten und Landeskirchen Ulrich Hess, Die Verwaltungsorganisation der evangelischen Landeskirchen in Thüringen bis zur Gründung der Thüringer evangelischen Kirche 1919, in: Amtsblatt ELKTh 1967, 42-52 und 60-64 (42ff und 51f).

24 Erich Dörre, Die Finanzverwaltung der Kirchgemeinden in Thüringen, in: Domine dirige me in verbo meo, Festschrift für Landesbischof D. Moritz Mitzenheim, Berlin 1961, 313-337 (314).

1867 auf einen Pfarrer 732 und 1900 nur noch 699 Gemeindeglieder, in der Industriestadt Apolda dagegen 1867 schon 3502 und 1900 sogar 6630 Gemeindeglieder. Daran wird sichtbar, dass die Pfarreistrukturen der damaligen thüringischen Landeskirchen seit der Mitte des 19. Jahrhunderts mit der Bevölkerungsentwicklung in keiner Weise Schritt halten konnten.[25]

Die bürgerliche Verfassungsbewegung von 1848 wirkte auch in die Kirche hinein. So wurde seitdem über Artikel V der „Deutschen Grundrechte", der im Frankfurter Parlament beschlossen und in § 145 der vorläufigen Reichsverfassung aufgenommen worden war („Jede Religionsgesellschaft ordnet ihre Angelegenheiten selbständig ..."), die Forderung nach presbyterial-synodalen Leitungsstrukturen laut.[26] In Entsprechung zu den Landtagen im staatlichen Bereich sollten den Kirchenregierungen, die nach der in dieser Zeit erfolgten Auflösung der Konsistorien in der Regel den Kultusministerien zugeordnet waren, gewählte Landessynoden zur Seite gestellt werden und die kirchliche Gesetzgebung von ihrer Zustimmung abhängig gemacht werden. Aber auch für den örtlichen Bereich wurden Mitbestimmungsrechte eingefordert. Dem kamen die Bemühungen der Kirchenleitungen entgegen, das schwindende kirchliche Leben wieder zu beleben. Außerdem erwies es sich als immer notwendiger, die politische Gemeinde und die Kirchgemeinde, die vermögensrechtlich eine Einheit gebildet hatten, zu trennen. So entstand in den meisten thüringischen Staaten in der zweiten Hälfte des 19. Jahrhunderts neben der politischen Gemeinde die Kirchgemeinde als untere körperschaftliche Ebene der Landeskirche mit Kirchgemeindeversammlung und Kirchenvorstand (Kirchgemeindevorstand). Zuerst wurden in Sachsen-Weimar-Eisenach aufgrund der Kirchengemeindeordnung vom 24. Juli 1851 selbständige Kirchgemeinden gebildet und ihnen Rechtspersönlichkeit verliehen.[27] Dann folgten diesem Vorbild:

---

25 Hess, a. a. O. (Anm. 23) 63.

26 Christoph Link Staat und Kirche in der neueren deutschen Geschichte, Schriften zum Staatskirchenrecht 1, Frankfurt am Main u. a., 2000, 54.

27 Reinhold Jauernig, 100 Jahre Kirchengemeindeordnung in Sachsen-Weimar-Eisenach, in: Amtsblatt der ELKTh 1951, 131-134; Dörre, a. a. O. (Anm. 24) 319ff.

1854 Schwarzburg-Rudolstadt,
1865 Schwarzburg-Sondershausen,
1876 Sachsen-Meiningen,
1877 Sachsen-Altenburg,
1880 Reuß ältere Linie,
1893 Reuß jüngere Linie.

In den beiden Schwarzburg war der Kirchenvorstand noch mit dem Schulvorstand verbunden. In Reuß älterer Linie blieben noch einige Verbindungen vermögensrechtlicher Art zwischen Kirchgemeinde und politischer Gemeinde bestehen, vor allem hatte Letztere die Kirchgemeinde im Bedarfsfall finanziell zu unterstützen. Die Bildung besonderer Kirchgemeinden unterblieb nur in den Herzogtümern Coburg und Gotha, deren Kirchenverfassung überhaupt recht rückständig war.[28] Die 1899 im Herzogtum Coburg ins Leben gerufenen Kirchenverwaltungen und die 1902 im Herzogtum Gotha gegründeten Kirchgemeinderäte hatten lediglich beratende Funktionen in vermögensrechtlichen Fragen.

Die Kirchgemeindeversammlungen setzten sich in Sachsen-Weimar-Eisenach und den beiden Reuß aus den männlichen evangelischen Gemeindegliedern über 25 Jahre mit eigenem Hausstand zusammen, in Sachsen-Meiningen aus den männlichen evangelischen Gemeindegliedern über 21 Jahren. Sachsen-Altenburg und die beiden Schwarzburg kannten keine Kirchgemeindeversammlungen. Die Kirchgemeinde wurde von einem Kirchenvorstand geleitet, der sich aus ständigen, ihm von Amts wegen angehörigen Mitgliedern und aus gewählten Kirchenvorstehern zusammensetzte. Diese hatten stets die Mehrheit zu bilden. Ständige Mitglieder waren der oder die Pfarrer, der erste (evangelische) Lehrer und in vorwiegend evangelischen Gemeinden auch der Bürgermeister. Die Kirchenvorsteher wurden von den Mitgliedern der Kirchgemeindeversammlung gewählt. In Sachsen-Altenburg waren die männlichen evangelischen Gemeindeangehörigen über 25 Jahre mit selbständigem Hausstand wahlberechtigt, in Schwarzburg-Rudolstadt kam zu diesen Qualitäten noch der Besitz des Bürger- oder Nachbarrechts als Erfordernis hinzu. In Schwarzburg-Sondershausen wurden dagegen die

---

[28] Hess, a. a. O. (Anm. 23) 63.

Kirchenvorsteher von den evangelischen Mitgliedern des Gemeinderats der politischen Gemeinde gewählt. Den Vorsitz im Kirchenvorstand hatte der Pfarrer bzw. der erste Pfarrer inne. Die Aufgaben des Kirchenvorstandes bestanden hauptsächlich in der Förderung des kirchlichen Lebens, in der Verwaltung des Kirchenvermögens und in der Mitaufsicht über das Vermögen der geistlichen Stellen und Stiftungen. Die Ernennung der Geistlichen erfolgte nach wie vor durch die Kirchenleitungen, zum Teil auf Vorschlag der Privatpatrone, während der Einfluss des Kirchenvorstandes in dieser Hinsicht bedeutungslos blieb. Lediglich Sachsen-Weimar-Eisenach und die beiden Schwarzburg räumten dem Kirchenvorstand das „votum negativum“, das Recht zur Äußerung von Bedenken gegen zu berufende Pfarrer ein.

3. Kirchliche Gemeindestrukturen nach der Gründung der Thüringer evangelischen Kirche 1919 / 1920

a) Rechtsstellung und Verantwortung der Kirchgemeinden:
In der Verfassung der mit Beschluss der „Ersten Thüringer Synode“ vom 5. Dezember 1919 gegründeten „Thüringer evangelischen Kirche“[29] von 1920 / 1924 wurden die Rechtsverhältnisse der Kirch-

[29] Wirksam wurde die Neugründung allerdings erst im März 1920 nach Eingang der Zustimmungserklärungen von Sachsen-Meiningen, Sachsen-Weimar, Sachsen-Altenburg und Sachsen-Gotha, da Art. 3 des Beschlusses vom 5. Dezember 1919 (Thüringer Kirchenblatt 1920, 1) bestimmt hatte, dass der Zusammenschluss in Kraft tritt, wenn mindestens drei Landeskirchen ihre Zustimmung dazu gegeben hatten. Mit Bekanntmachung vom 9. März 1920 teilte der vorläufige Landeskirchenrat mit, dass für den Bereich der genannten Landeskirchen die gemeinsame Thüringer evangelische Landeskirche zustande gekommen ist (Thüringer Kirchenblatt 1920, 3). Die Zustimmungserklärungen von Reuß j. L. (Gera), Schwarzburg-Rudolstadt und Schwarzburg-Sondershausen erfolgten bis Ende 1920; Reuß ä. L. (Greiz) trat erst 1934 der Thüringer evangelischen Kirche bei. Die Verfassung der Thüringer evangelischen Kirche, die zunächst noch nicht als geschlossenes Ganzes, sondern nur in Gestalt von überwiegend unter dem 16. Dezember 1920 ausgefertigten Verfassungsstücken (Thüringer Kirchenblatt, 29) vorlag, weil weitere Stücke der Verfassung, wie z. B. über das Pfarramt, noch nicht fertig gestellt waren, trat am 1. Januar 1921 in Kraft. Nach Verabschiedung der noch fehlenden Teile erfolgte eine Gesamtredaktion der Verfassungstexte mit nur wenigen inhaltlichen Änderungen, von denen die wesentlichste die Formulierung des Bekenntnisstandes betraf; vgl. dazu Verhandlungen der 3. Tagung des Ersten Thüringer Landeskirchentages

gemeinden bereits im Anschluss an die „Grundlegenden Bestimmungen“ im 2. Abschnitt in den §§ 8 bis 39 behandelt. Dadurch sollte in Konsequenz der Grundsatzbestimmung des § 6 unterstrichen werden, dass sich die Thüringer evangelische Kirche nach ihrem Selbstverständnis als „freie Volkskirche“ (§ 2) – womit im Wesentlichen zum Ausdruck gebracht werden sollte „Keine Obrigkeitskirche, keine Pfarrerkirche, keine Notabelnkirche!“[30] – gewissermaßen von unten „auf den selbsttätigen Kirchgemeinden aufbaut.“

Aufgrund der seit der zweiten Hälfte des 19. Jahrhunderts eingetretenen Entwicklung und der Verfassungsgarantie des Art. 137 Abs. 5 WRV konnte die Kirchgemeinde (§ 9) – ebenso wie die Landeskirche (§ 5) – als Körperschaft des öffentlichen Rechts qualifiziert werden. Dieser Status hat u. a. zur Folge, dass der Kirchgemeinde jedes Mitglied der Landeskirche, das seinen Wohnsitz im Bereich der Kirchgemeinde hat, automatisch, also unabhängig von einer Beitritts- oder Umzugsmeldung, angehört; in § 12 Satz 1 war dies ausdrücklich geregelt. Indem in § 11 abschließend festgestellt wurde „Die Kirchgemeinden sind Ortsgemeinden“, deren Bezirk durch Herkommen oder durch die bisherige Gesetzgebung bestimmt wird, waren die Kirchgemeinden allein als Gebietskörperschaften definiert; körperschaftlich verfasste Personalgemeinden waren somit nicht vorgesehen, durch Personenkreise bestimmbare besondere Gemeindeformen ohne eigene Rechtspersönlichkeit wie Anstalts-, Militär- und Studentengemeinden dadurch aber nicht ausgeschlossen.

Ebenso wenig wie für die Ebenen der Kirchenkreise und der Landeskirche werden in der Verfassung von 1920 / 1924 im Einzelnen die inhaltlichen Aufgaben einer Kirchgemeinde beschrieben, wodurch diese – entsprechend dem Charakter der meisten anderen evangelischen Kirchenverfassungen der damaligen Zeit – als reines Organisationsstatut erscheint. Immerhin wird aber in § 8 grundlegend normiert, dass die

---

vom 1. bis 5. Mai 1923, 93ff und 316ff. Die vollständige Verfassung ist am 10. Oktober 1924 verabschiedet und im Thüringer Kirchenblatt (1924 A, 19) veröffentlicht worden.

30 Heinrich Weinel, Die neue Thüringer evangelische Kirche, in: Thüringer Jahrbuch. Politik und Wirtschaft, Kunst und Wissenschaft im Lande Thüringen 1, 1926, 148-155 (151f).

Kirchgemeinde „für die Erhaltung und Erweckung evangelischen Glaubens und Lebens in ihrer Mitte Sorge zu tragen hat" und zwar „als Glied der Kirche unter Wahrung der kirchlichen Ordnung", wodurch mithin ihre Einbindung in die landeskirchliche Ordnung klar hervorgehoben wird. Die einzelnen Aufgaben einer Kirchgemeinde können im Wesentlichen mittelbar aus den Aufgaben ihrer Organe abgeleitet werden. Darüber hinaus war den Kirchgemeinden zunächst die Kirchensteuerverwaltung mit dem Recht übertragen, eine Ortskirchensteuer zu erheben;[31] allerdings ging die Kirchensteuerverwaltung der Kirchgemeinde bereits nach wenigen Jahren auf die Landeskirche über.[32]

Von der körperschaftlichen Ebene der Kirchgemeinde ist (damals wie heute) der Zuständigkeitsbereich eines Pfarrers (Pfarrbezirk) zu unterscheiden. In Städten und größeren Dörfern ist der Pfarrbezirk in der Regel deckungsgleich mit dem Bereich nur einer Kirchgemeinde (sog. „Unikum"). In ländlichen Regionen umfasste der Zuständigkeitsbereich eines Pfarrers aber auch schon früher häufig mehrere Kirchgemeinden. Die Thüringer Kirchenverfassung bezeichnet(e) einen solchen Verbund mehrerer Kirchgemeinden unter einem Pfarramt als Kirchspiel, wobei der Pfarrer – unabhängig von seinem Wohnsitz – Mitglied in jeder Kirchgemeinde seines Kirchspiels ist (§ 12 Satz 1).

Bemerkenswert für die spätere Rechtsentwicklung ist, dass die Kirchgemeinden auf der Grundlage der Verfassung von 1920 / 1924 in Kirchenkreisen zusammen gefasst waren (§ 65), die – ohne den Status einer Körperschaft des öffentlichen Rechts zu haben – die „mittlere Ebene" im Verfassungsaufbau der Thüringer evangelischen Kirche bildeten und durch den Kreiskirchentag und den Kreiskirchenrat repräsentiert wurden. Zugleich fungierte der Kirchenkreis – wie die Superintendentur (Diözese, Ephorie) in den thüringischen Staaten des 19. Jahrhunderts, welche hingegen keine synodale Vertretung gehabt hatte[33] – als landeskirchlicher Aufsichtsbezirk des – nun nicht mehr als Superintendent bezeichneten – Oberpfarrers. Dieser hatte über die kirchliche Ordnung

---

31 Kirchensteuergesetz vom 18. Oktober 1920 (Thüringer Kirchenblatt A 1920, 23).

32 Dörre, a. a. O. 321.

33 Dies ist insofern nicht verwunderlich, als auch auf landeskirchlicher Ebene nur im Großherzogtum Sachsen-Weimar-Eisenach seit 1875 und im Herzogtum Sachsen-Meiningen seit 1876 Synoden existierten; vgl. Hess, a. a. O. 62.

im Kirchenkreis zu wachen, vermittelte den amtlichen Verkehr zwischen dem Landeskirchenrat und den Pfarrern und Gemeinden und war in der Führung der „äußern Geschäfte der nächste Vorgesetzte der Pfarrer seines Bezirks“ (§§ 82-84); im Übrigen hatte er im Auftrag des Landeskirchenrates sogar das Ordinationsrecht (§ 85 Nr. 1). Mit Kirchengesetz vom 30. Januar 1938 wurden die Kirchenkreise als „mittlere Ebene“ allerdings faktisch aufgelöst, indem festgelegt wurde, dass Kreiskirchentage nicht mehr gebildet werden und an die Stelle der Kreiskirchenräte ein Kreiskirchenamt mit einem dreigliedrigen Vorstand, bestehend aus einem geistlichen und zwei weltlichen Mitgliedern, treten sollte.[34]

b) Leitungsorgane der Kirchgemeinden:

aa) Allgemeines:

Anders als heute hatte die Kirchgemeinde zwei Leitungsorgane (Gemeindekörperschaften): die Kirchenvertretung und den Kirchenvorstand. Die Kirchenvertretung war dabei gedacht als Zwischeninstanz zwischen Kirchenvorstand und Kirchgemeinde. Sie war nach dem Vorbild der Rheinisch-Westfälischen Kirchenordnung von 1835 konstruiert und vom Allgemeinen Deutschen Kirchentag 1919 empfohlen worden.[35] Wiewohl lebhaft bei den Verhandlungen der Thüringischen Landessynode im Dezember 1919 diskutiert, hatte sich schließlich bei ihren Mitgliedern mehrheitlich die Überzeugung durchgesetzt, dass die Kirchenvertretung in wichtigen finanziellen Angelegenheiten und bei der Pfarrerwahl nicht zu entbehren sei. Denn – anders in der Zeit des landesherrlichen Kirchenregiments – waren die Kirchgemeinden an der Auswahl des Pfarrers jetzt maßgeblich beteiligt. Im Vergleich zu den Regelungen anderer Landeskirchen räumte das neue Thüringer Pfarrstellenbesetzungsrecht den Kirchgemeinden eine besonders weitgehende Beteiligung ein. In diesem Sinne bestimmte § 1 Abs. 1 des Pfarrerwahlgesetzes vom 16. Dezember 1920,[36] dass bei im jeweils ersten und zweiten Besetzungsfall einer Pfarrstelle die Kirchgemeinde ihren Pfarrer zu wählen

---

34 Thüringer Kirchenblatt A., 5.

35 Reichardt, Neubau, a. a. O. (Anm. 2) 20. Allgemein zum Zweikörperschaftssystem Hans Liermann, Deutsches Evangelisches Kirchenrecht, Stuttgart 1933, 253.

36 Thüringer Kirchenblatt 1920, 24.

und nur bei der dritten Erledigung der Landeskirchenrat das Besetzungsrecht hatte.[37]

Von besonderer Bedeutung ist, dass durch die Kirchgemeindeordnung vom 13. September 1920,[38] das ursprünglich III. Verfassungsstück, Frauen den Männern im Gemeindewahlrecht vollkommen gleich gestellt wurden. Unter Herabsetzung des Wahlalters waren zur Kirchenvertretung „alle männlichen und weiblichen Gemeindeglieder“ wahlberechtigt, die bis zum Wahltag das 20. Lebensjahr vollendet hatten (§ 9 Abs. 1 Kirchgemeindeordnung 1920); der Kirchenvorstand wurde von der Kirchenvertretung gewählt. Wählbar für Kirchenvertretung und Kirchenvorstand waren alle wahlberechtigten Gemeindeglieder, die am Wahltag mindestens 25 Jahre alt waren und seit einem Jahr in der Gemeinde wohnten (§ 9 Abs. 2, 23 Kirchgemeindeordnung 1920). Das Thüringer Wahlrecht kann gerade auch im Hinblick auf das Frauenwahlrecht als besonders fortschrittlich bezeichnet werden, als Frauen auch für die Wahl der Thüringer Synode (Landeskirchentag), welche damals nach den Grundsätzen der Verhältniswahl unmittelbar von den wahlberechtigten Kirchenmitgliedern gewählt wurden (sog. „Urwahl“), das aktive und passive Wahlrecht hatten.[39]

Der Kirchenvertretung und dem Kirchenvorstand gehörten die zum Dienst in der Gemeinde berufenen Pfarrer sowie eine bestimmte Zahl gewählter Mitglieder an, welche sich nach Größe der Gemeinde richtete, wobei in die Kirchenvertretung zwischen 8 und 32 Personen zu wählen waren und die Zahl der Kirchenvorsteher mindestens vier zu betragen hatte, im Übrigen aber einer Kirchgemeindesatzung vorbehalten blieb (§§ 34,36). Die Wahl der Kirchenvertreter und Kirchenvorsteher erfolgte – wie bei den Mitgliedern der Kreissynode und des Landeskirchentages, wie die Landessynode damals bezeichnet wurde – auf sechs Jahre, wobei alle drei Jahre die Hälfte der Gewählten auszuscheiden hatte. Der Vorsitz in beiden Gemeindeorganen, die grundsätzlich öffentlich tagten

---

37 Diese Regelung blieb bis zur Einführung des alternierenden Besetzungsverfahrens durch das Pfarrerwahlgesetz vom 27. März 2004 (Amtsblatt ELKTh, 64) in Kraft.

38 Thüringer Kirchenblatt 1920, 4.

39 Anders z. B. in der Evang.-Luth. Kirche in Bayern, wo Frauen erst 1953 Mitglieder von Kirchenvorständen und Bezirkssynoden und 1959 der Landessynode werden konnten.

und an deren Verhandlungen der Oberpfarrer und Mitglieder oder Vertreter des Landeskirchenrates jederzeit mit Rede- und Antragsrecht teilnehmen konnten (§ 28), oblag dem Pfarrer, bei mehreren Pfarrstellen dem Pfarramtsführer (§ 24).

Beide Gemeindekörperschaften waren berechtigt, aus ihrer Mitte zur Vorberatung und Ausführung von Beschlüssen, ausnahmsweise auch zur selbständigen Geschäftserledigung, Ausschüsse einzusetzen (§ 29). Relativ modern mutet an, dass in vom Kirchenvorstand gebildete Gemeindeausschüsse für besondere Aufgaben und Fragen des kirchlichen Lebens, „namentlich für freie Liebestätigkeit und Wohlfahrtspflege, für die kirchliche Mitarbeit der Frauen und der Jugendlichen sowie für Jugendpflege und soziale Aufgaben“, auch Gemeindeglieder berufen werden konnten, die nicht Mitglieder der Gemeindekörperschaften waren.

Für Kirchspiele war bestimmt, dass bei gemeinsamen Angelegenheiten die Kirchenvorstände und Kirchenvertretungen der beteiligten Gemeinden zur jeweils gemeinsamen Beratung und Beschlussfassung zusammentraten (§ 33).

Die Aufgabenverteilung zwischen Kirchenvertretung und Kirchenvorstand erinnert nicht zufällig an das für das staatliche Verfassungsrecht charakteristische Gegenüber von (Gemeinde-)Parlament und (Gemeinde-) Regierung.

bb) Die Kirchenvertretung:

Zu den beschlussmäßigen Aufgaben der Kirchenvertretung gehörten insbesondere die Pfarrerwahl, die Wahl des Kirchenvorstandes, die Wahl der Abgeordneten zum Kreiskirchentag, der Erlass von Kirchgemeindesatzungen, die Feststellung des Voranschlags der Kirchenkasse und die Abnahme der Jahresrechnung, die Erhebung von Umlagen und der Erlass von Gebührenordnungen, die Zustimmung zu Grundstücksgeschäften sowie die Änderung von Gottesdienstformen (§35).

cc) Der Kirchenvorstand:

Der Kirchenvorstand hatte die Kirchgemeinde in ihren inneren und äußeren Angelegenheiten zu vertreten und war für den Aufbau der Gemeinde verantwortlich. In Ausübung des jus liturgicum oblag ihm

„die Erhaltung der äußeren gottesdienstlichen Ordnung“; dauerhafte Änderungen der Gottesdienstzeit bedurften der Zustimmung des Kirchenvorstandes. Ferner entschied er insbesondere über die Zurückstellung von der Konfirmation und über die (Wieder-)Aufnahme in die Kirche. Er hatte die Wählerlisten zu führen, die Kirchenvertretung einzuberufen, die Verhandlungsgegenstände für diese vorzubereiten und ihre Beschlüsse auszuführen, die Kirchgemeinde in Rechtsangelegenheiten zu vertreten und war zuständig für die Anstellung, Beaufsichtigung und Entlassung von Gemeindebediensteten (§ 37).

dd) Kirchgemeindeversammlung:
Im Übrigen war – wie vormals – das Institut der Kirchengemeindeversammlung vorgesehen (§13), welche unbeschadet der Beratungs- und Entscheidungskompetenz von Kirchenvertretung und Kirchenvorstand der Besprechung von Fragen des inneren und äußeren kirchlichen Lebens oder bevorstehender Wahlen diente. Teilnahmeberechtigt waren unter dem Vorsitz des Pfarrers oder eines anderen Mitgliedes des Kirchenvorstandes alle wahlberechtigten Gemeindeglieder.

Insgesamt ergibt sich ein Bild, das sich in dem in dieser Zeit üblichen Rahmen des Gemeindeverfassungsrechts bewegt.

c) (Kirch-)Gemeinde und Pfarramt

Die Rechtsverhältnisse der Pfarrer sind in der Verfassung von 1920 / 1924 nicht in einem eigenen Abschnitt, sondern im dritten Unterabschnitt des Abschnitts über die Kirchgemeinde unter der Überschrift „Das Pfarramt“ beschrieben. Was die Zuordnung von Gemeindekörperschaften und Pfarramt anbelangt, ist – im Gegensatz zu anderen Kirchenverfassungen der damaligen Zeit – festzustellen, dass nicht eine dem allgemeinen Priestertum unangemessene Aufgabenteilung in der Weise vorgenommen war, wonach jenen nur die äußere Verwaltung der Gemeindeangelegenheiten, dem Pfarrer allein aber die geistliche Gemeindeleitung übertragen gewesen wäre. Vielmehr wird die Beteiligung der „Laien“ daran bereits aus dem skizzierten Aufgabenkatalog des Kirchenvorstandes deutlich. Vor allem aber werden Gemeindekörperschaften und Pfarramt in ihrer jeweiligen Verantwortung aneinander gewiesen:

- § 14 Abs. 1: „Die Gemeindekörperschaften sind berufen, die Aufgaben der Kirchgemeinde zu erfüllen, insbesondere zusammen mit dem Pfarrer das kirchliche, sittliche und soziale Wohl der Gemeinde und ihrer Glieder zu fördern."
- § 48 Abs. 1: „Der Pfarrer hat die Aufgabe, der religiöse Führer und amtliche Leiter der Gemeinde zu sein. Er hat durch seinen Dienst und sein Zusammenarbeiten mit dem Kirchenvorstand und der Kirchenvertretung für die Erhaltung und Pflege evangelischen Glaubens und Lebens in seiner Gemeinde mit allen seinen Kräften zu wirken ...,"

  wobei mit dem Begriff der religiösen Führerstellung in der Sprache der damaligen Zeit die prinzipielle Ungebundenheit des Amtsträgers der Gemeinde gegenüber in geistlichen Dingen betont werden sollte.[40]

3. Ausgestaltung des Gemeindeverfassungsrechts nach 1945

Im Zusammenhang mit der grundlegenden Neuordnung der Thüringer Landeskirche nach 1945, welche nach dem „deutsch-christlichen" Regim von Landesbischof Martin Sasse (1933-1942) und (Landeskirchenrats-)Präsident Hugo Rönck notwendig geworden war,[41] kam zeitig die Gemeindeverfassung auf den Prüfstand. Zunächst wurde mit dem vom Landeskirchenrat auf der Grundlage des Ermächtigungsgesetzes vom 7. September 1933[42] verabschiedeten Gesetz über die Kirchgemeindekörperschaften vom 5. September 1945[43] für die Wiederherstellung politisch und kirchenpolitisch integerer, beschlussfähiger Organe auf der

---

40 Liermann, a. a. O. (Anm. 35) 227.

41 S. dazu Werner Leich, Die „Thüringer Evangelische Kirche" und die „Evangelisch-Lutherische Kirche in Thüringen" unter der nationalsozialistischen Gewaltherrschaft und in der Zeit nach der Befreiung, in: Amtsblatt ELKTh 1986, 4-10 (7ff); Walter Weispfenning, Das Thüringer Verfassungsmodell der „konzentrischen Kreise", in: Gott glauben – gestern, heute und morgen. Festschrift für Werner Leich, Weimar 1997, 133-142; Thomas A. Seidel, Im Übergang der Diktaturen. Eine Untersuchung zur kirchlichen Neuordnung in Thüringen 1945- 1951, Stuttgart 2003; Hans-Peter Hübner, Verfassungsentwicklung der Thüringer Landeskirche nach 1945, in: ders. / Gabriele Schmidt (Hg.), Landhaus und Landeskirche auf dem Pflugensberg. Beiträge zur Geschichte der Evangelisch-Lutherischen Kirche in Thüringen und ihrer Kirchenleitung in Eisenach, Weimar 2006, 77-89 (77ff).

42 Thüringer Kirchenblatt 1933 A, 121 und 1935 A, 83.

43 Thüringer Kirchenblatt 1945 A, 24.

Gemeindeebene gesorgt. Danach konnte der Landeskirchenrat eine Kirchgemeindekörperschaft u. a. auflösen, „wenn nicht zu beseitigende Unstimmigkeiten das weitere gedeihliche Zusammenwirken für die Kirchgemeinde ausschließen oder unerträglich erschweren" (§ 5). 1947 verabschiedete der erweiterte Landeskirchenrat – eine neue Landessynode konstituierte sich erst 1948 – ein Kirchgemeindegesetz[44] mit einer Wahlordnung für Kirchgemeinden. Dieses Kirchgemeindegesetz ist inhaltlich von der Landessynode im Zusammenhang mit der Verabschiedung der Verfassung der Evangelisch-Lutherischen Kirche in Thüringen vom 2. November 1951[45] in deren II. Abschnitt inkorporiert und bestätigt worden.

a) Rechtsstellung und Verantwortung der Kirchengemeinde:
Die grundsätzliche Rechtsstellung der Kirchgemeinde als Körperschaft des öffentlichen Rechts und im Gesamtgefüge der Verfassung, wie sie die Kirchengemeinde auf der Grundlage der Verfassung von 1920 / 1924 hatte, wurde dadurch indes nicht verändert. Allerdings wurde der Kirchenkreis als „mittlere Ebene" vorerst nicht mehr hergestellt; anstelle der Mitwirkung der Kirchgemeinden insbesondere im früheren Kreiskirchentag, gab es auf der Ebene der Superintendenturen, die als reine Aufsichts- und Verwaltungsbezirke ohne eigene Rechtspersönlichkeit definiert wurden (§ 55 Verf. 1951), geistliche Zurüstung und Informationsaustausch für die Vertreter der Kirchgemeinden bei den jährlich einmal durchzuführenden Kirchenältestentagen (§ 59 Abs. 6 Verf. 1951). Auf den Kirchenältestentagen wurden im Übrigen der Wahlvorschlag und die Wahlbeauftragten der Superintendentur für die Wahl der „Laien"-Abgeordneten des Wahlkreises in der Landessynode bestimmt,[46] die also – wie auch in den anderen deutschen Landeskirchen

---

[44] Kirchengemeindegesetz vom 24. April 1947 (Amtl. Bekanntmachungen der Thüringer evang. Kirche, 6. Folge).

[45] Amtsblatt der ELKTh 1951, 217.

[46] Das Gebiet der Landeskirche mit ihren damals 40 Superintendenturen (heute nur noch 18) war in 14 Wahlkreise eingeteilt, von denen jeder einen Geistlichen und zwei „Laien" in die Landessynode zu wählen hatte; die geistlichen Synodalen wurden auf einem gemeinsamen Konvent der Pfarrkonvente der zum Wahlkreis gehörenden Superintendenturen gewählt. Vgl. im Einzelnen Wahlordnung für die Synode vom 27. Januar 1960, Amtsblatt ELKTh, 25; seit 1996 werden sowohl die „Laien" als auch die „Geistlichen" von den 1995 wieder eingeführten Kreissynoden

mit Ausnahme von Württemberg – nicht mehr direkt von den Gemeindegliedern, sondern mittelbar gewählt wird.

Nach wie vor wurde die Kirchgemeinde allein als Gebietskörperschaft definiert, nun aber – und insoweit geht die Verfassung über das Kirchgemeindegesetz hinaus – auch inhaltlich:

> „Die Kirchgemeinde ist die örtlich begrenzte Körperschaft, in der sich das kirchliche Leben in Verkündigung, Verwaltung der heiligen Sakramente, der kirchlichen Unterweisung, der Seelsorge und der christlichen Liebestätigkeit entfaltet. Sie ist dafür verantwortlich, dass dies alles ordnungsgemäß geschieht" (Art. 8 Abs. 1 Verf. 1951).

b) Veränderungen gegenüber der Verfassung von 1920 / 1924:
Gegenüber der Verfassung von 1920 / 1924 brachte das Kirchgemeindegesetz von 1947 bzw. die Verfassung von 1951 im Wesentlichen folgende Änderungen:

aa) Anstelle der bisherigen Kirchenvertretung und des Kirchenvorstands gibt es, wie – unbeschadet der unterschiedlichen Bezeichnungen (z. B. Kirchenvorstand, Presbyterium, Kirchengemeinderat) – regelmäßig auch sonst im Gemeindeverfassungsrecht der Gliedkirchen der EKD, nur noch ein gemeindliches Leitungsorgan, den Gemeindekirchenrat, dessen von der Kirchgemeinde gewählte Mitglieder seither als Kirchenälteste bezeichnet werden. Offenbar ist die bereits in den Verfassungsdebatten von 1920 umstrittene Kirchenvertretung in Thüringen als „Fremdgewächs"[47] empfunden worden, das sich wohl deshalb nicht bewährt hatte, weil das Zweikörperschaftssystem ein Verständnis von Gemeindeleitung förderte, welches der staatlichen Gewaltenteilungskonzeption, aber nicht dem Sinn kirchlicher Gemeindearbeit entsprach, wo es nicht primär um Machtverteilung und gegenseitige Kontrolle, sondern um die Gemeinsamkeit des Dienstes in seinen vielerlei Formen geht.[48] Sicherlich war für die Nichtfortführung dieser Institution, wie in

---

gewählt.

47 Jauernig, a. a. O. (Anm. 27) 133.

48 Christoph Link, Die Gemeinde und ihre Vertretung, in: Siegfried Kreuzer / Kurt Lüthi (Hg.), Zur Aktualität des Alten Testamentes. Festschrift für Georg Sauer zum 65. Geburtstag, Frankfurt am Main u. a. 1991, 281-290 (286). Auf entsprechenden Erwägungen beruht das Verfassungssystem der „konzentrischen Kreise", welches

anderen Landeskirchen, aber auch die nüchterne Einsicht maßgeblich, dass die bereits in den Kirchenordnungen der Reformationszeit als Gemeindevorsteher vorgesehenen „altgestandenen, tapferen, redlichen Mannen“, die gleichermaßen neben qualifizierten Frauen auch heute noch nötig sind, „nicht so zahlreich sind, dass es überall leicht wäre, große Gemeindevertretungen zu bilden.“[49] Je nach der Größe der Kirchgemeinde gehörten dem Gemeindekirchenrat, sofern keine abweichende Festsetzung getroffen war, zwischen 4 und 14 Kirchenälteste an (§ 14 Verf. 1951).

bb) Wahlberechtigung und Wählbarkeit setzten die Vollendung des in der DDR maßgeblichen Volljährigkeitsalters, nämlich das vollendete 18. Lebensjahr, die Wählbarkeit zusätzlich eine mindestens sechsmonatige Zugehörigkeit zur Kirchgemeinde voraus (§§ 17, 21 Verf. 1951).

cc) Die Regelung über das Ausscheiden der Hälfte der Gewählten während der sechsjährigen Amtszeit nach drei Jahren entfiel (§ 16 Verf. 1951).

dd) Eindrücklich ist, wie sich – in Entsprechung zu der nun klaren Bekenntnisbindung der Landeskirche, wohin die Erfahrungen des Kirchenkampfes geführt hatten – die Formulierungen des weiterhin in einem Gemeindegottesdienst abzulegenden Ältestengelöbnisses von den Formulierungen von 1920 / 1924 unterscheiden. Während den gewählten Gemeindevertretern damals die Frage vorgelegt wurde

> „Gelobt Ihr vor Gott und dieser christlichen Gemeinde, das Euch anvertraute Amt nach dem Worte Gottes, den Ordnungen der Kirche und den Satzungen der Gemeinde sorgfältig und treu zu verwalten, nur das Wohl der Kirche und der Gemeinde zu suchen und immer sorgfältig darauf zu achten, dass alles ordentlich und ehrlich in der Gemeinde zugehe?“ (§ 22 Verf. 1920 / 1924),

---

auf landeskirchlicher Ebene das Verhältnis von Landessynode, Landeskirchenrat und Landesbischof kennzeichnet; vgl. dazu die unter Anm. 41 genannten Beiträge.

[49] Rudolf Weeber, Welche allgemeinen Fragen und speziellen Probleme stellen sich bei der Ausarbeitung einer Kirchengemeindeordnung?, ZevKR 7, 1959 / 60, 389-416 (413), unter Bezugnahme auf die (Schwäbisch-)Hallsche Kirchenordnung von 1526.

lautete das vom Pfarrer vorgesprochene Gelöbnis nun weitaus verbindlicher:

> „Ich übernehme das Amt des Kirchenältesten als einen Auftrag der Kirche, die keinem anderen Herrn als unserem Heiland Jesus Christus dient.
> Ich gelobe vor Gott und dieser christlichen Gemeinde, dass ich mein Amt führen will im Gehorsam gegen Gottes Wort, wie es in der Heiligen Schrift Alten und Neuen Testamentes enthalten und in den Bekenntnisschriften unserer Evangelisch-Lutherischen Kirche bezeugt ist.
> Die Ordnungen unserer Kirche will ich achten, die mir übertragenen Aufgaben gewissenhaft ausführen und mich bemühen, in der Treue zu Wort und Sakrament und in der Führung meines Lebens der Gemeinde ein Vorbild zu sein" (§ 23 Verf. 1951).

ee) Die Aufgaben des Gemeindekirchenrates wurden in der Verfassung nur noch sehr allgemein umschrieben:

> „Der Gemeindekirchenrat ist berufen, die Aufgaben der kirchgemeindlichen Selbstverwaltung zu erfüllen. Er sorgt für die Verbindung zwischen Pfarramt und Gemeinde. Neben den ihm durch Gesetz, Verordnung oder Verfügung ausdrücklich zugewiesenen Aufgaben ist er für alle Fragen der Verwaltung und des Lebens der Kirchgemeinde zuständig und verantwortlich, deren Entscheidung nicht anderen kirchlichen Stellen zugewiesen ist" (§ 12 Abs. 1 Verf.).

Die einzelnen Aufgaben des Gemeindekirchenrates (und Einzelheiten der Geschäftsordnung) wurden stattdessen in der mit Zustimmung der Landessynode beschlossenen „Anweisung für Gemeindekirchenräte" vom 9. Dezember 1953[50] niedergelegt, welche bis 2001 unverändert blieb. Im Gesamtkontext der Verfassung erscheint dies gesetzestechnisch als nicht konsequent, da die Aufgaben der kirchenleitenden Organe und – später auch der Organe des Kirchenkreises – ausführlich unmittelbar in der Verfassung fixiert wurden.

ff) Neu war auch, dass zum ständigen Vertreter des Pfarrers in seiner Eigenschaft als Vorsitzendem des Gemeindekirchenrates ein Kirchenältester zu wählen war (§ 25 Verf. 1951).

---

[50] Amtsblatt ELKTh 1954, 5.

gg) Im Unterschied zur Verfassung von 1920 / 1924 sind die Sitzungen des Gemeindekirchenrates – im Unterschied zu den Tagungen der Landessynode seit 1991 – in der Regel nicht öffentlich (§ 29 Verf. 1951).[51]

hh) Das „Pfarramt“ wird in einem eigenen (III.) Abschnitt der Verfassung geregelt. Im Vergleich zur Verfassung von 1920 / 1924, aus der ein wechselseitiges Zusammenwirken von Gemeindekörperschaft und Pfarramt m. E. durchaus auch in Angelegenheiten der geistlichen Gemeindeleitung ableitbar ist, geht die Verfassung von 1951 in zumindest missverständlicher Weise anscheinend in die Richtung einer einseitigen Zuweisung der geistlichen Gemeindeleitung an das Pfarramt, da in § 35 Abs. 1 formuliert wird: „... ihm (d. h. dem Pfarrer) steht die geistliche Leitung der Gemeinde zu.“ Das Miteinander von Amt und Gemeinde vollzieht sich nach § 24 Abs. 1 nicht im Gemeindekirchenrat, sondern durch seine Vermittlung. Dies wird in Abschnitt II 1 der Anweisung für die Gemeindekirchenräte[52] zugleich bestätigt und relativiert, indem festgestellt wird, dass „der Gemeindekirchenrat unter der geistlichen Leitung des Pfarrers“, aber immerhin „in erster Linie dafür mitverantwortlich“ ist, dass die in § 8 Verf. 1951 genannten „Aufgaben erfüllt werden.“ Die Erkenntnis der Barmer Bekenntnissynode von 1934, wonach geistliche und äußere Leitung nicht voneinander getrennt werden können, sondern einander bedingen oder, wie inzwischen in Art. 5 der Verfassung der EKM formuliert ist, Leitung auf allen Ebenen der Kirche „geistlicher und rechtlicher Dienst in unaufgebbarer Einheit“ ist, in deren Wahrnehmung (Pfarr-)Amt und Gemeinde einander zugeordnet und aneinander gewiesen sind,[53] kommt in der Verfassung von 1951 jedenfalls nicht klar genug zum Ausdruck.

---

51 Diese Regelung wird auch unter der Geltung der Verfassung der Evangelischen Kirche in Mitteldeutschland vom 5. Juli 2008 fortgeführt. Vgl. Art. 28 Abs. 5 KVerfEKM (Amtsblatt EKM 2008, 183).

52 S. Anm. 50. Vorbild für diese Formulierungen sind Art. 7 der Grundordnung der Evang. Landeskirche in Baden in der Neufassung vom 28. April 2007 (Amtsblatt EKD, 316) und Art. 4 und 5 der Verfassung der Evang.-Luth. Kirche in Bayern in der Neufassung vom 6. Dezember 1999 (Amtsblatt ELKB 2000, 10).

53 S. Anm. 51.

c) Änderungen der gemeinderechtlichen Bestimmungen der Thüringer Kirchenverfassung bis 2006:

Die seit 1951 vollzogenen folgenden Änderungen der gemeinderechtlichen Bestimmungen der Kirchenverfassung können nur stichwortartig aufgerufen werden:[54]

aa) Verschiedentlich ist das Wahlrecht geändert worden:

- 1982 wurde die Rechtsgrundlage für die Bildung eines gemeinsamen Gemeindekirchenrates innerhalb eines Kirchspiels geschaffen (§ 13). Außerdem wurde für die Wahl zum Kirchenältesten das vollendete 68. Lebensjahr als Altersgrenze (§ 20 Abs. 4) eingeführt,[55] welche 2006 aufgrund des Gemeindekirchenratswahlgesetzes der Föderation Evangelischer Kirchen in Mitteldeutschland[56] wieder abgeschafft worden ist.
- 1994 wurde das aktive Wahlrecht auf 16 Jahre, 2006 mit Wirkung für die Gemeindekirchenratswahl 2007 auf 14 Jahre herabgesetzt.[57]

bb) Zusammensetzung und Geschäftsordnung des Gemeindekirchenrates:

- 1988 wurde die Möglichkeit eingeführt, dass anstelle des geschäftsführenden Pfarrers ein „Laie" den Vorsitz im Gemeindekirchenrat übernehmen konnte (§ 25).[58]
- Aufgrund der Verfassungsänderung von 1994 kann sich der Gemeindekirchenrat – in Entsprechung zu der für die Landessynode bereits vorhandenen Regelung (§ 69 Abs. 2) – durch Hinzuberufung von bis zu drei weiteren Mitgliedern ergänzen, um auf diese Weise eine für die Arbeit der Gemeindeleitung sinnvolle Ergänzung der Sachkompetenz und die Beteiligung von bei der Wahl nicht berück-

---

[54] Die folgenden Zitate der Verfassung der ELKTh beziehen sich auf die Fassung der Bekanntmachung vom 1. Dezember 2004 (Amtsblatt EKM 2005, 42, 129), zuletzt geändert durch Kirchengesetz vom 18. November 2006 (Amtsblatt EKM, 254).

[55] Kirchengesetz vom 27. März 1982 (Amtsblatt ELKTh, 97).

[56] Kirchengesetz der Föderation vom 1. April 2006 (Amtsblatt EKM, 122), geändert durch Kirchengesetz vom 17. März 2007 (Amtsblatt EKM, 92).

[57] Kirchengesetz vom 13. November 1994 (Amtsblatt ELKTh 1995, 18) und Kirchengesetz vom 18. November 2006 (Amtsblatt EKM, 254).

[58] Kirchengesetz vom 5. November 1988 (Amtsblatt ELKTh 1989, 71).

sichtigten Alters- und Gemeindegruppen sicher zu stellen (§ 15 Abs. 3).[59]

– Außerdem kann der Gemeindekirchenrat seit 2000 beschließen, dass bis zu zwei Jugendvertreter mit Rede- und Antragsrecht an den Sitzungen des Gemeindekirchenrates teilnehmen (§ 14 Abs. 2),[60] wie auch an den Tagungen der Landessynode vier Jugendvertreter als ständige Gäste mit Rede- und Antragsrecht teilnehmen.[61]

cc) Weitere Änderungen in 1982 und 1994 betrafen die Kirchgemeindeversammlung (§32), wodurch dort – unbeschadet der Beschlusskompetenzen des Gemeindekirchenrates – auch Abstimmungen zugelassen wurden,[62] und erleichterten die Umgemeindung in eine andere als die Wohnsitzgemeinde (§ 11 Abs. 2 und 3).[63]

B. Schritte zur Förderung der Zusammenarbeit in der Region im Verfassungsrecht der Thüringer Landeskirche

Kleiner werdende Kirchgemeinden und schwindende finanzielle und personelle Ressourcen haben in Thüringen seit der Mitte der 90er Jahre zu grundlegenden Änderungen in den Organisationsstrukturen der Landeskirche und der Kirchgemeinden geführt, welche zum Ziele hatten, die Zusammenarbeit der Kirchgemeinden ebenso wie der Hauptamtlichen in der Region institutionell zu verbessern und zu fördern. In diesem Sinne wird in den unter dem Titel „Beteiligungsoffene Gemeindekirche“ vorgelegten Überlegungen der von der Thüringer Landessynode eingesetzten „Perspektivkommission“ zur zukünftigen Gestalt der Kirche aus dem Jahre 1999 festgestellt:

---

59 S. Anm. 57.

60 Kirchengesetz vom 18. November 2000 (Amtsblatt ELKTh 2001, 28).

61 Geschäftsordnung der Landessynode der ELKTh vom 6. Februar 1984 (Amtsblatt ELKTh, 68), zuletzt geändert am 19. November 2004 (Amtsblatt ELKTh, 182).

62 S. Anm. 55.

63 S. Anm. 57.

„Die Zukunft unserer Kirche wird sich vor allem in Gemeinden entscheiden, die regional zusammenarbeiten, um den Reichtum der in Jesus Christus geschenkten Begabungen zu vervielfältigen und in Seinem Auftrag einzusetzen.“[64]

1. Wiederherstellung der „mittleren Ebene“ in der Thüringer Landeskirche

Unter dem Gesichtspunkt eines verbesserten Zusammenwirkens der Kirchgemeinden war es von wesentlicher Bedeutung, dass 1995 die bis dahin nur noch als Amtsbereich des Superintendenten definierte Superintendentur – im Ergebnis der Arbeit des zwischen 1992 und 1995 tätigen Verfassungsüberprüfungsausschusses – mit den Rechten einer kirchlichen Körperschaft des öffentlichen Rechts und – neben dem Superintendenten – mit eigenen Organen, nämlich der Kreissynode und dem Vorstand der Kreissynode, ausgestattet wurde.[65] Die Kreissynode erhielt u. a. die Kompetenz, in dem von der Landessynode festgelegten Rahmen über die Veränderung, Aufhebung und Neuerrichtung von Gemeindepfarrstellen zu beschließen (§§ 51 Abs. 2, § 56 d Abs. 2 Nr. 4 Verf. ELKTh). Seit der Einführung von Kreispfarrstellen durch Kirchengesetz vom 19. November 2004[66] kann die Kreissynode im Rahmen ihres Stellenkontingents – im Interesse flexiblerer Einsatzmöglichkeiten – auch regional oder funktional bezogene Pfarrstellen errichten, welche nicht einer oder mehreren Kirchgemeinden, sondern der Superintendentur / dem Kirchenkreis unmittelbar zugeordnet bleiben und deren Übertragung nur befristet in der Regel für die Dauer von sechs Jahren erfolgt.

---

64 Beteiligungsoffene Gemeindekirche, hg. vom Gemeindedienst der ELKTh, Eisenach 1999, 18.

65 Vgl. Kirchengesetz zur Änderung der Verfassung zur Neuordnung der Superintendenturen vom 25. März 1995 (Amtsblatt ELKTh, 77) und Kirchengesetz zur Neuordnung der Superintendenturen und zum Inkrafttreten des Kirchengesetzes zur Änderung der Verfassung zur Neuordnung der Superintendenturen vom 18. November 1995 (Amtsblatt ELKTh, 152). Aufgrund Verfassungsänderung vom 27. März 2004 (Amtsblatt ELKTh, 82) kann neben der bisherigen Bezeichnung „Superintendentur“ auch offiziell die Bezeichnung „Kirchenkreis“ verwendet werden.

66 Amtsblatt der ELKTh, 180.

2. Regionalpfarrämter, Regionalgemeinschaften und Regionalgemeinden

1999 hat die Landessynode das Erprobungsgesetz für Regionalpfarrämter, Regionalgemeinschaften und Regionalgemeinden[67] beschlossen. Durch dieses Kirchengesetz sind den Kirchgemeinden und den dort tätigen Pfarrern, Pastorinnen und Mitarbeitenden im Verkündigungsdienst – vor dem Hintergrund der Strukturbeschlüsse der Kreissynoden über die Reduzierung von Pfarrstellen – neue Formen der Zusammenarbeit zur Verfügung gestellt worden:

a) Regionalpfarrämter (§§ 1 – 6 ErprG):
Regionalpfarrämter sollen ermöglichen, dass Gemeindepfarrer und Pastorinnen sowie Mitarbeitende im Verkündigungsdienst in der Region verbindlich, also dauerhaft und verlässlich arbeitsteilig zusammenarbeiten. Die Bildung eines Regionalpfarramts setzt eine Vereinbarung zwischen den beteiligten Hauptamtlichen voraus, in der zu fixieren ist, was zur arbeitsteiligen Zusammenarbeit gehört und wie diese zu gestalten ist. Sie bedarf der Zustimmung der Gemeindekirchenräte und ist von dem Superintendenten bzw. der Superintendentin zu genehmigen.

Ein Regionalpfarramt besteht z. B. für die Pfarrämter Probstzella und Lehesten (Kirchenkreis Rudolstadt-Saalfeld). Nach der Vereinbarung vom 30. Mai 2001 erstreckt sich die Zusammenarbeit auf folgende Bereiche:
- die gemeinsame Jahresplanung der Pfarrämter,
- die Herausgabe des Gemeindebriefs,
- die Durchführung jährlicher Rüstzeiten der Gemeindekirchenräte,
- Erarbeitung gemeinsamer Perspektiven für die Entwicklung des geistlichen Lebens.

b) Regionalgemeinschaften (§ 7 – 9 ErprG):
Unter einer Regionalgemeinschaft versteht man eine Arbeitsgemeinschaft, zu der sich durch ein Regionalpfarramt verbundene Kirchgemeinden zusammenschließen, um ihnen obliegende Aufgaben gemeinsam zu verantworten. Die Aufgaben können rein inhaltlicher Art sein,

---

[67] Kirchengesetz vom 20. März 1999 (Amtsblatt ELKTh, 99), geändert durch Kirchengesetz vom 27. März 2004 (Amtsblatt ELKTh, 67).

wie z. B. die gemeinsame Veranstaltung von Bibelwochen, Erwachsenenbildungsveranstaltungen und Freizeiten.

Die Gemeindekirchenräte können aber auch vereinbaren, gemeinsam einen Gemeindebrief herauszugeben oder Mitarbeiter anzustellen, wobei freilich nur eine der beteiligten Kirchgemeinden Anstellungsträger wird und die anderen sich an den Kosten beteiligen. Insbesondere kann der Regionalgemeinschaft die Haushalts-, Kassen- und Rechnungsführung der Kirchgemeinden ganz oder teilweise übertragen werden.

Die Regionalgemeinschaft wird durch einen Vorstand vertreten, der entsprechend dem Umfang der Aufgabenübertragung an die Regionalgemeinschaft die Rechte der Gemeindekirchenräte wahrnimmt. Die Bildung der Regionalgemeinschaft erfolgt durch schriftliche Vereinbarung der Gemeindekirchenräte, die der Genehmigung des Kreiskirchenamtes bedarf, wobei der Vorstand der Kreissynode vorher anzuhören ist.

In den Superintendenturen Jena und Sonneberg haben sich jedoch – allerdings unterhalb der Ebene rechtlicher Verbindlichkeit – Regionen gebildet, in denen in diesem Sinne die Zusammenarbeit gepflegt und ausgebaut wird.

c) Regionalgemeinden (§ 10 ErprG):

Alternativ zur Bildung einer bloßen Arbeitsgemeinschaft können durch ein Regionalpfarramt verbundene Kirchgemeinden einen öffentlichrechtlichen Verband (= Zweckverband) gründen und diesem bestimmte Aufgaben übertragen, ohne dass die beteiligten Kirchgemeinden aufhören, eigenständige Rechtspersönlichkeiten zu sein. Diese als Regionalgemeinden bezeichneten Verbände sind, wie die Kirchgemeinden und die Kirchenkreise, Körperschaften des öffentlichen Rechts. Dadurch wird es den so miteinander verbundenen Kirchgemeinden möglich, gemeinsam am Rechtsverkehr teilzunehmen, gemeinsam Mitarbeiter einzustellen und gemeinsam Einrichtungen zu betreiben.

Die Regionalgemeinde arbeitet auf der Grundlage einer von den Beteiligten zu vereinbarenden Verbandssatzung, die insbesondere Festlegungen über die Organe dieses Verbands („Kirchgemeindeverbandsrat“) enthalten muss und der Genehmigung durch das Kreiskirchenamt bedarf.

Im Übrigen gelten die Bestimmungen für Kirchgemeinden entsprechend; das Nähere über die Regionalgemeinden ist in §§ 5 bis 7 des

Kirchengesetzes über kirchliche Zweckvereinbarungen und kirchliche Zweckverbände geregelt.[68]

Zu einer Regionalgemeinde haben sich die Pfarrämter Bienstädt, Friemar und Molschleben mit insgesamt elf rechtlich selbständigen Kirchgemeinden im Kirchenkreis Gotha zusammengeschlossen. Die Zusammenarbeit betrifft das Kirchrechnungswesen, die Einwerbung von Finanzen, die Abrechnung von Fördermitteln, die Öffentlichkeitsarbeit, die Wohnungsverwaltung, Kindergärten, die Koordination von Projekten der Kinder- und Jugendarbeit, missionarische Projekte sowie die Anstellung von drittfinanzierten Hilfskräften.

3. Gemeindestrukturgesetz 2006

Das von der Thüringer Landessynode im Frühjahr 2006 verabschiedete Kirchengesetz zur strukturellen Sicherung der kirchgemeindlichen Arbeit (Gemeindestrukturgesetz)[69] nimmt die Intentionen und Regelungen des Erprobungsgesetzes von 1999 auf, hat aber einen deutlich verbindlicheren Charakter als jenes. In diesem Sinne wird in Art. 1 Abs. 1 bestimmt:

> „Kirchgemeinden sind verpflichtet, ihre Strukturen nach Maßgabe dieses Kirchengesetzes so zu ändern, dass die Erfüllung ihrer Aufgaben auch unter den veränderten Bedingungen der Mitgliedersituation und des Verkündigungsdienstes gewährleistet bleibt.“

Als strukturelle Veränderungen werden in Art. 1 Abs. 2 die Bildung von Kirchegemeindeverbänden (§ 34 a Verf. ELKTh n. F.) und die Vereinigung von Kirchgemeinden (§ 10 a Verf. ELKTh) bezeichnet; im Übrigen werden die Modelle des Erprobungsgesetzes in Bezug genommen.

Zielsetzung dieses Gesetzes war es insbesondere, die ab 2007 beginnende neue Amtsperiode der Gemeindekirchenräte – in Vorbereitung auf die nächste Stufe der Stellenplanung für den Pfarrdienst und Mitarbeitende im Verkündigungsdienst – in besonderer Weise für die Prüfung in den örtlichen Gremien zu nutzen, ob auf der Basis der vor Ort vorhandenen Strukturen der Gemeindeleitungen unter den veränderten Bedingungen der Mitgliedersituation und des Verkündigungsdienstes

[68] Kirchengesetz vom 31. März 2001 (Amtsblatt ELKTh, 119).
[69] Kirchengesetz vom 18. Februar 2006 (Amtsblatt EKM, 69).

die vielfältigen Pflichtaufgaben eines Gemeindekirchenrates noch erfüllt werden können und welche strukturellen Veränderungen geboten sind.

Das Gemeindestrukturgesetz beruht auf folgenden Grundsätzen:

a) Wenn die kirchengesetzliche Mindestzahl von vier Kirchenältesten in einem Gemeindekirchenrat nicht mehr erreicht werden kann, wird für mehrere Kirchgemeinden eines Kirchspiels ein gemeinsamer Gemeindekirchenrat gebildet.

b) Die Befugnisse der Organe des Kirchenkreises sind in dem Sinne gestärkt worden, dass die Kreissynode die Vereinigung von Kirchgemeinden oder ihren Zusammenschluss zu einem Kirchgemeindeverband auf deren Antrag oder auf Vorschlag des Vorstandes der Kreissynode beschließen kann.

c) Organ des Kirchgemeindeverbandes ist der Gemeindeverbandsvorstand, der grundsätzlich die Rechte und Pflichten der bisherigen Gemeindekirchenräte der in ihm verbundenen Kirchgemeinden übernimmt. In der Satzung des Kirchgemeindeverbands wird bestimmt, welche Aufgaben den fakultativ zu bildenden örtlichen Gemeindekirchenräten vorbehalten sind bzw. zugewiesen werden.

d) In der Regel gehört der Pfarrer / die Pastorin dem – im Rahmen eines Kirchgemeindeverbandes – gebildeten örtlichen Gemeindekirchenrat nicht mehr mit Stimmrecht an. Die Satzung des Kirchgemeindeverbandes kann aber anderes bestimmen.

e) Das Nähere, insbesondere bezüglich der Kompetenzverteilung zwischen dem Organ des Kirchgemeindeverbandes und etwaigen kirchlichen Gemeindekirchenräten, wurde einer Mustersatzung vorbehalten.

C. Perspektiven der Gemeindeverfassung – Die Verfassung der Evangelischen Kirche in Mitteldeutschland (EKM) und der Gesprächsimpuls der „AG 2019“

1. Gemeinde in der Verfassung der EKM

In der Verfassung der EKM vom 5. Juli 2008 (KVerfEKM),[70] die mit dem Wirksamwerden der Vereinigung der Evangelisch-Lutherischen Kirche in Thüringen und der Evangelischen Kirche der Kirchenprovinz Sachsen[71] am 1. Januar 2009 in Kraft getreten ist, finden sich grundle-

---

70 Amtsblatt EKM, 183.

71 Zum bis dahin von den beiden Kirchen zurückgelegten gemeinsamen Weg von ersten Sondierungsgesprächen 1997 über die zum 1. Januar 2001 vereinbarte verbindliche Kooperation und die zum 1. Juli 2004 gebildete Föderation Evangelischer Kirchen in Mitteldeutschland s. Hans-Peter Hübner, Die Föderation Evangelischer Kirchen in Mitteldeutschland – Zum Stand, dem Erreichten und den noch offenen Fragen, ZevKR 51, 2006, 3-48; ders., Die Föderation der Evangelisch-Lutherischen

gende Aussagen zum gemeindlichen Leben in Art. 3. Im Einzelnen sind die Rechtsverhältnisse der Kirchengemeinden (sic!)[72] nach den Grundbestimmungen, der Kirchenmitgliedschaft und dem Abschnitt „Amt und Dienste“ im IV. Abschnitt, welcher die Art. 21 bis 33 umfasst, geregelt.[73]

Dem Gemeindeverfassungsrecht der EKM liegen folgende Gestaltungsprinzipien und Leitgedanken zugrunde:[74]

a) Rechtsstellung der Kirchengemeinde im Gesamtgefüge der Kirchenverfassung:
Angesichts der zentralen Bedeutung der Kirchengemeinde im kirchlichen Verfassungsaufbau, wo Kirche im Sinne von Art. 7 Confessio Augustana unmittelbar erfahrbar wird, wird diese, wie bisher, nicht nur als bloßer Verwaltungsbezirk rechtlich geordnet. Vielmehr sind weiterhin eigene Entscheidungsspielräume in inhaltlicher, rechtlicher und finanzieller Hinsicht, insbesondere angemessene Mitwirkungsrechte bei der Pfarrstellenbesetzung vorgesehen. Andererseits dürfen sich Kirchengemeinden nicht isoliert, sondern sollen sich im Kirchenkreis, in der Glied- und in der Föderationskirche bzw. in der vereinigten Landeskirche als Teil einer umfassenden Zeugnis- und Dienstgemeinschaft verstehen (Art. 3 Abs. 1, 21 Abs. 3 KVerfEKM). Daraus folgen u. a. der im Finanzsystem zu ordnende Ausgleich der Lasten und Kräfte, die Verpflichtung zur Zusammenarbeit mit benachbarten Kirchengemeinden

---

Kirche in Thüringen mit der Kirchenprovinz Sachsen, in: ders. / Schmidt, a. a. O. (Anm. 41) 91-105.

72 Die Bezeichnung „Kirchgemeinde“ wird also in der Kirchenverfassung der EKM nicht fortgeführt.

73 Die weiteren Abschnitte der Verfassung mit ihren insgesamt 95 Artikeln sind: V. Der Kirchenkreis, VI. Die Landeskirche, VII. Besondere Dienste, Einrichtungen und Werke, Theol. Fakultäten, VIII. Rechtsetzung und kirchliche Gerichtsbarkeit, IX: Finanzwesen und Vermögensverwaltung, X. Übergangs- und Schlussbestimmungen.

74 Vgl. den Abschlussbericht aus der Verfassungskommission mit Einbringung des Vorentwurfs der Verfassung bei der Tagung der Föderationssynode vom 15.-17. März 2007 in Oberhof durch OKR Dr. Hans-Peter Hübner (DS 4/5) und die der Föderationssynode zu ihrer Tagung vom 19.-22. Juni in Bad Sulza vorgelegte Begründung des Verfassungsentwurfs (DS 1.2/2), jeweils veröffentlicht unter www.ekmd-online.de/UnsereKirchen/Synoden/Föderationssynode.

und im Kirchenkreis sowie aufsichtliche Befugnisse, die kirchengesetzlich abschließend zu bestimmen sind.

b) Tragende Bedeutung der Ortskirchengemeinde:
Es wird in Art. 3 Abs. 1, 21 KVerfEKM davon ausgegangen, dass räumlich bestimmte Strukturen nach wie vor die Grundformen kirchlichen Lebens und kirchlicher Arbeit bleiben werden. Dafür werden in der Verfassungsbegründung folgende Gesichtspunkte benannt:

- Räumlich bestimmte Strukturen sind allgemein vertraut und garantieren so, dass kirchliche Aufgaben in notwendiger Kontinuität und Verlässlichkeit wahrgenommen werden.
- Sie garantieren die Erreichbarkeit von Kirche, auch wenn in manchen Gebieten größere Entfernungen und kompliziertere Bedingungen der Kommunikation in Kauf genommen werden müssen.
- Der Charakter der Volkskirche im Sinne einer für die Belange aller Menschen offenen und für das Gemeinwohl sich verantwortlich wissenden Kirche kann erhalten werden.

c) Besondere Gemeindeformen:
Aufgrund verschiedener Umstände wird zugleich anerkannt, dass Kirche im Sinne von Art. 7 Confessio Augustana zunehmend auch überregional, z. B. in Angeboten von kirchlichen Diensten, Einrichtungen und Werken, von Richtungs- oder Personalgemeinschaften wie den landeskirchlichen Gemeinschaften oder von Kommunitäten erlebt wird (Art. 3 Abs. 2 KVerfEKM). Die räumlich bestimmten Strukturen bedürfen somit mit Blick auf die missionarischen Herausforderungen und geistlichen Qualitätsansprüche der Weiterentwicklung wie der Ergänzung. Die neue gemeinsame Verfassung will für solche besonderen Gemeindeformen offen sein. Näheres über Kirchengemeinden, die durch einen besonderen Personenkreis oder aufgrund Anbindung an eine diakonische Einrichtung bestimmt sind, ist einem Kirchengesetz vorbehalten (Art. 21 Abs. 1 Satz 2 KVerfEKM).

d) Zusammenwirken von Gemeinde und Amt, Ehren- und Hauptamtlichen:
Grundlegend wird in Art. 5 Abs. 2 KVerfEKM bestimmt, dass ehrenamtliche und berufliche Dienste einander zugeordnet und aneinander gewiesen sind; außerdem wird die Erwartung zu geschwisterlicher Zu-

sammenarbeit zwischen den in diese Dienste Berufenen formuliert. Die Begründung dafür gibt Art. 14 KVerfEKM, in dem der gemeinsame Auftrag aller Gemeindeglieder aus dem allgemeinen Priestertum in Erinnerung gebracht wird. Auf dieser Grundlage wird in Art. 24 Abs. 2 KVerfEKM die gemeinsame Verantwortung von Ordinierten und anderen Mitarbeitern des Verkündigungsdienstes einerseits und des Gemeindekirchenrates andererseits für die reine Verkündigung des Wortes und die einsetzungsgemäße Feier der Sakramente konstatiert.[75]

In der Frage des Vorsitzes und des stellvertretenden Vorsitzes im Gemeindekirchenrat ist das Ehrenamt gegenüber § 25 der Verfassung der ELKTh gestärkt worden. Während bisher entweder der Vorsitzende ein Kirchenältester und der Pfarrer stellvertretender Vorsitzender war oder umgekehrt, wird in Art. 27 Abs. 2 KVerfEKM in Aufnahme der Regelung des gemeinsamen Gemeindekirchenratswahlgesetzes vom 1. April 2006[76] die Erwartung zum Ausdruck gebracht, dass den Vorsitz im Gemeindekirchenrat ein Kirchenältester wahrnimmt und nur, wenn diese nicht erfüllbar ist, im Ausnahmefall der Pfarrer (§ 31 Abs. 3 GKR-WG). Die Möglichkeit, dass beide Funktionen von Kirchenältesten wahrgenommen werden, ist offen gelassen.

e) Verpflichtung zur Strukturüberprüfung und zur Zusammenarbeit: Nach Art. 21 Abs. 4 KVerfEKM hat jede Kirchengemeinde angesichts der demographischen Entwicklung und der damit einhergehenden Entwicklung der Gemeindegliederzahlen immer wieder neu anhand quantitativer und qualitativer Kriterien zu prüfen, ob sie (noch) in der Lage ist, die ihr obliegenden Aufgaben zu erfüllen, und aus dieser Prüfung die erforderlichen Konsequenzen zu ziehen. Kirchengemeinden sind insbesondere dann zur Zusammenarbeit verpflichtet, wenn Aufgaben sonst nicht ausreichend erfüllt werden können (Art. 32 Abs. 1 KVerfEKM).

In Art. 32 Abs. 2 KVerfEKM werden in Aufnahme des Thüringer Erprobungsgesetzes und des Gemeindestrukturgesetzes (und entsprechender Regelungen der Kirchenprovinz) die verschiedenen Formen

---

75 Vgl. auch oben A 3.b, hh.

76 Amtsblatt EKM 2007, 92.

rechtlich verbindlicher Zusammenarbeit von Kirchengemeinden aufgeführt:

- der in Art. 33 KVerfEKM als selbständiger Rechtsträger näher definierte Kirchengemeindeverband mit dem Gemeindekirchenrat als gemeinsamem Leitungsorgan, aber der Möglichkeit, für bestimmte Angelegenheiten der als Rechtssubjekte fortbestehenden Kirchengemeinden örtliche Beiräte zu bilden,
- kirchliche Zweckverbände, die der gemeinsamen Erledigung spezieller Aufgaben der Kirchengemeinden dienen (z. B. Friedhofsverwaltung, Trägerschaft für Kindertagesstätten),
- Vereinbarungen zur regionalen Zusammenarbeit.

Bei den Kirchengemeindeverbänden wird also in Aufnahme der Grundsätze des Kirchspielgesetzes der Evang. Kirche der Kirchenprovinz Sachsen[77] – im Gegensatz zur Konstruktion des Kirchgemeindeverbandes nach dem Thüringer Gemeindestrukturgesetz[78] – davon ausgegangen, dass die Gemeindeleitung insgesamt dem gemeinsamen Gemeindekirchenrat obliegt, die beteiligten Kirchengemeinden im Regelfall aber keinen örtlichen Gemeindekirchenrat mehr, sondern allenfalls einen örtlichen Beirat, haben.

Für häufig unausweichliche Zusammenschlüsse bisher selbständiger Gemeinden zu einer neuen Kirchengemeinde wird in Art. 21 Abs. 6 KVerfEKM die aus den Thüringer Stadtgemeinden bekannte Möglichkeit zur Bildung von Untergliederungen (Sprengeln) eröffnet, um Motivation und Spielräume für ehrenamtliches Engagement vor Ort zu erhalten.

Im Übrigen entspricht das Gemeindeverfassungsrecht der EKM im Wesentlichen den bisher in der Evangelisch-Lutherischen Kirche geltenden Bestimmungen.

---

77 In der Fassung der Bekanntmachung vom 2. Januar 2003 (Amtsblatt EKKPS, 9,18).

78 Vgl. oben B.3 c.

2. Reformvorschläge der „AG 2019“

a) Ausgangspunkt der Überlegungen:
Das Impulspapier der Unterarbeitsgruppe der „AG 2019“ wendet sich besonders an die strukturschwachen Regionen der Landeskirche in Ost- und Nordthüringen und lädt sie ein, die dort gegebenen Anregungen für die Zukunftsplanung aufzunehmen. Die Verfasser,[79] die sich erkennbar mit den vorliegenden aktuellen Konzeptionen zur Regionalisierung ortsgemeindlicher Arbeit, zur Bildung geistlicher Zentren und zur Förderung der Beteiligung der Gemeindeglieder an der Gestaltung der geistlichen Grundvollzüge und insbesondere den entsprechenden Orientierungstexten der EKD auseinandergesetzt haben,[80] räumen ein, dass ihre Analysen insofern unvollständig sind, als sie auf die Perspektive des Pfarrdienstes beschränkt bleiben, welcher aber mindestens die Perspektiven der weiteren Mitarbeiter im Verkündigungsdienst und der Ehrenamtlichen in den Gemeinden hätten zur Seite gestellt werden müssen. So versteht sich das Impulspapier „in seiner zugegebenen Unabgeschlossenheit als Hilfestellung, mit den langsam zu Ende gehenden volkskirchlichen Strukturen respektvoll umzugehen und sensibel und offen zu werden für das Neue, ‚was in den Gemeinden wachsen will‘ und schon heute und in Zukunft noch mehr auf Kräftigung und Formung angewiesen ist.“[81]

---

79 Superintendent Ralf-Peter Fuchs (Schleiz), Rektor Matthias Rost (Pastoralkollegs der EKM), Pfarrer Hans-Dietrich Spengler (Kölleda) und Pastorin Annegret Freund (Gemeindekolleg der VELKD).

80 Insbesondere das Themenheft Regionalisierung der Zeitschrift Pastoraltheologie 92. Jg., Heft 1, Göttingen 2003; Wolfgang J. Bittner, Kirche – das sind wir! Von der Betreuungs- zur Beteiligungskirche, Neukirchen-Vluyn 2003; Uta Pohl-Patalong, Von der Ortskirche zu kirchlichen Orten, Göttingen 2004; Kirche der Freiheit, a. a. O. (Anm. 8); Wandeln und gestalten. Missionarische Chancen und Aufgaben der evangelischen Kirche in ländlichen Räumen, EKD-Texte 87, Hannover 2007.

81 Einbringung des Impulspapiers bei der 11. Tagung der X. Landessynode der ELKTh (DS 5.2/3).

b) Leitbild und Eckpunkte eines Organisationsmodells für die regionale Zusammenarbeit von Kirchengemeinden

Ihren Vorschlägen für ein Organisationsmodell zur Neuausrichtung der Gemeindearbeit und der regionalen Zusammenarbeit hat die Unterarbeitsgruppe der „AG 2019" folgendes Leitbild vorangestellt:

> „Wir benötigen funktionsfähige Ortsgemeinden und eine Organisationsstruktur, die für regionale Zusammenarbeit und Gemeinschaft förderlich ist. Die dafür notwendigen Veränderungsprozesse können nur gelingen, wenn sie ein solides geistliches Fundament haben" (S. 26).

Auf dieser Grundlage wird das Modell einer selbstorganisierten Ortsgemeinde mit folgenden Eckpunkten entwickelt:

aa) Entschieden plädiert die „AG 2019" – bewusst wider den allgemeinen Trend von Zusammenschlüssen zu größeren Einheiten unter Aufgabe der bisherigen rechtlichen und wirtschaftlichen Selbständigkeit – für den Erhalt und die Stärkung eigenständiger Ortsgemeinden, sofern „sie gesund und funktionsfähig sind." Sie begründet dies zu recht mit dem in Ortsgemeinden nach wie vor „oft" vorhandenen hohen Potential an Identifikation, Flexibilität, Eigenverantwortung und tragender Beziehungsdichte und stellt der Gefährdung der Ortsgemeinde, nicht über den eigenen Kirchturm hinauszuschauen, in der Abwägung der Risiken entscheidend ihre Chance gegenüber, die Probleme am und unterm eigenen Kirchturm genau zu kennen und die Bereitschaft zu haben, „im gesunden Eigeninteresse" die Probleme auch zu lösen (Baustein 1,27).

Die Funktions- und Zukunftsfähigkeit einer Kirchengemeinde soll dabei nicht von quantitativen (Mindestgrößen), sondern von qualitativen Kriterien abhängig gemacht werden (Baustein 2,27). So ist von einer funktionsfähigen Kirchengemeinde dann auszugehen, „wenn sie ausreichend Menschen aus ihrer Mitte aktivieren kann, mit deren Gaben elementare Grundvollzüge der geistlichen, diakonischen und verwaltungstechnischen Selbstorganisation der Gemeinde gestaltet und gelebt werden können." Unter der Fähigkeit zur Selbstorganisation ist in diesem Zusammenhang die tatsächliche Möglichkeit zu verstehen, dass die bisher im praktischen Gemeindeleben vorfindliche Schlüsselrolle und Verantwortung der Hauptamtlichen in den Bereichen der „fünf B", nämlich gemeinsam beten, Bibellesen und bekennen, Besuchsdienst wahrnehmen und Bauwesen mit Finanz- und Grundstücksverwaltung, perspektivisch auf Gemeindeglieder übergehen kann (Bausteine 3 und 4,28). In Kapitel 7 des Impulspapiers wird zu jedem „B“ ein Praxisprojekt vorgestellt (39-51). Pfarrer, Pastorinnen und die weiteren Hauptamtlichen im Verkündigungsdienst sollen – im Interesse „eines Wechsels von der Spielerkompetenz zur Trainerkompetenz“ – im Rahmen der Fort- und Weiterbildung gezielt und schwerpunktmäßig befähigt werden, um entsprechende Gaben bei Gemeindegliedern zu erkennen, sie für die Mitarbeit in der Gemeinde zu gewinnen und die dafür nötigen Vereinbarungen zu treffen (Baustein 5,28, und Baustein 10,34).

bb) Sind die Bedingungen einer funktionsfähigen Kirchgemeinde nicht (mehr) gegeben, soll auf einen Zusammenschluss mit anderen Gemeinden zugegangen werden. Allerdings grundsätzlich nur dann, wenn dies sinnvoll sei, d. h. vor allem dann, „wenn sich die Gaben der Menschen in den einzelnen Gemeinden auf gute Weise ergänzen und man gemeinsam besser die Grundvollzüge gemeindlichen Lebens gestalten kann“ (Baustein 6,29). Hier ist allerdings nachzufragen, ob das, was berechtigtermaßen für die Zusammenarbeit der Hauptamtlichen verlangt wird

> „Gemeinschaft im Dienst ist geistlicher Auftrag und theologisches Programm und kann nicht auf die psychologische Frage reduziert werden, ob denn die ‚Chemie‘ zwischen den Mitarbeitenden stimmt“ (23),

nicht auch für das Verhältnis zwischen benachbarten Kirchengemeinden zu gelten hat.

Für den Fall, dass ein Zusammenschluss mit anderen Kirchengemeinden weder möglich noch sinnvoll ist, wird vorgeschlagen, die Kirchengemeinde als selbständige Körperschaft aufzuheben. Bezüglich der verwaltungsmäßigen und vermögensrechtlichen Verpflichtungen, insbesondere hinsichtlich des Gebäudebestandes, sollen Kirchenkreis und Verwaltungsamt nach noch zu erarbeitenden Grundsätzen die nötigen Schritte, wie Notsicherung, Entwidmung und Gebäudeaufgabe, veranlassen. Dass mit diesen Problemen nicht eine andere Kirchengemeinde bzw. die Region belastet werden soll, welche mit ihrer eigenen äußeren und geistlichen Konsolidierung bereits hinreichend beschäftigt ist, ist nachvollziehbar. Ob die finanziellen und personellen Kräfte des Kirchenkreises dafür allerdings ausreichen oder für solche Fälle auf landeskirchlicher Ebene z. B. eine durch einen besonderen Fonds bzw. eine Stiftung gestützte zentrale Immobilienverwaltung eingerichtet werden könnte, wäre noch zu klären. Etwas kryptisch mutet die im Hinblick auf die verbliebenen Gemeindeglieder getroffene Formulierung an: „Die hauptamtlich getragene Verantwortung für Seelsorge, Kasualbegleitung und Konfirmandenunterricht für Gemeindeglieder, die im Bereich einer aufgegebenen Gemeinde leben, bleibt erhalten.“ Offen gelassen wird, welche Hauptamtlichen konkret diese Verantwortung übernehmen: Nahe liegend wäre doch wohl die gebietsmäßige Zuordnung zu einer Nachbargemeinde bzw. -region.

cc) Alle hauptamtlichen Mitarbeiter – einschließlich der Pastorinnen und Pfarrer – werden zum Dienst in einer konkreten Region des Kirchenkreises mit einer Orientierungsgröße von 6000-7000 Gemeindegliedern beauftragt, welchen sie in gemeinsamer und arbeitsteiliger Verantwortung mit weiteren Hauptamtlichen wahrnehmen. Dabei wird für jede Region ein Team von sechs Hauptamtlichen vorgesehen, darunter drei Pfarrer / Pastorinnen, ein Kantor / eine Kantorin, ein Gemeindepädagoge / eine Gemeindepädagogin, ein Verwaltungsmitarbeiter / eine Verwaltungsmitarbeiterin. Ehrenamtlich Mitarbeitende im Verkündigungsdienst (Lektorinnen und Lektoren, Emeriti) sollen nach Maßgabe ihrer Möglichkeiten verbindlich in die Dienstgestaltung einbezogen werden (Baustein 7,29ff). Als Vorteile regionaler Dienstaufträge werden genannt:

- Stärkung der Zusammenarbeit zwischen den Dienstbereichen, um für die Region eine gemeinsame Verantwortungsperspektive zu entwikkeln und regionale Arbeitsformen in gemeinsamer Verantwortung aufzubauen,
- größere Flexibilität für die Umsetzung von Veränderungen im Stellenkontingent des Kirchenkreises,
- größere Flexibilität in der Einbindung von Mitarbeitern mit eingeschränkter Dienstfähigkeit, und
- größere Flexibilität in der Organisation des pastoralen Dienstes. Diese soll weiterhin seelsorgebezirksorientiertes, alternativ oder kombinierbar aber auch gaben- oder zentrumsorientiertes Arbeiten ermöglichen. Beim zentrumsorientierten Arbeiten wirken alle Mit-

arbeitenden darauf hin, alle dafür geeigneten Aufgaben und Angebote auf ein oder zwei Zentren in der Region zu konzentrieren (Sammeln) mit dem Ziel, mittelfristig in die Region ausstrahlend zu wirken (Senden).

Im Bewusstsein, dass seelsorgerliche Begleitung von Menschen ganz erheblich auf gewachsenem Vertrauen beruht und deshalb neben seelsorgerlicher Kompetenz auch verlässlicher Zuständigkeiten bedarf, wird die Zuordnung des seelsorgerlichen Dienstes und damit auch von Teilen des Kasualdienstes der Pfarrer und Pastorinnen zu konkreten Seelsorgebezirken auch bei zentrums- und gabenorientierter Dienstorganisation als unerlässlich bezeichnet.

dd) Pastorinnen und Pfarrer sollen in der Regel den Gemeindekirchenräten nicht mehr angehören (Baustein 8,32f). Begründet wird dies mit der in wachsenden Amtsbereichen von fünf oder mehr Kirchengemeinden nicht mehr zu leistenden Inanspruchnahme durch Gremientätigkeit und dem Vorhandensein von dafür aufgrund ihrer beruflichen Tätigkeit mitunter besser qualifizierten Gemeindegliedern.

Den Verfassern des Impulspapiers ist dabei deutlich, dass die Mitgliedschaft von Pastorinnen und Pfarrern im Gemeindekirchenrat auch der Einsicht geschuldet ist, dass in der Kirche auch die Verwaltung gemäß dem Auftrag der Kirche zu dienen hat und der Dienst der Gemeindekirchenräte keineswegs auf Verwaltung und Bauerhaltung reduziert werden kann, sondern zugleich auf geistliche Gemeindeleitung und Gemeindeentwicklung hin angelegt ist. Die daraus und für die Einheit der Gemeinde sich ergebende besondere Verantwortung der Pastorinnen und Pfarrer mache aber nicht zwingend ihre Mitgliedschaft im Gemeindekirchenrat nötig, sondern könne anders organisiert werden. So wird vorgeschlagen, dass die zuständige Pastorin / der zuständige Pfarrer – anstelle einer Mitgliedschaft – einen Gaststatus im Gemeindekirchenrat erhält, über die jeweilige Tagesordnung vorab zu informieren ist und die Wirksamkeit bestimmter Beschlüsse von einer vorherigen Anhörung oder der Herstellung des Einvernehmens mit ihr / ihm abhängig gemacht wird. Zur Sicherung der Schrift- und Bekenntnisgemäßheit und der Vereinbarkeit Rechtskonformität von Beschlüssen der Gemeindekirchenräte mit der kirchlichen Ordnung soll jedenfalls eine rechtlich verbindliche vorherige Beratung mit der Pastorin / dem Pfarrer und ein Einspruchsrecht bzw. Genehmigungsverfahren im Nachgang von Beschlüssen vorgesehen werden.

ee) Da nach Einschätzung der Verfasser des Impulspapiers eine Profilierung und Stärkung des geistlichen Lebens und eine auf die jeweiligen Herausforderungen reagierende Gemeindeentwicklung in der Region entscheidend davon abhängen wird, inwieweit es gelingt, den ehrenamtlichen Dienst in den Kirchengemeinden, den Dienst der Hauptamtlichen und die gemeinsam getragene Verantwortung von Ehrenamtlichen und Hauptamtlichen für die Region aufeinander zu beziehen und miteinander zu verbinden, wird vorgeschlagen, ein regionales Leitungsgremium (Regionalrat) zu installieren (Baustein 9,34). Der Regionalrat soll sich aus gewählten Vertretern der Kirchengemeinden und den zum Dienst in der Region berufenen Hauptamtlichen zusammensetzen. Schwerpunkt der Arbeit des regionalen Leitungskreises soll die Stabilisierung, Entwicklung und Profilierung des geistlichen Lebens in der Region sein. Der Regionalrat soll dabei weitgehend von verwaltungstechnischen Aufgaben befreit bleiben. Zu den Aufgaben des regionalen Leitungsgremiums sollen insbesondere gehören:

- die regionale Gottesdienstplanung und die Planung und Organisation regionaler und zentraler Veranstaltungen,
- die Planung und Organisation der pädagogischen, kirchenmusikalischen, sozialen und diakonischen Arbeit in der Region,
- die Planung und Organisation der geistlichen, diakonischen und verwaltungstechnischen Zurüstung und Unterstützung der Gemeinden,
- Mitsprache – bzw. Wahlrecht bei der Stellenbesetzung,
- Koordinierung der Arbeit der Ortsgemeinden der Region,
- Vertretung der Region nach außen.

c) Anregungen für die rechtliche Umsetzung der Vorschläge der „AG 2019“

Die Vorschläge aus der „AG 2019“ nehmen die eingangs zitierten Fragestellungen des Jubilars vollständig auf und führen – abgesehen von den noch präzisierungsbedürftigen Überlegungen für die hoffentlich seltenen Fälle, in denen sich ein an sich gebotener Zusammenschluss einer nicht mehr funktionsfähigen Kirchengemeinde mit Nachbargemeinden nicht realisierbar ist – zu zukunftsweisenden Lösungen, die indes einen massiven Bewusstseinswandel im Selbstverständnis von Gemeindegliedern und Hauptamtlichen voraussetzen.

Im Rahmen dieses Beitrages ist abschließend die Frage zu klären, ob und wie sich diese Vorschläge in den seit dem 1. Januar 2009 verbindlichen Rahmen der Verfassung der Evangelischen Kirche in Mitteldeutschland einfügen lassen. Die Kompatibilität mit der Kirchenverfassung lässt sich strukturell im Wesentlichen dadurch herstellen, dass der Kirchengemeindeverband bzw. dessen Leitungsorgan nach Art. 33 KVerfEKM als rechtliche Basis für die Überlegungen der Arbeitsgruppe zur Region und zum regionalen Leitungskreis genommen werden, zumal die Rechtsverhältnisse eines Kirchengemeindeverbandes im Einzelnen ohnehin noch in einem speziellen Kirchengesetz zu ordnen sind. In dieser Struktur wäre es insbesondere gut vertretbar, wenn die Pastorinnen und Pfarrer der beteiligten Kirchengemeinden nicht mehr deren Leitungsorganen, sondern nur noch dem Gemeindekirchenrat des Verbandes angehören. Zu prüfen wäre allerdings, ob die Bezeichnung „örtlicher Beirat“, wie sie Art. 33 Abs. 3 KVerfEKM für die Leitungsorgane der einem Kirchengemeindeverband angehörenden Kirchengemeinden vorsieht, den Intentionen der „AG 2019“ im Hinblick auf eine in den „5 B“ selbstorganisierte Gemeinde gerecht wird oder im Wege einer Korrektur des Verfassungstextes auf die Begrifflichkeit des Gemeindestrukturgesetzes nach § 34 a Abs. 4 und 5 Verf. ELKTh (Gemeindeverbandsvorstand, örtliche Gemeindekirchenräte) zugegangen werden könnte.

Unabhängig von all diesen Erwägungen bleibt festzustellen, dass die Vorschläge aus der „AG 2019“ Unterstützung verdienen, weil sie die in Mt 20,18 überlieferte Zusage der Gegenwart Jesu in besonderer Weise ernst nehmen und ihr in der Gemeindeverfassung Raum geben.

Das jüngste Gericht und die kirchliche Diakonie

Gedanken zu Mt 25,31-45

Frank Otfried July

Als letzter Text vor der Passionsgeschichte schildert der große Gerichtsdialog in Mt 25,31-45 eindrücklich, was sich ereignen wird, wenn Jesus als der Menschensohn und Weltenrichter in göttlicher Hoheit und Herrlichkeit kommt und Engel ihn als himmlische Eskorte begleiten.

Schon von dieser herausgehobenen Stellung her hat der Text eine große Bedeutung innerhalb des Evangeliums. Vor allem aber hat er in der Geschichte des Christentums eine unübersehbare Rolle gespielt. Häufiger als die meisten anderen biblischen Texte ist er zitiert und ausgelegt worden. Er hat Einfluss genommen auf die Entwicklung der kirchlichen Diakonie. Aber auch die diakonische Lesung dieses Textes in verschiedenen Epochen der Kirchengeschichte hat umgekehrt die Auslegung immer wieder in neue Perspektiven gestellt.

Ich kann mich nicht einreihen in die Schar derer, die der Perikope exegetisch neue Feinheiten zu entlocken versuchen. Ich möchte aber gerne einen Blick werfen auf die Auslegungsgeschichte dieses Textabschnitts, denn sie gewährt einen spannenden Blick auf die immer wieder unterschiedliche Ausrichtung und Blickrichtung des kirchlich-diakonischen Handelns. Gerade in Zeiten diakonischer Neubesinnung mag ein solcher Blick hilfreich sein.

Ich werde mich daher auf die beiden Fragen beschränken, die für den diakonischen Blickwinkel des Textes besonders wichtig sind:

Immer wieder unterschiedlich verstanden und ausgelegt wurde zum einen die Frage, wer eigentlich mit den Völkern gemeint ist, die vor dem Menschensohn versammelt werden, und die er wie Schafe und Böcke zu seiner Rechten oder zu seiner Linken aufstellt, je nachdem, wie sie sich Hilfsbedürftigen gegenüber verhalten haben. Und an welche Menschen denkt der Text zum anderen bei den sechs Gruppen von Hilfsbedürftigen, die er aufzählt: den Hungrigen und den Durstigen, den Fremden und den Nackten, den Kranken und den Gefangenen?

Die Bibelstelle ist weder eine Apokalypse, noch eine Paränese, denn es fehlen eine Vision und eine direkte Anrede. Diese fehlende Anrede macht es zusätzlich schwer, einen Adressaten für die Perikope zu benennen.

Wo Christen diakonisch tätig waren und sind, da mussten und müssen sie eine Entscheidung treffen, ob sie allen Hilfsbedürftigen helfen oder nur anderen Christen. Und je nachdem, wie sie sich an dieser Stelle entscheiden, werden sie wahrscheinlich auch die Bibelstelle Mt 25,31-45 auslegen, entweder als Lebensanweisung für den Umgang mit allen anderen Menschen oder für den Umgang mit anderen Christen oder sogar nur mit einer besonders hervorgehobenen Gruppe von Christen.

Eines aber gilt für jeden Fall: In keinem Moment ihres Lebens war in der Bibelstelle den handelnden Personen klar, dass sich hinter den Hilfsbedürftigen der Menschensohn verbarg. Das wird erst in diesem Gerichtsdialog abschließend deutlich. Es ist die Pointe des menschlichen Handelns, auf die alles hinzielt und durch die sich am Ende erklärt, weshalb den Bedürftigen hätte geholfen werden müssen.

Die unterschiedlichen Variationen, diese beiden Fragen zu beantworten, kann ich auf den folgenden Seiten nur andeuten. Zu groß ist die Zahl der Beispiele in der Kirchengeschichte, in die man sich vertiefen könnte.

Traditionsgeschichtlich unterscheidet aber der Neutestamentler Ulrich Luz, auf dessen Auslegung zum Matthäusevangelium ich mich stützen möchte, drei grundsätzliche Möglichkeiten, den Text auf diese beiden Fragen hin auszulegen.[1]

Es gibt den klassischen Deutungstyp,[2] der historisch ungefähr bis 1800 mehr oder weniger durchgehend in der Geschichte der Kirche zu beobachten ist. Hier ist der Ausdruck „alle Völker“ universal gedacht. Oft denkt der Leser aber an alle Christen, die tätig werden sollten und beurteilt werden. Die Rolle der Nichtchristen bleibt in diesem Zusammenhang undeutlich.

---

1 U. Luz, Das Evangelium nach Matthäus (Mt 18-25), EKK I/3, Zürich / Neukirchen-Vluyn 1997, 516-544.

2 Luz, a. a. O. 526ff.

Die geringsten Brüder, denen die Fürsorge der anderen zu gelten hat, sind meist nur alle Glieder der christlichen Gemeinde, manchmal ausdrücklich die Getauften und sehr selten die Apostel oder die vollkommenen Christen.

Maßstab des so verstandenen Textes ist also das Endgericht für alle Christen. In diesem Endgericht ist entscheidend, wie sie sich ihren Not leidenden Geschwistern gegenüber verhalten haben, wobei die Werke der Barmherzigkeit sozial praktisch gedacht sein können, aber auch geistlich in Form von Fürbitte oder dem Angebot der rechten Lehre erscheinen oder sogar beides zugleich umfassen.

„Alle Völker" werden zum Ort der christlichen Selbstfindung. Der Text ermöglicht eine direkte Identifikation für den Leser: Wer bin ich? Auf welcher Seite will ich stehen, bei den Klugen, die regelgerecht leben und daher gerettet werden, oder bei den Dummen, die zu Recht ausgestoßen werden?

Der zweite Interpretationstyp[3] ist exklusiv und seit dem 18. Jahrhundert zu beobachten. Man begegnet ihm gelegentlich im 19. Jahrhundert und sehr häufig seit 1960.

Hier werden als „alle Völker" die Heiden verstanden. Das heißt, dass nur Nichtchristen vor dem Weltenrichter stehen werden. Ihnen gegenüber stehen als Schar der geringsten Brüder Not leidende Christen. Verfolgte Christen oder sogar nur verfolgte Missionare können sich durch diesen Text getröstet fühlen. Die eng geführte Deutung zeugt von einem christlichen Absolutheitsanspruch, und sie macht ein zweistufiges Endgericht notwendig: Zuerst wird die Gemeinde selbst nach ihrem Glauben gerichtet und erlöst werden, dann erfolgt ein Endgericht über die Nichtchristen nach den in Mt 25,31-45 aufgeführten Maßstäben. Da sie nicht aufgrund ihres Glaubens gerichtet werden können, erfolgt das Gericht über sie nach dem Kriterium, wie sie mit Not leidenden Christen umgegangen sind. Das ist ihre Chance, aufgrund ihrer Liebeswerke dennoch das Heil zu erlangen, denn ethische Maßstäbe gelten in allen Religionen und Kulturen.

---

[3] Luz, a. a. O. 528ff, dort entsprechende Einzelnachweise.

Der dritte Deutungstyp versteht sich universal.[4] Er gewinnt seit dem 19. Jahrhundert immer mehr an Bedeutung. Hier sind „alle Völker" gleichzusetzen mit allen Lesern, also mit allen Menschen, die sich durch den Text angesprochen fühlen, ganz unabhängig von ihrem Bekenntnis. Die Geringsten Brüder sind alle Armen und Leidenden, alle Menschen, die sich am Rande der Gesellschaft vorfinden. Ein solches undogmatisches, praktisches Christentum, das Nächstenliebe vor jegliches Bekenntnis setzt, finde man „klassisch" ausgeprägt bei Leo Tolstoj.[5] Zugleich bestimmt diese Auslegungsart in allen kirchengeschichtlichen Epochen den Grundtenor der kirchlichen Diakonie.

Schon der christliche Apologet und Kirchenvater Laktanz, der nach 317 n. Chr. starb, war teilweise diesem Deutungstyp gefolgt. Seine Unterweisung richtet sich zwar an Christen, aber hilfsbedürftig können vom Grundsatz her alle Menschen sein, denn alle sind von Gott geschaffen. Freilich wird sich die Ausübung zumeist rein praktisch auf christliche Brüder und Schwestern beschränkt haben.

Laktanz ergänzt die biblischen sechs Werke der Barmherzigkeit. Mit Tob 1,17[6] als Textbeleg fügt er hinzu, dass Tote zu begraben seien. Der Empfängerkreis ist an dieser Stelle allerdings eingeschränkt. Er dachte an mittellose Christen, deren Angehörige finanziell nicht in der Lage waren, ihre Toten bestatten zu lassen.[7]

---

4 Luz, a. a. O. 521ff.

5 Eine eindrucksvolle Parabel über die Kraft der Nächstenliebe ist Leo Tolstojs Buch: Herr und Knecht, Reclam 1995.

6 Tob 1,17: „Ich teilte mein Brot mit den Hungernden und kleidete die, die nichts anzuziehen hatten. Wenn ich sah, dass man einen verstorbenen Israeliten vor die Mauer von Ninive geworfen hatte, begrub ich ihn."

7 Laktanz schreibt in den göttlichen Unterweisungen (Epitome divinarum institutionum):
„*54. Die zwei Wege des Lebens*. Erste Aufgabe der Gerechtigkeit aber ist es, Gott zu erkennen, ihn als Herrn zu fürchten und als Vater zu lieben. … Zweite Pflicht der Gerechtigkeit ist es, dass wir im Nebenmenschen den Bruder erkennen …
60. Die Gebote. … Wir sind von einem Gott geschaffen und stammen von einem Menschen ab; wenn wir also durch das Anrecht der Blutsverwandtschaft miteinander verbunden sind, so müssen wir alle Menschen ohne Ausnahme lieben … darum befiehlt uns Gott, immerdar auch Gebete für die Feinde zu verrichten. … Nahrungsbedürftigen wollen wir mitteilen, Nackte bekleiden, Unterdrückte aus der Hand der Übermacht befreien. Unsere Wohnung stehe Fremdlingen und Obdachlosen offen; Waisen fehle nicht unsere Verteidigung, Witwen nicht unser Schutz. Gefangene vom Feinde loszukaufen, ist ein großes Werk der Barmherzigkeit, ebenso Kranke

Insgesamt nennt Laktanz sogar neun Werke: Hungernde speisen, Nackte bekleiden, Unterdrückte befreien, Fremden und Obdachlosen Unterkunft bieten, Waisen verteidigen, Witwen beschützen, Gefangene vom Feind loskaufen, Kranke und Arme besuchen, Menschen bestatten, die keine Familie vor Ort haben oder deren Familie mittellos ist.

Diese Liste des Laktanz umfasst verschiedene alt- und neutestamentliche Gebote, ohne dass sie einer einzelnen Bibelstelle zuzuweisen wären. Sie fungiert als Gegenstück zu einer Liste von Verboten und benennt, was ein Christ zu tun hat, ohne auf irdische Vergeltung hoffen zu können.

Seit dem Hochmittelalter stand die Liste der sieben Werke der Barmherzigkeit fest. Sie umfasste die biblischen Werke und die Totenbestattung an Menschen ohne Angehörige vor Ort, war das Herzstück der mittelalterlichen Caritas und erschien in Stiftungsurkunden von Hospitälern. Die diakonische Tätigkeit der Hospitalritterorden wäre ohne diese Textauslegung undenkbar, dass Barmherzigkeit und Hilfe für in Not geratene Menschen nicht grundsätzlich auf eine bestimmte Gruppe von Menschen eingeschränkt werden kann.

Eigentliches Zentrum jeder Auslegungsrichtung ist die Feststellung, dass Gutes nur um seiner selbst willen getan werden kann. Sie ergibt sich daraus, dass bis zur Auflösung am Jüngsten Tag wirklich keiner der Handelnden weiß, dass er in Wirklichkeit dem Menschensohn selbst Gutes getan hat und daher auch nicht auf eine Vergeltung hoffen kann. Weil die aufgeführten Taten der Barmherzigkeit auch auf rein menschlicher Basis meist nicht vergolten werden können, gleichen sie sich hier

---

und Arme zu besuchen und zu erquicken. Mittellose und Ankömmlinge mögen im Tode nicht unbestattet bleiben. Das sind die Werke, das die Pflichten der Barmherzigkeit; wer diesen Pflichten nachkommt, der opfert Gott ein wahres und wohlgefälliges Opfer. Das ist ein wahres Versöhnungsopfer vor Gott, den nicht das Blut des Opfertieres, sondern die Frömmigkeit des Menschen versöhnt; denn Gott, der gerecht ist, verfährt mit dem Menschen nach des Menschen eigenem Gesetz und Verhalten; er erbarmt sich dessen, den er barmherzig sieht, und ist unerbittlich gegen den, der sich gegen Bittende verschließt." Text aus: Des Lucius Caelius Firmianus Lactantius Schriften. Aus dem Lateinischen übersetzt von Aloys Hartl, BKV 1/36, München 1919. Der lateinische Text ist nachzulesen bei: L. Caeli Firmiani Lactanti opera omnia, recensuerunt S. Brandt et G. Laubmann. I: Diuinae institutiones et epitome diuinarum institutionum, recensuit S. Brandt, Prag / Wien / Leipzig 1890, CSEL 19.

auf Erden nicht aus. Man muss sie tun ohne jegliche Hoffnung auf eine Belohnung.

Die christlichen Heiligenlegenden allerdings konnten es oft nicht lassen, Werke der Barmherzigkeit doch auf irgendeine zufrieden stellende Weise irdisch zu vergelten. Ein besonders schönes Beispiel ist Caravaggios Meisterwerk „Die sieben Werke der Barmerzigkeit" (*Sette opere di Misericordia)* mit ihrer aparten Kombination von „Hungernde speisen" und „Gefangene besuchen" in Gestalt der barbusigen Pero, die ihren zum Hungertod im Kerker verdammten Vater Cimmone besucht und durch das Gitter der Gefängniszelle säugt. Dieser Erweis der Tochterliebe rührte die verantwortlichen Beamten derart, dass sie den Delinquenten begnadigten und am selben Ort eine der „Pietà" geweihte Kirche bauen ließen.[8]

Klöster verstanden sich als Bewahrer der Regeln der Barmherzigkeit. Die sieben Werke der Barmherzigkeit finden sich in der Klosterregel des Benedikt von Nursia gleich zu Anfang wieder. In Kapitel 4, das über die Werkzeuge der geistlichen Kunst spricht, werden sie unter vielen anderen Geboten genannt. Wer sie tun soll, ist eindeutig: „Die Werkstatt aber, wo wir dies alles mit Eifer ausführen, ist der klösterliche Bezirk und das beständige Leben in der Klostergemeinde."[9]

Auch die Adressaten der Liebesdienste sind rasch gefunden. In Kapitel 53, das über die Aufnahme der Gäste spricht, heißt es: 1. Alle Gäste, die kommen, sollen wie Christus aufgenommen werden; denn er wird sagen: „Ich war Gast, und ihr habt mich aufgenommen." 2. Und allen erweise man die ihm gebührende Ehre, „besonders den Glaubensgenossen" und Pilgern.[10]

---

8 Eigentlich Michelangelo Merisi (1573-1610), italienischer Barockmaler. Beauftragt von den adeligen Gründern des Pio Monte della Misericordia, einer 1601 ins Leben gerufenen und noch heute aktiven Wohltätigkeitsorganisation zur Unterstützung Armer und Kranker, malte Caravaggio das Altarbild 1607. Das Bild ist heute noch in Neapel am ursprünglichen Ort zu besichtigen in einer kleinen Kirche in der Via dei Tribunali.

9 Regula Sancti Benedicti 4.78: Officina vero ubi haec omnia diligenter operemur claustra sunt monasterii et stabilitas in congregatione.

10 Regula Sancti Benedicti 53.1: Omnes supervenientes hospites tamquam Christus suscipiantur, quia ipse dicturus est: *Hospes fui et suscepistis me;* 2: et omnibus congruus honor exhibeatur, *maxime domesticis fidei* et peregrinis; in: Die Benediktusregel, lateinisch-deutsch, hg. von P. Basilius Steidle OSB, Beuron 1963.

Zunächst einmal scheinen „alle“ keine Eingrenzung zu haben und die Brüder im Glauben werden nur bevorzugt behandelt. Aber liest man weiter, dann findet man schnell, dass eigentlich nur an Christen gedacht wird. Es wird nämlich in den folgenden Punkten verlangt, mit den Gästen zu beten und ihnen aus der Bibel vorzulesen.

Hinter diesem Vorbehalt verbirgt sich, dass die engen Klostermauern eine umfassende Diakonie ohnehin stark einschränkten. Brüder, die im diakonischen Bereich weitergehend wirken wollten, mussten die Klostermauern verlassen, und das war ein im Grunde gar nicht vorgesehener Schritt hinaus in die Welt.

Diesen Schritt ging die Mission. Das deutsche Wort Barmherzigkeit war die Übersetzung der ersten Germanenmissionare für das lateinische Wort „misericordia“ und meinte „wer ein Herz für die Armen hat“.[11] Dabei geht es nicht um ein bloßes Gefühl. Barmherzigkeit äußert sich in der Tat und wendet sich denen zu, die sich in Not befinden.

Der Anspruch ist so alt, wie Menschen zusammen leben. Selbst in den ersten Gesellschaften, deren Aufbau und Verhalten wir ein wenig nachspüren können, weil sie schriftliche Dokumente hinterlassen haben, findet man in gewisser Weise schon fürsorgliches Handeln. Allerdings muss man beachten, dass eine solche antike Gesellschaft, soweit wir es beobachten können, keine moderne Sozialstruktur besaß. Sondern sie war eine hierarchisch aufgebaute Ansammlung von Individuen ohne soziale Querverbindungen. An der Spitze stand der König, der das Volk wie eine Herde leitete, unter ihm stand die abgestufte Rangleiter der Untergebenen. Sie setzte sich bis in die Familien fort. Es gab keine Gilden und keine Vereine, keine allgemeinen Bildungseinrichtungen oder gemeinnützigen Organisationen, nichts, was die Menschen horizontal untereinander verbinden konnte. Emma Brunner Traut nennt das – im Hinblick auf das von ihr besonders untersuchte alte Ägypten – eine aggregierte Gesellschaft.[12] Eine solche Gesellschaft hat kein gemeingesellschaftliches Leben, das auf gegenseitiger Verantwortung basiert. Das Wissen darum, dass der einzelne Mensch ein politisches Wesen ist und

---

11 Kluge, Etymologisches Wörterbuch der deutschen Sprache, Berlin [21]1975, 52.

12 E. Brunner-Traut, Wohltätigkeit und Armenfürsorge im Alten Ägypten, in: Diakonie – biblische Grundlagen und Orientierungen, hg. von G. K. Schäfer / Th. Strohm, Heidelberg 1990, 23-43.

daher im Leben nicht nur vertikal, sondern auch horizontal mit anderen Menschen verknüpft ist, findet man zum ersten Mal deutlich ausgeprägt an der Wende vom 6. zum 5. Jahrhundert vor Christus in der griechischen Kultur und in der prophetisch-jüdischen Kultur, von der wiederum die christliche Kultur ihre Grundprägung hat.

Gewiss gab es auch in den Kulturen des Alten Orients Fürsorge für andere Menschen. Aber sie beschränkte sich auf den Bereich der Kernfamilie, die aus Eltern, Großeltern und unverheirateten Kindern bestand. In sie konnten im Notfall hilfsbedürftige Verwandte aufgenommen werden. Daher konnte sich ein Mensch nur dann gesund und geborgen fühlen, solange er vor Ort war. Reisende waren auch sozial gefährdet, denn sie konnten außerhalb der engen Kernfamilie nicht auf Hilfe hoffen. Der Gedanke der Sippen- oder Dorfgemeinschaft als einem weiten geborgenen Raum war kaum vorhanden.[13]

Die Einzigen, deren religiöse Aufgabe es war, sich um Notleidende zu kümmern, waren der Pharao selbst und seine Beamten. In den Fürstenspiegeln hoch stehender Persönlichkeiten wurden tatsächlich Verhaltensweisen erwartet, die an die Werke der Barmherzigkeit aus Mt 25,31ff erinnern. Es ist davon die Rede, dass sie Gesetze achten müssen und nicht parteiisch sein dürfen. Sie sollen Gerechtigkeit lieben, Sünde hassen, Hungrige speisen, ein Freund der Armen sein, Unwissenden helfen, Bittenden großzügig geben, Mitleid haben, Waisen und Witwen helfen und Bittsteller geduldig anhören. Ein Regent muss die Zukunft im Blick haben und Vorratswirtschaft betreiben. Seine Aufgabe ist die Armenfürsorge, und zu der gehört, auch denen zu helfen, die kein ordentliches Begräbnis bezahlen können. Es beinhaltet Fürsorge für Kranke und Gastfreundlichkeit zu Fremden, Reisende nicht abzuweisen, auch dem Feind zu essen zu geben und keine Darlehen zurückzufordern, wenn dies zum Ruin des verarmten Gläubigers führen würde.

Einige dieser Grundregeln für die Fürsten verpflichteten über den Weg von Weisheitslehren auch das ganze Volk: „Hüte dich, einen Elenden zu berauben oder einem Schwachen Gewalt anzutun. Strecke deine

---

13 Ebd. 26.

Hand nicht aus gegen einen Alten, fahre einem Älteren nicht über den Mund.“[14]

Erst mit einer horizontalen Strukturierung einer Gesellschaft, erst mit dem Gedanken, dass Menschen gegenseitig für einander verantwortlich sind, erst mit dem Wissen darum, dass sie hier eine Willensfreiheit haben und damit ein Schuldbewusstsein, war aber diakonisches Handeln möglich, das zu sozialen Einrichtungen führen konnte.

Der Anspruch der ägyptischen Fürsten findet sich wieder im Ideal der Richter in Israel. Die Aufgabe der Richter war es, das Verhalten der Menschen so zu steuern, dass Reiche sich Armen gegenüber barmherzig erwiesen. Den Schwachen verhalfen sie zu ihrem Recht.[15] Aus diesem Anspruch leitet sich auch das Sabbatgebot ab, in dem Barmherzigkeit und Gerechtigkeit zusammenfallen. In Jes1,10ff wird dieser Zusammenhang ausdrücklich genannt.

Wo das nicht geschieht, sind beide Begriffe beschädigt: Gerechtigkeit wird zerstückelt. Es bekommt nur noch jeder, was er verdient. Und Barmherzigkeit ist kein Anrecht des Menschen mehr, sondern wird zur nachsichtigen Milde.

Es gibt nichts, was die Barmherzigkeit erzwingen könnte. Nur die erfahrene Not bestimmt, dass Barmherzigkeit erwiesen werden muss. Denn Gott will das Leben und erwartet vom Menschen, dass auch er das Leben will und fördert. Dieser Grundsatz bestimmt alles diakonische Tun im Alten Testament.

Es gab schon in der vorchristlichen Zeit das so genannte „Xenodocheion“ mit verschiedenen spezifischen Aufgaben. Im Ursprung verbarg sich dahinter wohl ein wohltätiges Institut zur kurzfristigen Unterbringung von Pilgern, Armen, Kranken und anderen hilfsbedürftigen Personen. Die frühen Christen richteten solche Herbergen wahrscheinlich für reisende Brüder ein.

Die Fürsorge für Arme, Pilger, Witwen, Waisen und Kranke war in neutestamentlicher Zeit zunächst einmal den Bischöfen auferlegt. Von ihnen wurde verlangt, ein gastfreies Haus zu haben (1Tim 3,2). Dieses gastfreie Haus, das wohl vor allem reisenden Brüdern weiterhalf, er-

---

14 Aus der Lehre des Amenemope aus der 20. Dynastie, in: E. Brunner-Traut, Lebensweisheiten, 136-150, zitiert in Emma Brunner-Traut, Wohltätigkeit, 37.

15 Jes 1,21-31.

weiterte sich so, dass das von der Gemeinde zur Verfügung gestellte Bischofshaus oder die Bischofskirche mit einbezogen werden mussten. Fürsorge geschah wahrscheinlich nur lokal in einzelnen Gemeinden. Erst als das Christentum staatlich anerkannt war, konnten über die einzelnen Orte hinaus Hilfsstrukturen entstehen.

Kanon 8 des Konzils von Chalkedon legte fest, dass der Bischof vor Ort eine Art von dauerndem Aufsichtsrecht hatte über Stiftungen, die in seinem Ortsbereich für die Armenfürsorge gemacht wurden.[16] Offenbar konnte der Bischof einen Verwalter absetzen, wenn der eine solche Lokalität schlecht führte.

Der frühe christliche Schriftsteller Tertullian[17] schließt in Apologeticum 39 in die organisierte Versorgung der Bedürftigen die „senes domestici", die Arbeitsunfähigen, mit ein.[18] Allerdings wendet sich bei ihm ähnlich wie später in der klösterlichen Tradition des Benedikt die

---

[16] VIII: Clerici in ptotiis, monasteriis aut martyriis constituti sub potestate sint eius, qui in ea est civitate episcopus, secundum traditionem sanctorum patrum nec per praesumptionem recedant a suo episcopo. Eos vero, qui ausi fuerint rescindere huiusmodi institutionem quocumque modo vel si noluerint subiacere proprio episcopo, si quidem fuerint clerici, personarum ordinatione subiaceant condemnationibus canonum, si vero laici vel monachi fuerint, communione priventur. In: A. Grillmeier und H. Bacht (Hg.), Das Konzil von Chalcedon III, Würzburg 1954.

[17] Quintus Septimus Florens Tertullianus, geb. um 150, gest. um 230.

[18] Tertullian apol. 39: „Ich selbst will nunmehr die Zwecke der christlichen Verbindung darlegen: ... Und wenn auch eine Art von Kasse vorhanden ist, so wird sie nicht etwa durch eine Aufnahmegebühr, was eine Art von Verkauf der Religion wäre, gebildet, sondern jeder einzelne steuert eine mäßige Gabe bei an einem bestimmten Tage des Monats, oder wann er will, wofern er nur will und kann. Denn niemand wird dazu genötigt, sondern jeder gibt freiwillig seinen Beitrag. Das sind gleichsam die Sparpfennige der Gottseligkeit. Denn es wird nichts davon für Schmausereien und Trinkgelage oder nutzlose Fresswirtschaften ausgegeben, sondern zum Unterhalt und Begräbnis von Armen, von elternlosen Kindern ohne Vermögen, auch für bejahrte, bereits arbeitsunfähige Hausgenossen, ebenso für Schiffbrüchige, und wenn welche in den Bergwerken, auf Inseln oder in den Gefängnissen, selbstverständlich nur dann, wenn wegen der Sache der Genossenschaft Gottes diese Heimsuchung sie trifft, Versorgungsberechtigte ihres Bekenntnisses werden. Aber sogar die Ausübung dieser hohen Art von Liebe drückt uns bei gewissen Leuten einen Makel auf. ‚Siehe', sagen sie, ‚wie sie sich untereinander lieben' – sie selber nämlich hassen sich untereinander – und ‚wie einer für den andern zu sterben bereit ist'; sie selber nämlich wären eher bereit, sich gegenseitig umzubringen. Aber auch darüber, dass wir mit dem Namen Brüder bezeichnet werden, geraten sie, wie mich dünkt, aus keinem andern Grunde in Aufregung, als weil bei ihnen jeder der Blutsverwandtschaft entnommene Name, was herzliche Zuneigung betrifft, nur Heuchelei ist."

Fürsorge nur an die Glaubensgenossen, die er „Brüder“ nennt. Die geschwisterliche Fürsorge der Christen ist für ihn das von Nichtchristen wahrnehmbare Gütezeichen, das sie verbindet und vor allen anderen Menschen auszeichnet.

Die Textstelle belegt, dass es frühe Gemeindekassen, so genannte deposita pietatis gab. Wanderlehrer wurden aus ihnen versorgt, in bescheidenem Maß wohl auch Amtsträger, die arbeitsunfähig geworden waren. Das Kirchenvermögen galt als Armengut, denn die Armen galten als der wahre Schatz der Kirche.[19]

Interessant ist in diesem Zusammenhang eine der hagiographischen Geschichten, die über Basilius den Großen erzählt werden.[20] Während einer Hungersnot verkaufte er offenbar die Güter, die er geerbt hatte, und arbeitete selbst in einer Suppenküche mit, wobei er Juden und Christen genau gleich behandelte mit der Begründung, sie hätten die gleichen Eingeweide.

Basilius gründete in Caesarea als Beispiel für Gerechtigkeit, die zur Barmherzigkeit wird, einen neuen Stadtteil, der aus Altersheimen und Spitälern bestand, und der als Weltwunder galt.

Kirchliche Verkündigung, hierarchische Verantwortung, diakonisches Tun sind eng verknüpft. Im Zuge dessen, dass in der Auslegung von Mt 25,31-45 als Notleidende nicht mehr nur die Gemeindeglieder gesehen wurden, verwandelten sich die Werke der Barmherzigkeit von einer gemeindeinternen zu einer sozialethischen Forderung. Das schlug sich später in der staatlichen Gesetzgebung nieder.

Innerhalb der Kirche forderte man zu individueller Mildtätigkeit auf. Almosen – das griechische Wort für Mitleid – war zunächst eine Gabe zur Unterstützung der sozial Schwachen und der freiwillig Armen gewesen. Bettelmönche erhielten es als selbstverständliche Gabe. Im Mittelalter wurde sie zur Hauptquelle der städtischen Versorgung für Arme. In kirchlichen Einrichtungen verwaltete der Almosenier die eingezahlten Almosen, in Gemeinden gab es Almosenkassen.

Wer mehr tun wollte und konnte, konnte einem Kloster spenden oder eine für die Zeit typische Stiftung errichten.

---

19 AASS Augusti II, 492.

20 Bischof und Kirchenlehrer, geb. um 330 in Cäsarea / Kappadokien, gest. am 1. Januar 379 daselbst.

Seit dem Jahr 779 wurde die kirchliche Zehntpflicht eingerichtet, eine Reallast, die mit dem Grund und Boden verbunden war. Allerdings kam ihr Ertrag nur noch zu einem Drittel oder gar nur noch zu einem Viertel den Armen zugute. Die anderen Teile erhielten jeweils zu einem Viertel der Bischof, der Pfarrklerus und der kirchliche Baufond.

Man kann beobachten, dass die Not im Mittelalter mit dem Zerbrechen der Großfamilien zusammenhing. Sie hatten seit der zweiten Synode von Tours die Pflicht, Not leidende Familienmitglieder zu unterstützen. Wo sie aber nicht mehr intakt waren, breitete sich der Bettel aus.

Klöster und Städte nahmen sich des Problems an. In den Städten bildeten sich Bruderschaften, Stiftungen und genossenschaftliche Bewegungen unverheirateter Frauen, die sich vorbildhaft der Werke der Barmherzigkeit widmeten. Ritterliche Spitalorden waren oft ökumenische Großunternehmungen. Sie entstanden während der Kreuzzüge und verbanden den Kampf gegen die Ungläubigen mit diakonischen Aufgaben. Aus ihrer Arbeit erwuchsen später die städtischen Hospize und Hospitale.

Mt 25,31-45 hatte zu einem Glauben geführt, der gute Werke für verdienstlich hielt. Bettelorden bildeten sich und organisierten sich sogar zu Gilden. Betteln wurde zum steuerpflichtigen Beruf, der sich nur halten konnte, weil Menschen überzeugt waren, das Almosengeben werde ihnen als Verdienst angerechnet. Städte versuchten, der Lage durch Bettelordnungen, Bettelvögte und die Ausweisung bestimmter Bereiche, an denen gebettelt werden durfte, Herr zu werden. Die Kirchentüren waren solche Orte und sind es bis heute geblieben. Ortsfremde Bettler mussten den Ort mit Einbruch des Winters verlassen.

Martin Luther hat angesichts dieser Grundstruktur theologisch entschieden abgelehnt, dass das Tun der Werke der Barmherzigkeit zur Rechtfertigung beitragen könnte, und damit die kirchlich diakonische Arbeit auf neue Füße gestellt. Er sieht in ihnen eine Auslegung des 5. Gebotes, und er weiß, dass auch fromme Menschen dieses Gebot immer wieder übertreten werden. In einer Predigt zu Mt 25,31-45[21] schreibt er:

---

21 Martin Luther, Das Gericht Gottes über die Welt. Predigt am 26. Sonntag nach dem Dreieinigkeitsfest. Matth. 25,31-46, in: Martin Luther. Ausgewählte Werke III. Der Zeuge auf der Kanzel, hg. v. T. Lundquist, Stuttgart 1935, 423-435.

„Nun möchte man fragen, warum der Herr gerade diese sechs Werke der Barmherzigkeit und der Unbarmherzigkeit anführt, da man doch in ihnen nicht mehr findet, als was das fünfte Gebot befiehlt, wenn man's genau nimmt. ‚Nicht töten' das heißt ja: nicht zürnen, und das heißt im Munde Christi: ‚Du sollst deinem Nächsten freundlich helfen und raten. Wenn deinen Feind dürstet, so tränke ihn. Wenn einer einen Rock braucht, so gib ihm auch den Mantel! Tust du's nicht, so hast du's mir nicht getan.' Das sind alles Werke des fünften Gebots, das uns sagt, dass wir freundlich und barmherzig gegeneinander sein sollen und vor allem gegen die, die uns Anlass zum Zorn gegeben haben."[22]

Luther hat exegetisch klar entschieden, dass dieser Bibeltext sich nur an Christen richtet. Die Entscheidung ist für ihn deshalb so wichtig, weil er wahrnimmt, dass auch Nichtchristen durchaus gewillt und in der Lage sind, die Gebote der Barmherzigkeit zu erfüllen. Er schreibt weiter:

„Warum urteilt er hier so streng über Werke, die auch Türken und Heiden tun? [...] Wahrlich, alle diese hier von Christus genannten Werke üben sie mehr als wir. Weiter haben Griechen und Römer Stiftungen gemacht, damit sie den Armen gegeben werden können. Warum hebt Christus solche Werke so hoch? Vielleicht meint er das: dass nach der Offenbarung des Evangeliums die Christen ärger werden als zuvor die Heiden waren. Ich fürchte es wahrlich."[23]

Luther spricht sich hier aber ausdrücklich gegen eine exklusive Deutung des Bibeltextes aus. Die Heiden sind keine handelnden Adressaten, an sie richten sich die Worte Jesu nicht:

„Nun will Christus hier die rechten guten Werke unterscheiden von denen der Türken und der Heiden. Und zwar sieht er als gute Werke diejenigen an, die ihm geschehen. Da wollen die Gottlosen entschuldigt sein, da sie ihn ja nicht gesehen hätten."[24]

Was aber geschieht mit Christen, die diese Werke der Barmherzigkeit nicht tun? Beispiele dafür gibt es genug.

„Christus zeigt hier, dass wir Christen nach dem Empfang der Gnade viel ärger sind als die Heiden, wenn wir es machen wie die Hunde und Säue, die sich nach der Schwemme wieder im Kot wälzen (2Petr 2,20-

---

22 Luther, a. a. O. 425f.
23 Luther, a. a. O. 426.
24 Luther, a. a. O. 432.

22). Ein Christ ist, wann er anfängt, Christ zu sein, ein ‚Erster'; aber ehe man sich umsieht, wird er ein ‚Letzter', wird er ein ‚Schwein'. Umgekehrt ‚werden die Letzten die Ersten sein'. Das heißt: die, von denen man's nicht glaubt, werden Christen."[25]

Luther bleibt dabei, dass Christen zu dieser Textstelle einen anderen Zugang haben als den der Werkgerechtigkeit. Sie sind ohne ihr eigenes Zutun erlöst. Christus hat sie ohne Vorleistung zu seiner rechten Seite versammelt. Aber diese Erlösung trägt einen Dank in sich, eine Verpflichtung, der ein Christ sich freiwillig und voller Freude stellt. Ich lasse noch einmal Luther selbst zu Wort kommen:

„Zweitens zieht Christus die Werke der Barmherzigkeit und Unbarmherzigkeit aus dem fünften Gebot darum hier an, weil wir Christen Barmherzigkeit empfangen haben. Denn Christus, unser lieber Herr, hat uns vom Zorn Gottes, von der Sünde auch wider das fünfte Gebot, und vom ewigen Tod erlöst. [...] Da er nun den Zorn stillt und den Vater freundlich macht, so sollen wir billig diesem Beispiel folgen. Erstens ist unsere Erlösung durch ihn geschehen, zweitens hat er uns ein Beispiel gegeben. Wenn er so gütig ist, dass er alles daran gewendet hat, um mich ewig zu speisen, so soll ich deshalb künftig nicht mehr gegen das fünfte Gebot sündigen, sondern Barmherzigkeit, Freundlichkeit, Liebe und Güte erzeigen, so dass mich nicht nur das drohende Urteil schreckt, sondern vielmehr das Beispiel Christi lockt. [...]

Auf dieses Urteil warten wir sehnlich. Denn erstens ist der Teufel da und drückt uns; weiter tut das unser Fleisch, das uns nicht glauben lässt, [...] wir müssen so viel Jammer sehen, dass wir müde werden und schreien: ‚Komm und erlöse uns!' Darum werden gewiss einige da sein, die diese Gnade erlangen werden; sie, die hier auf Erden geplagt worden sind, werden mit Freuden und gutem Gewissen jenen Tag erwarten. Und sie werden als solche erfunden, die recht glauben; und die solcher Art sind, die tun auch jene Werke der Barmherzigkeit. Denn wer glaubt, dass er durch Christus vom Zorn erlöst ist, der gibt gern und hat ein freundliches Herz, auch gegen seine Feinde; wenn er auch selber mit

---

[25] Luther, a. a. O. 429.

Essen und Trinken Not leiden muss, so wird er ihnen trotzdem gern alles geben."[26]

Und doch – Luther ist nicht blind. Er sieht, dass auch viele Erlöste aus ihrer Erlösung eine Posse machen und sie nicht ernst nehmen. Über ein solches Verhalten könnte das Urteil nicht schärfer ausfallen:

„So blind und verstockt ist das Fleisch: Sie sehen, dass alle Menschen vor ihnen gestorben sind, und dennoch tut ein solcher sich das aus den Augen, um ja nicht zu sehen, was man sehen soll. Weiter hört er, dass er vor Gericht kommen soll und verurteilt werden soll, weil er nicht getan hat, wie hier der Herr verlangt. Und dennoch richtet er sich nicht danach, sondern tut das Gegenteil: Wenn er einen Feind hat, so gibt er keine Ruhe, bis er sich gerächt hat. Ja auch, wenn sein Feind hungrig ist, so rührt's ihn nicht, sondern wenn er ihm noch Schaden tun kann, so tut er's. Du fragst nicht nach dem Tod noch nach dem Richterstuhl, vor dem du erscheinen wirst? Wohlan, dort ist dein Urteil schon bereit! ‚Gehet hin von mir, ihr Bösen!'"[27]

Deshalb schließt Luther: „Darum wird Gott Deutschland über den Haufen werfen. Er kann's nicht leiden, dass sein Name gelästert und sein Wort verachtet wird; er hat's noch niemals gelitten. Darum denke jeder daran, dass er dies Evangelium festhalte, damit wir kommen zu der gesegneten Schar zu seiner Rechten und das Gericht seliglich erwarten. Amen."[28]

Luther hat aus diesem Ansatz heraus, dass ein Christ aus Dankbarkeit für seine Erlösung ganz selbstverständlich Gutes tut, sehr bewusst versucht, die Diakonie neu zu beleben. Sein Ausgangspunkt war dabei die Abendmahlsgemeinschaft. Sie ist das Band, das Christen mit einander verbindet und für einander verantwortlich macht.[29] Die Fürsorgepflicht von Christen gilt also in der Regel anderen Christen. Zusammen mit den Seelen ist aber der Leib zu versorgen. Die Kirche hat den Auftrag, ihre Schätze an die Armen zu verteilen. Luther hat sehr deutlich gemacht, dass gute Werke zwar nichts mit der Rechtfertigung des Menschen zu tun haben, dass sie aber dennoch zu tun seien. Die Zweireichelehre legt

---

[26] Luther, a. a. O. 429f.
[27] Luther, a. a. O. 431.
[28] Luther, a. a. O. 435.
[29] Luther, WA 2, 742ff.

es klar: Vor Gott stehend ist der Mensch ein freier Herr und keinem untertan. Aber wo er in der Welt seinen Ort hat und dort mit anderen Menschen zusammenlebt, ist er ein Knecht und jedermann verpflichtet.

Martin Luther hat die Landesherren auf ihre Christenpflicht festgelegt, dass sie zu helfen hätten, und er hat damit ein stadträtisches Kirchenregiment mit eigener absolutistischer Entwicklung gefördert. Diesem Ansatz folgte die Nachreformation. Auch hier wurden Christen als Individuen auf ihre Pflicht zur persönlichen tätigen Liebe hin angesprochen. Die soziale Verantwortung aber lag in der Hand der Obrigkeit. Erst der Dreißigjährige Krieg beendete diese geordnete Sozialhilfe.

In Aufklärung und Pietismus wurden charismatische Persönlichkeiten zum Kristallisationspunkt der diakonischen Arbeit. August Herman Francke, der für die Diakoniegeschichte Epoche gemacht hat, kombinierte soziale Nothilfe mit Erweckung und Bekehrung. Er schreibt: „ ... alle Christen [sollen] ... in derselben Erniedrigung, darein sich Christus gegeben hat, da er sich allen zum Knecht gemacht, sich auch allen Menschen zu Knechten machen und nicht das ihre, sondern das, was ihren Nächsten nützlich und ersprießlich ist, suchen“.[30] Unter diesem Vorsatz gründete er eine Armenschule als strategisches Unternehmen ohne feste Gemeindebindung.

Was hier neu beginnt, das ist die deutliche Abkehr vor einer ausschließlichen Fürsorgepflicht für Christen. Auch Nichtchristen soll geholfen werden. Für die Diakonie wurde dies immer mehr zum Grundsatz. In pietistischen Kreisen ging es zum Teil noch weiter: Diakonie konnte zum Werkzeug der Mission werden. Johann Hinrich Wichern, der den Zusammenhang von Armut und sittlicher Verwahrlosung erkannte und daran seine diakonische Arbeit orientierte, hat mit großer Selbstverständlichkeit beide Bereiche verbunden. Während in mittelalterlichen Klöstern den Hilfesuchenden christliche Texte wohl vor allem zu deren Erbauung vorgelesen wurden, lernten die Hilfesuchenden, an die Wichern sich richtete, diese Botschaft teilweise zum ersten Mal in ihrem Leben kennen.

---

30 H. Renkewitz, Der diakonische Gedanke im Zeitalter des Pietismus, in: Das diakonische Amt der Kirche, hg. von H. Krimm, Stuttgart [2]1965, 283-346: 219ff.

Es ist erstaunlich, dass Wichern die Bibelstelle Mt 25,31-45 in zentralen Texten zur Begründung der Diakonie nicht explizit aufführt. Aber implizit spielt sie eine wichtige Rolle, und in seiner Spiritualität kommt sie vor. Ich zitiere ein Lied, das er geschrieben hat:

In dem Bruder, der da weinet, in der Schwester tief betrübt
seh' ich sein Herz, das sich neiget, mich in deiner Liebe übt.
Sei willkommen, reicher Heiland, in der Armut Kleid und Bild!
Ach, ich weiß, wie jetzt und weiland nur dein Huld mein Leid gestillt.

Arm und bloß nahm mich die Gnade hier in ihren Rettungsschoß,
zeigt' mir hier des Lebens Pfade und der Gotteskinder Los.
Ja, du hast mein Leid gestillet, mir getröstet Seel' und Sinn,
und der mir die Hände füllet, stellt sich bittend vor mich hin.

Du, dem alles untertänig, kommst zu mir im Armenkleid,
er, der freie Himmelskönig. schmücket mich mit Herrlichkeit.
Herr, ich bin nicht wert der Liebe, die im Staub mich zwingt und beugt!
Was ich ferner leb' und liebe, sei dein Werk, das von dir zeugt.

In dem Bruder, der da weinet, in der Schwester tief betrübt
seh' ich sein Herz, das sich neiget, mich in deiner Liebe übt.
Schwestern, weiht ihm Herz und Hände, der so wunderbar uns liebt! –
Brüder, liebt ihn ohne Ende, der sich uns zu eigen gibt!"[31]

Dieses Lied kann gesungen werden nach der Melodie von EG 251 („Herz und Herz vereint zusammen") und ist ein schönes Zeugnis für die gelebte Diakonie Wicherns, die durch diesen Bibeltext geprägt wurde.

Die wenigen kirchengeschichtlichen Beobachtungen zeigen, wie unterschiedlich in der Geschichte der Diakonie mit der Textstelle Mt 25,31-45 umgegangen wurde. Wo immer es darum ging und geht, zur Diakonie zu ermutigen, wurde und wird Mt 25,31-45 als theologische Begründung aufgeführt, und an der unterschiedlichen Auslegung kann man ablesen, für welche Menschengruppe sich diejenigen jeweils ver-

---

[31] Lieder Wicherns, in: J. H. Wichern, Sämtliche Werke 5: Kleinere Aufsätze – Buchbesprechungen – Nachrufe – Nachträge, Hannover 1971, Nr. 75, 361-364, dazu Anm. S. 515-519.

antwortlich fühlten, die sich durch den Bibeltext zur geschwisterlichen Hilfe aufgerufen wussten.

Jede Generation hat dies neu durchzubuchstabieren. Die Herausforderung der gegenwärtigen diakonischen Arbeit und Selbstbesinnung besteht darin, in einem – in Deutschland – groß angelegten Veränderungsprozess zu einer „Unternehmensdiakonie auf dem Sozialmarkt" den Ausgangspunkt aller kirchlichen Diakonie im Auge zu behalten: Der ewige, dreieinige Gott teilt sich in Schöpfung und Offenbarung diakonisch mit, Jesus Christus begegnet diakonisch, die Gemeinde Jesu Christi dankt dafür diakonisch und erzählt die „diakonische Geschichte" weiter in Wort und Tat.

Exegetisches Nachdenken und Kennenlernen der Wirkungsgeschichten stellen die Zusammenhänge her, um zu verstehen oder gegebenenfalls „neu aufzubrechen". Diese fragmenthaften Überlegungen stellen einen solchen Versuch dar.

Dass Bibel und Leben sich küssen

Beobachtungen zum Schriftgebrauch Jesu im Matthäusevangelium[1]

Thomas Knittel

1. Einleitung

„Und die Bibel hat doch recht!“[2] Mit diesem schlichten Satz ist für manche unter den frommen Zeitgenossen das Urteil über die historisch-kritische Exegese gesprochen. Sie erscheint ihnen als Gefahr für den Glauben,[3] eine „innere Unmöglichkeit“[4] oder gar als Einfallstor dämoni-

---

[1] In seiner ursprünglichen Form gehen die folgenden Überlegungen auf eine Probevorlesung zurück, welche ich unter dem Titel „Vom Nutzen und Nachteil neutestamentlicher Wissenschaft für das Leben“ am 29. 6. 2006 an der Fachhochschule für Religionspädagogik und Gemeindediakonie in Moritzburg gehalten habe. Seitdem wurden sie allerdings verschiedentlich bearbeitet und erweitert, ein Zeichen dafür, dass das damals verhandelte Thema seine Faszination für mich in keiner Weise verloren hat.

[2] Vgl. W. Keller, Und die Bibel hat doch recht. Forscher beweisen die historische Wahrheit, Düsseldorf 1955. Das Werk ist inzwischen in mehr als 20 Sprachen übersetzt, wurde vielfach neu aufgelegt (die Taschenbuchversion des Rowohltverlages erreichte mittlerweile die 36. Auflage) und 1977 sogar verfilmt (Regie: Harald Reinl). Bemerkenswert ist der variierende Untertitel mancher Ausgaben: Forscher beweisen die Wahrheit des Alten Testaments. Ist die „Wahrheit des Alten Testaments“ mit der „historischen Wahrheit“ gleichzusetzen?

[3] Vgl. I. Broer, Art. Bibelkritik II.8: Fundamentalistisch, RGG[4] 1, 1998, 1486: „Hierunter ist die B. zu verstehen, die aufgrund der Lehre von der Verbalinspiration und der Irrtumslosigkeit der Schrift die Erkenntnisse der krit. Bibelwissenschaft als den Glauben zersetzend ablehnt [...].“ Allerdings sollte man den Fundamentalismusvorwurf mit Augenmaß handhaben. Nicht jegliche Kritik an der Bibelkritik ist fundamentalistisch.

[4] Vgl. G. Maier, Das Ende der historisch-kritischen Methode, Wuppertal 1974, 17: „Dann aber ist jedem einsichtigen Betrachter deutlich, dass eine *kritische* Methode für diesen Fall und diesen Gegenstand versagen muss, weil sie eine innere Unmöglichkeit darstellt. Denn das Korrelat ... zur Offenbarung ist nicht Kritik, sondern Gehorsam [...]“.

scher Mächte.[5] Um die „Wahrheit der Bibel“[6] lässt sich trefflich streiten, und man mag dies sogar für ein Zeichen der Lebendigkeit des Christusleibes halten.[7] Gleichwohl nimmt dieser Streit nicht selten problematische Züge an. Allzu schnell ist dann der „status confessionis“ gegeben,[8] und es geht ohne wechselseitige Verurteilungen nicht ab.[9] „Hier der Vorwurf eines bornierten Traditionalismus [...], dort der Vorwurf einer rationalistischen Zerstörung der biblischen Botschaft [...].“[10]

Mit solchen Verwerfungen ist niemandem geholfen, vielen aber geschadet. Denn die eigentliche Frage bleibt in solchen Diskussionen gewöhnlich ungeklärt: Worin besteht denn die Wahrheit der Bibel? Besteht sie darin, dass die 5 Mosebücher tatsächlich von Mose stammen?[11] Oder findet man sie dort, wo der Ausleger oder die Auslegerin

---

5 Vgl. W. Krusche, Die Bibel in der Hand des Pfarrers, in: ders., Schritte und Markierungen. Aufsätze und Vorträge zum Weg der Kirche, Berlin 1972, 11-44, 11: „Ich habe erfahren, dass in bestimmten Kreisen ein Tonband die Runde macht, auf dem Kurt Koch ... von einer Dämonenaustreibung auf den Philippinen berichtet, bei der einer der Dämonen bekennt: ‚Wir sind Mitarbeiter der modernen Theologie‘“.

6 Vgl. H. Stadelmann, ideaSpektrum 4, 2008: „Strittig ist heute vor allem die Wahrheit der Bibel.“

7 Immerhin wird hier noch um die Bibel gerungen. Nicht selten findet man in christlichen Gemeinden auch ein achselzuckendes Desinteresse an solchen „gestrigen“ Diskussionen vor, sodass der Exeget zuweilen den Eindruck gewinnt, apokryphe Literatur zu verfassen: nützlich zu lesen vielleicht, heilsrelevant aber kaum.

8 Vgl. z. B. die „Lausanner Verpflichtung“ von 1974: „Wir halten fest an der göttlichen Inspiration, der gewißmachenden Wahrheit und Autorität der alt- und neutestamentlichen Schriften in ihrer Gesamtheit als dem einzigen geschriebenen Wort Gottes. Es ist ohne Irrtum in allem, was es bekräftigt und ist der einzige unfehlbare Maßstab des Glaubens und Lebens.“

9 Vgl. S. Zimmer, Schadet die Bibelwissenschaft dem Glauben? Klärung eines Konflikts, Göttingen 2007, 7: „Durch die Christenheit geht ein Riss. Er belastet und behindert die Christenheit in vielfacher Hinsicht. Der Grund für diesen Riss ist der wissenschaftliche Umgang mit der Bibel, der an den Universitäten seit ca. 200 Jahren üblich geworden ist.“

10 Krusche, Bibel (Anm. 5) 11.

11 So findet man beispielsweise auf der Internetseite „Life is more“ folgenden Gedankengang: „Es ist für den persönlichen Glauben von größtem Gewicht, ob ich die Mosebücher für mosaisch oder pseudomosaisch halte. Warum? Der Herr selbst hat die Mosebücher immer als von Mose geschrieben zitiert [...] Wäre nun Mose nicht der Autor, ergäbe sich, dass der Herr entweder nicht wußte, dass eigentlich andere die Mosebücher geschrieben hatten, oder dass er sich im Sprachgebrauch der im Judentum gängigen Auffassung anpaßte. Im ersten Fall wäre er nicht allwissend gewesen, also doch nur ein Mensch und nicht Gott; im zweiten Fall hätte er letztlich gelogen, wäre also ein Sünder gewesen und nicht der Gerechte, die ‚Wahrheit‘

die „tiefere Bedeutung hinter den mythologischen Vorstellungen wieder aufzudecken“ vermag?[12] Will man beide Positionen letztlich für unzulässige Engführungen halten – und dafür plädiere ich dezidiert – so bietet es sich an, einmal näher auf den Schriftgebrauch Jesu zu achten, wie er in den Evangelien bezeugt ist. Nach meinem Eindruck eröffnet sich hier ein Weg jenseits der üblichen Frontstellungen.[13]

Mit den folgenden Überlegungen nehme ich eine Frage Christoph Kählers auf, die nach meinem Eindruck (erstaunlicherweise) im gegenwärtigen exegetischen Diskurs nur unzureichend im Blick ist: „Gibt es Hinweise, dass die Schrift über sich selbst reflektiert und über den Umgang mit heiliger Schrift Auskunft gibt?“[14] Letztlich geht es dabei um eine Prüfung der altbekannten These Luthers, wonach die Schrift sich selbst auslege,[15] an Hand der Schrift selbst. Der Auslegungsschlüssel wäre dann nicht „außen“,[16] sondern innerhalb des biblischen Zeugnisses zu suchen.[17]

(Joh. 14,6). [...] Somit ist der Angriff auf die Verfasserschaft des Mose ein indirekter - wenn auch meist bestrittener - Angriff auf die Person unseres Herrn selbst.“ (Quelle: http://www.life-is-more.at/fragen/schrieb_mose_die_mosebuecher.htm; gesehen am 16. Juni 2008)

12 R. Bultmann, Jesus Christus und die Mythologie (1964), in: ders., Glauben und Verstehen 4, UTB 1763, Tübingen [5]1993, 141-189, 146.

13 P. Stuhlmacher, Vom Verstehen des Neuen Testaments. Eine Hermeneutik, GNT 6, Göttingen 1986, 65 bemerkt treffend: „Schon Jesus hat [...] die Seinen in das Problem der sachgemäßen Schriftauslegung hineingestoßen.“

14 C. Kähler, Satanischer Schriftgebrauch: zur Hermeneutik von Mt 4,1-11 / Lk 4,1-13, ThLZ 119, 1994, 857-868, 858.

15 WA 7, 97, 23f.

16 Vgl. I. U. Dalferth, Die Mitte ist außen. Anmerkungen zum Wirklichkeitsbezug evangelischer Schriftauslegung, in: C. Landmesser / H.-J. Eckstein / H. Lichtenberger (Hg.), Jesus Christus als die Mitte der Schrift. Studien zur Hermeneutik des Evangeliums, BZNW 86, Berlin / New York 1997, 173-198.

17 Das Thema des innerbiblischen Schriftgebrauchs ist natürlich nicht auf Jesus (und dabei wiederum nicht auf die Darstellung des Matthäus) beschränkt. Gleichwohl ist hier eine Eingrenzung des Themenbereichs sowohl aus sachlichen als auch formalen Gründen nötig und sinnvoll.

2. Jesus als Schriftausleger im Matthäusevangelium – methodische Vorüberlegungen

Fragt man nach dem Schriftgebrauch Jesu[18] im Matthäusevangelium, so erweisen sich zunächst einige Vorüberlegungen als nötig. Welche Stellen kommen überhaupt in Frage? Wenn wir beispielsweise eine Aussage wie Mt 7,23 betrachten, so finden wir den Versteil ἀποχωρεῖτε ἀπ' ἐμοῦ οἱ ἐργαζόμενοι τὴν ἀνομίαν bei Nestle-Aland[27] als Zitat gekennzeichnet (Ps 6,9), obgleich nicht deutlich ist, dass hier tatsächlich ein ausdrückliches Zitat intendiert ist. Ulrich Luz spricht von einem „Anklang an Ps 6,9".[19] Auf jeden Fall unterscheidet sich diese Stelle von anderen im Evangelium, an denen explizite Schriftzitate vorliegen. Sie sind beispielsweise mit γέγραπται oder ähnlichen Formeln eingeleitet. Ein Konsens über die Frage, wann man denn explizit von einem Schriftgebrauch sprechen kann, scheint mir bislang nicht gegeben.[20] Daher beschränke ich mich im Folgenden auf solche Textstellen des

---

[18] Vgl. u. a. zum Schriftgebrauch Jesu im Besonderen B. Chilton / C. A. Evans, Jesus and Israel's Scriptures, in: dies. (Hg.): Studying the historical Jesus. Evaluations of the State of Current Research, Leiden / New York / Köln 1994, 281-335; Stuhlmacher, Verstehen (Anm. 13) 64f; G. Theißen / A. Merz, Der historische Jesus. Ein Lehrbuch, Göttingen 1996, 319-321; D. Sänger, Schriftauslegung im Horizont der Gottesherrschaft, in: H. Deuser / G. Schmalenberg (Hg.): Christlicher Glaube und religiöse Bildung, Gießen 1995, 75-109; sowie zur frühjüdischen bzw. frühchristlichen Schriftauslegung im Allgemeinen M. Hengel, „Schriftauslegung" und „Schriftwerdung" in der Zeit des Zweiten Tempels, in: ders. / H. Löhr (Hg.), Schriftauslegung im antiken Judentum und im Urchristentum, WUNT 73, Tübingen 1994, 1-71; C. A. Evans, / R. W. Stegner (Hg.), The Gospels and the scriptures of Israel, JSNT.S 104, Sheffield 1994; C. A. Evans / J. A. Sanders (Hg.), Early Christian Interpretation of the Scriptures of Israel. Investigations and Proposals, JSNT.S 148, Sheffield 1997; dies. (Hg.), The Function of Scripture in Early Jewish and Christian Tradition, JSNT.S 154, Sheffield 1998; C. A. Evans, The Interpretation of Scripture in Early Judaism and Christianity: Studies in Language and Tradition, JSPSup 33, Sheffield 2000; C. M. Tuckett (Hg.), The Scriptures in the Gospels, BEThL 131, Leuven 1997.

[19] Vgl. U. Luz, Das Evangelium nach Matthäus Mt 1-7, EKK I/1, Zürich / Braunschweig / Neukirchen-Vluyn [5]2002, 523. Der etwas unscharfe Sprachgebrauch (was ist eigentlich ein „Anklang"?) beleuchtet das Problem: Wann kann man von einem „Zitat" sprechen? Welche Kriterien gibt es dafür?

[20] Undeutlich bleiben mir beispielsweise die Kriterien bei J. J. O'Rourke, Possible Uses of the Old Testament in the Gospels, in: C. A. Evans / R. W. Stegner (Hg.), Gospels (Anm. 18), 15-25, 16-18, der eine Zusammenstellung möglicher AT-Bezüge im Matthäusevangelium vornimmt.

Matthäusevangeliums, die ausdrücklich einen Bezug zur Schrift herstellen.[21]

Eine weitere Vorüberlegung scheint im Blick auf die Zielsetzung des folgenden Unternehmens nötig. Gewöhnlich zielt die Beschäftigung mit dem Schriftgebrauch Jesu auf die Frage nach seiner Haltung zum Gesetz ab.[22] Zweifellos ist dies eine wichtige, die neutestamentliche Exegese seit jeher umtreibende Frage. Im Blick auf den Schriftgebrauch Jesu wirkt sie freilich engführend, denn sie läuft nicht selten auf die Alternative Toratreue oder Torakritik hinaus.[23] Gerade im Blick auf biblische Hermeneutik ist die analoge Alternative „Bibelkritik" versus „Bibeltreue" aber gerade nicht weiterführend (siehe oben). Mir kommt es daher auf einen anderen Zugang an, nämlich einen von der eingangs geäußerten Frage geleiteten: Worin besteht für Jesus die Autorität bzw. „Wahrheit der Bibel"? Die Annahme vorausgesetzt, dass es zur Zeit schon eine „kanonische" Geltung wesentlicher Teile des Alten Testaments gab,[24] soll im Folgenden geprüft werden, wie Jesus mit dieser „Autorität" umging. Peter Stuhlmacher hat wohl Recht, wenn er

---

[21] Nicht erfasst sind in der folgenden Untersuchen solche Textstellen, die allgemein auf die Schrift verweisen, etwa mit der Formulierung „das Gesetz und die Propheten" (vgl. u. a. Mt 7,12 oder 11,13), aber nicht als Belege für einen konkreten Schriftgebrauch herangezogen werden können. Bei einer umfassenderen Untersuchung zum Thema Jesus und die Schrift müssten solche Stellen freilich einbezogen werden.

[22] Vgl. u. a. Sänger, Schriftauslegung (Anm. 18), der den Schriftgebrauch Jesu in den Antithesen (Mt 5,21ff) im Blick auf dessen Gesetzesverständnis untersucht. Bezeichnenderweise spricht er dann am Ende seiner Studie nicht mehr von „Schriftauslegung", sondern von „Toraauslegung" (109). Aufschlussreich ist auch ein Blick in das Jesusbuch von Theissen und Merz (Anm. 18, 311-358). Dort wird der Schriftgebrauch Jesu (319-321: „Die Heiligen Schriften in Jesu Lehre") im Horizont seiner Ethik untersucht (§ 12 trägt die Überschrift: „Jesus als Lehrer: die Ethik Jesu").

[23] Vgl. noch einmal Sänger, Schriftauslegung (Anm. 18) 77: „Im wesentlichen stehen sich zwei Positionen gegenüber. Folgt man der einen [...], ist Jesus zeitlebens ein toratreuer Jude gewesen [...]. Auf der anderen Seite heißt es, es könne [...] keine Rede davon sein, dass Jesus bereit gewesen wäre, ‚als Jude jüdisch zu leben'".

[24] Der Sache nach dürfte das unumstritten sein (vgl. u. a. H.-J. Becker, Art. Bibel II. Altes Testament 2. Sammlung und Kanonisierung, RGG^4 1, 1998, 1408-1410). Die Verwendung des Begriffs „Kanon" in diesem Sinn ist freilich wesentlich jünger (sie ist erst im 4. Jh. n. Chr. historisch greifbar). Vgl. A. Schindler, Art. Kanon II. Kirchengeschichtlich, RGG^4 4, 2001, 767-770.

schreibt, dass diese für Jesus „nicht einfach formale(r)“ Natur war.[25] Welchen Charakter hatte sie aber dann?

Freilich stellt sich an dieser Stelle ein weiteres Problem. Welche (expliziten) Schriftzitate Jesu im Matthäusevangelium dürfen denn als jesuanisch gelten? Ein gewissen Verdacht bezüglich redaktioneller Einflüsse lässt z. B. die Beobachtung aufkommen, dass Mt verschiedentlich Schriftzitate Jesu bietet, die bei den anderen Synoptikern nicht vorkommen. Beispielsweise begegnet das Hoseazitat (Hos 6,6) in Mt 9,13 und 12,7 nur in der Matthäusfassung der entsprechenden Abschnitte, die ansonsten jeweils Parallelen bei Mk und Lk haben. Man wird somit nicht unbesehen davon ausgehen können, dass alle (von Jesus ausgesprochenen) Schriftzitate auch tatsächlich auf das irdische Wirken Jesu zurückgeführt werden können.[26] Allerdings wird sich eine Unterscheidung zwischen jesuanischen und nicht-jesuanischen Schriftbezügen lediglich im Einzelfall, und zwar an Hand inhaltlicher Kriterien, gewinnen lassen. Auf *redaktionsgeschichtlichem* Wege scheint dies schwerlich möglich,[27] denn sowohl der Verweis darauf, *dass* Jesus die Schrift zitiert, als auch die Einleitungsformeln (siehe unten) oder die Herkunft der alttestamentlichen Bezugstexte[28] sind breit über die verschiedenen Quellenschichten verteilt. Ferner ist zu beobachten, dass die Stellen aus dem Sondergut des Matthäus in ihrer Art des Schriftgebrauchs häufig recht gut zu anderen Aussagen Jesu passen, die z. B. bei Mk bezeugt sind. Daher kommen für die folgende Analyse zunächst erst einmal alle Matthäusstellen in Frage, in denen Schriftbezüge im Munde Jesu begegnen. Freilich ist im Einzelfall jeweils zu prüfen, ob es dafür Gründe gibt, den jesuanischen Ursprung einer bestimmten Stelle in Frage zu stellen.

---

[25] Stuhlmacher, Verstehen (Anm. 13) 65.

[26] Allerdings bedeutet der Umstand, dass Mt bestimmte Schriftzitate in die Markusvorlage einfügt, nicht zwangsläufig, dass sie deshalb nicht jesuanisch wären. Gerade bei dem Hoseazitat rechne ich mit jesuanischem Ursprung, da es gut zu der relationalen Hermeneutik Jesu passt (siehe unten unter 4.).

[27] Anders liegt der Fall bei den matthäischen Reflexionszitaten, aber hierbei handelt es sich ja gerade nicht um Jesusworte.

[28] Beispielsweise kommen Deuteronomiumzitate sowohl im Bereich der Logienüberlieferung (Mt 4,4) als auch im Sondergut (Mt 5,31) und der Markusüberlieferung (Mt 22,37ff) vor. Ähnliches gilt für Psalmen- oder Jesajazitate, die in verschiedenen Überlieferungsschichten (nicht unbedingt in allen) vorkommen.

Zwei abschließende Bemerkungen sind im Rahmen dieser Vorüberlegungen noch erforderlich. Die erste betrifft die alttestamentliche Textbasis der Schriftzitate. Eine vieldiskutierte Frage der Matthäusexegese (die sich aber auch im Zusammenhang der anderen Evangelien stellt) lautet: welche Fassung der alttestamentlichen Texte findet hier Verwendung? Was Ulrich Luz im Bezug auf die matthäischen Reflexionszitate schreibt[29] (welche grundsätzlich freilich von Schriftzitaten Jesu zu unterscheiden sind), dürfte generelle Geltung beanspruchen können: „Der *Wortlaut* der Zitate stellt oft (aber nicht immer) ein Sonderproblem dar. Häufig ist er ein Mischtext“. Manche Zitate stehen der LXX näher, andere dem masoretischen Text, wieder andere scheinen auf Targumüberlieferungen zu basieren.[30] An dieser Stelle können wir auf diese Unterscheidungen verzichten, denn es geht weniger um die Frage, aus *welcher Textfassung* zitiert wird, vielmehr ist von Interesse, *wie* und mit *welchem Interesse* das geschieht. Die zweite Bemerkung ist als Problemanzeige zu verstehen. Die Untersuchung expliziter Schriftzitate allein kann noch nicht genügen, wenn nach dem Schriftgebrauch Jesu gefragt wird. Genauso interessant und wichtig ist es zu untersuchen, wo Jesus die Schrift gerade nicht zitiert oder wo er ihr vielleicht auch widerspricht. Ein Beispiel für die letztgenannte Kategorie finden wir in Mt 15,11: „Was zum Mund hineingeht, das macht den Menschen nicht unrein; sondern was aus dem Mund herauskommt, das macht den Menschen unrein.“ Das Alte Testament sagt anderes (z. B. Lev 11). Freilich erfordert die damit anvisierte Problematik mehr Raum und bedarf einer ausführlicheren methodologischen Reflexion, sodass sie hier nicht näher untersucht werden kann. Dennoch darf sie nicht aus dem Blick verloren werden.

3. Schriftzitate im Munde Jesu – eine erste Übersicht

In der folgenden tabellarischen Übersicht geht es darum, einen ersten Überblick über die relevanten Stellen im Matthäusevangelium zu

---

29 Luz, Matthäus 1 (Anm. 19) 190.
30 Vgl. Luz, a. a. O., 193.

gewinnen.[31] Dass die Einzeltexte dabei kaum im Detail beleuchtet werden können, versteht sich von selbst. Die beigefügten Anmerkungen haben dementsprechend eher Hinweischarakter bzw. benennen Probleme, die für sich genommen weiterer Untersuchungen bedürfen.

Folgende Fragen spielten bei der Erarbeitung dieser Übersicht eine Rolle: In welchem Zusammenhang begegnen Schriftzitate bei Jesus? Aus welchem Bereich des Alten Testaments wird zitiert?[32] In welchen Überlieferungsschichten begegnen Schriftzitate?[33] Wie werden sie eingeleitet?[34]

---

[31] Einige wenige Stellen sind aufgenommen, die nicht als Zitate im eigentlich Sinn zu betrachten sind, aber doch einen expliziten Bezug zur „Schrift" herstellen.

[32] Chilton / Evans, Jesus (Anm. 18) 281 gehen beispielsweise davon aus, dass im Rahmen des Schriftgebrauchs Jesu eine besondere Vorliebe für Jesajatexte („marked preference for the book of Isaiah") erkennbar sei. Von einer solchen vermag ich freilich nichts zu erkennen.

[33] Die Angaben in der folgenden Tabelle beziehen sich jeweils auf die zitierten Schriftstellen. Wenn also eine Perikope zwar aus Q stammt (wie z. B. die 6. Antithese in Mt 5,43ff), das Schriftzitat aber nur in der Matthäusfassung zu finden ist, wird die Stelle der Gruppe „$S^{(Mt)}$" zugeordnet.

[34] Im Blick auf die Zitateinleitungen sind noch manche Fragen zu klären. Dabei wird auch zu diskutieren sein, ob und wie man vom griechischen Text der Evangelien auf eine dahinter liegende „ipsissima vox" Jesu schließen kann. Beim ersten Durchgang durch die in Frage kommenden Textstellen zeigt sich jedoch, dass bei den Zitateinleitungen offenbar bereits geprägte Wendungen vorliegen. Es wäre dementsprechend zu fragen, ob sich diese beispielsweise bestimmten Quellenschichten zuordnen lassen oder ob andere redaktionelle Auffälligkeiten erkennbar sind.

Mt	*Kontext*	*AT-Stelle*	*Schicht*	*Einleitung*
4,4	Versuchung Jesu[35]	Dtn 8,3	Q	es steht geschrieben (γέγραπται)
4,7		Dtn 6,16	Q	wiederum steht geschrieben (γέγραπται)[36]
4,1		Dtn 6,13[37]	Q	es steht geschrieben (γέγραπται)[38]

35 Bemerkenswert ist, dass in diesem Abschnitt auch der Teufel die Schrift zitiert, und dies nach allen Regeln der Kunst (vgl. 4,6). Kähler, Schriftgebrauch (Anm. 14) 861 merkt dazu an: „Das γέγραπται steht als Mittel, Autorität zu beanspruchen, auch dem Satan zur Verfügung." Offenbar liegt der Unterschied zwischen Jesus und dem Versucher nicht darin, *dass* die Bibel korrekt zitiert wird (vgl. noch einmal Kähler, a. a. O. 867: „Diplomatische Texttreue sichert dem biblischen Text die Qualität des Gotteswortes nicht"). Der Unterschied liegt in dem *Wie* des Schriftgebrauchs: Alle drei Schriftzitate im Munde Jesu weisen auf die vertrauensvolle Gottesbeziehung des Menschen, aus welcher der Mensch sein Leben hat. Der Teufel hingegen will mit seinem Schriftzitat eine Art Verfügungsgewalt über Gott suggerieren. Das Vertrauen auf Gott wird – mit einem formal korrekten Schriftzitat – ins Gegenteil verkehrt. Ich werde später auf den damit angedeuteten Gedanken zurückkommen, dass der rechte Umgang mit der Schrift sich offenbar an dieser relationalen Dimension messen lassen muss: welche Gottes*beziehung* drückt sich darin aus?

36 Bei Lk (4,12) findet sich an dieser Stelle eine andere Einleitung: es ist gesagt (εἴρεται). Überdies hat er eine andere Reihenfolge der drei Versuchungen.

37 Dass Jesus drei Torazitate gegen ein Zitat aus den Psalmen stellt, welches der Teufel anführt, sollte man nicht überbewerten.

38 Mehrfach ist in dieser Tabelle der Einfachheit halber das nachgestellte δέ oder γάρ bei der Übersetzung ignoriert.

Mt	*Kontext*	*AT-Stelle*	*Schicht*	*Einleitung*
5,21	Antithesen[39]	Ex 20,13 u.ö.	S(Mt)[40]	ihr habt gehört, dass zu den Alten gesagt (ἐρρέτη)[41] ist
5,27		Ex 20,14 u.ö.	S(Mt)	ihr habt gehört, dass gesagt (ἐρρέτη) ist
5,31		Dtn 24,1	S(Mt)	es ist gesagt (ἐρρέτη)

39 In diesem Abschnitt bezieht sich Jesus auf 6 Gebote der Tora, die allerdings nicht immer textlich genau lokalisierbar (z. B. Mt 5,33, vgl. dazu Luz, Matthäus 1 [Anm. 19] 372) und im Einzelfall überhaupt nicht im AT zu finden sind (5,43: du sollst deinen Feind hassen). Dennoch werden sie offenkundig als Schriftworte verstanden, das „es ist gesagt" dürfte am besten als „Passivum divinum für Gottes Sprechen in der Schrift" (Luz, Matthäus 1 [Anm. 19] 330) zu lesen sein. Bemerkenswert ist nun, dass Jesus den „Schriftworten" jeweils eine eigene Aussage hinzufügt, die immer mit „ich aber sage euch" (ἐγὼ δὲ λέγω ὑμῖν) eingeleitet ist. Diese „Antithesen" Jesu sind einerseits vertiefend (z. B. die erste Antithese, welche vom Töten handelt), andererseits korrigierend (z. B. die dritte Antithese, welche von der Ehescheidung handelt). Stuhlmacher, Verstehen (Anm. 13) 65 spricht darum von einem „vertiefenden und kritisierenden Doppelschritt über den Wortlaut des alttestamentlichen Gebots hinaus". Woher nimmt Jesus die Autorität für solche Worte? Er gewinnt sie nicht aus der Sache, sondern aus seiner Person, wie Luz, Matthäus 1 (Anm. 19) 332 treffend anmerkt: „Hinter dem Wagnis seiner Verkündigung von Gottes Willen steht keine andere Autorität als seine eigene". Freilich hat er diese Autorität *als* Bote der Gottesherrschaft und darum scheint mir auch hier (vgl. die Anm. zur Versuchungsgeschichte in Mt 4) der relationale Aspekt der Gottesbeziehung im Hintergrund der Schriftauslegung zu stehen. Als Bote der Gottesherrschaft gewinnt Jesus die Freiheit zur vertiefenden, aber auch kritisierenden Auslegung der Schrift (vgl. dazu auch Sänger, Schriftauslegung [Anm. 18] 102-109).

40 Die Verweise auf die Tora sind durchgängig Sondergut des Matthäus, die Antithesen selbst stammen zum Teil aus Q, dies soll aber hier nicht näher im Detail untersucht werden.

41 In dieser Form begegnet die Zitateinleitung nur in den Antithesen, eine gewisse Verwandtschaft gibt es aber zu anderen Stellen durchaus, vgl. Mt 15,4; 22,31f.

Mt	*Kontext*	*AT-Stelle*	*Schicht*	*Einleitung*
5,33		Lev 19,12 u.ö.	$S^{(Mt)}$	ferner habt ihr gehört, dass zu den Alten gesagt (ἐρρέτη) ist
5,38		Ex 21,24 u.ö.	$S^{(Mt)}$	ihr habt gehört, dass gesagt ist (ἐρρέτη)
5,43		Lev 19,18	$S^{(Mt)}$	ihr habt gehört, dass gesagt (ἐρρέτη) ist
9,13	Streitgespräch über die Tischgemeinschaft mit Zöllnern[42]	Hos 6,6	$S^{(Mt)}$[43]	geht hin und lernt, was das heißt (πορευθέντες δὲ μάθετε τί ἐστιν)[44]

42 Das Hoseazitat begegnet in einer Reinheitsdebatte mit den Pharisäern. Bei Lichte besehen sprengt es den Kontext, in dem es gar nicht um Opfer geht (vgl. U. Luz, Das Evangelium nach Matthäus 2 (Mt 8-17), EKK I/2, Zürich / Braunschweig / Neukirchen-Vluyn ³1999, 44). Ähnlich wie die zuvor besprochenen Stellen stellt es die Schriftauslegung unter den Beziehungsaspekt, insofern es die Barmherzigkeit über den (von der Schrift selbstverständlich geforderten) Kult stellt. Eine formal korrekte Einhaltung der Opfer- oder Reinheitshalacha genügt darum noch nicht, um ihrer Intention zu entsprechen.

43 Die Perikope selbst stammt aus der Markusüberlieferung, das Zitat findet sich jedoch nur bei Mt und ist darum hier unter „Sondergut" verzeichnet.

44 Diese Einleitungsformel wirkt wie eine ausdrückliche Aufforderung zum intensiven Schriftstudium und belegt somit noch einmal, dass es in der Jesusüberlieferung der Evangelien tatsächlich auch um biblisch-hermeneutische Diskurse geht.

Mt	*Kontext*	*AT-Stelle*	*Schicht*	*Einleitung*
11,1	Jesu Zeugnis über den Täufer[45]	Mal 3,1	Q	von dem geschrieben steht (γέγραπται)
12,3f	Streitgespräch über das Ährenraufen am Sabbat[46]	1Sam 21,7[47]	Mk	habt ihr nicht gelesen (οὐκ ἀνέγνωτε)
12,5		Num 28,9f[48]	$S^{(Mt)}$	habt ihr nicht im Gesetz gelesen (οὐκ ἀνέγνωτε)[49]
12,7		Hos 6,6	$S^{(Mt)}$	hättet ihr aber begriffen, was das heißt (εἰ δὲ ἐγνώκειτε τί ἐστιν)[50]

45 Im Rahmen jesuanischer Aussagen über den Täufer begegnet ein Zitat aus Mal 3, welches allerdings „durch Ex 23,20 LXX eine bezeichnende Sinnveränderung“ erhält (P. Fiedler, Das Matthäusevangelium, ThKNT 1, Stuttgart 2006, 239). Aus dem „mir“ von Mal 3,1 ist ein „dir“ geworden. Somit erscheint der Täufer in Mt 11 als Vorläufer und Bote Jesu. Die zitierte Schriftstelle (Luz, Matthäus 2 [Anm. 42] 173, betrachtet sie als „Gemeindezusatz“) dient als Beleg dafür, wobei allerdings fraglich ist, was hier durch wen interpretiert wird, der Täufer durch das Schriftwort oder das Schriftwort durch das (urchristliche?) Verständnis des Täufers.

46 In das von Mk übernommene Streitgespräch, welches schon einen Verweis auf die Schrift enthielt (kein ausdrückliches Zitat, siehe Anm. 47), fügt Mt zwei weitere „Schriftzitate“ (auch bei Num 28,9f handelt es nicht um eine Zitat im eigentlichen Sinn) ein. Eines davon begegnete schon in Mt 9,13. Die drei Bezüge zum Alten Testament sind durch eine gemeinsame Funktion verbunden, sie sollen verdeutlichen, dass ein formal-äußerliches Einhalten des Gebots noch nicht genügt, um dem Gehalt der Schrift gerecht zu werden.

47 An dieser Stelle liegt kein ausdrückliches Schrift*zitat* vor, sehr wohl aber ein ausdrücklicher *Verweis* auf die Schrift. Das lässt es als gerechtfertigt erscheinen, die Stelle hier aufzunehmen.

48 Auch hier gilt das in Anm. 47 Gesagte.

49 Die Einleitung scheint mir von Mt in Anlehnung an die vorherige formuliert.

50 Diese Einleitung dürfte ebenfalls redaktionell sein, denn sie lehnt sich an Mt 9,13 an.

Mt	*Kontext*	*AT-Stelle*	*Schicht*	*Einleitung*
13,14f	Vom Sinn der Gleichnisse[51]	Jes 6,9f	Mk	die Weissagung (προφητεία) Jesajas, die sagt
15,4	Streitgespräch über Rein und Unrein[52]	Ex 20,12 u.ö.	Mk	Gott hat gesagt (ὁ θεὸς εἶπεν) [...] und [...][53]
15,4		Ex 21,17 u.ö.	Mk	
15,7-9		Jes 29,13f	Mk	Gut hat Jesaja über euch geweissagt (ἐπροφήτευσεν)

51 Gegenüber der Markusvorlage erweitert Mt das Jesajazitat und leitet es durch eine Erfüllungsformel ein. Die Funktion des Zitates dürfte darin bestehen, dass es die Ablehnung Jesu in Israel erklären soll. Nach meinem Eindruck wäre es am ehesten als Ausdruck des prophetischen Selbstverständnisses Jesu zu interpretieren: Zum Propheten gehört gleichsam wie sein Schatten die Ablehnung seines Wortes.

52 Alle drei Schriftzitate sind von Mk übernommen, ähnlich wie in Mt 12,1ff sind sie in ein Streitgespräch über die Reinheitshalacha eingebunden. Jesus erhebt in dieser Kontroverse den Vorwurf, seine Kontrahenten hätten durch eigene Überlieferungen den Gehalt der Tora entschärft. Er geht also im Vergleich zu Mt 12 argumentativ einen anderen Weg. Hatte er dort das konkrete Gebot der Tora dem allgemeinen Prinzip der Barmherzigkeit untergeordnet, kritisiert er hier die „Aufweichung" des konkreten Gebotes. Das beleuchtet noch einmal die Dialektik im Schriftgebrauch Jesu, welche die Alternative Freiheit oder Verbindlichkeit als nicht angemessen erscheinen lässt. Jesus geht im Einzelnen sehr frei mit der alttestamentlichen Überlieferung um, aber er hebt damit ihre Autorität und Verbindlichkeit nicht auf. Auch in der „Liberalisierung" (wie sei beispielsweise in Mt 12 begegnet) nimmt Jesus die Tora ernst. Für das Schriftverständnis bedeutet dies: Jesus lässt zum einen eine Praxis erkennen, die wir heute mit dem Stichwort Sachkritik bezeichnen würden, aber er kritisiert nicht, um den Buchstaben aufzulösen, sondern um ihn ernst zu nehmen. Es geht daher nicht um die Wahl zwischen Freiheit und Verbindlichkeit im Umgang mit der Schrift, sondern um die rechte Verbindung von beidem.

53 Bemerkenswert ist hier der Unterschied zu Mk 4,10: Mose hat gesagt.

Mt	*Kontext*	*AT-Stelle*	*Schicht*	*Einleitung*
19,4f	Streitgespräch über Ehescheidung[54]	Gen 2,24	Mk	habt ihr nicht gelesen (οὐκ ἀνέγνωτε)[55]
19,18f	Reicher Jüngling[56]	Ex 20,12-16 u.ö. / Lev 19,18	Mk	----[57]

54 In der Diskussion um die Ehescheidung führt Jesus Gen 2,24 als Beleg für das Scheidungsverbot an. Diese Stelle ist wiederum in der Hinsicht interessant, dass hier Schrift gegen Schrift steht (vgl. dazu auch Mt 5,31f). Dtn 24,1 erlaubt die Ehescheidung, jedenfalls vom Mann ausgehend (er darf nach jüdischem Recht die Frau „entlassen"), Jesus argumentiert mit der Schöpfungsordnung dagegen. Von den Pharisäern auf diese Diskrepanz angesprochen, begründet er seine Haltung damit, dass die Scheidebriefregelung einerseits eine Konzession an die Herzenshärte der Menschen gewesen und andererseits erst nachträglich hinzugekommen sei. Diese sowohl sachlich als auch entstehungsgeschichtlich begründete Kritik an der Regelung von Dtn 24,1 mutet geradezu modern an.

55 Diese Einleitung hat nur Mt, Mk bietet das Zitat ohne Einleitung.

56 Im Gespräch mit dem „reichen Jüngling" zitiert Jesus eine Reihe alttestamentlicher Gebote. Interessant ist dabei vor allem die Zusammenstellung verschiedener Dekaloggebote (sie stammen aus der so genannten zweiten Tafel, enthalten also Gebote für den zwischenmenschlichen Bereich) mit dem Gebot der Nächstenliebe. Diese wurde von Matthäus vorgenommen, sie findet sich in der Markusfassung noch nicht. Offenbar betrachtet Matthäus das Gebot der Nächstenliebe als eine Art Zusammenfassung der genannten Dekaloggebote (vgl. dazu auch die Ausführungen zu Mt 22,37ff).

57 Hier liegt keine Zitateinleitung vor, eine solche wird durch den vorausgehenden Gesprächsgang überflüssig gemacht, der explizit auf die Schrift verweist.

Mt	*Kontext*	*AT-Stelle*	*Schicht*	*Einleitung*
21,13	Tempelreinigung[58]	Jes 56,7	Mk	es steht geschrieben (γέγραπται)
21,16	Heilungen im Tempel[59]	Ps 8,3	S(Mt)	habt ihr nicht gelesen (οὐδέποτε ἀνέγνωτε)

58 Das Verheißungswort aus Jes 56,7, wonach der Tempel in Jerusalem zu einem Bethaus für alle Völker werden soll, wird hier zum Gerichtswort. Der Schwerpunkt verlagert sich von der Verheißung an die Völker zu einer Schelte im Blick auf die vorfindliche Praxis (dementsprechend fehlt die Wendung „für alle Völker" hier). Damit wird nicht der Tempelkult an sich kritisiert, vielmehr soll er offenbar in seiner ursprünglichen Intention wiederhergestellt werden (ähnlich Fiedler, Matthäusevangelium [Anm. 45] 325: „dass der Tempelkult in seiner ursprünglichen Klarheit wieder zur Geltung kommt"). Für die Frage nach dem Schriftgebraucht bedeutet das: die Schrift dient als Kontrollinstanz der gegenwärtig vorfindlichen Praxis, sie hat eine korrigierende und auf den Ursprung zurückverweisende Funktion. Somit ist hier nach meinem Eindruck die gleiche Intention zu beobachten, die u. a. auch dem Streitgespräch über die Ehescheidung zugrunde liegt (vgl. die Anmerkung zu Mt 19,4f).

59 An die von Mk übernommene Tempelreinigung fügt Mt einen Abschnitt an, der summarisch von Krankenheilungen und sodann vom Lobpreis der Kinder berichtet, welcher Worte aus dem zuvor geschilderten Einzug in Jerusalem aufnimmt: ὡσαννὰ τῷ υἱῷ Δαυίδ. Auf diese Akklamation hin angesprochen, führt Jesus ein Schriftwort aus Psalm 8 an. Kann man das Heilungssummarium (Mt bietet an Schaltstellen seines Evangeliums immer wieder Heilungssummarien, vgl. 4,23 oder 9,35) und den Lobpreis der Kinder (zu beachten ist die wörtliche Widergabe von Mt 21,9 und die besondere Bedeutung des Davidssohntitels für Mt, vgl. 1,1; 9,27; 15,22; 20,30f) mit guten Gründen für redaktionell halten, so könnte das Schriftwort aufgrund seiner Nähe zu Mt 11,25 (vgl. Luz, Matthäus 2 [Anm. 42] 200: „V 25f gilt meist und mit Recht als jesuanisch") durchaus auf Jesus zurückgeführt werden. Ähnlich wie das Jesajazitat in Mt 13,14f (siehe oben) scheint es den Selbstanspruch Jesu als Boten der Gottesherrschaft widerzuspiegeln.

Mt	*Kontext*	*AT-Stelle*	*Schicht*	*Einleitung*
21,42	Abschluss des Winzergleichnisses[60]	Ps 118,22	Mk	habt ihr nie in den Schriften gelesen (οὐδέποτε ἀνέγνωτε ἐν ταῖς γραφεῖς)
22,31f	Streitgespräch über Auferstehung[61]	Ex 3,6	Mk	habt ihr nicht gelesen was euch gesagt ist von Gott, der da spricht (οὐδέποτε ἀνέγνωτε ὑμῖν ὑπὸ τοῦ θεοῦ λέγοντος)

60 Dass Schriftwort aus Ps 118 ist schon in der Markusfassung mit dem Winzergleichnis verknüpft (Mk 12,1ff). Diese Verknüpfung wird aber gewöhnlich für nicht ursprünglich gehalten (vgl. z. B. H. Weder, Die Gleichnisse Jesu als Metaphern. Berlin [4]1990, 149f), da das Psalmwort schon früh zur Deutung von Kreuz und Auferstehung Jesu herangezogen wird (Apg 4,11, 1Pt 2,7, vgl. dazu auch J. Jeremias, Art. γωνία κτλ in ThWNT 1, 1933, 792f). Man kann freilich auch umgekehrt fragen, ob nicht diese urchristliche Deutung des Todes Jesu ihren Anhalt am Wirken und Selbstverständnis Jesu haben muss. Es scheint mir daher nicht zwangsläufig, das Psalmwort dem irdischen Jesus abzusprechen. Könnte es nicht auch im Sinne der Verwerfung des Propheten verstanden werden und dann gut zu anderen alttestamentlichen Bezügen im Wirken Jesu passen (vgl. z. B. die Anmerkung zu Mt 13,14f)?

61 Im Kontext der Diskussion mit den Sadduzäern über die Auferstehung zitiert Jesus Ex 3,6 als eine Art Schriftbeweis. Die Verknüpfung des Zitates mit dem Streitgespräch ist schon bei Mk belegt. Bemerkenswert ist eine gewisse Verschiebung bei Mt: spricht Mk 12,26 davon, dass Gott etwas zu Mose (αὐτῷ) sagte, so formuliert Matthäus: „was euch (ὑμῖν) gesagt ist von Gott". Die Schrift wird dadurch noch deutlicher auf die aktuelle Gesprächssituation bezogen, über Mose hinweg scheint Gott damit direkt in die Gegenwart hinein zu sprechen.

Mt	*Kontext*	*AT-Stelle*	*Schicht*	*Einleitung*
22,37-39	Streitgespräch über das höchste Gebot[62]	Dtn 6,5 / Lev 19,18	Mk	----[63]

62 In einem weiteren Streitgespräch, in dem es um die Frage nach dem höchsten Gebot geht (eine im Frühjudentum durchaus geläufige Fragestellung, vgl. Theissen / Merz, Jesus [Anm. 18] 340-345), begegnen zwei Schriftzitate nebeneinander. Auch hier fußt Matthäus (mit Abweichungen, wie z. B. der Auslassung von Dtn 6,4) auf einer Markusvorlage (eventuell gab es zusätzlich eine parallele Q-Überlieferung, vgl. a. a. O. 340). Das Doppelgebot der Liebe ist als explizite Zitatenkombination in frühjüdischen Texten nicht belegt, gleichwohl dürfte es aus „einem breiten Strom analoger jüdischer Überlieferungen verständlich werden" (a. a. O. 342). Umstritten ist, inwiefern es sich auf Jesus zurückführen lässt. „Festzuhalten ist auf jeden Fall: Das Doppelgebot passt gut zur sonstigen Verkündigung Jesu" (a. a. O. 345). Im Blick auf den Schriftgebrauch ist es in doppelter Hinsicht interessant. Zum einen beleuchtet die Frage nach dem größten Gebot die Suche nach einem hermeneutischen Prinzip *innerhalb* der Schrift, einem immanenten Interpretationsschlüssel, der die Schriftauslegung leitet. Dieser könnte dann im Falle unklarer oder widersprüchlicher Aussagen der Schrift eine wesentliche Hilfe bieten. Die prinzipielle Notwendigkeit eines solchen inneren Auslegungsschlüssels wird hier bejaht (und damit zugleich die Insuffizienz eines rein buchstäblichen Schriftverständnisses). Zum anderen ist interessant, *wie* dieses hermeneutische Prinzip nun inhaltlich bestimmt wird, nämlich mit dem Begriff der Liebe. Schon an verschiedenen anderen Stellen wurde der Beziehungsaspekt in seiner Bedeutung für die Schriftauslegung hervorgehoben (vgl. die Ausführungen zu Mt 4,4ff und 5,21ff). Das Prinzip der Liebe sperrt sich gegen eine starre und rein buchstabengetreue Schriftauslegung, es eröffnet vielmehr Raum für eine situationsbezogene Adaption. Wie wir an Jesus sehen, kann diese manchmal als Verschärfung, dann wieder als Entgrenzung buchstäblicher Formulierungen begegnen. Was beides zusammenhält ist eben der hermeneutische Schlüssel der Liebe, welcher nach meinem Eindruck bereits im Schöpfungszeugnis der Bibel, namentlich im Begriff der Gottebenbildlichkeit des Menschen angelegt ist.

63 Auch hier gilt das in Anm. 57 Gesagte.

Mt	*Kontext*	*AT-Stelle*	*Schicht*	*Einleitung*
22,43f	Streitgespräch über Davidssohn[64]	Ps 110,1	Mk	wie David [...] sagt (λέγων)
26,31	Ankündigung der Verleugnung[65]	Sach 13,7	Mk	es steht geschrieben (γέγραπται)

4. Schlussfolgerungen

Die vorausgehende Übersicht benannte insgesamt 27 Stellen (aus 15 Perikopen) im Matthäusevangelium, in denen im Munde Jesu explizite Bezugnahmen auf das Alte Testament[66] erfolgen. Nicht immer kann man von einem Zitat im eigentlichen Sinn sprechen, aber doch begegnen an

---

64 Auch das letzte der Streitgespräche in Mt 22 enthält einen expliziten Bezug zum Alten Testament. Im Rahmen der Diskussionen über den Davidssohn zitiert Jesus Psalm 110. An dieser Stelle ist ähnlich wie in Mt 21,42 fraglich, ob das Zitat auf Jesus selbst zurückgeführt werden kann oder eher eine urchristliche Überlieferung ist, denn dort hat das Zitat zweifellos eine christologische Schlüsselfunktion (vgl. u. a. Apg 2,34f; 1Kor 15,25; Heb 1,13). Ausgehend von der Beobachtung, dass die für das Verständnis des Abschnitts wichtigen christologischen Titel χριστός, υἱὸς δαυίδ und κύριος kaum bzw. gar nicht im Munde Jesu begegnen und dementsprechend schwerlich für sein Selbstverständnis herangezogen werden können, sprechen die stärkeren Argumente dafür, die Überlieferung nicht als jesuanisch zu betrachten.

65 Im Rahmen der Ankündigung der Verleugnung begegnet nochmals ein mit der Wendung γέγραπται eingeleitetes Schriftwort, es ist schon in der Markusfassung zu finden. Die Funktion des Zitates besteht darin, die folgende Verhaftung Jesu, die Flucht der Jünger und schließlich die Kreuzigung Jesu als von Gott gewirkt zu beschreiben. Unsicher ist, ob man dieses Wort auf Jesus zurückführen kann, denn es scheint doch sehr stark von nachösterlicher Reflexion geprägt. Die Einsicht, dass das Geschick Jesu letztlich als eine Tat Gottes zu betrachten ist, dürfte erst aus der Begegnung mit dem auferweckten Gekreuzigten erwachsen sein (vgl. z. B. die Emmausgeschichte in Lk 24).

66 Mit der Bezeichnung Altes Testament liegt hier natürlich ein Anachronismus vor, freilich kann man mit gutem Recht davon ausgehen, dass zur Zeit Jesu bereits wesentliche Teile dessen, was wir heute Altes Testament nennen, kanonische Geltung hatten (vgl. Anm. 24).

allen Stellen ausdrückliche Verweise auf die *Autorität* der Schrift, sodass man in der Tat von Beispielen des *Schriftgebrauchs* sprechen kann.[67]

Inwiefern kann man nun aber vom Schriftgebrauch *Jesu* sprechen? Unter den in der Tabelle aufgeführten Stellen sind die letzten beiden (Mt 22,43f und 26,31) relativ klar als von nachösterlicher Christologie geprägt einzustufen und dementsprechend kaum auf Jesus zurückführbar. Unsicher scheint mir der Befund in Mt 11,10 und 21,42.[68] Einen Sonderfall stellt schließlich die Versuchungsgeschichte in Mt 4 dar, in der Jesus und der Teufel gleichsam einen Streit um die Bibel führen. Sie erzählt schwerlich eine historische Begebenheit, passt allerdings von ihrem Schriftgebrauch her recht gut zu dem, was wir mit guten Gründen auf Jesus zurückführen können (siehe unten). Aber selbst nach Abzug *aller* genannten Stellen, verbleibt ein Textbestand von 20 Verweisstellen, der es nach meinem Eindruck durchaus erlaubt, von einem Schriftgebrauch *Jesu* im Matthäusevangelium zu sprechen. Dafür sprechen sowohl formale als auch inhaltliche Kriterien.

Betrachten wir zunächst die erstgenannten: Am ehesten fraglich sind die Schriftzitate aus Q (dreimal in Mt 4 sowie einmal in Mt 11),[69] gleichwohl scheint es mir nicht gerechtfertigt, diese Überlieferungsschicht hier gänzlich auszuklammern. Dafür spricht, dass wir auch in Q Texte finden, in denen Jesus mit der Schrift argumentiert (wenn auch nicht Form ausdrücklicher Zitate),[70] sowie ferner die Beobachtung, dass Stellen wie Mt 22,34ff (Doppelgebot der Liebe) inhaltliche Parallelen in

---

67 Daneben gibt es Grenzfälle, wie sie beispielsweise in Mt 23,38 zu finden sind. In der Lutherbibel (1984) ist diese Stelle als Zitat markiert, und es werden mit Jer 22,5 und Ps 69,26 zwei Referenzstellen angegeben. Andererseits erfolgt kein ausdrücklicher Verweis auf die Schrift, und es ist überdies unsicher, ob hier tatsächlich ein bewusstes Zitat vorliegt.

68 Vgl. die entsprechenden Anmerkungen.

69 Die 27 in der Tabelle aufgeführten Stellen verteilen sich folgendermaßen auf die verschiedenen Schichten: 13 x Markusüberlieferung, 4 x Logienquelle, 10 x Sondergut. Freilich darf man diese Zuordnung nicht zu schematisch handhaben, sie hat lediglich heuristischen Wert.

70 Zu betrachten wären hier z. B. die Worte über Jona, Salomo und die Königin von Saba in Mt 12,40ff.

Q haben[71] oder eventuell sogar in Q überliefert waren.[72] Kann man demnach davon ausgehen, dass alle drei Quellenschichten grundsätzlich einen (wenn auch unterschiedlich ausgeprägten) expliziten Schriftgebrauch im Munde bezeugen, so wird dies durch die Beobachtung unterstützt, dass sich im Blick auf die Einleitungsformeln keine signifikanten Unterschiede erkennen lassen. Das γέγραπται finden wir sowohl in Q als auch bei Markus. Die Wendung ἐρρέτη finden wir zwar ausschließlich im Sondergut des Matthäus, aber sie hat doch eine verwandte Parallele in Mt 22,31f. Die Formel οὐκ ἀνέγνωτε finden wir sowohl in Mk, Q als auch im S$^{(Mt)}$. Und schließlich lassen sich auch hinsichtlich der Frage, ob es bestimmte bevorzugte Textbereiche des Alten Testaments gibt, auf die Jesus verweist, keine signifikanten Besonderheiten erkennen.

Wenn wir unser Augenmerk nun auf inhaltliche Kriterien richten, so ist zunächst zu sagen, dass sich die in der Tabelle benannten Stellen im Wesentlichen zwei Themenbereichen zuordnen[73] lassen, zum einen der Gesetzesauslegung (Sabbat, Reinheit, höchstes Gebot, Ehescheidung) und zum anderen dem prophetischen Selbstverständnis Jesu (z. B. Mt 13,14f; 21,13; 21,16). Diese Themenbereiche bilden allerdings keinen Gegensatz. Vielmehr gehören sie inhaltlich eng zusammen, was sich u. a. an den Antithesen (Mt 5) oder auch dem Streitgespräch über die Tischgemeinschaft mit den Zöllnern (Mt 9) erkennen lässt. Gerade als (prophetischer) Bote der Gottesherrschaft legt Jesus die Tora aus. In welcher Weise geschieht das nun? Zu beobachten ist im Rahmen des Schriftgebrauchs Jesu ein Wechselspiel von Verschärfung und Entgrenzung des buchstäblichen Gebotes. Das Tötungsverbot wird z. B. verschärft (1. Antithese in Mt 5), während die Scheidebriefregelung kritisiert wird (3. Antithese). Manchmal kritisiert Jesus eine starre und ge-

---

71 Vgl. die „Goldene Regel“ in Mt 7,12.

72 Wie wir oben gesehen haben, rechnen Theissen / Merz an dieser Stelle mit einer Doppelüberlieferung.

73 Nach meinem Eindruck liegt das nicht weit von dem entfernt, was Theissen / Merz, Jesus (Anm. 18) 320 – wenn auch mit einer anderen Systematik – als Zusammenfassung des Schriftgebrauchs Jesu formulieren: „Dabei dient die Schrift als Mittel für verschiedene Zwecke: Sie bringt Erfüllungsbewusstsein zum Ausdruck, provoziert ein neues Verhalten, dient als Argument in der Polemik und ist Grundlage der Ethik.“

setzliche Auslegung alttestamentlicher Gebote (vgl. die Sabbatdiskussion in Mt 12), dann wieder wirft er seinen Kritikern eine Aufweichung derselben vor (vgl. die Debatte um Rein und Unrein in Mt 15). Dieser im Einzelfall sehr unterschiedliche Umgang mit dem Gebot des Alten Testaments hat seinen Grund aber nicht in einer willkürlichen, von Fall zu Fall verschiedenen Schriftauslegung. Vielmehr ist nach meinem Eindruck in den verschiedenen Texten ein bestimmendes Prinzip erkennbar.

Ausgehend von der Beobachtung, dass Jesus an mehreren Stellen ein übergeordnetes Prinzip des Schriftgebrauchs benennt,[74] möchte ich – im Sinne einer ersten Arbeitshypothese, die es freilich an den konkreten Texten zu bewähren gilt[75] – im Folgenden von einer relationalen Hermeneutik[76] Jesu sprechen, die ihre inhaltliche Mitte im Doppelgebot der Liebe hat.

Für Jesus haben die Worte der Schrift hohe Autorität, gleichwohl kann er sie im Einzelnen verschärfen oder auch mit einer gewissen Freiheit interpretieren. Er kann dies, weil er sie im Licht der Gottes- und Nächstenliebe interpretiert. Das beginnt in der Versuchungsgeschichte und setzt sich über die Antithesen und die Sabbat- und Reinheitskontroversen bis hin zur Frage nach dem höchsten Gebot fort.[77] Wo die Liebe zu Gott oder zum Nächsten auf dem Prüfstand steht, gilt es das Gebot in aller Konsequenz ernst zu nehmen und gegebenenfalls sogar zu verschärfen. Wo das Gebot in liebloser und zerstörerischer Weise gebraucht wird, muss es kritisiert und entgrenzt werden. Ein formal buchstabengetreuer Schriftgebrauch kann dieses Ziel nicht erreichen. Vielmehr ist je neu nach der in der Schöpfung verankerten Intention der

---

74 Vgl. Mt 7,12; 9,13 (wiederholt in 12,7) und 22,37ff.

75 Die Untersuchung des Schriftgebrauchs Jesu steckt in mancher Hinsicht noch in den Anfängen. Das betrifft sowohl die Einordnung in die frühjüdische Praxis des Schriftgebrauchs, welche für sich genommen noch nicht systematisch untersucht ist. Zum anderen fehlt es bislang an einer umfassenden (und speziell auf die hermeneutischen Fragen gerichteten) Untersuchung derjenigen Evangelientexte, die von einem Schriftgebrauch Jesu sprechen. Die hier vorliegende Skizze stellt in diesem Zusammenhang nicht mehr als eine erste Annäherung dar.

76 Diese Formulierung scheint mir insofern dem Schriftgebrauch Jesu zu entsprechen, als dass dieser vor allem vom Beziehungsaspekt geprägt ist (vgl. z. B. die Anmerkungen zu Mt 4,4ff; 5,21ff und 9,13).

77 Vgl. die entsprechenden Anmerkungen unter 3.

Tora zu fragen, welche darin besteht das auf Beziehung angelegte Leben zu schützen und zu fördern. Mit einem an Psalm 85 angelehnten Wortspiel (Ps 85,11) kann man daher formulieren: In seiner Schriftauslegung zielt Jesus darauf, dass Bibel und Leben sich küssen, Freiheit und Verbindlichkeit einander begegnen.

Wenn dieses Verständnis der Schriftauslegung Jesu zutreffend ist, was bedeutet es dann für die eingangs beschriebenen Kontroversen um den heutigen Umgang mit der Bibel? Die Alternative zwischen Bibeltreue und historischer Kritik wäre dann durch Jesus selbst überholt. Die Wahrheit der Bibel würde nicht im Buchstaben, sondern im Gehalt der Schrift gefunden, welcher freilich den Buchstaben braucht um sichtbar (bzw. hörbar) zu werden. Die Schrift zielt nicht auf Repetition ewig gleicher Wahrheitsaussagen, sie zielt auf beziehungsbildende und -fördernde Anrede in der konkreten Lebenssituation. Dass solche Anrede geschieht, ist unverfügbares Geschenk des Schöpfers, und gewiss gibt es auch eine Form der Bibelkritik, die sich diesem *tua res agitur* der Schrift zu entziehen sucht. Andererseits braucht das Hören auf die Schrift die Werkzeuge historischer Kritik, gerade um ein unverstelltes Wahrnehmen zu ermöglichen. Bibelkritik ist, recht verstanden, nicht Kritik an der Bibel, sondern Kritik an einem bestimmten Bibelverständnis, das sich seines Wissens über die Bibel allzu sicher ist und gerade nicht mehr offen auf die aktuelle und lebensverändernde Anrede des Schöpfers zu hören vermag. Darum ist mit der Ansammlung exegetischer Gewissheiten (welcher Couleur auch immer) noch nicht viel erreicht. Nur wer einen altvertrauten Text so zu lesen vermag, als hätte er ihn noch nie vor Augen gehabt, der wird das (manchmal auch bedrängende) Glücksgefühl erfahren, dass der Text unvermittelt zu reden beginnt und die Geschichte des Lesers auf atemberaubende Weise erzählt. „Das bin ja ich!" Dann haben Bibel und Leben sich geküsst.

Wo sitzen die Pharisäer?

Zur Auslegung des Matthäusevangeliums um die Wende zum 18. Jahrhundert

Ernst Koch

Am 16. Juni 1689 kündigte Paul Anton, seit 1683 Kollegiat des Leipziger Fürstenkollegiums, an der Leipziger Universität ein Collegium biblicum gratis über die pharisäischen Vorurteile gegen Christus an. Die Einrichtung von Collegia biblica ging auf eine Initiative des Jahres 1686 zurück, an der auch Johann Benedict Carpzov sein Interesse bekundet hatte. Paul Anton war erst am 18. April von einer Tätigkeit als Reiseprediger des Prinzen Friedrich August nach Leipzig zurückgekehrt, um seinen dortigen Pflichten nachzukommen, hatte jedoch zuvor Philipp Jakob Spener in Dresden aufgesucht und am 12. Juni Leipzig wieder erreicht. Mit dem bekannt gegebenen Thema wollte er das Papsttum in den Blick nehmen. Er erklärte, er sei den Studenten das Kolleg schuldig, da er vor dem Aufbruch als Reiseprediger eine Vorlesung über Hieronymus Kromayers Theologia positivo-polemica abgebrochen hatte. In Leipzig angekommen, hörte er von der Unruhe, die im Umkreis von August Hermann Francke und seiner Wirksamkeit an der Leipziger Universität entstanden war. Mit Francke stand er bereits seit 1686 in Kontakt. Mit ihm zusammen hatte er die Collegia philobiblica begonnen. Nun fühlte er sich im Blick auf die Rolle der Pharisäer nach Johannes bewogen, „noch mit mehrern / selbst der Unserigen zu warnen vor dergleichen falschen und zugleich sehr natürlichen praeiudiciis, da man Gutes / e. g. nur darumb / weil es ungewöhnlich deucht etc. scheel ansehen wolle“.[1] Anton hatte mit diesen Ausführungen Joh 7,15 und 48-

1 Paul Anton, Ausführlicher Bericht an [...] Herrn Johann Georgen / Herzogen zu Sachsen / [...] wegen eines jüngst-ausgebrachten Scripti Anonymi, Tit: Ausführliche Beschreibung des Unfugs [...], Jena 1693, S. 7.

49 im Auge.[2] Vor Beginn der Vorlesung hatte er den Teilnehmern Hinweise gegeben: Sie sollten die biblischen Texte selbst lesen, und „Man sollte ja meinen Discurs gantz hören / und nicht nur ruckweise" Fragen stellen. Dazu war jeweils am Mittwoch und am Sonnabend Gelegenheit. Ergänzend zu seinen Ausführungen diktierte er den Hörern Schriftbelege und weitere Autoren, die zu Vorurteilen Stellung genommen hatten, in lateinischer Sprache. Die Lehrveranstaltung endete mit dem 4. August – Paul Anton musste nach Dresden und anschließend nach Rochlitz aufbrechen, wo er von Oberhofprediger Philipp Jakob Spener in sein Amt als Superintendent eingeführt wurde.[3]

Welche aktuellen Bezüge hatten Antons Ausführungen zu den Vorurteilen der Pharisäer, deretwegen er sie dem kursächsischen Landesherrn gegenüber zu erwähnen für angebracht hielt?

1.

Im Jahre 1661 veröffentlichte Friedrich Breckling, damals bereits Pfarrer in Zwolle,[4] inmitten einer langen Reihe von kleinformatigen, den Chiliasmus verteidigenden Traktaten eine außerordentlich scharfe Polemik, in der er den „Pharisäismus" der lutherischen akademischen Theologen anprangerte.[5] Ursache für Brecklings Angriff war die Verurteilung

---

2 Ebd., S. 86 und 141.

3 Ebd., S. 7.

4 Zu ihm Martin Brecht, Die deutschen Spiritualisten des 17. Jahrhunderts, in: Geschichte des Pietismus. Im Auftrag der Historischen Kommission zur Erforschung des Pietismus hg. von Martin Brecht, Klaus Deppermann, Ulrich Gäbler und Hartmut Lehmann, Bd. 1: Der Pietismus vom siebzehnten bis zum frühen achtzehnten Jahrhundert, hg. von Martin Brecht, Göttingen 1993, S. 228-233. RGG[4], 1, 1998, Sp. 743 (Gertraud Zaepernick).

5 Friedrich Breckling, SYNAGOGA SATANAE Satans-Schule / Darin den heutigen deutschen Academien ihre Antichristische Verkehrtheit / Pharisäische Heucheley und Epicurische Greuel iederman zur Warnung vor Augen gestellet werden [...]. o. O. 1661. Vgl. Ders., Friedrich Breckling, Pharisaismus detectus, convictus, judicatus; & Christianismus vindicatus. Der Phariseer Vrtheil und Grabschrifft / Darinnen alle Phariseer unter den Nachfolgern Lutheri, insonderheit aber die offenbahre Un-Lutterische Phariseer und Antichristen in den Un-luterischen Consistoriis zu Amsterdam und Hamburg / auß ihren eigenen Früchten entdecket / von ihren Greweln überzeuget / und für Gottes Gericht / durch Gottes Wort / und ihr eigen Gewissen verdammet werden [...] Mit Freyheit meines obersten Ertzbisschoffs / und seines Him(m)lischen Consistorii, Amsterdam 1664. Vgl. auch Ders., Religio libera Persecutio relegata Tyrannis Exul & Justitia Redux. Hochnö-

des Chiliasmus, mit dem sich für ihn eine Fundamentalkritik der gelebten Kirchlichkeit seiner Zeit verband. Das maßlose Pamphlet bezeichnete die von ihm Angegriffenen als „Molochiten / Baaliten / Betheliten und falsche Satans-Apostel" und fuhr fort: „Ihr wisset / wie unbendig / frech / ärgerlich / fleischlich / Epicureisch / Satanisch und ärger als alle wilde Tiere die meisten studenten allda leben / ja viel ärger als auff den Reformirten und Papistischen Acedemien: Vnd mit solchen Bacchus- Babels- und Belials-Kindern werden hernach alle Predig-Stühle / Empter und Stände in Europa besetzet / daß sie der Welt ihr Saltz und Liecht seyn sollen / die doch gottloser als die Soldaten / ja ein rechtes Schlangen-Brüt des Teuffels sind".[6]

10 Jahre später schloss sich dem aus Holstein stammenden niederländischen Pfarrer der Halberstädter Pfarrer Heinrich Ammersbach aus neuerdings gegebenem Anlass an.[7] Bereits der Titel seiner Schrift gab zu erkennen, worum es ihm ging: Er war durch die Voten mehrerer Universitäten tief verletzt, die seine ebenfalls den Chiliasmus propagierenden Texte verurteilten, ihre Veröffentlichung verboten bzw. ihre Konfiszierung forderten. Ammersbach betonte allerdings, er wolle, wenn er „von unsern Lutherischen Phariseern und Schrifftgelehrten auff dem Stuel Mosis / auff den Universitäten rede", nicht den Stuhl Luthers und seine Lehre selbst verwerfen und führte Luthertexte über den Umgang mit Häretikern ins Feld.[8] Außerdem wolle er nicht alle Professoren

tige Erinnerung [...] über einige Gewissens Fragen Von der Gewissens-Freyheit / und andern hochnötigen Sachen der Obrigkeit Ampt und Person belangend: Daß sie sich nicht durch ihre Phariseer / Hoffteuffel und Bauchdiener zur Verfolgung und Außrottung des Unkrauts [...] anreitzen lassen [...], Freistadt 1663 (der Erscheinungsort war natürlich fingiert).

6 F. Breckling, Synagoga (wie Anm. 5), Bl. A 2r.

7 Heinrich Ammersbach, CATHEDRA MOSIS Das ist Mosis Stuel Auff welchem die Pharisäer und Schrifftgelehrten sitzen. Die nach ihrer eingebildeten hohen Weißheit für andern Orthodoxi rechtgläubige Lehrer seyn wollen / und doch unter solchem Schein und Titul die reine und heilsame Lehre Christi und seiner Apostel für eine irrige Ketzer- und Schwermer-Lehre zur ungebühr ausschreyen [...] Der thörichten / blinden und tollen Welt zum Liecht und Erkäntniß entdecket und fürgestellet [...], o. O. 1671. Zu Ammersbach vgl. Johannes Wallmann, Reich Gottes und Chiliasmus in der lutherischen Orthodoxie, in: Ders., Theologie und Frömmigkeit im Zeitalter des Barock. Gesammelte Aufsätze, Tübingen 1995, S. 121-123.

8 H. Ammersbach (wie Anm. 6), Bl. Aa 1r-3v. Zitat: Bl. A 2r.

der Verurteilung als Pharisäer unterziehen, wie ja auch nicht alle Päpste in der Nacht der Verleugnung Christi durch Petrus gelebt hätten. Die „Jehnischen Außleger“ allerdings, das heißt die zeitgenössischen Jenaer Theologen, verstünden Mt 23,2-3 so, dass man keine Ehre von den Menschen suchen dürfe. Er jedoch, Ammersbach, frage „die Phariseer und Schrifftgelehrten auff den Hohen Schulen“, ob sie nicht gerade dieses tun, indem sie einen Disputationsdruck konfiszierten, der den Jenaer Autoritäten widerspräche.[9]

Heinrich Ammersbach trat also Friedrich Breckling an die Seite, griff die obersten Autoritäten der Lehre an und verglich sie mit den Pharisäern, die nach Mt 23 auf dem Stuhl Moses sitzen. Ihn traf das Schicksal anderer ihm dem Chiliasmus gegenüber gleich gesinnter Zeitgenossen nicht, er wurde nicht, obwohl dies von den Universitäten gefordert wurde, des Landes verwiesen. Johannes Wallmann wies darauf hin, dass sein Landesherr, der Große Kurfürst, die Hände über ihm hielt, während zur gleichen Zeit Paul Gerhardt ein Opfer der brandenburgischen Toleranzpolitik wurde.[10]

Die frühesten Angriffe auf lutherische Universitätstheologen unter dem Vorwurf des Pharisäismus wurden also aus dem Umkreis des mystischen Spiritualismus gestartet, dem sowohl Friedrich Breckling als auch Heinrich Ammersbach zugehörten. Dies war im Blick auf die Pharisäer als Projektionsobjekte der Ketzerpolemik eine einschneidende Neuerung. Denn seit der Reformation galten der römische Katholizismus und die Jesuiten als Abbilder pharisäischen Wesens bzw. Unwesens.[11] Auch wenn dies weiterhin galt, war nun eine neue Front im Streit der Konfessionen eröffnet. War sie erst einmal aufgerichtet, blieb sie auch künftig ein wirksames Mittel in der Auseinandersetzung. Bemerkenswert ist auch die Schärfe, in der die spiritualistische Polemik vorgetragen wurde. Johannes Wallmann bezeichnet Ammersbach als den

---

[9] Ebd., Bl. A 2v.

[10] Vgl. J. Wallmann (wie Anm. 6), S. 122.

[11] Vgl. dazu beispielsweise Matthias Flacius, DE VOCE ET RE Fidei, contra PHARISAICVM HYPOcritarum fermentum, Basel 1555. Auch in den lutherischen Bekenntnisschriften wurde diese Identifizierung wie selbstverständlich angewandt, vgl. BSLK, S. 359,25 (Apologie der Augsburgischen Konfession, Art. 24) wie auch das Register von BSLK.

„durch die Heftigkeit seiner Polemik gröbsten innerlutherischen Kirchenkritiker vor dem Pietismus".[12]

2.

Der temperierte Ton, in dem Paul Anton im Herbst 1693 dem kursächsischen Landesherrn von den inzwischen dramatisch eskalierten Ereignissen in Leipzig Bericht erstattete, ließ von dem Zündstoff nicht viel ahnen, den seine Vorlesungen und die sich an sie anschließenden Diskussionen mit Sicherheit enthielten. Hatten sie doch die Kritik der Leipziger Universitätstheologen im Blick, die sie für die sich formierende pietistische Bewegung in die Nachbarschaft und an die Seite der Pharisäer verwies. Einerseits hatten sich die Dinge in Leipzig inzwischen weiter entwickelt, andererseits gebot es der Selbstschutz des Autors, sich nicht in offene Polemik gegen die Theologische Fakultät in Leipzig zu begeben. Vier Jahre zuvor war es unmittelbar vor der Rückkehr Antons nach Leipzig zu einer persönlichen Begegnung zwischen ihm und Philipp Jakob Spener in Dresden gekommen. Was dabei besprochen wurde, lässt sich nicht ermitteln. Bedenkt man aber, dass Spener während der sich aufbauenden Kontroverse um den frühen Leipziger Pietismus auch mit August Hermann Francke konferiert hatte und es dabei zu durchaus nicht unkritischem Gedankenaustausch gekommen war,[13] ist mit hoher Wahrscheinlichkeit zu vermuten, dass Paul Anton mit Wissen des Dresdener Oberhofpredigers an die Arbeit in Leipzig gegangen war, um die Kritik und die Forderungen auch in Lehrveranstaltungen zur Sprache zu bringen. Wie stand Spener zu der Pharisäerpolemik der jungen Leipziger Magister?

Von Heinrich Ammersbach hatte Spener nach eigenem Bekunden mehrfach Post erhalten, betonte jedoch, „damal aber ich nicht einen buchstaben an ihn abgehen lassen".[14] Dies traf so nicht zu. In den Jahren 1677 und 1678 hatte er auf je einen Brief Ammersbachs diesem geant-

---

12 J. Wallmann (wie Anm.6), S. 122.

13 Vgl. Philipp Jakob Spener, Briefwechsel mit August Hermann Francke 1689-1704, hg. von Johannes Wallmann und Udo Sträter in Zusammenarbeit mit Veronika Albrecht-Birkner, Tübingen 2006, S. VIIf.

14 Philipp Jakob Spener, Gründliche Beantwortung Einer mit Lästerungen angefüllten Schrifft / (unter dem Titul: Außführliche Beschreibung Deß Vnfugs der Pietisten m. f. w) [...], Frankfurt am Main 1693, S. 83.

wortet.[15] Beide Male ging es ihm um mäßigenden Einfluss auf Sprache und Thesen des Halberstädter Pfarrers. Spener war der Meinung, Christus selbst müsse dem Verderben der Kirche wehren, und fügte hinzu: „Vielleicht hat er beschlossen, das meiste unsers eusserlichen kirchengebäues, daran man ohne grossen nutzen flicket, nieder zu schmeißen und es also von grunde auß neu auffzurichten".[16] Darum hielt er nichts von Ammersbachs Konzilsplänen und meinte, die Gegner würden „durch die schärffe mehr exasperiret [...] als zur beßerung bewogen".[17] Im zweiten Brief betonte er, dass er entgegen Ammersbach die Meinung vertrete, dass „nach unserer allgemeinen kirchen lehr", an die er sich halte, die Vereinigung mit Christus und die Rechtfertigung des Sünders nicht identisch seien.[18] Noch im April 1677 hatte Spener versichert, dass er Ammersbach nicht kenne.[19] Wohl aber ahnte er, dass der Halberstädter Pfarrer „denen meisten Doctoribus Academicis schwehrlich einer verhaßter ist als solcher mann".[20] Spener hatte im Übrigen nicht viel von ihm gelesen,[21] speziell auch die Schrift von 1671 über den Stuhl Mosis nicht,[22] wohl aber war es ihm außerordentlich unangenehm gewesen, dass Ammerbach ihm, ohne ihn vorher zu konsultieren, eine Schrift gewidmet hatte. Dieser Vorgang schien ihn darin zu bestärken, persönlich einen näheren Kontakt mit ihm zu meiden.[23] Bekam er doch schon zu hören, dass seine Verbindungen mit dem Halberstädter Pfarrer seinem Ruf geschadet habe.[24] Diese Gesamthaltung Ammersbach gegenüber hielt er weiterhin ein.

---

15 Philipp Jakob Spener, Briefe aus der Frankfurter Zeit 1666-1686, Bd, 3: 1677-1678, hg. von Johannes Wallmann in Zusammenarbeit mit Martin Friedrich und Markus Matthias, Tübingen 2000, S. 364-367. Nr. 79 (September 1677). S. 1020-1021. Nr. 219 (23. November 1678).

16 Ebd., S. 366,55-58.

17 Ebd., S. 365,17. Vgl. bereits ebd., S. 160, 137-140 (an Johann Wilhelm Petersen, 12. Mai 1677) und S. 294,12-15 (an einen unbekannten Empfänger, 18. September 1677).

18 Ebd., S. 1021,29-34.

19 Ebd., S. 105,16.

20 Ebd., S. 281,113-114 (an einen unbekannten Empfänger, Sommer 1677). Vgl. ebd., S. 930,16-17 (an Johann Melchior Stenger, 21. September 1678).

21 Ebd., S. 681,47 (an einen unbekannten Empfänger, März 1678).

22 Ebd., S. 1046,659-1047,1 (an Georg Conrad Dilfeld, 5. Dezember 1678).

23 Ebd., S. 1030,142-1031,153 (wie Anm. 22).

24 Ebd., S. 1047,683-686 (wie Anm. 22).

Spener hatte sich bereits 1668 mit der Frage des Pharisäertums auf seine Weise auseinander gesetzt. In zwei Predigten über Mt 5,20, die 1672 erstmals, wiederholt 1687 gedruckt und von ihm selbst 1699 in seine „Ersten Geistlichen Schriften" aufgenommen worden waren, hatte er ausgeführt, die Pharisäer seien „in gewisser maaß der Juden Juristen / Juris Sacri Doctores der vornehmste Orden bey den Juden / und gleichsam da hertz der gantzen Judischen damahligen Kirchen" gewesen.[25] „Sie / auffs wenigste viel auß ihnen / wurden als lebendige heiligen gehalten / daß andere gemeinet hätten / wann sie so gerecht wären / als die Phariseer / sollte es für GOtt keine noth mit ihnen haben".[26] Daneben gab es unter den Juden andere, „welche es nicht mit den Phariseern hielten / sondern die wahre gerechtigkeit des glaubens hatten [...] Dann sonst folgte / das damahl gar keine rechtgläubige gewesen / und niemand selig worden wäre; Welches ungereimt ist / weil GOtt allezeit eine wahre Kirche / wie in wenigen und vor der welt unansichtbaren personen sich auch bestehet / behält".[27] Nur wenige, nämlich die, die im Alten Testament das Evangelium fanden und sich an die Verheißungen hielten, hätten Anstoß an der pharisäischen Gerechtigkeit genommen. Das bedeutete, dass man nicht nach dem Ansehen der Person urteilen dürfe, sonst hätte man die Gerechtigkeit der Pharisäer und ihre Gesetzestreue, die noch über das Gesetz hinausging, billigen müssen.[28]

So zeigte es sich, dass Spener Ammersbachs Deutung von Mt 23 auf die akademischen Lehrer nicht übernahm. Auch die maßlosen Attacken von Friedrich Breckling lehnte er ab.[29] Wohl aber konnte er im Jahre 1677 Mt 23,2-3 auf die Geistlichkeit anwenden, sofern sie nicht täte, was ihr aufgetragen ist, ohne ihr ganz und gar die Würde abzusprechen,

---

25 Philipp Jacob Spener, Von der Phariseer ungültigen / und frommer Kinder GOttes Wahren Gerechtigkeit / Zwo Predigten / über Matth. 5/20 [...], Frankfurt 1687, S. 10.

26 Ebd., S. 11-12.

27 Ebd., S. 15.

28 Ebd., S. 16-17.

29 Philipp Jakob Spener, Briefe aus der Frankfurter Zeit 1666-1686, Bd. 4: 1679-1680, hg. von Johannes Wallmann in Zusammenarbeit mit Martin Friedrich und Peter Blastenbrei, Tübingen 2005, S. 533,11-534,15 (an Johann Melchior Stenger, Frühjahr 1680).

auf dem Stuhl Moses zu sitzen.[30] Eine solche Würde „der in solchen stand gesetzter personen“ war für ihn unaufgebbar. Dies hinderte ihn nicht daran, 1679 von einer ohne präzise Angaben an ihm geübten Kritik als von einer „Päpstischen inquisition“ zu sprechen. „Dergleichen Päpstische principia [...] solten endlich mit der zeit unsere arme, ohne das in elendem stand befindliche kirche in grosse gefahr stürtzen. Und was wäre gerechter, als wo GOtt dem Papstum eine neue gewalt (nachdem es auch fast dergleichen das ansehen gewinnen will) über dieselbe verhängte, weil uns dessen maximen so wohl haben angefangen zu gefallen“.[31] Stellt man neben diese Äußerung Speners Invektive gegen den römischen Klerus in seiner Bibelvorrede von 1694,[32] so ergibt sich über die traditionelle Konnotation päpstliche / pharisäisch möglicherweise auch ein Hintersinn: Einwände gegen angebliche Irrlehre geraten, wenn sie gegenstandslos sind, in die Nähe von Pharisäismus. In diesem Falle sind die, die solche Einwände vorbringen, wirklich die Pharisäer, die auf dem Stuhl Moses sitzen.

3.

Die erwähnte Bibelvorrede gehörte jedoch bereits in eine andere Phase der Wirksamkeit Speners und ihrer Bedingungen. Er wirkte nicht mehr als Pfarrer in Frankfurt am Main, die Zeit des Oberhofpredigeramts in Dresden lag hinter ihm, bereits knapp drei Jahre arbeitete er als Propst und Konsistorialrat in Berlin.

Im Januar 1692 begann August Hermann Francke seine Arbeit in Glaucha vor Halle. Ein halbes Jahr nach seinem Amtsantritt entwickelte er am 3. Juli 1692, dem 6. Sonntag nach Trinitatis, in einer Predigt über das dem Sonntag zugehörige Evangelium (Mt 5,20-26) nichts weniger als ein pietistisches Reformprogramm. Die Predigt muss allerdings auch

---

30 Ph. J. Spener, Briefe, Bd. 3 (wie Anm. 14), S. 265,381-386 (an Johann Wilhelm Petersen, 13. August 1677). In der zugehörigen Anm. 55 ist der Wortlaut von Mt 23,3 falsch wiedergegeben.

31 Ph. J. Spener: Brief, Bd. 4 (wie Anm. 29), S. 251, 98-106 (an Wilhelm Imhoff, 23. September 1679).

32 BIBILA Das ist / die gantze Heilige Schrifft [...] Teutsch D. Mart. Luthers [...], Leipzig 1694, Bl. (*)1r-(********) 2r (Vorrede Speners, Berlin 8. März 1694).

im Kontext der sich bald nach seinem Amtsantritt entwickelnden Spannungen in der Gemeinde gelesen werden.[33]

Francke kam natürlich auch auf die im Evangelium erwähnten Pharisäer zu sprechen. „Sie waren“, hieß es da, „γραμματεις, Schrifftgelehrte / oder die mit dem Buchstaben umgiengen. Denn daran ließen sie sich begnügen / und ließen die Krafft des göttlichen Worts keinen Raum und Platz finden in ihrem Hertzen. Die göttlichen und geistlichen Dinge beurtheileten sie nach ihrem fleischlichen Sinn / natürlichem Verstande und unerleuchteten Vernunfft. Sie waren Pharisaei Abgesonderte / nicht abgesondert nach dem Grunde ihres Hertzens von der argen und bösen Welt / sondern nach dem äußerlichen / nach ihrer Gelehrsamkeit / Ammts-Würde / vnd Menschen-Satzungen von dem armen und geringen Hauffen des Volcks. Wie sollte dann die Gerechtigkeit durch sie befordert werden / so sie nicht die Herde / sondern sich selbst weideten? [...] Die äußerliche Lehre von Meßia oder Christo / war von den Vorfahren auff sie gekommen / daß sie also von ihm wohl Bescheid geben konten [...] Aber zu der wahren und lebendigen Erkäntniß Christi wollten sie sich nicht bringen lassen“.[34] Christus aber habe durch sein dreifaches Amt die bessere Gerechtigkeit gebracht. Sie wurde in der Folgezeit erneut verdunkelt, von Luther aber wieder ins Licht gehoben. „So wird auch das nicht geleugnet / dz die Theses Orthodoxae, oder in der Schrifft gegründete Lehr-Sätze in Kirchen und Schulen uns vorgetragen werden. Was hat man dann Ursach / möchte iemand sagen / über den Verfall zu klagen? Allerdings grosse Ursache / auch über den Verfall in der Lehre“.[35] Damit meinte Francke die Unwissenheit im Volk über elementare Zusammenhänge des Glaubens, dann aber auch das gründliche Verständnis der Lehre Luthers von der Rechtfertigung aus dem Glauben. „Nicht [...] alle,“ fuhr der Prediger fort, „die sich Lutheraner nennen / verstehen in diesem Hauptstück die Lehre Luthers“, nämlich

---

[33] Vgl. Veronika Albrecht-Birkner, Francke in Glaucha. Kehrseiten eines Klischees (1692-1704), Hallesche Forschungen 15, Tübingen 2004, S. 18-29. Zum Kontext der Predigt selbst und ihren weiteren Auflagen ebd., S. 20 Anm. 104.

[34] August Hermann Francke, Der Fall und die Wiederauffrichtung der wahren Gerechtigkeit / Am VI. Sontage nach Trinitatis, In einer Predigt Uber das Evangelium Matth. V,20-26. In der St. Georgen Kirche zu Glaucha an Halle [...] Vorgestellet [...], Halle 1692, S. 18-20.

[35] Ebd., S. 35.

was die Beschaffenheit des Glaubens betrifft, „der da sey ein göttlich werck in uns / das uns wandele und neugebähre aus GOtt und töte den alten Adam / und mache uns gantz andere Menschen / von Hertzen / Muth / Sinn und allen Kräfften und bringe den Geist mit sich /der da sey ein lebendig / schäfftig / thätig / mächtig Ding / also daß unmüglich / daß er nicht ohne Unterlaß sollte Gutes wircken“.[36] Einen weitere Mangel sah Francke darin, „daß von garvielen / auch Gelehrten / zwar die Evangelische Lehre gefasset / und einiger massen recht begriffen / aber nach der unerleuchteten Vernunfft angesehen und beurtheilet wird / welches dann auch von keinem natürlichen Menschen anders geschehen kann“.[37] Aus der Betrachtung und Diagnose leitete Francke das Programm der besseren Gerechtigkeit ab, wie er es verstand und das es in Glaucha durchzusetzen galt.

Für aufmerksame Hörer und Leser der Predigt waren die in den zitierten Passagen enthaltenen Konnotationen mühelos zu entschlüsseln: Buchstabenbindung ohne göttliche Kraft, natürlicher Verstand und unerleuchtete Vernunft, hochmütiger Gelehrten- und Amtsdünkel, traditionsgebundene Schriftgelehrsamkeit ohne „lebendige“ Erkenntnis Christi, oberflächlicher Umgang mit der Rechtfertigungslehre, Verfall der Unterweisung im Glauben bei bloßer Zitierung orthodoxer Sätze – das alles erschien in Franckes Pharisäerbild als Präfiguration der orthodoxen Universitätstheologie seiner eigenen Zeit. Für ihn war die Antwort auf die Frage, wer in der Gegenwart auf dem Stuhl Moses saß, eindeutig. Sie stellte sich ohne Bezugnahme auf die spiritualistischen Angriffe mehrere Jahrzehnte zuvor, konnte aber gleich lautend gegeben werden und auch auf das sachliche Einverständnis Speners rechnen.

Dieses Pharisäerbild – die orthodox-lutherischen Theologen sind die Pharisäer der Gegenwart – wurde auch in der pietistischen Polemik der folgenden Jahre weiterhin tradiert.[38] „Weh euch Schrifftgelehrten und Phariseer / ihr Heuchler / die Ihr Land und Wasser umziehet / daß Ihr

---

36 Ebd., S. 39-40.

37 Ebd., S. 43.

38 Vgl. die unter einem Pseudonym veröffentlichte Kurtze Erklärung Verschiedener Schau-Stücken / Welche seithero Uber die Streit-Sache des sogenandten Pietismi und Chiliasmi von verschiedenen Autoribus sind verfertiget worden / In richtiger Deutung Auffgesetzet Von Christiano Alethophilo, o. O. 1697, Bl. A 7v-10r.

einen Juden-Genossen (Antipietisten) machet & c.“, lautete das Motto aus Mt 23,15, das 1695 auf der Rückseite des Titelblattes einer anonym veröffentlichten pietistischen Streitschrift zu finden und dem eine klare Identifizierung beigefügt war.[39]

In den Zusammenhang einer großen Auseinandersetzung zwischen dem Lübecker Superintendenten August Pfeiffer und Philipp Jakob Spener gehörte ein Angriff Pfeiffers, mit dem er die Unentschiedenheit seines Gegners in der Stellung zu wichtigen aktuellen Fragen wie dem Chiliasmus und der Bekenntnisbindung tadelte und den „Skeptizismus“ Speners schalt.[40] Abgesehen von einer Verteidigung Speners selbst gegen diese Vorwürfe erschien 1697 unter dem Anonym Martin Wahrmund eine Schrift von Heinrich Georg Neuss, die August Pfeiffer „Pharisaismus“ nachsagte.[41] In seinem Vorwort, datiert vom 15. Dezember 1696, wies er unter Hinweis auf Matth. 23,23-24 darauf hin, dass Jesus den Pharisäern vorgeworfen habe, sie suchten Fehler, wo sie nicht sind, machten zu Fehlern, was keine Fehler sind, sowie kleine zu großen. Hingegen setzten sie „die wichtigsten Haupt-puncten auff welche das gantze Christenthum beruhet“, hintan. Die wichtigsten Stücke im Gesetz aber seien Gericht, Barmherzigkeit und Glaube. „Das Gerichte aber bestehet darinnen / daß man nicht mehr nach äusserlichen Ansehen der Personen / [sondern] nach dem Hertzen / und nach der lautern Warheit richte / welche allein die können / so da nicht suchen ihren eigenen Willen / sondern den Willen ihres himmlischen Vaters [...] Solches Gerichte nun ist ein Haupt-punct des Christenthums / wer darinnen fehlet / der verdammet Christum und seine Glieder / und rechtfertiget den Antichrist mit seinen Schuppen / wie dann alle natürliche Menschen thun“. Die drei großen Kamele, die die Pharisäer verschluckten, waren, dass sie sich kein Gewissen daraus machten, „daß sie ein (1) unglaubig

---

39 AVIS von Herrn D. Schelwigs ITINERARIO ANTIPIETISTICO, so in Hamburg durch Herrn D. Mayern zum Druck befördert, Altona 1695.

40 August Pfeiffer, SCEPTICISMUS SPENERIANUS TRIPARTITUS [...], Lübeck 1695.

41 [Heinrich Georg Neuss,] PHARISAISMUS in Scepticismo Pfeifferi, das ist: Pharisäischer Geist / Welcher sich in dem Tit. H. Philip Jacob Spenern [...] angetichteten Scepticismo deß Herrn Doctor Pfeiffers hervor thut / Entdecket durch MARTINUM Wahrmund / Schrifft Beflissenem in Teutschland, Frankfurt am Main 1697.

/ (2) unbarmhertzig / und (3) heuchlerisch Hertz hatten / in dem sie andere Unschuldige neben sich richteten / und das was sie nicht verstunden / urtheileten / lästerten und verdammeten / auch liessen sie alle die / welche solche Haupt-puncten vergassen / und hindansetzten / nichts desto weniger Haupt-Theologos und γνησίως Judaeos und Doctores sein“. Wohl wäre zu wünschen, dass der pharisäische Geist mit ihnen selbst ersticket worden wäre. „Auch dürffen wir nicht meinen / daß solcher Phariseischer Geist nun allein unter dem Papstthum noch stecke / sondern viele von Evangelischer Seiten haben sich vorzusehen / daß sie nicht eben demselben seinen Raum bei ihnen selbst gönnen“. Die Verfehlung, derer Pfeiffer zu zeihen war, bestand also in unchristlichem Verhalten.

Was die sachliche Kontroverse zwischen Pfeiffer und Spener betreffe, so sei „ohne zweiffel ein geheimer Rathschluß GOttes darunter verborgen“. Deshalb aber müssen ihre Positionen geprüft werden, damit Einfältige wissen, woran sie sind. Neuss meinte, wenn er Pfeiffers Schrift beleuchte, „so will sich nicht der beste Character darin(n)en sehen lassen“. Vergleichsweise allerdings scheine der Lübecker Superintendent „etwas glimpfflicher und bescheidentlicher mit Herrn D. Spenern umgehen zu wollen / als einige andere Anti-Spenerrianer“. Allerdings zeige sich bei genauerer Prüfung dann doch, dass er desselben Geistes sei, seine Gedanken aber „hier etwas mehr subtilisiret sind“. Der pharisäische Geist zeige sich bei Pfeiffer an Stirn und Brust. „Dahingegen S. D. Speners Creutz- und Leidens-zeichen / da er von dem Pharisäischen Geiste angefochten wird / stehe auch klar und offenbahr am Tage“.[42]

Spener selbst nahm in seiner eigenen Verteidigung gegenüber August Pfeiffer[43] das Thema des Pharisäismus nicht auf.

Es lag jedoch nahe, dass der radikale spiritualistische Antiklerikalismus aus der Kontroverse neue Nahrung empfing. Im Jahre 1699 erschien in Amsterdam ein anonymer Druck, der in der Form eines gereimten Dialogs in 46 Redefolgen die Begegnung zwischen einem

---

[42] Ebd., Bl. A 2r-9r.

[43] Philipp Jakob Spener, Völlige Abfertigung Herrn D. Augusti Pfeiffers / [...] zu dessen SCEPTICISMO TRIPARTITO geführter falscher und ungerechter Beschuldigungen [...], Frankfurt am Main 1697.

Pharisäer und einem Christen „zur zeit der Scheidung zwischen dem alten und neuen Bunde" und die Predigt des Paulus in Athen schilderte sowie in kurzen satirischen Strophen gottesdienstliche Gebräuche kritisierte.[44] Obwohl der unbekannte Verfasser sich als unparteiisch vorstellte, konnten die Leser des Büchleins den Christen als den vom Geist geleiteten innerlichen Frommen erkennen, während der Pharisäer in Anlehnung Mt 23 sich auf Gesetz, Ordnung, Gehorsam, „Predig-Ampt", Herkommen, Alter, Tradition und Obrigkeit berief. Er klagte: „Der Lehr-Stand muß verächtlich Hure heissen / Der Wehr-Stand / Thier. So könt ich um euch beissen",[45] und fragte: „Denkt / wie ärgerlich es sey / Kirch / Ampt un(d) Stand / Beruff und alles lassen? Sich selbst / Gesundheit und das Leben hassen?"[46] Die Antworten des Gesprächspartners, des „Christen", wie auch die Schilderung des Gegners des Paulus in Athen und seine Erwiderung auf die Rede des Paulus erscheinen als der polemisch gezeichnete Prototyp eines lutherisch-orthodoxen Predigers[47] und verraten zusammen mit der satirischen Fundamentalkritik des Gottesdienstes und des kirchlichen Lebens der Zeit, dass der Verfasser des Büchleins dem spiritualistischen Milieu entstammte.

4.

Wie verhielt sich die gelehrte Theologie zu dem sich erhitzenden Thema des Pharisäismus? Das Thema stand schon seit langer Zeit immer wieder auf dem Programm von akademischen Disputationen, was auch in der traditionellen Zuschreibung des Pharisäertums an die römisch-katholische Theologie und Frömmigkeit begründet war. Erst 1670 hatte August Pfeiffer in einer Disputation von den Pharisäern als im Bunde einer dreifachen jüdischen Häresie, nämlich den Pharisäern, den Sadduzäern und Essäern, gesprochen.[48] Philologisch bedeute der Name der

---

44 POETISCHES GESPRAECH Eines Pharisäers und Christen / Ingleichen Pauli Zeugnüss Von der hohen Schule und Kirche zu Athen / Wie auch andere dahin gehörige Materien / Entworffen Von Einem Vnpartheyischen, Amsterdam 1699.

45 Ebd., S. 8.

46 Ebd., S. 10.

47 Eb., S. 28-30.

48 August Pfeiffer, DE TRIHAERESIO JUDAEORUM, Sive DE PHARISAEIS, SADDUZAEIS ET ESSAEIS, in: Ders., FASCICULUS DISSERTATIONUM PHILOLOGICARUM [...] Wittenberg 1670, S. 28-44.

Pharisäer entweder, dass sie eine Gruppe bildeten, die sich vom gemeinsamen Leben des Volkes absonderte, oder dass sie als Ausleger des Gesetzes Gottes dem Gesetz ihre Deutungen zufügten. Pfeiffer selbst wollte bei der erstgenannten Deutung bleiben und leitete die Herkunft der Gruppe vom schlechten Eifer der Chasidäer ab, die er mit den Nasiräern gleichsetzte.[49]

In Wittenberg wurde im Januar 1697 das Thema der Pharisäer in einer Disputation über Matthäus 23,1-3 unter dem Vorsitz von Johann Georg Neumann durch Magister Johann Christoph Harnisch aus Naumburg angeschnitten.[50] Das Vorwort des Drucks wies auf die Auseinandersetzung hin, die sieben Jahrzehnte zuvor in Magdeburg zwischen Andreas Cramer und seinen Kollegen stattgefunden hatte.[51] Unter Rückgriff auf alttestamentliche Texte sowie den griechischen, lateinischen und deutschen Matthäustext skizzierten Neumanns Thesen den Kontext der Jesusworte. Dem Präses der Disputation kam es unter anderem darauf an, das καὶ von V. 1 entsprechend einem hebräischen ו mit „maxime, inprimis etc." zu übersetzen[52] und unter μαθηταί alle Gläubigen zu verstehen.[53] Aus Kenntnis der synagogalen Praxis und der Konjunktion von „Mose und Propheten" schloss er, dass auch Γραμματεῖς καὶ Φαρισαῖοι der Bezeichnung Doctores & Theologi univok entspreche.[54] Neumann deutete den Namen der Pharisäer ebenso wie viele seiner theologischen Zeitgenossen als „qvasi seqvestrati, separati ab aliis vita religiosiori".[55]

Der Sinn von V. 3 könne also nur aus folgenden Schlüssen bestehen: Die, die in allem zu hören waren, wenn sie aus Mose und den Propheten vortrugen, waren wirklich, eigentlich gesagt und univok gemeint Theologen (1).[56] Die Lehrer, von denen heute zu hören ist, dass alles, was es zu beachten gilt, auch zu bewahren ist, sind wahrhaft und univok Theo-

---

49 Ebd., S. 39-40.

50 Johann Georg Neumann, EXERCITATIO THEOLOGICA ex Matth. XXIII, vers. 1.2.3. DE AUDIENDIS DOCTORIBUS etiam HYPOCRITIS, dum verbum DEI recte profitentur [...], Wittenberg (1697).

51 Ebd., Bl. A 2r.

52 Ebd., Bl. A 4r-v.

53 Ebd., Bl. A 4v-B 1r.

54 Ebd., Bl. B 2v-3r.

55 Ebd., Bl. B 4v.

56 Ebd., Bl. C 2r.

logen (2).[57] Auf das Ziel der Disputation bezogen bedeutet das: Ein Theologe, der einerseits gesund in Bezug auf die Lehre ist, dem es aber an rettendem Glauben mangelt und der nicht wiedergeboren ist, ist eigentlich und univok Theologe, aber dem Namen nach nur äquivok ein Christ (3). Theologen, die nicht nach dem handeln, was sie lehren, sind als legitime Lehrer wirklich, wahrhaftig und eindeutig Theologen, heißen jedoch nur dem Namen nach, fälschlich und äquivok messianisch, „Israelit", gläubig und Christ (4).[58]

Neumann verwies schließlich auf eine fromme junge Frau in Naumburg, der Heimat des Disputanten, die in der Verwirrung einer Anfechtung die Wahrheit der ganzen Schrift in Zweifel gezogen habe. Betonten also die Wittenberger Theologen immer wieder, dass die Wahrheit der Heiligen Schrift unangemessener Argumente nicht bedürfte, so gelte dies auch zu Gunsten von Angefochtenen.[59] Für Neumann stand damit auch das Wesen von Theologie zur Debatte, denn die Theologie sei eher der Medizin als der Ethik vergleichbar.[60]

Ohne Zweifel stand die Wittenberger Disputation im Kontext der Auseinandersetzungen der Jahre nach 1690. Sie hatte das Ziel, nachzuweisen, dass recht lehrende Geistliche mit fehlerhaftem Lebenswandel auf Grund von Mt 23,2-3 einen theologisch begründeten Anspruch haben, gehört zu werden.

Eine Disputation, die am 29. April 1699 in Leipzig unter dem Vorsitz von Adam Rechenberg, Schwiegersohn Philipp Jakob Speners in 3. Ehe, stattfand, befasste sich mit Mt 23,33, dem Vorwurf Jesu, bei den Pharisäern handele es sich um Schlangen und Otternbrut. Rechenberg war soeben nach dem Tode Johann Benedikt Carpzovs, dem scharfzüngigen Kritiker der pietistischen Bewegung, nach dessen Tode in die erste theologische Professur aufgerückt. Rechenberg stellte fest, dass es sich bei den Pharisäern um eine der jüdischen Sekten gehandelt habe. Sie hätten als pervicax hominum genus immer Position gegen Christus genommen, obwohl sie unkundig in der himmlischen Lehre waren. Daher habe ihre Halsstarrigkeit gerührt, die es nicht verhindert habe,

---

[57] Ebd., Bl. C 2v.
[58] Ebd., Bl. C 4r.
[59] Ebd., Bl. C 4v-D 1r.
[60] Ebd., Bl. D 3v.

dass sie beim Volk sowohl ihres strengen Gehorsams als auch ihre heiligen Lebens wegen in hohem Ansehen standen. Christus aber habe ihre falsche Lehre und ihre boshafte Lebensführung entlarvt. Die Disputation stellte sich die Aufgabe, die Geschichte der Pharisäer darzustellen und die Bedeutung ihrer Bezeichnungen in Mt 23,33 zu ermitteln.[61]

Als Übersetzung ihres Namens schlug Rechenberg „Ausleger des Gesetzes“ oder „von den Menschen Abgesonderte“ vor und verwies auf die Analogien im Mönchtum, bei den altkirchlichen Euchiten oder den mittelalterlichen Katharern. Der Ursprung der Pharisäer liege im Dunkel, sei aber in jedem Falle im nachexilischen Rabbinismus zu suchen. Von dieser Zeit an seien aus neuen Überlieferungen und Verhaltensweisen des Volkes neue Sekten entstanden. Es habe sich bei ihnen um eine Gruppierung von Leuten gehandelt, die sich freiwillig dem Gesetz unterworfen hätten (ἑκουσιαζομέων τῷ νομῳ) und damit δογματισταί geworden seien, sich selbst als vom Volke Getrennte bezeichnet hätten und die Freiwilligkeit in Notwendigkeit verkehrt hätten – so gehe es aus Josephus hervor.[62] Manche glaubten, sie seien dem Stamm Simeon entsprossen, andere: aus Benjamin, wieder andere: aus allen israelitischen Stämmen.[63] In jedem Falle sei ihr Ursprung in der Zeit kurz vor Christi Geburt zu datieren. Christus selbst habe gelehrt, die Heiligkeit der durch das Gesetz geforderten Sitten sei durch ihre Überlieferungen und Deutungen verderbt worden, was auch die Meinung des Josephus, des Epiphanius und anderer Kirchenlehrer gewesen sei.[64] Jesus habe ihr Fasten und ihre langen Gebete als Denkmale eingebildeter Frömmigkeit bezeichnet, und sie hätten durch ihre krämerische Heiligkeit sich die Gemüter aller Leute geneigt gemacht, aber auch große Autorität erworben. Dabei hätten sie Christus beseitigen wollen, der uns gelehrt habe, dass sie durch ihre dennoch überaus schlechten Sitten, vor allem ihre Heuchelei, durch Habsucht, Ehrsucht, Schmähung und andere Laster

---

61 Adam Rechenberg, DE PHARISAEIS, Matth. XXIII, 33. [...] moderante L. A. RECHENBERG P. P. In Academiae Lipsiensi d. XXIX. April. MDCXCIX. [...] publice disseret JOACHIMUS von Dam / Brandenburgens. March. AUTORESPONDENS, Leipzig 1699, Bl. A 2r-v.

62 Ebd., Bl. A 3r.

63 Ebd., Bl. 3r-v.

64 Ebd., Bl. A 4r.

besudelt seien.[65] Sie seien auf Eigenruhm bedacht gewesen, hätten „Schleicher“ oder wegen ihres gebückten Gangs „Krumbling“ geheißen, man habe sie „Blindschleichen“ genannt, weil sie mit geschlossenen Augen umher gelaufen seien, um keine Frau erblicken zu müssen. Insofern hätten sie das Mönchtum präfiguriert.

Rechenberg ging der Frage nach dem Verhältnis von Pharisäern und Schriftgelehrten nach und stellte die Frage, ob die so Bezeichneten identisch gewesen seien. Mt 22,34-25 und Mk 12,28 sprächen dagegen. Rechenbergs eigene Deutung lautete, die Gruppierung der Schriftgelehrten sei keine jüdische Häresie gewesen, jedoch seien die Schriftgelehrten Pharisäer gewesen, allerdings nicht alle, so wie ja auch unter den Theologen einige Mönche gewesen seien und damit Professoren strengeren Lebensstils.[66]

Schließlich wandten sich die Disputationsthesen der Frage zu, weshalb Christus die Pharisäer als Schlangen bezeichnet habe. Rechenberg referierte antike Ansichten über die Schlange im Paradies. Sie sei vierfüßig gewesen, wissen die einen zu berichten, andere sprechen von ihr als eines zweifüßigen Wesens. Von unterschiedlichen Schlangenarten habe Plinius berichtet. Ihre Kraft habe nach Gen 3,15 im Kopf gesteckt. Das Instrument, mit dem sie Schaden anrichten konnte, sei die zwei- oder dreigespaltene Zunge gewesen, die Grundeigenschaft der Schlangen die Klugheit, die jedoch mit List und Verschlagenheit verbunden sei. Schlangen seien sehr genau auf Selbstschutz bedacht und auf Künste, mit denen sie anderen schaden könnten. Christus habe die Pharisäer und Schriftgelehrten mit Schlangen verglichen im Hinblick auf ihren Eifer, Schaden anzurichten und üble Nachrede zu üben, weshalb sie vor allem bei den Juden auffielen. Insgesamt bedeutet dies, dass sie alles, was Christus tat, tadelten und das, was er zur Förderung des Seelenheils sagte, zurückwiesen oder verlästerten.[67] Den Abschluss der Thesenreihe bildeten Ausführungen über die Bedeutung von γεννήματα ἐχιδνῶν.[68]

Mögen die Ausführungen Rechenbergs im Rückblick wie eine theoretisch-gelehrte Darlegung anmuten, so enthielten sie zumindest

---

[65] Ebd., Bl. A 4v.
[66] Ebd. Bl. B 1v.
[67] Ebd., Bl. B 4v-C1r.
[68] Ebd. Bl. C 1r-2r.

doch Anspielungen auf die traditionelle Parallelisierung von römischem Katholizismus und Pharisäismus. Eine intensivere Untersuchung, die im vorliegenden Zusammenhang nicht geleistet werden kann, könnte mit Sicherheit auch Bezüge zur um 1700 aktuellen Diskussion ans Licht bringen. Zunächst aber stand Rechenberg an der Seite von Valentin Veltheim, der wenige Monate später, nämlich im Juli 1699, in Jena Johann Ebel aus Seehausen in der Altmark über den Pharisäismus nach Mt 22 disputieren ließ und seine Deutung auf römisch-katholische Theologen als Neopharisaei, speziell auf Jesuiten Juan de Maldonado bezog.[69]

5.

In Leipzig war es, nachdem der Hof interveniert hatte, gelungen, der pietistischen Bewegung Grenzen zu setzen. Bereits in der Frühphase der Bewegung wurde jedoch *ihr* vorgeworfen, sich pharisäisch zu verhalten. August Hermann Francke wies diese Anschuldigung Johann Benedikt Carpzovs schon in seiner an den sächsischen Kurfürsten gerichteten Verteidigungsschrift vom 7. November 1689 zurück.[70] Als im Sommer 1691 der Jenaer Historiker Caspar Sagittarius die ernestinischen Höfe besuchte, um für den Pietismus werbend aktiv zu werden, unterstützte er diese Aktivitäten durch die Veröffentlichung einer Reihe von knapp formulierten Schriften, in denen es wiederholt um die Zurückweisung einer solchen Anschuldigung ging.[71]

---

69 Valentin Veltheim, TERGEMINVM SPECIMEN DISPVTATIONIS [...] EX MATTHAEI C. XXII DEMONSTRATVM [...], Jena (1699), S. 21-29.

70 August Hermann Francke, APOLOGIA oder DEFENSIONS-Schrifft An Ihre Chur-Fürstliche Durchlaucht zu Sachsen, in: Gerichtliches Leipziger PROTOCOLL In Sachen die so genannten PIETISTEN betreffend [...], o. O. 1692, S. 18-19.

71 Caspar Sagittarius, [...] UnTheologische und abgeschmackte Lehr-Sätze / vom PIETISMO [...], o. O. 1691, Bl. a 2r, widerspricht er Behauptung, bei den Pietisten handele es sich um „eingebildete Phariseer“ mit einer Frömmigkeit, die „aus lauter Heucheley / Pharsäischen Hochmuth / Eigensinnigkeit /selbsterwehlten Schein und Werckheiligkeit [...] herfliesset“. Sagittarius widmete eine Thesenreihe, die in mindestens 4 Ausgaben und zusätzlich in deutscher Fassung erschien, Johann Benedikt Carpzov „quasi ex religiosa animi pietate (quod absqve jactantia dictum) summoqve desiderio perfectionis Christiansmi nihil aliud [...] quam verus Christianismus, hoc est, perpetuum exercitium pietatis, quae non ex hypocrisi aliqua aut fastu Pharisaico [...] sed vera ac viva in Christum fide, ac justificatione nostra, tanqua(m) fructus & effect(us) salutaris, promanat“ (Caspar Sagittarius,

Der Gegenvorwurf der von der frühen pietistischen Bewegung Angegriffenen, der eigentliche Hort des Pharisäismus sei der Pietismus, kam in der Folgezeit nicht zur Ruhe. Im Jahre 1693 erschien ohne Nennung eines Autors eine Streitschrift gegen die pietistische Bewegung, die Berichte von skandalösen Vorgängen aus jüngster Zeit zusammenstellte, die „Ausführliche Beschreibung des Unfugs".[72] Ihr Autor war vermutlich Johann Benedikt Carpzov. Die Veröffentlichung provozierte eine ganze Serie von Gegenschriften.[73] Ohne den Vorwurf des Pharisäismus ausdrücklich zu formulieren, beschrieb der anonyme Autor die erwähnte Reise von Caspar Sagittarius mit einer Anspielung auf Mt 23,15: Er „zog in denen Städten und an den Fürstlichen Sächsischen Höfen allenthalben umher / Pietisten-Genossen zu machen".[74] Samuel Schelwig, der durch seine Streitschrift, den Bericht von einer Reise durch Deutschland, Einblicke in pietistische Lebensläufe und Lebenskultur bekommen hatte, betonte, indem er auf Mt 15,14 anspielte, er habe damit „mehr als zu viel böses und unverständiges von ihrer vielen / die sich Leiter der Blinden / ein Licht derer die im Finstern sitzen / Züchtiger der Thörichten und Lehrer der Einfeltigen zu seyn einbilden / nicht ohne Betrübniß meines Hertzens angehöret".[75]

Die pietistische Bewegung hatte sich, so scheint es, bald auf den gegen sie erhobenen Vorwurf eingestellt. Der Gothaer Subkonrektor Johann Hieronymus Wiegleb kam 1701 innerhalb einer Darlegung, die sich dem Thema von Hindernissen der Bekehrung zum Christentum widmete, auf die lange Liste von 39 Hindernissen zu sprechen. An 8. Stelle kam zunächst „der Pharisäische Schein der Gottseeligkeit" auf Grund äußerlich-gesetzlicher Übung des Gottesdienstes und beruflichen Fleißes zu stehen.[76] Die 21. Stelle nahm die Furcht ein, „daß sie [Be-

THESES THEOLOGICAE DE PIETISMO GENVINO [...], [Jena 1691], Bl. B 1r).

72 [Johann Benedikt Carpzov,] Ausführliche Beschreibung des Unfugs / Welchen Die Pietisten zu Halberstadt im Monat Decembri 1692. ümb die heilige Weyhnachts-Zeit gestifftet [...], o. O. 1693.

73 Vgl. Anm. 14.

74 J. B. Carpzov (wie Anm. 71), S. 20.

75 Samuel Schwelwig, ITINERARIUM ANTIPIETISTICUM [...], Stockholm 1695, Bl. [1v].

76 Johann Hieronymus Wiegleb, Hindernisse der Bekehrung und des Christenthums, un die Verdeckung Der überschwänglichen Herrligkeit des Evangelii unsers HErrn JEsu [...], Halle 1701, S. 277. Vgl. S. 40-42.

kehrte nach ihrer Bekehrung] vor Sonderlinge möchten gehalten werden".[77] Als 27. Hindernis bezeichnete Wiegleb die Verspottung von Gottseligkeit und die Furcht, „vor einen Pharsäischen Heuchler ausgescholten / und mit andern schmählichen Nahmen belegt zu werden".[78]

Bald nahm die Auseinandersetzung zwischen den streitenden Parteien um die Rechtmäßigkeit des Vorwurfs des Pharisäismus nochmals eine nahezu dramatische Wendung. Philipp Jakob Spener hatte sich in dieser Frage lange Zeit zurückgehalten. Im Herbst 1703 bezog er allerdings deutlich Stellung. In der Vorrede zu Johann Anastasius Freylinghausens Angriff auf den Mühlhäuser Pfarrer Georg Christian Eilmar legte er einen Rückblick auf den nun schon viele Jahre andauernden Streit zwischen der pietistischen Bewegung und der Wittenberger Theologie vor und holte weit aus. Bereits zur Zeit des alten Israel, so führte er aus, entstanden nach Jes 2 und Mal 2 ganze Gruppen von Priestern, die „als gleichsam Professores Theologiae gantze Schulen hielten" mit der Aufgabe, die später Paulus in Röm 2,19-20 beschrieb: Leiter der Blinden und ein Licht derer zu sein, die im Finstern sind, als Erzieher der Unverständigen und Lehrer der Unmündigen zu fungieren.[79] Die Hauptschuld dieser theologischen Lehrer aber bestand in ihrer Heuchelei, wie sie Mt 23,13-15.23.25.27 und 29 beschrieben ist. Sie bezog sich aber nicht „allein gesehen auff die Heucheley im Leben", vielmehr wird in Mt 16,12 „deutlich die Lehr der Pharisäer auffgedeckt / und heist der Sauerteig / davor man sich zu hüten habe".[80] Darüber hinaus bestand die Heiligung bei ihnen „in äusserlichen Wercken / die der Mensch mit eigenem Fleiß wirckete / die Lehre aber von der Wiedergeburt und innerlichen Aenderung des gantzen Menschens durch den H. Geist war

77 Ebd., S. 236. Vgl. S. 149.

78 Ebd., S. 240. Vgl. S. 166-167, 178.

79 Johann Anastasius Feylinghausen, Entdeckung der Falschen Theologie / Womit Einige so genannte Evangelisch-Lutherische Lehrer / insonderheit Herr Doct. Georg Christian Eilmar [...] Den Grund der wahren Theologie und darauff erbauete Gottseeligkeit [...] bestritten haben [...], Halle 1704, Bl.)(2r-)()(6r. Zitat: Bl.)(2r (Vorrede Philipp Jakob Speners. Die Vorrede ist datiert vom 28. September 1702. Möglicherweise liegt mit der Jahreszahl ein Druckfehler vor: Freylinghausens Vorrede ist genau ein Jahr später datiert, sodass auch Speners Vorrede wohl ebenfalls auf den 28. September 1703 zu datieren ist).

80 Ebd., Bl.)(3v.

ihnen unbekant", wie auch aus Joh 3,8-10 hervorgeht.[81] Die starke Wirkung, die von diesen Lehrern ausging, beruhte eben auf ihrem heuchlerischen Lebenswandel. So blieb es auch in der späteren römischen Kirche.[82] Dann aber trat Luther auf und entlarvte das pharisäische Wesen. Wohl trifft es nicht zu, dass in der lutherischen Kirche ein Mangel an rechter Lehre geherrscht hätte. „Indessen mangelte doch an vielen / ja meisten Orten leyder auch an der Lehre", weil sie nicht hinreichend vermittelt wurde, wie sich an der Praxis der Zufriedenheit mit dem Grundsatz des opus operatum, des Tuns ohne inneren Bezug zum Inhalt der Praxis, gezeigt hat.[83] Da nun erschien im Jahre 1695 die in Wittenberg entstandene „Christlutherische Vorstellung", die sich gegen ihn – Spener persönlich – richtete und behauptete, er lehre nicht der Augsburgischen Konfession gemäß. Ein neues Beispiel dieser Vorwürfe zeigte sich in zwei Veröffentlichungen Eilmars.[84] Spener betonte, er selbst habe schon hinreichend zu diesen Vorwürfen in seiner Antwort auf die „Christlutherische Vorstellung" Stellung genommen. Nun wünsche er, „daß alle Finsterniß der Heucheley weichen möge".[85]

Die Bedeutung dieser Vorrede Speners besteht darin, dass er nun nicht nur das Verhalten, sondern auch die Lehre seiner Gegner als Pharisäismus bezeichnete. Damit stellte er sich nunmehr offen an die Seite der frühen spiritualistischen Polemik gegen die lutherisch-orthodoxe Theologie. Georg Christian Eilmar nutzte nach Kenntnisnahme von Freylinghausens Veröffentlichung die Gelegenheit der Frühpredigt am 4. November 1703 in St. Marien in Mühlhausen dazu, Spener und Freylinghausen als die „Pharisäer der letzten Zeiten" darzustellen.[86]

---

[81] Ebd., Bl.)(4r.

[82] Ebd., Bl.)(4r-7r.

[83] Ebd., Bl.)(7v.

[84] Ebd., Bl.)()(4r.

[85] Ebd., Bl.)()(6r.

[86] Georg Christian Eilmar, Vortrab zu nechst-folgender Verantwortung auf Herrn M. Freylinghaußen / [...] jüngst herausgegebene Schmäh- und Lügen-Schriftt / genannt: Entdeckung der falschen THEOLOGIE [...], Mühlhausen 1701, S. 6 Vgl. S. 13.

6.

Eilmars Entscheidung, das Problem des Pharisäismus in der Predigt zur Sprache zu bringen und in die aktuelle Bibelauslegung aufzunehmen, verriet erneut die hohe Brisanz des Themas an der Wende vom 17. zum 18. Jahrhundert. Dafür gibt es viele weitere Beispiele. Noch in der Mitte des 2. Jahrzehnts des 18. Jahrhunderts griff Erdmann Neumeister zu Beginn seiner Tätigkeit in Hamburg in der Auslegung von Mt 23,20-26 das umstrittene Thema unter Bezugnahme auf die pietistische Bewegung auf und warnte vor ihr, indem er ausführte: "Wir lernen nicht weniger / wie schändlich sich selbst und andere die neuen Geister der vollkommenen Gerechtigkeit betrügen / ich meyne die Pietisten / und dergleichen sonderliche Heiligen / und heilige Sonderlinge / welche wahrhafftig das in der Christlichen Kirche sind / was die Pharisäer weyland in der Israelitischen waren. Sie halten zwar sonst nicht viel von Gebeth-Büchern. Doch jenes Pharisäers seines haben sie noch / daraus sie sprechen: Ich dancke dir GOtt / daß ich nicht bin / wie andere Leute. Lieber / sondern sie sich von uns und unserm Gottesdienste nicht umb deßwillen ab / daß wir nicht gerecht wären / wie sie? Ja / beschuldigen sie uns nicht / wir woltens nicht leiden / dass die Leute fromm würden und gerecht lebeten? Meine Liebsten / ich gedencke dieser argen Arth nicht ohne Uhrsache. Denn ich weiß / daß sich ihre Boßheit in unserm lieben Hamburg noch heimlich reget. Und man kan vor diesem fressendten Krebse nicht genug warnen / weil warlich die Seeligkeit in der höchsten Gefahr stehet / so man eine falsche Gerechtigkeit erwehlet / worzu man durch den grossen Schein gar leicht verführet werden kann. So sage ich nun: Es sey denn eure Gerechtigkeit besser / denn der Pietisten und Schwärmer / so werdet ihr nicht in das Himmelreich kommen. Ach! niemand lasse sich bethören. Die Frömmigkeit machet uns nicht gerecht vor GOtt / sondern allein der Glaube. Der Glaube aber ist die seelige Mutter / von welcher die Frömmigkeit gebohren wird / dass man hernach erfüllet wird mit Früchten des Geistes / als da sind: Liebe / Freude / Friede / Gedult / Freundlichkeit / Gütigkeit / Glaube / Sanftmuth / Keuschheit. Wider welche das Gesetz nicht ist. Gal. V. 22. Bleibet gleich alles / in Ansehung des Gesetzes / unvollkom(m)en; so suchet auch GOtt an uns keine Volkom(m)enheit des Gesetzes / weil wir schon in Christo vollkommen gerecht sind. Und umb Christi willen sind ihm hernach alle Wercke der Gottseeligkeit / ob wir sie gleich unter vielen Fehlern und Schwachheiten üben / dennoch angenehm. Nur sollen wir die Sünde nicht über uns herrschen lassen / das ist / nicht muthwillig noch vorsätzlich sündigen".[87]

Auf der anderen Seite schärfte Johann Caspar Schade die „bessere Gerechtigkeit" warnend ein: „Nun der HERR bleibet dabey: Es sey denn eure Gerechtigkeit besser, denn etc. woran fehlets dann den Pharisäern? Sie glänzen schön von aussen, aber ihr inwendiges war voll haß, raubes und mordens, wie sie solches an JESU selbst bewiesen, und ihn creutzigten. Es war keine liebe, demuth und verläugnung bey ihnen, waren stoltz und vermessen, hielten sich für fromm und heilig und verachteten ihren nächsten, die doch öffters gerechter, als sie waren.

Mit diesen Pharisäern lassen sich nun diejenigen unter den Christen vergleichen, welche, wenn sie von groben sünden hören, dafür erschrecken, sich im hertzen segnen und sagen: Ich dancke dir GOTT, daß ich nicht so bin. Vermessen sich wohl, daß sie fromm sind und sprechen: ich lebe wie einem Christen gebühret, ich gehe fleissig zur Kirche und in die Betstunden, komme zu rechter zeit zur beicht und abendmahl, schicke meine kinder zur schule, kan mich mit meinem nachbarn wol vertragen, niemand wird mir können böses nachsagen, auch der prediger hält viel von mir, u. s. w. Aber bey allem diesem scheinwesen kanst du doch zur höllen fahren. Wo ihr euch auf solches äusserliches wesen verlasset, so seyd ihr redlich betrogen / und ewig verlohren. Von euch saget der HERR Jesus Matth. 15,6.8.9. Ihr heuchler nahet euch wohl zu mir mit eurem munde, und ehret mich mit euren lippen, aber euer hertz ist ferne von mir, aber vergeblich dienen sie mir.

Woran fehlets solchen? Am besten; der mund ist gut, aber das hertz tauget nichts. Mancher kan von aussen einen guten schein geben, und doch die arglistige schlange im busen tragen. Niemand betrüge sie (!) selbst. Lieber mensch auf dein hertz must du sehen, ob das verändert, wiedergebohren bußfertig und gläubig, dann darauf siehet GOtt. Wo ihr einmahl für GOtt kommet, und nichts mehr mitbringet, als daß ihr sagen könnt: HERR, HERR, wir haben vor dir gegessen und getruncken, und

---

[87] Erdmann Neumeister, Erster Evangelischer Seegen in Hamburg [...], Hamburg und Weißenfels 1718, S. 1019-1020.

auf den gassen hast du uns gelehret, Luc. 13,26. so wird euch GOtt nicht kennen, und mit allen übelthätern heissen von ihm weichen. Drum nehmet in acht, was Jesus sagt im jetzt angezogenem 3. Cap. Luc. v. 24. Ringet danach, daß ihr durch die enge pforte eingehet, denn viel werden, das sag ich euch, darnach trachten, wie sie hinein kommen, und werdens nicht thun können. [...] Ist dann so gar keiner unter euch, der diß zu hertzen nehme? worauf bauen leider! die meisten unter uns ihr Christenthum? auf stroh und stoppeln, auf äusserliche Ceremonien, Religion und dergleichen. Aber meine lieben, wir müssen was bessers haben, wenn wir wollen selig werden. Eine bessere gerechtigkeit [...]“.[88]

Davon, wie die Fronten zwischen den streitenden Parteien durchaus nicht einfach dort verliefen, wie sie sie im Blick auf ihre Gegner definiert hatten, gab eine andere Äußerung Erdmann Neumeisters Kunde. In der Auslegung von Lk 18,9-14 würdigte er das Verhalten des Pharisäers ohne jede Ironie: „Zwar der Pharisäer Nahme ist wohl etwas verhaßtes / und wird dessen selten / ja schwerlich jemahls / in der Schrifft in guten gedacht. Aber wir dürffen den Pharisäer itzo nicht betrachten / als einen von den Feinden Christi / Heuchlern und Bösewichtern; sondern ihn uns vorstellen / in was vor Achtung diß Geschlechte damahls bey dem Volcke war. Und da war alles schön. Beschauen wir ihn in seinen Verrichtungen? Sie werden schön genung in die Augen fallen. Er gieng in den Tempel / zu bethen. Gewiß / ein heiliger Gang. Er besuchte den Orth / wo GOtt seines Nahmens Gedächtnis gestifftet / seine besondere Wohnung erwehlet / und verheissen hatte / daß seine Augen und sein Hertz allewege da seyn sollten“. Auch seinen Gang in das Bethaus würdigte Neumeister und wies darauf hin: „Man kann und soll zwar an allen Orthen bethen. Jedennoch ist es von weit stärckerm Nachdrucke / und der geistliche Weyhrauch von süsserm Geruche / wenn er von einer gantzen Versammlung vor GOtt gebracht wird. Eine Kohle der Andacht und Inbrünstigkeit zündedt die andere an / und ein Seufzer biethet dem andern die Hand. Eine Music von vielen Instrumenten ist lieblicher / als von einer eintzelen Stimme. Aber das Gebeth in der Versammlung der Gläubigen mit einmüthigem Munde und Hertzen kann in GOttes Ohren

---

88 Johann Caspar Schade, Geistreiche Predigten über Die Sonn- Fest- und Feiertags-Euangelia durch das gantze Jahr, hg. von Gottfried Arnold (1713), Frankfurt-Leipzig 1731, S. 365-366.

nichts anders / als eine angenehme Harmonie erwecken. Daher ist dem Pharisäer zu loben / daß er in den Tempel gieng / wo alles Volck sein Gebeth ordentlich zu verrichten pflegte". Dass er stehend betete, war als „Symbolum der Standhafftigkeit / im Gebeth nicht müde zu werden" zu würdigen sowie als „Merckmahl des Gehorsams / wie Diener umb den Herrn stehen / und aufwarten". Auch „bei sich selbst" zu beten, ist nicht einfach als heuchlerisch zu werten. Das Problem dieses Pharisäers und des Pharisäismus überhaupt liegt anderswo. Denn „ mit allem / was er Gutes von sich erzehlet / brüstet er sich vor GOtt [...] und vor Menschen blehet er sich auf / daß er seines gleichen an Heiligkeit nicht habe / dieser Jüdische Pietiste".[89]

7.

Eine kritische Sichtung der Maßgaben der in den zitierten Quellen vorgelegten Deutungen des speziell für das Matthäusevangelium wichtigen Phänomens des Pharisäismus wird nicht anachronistisch ansetzen dürfen, indem an die Auslegungen die Kriterien neuzeitlich historisch-kritischer Exegese herangetragen werden. Allerdings bietet sich am ehesten die akademische Arbeit in der Zeit um die Wende zum 18. Jahrhundert für eine solche Untersuchung an, sofern sie das in der zweiten Hälfte des 17. Jahrhunderts deutlich wachsende Interesse an archäologischen Fragestellungen für die biblische Exegese erkennen lässt. Dieses Interesse verband die akademische Arbeit mit der Auslegung von einschlägigen Texten in polemischem Schrifttum und Predigten, da Einmütigkeit darin bestand, dass der Name der Pharisäer – um mit Erdmann Neumeister zu sprechen – „selten / ja schwerlich jemahls / in der Schrifft in guten" genannt wird.[90] Dieser Tatbestand verführte schnell zu Projektionen negativer Sachverhalte auf den jeweiligen Gegner und gehorchte damit einem Gesetz der Polemik.

Darüber hinaus gibt die Auseinandersetzung um die Frage, wo die Pharisäer sitzen, zu erkennen, dass gerade sie sachlichen Grundprobleme des zeitgenössischen Streits zwischen der pietistischen Bewegung

---

89 E. Neumeister (wie Anm. 87), S. 1092-1097.
90 Vgl. zu Anm. 89.

und ihren Gegnern spiegelt.[91] Sehr allgemein formuliert lässt sich feststellen, dass die pietistischen Kritiker überwiegend ethische Maßstäbe anwandten, indem sie auf anstößiges Verhalten ihrer Gegner aufmerksam machten. Den Gegnern des Pietismus lag in erster Linie am Hinweis auf die Gefährdungen, die dem angefochtenen Glauben drohen, wenn er auf sich selbst verwiesen wird und von daher ethisch gestützt seine Gewissheit erhalten soll. Die Bemerkung von Johann Georg Neumann, Theologie sei eher der Medizin als der Ethik vergleichbar,[92] spricht für die Verwurzelung auch der späten Orthodoxie in der Wittenberger Theologie der Anfangszeit eine deutliche Sprache. Das Ethos war beispielsweise für Erdmann Neumeister an einer anderen Stelle angesiedelt und musste in seiner ganzen Strenge auch nicht erst von seinen Gegnern angemahnt werden.[93]

Zu bemerken bleibt, dass sich innerhalb der pietistischen Bewegung kaum eine Auseinandersetzung mit Mt 23,2-3 findet – in der Augsburgischen Konfession immerhin einem Schlüsseltext für den Antidonatismus[94] und in der Apologie für die kritische Funktion dieses Textes in der Auseinandersetzung mit der römischen Theologie.[95] In dem 1715 erschienenen Register der Bibeltexte, mit denen Philipp Jakob Spener sich beschäftigt hat,[96] wird man diesen Text vergeblich suchen. Daraus braucht nicht der Schluss gezogen zu werden, dass er in der pietistischen Bewegung nicht zur Kenntnis genommen worden wäre. Der weitgehende Verzicht auf eine intensive Beschäftigung mit ihm verrät allerdings eine zu den Gegnern des Pietismus alternative theologische Akzentsetzung, die in maßgeblicher Orientierung an ethischer Kritik begründet ist.

---

91 Hier wäre bei einer umfassenden Analyse der Deutung des Pharisäismus in der zur Debatte stehenden Epoche auch die Position der frühen Aufklärung zu berücksichtigen, worauf in der vorliegenden Untersuchung verzichtet wurde.

92 Siehe zu Anm. 60.

93 Dies ist ein deutliches Indiz dafür, dass die Rede von „Reformorthodoxie" einer Tautologie nahe kommt.

94 BSLK 62,10.12.

95 Ebd., 402,24-29.

96 Vollständiges Register über Alle Sprüche Der Heil. Schrifft / An welchem Orthe und zu welcher Zeit dieselbe D. Philipp Jacob Spener [...] erkläret hat [...], Frankfurt am Main 1715 (ND, hg. von Dietrich Blaufuß, Hildesheim u. a. 1999 / Philipp Jakob Spener Schriften, hg. von Erich Beyreuther, Sonderreihe, Bd. 2).

Deutlich kommt der theologische Hintergrund der Beschäftigung mit dem Pharisäismus im Pietismus zum Ausdruck, wenn Philipp Jakob Spener in seiner letzen Lebensphase die Erkenntnis ausspricht, dass es nicht genüge, die mangelhafte Ethik der Gegner zu kritisieren; vielmehr seien als die gravierenden Unterschiede Fehler in der Rechtfertigungslehre zu bemerken. Dies fällt angesichts der bis dahin zu beobachtenden Zurückhaltung des großen pietistischen Lehrers ins Gewicht, nachdem August Hermann Francke vom Beginn der Spannungen an das Augenmerk auf ein anderes Verständnis von Rechtfertigung gelenkt hatte.

Für die Geschichte der Deutung des Pharisäismus besaß die Kontroverse, die sich um 1700 erhob, eine Schlüsselfunktion. Sie bestimmte die weitere Deutungsgeschichte innerhalb der protestantischen Theologie in unterschiedlicher Spiegelung bis in das 20. Jahrhundert hinein. Das pietistische Verständnis des Pharisäertums und sein Interesse an einer psychologischen Analyse des Phänomens lebten gerade in Halle fort.[97] Andererseits begleiteten das Verständnis der Pharisäer auch pietismuskritische Tendenzen,[98] während in der religionsgeschichtlichen Schule und bei Adolf von Harnack bestimmte Konnotationen des Pharisäismus an die pietistische Kritik an der orthodoxen Theologie um 1700 erinnerten[99] und Rudolf Kittel an einer Integration beider Gesichtspunkte lag.[100] Das Thema eignete sich nicht zuletzt in Folge des mit ihm verbundenen Quellenmangels immer wieder dazu, in den Pharisäern den Antitypus jeweiliger theologischer Ideale zu entdecken[101] bis hin zur Heranziehung als „religiöses und gesellschaftlich-politisches Symbol", für dessen Entsprechung zeitgeschichtliche Hintergründe nur allzu deutlich zu erkennen waren.[102] Dass sie sich häufig verdeckt und gelegentlich unreflektiert auf die Situation um 1700 bezogen, macht die

97 Zu Hermann Adalbert Daniel vgl. Hans-Günther Waubke, Die Pharisäer in der protestantischen Bibelwissenschaft des 19. Jahrhunderts, BHTh 107, Tübingen 1998, S. 77-88.

98 Vgl. ebd., S. 249.

99 Roland Deines, Die Pharisäer. Ihr Verständnis im Spiegel der christlichen und jüdischen Forschung seit Wellhausen und Graetz, WUNT 101, Tübingen 1997, S. 194-206.

100 Ebd., S. 446-448.

101 H. Waubke (wie Anm. 97), S. 318.

102 Ebd., S. 318-333.

Bedeutung der Auseinandersetzung zwischen Pietismus und Orthodoxie aus.

Mt 16,17-19 und die ökumenische Diskussion über einen gesamtkirchlichen Petrusdienst

Ulrich Kühn

Auch Christoph Kähler, den wir mit dieser Festschrift ehren, hat einmal unter der Kuppel des Petersdoms in Rom gestanden und die Inschrift aus Mt 16, gestaltet mit 2 Meter hohen Buchstaben, gelesen: *Tu es Petrus, et super hanc petram aedificabo ecclesiam meam, et dabo tibi claves regni coelorum.* Und unter der Kuppel, im Keller, befinden sich die Reste des Grabes, das man seit sehr früher Zeit als Petrusgrab verehrt hat. Auf beides, auf den Petrusspruch aus Matthäus 16 und auf das Petrusgrab gründet sich der Anspruch der Päpste auf die Leitung der Weltkirche, wie es nüchtern im Reiseführer zu lesen steht. Was mag ein Exeget vom Range Christoph Kählers hier gefühlt und gedacht haben? Kein Besucher kann sich ja dem ungeheuren Eindruck dieser Kirche und ihres monumentalen Anspruchs entziehen. Und die ungeheuren Inszenierungen in der Kirche und auf dem Petersplatz sorgen dafür, dass dieser Anspruch im weltweiten Bewusstsein präsent bleibt. Aber ist das alles gedeckt durch das Wort in Matthäus 16, das Jesus in den Mund gelegt ist? Das fragen heute nicht nur Protestanten, auch die gesamte Orthodoxie hat natürlich Probleme mit dem päpstlichen Anspruch, und selbst in der katholischen Theologie weiß man um die Diskrepanz zwischen der biblischen Aussage und der späteren Gestalt. Aber kann die Wirkungsgeschichte bei der Eruierung des Sinnes des ursprünglich Gesagten ausgeklammert werden? Ist es damit getan, in Mt 16 nur den Glauben des Petrus angesprochen zu sehen, der zudem noch ein wankender Glaube war, wie es die Reformatoren versuchten? Ist es ausreichend, mit Oscar Cullmann zwar eine Vorrangstellung des historischen Petrus zuzugeben, aber jeden Gedanken einer Nachfolge abzuwehren? Gibt es Aspekte des Kirchenverständnisses und der Wirklichkeit der Kirche, die hier vielleicht doch weiterzugehen nötigen?

1. „Communio Sanctorum" – ein lutherischer „Skandal"

Das Thema „Papsttum und Petrusdienst" ist seit einigen Jahrzehnten auch Gegenstand des ökumenischen Dialogs gewesen. Zuletzt hat das Studiendokument „Communio Sanctorum. Die Kirche als Gemeinschaft der Heiligen" (2000)[1] ein umfangreiches Kapitel über den „Petrusdienst" vorgelegt. Dieser Text war das Arbeitsergebnis der zweiten Bilateralen Arbeitsgruppe im Auftrag der Deutschen Katholischen Bischofskonferenz und der Kirchenleitung der VELKD. Der Zeitpunkt seiner Veröffentlichung stand unter einem besonders unglücklichen Stern. Denn einen Tag zuvor war das vatikanische Dokument „Dominus Iesus" veröffentlicht worden und hatte alle ökumenische Aufmerksamkeit auf sich gezogen und natürlich die Bereitschaft, ernsthaft auch auf „Communio Sanctorum" zu hören, auf ein Mindestmaß heruntergeschraubt. Der Text von „Communio Sanctorum" war von der Arbeitsgruppe bereits 1998 fertiggestellt gewesen. Nur hatte die VELKD, die von Anfang an auf eine gewisse Distanz zu diesem Produkt auch ihrer eigenen Theologen ging, die Veröffentlichung herausgezögert (wohl um den Prozess mit der „Gemeinsamen Erklärung zur Rechtfertigungslehre" nicht zu „belasten"). Nun also fiel die Veröffentlichung auf den denkbar ungünstigsten Termin. Nach der ersten Schrecksekunde wurde dann freilich auch der Text von „Communio Sanctorum" wahrgenommen. Aber er hat von Anfang an eine weitgehend „negative Presse" gehabt – von distanzierten Äußerungen führender lutherischer Geistlicher bis hin zu Fakultäts- und Ausschussgutachten. Dem Text und insbesondere dem Petruskapitel begegnete eine Vielzahl von Vorurteilen, als wollte er vorschlagen, dass die Lutheraner sich nun dem Papsttum unterwerfen sollten.[2] Dabei baute das Petruskapitel von „Commu-

---

1 Communio Sanctorum. Die Kirche als Gemeinschaft der Heiligen. Arbeitsergebnis der Bilateralen Arbeitsgruppe der Deutschen Bischofskonferenz und der Kirchenleitung der VELKD, Paderborn / Frankfurt 2000.

2 Unter den ausführlicheren Analysen theologischer Fakultäten zeichnet sich das Gutachten von Tübingen durch eine bemerkenswerte Ungenauigkeit aus, auch haben antikatholische Vorurteile die Feder geführt. Der Kirchenleitung der VELKD lagen gegensätzliche Beurteilungen vor: einerseits durch den Theologischen Ausschuss der VELKD, andererseits durch den Ökumenischen Studienausschuss und durch den Arbeitskreis der Catholica-Beauftragten.

nio Sanctorum“ u. a. auf den ökumenischen Dialog zur Petrusfrage auf, wie er vor allem in den USA und dann durch die deutschen ökumenischen Universitätsinstitute in den 70er Jahren geführt worden war.[3] Aber dieser Dialog und auch die sehr ausgewogenen Äußerungen eines Ökumenikers wie Lukas Vischer[4] und von Jürgen Moltmann[5] waren offenbar nicht ins offizielle lutherische Bewusstsein eingedrungen.

Man muss im Blick auf diese Vorgänge tatsächlich von einem lutherischen „Skandal“ in doppelter Hinsicht sprechen. Auf der einen Seite wurde der Text selbst vielfach als „Skandal“ empfunden. Auf der anderen Seite ist es als Skandal anzusehen, wie die lutherische Öffentlichkeit in Kirche und Theologie mit diesem Text umgegangen ist.[6] Sie hat z. B. nicht gesehen, dass er eine erhebliche katholische Selbstkritik am Papsttum enthält – eine notwendige Voraussetzung für ein Sachgespräch über diese Frage.

Wir gehen im Folgenden so vor, dass wir zunächst resumieren, was im Blick auf das Petrusbild im Neuen Testament und insbesondere zu Mt 16,18f gesagt werden kann, ehe wir uns der reformatorischen Kritik an der römisch-katholischen Institution des Papsttums zuwenden und schließlich fragen, ob es ekklesiologische Gesichtspunkte gibt, von denen ein hinter dem römischen Papsttum stehendes legitimes Anliegen zu entdecken wäre und auch die biblischen Aussagen ein neues theologisches Gewicht bekommen könnten.

---

3 Peter in the New Testament, hg. von R. E. Brown u. a., New York / Minneapolis 1973 (deutsch: Das Petrusbild der Bibel. Eine ökumenische Untersuchung, Stuttgart 1976); Amt und universale Kirche. Bericht der offiziellen lutherisch / römisch-katholischen Dialoggruppe in den USA vom Mai 1974 (englisch: Ministry and the Church Universal), in: H. Stirnimann / L. Vischer (Hg.): Papsttum und Petrusdienst, Frankfurt 1975, Ökumenische Perspektiven 7, 91-140; Papsttum als ökumenische Frage, hg. von der Arbeitsgemeinschaft ökumenischer Universitätsinstitute, München / Mainz 1979.

4 L. Vischer, Petrus und der Bischof von Rom – ihre Dienste in der Kirche, in: Papsttum und Petrusdienst, a. a. O. 35-50.

5 J. Moltmann, Ein ökumenisches Papsttum?, in: Papsttum als ökumenische Frage, a. a. O. 251-261.

6 Von Seiten der VELKD (durch den inzwischen im Ruhestand befindlichen OKR Krech) war eine Zusammenstellung aller Reaktionen auf „Communio Sanctorum“ geplant (darunter auch meine 2002 vorgenommene Analyse von drei Fakultätsgutachten und dem Gutachten der Kammer für Theologie der EKD), die aber bislang nicht zustande gekommen ist.

2. Petrus im Neuen Testament

Dass der vorösterliche Jesus in dem Felsenwort von Mt 16,18f das Papsttum eingesetzt habe, wie es die Inschrift in der Kuppel der Peterskirche glauben machen will, wird heute auch von katholischen Exegeten kaum noch vertreten.[7] Es muss vielmehr davon ausgegangen werden, dass Jesus das Felsenwort nach Ostern in den Mund gelegt wurde, es also kein echtes Jesuswort ist. Aber auch so deckt dieses Wort das spätere Papsttum nicht ab. Dann freilich muss es auch sagen, was es zu sagen hat.

Historisch sicher dürfte es sein, dass der Jünger Petrus bereits im Zwölferkreis eine führende Rolle einnahm, vielleicht als Sprecher fungierte. Nach Ostern hatte Petrus als eine der „Säulen" in der Jerusalemer Urgemeinde eine führende Position inne. Sie wurde offenbar auch von Paulus anerkannt. Dieser historische Petrus ist nachösterlich zum Kristallisationspunkt eines „Petrusbildes"[8] geworden, das sich im Neuen Testament an manchen Stellen findet, etwa Joh 21,15-17; Lk 22,32; in der Verfasserangabe der beiden Petrusbriefe, und wohl auch in der grundlegenden Bedeutung der Pfingstpredigt des Petrus Apg 2,14-40. Zu diesem „Petrusbild" gehört dann auch die in Mt 16,18f wiedergegebene Aussage. Dieses „Petrusbild" verbindet mit der Gestalt des Petrus so etwas wie eine gesamtkirchliche Hirten- und Leitungsfunktion, also einen „Petrusdienst",[9] der offenbar bereits in neutestamentlicher Zeit als notwendig angesehen wurde. Diese Tradition steht neben der Bedeutung, die in den paulinischen Gemeinden der Gestalt des Paulus

---

7 Vgl. U. Luz: Das Evangelium nach Matthäus (Mt 8-17), EKK I/2, Zürich / Neukirchen-Vluyn 1990, 458. Im Folgenden beziehe ich mich mehrfach auf dieses instruktive Resumee der NT-Forschung.

8 „Die frühe Kirche hat mit der Gestalt des Petrus Funktionen eines Lehr- und Hirtendienstes verbunden, die sich auf die Gesamtheit der Gemeinden beziehen und in besonderem Maße ihrer Einheit dienen." (Communio Sanctorum, a. a. O. Nr. 163). Der Ausdruck „Petrusbild" begegnet z. B. in dem sehr instruktiven Buch von Chr. Böttrich, Petrus. Fischer, Fels und Funktionär, BG 2, Leipzig 2001, 235-243. B. spricht im Plural von „Petrusbildern" der Evangelien. – Chr. Kähler, Zur Form- und Traditionsgeschichte von Matth 16,17-19, NTS 23, 1977, 36-58, spricht vom „Typus Petrus" (44). Er vermutet, dass der Evangelist das Stück 16,17-19 aus einem Kranz von Petruslegenden übernommen hat (45).

9 Luz, a. a. O. 472.

zukam. Ein festes Amt[10] gesamtkirchlicher Leitungs- und Lehrstruktur hat sich in früher Zeit noch nicht herausgebildet, die Funktion erwies sich aber angesichts der Gefahren von Irrlehren und Spaltungen schon früh als wünschenswert.

Dies alles ist gewiss nicht dem vorösterlichen Jesus zuzuschreiben, von dem generell gelten dürfte, dass er kirchliche Strukturen für die Zeit nach Ostern nicht angeordnet oder auch nur inauguriert hat. Die Frage einer etwaigen „Nachfolge" des Petrus stellt sich indessen aufgrund des gezeichneten Befundes anders, als sie vor 50 Jahren Oscar Cullmann in seinem Buch über Petrus diskutiert hat.[11]

Worauf also könnte uns ein Wort wie das Felsenwort Mt16,18f in diesem Zusammenhang hinweisen?

- In Mt 16,18 ist von der ekklesia Jesu die Rede, von der Kirche in der Einzahl. Die Kirche ist hier als die Gesamtheit der Christen verstanden, so wie in Joh 21 die „Schafe" offensichtlich alle Christen sind. Im Neuen Testament begegnet der Singular „ekklesia" neben dem Plural „ekklesiai", wo dann die einzelnen Ortskirchen und Gemeinden im Blick sind. Die Kirche Christi lebt in den vielen gottesdienstlichen Gemeinschaften an vielen Orten, und sie ist doch zugleich eine einzige universale Gemeinschaft.
- Diese eine universale Kirche bleibt nicht im Unanschaulichen, sondern sie ist durchaus strukturiert. In Mt 16,18 ist vom „Felsen" die Rede, auf dem sie gebaut ist, – damit ist offenbar nicht nur der Glaube des Petrus gemeint, sondern ein Dienstauftrag, eine Vollmacht.[12]
- Diese Vollmacht ist eine Vollmacht und ein Auftrag im Blick auf die *Lehre* der Kirche[13] und auf ihre Einheit. Parallel dazu ist in Joh 21,15-17 vom Auftrag des "Weidens" der ganzen Herde die Rede, in Lk 22,32 vom „Stärken" der Brüder. Die Universalität der Kirche ist kein bloßes Abstraktum. Eine solche Lehr- und Einheitsfunktion war und ist notwendig, um in neuen Situationen der Kirche Richtungsent-

---

10 Luz unterscheidet zwischen „Petrusdienst" und „Petrusamt" (a. a. O. 471f).

11 O. Cullmann, Petrus. Jünger – Apostel – Märtyrer, Berlin 1961, 239: „Es steht nun einmal von Nachfolgern des Petrus ... kein Wort da ..." Dem schließt sich auch Luz im Blick auf ein „Petrusamt" an (a. a. O. 468, 471), nimmt davon aber den „Petrusdienst" aus.

12 Vgl. Cullmann, a. a. O. 237.

13 Luz, a. a. O. 465f; Cullmann, a. a. O. 236.

scheidungen zu treffen, ja im Grenzfall über wahr und falsch zu befinden. Das sogenannte Apostelkonzil Apg 15 und die dort dem Petrus zuerkannte Rolle zeigen beispielhaft, welche Konflikte die Kirche bereits in sehr früher Zeit beschäftigten. Dem korrespondiert dann die in Joh 21 dem Petrus zugedachte gesamtkirchliche Hirtenfunktion.

- Diese Strukturierung ist an einer Person, nämlich der Person des Petrus, festgemacht. Er ist mit seinem Auftrag der Fels, auf dem die Kirche gegründet ist. Hier ist offensichtlich eine personale Verantwortung im Blick. Und sie hat grundlegende ekklesiologische Bedeutung. Sie ist allerdings im Matthäusevangelium verbunden mit einer kollegialen Verantwortung, wie sie in Mt 18,18 allen Jüngern übertragen wird, wobei dort der Akzent auf dem Richten liegt, ohne dass das eine das andere ausschließt.[14] Die Verantwortung für die Gesamtkirche ist personal und kollegial zugleich – wie auch am Phänomen des sogenannte Apostelkonzils (Apg 15) deutlich wird und wie sich am Gegenüber von Petrus und Paulus – historisch und idealtypisch (im Blick auf die paulinische Tradition im Neuen Testament) – zeigt.
- Schließlich ist in Mt 16,18f die Beständigkeit der Kirche angesagt, als ein Verheißungselement. Die Pforten der Hölle sollen sie nicht überwältigen.

Man wird also an den Gestalten des Paulus und des Petrus, wie sie im Neuen Testament geschildert werden, sehen können, dass so etwas wie eine gesamtkirchliche Funktion autoritativen Lehrens (auch im Sinne der Weiterentfaltung der Lehre) und des Dienstes an der Einheit der Kirche ekklesiologisch sachgemäß, ja notwendig ist. Eine solche Funktion ist nicht mit der Bildung des neutestamentlichen Kanons erledigt, sondern bleibt – eben diesem Kanon zufolge – eine an Personen gebundene ständige Aufgabe der Kirche.[15]

---

[14] Nach Kähler (s. Anm. 9) wird Petrus im Matthäusevangelium auch aus dem engeren Kreis der Jünger herausgehoben (41), so dass sogar der zusammenfassende Satz gelten kann: „Das Matthäusevangelium ist kein Matthäus-Evangelium, sondern ein Petrusevangelium“ (57).

[15] Vgl. Luz, a. a. O. 472. Gegen Eberhard Jüngels Diktum, dass „der Nachfolger des Apostels der Kanon (und nicht etwa der Bischof) ist“ (Credere in ecclesiam, ZThK 99, 2002, 185), das m. E. ein protestantischer Kurzschluss ist.

Dass sich mit alledem das spätere Papsttum nicht als schon im NT vorabgebildet erweisen lässt, ist auch ökumenisch-theologisch heute kein wirkliches Problem mehr. Die Frage ist vielmehr, ob und wie das spätere Papsttum den neutestamentlichen Befund weiterführend aufgenommen oder inwieweit es ihn auch verfälscht hat.[16]

3. Reformatorische Kritik am Papsttum

Es waren vor allem drei Gravamina, die die lutherische Reformation dem Papsttum gegenüber geltend machte, wie es sich vor allem im Mittelalter entwickelt hatte und im 16. Jahrhundert praktisch agierte.

Die eine Kritik betraf die Einsicht der Reformatoren, dass der Papst sich mit seiner Autorität faktisch über die Autorität der Heiligen Schrift stellte. Das ersah Luther primär an dem vom Papst gebotenen Ablasshandel. Dieser aber war für die Reformatoren nur ein Symptom der falschen Lehre im Blick auf das Evangelium überhaupt, dem gegenüber Luther dann vor allem seine sich entwickelnde Rechtfertigungstheologie geltend machte. Auch die Kritik an der Praxis und der Theologie des eucharistischen Opfers, der Messe, gehört in diesen Zusammenhang, ebenso die Kritik an der vom Papst geförderten Beichtpraxis.

Ein zweiter Komplex der reformatorischen Papstkritik war ein ekklesiologischer. Insbesondere in den Schmalkaldischen Artikeln (1537) macht Luther geltend, dass in der alten Kirche die Bischöfe alle dem Amt nach gleich waren, der Papst als Bischof von Rom Bruder unter Brüdern, der allenfalls nach menschlichem Recht eine gewisse Vorrangstellung genossen habe. Dies aber sei durch die kirchliche Machtstellung des Papstes völlig in Vergessenheit geraten, ja faktisch ins Gegenteil verkehrt worden.[17]

Und schließlich bestand für die Reformatoren eine sehr tiefgreifende Kritik am Papsttum darin, dass der Papst neben seiner geistlichen auch enorme weltliche Gewalt ausübte, ein Heer unterhielt, politischen Ein-

---

[16] Vgl . W. Pannenbergs Votum, in: Papsttum als ökumenische Frage, a. a. O. 325.

[17] AS II, 4 (De papatu), BSLK 427-422.

fluss ausübte – etwa auf dem Hintergrund der mittelalterlichen Zwei-Schwerter-Theorie.

Es war demnach eine Frage der Gefolgschaft gegenüber dem Wort Christi und des Neuen Testaments, ob man dem Papst Gehorsam erzeigen sollte oder nicht. Immerhin wollte Luther noch 1531 dem Papst zu Füßen fallen, wenn er das Evangelium, wie es die Reformatoren lehrten, in der Kirche zuließe.[18] Das Gleiche gilt 1537 für Melanchthon, der unter der gleichen Voraussetzung bereit war, die Oberhoheit des Papstes nach menschlichem Recht anzuerkennen.[19]

Grundsätzlich bekannte sich die lutherische Reformation zur Einheit und Beständigkeit der Kirche, die zu bewahren die ausdrückliche Absicht etwa der Confessio Augustana war. In CA VII heißt es im ersten Satz, dass die *eine heilige* Kirche für immer Bestand haben soll. Zugleich ist zu Beginn des ersten Artikels davon die Rede, dass die „ecclesiae“ bei uns bekennen und lehren: viele Gemeinden in der einen Kirche also.[20] Das Luthertum hat durch seine Gemeinde- und landeskirchliche Struktur erst lernen müssen, auch die universale Dimension der Kirche wieder in den Blick zu nehmen. Die Struktur einer solchen gesamtkirchlichen Einheit blieb indessen eine offene Frage und ist es bis heute. Das zeigt sich an jenem Vorbehalt Melanchthons, demzufolge er den Papst aus Gründen des Friedens „nach menschlichem Recht“ anzuerkennen bereit gewesen wäre.

Genau dieser Vorbehalt wurde durch die weitere Entwicklung des Papsttums und dann auch lehrmäßig durch die Beschlüsse des I. Vaticanums illusorisch. Denn 1870 ist lehramtlich festgelegt worden, dass der Papst nicht nach menschlichem, sondern nach göttlichem Recht, auf Anordnung Jesu Christi selbst, die oberste Jurisdiktion in der Kirche wahrzunehmen hat.[21] Teil dieser obersten Jurisdiktion ist die lehrmäßige Unfehlbarkeit des Papstes (unter besonderen Umständen), die ebenfalls als Dogma auf dem I. Vaticanum verkündet wurde.[22] Bekanntlich hat es gerade über dieses Dogma eine sehr heftige innerkatholische Ausein-

---

[18] WA 40 I, 181, 11.
[19] BSLK 464, 1.
[20] BSLK 61,1; 50,1.
[21] DH 3055, 3958, 3064.
[22] DH 3074.

andersetzung gegeben.[23] Man muss aber sehen, dass das eigentliche Problem die oberste Jurisdiktion des Bischofs von Rom ist, als deren Ausfluss dann auch die unantastbare (im Grenzfall unfehlbare) Lehrautorität anzusehen ist.[24] Der dritte Kritikpunkt der Reformatoren – die weltliche Gewalt des Papstes – trat durch die Dezimierung des Kirchenstaates zwar zurück, besteht aber wegen der Eigenstaatlichkeit des Vatikans im Prinzip weiter fort.

Das I. Vaticanum hat den katholisch-reformatorischen Graben denkbar weit vertieft. Und die evangelischen Reaktionen waren entsprechend. Einen zusätzlichen Höhepunkt dieser Entwicklung gab es im Jahre 1950, als erstmals seit 1870 die Lehrunfehlbarkeit des Papstes auch ihre Anwendung fand: bei der Verkündung des Dogmas von der leiblichen Aufnahme Marias in den Himmel. Das war für den evangelischen Betrachter ein neuer Beleg dafür, dass sich der Papst nicht an die Autorität der Heiligen Schrift hält. Auch neuere und neueste Beispiele – etwa die Erneuerung des Ablasses im Jahre 2000 – scheinen zu zeigen, dass das konkrete Papsttum biblische Einwände gegen seine Maßnahmen nach wie vor nicht gelten lässt. Aufgrund dieser Sachlage ist es psychologisch verständlich, dass im evangelischen Raum nervös reagiert wurde, als der Versuch vorlag, konvergierende Aussagen zum Thema Papsttum zu formulieren.

Man wird allerdings gleichzeitig darauf zu verweisen haben, dass das II. Vaticanum neben der Wiederholung des auf dem I. Vaticanum Beschlossenen eine Theologie des Bischofsamtes und vor allem eine solche des Bischofskollegiums entwickelt hat. Sicher ist alles getan worden, um ein Verständnis dieser Lehre im Sinne des spätmittelalterlichen Konziliarismus auszuschließen.[25] Dennoch ist die neue Besinnung auf das Bischofskollegium ein ekklesiologisch wichtiger Schritt. Er erinnert an das neutestamentliche Nebeneinander von personaler und kollegialer Vollmacht in Matthäus 16 und 18. Und er provoziert naturgemäß Überlegungen zum Verhältnis der päpstlichen Gewalt zu derjenigen des

---

23 Ausgehend von H. Küngs Buch „Unfehlbar?“, Zürich 1970.

24 Darauf hat der unvergessene Erfurter katholische Dogmatiker Otfried Müller hingewiesen. Vgl. z. B. auch H. Ott, Die Lehre des I. Vatikanischen Konzils, Begegnung 4, Basel 1963, 149.

25 Vgl. die berühmte Nota explicativa praevia zur Kirchenkonstitution.

Bischofskollegiums. Das hat sich etwa in den Kommentaren zum II. Vaticanum niedergeschlagen.[26] Freilich hat es den Anschein, als träte die kollegiale Vollmacht des Bischofskollegiums zunehmend hinter die Macht und Vollmacht des Papstes zurück. Immerhin ist an dieser Stelle ein Ansatz zu weiteren ekklesiologischen Überlegungen gegeben.

4. Ekklesiologische Erwägungen

Die dogmatische Definierung und praktische Entwicklung des Papstamtes scheint a limine jede Möglichkeit auszuschließen, an dieser Stelle so etwas wie Ansätze für einen ökumenischen Dialog zu sehen. Umso erstaunlicher ist es, dass dieser Versuch tatsächlich seit den 70er Jahren des 20. Jahrhunderts ernsthaft unternommen wurde. Als Vorreiter kann das ökumenische Gespräch in den USA gelten. Es folgten die deutschen ökumenischen Universitätsinstitute. In Ergebnissen des internationalen katholisch-lutherischen Dialogs begegnen Hinweise. Ein Satz aus dem sogenannten Malta-Dokument von 1972, das einen ganzen Abschnitt zur Frage des Papsttums enthält,[27] wurde später mehrfach wiederholt. Diese Formulierung lautet: Das Petrusamt des Bischofs von Rom als sichtbares Zeichen der Einheit der Gesamtkirche braucht von den Lutheranern nicht ausgeschlossen zu werden, „soweit es durch theologische Reinterpretation und praktische Umstrukturierung dem Primat des Evangeliums untergeordnet wird“.[28] Das deutsche Dokument „Communio Sanctorum“ von 2000 greift auf diese Ansätze zurück und geht in großer Ausführlichkeit auf das Problem des Papsttums ein – was ihm indessen, wie gezeigt, weitgehend verübelt worden ist.

Die hinter all diesen Versuchen stehende Überzeugung von evangelischer Seite ist es, dass in der Institution des Papsttums ein ekklesiologisches Anliegen Gestalt gewonnen haben könnte, dem nicht nur mit

---

26 Man vgl. den Kommentar in den Ergänzungsbänden des LThK (2 . Aufl.).

27 Bericht „Das Evangelium und die Kirche“ (1972), in: Dokumente wachsender Übereinstimmung I, hg. von H. Meyer u. a., Paderborn / Frankfurt 1983, 248-270.

28 Ebd. Nr. 66, zitiert z. B. in: Das geistliche Amt in der Kirche, Bericht der Gemeinsamen römisch-katholischen / evangelisch-Lutherischen Kommission, 1981, Nr. 73, im Blick auf verbindliches Lehren auch in: Kirche u. Rechtfertigung, Gemeinsame römisch-katholische / evangelisch-lutherische Kommission, 1994, Nr. 215.

einem bloßen „Nein“ zu begegnen ist. Es geht darum, diesem Anliegen auf die Spur zu kommen, aber gerade nicht darum, sich dem römischen Papsttum in seiner heutigen geschichtlichen Ausprägung unterzuordnen.[29] Es geht darum, wie diesem Anliegen „unter dem Primat des Evangeliums“ Rechnung getragen werden könnte. Oder anders gesagt: Geben die oben erläuterten neutestamentlichen Aussagen zu Petrus etwas zu bedenken, das im ökumenischen Miteinander nicht unbedacht bleiben sollte und das auch für das sachliche Verständnis der Kirche von Wichtigkeit sein könnte? Diese Zielrichtung der Frage ist durch jene Nomenklatur angedeutet worden (die ihrerseits wiederum auf protestantische Kritik gestoßen ist), die als Anzeige der beschriebenen Absicht gut geeignet zu sein scheint: nämlich durch die Benennung des gesuchten Aspekts als „Petrusdienst“.[30]

Ekklesiologisch wären an dieser Stelle – anschließend an den neutestamentlichen Befund – folgende Überlegungen anzustellen.

Der ekklesiologische Grundvorgang ist und bleibt natürlich die gottesdienstliche Versammlung am Ort um Verkündigung und Sakrament (nach Apg 2,42 und CA VII). Aber wir werden daran erinnert, dass es zugleich die regionale und die universale Dimension der Kirche gibt, derzufolge die Christen und ihre Versammlungen auf Ortsebene übergemeindlich zu der einen Christenheit verbunden sind, regional etwa auf Länderebene, aber auch universal als weltweite Christenheit. Im Zeitalter der Globalisierung gewinnt die universale Dimension der Kirche auch bewusstseinsmäßig eine zunehmende Bedeutung. Und es erhebt sich von daher die Frage, welche Gestalt der neutestamentlich bezeugte „Petrusdienst“ heute sachgemäßerweise zu haben hätte. Es ist hier ganz gewiss nicht von einem „ius divinum“ zu sprechen, Melanchthons Vorbehalt bleibt deshalb auch für heute unhintergehbar. Aber es stellt sich unter dem Gesichtspunkt der Angemessenheit die Frage, ob dieser „Petrusdienst“ nur eine Gestalt pluraler Ämter haben sollte, oder

---

29 Gegen Klaus Bergers einmal ausdrücklich formulierte Forderung.

30 So die Überschrift des betreffenden Kapitels VI, 4 in Communio Sanctorum, ebenso die Nomenklatur in einigen der erwähnten früheren Versuche, z. B. H. Stirnimann / L. Vischer: Papsttum und Petrusdienst, Ökumenische Perspektiven 7, Frankfurt 1975. Dieser Terminus begegnet auch bei Böttrich, Petrus (s. Anm. 8), 270-277; sowie bei Luz (s. Anm. 10 und 11).

ob ein universalkirchliches Petrus"amt" nicht auch eine erwägenswerte Gestalt wäre. Dabei wären die für das römische Papsttum 1870 festgelegten Merkmale natürlich auf ihre Angemessenheit zu befragen – zumal sie neutestamentlich nicht gedeckt sind –, und das würde heißen: Es wäre zu prüfen, inwieweit auf römisch-katholischer Seite ein Spielraum neuer weitergehender Interpretation besteht.

Die evangelischen Kirchen hatten – im Unterschied zur römisch-katholischen Kirche – die universale Dimension der Kirche allererst wiederzuentdecken, was im 20. Jahrhundert in der weltweiten ökumenischen Bewegung geschah und in den Institutionen des Weltrats der Kirchen und der konfessionellen Weltbünde Gestalt gewann. Es ist immer wieder beklagt worden, dass in dieser Bewegung und in diesen Institutionen die Einheit der Weltchristenheit nur unvollkommenen Ausdruck gewinnt. Dazu kommt, dass die römisch-katholische Kirche – als zahlenmäßig stärkste Konfessionskirche – sich diesen institutionellen Formen nicht angeschlossen hat, wenn sie auch seit der Mitte des 20. Jahrhunderts zu verstärkter Kooperation bereit ist.[31]

In der ökumenischen Bewegung ist immer wieder nachgedacht worden über sinnvolle Strukturen gesamtkirchlicher Gemeinschaft, die über die ekklesiologisch doch lockere Verbindung im Weltrat der Kirchen hinausführen. Dabei ist der Gedanke der konziliaren Gemeinschaft der Kirchen zunehmend in der Vordergrund gerückt. Dieser Gedanke, der zugleich so etwas wie eine ökumenische Zielvorstellung in sich birgt, ist eine Art Gegenmodell zur römisch-katholischen Einheitsvorstellung als Rechtseinheit aller Teilkirchen unter dem Papst.[32]

---

31 Z. B. arbeiten in der Kommission für Glauben und Kirchenverfassung seit 1968 offiziell vom Vatikan berufene römisch-katholische Theologen als Vollmitglieder mit.

32 Vgl. die Beschreibung dieses Modells auf der Konsultation von Salamanca 1973 und bei der Vollversammlung des ÖRK in Nairobi 1975. Vgl. Bericht aus Nairobi 1975, hg. von H. Krüger / W. Müller-Römheld, Frankfurt 1976, 26 (Bericht der Sektion II). Dort wird der Text der Konsultation von Salamanca, den die Vollversammlung vollinhaltlich übernahm, im Wortlaut zitiert. Später wurde dieses Konzept angereichert durch den bei der Vollversammlung des Lutherischen Weltbundes in Daressalam 1977 ins Spiel gebrachten Gedanken der „versöhnten Verschiedenheit" (Daressalam 1977, hg. von H.-W. Heßler / G. Thomas, Frankfurt o. J., epd-Dokumentation 18, 204-206).

Wenn wir über Strukturen einer künftigen konziliaren Gemeinschaft aller Kirchen nachdenken, dann ist das eine Gemeinschaft, in der von den Lehrunterschieden feststeht, dass sie keine kirchentrennende Bedeutung haben, in der sich die Kirchen wechselseitig als Kirche Jesu Christi anerkennen und wo neben der Anerkennung der Taufe auch die eucharistische Gemeinschaft praktiziert wird. Es ist deutlich, dass damit ein Zukunftsziel avisiert ist, von dem wir nicht nur im Verhältnis zur römisch-katholischen Kirche, sondern auch innerhalb des Weltrates der Kirchen – insbesondere im Blick auf die orthodoxen Mitgliedskirchen – noch weit entfernt sind. Dennoch dürfte es sinnvoll zu sein, so etwas wie orientierende Markierungen auf dem Weg der Ökumene zu benennen. Dazu gehören nun auch die notwendigen strukturellen Überlegungen, für die das Anliegen, das hinter dem römisch-katholischen Verständnis des Papstamtes steht, von Relevanz ist. Das biblische Zeugnis der Petrustradition nötigt uns ebenfalls dazu, in diese Richtung zu denken und diese Frage nicht der römisch-katholischen Ekklesiologie zu überlassen.

Das Lima-Dokument über das Amt von 1982 hat bereits Konturen einer übergemeindlichen Episkope beschrieben, die auch für das Nachdenken über universalkirchliche Leitungsstrukturen hilfreich sind.[33] Hier wird ausgeführt, dass eine übergemeindliche Episkope eine synodale, eine kollegiale und auch eine personale Ausprägung haben sollte. Die Entwicklung von der Petrustradition des Neuen Testaments hin zum späteren monarchischen Episkopat und vor allem zur führenden Stellung des Bischofs von Rom betont einseitig die personale Dimension gesamtkirchlicher Verantwortung. Die kollegiale Dimension wurde angesichts des monarchischen Papsttums von Luther eingefordert und ist in der römisch-katholischen Kirche durch die Theologie des Bischofskollegiums neu ins Gespräch gebracht worden. Auch die orthodoxe Ekklesiologie sieht die Einheit der Kirche in der Gemeinschaft der Patriarchen und Bischöfe. Das synodale Element in dem Sinne, dass auch nichtordinierte Christen an der Gesamtverantwortung für die Kirche beteiligt sind, ist

33 Vgl. Lima- Amt, Nr. 26 und 27, in: Dokumente wachsender Übereinstimmung, a. a. O. 576f.

besonders in den evangelischen Kirchen – theologisch auf der Grundlage des allgemeinen Priestertums – entwickelt worden.

Im Anschluss an Mt 16,18f (und etwa Joh 21,15-17) wäre über das personale Verantwortungsmoment neu nachzudenken. Im evangelischen Raum ist es auf Gemeindeebene (durch das geistliche Amt) ausgeprägt. Im orthodoxen Raum hat es in der Gestalt der Bischöfe und Patriarchen deutliche regionalkirchliche Gestalt. Das Anliegen, das im römischen Papsttum begegnet, wäre es, an eine personale Verantwortung auch auf universalkirchlicher Ebene zu denken, was sich, wie bereits gesagt, im Zeitalter der Globalisierung verstärkt nahelegt.[34]

Hier nun ist an die im ökumenischen Dialog entwickelte Idee des "Petrusdienstes" zu erinnern, also an eine biblisch legitimierte Gestalt einer personalen universalkirchlichen Verantwortung. Dort, wo ökumenisch über diese Frage nachgedacht worden ist, war man in der Regel der Meinung, dass damit nicht einfach das real existierende Papsttum gemeint sein kann. Und die Befürchtung protestantischer Kritiker, dass ein Nachdenken über diese Frage – wie sie z. B. das Dokument „Communio Sanctorum" vornimmt – auf eine Unterwerfung unter das römische Papsttum zulaufe, entbehrt der hier nötigen Unterscheidungen.

Das römisch-katholische Modell ist vielmehr unter verschiedenen Gesichtspunkten kritisch zu betrachten. Es ist insbesondere die rechtlich verpflichtende Einbindung eines solchen Petrusdienstes in die kollegialen und synodalen Verantwortungsstrukturen der Gesamtchristenheit, die dem real existierenden Papsttum mangelt. Die entsprechenden Versuche eines Ausgleichs zwischen Bischofskollegium und Papstamt auf dem Zweiten Vatikanischen Konzil sind de facto zugunsten der juristischen Suprematie des Papstes kaum wirksam geworden. Desgleichen ist für evangelisches Denken die Figur der päpstlichen Unfehlbarkeit problematisch, wie sie das I. Vaticanum als Dogma fixiert hatte und wie sie auf dem II. Vaticanum wiederholt und bekräftigt worden ist. Der ökumenische Dialog hat dem den Gedanken eines notwendigen „Verbind-

---

[34] Das entspräche wiederum der neutestamentlichen Idee einer „gesamtkirchlichen Leitung" (Kähler, a. a. O. 40). Dass der „Petrusdienst" wie in der frühen Christenheit in pluraler Form wahrzunehmen wäre, also nicht in ein „Petrusamt" münden müsse (so Luz), wäre unter den gegenwärtigen Bedingungen der Globalisierung noch einmal zu prüfen.

lichkeitsvorbehalts" entgegengestellt,[35] der der prinzipiellen Irrtumsfähigkeit kirchlicher Institutionen Rechnung zu tragen versucht. Biblisch wäre auf den schwankenden Glauben und die manifeste Irrtumsfähigkeit des Petrus zu verweisen. Es sind insbesondere jene zwei vatikanischen Papstdogmen – verbunden mit der entsprechenden vatikanischen Praxis –, die beim ökumenischen Nachdenken über einen gesamtkirchlichen Petrusdienst nicht konsensfähig sind. Dies wird sogar auch von römisch-katholischer Seite zugestanden.[36]

Positiv würde das eine Struktur eines nachdenkenswerten und am Neuen Testament orientierten Petrusdienstes ergeben, die diesen Dienst als Pastoralprimat, als Dienst der Repräsentation der Gesamtchristenheit etwa im Sinne eines Sprechers der Christenheit sowie – innerkirchlich – als Dienst an der universalkirchlichen Einheit versteht. Damit sind natürlich auch Aufgaben kirchlicher Lehre verbunden. Ein solcher Dienst müsste rechtlich verpflichtend eingebunden sein „in Strukturen, in denen die communio Gestalt findet", die geprägt sind „durch Konziliarität, Kollegialität und Subsidiarität".[37] Dass das alles dann auch eine Rechtsstruktur haben muss, ist deutlich. Aber diese Rechtsstruktur hätte sich doch wesentlich zu unterscheiden von der Struktur, die das real existierende römisch-katholische Papsttum hat. Das Bild eines Liebes- und Ehrenprimats, wie er für orthodoxes Denken nachvollziehbar ist, würde solchem Bild eines institutionellen Petrusdienstes viel eher entsprechen.

---

35 Kirche und Rechtfertigung, a. a. O. 214ff.

36 Eine der bemerkenswertesten Aussagen im Petrus-Kapitel von „Communio Sanctorum" bezieht sich auf die lutherischen Bedenken gegen die beiden Papstdogmen von 1870 und formuliert (in Nr. 198): „Die katholische Seite anerkennt die Berechtigung dieser Bedenken. Sie macht geltend, daß auch nach katholischer Lehre der Jurisdiktionsprimat seinen Ort immer nur innerhalb der Communio-Struktur der Kirche haben darf. Überdies ist sie der Überzeugung, dass die päpstliche Unfehlbarkeit lediglich in der absoluten Treue zum apostolischen Glauben (Heilige Schrift) ausgeübt werden kann, dergestalt, daß ein Papst, der diese Treue nicht wahrte, eo ipso seines Amtes verlustig ginge." Diese Aussage und die Erinnerung an die Figur eines Papa haereticus ist in der protestantischen Kritik an „Communio Sanctorum" geflissentlich übersehen worden.

37 Communio Sanctorum, a. a. O. Nr. 196, als gemeinsame lutherisch-katholische Aussage, wobei ich – im Anschluss an CS Nr. 190 und 194 (luth. Position) – die „rechtliche Verpflichtung" hinzugefügt habe, die von katholischer Seite so (noch) nicht mitgesagt werden konnte.

Es wäre ökumenisch viel gewonnen, wenn über diese nicht einfachen Fragen „sine ira et studio“ diskutiert würde und nicht sogleich (auf evangelischer Seite) das ganze Arsenal antikatholischer Affekte und Vorurteile mobilisiert würde oder (auf katholischer Seite) die Angst vor Liberalisierung und Auflösungserscheinungen das Wort führte. Das Matthäusevangelium als „Evangelium ecclesiasticum“ jedenfalls legt anhand seines Petruswortes solche Überlegungen nahe, stellt sie jedenfalls nicht von vornherein auf den Index des Verbotenen und könnte an dieser Stelle neue ökumenische Hoffnungen wecken.

Spaltung in Israel

Ein Gespräch mit Matthias Konradt

Ulrich Luz

Ich möchte Christoph Kähler, dem das Matthäusevangelium in seinen beiden Lebensphasen als Dozent und als Bischof ein enger Begleiter war und ist, ein Gespräch mit einem Buch widmen, das letzthin erschienen ist und das ich für die wichtigste Arbeit über das Matthäusevangelium der letzten zehn Jahre halte. Sein Titel lautet: „Israel, Kirche und die Völker im Matthäusevangelium".[1] Für mich ist dieses Buch wichtig, weil mir das Gespräch im Dreieck zwischen dem Neuen Testament, Israel und der Suche nach dem eigenen theologischen Standort gegenüber Israel wichtig ist. Es ist mir wichtig, weil es dieses Gespräch unter Umständen etwas leichter macht und ein Bild des Matthäusevangeliums zeichnet, das Israel näher steht als mein eigenes. Es ist mir auch wichtig, weil es mich selber zu einigen exegetischen Retraktationen führt, die ich eigentlich gerne mache, weil sie mir selber theologisch näher liegen als das, was ich bisher aus exegetischen Gründen meinte vertreten zu müssen. Dass ich seinem Verfasser Matthias Konradt dann doch wieder nicht *ganz* auf seinem Wege folgen kann, liegt in der Natur der Sache, wobei ich es jetzt offen lassen möchte, ob die hier zu diskutierende „Sache" die Aussagen der matthäischen Texte oder meine eigene exegetische Unbeweglichkeit ist. Und ich hoffe, dass Du, lieber Jubilar, an diesem Gespräch Freude hast und mir dann einmal schreibst, was Du selber zur „Sache" denkst!

---

[1] Matthias Konradt, Israel, Kirche und die Völker im Matthäusevangelium, WUNT 215, Tübingen 2007 (im folgenden in den Anmerkungen zitiert als: „Konradt", im Text mit blossen Seitenzahlen).

I. Das Grundproblem

Geht es um „Matthäus und Israel“, so stellen sich einige miteinander zusammenhängende Grundfragen, die ich zunächst einmal aufliste:

- Die Jesusgeschichte des Matthäus ist eine Konfliktgeschichte. Geht es um den Konflikt zwischen Jesus und Israels Führern, oder geht es um den Konflikt zwischen Jesus und dem ganzen Volk Israel, das von seinen „schlechten“ Führern schliesslich auf ihre Seite gezogen wird?
- Wie endet dieser Konflikt? Endet er mit einem „parting of the ways“ zwischen Israel und der Jesusgemeinde oder endet er mit einer Neubestimmung des Ortes der Jesusgemeinde *innerhalb* Israels? Geht es eher um die heilsgeschichtliche *Ablösung* Israels durch die Kirche oder eher um die *Restitution* des Gottesvolkes Israel mit der Jesusgemeinde als seiner Mitte?
- Welcher Art ist das Gericht, das Jesus Israel androht (z. B. Mt 8,11f; 11,20-24; 12,41-45; 23,34-39; vgl. 3,7-9; 27,25). Geht es um das endzeitliche Vernichtungsgericht? Geht es um ein innergeschichtliches Gericht, z. B. die Zerstörung Jerusalems? Oder geht es allein um die Aufhebung der bisherigen heilsgeschichtlichen Sonderstellung Israels?[2]
- Welches ist die Mission der matthäischen Jesusgemeinde? Wird ihre ursprüngliche Sendung nur zu den verlorenen Schafen des Hauses Israel (10,5f) *abgelöst* durch eine Sendung zu „allen ἔθνη“ (28,19f), wobei πάντα τὰ ἔθνη dann mit „alle Heiden“ zu übersetzen wäre? Oder wird der Befehl Jesu zur Mission nur in Israel nicht aufgehoben, sondern zur universalen Völkermission *erweitert*, wobei πάντα τὰ ἔθνη dann „alle Völker“ einschliesslich Israels bezeichnete? Oder wird die bisherige Israelmission auf dem Berg in Galiläa *ergänzt* durch die Heidenmission?
- Ist die Davidsohnschaft Jesu und damit verbunden die Heilungen Jesu in Israel ein grundlegender Pfeiler der matthäischen Christologie mit bleibender Bedeutung oder hat sie in erster Linie die Funkti-

[2] Vgl. Konradt 2f.

on, „als Widerlager des Schuldaufweises“ Israels zu dienen,[3] d. h. als Basis der Anklage gegen Israel, das seinen eigenen Messias abgelehnt und sein segensreiches Wirken ignoriert hat?

Die Fragen sind komplex und lassen sich oft nicht durch ein schlichtes Entweder-Oder beantworten. Viele Exegeten würden sagen: „In einigen Texten eher so, in anderen eher anders“. Lässt sich überhaupt eine einlinige, zielgerichtete Theologie des Matthäus konstruieren?

Für mich sind diese Fragen darum besonders spannend, weil ich sie im Verlauf meiner langjährigen Beschäftigung mit Matthäus teilweise unterschiedlich beantwortet habe. Ich ging aus von der These, dass die Jesusverkündigung der matthäischen Gemeinde in Israel in eine Krise gekommen war. ... „In dieser Situation entschloss sie sich, ihre Jesusverkündigung zu den Heiden zu tragen. Dieser Entscheid wird in der Gemeinde nicht unbestritten gewesen sein. Matthäus macht sich zu ihrem Advokaten. Eines seiner wichtigsten Anliegen ist es m. E., die Entscheidung für die Heidenmission in seiner Gemeinde zu vertreten“.[4] Ich neigte deshalb dazu, πάντα τὰ ἔθνη in 28,19 als „alle Heiden“ zu deuten.[5] Das Verhältnis von Mt 10,5f zu Mt 28,19f verstand ich primär als Korrektur, die beiden Stellen Mt 10,5f und 10,23 als der Einordnung der Jüngerrede in den Erzählkontext dienende „historisierende“ Worte.[6] Im Laufe der Arbeit an Band III und IV haben sich mir die Akzente verschoben: Mir wurde deutlich, dass zur Zeit der Abfassung des Evangeliums die Heidenmission mindestens von einem Teil der Gemeinde bereits praktiziert wurde und dass πάντα τὰ ἔθνη mit „alle Völker“ übersetzt werden muss.[7] Der Missionsbefehl in 28,19f schliesst dann ein Weitergehen der Israelmission nicht mehr grundsätzlich aus, auch wenn Texte wie 22,8-10 oder 28,15 m. E. zeigen, dass Matthäus damit „grosse Hoffnungen ... wohl nicht mehr verbindet“.[8] Das Verhältnis von Mt 28,19f zu 10,5f kann man dann als Erweiterung verstehen, auch wenn ein Element der expliziten Korrektur bestehen bleibt: Die *Beschränkung* der Mission auf Israel wird korrigiert. Ein Gegensatz zwischen dem Missionsbefehl und dem Logion 10,23 braucht dann nicht mehr zu bestehen. Die Israelmission kann bis zur Parusie weitergehen. Mit anderen Worten: Im Laufe meiner Arbeit am Kommentar bin ich bereits einige Schritte auf dem Wege gegangen, den Matthias Konradt in seinem Buch nun viel weiter geht. Sein Buch stellt

---

3 Konradt 10.

4 U. Luz, Das Evangelium nach Matthäus (Mt 1-7), EKK I/1, 1985, 67.

5 So in: Der Antijudaismus im Matthäusevangelium als historisches und theologisches Problem. Eine Skizze, EvTh 53, 1993, 310-327, dort 315f. Dieser Aufsatz war eine Art „Nullhypothese“, deren Tragfähigkeit ich in der Arbeit am dritten Band meines Kommentars, Das Evangelium nach Matthäus (Mt 18-25), EKK I/3, 1997, ausprobieren wollte.

6 Das Evangelium nach Matthäus (Mt 8-17) EKK I/2, ^{4}2007, 1990, 92f.116f.

7 EKK I/3, 422.424f.531; Das Evangelium nach Matthäus (Mt 26-28), EKK I/4, 2002, 447-452.

8 EKK I/4, 451.

mich vor die Frage, ob ich bloss auf halbem Wege stehen geblieben bin und die übrigen Schritte auch noch tun sollte. Mit dieser selbstkritischen Frage möchte ich seinem Buch entlang gehen und seine Thesen diskutieren. Ich folge dabei dem Aufriss seines Buches.

II. Der Davidsohn und die Sendung zu Israel

Konradt betont die Bedeutung der Davidssohnschaft Jesu. Der Davidssohntitel ist wichtig. In 1,18-25 wird der Gottessohn Jesus als Davidssohn „adoptiert", nicht umgekehrt (30). In 22,41-46 geht es darum, dass „Jesus noch mehr ist als der davidische Messias" (32). Jesus ist Israels verheissener Messias, der sich den verlorenen Schafen des Hauses Israel zuwendet. Er tut dies, indem er die Kranken seines Volkes heilt. Krankenheilungen gehören nicht zu dem, was Juden damals vom Messias ben David erwarteten.[9] Matthäus hat also die jüdische Messiashoffnung im Lichte der Geschichte Jesu umgeprägt. Mk 10,46-52 mag Matthäus angeregt haben, den Davidssohntitel mit mehreren Heilungsgeschichten zu verbinden, aber ebenso wichtig sind die jüdischen Stellen, welche die messianische Heilszeit mit der Beseitigung von Krankheiten verbinden (42-46). Jesu Wirksamkeit gilt nach Matthäus Israel – allein Israel (Mt

---

[9] Mit Konradt 43 Anm. 15 halte ich die von vielen Gelehrten vertretene These, der Davidsohn Salomo, der als Weiser, Kenner der Geister, Exorzist und zuletzt auch Heiler in die jüdische Frömmigkeit Eingang gefunden hat, habe einen entscheidenden Einfluss auf das matthäische Davidsohnverständnis ausgeübt, für nicht tragfähig. Salomo, in dessen Macht schon früh Exorzismen geschehen, wird erst in später Zeit selbst zum Exorzisten. Der Titel Davidsohn wird in solchen Zusammenhängen erst sehr spät gebraucht. Der Exorzist und Davidsohn Salomo ist ausserdem in diesen Texten keine messianische Gestalt. Noch weniger tragfähig scheint mir der Hinweis auf den „davidischen Hirten" (Ez 34,24f; Mi 5,1-4; vgl. Sach 11,16f; 13,1-9; 14,4f), der für Y. S. Chae, Jesus as the Eschatological Davidic Shepherd, WUNT 2/216, 2006, 247-326, bes. 295 zentral ist: Gewiss gibt es bei Mt intertextuelle Bezüge auf biblische Hirtentexte. Aber es fällt mir schwer, hinter ihnen ein umfassendes christologisches Konzept zu sehen. Insbesondere fällt auf, dass die Führer Israels bei Mt m. E. nicht direkt mithilfe der in den biblischen Texten dominanten Polemik gegen die schlechten Hirten Israels in Verbindung gezeichnet werden. Der eschatologische Hirte wird überdies in jüdischen Texten nie titular „Davidsohn" genannt und heilt auch nirgendwo Kranke (pace 4Q 521 II).

4,23; 9,35; 10,5f).[10] Die markinische „Reise Jesu ins heidnische Gebiet“ (Mk 7,24-8,10) gibt es im Matthäusevangelium ebensowenig wie eine vorösterliche Jesusverkündigung in der Dekapolis (Mk 5,18-20).

Soweit stimmen wir voll überein.[11] Insbesondere ist auch mir die *grundsätzliche* Bedeutung der Davidsohnchristologie wichtig. „Die Zuwendung Jesu zu Israel“ soll „nicht allein dazu dienen, Anklage und Verwerfung des Volkes zu begründen“ (93). Jesu Heilungen sind eine ebenso grundlegende Umschreibung seines Wirkens wie seine Sendung zu Israel. Eine besondere Stärke von Konradts Interpretation ist es, dass sie es erlaubt, 10,23 voll ernst zu nehmen: „Der Zeithorizont der Israelmission“ (94) geht nach Matthäus bis zur Parusie.[12]

III. Die Reaktionen auf Jesu Wirken in Israel

Im dritten Kapitel geht es vor allem um die Reaktion des Volkes auf Jesu Wirken. Im Unterschied zur Reaktion der Führer Israels, die von Anfang an konsequent „in die Fusstapfen des Herodes“ treten (123) und deren Bild auch weiterhin „ohne jegliche Aufhellungen bleibt“ (147), reagieren die Volksmassen grundsätzlich positiv auf Jesus. Sie werden zwar von den Jüngern unterschieden (146), sind aber doch so etwas wie

---

[10] Schwierig und über den Text hinausgehend finde ich Konradts „positive Wendung“ des Verbots von 10,5f: „Sie sollen in Galiläa bleiben“ (Konradt 85). Gewiss befinden sich Jesus und seine Jünger zur Zeit in Galiläa, aber die matthäische Perspektive des heiligen Landes schliesst Jerusalem und den Süden ein (4,25!). Weil K. aufgrund dieser Interpretation in 10,5f einen Rückverweis auf 4,14-16 sieht und weil für ihn die Trennung „Galiläas“ vom jesusfeindlichen Jerusalem überhaupt eine grosse Rolle spielt, weise ich auf dieses Detail hin.

[11] Die Detailfrage, ob die Leser „in der gefährlichen Fahrt der Jünger ans heidnische Ufer ihre eigene Geschichte unterwegs von Israel zu den Heiden präformiert (8,23-34)“ sehen (Luz, EKK I/2, 66; vgl. Konradt 61 Anm. 243), d. h. ob Texte wie Mt 8,28-34 oder auch Mt 8,5-13 den Charakter eines „Signals“ haben, wie ich im Sinne der „indirekten Transparenz“ des Mt-Ev meine, braucht nicht entschieden zu werden. Das ist eine Frage der *Lesung* des Mt-Ev. Verschiedene Leser/innen mögen hier je nach dem, wie ihre Leserperspektive durch den vorangehenden Ko-Text von Mt 1-8 und durch ihren eigenen situationellen Kontext „eingestellt“ war, verschieden gelesen haben. Eine eindeutig erkennbare auktoriale Leserlenkungsstrategie gibt es hier nicht.

[12] Meine eigene Interpretation von 10,23 war in Bd. II (EKK I/2 113-117) vorsichtig negativ; anders dann in EKK I/4, 450-452.

„potentielle Kirche“[13] und sind – was die eigenen Führer betrifft – „geplagt und niedergeschlagen wie Schafe, die keinen Hirten haben“ (9,36). Matthäus braucht sogar das Wort ἀκολουθέω in Bezug auf sie und „spielt“ dabei mit der Mehrdeutigkeit des Ausdrucks. In der Abfolge von 9,33; 12,23 und 21,9.15 sieht Konradt wahrscheinlich mit Recht eine „zunehmende Erkenntnis“ des Volkes (146). Zahlreiche Stellen stützen diese Grundthese Konradts von der positiven Sicht des Volkes; ein besonders eindrückliches Beispiel ist 3,5-9: das Volk von Jerusalem und ganz Judäa kommt zu Johannes dem Täufer, um seine Sünden zu bekennen; die Gerichtspredigt des Täufers richtet sich bei Matthäus ausschliesslich an die Pharisäer und Sadduzäer.

So weit sind sich sehr viele Interpreten des Evangeliums einig. Dennoch gibt es Fragen. Sie hängen mit dem Schluss des Evangeliums zusammen, mit der Passionsgeschichte, die ein deutlich negativeres Bild des Volkes zeigt (26,47.55; 27,9.39.64; 28,15) und natürlich vor allem mit der zentralen Stelle 27,24f. Die Frage ist, ob dieser Eindruck trügt bzw. – falls er nicht trügt – wie es dazu kommt, dass das Volk nun, vielleicht erst in 27,20, „umzukippen“ scheint. In 27,25 spricht Matthäus überdies von πᾶς ὁ λαός, obwohl er damit nichts anderes bezeichnet als den Jerusalemer Volkshaufen (ὄχλος), vor dem sich Pilatus die Hände wäscht (27,24). Was signalisiert dieser Ausdruckswechsel?

Wie Konradt so denke auch ich, dass sich keine „allmähliche Ablösung des Volkes von Jesus“ beobachten lässt.[14] Eher lässt sich beim Einzug in Jerusalem zwischen den galiläischen Festpilgern und den Jerusalemern ein Unterschied in der Haltung zu Jesus feststellen: Jene akklamieren Jesus als Davidssohn; die dadurch erschütterte „ganze Stadt“ fragt: „Wer ist dieser?“ – die Jerusalemer kennen den „Propheten aus Nazareth in Galiläa“ ja noch nicht. Die Szene an sich charakterisiert die Stadtbevölkerung von Jerusalem noch nicht negativ – durch die

---

[13] Luz, EKK I[5] 242; Konradt 98.

[14] Konradt 107 Anm. 68 in Zusammenfassung einer These von M. Gielen, Der Konflikt Jesu mit den religiösen und politischen Autoritäten seines Volkes, BBB 115, 1998, bes. 320f. Die Gerichtsworte Jesu gegen Israel (z. B. 23,34-39), die unvermutet hart sind, dürfen aber nicht mit der erzählten Reaktion des Volkes auf Jesu Verkündigung verwechselt werden.

Reminiszenz an 2,3 werden aber negative Konnotationen geweckt.[15] Es gibt m. E. noch mehr Schatten, die auf den Jerusalemern liegen: Bei der Verhaftung Jesu kann man in der „grossen Volksmenge mit Schwertern und Knüppeln von den Hohenpriestern und Ältesten des Volkes" (26,47; vgl. 55) vielleicht „Untergebene der Synhedriumsmitglieder" sehen (155) – der Text verbietet jedenfalls eine solche Auffüllung nicht. Mehr Schwierigkeiten macht mir die ab Kapitel 21 gehäuft auftretende Wendung (ἀρχιερεῖς καὶ) πρεσβύτεροι τοῦ λαοῦ (21,23; 26,3.47; 27,1). Konradt möchte im Genetiv τοῦ λαοῦ nur eine Bezeichnung des „Verantwortungsbereichs" (152) der Herrschenden sehen und schliesst sogar „eine gewisse Ironie" (ebd.) nicht aus. Mir genügt diese „neutrale" Interpretation nicht. Die Wendung enthält wieder eine Reminiszenz an 2,3f – dort wurde die zwischen „ganz Jerusalem", dem bösen König Herodes und „allen Hohepriestern und Schriftgelehrten des Volkes" herrschende Einmütigkeit hervorgehoben. Dazu kommt die viermalige Repetition dieser Wendung: Den Leser/innen wird regelrecht eingebläut, dass die jesusfeindlichen Führer „Hohepriester und Älteste *des Volkes*" sind. Ich denke, dass das bewusst repetierte Nebeneinander von Führern und Volk unweigerlich eine gewisse Nähe zwischen beiden suggeriert.

Damit stehen wir vor der allerschwierigsten Stelle, vor 27,24f.[16] Die Schwierigkeit besteht darin, dass Matthäus in V. 25 ganz unvermutet die Jerusalemer, die er in 27,20.24 als „Volksmengen" bzw. „Volksmenge" bezeichnete, mit πᾶς ὁ λαός bezeichnet. Das Bezeichnete ändert sich also nicht, wohl aber die Bezeichnung. Warum? Soll damit „das ganze

---

15 ... ἐταράχθη καὶ πᾶσα Ἱεροσόλυμα μετ' αὐτοῦ. Σείω (vgl. 28,4) legt ebenso wie ταράσσω (vgl. 14,26) eher negative Konnotationen nahe. „21,11 dient also" zwar „nicht dazu, ... die Reaktion des Volkes auf Jesus zu disqualifizieren" (Konradt 107), wohl aber wahrscheinlich dazu, die Reaktion der Jerusalemer von derjenigen der Jesus begleitenden ὄχλοι graduell zu unterscheiden.

16 Aus dem Bibelzitat τὴν τιμὴν τοῦ τετιμημένου ὃν ἐτιμήσαντο ἀπὸ υἱῶν Ἰσραήλ (27,9) kann man nicht viel schliessen (vgl. dazu Konradt 153f.164-166). Die ganze Perikope 27,3-10 zielt auf eine Anschwärzung der Hohepriester, nicht des Volkes. Sieht man in V. 9c einen Hinweis, dass die Hohepriester „zu den Söhnen Israels gehören" (EKK I/4 241), so muss man auch die Artikellosigkeit der Formulierung beachten, ähnlich wie in 28,15. „Als Kontrastmotiv zum Verhalten der Hohenpriester und Ältesten" (Konradt 166) vermag ich diese Wendung (mit partitivem Sinn!) allerdings nicht zu lesen.

Gottesvolk" konnotiert werden? Konradt hat sich sehr grosse Mühe gegeben, das Volk zu entlasten. Mit vielen LXX-Belegen[17] versucht er zu zeigen, dass λαός auch „*jüdische* Volksmengen oder Leute, ... Teile des Volkes bzw. die Bevölkerung eines Gebiets oder einer Stadt" oder „das einfache Volk im Unterschied zu den Führungsschichten" (171f) bezeichnen könne. Mich hat das nicht überzeugt. Die Frage ist ja nicht, wen die Wendung bezeichnet. Das ist klar: einen (kleinen) Teil der jüdischen Bevölkerung einer einzelnen Stadt, nämlich Jerusalems, einfache, von seinen Führern beherrschte und verführte Leute. Die Frage ist vielmehr die nach der Bezeichnung: Warum nennt der Evangelist diese Volksmenge plötzlich πᾶς ὁ λαός?

Etwas weiter hilft der matthäische Sprachgebrauch. Im Matthäusevangelium gibt es eine Reihe von Stellen, welche Israel als das Gottesvolk bezeichnen: Jesus wird es von seinen Sünden retten (1,21). Es sieht ein Licht im Dunkeln (4,16). Jesus heilt die Krankheiten des Volkes, das im ganzen heiligen Land Israel wohnt (4,23.25). Auch Anklagen gegen das Gottesvolk formuliert Matthäus, übrigens immer mit Bibelworten (13,15; 15,8). An allen diesen Stellen hat λαός theologische Obertöne und schließt die Beziehung des Volkes zu seinem Gott ein.

Ist es möglich, das „ganze Volk" auf seinen Jesus ablehnenden Teil bzw. auf „Bewohner Jerusalems" zu beschränken? (so Konradt 172-174). Konradt ist dabei etwas schwankend: Einerseits schränkt er quantitativ ein und spricht von „Menschen aus Israel" (175), andererseits schränkt er geographisch ein und beschränkt „das ganze Volk" auf das „*Jerusalemer* Volk" (180). Aber so wird der auffällige Wechsel der Bezeichnung gerade nicht erklärt. Gegen solche Thesen spricht die Formulierung πᾶς ὁ λαός, die mehr meint als einen *Teil* Israels. Gegen diese These spricht insgesamt der matthäische Sprachgebrauch von λαός. Matthäus bezeichnet mit diesem Ausdruck das Volk Israel – oft in seinem Verhältnis zu Gott.[18]

Von den beiden Weisen der Einschränkung des „ganzen Volkes" – auf einige Menschen oder auf das Jerusalemer Volk – ist die zweite für

---

17 Konradt 171f Anm. 392-395.

18 Cf. oben. Nur in 26,5 bezeichnet Mt wahrscheinlich die Jerusalemer Bevölkerung als λαός. Dieser singuläre Sprachgebrauch ist m. E. eher ein Hinweis darauf, dass auch und gerade die Jerusalemer Bevölkerung zum Gottesvolk gehört.

Konradt deutlich wichtiger. Verschiedene Male sagt er: „Jerusalem repräsentiert im Matthäusevangelium ... nicht Israel“ (216, vgl. 178. 251.396).[19] Der Befund ist aber ambivalent. Jerusalem ist einerseits die Stadt, in der die jesusfeindlichen Führer ihr Zentrum haben (vgl. schon 15,1). Bereits im Prolog bildet die Herodesgeschichte ein „Signal“, welches auf das Ende Jesu vorausweist: Der böse König Herodes, „ganz Jerusalem“ und „alle Hohenpriester und Schriftgelehrten des Volkes“ stehen zusammen, um den neugeborenen König der Juden zu vernichten (2,3f). Jerusalem ist die Stadt, in der Jesus leiden und sterben muss. Über der Haltung des Jerusalemer Volks zu Jesus liegen, wie wir gesehen haben, vereinzelte Schatten. Auf der anderen Seite macht Matthäus von Anfang an klar, dass Jerusalem Teil des heiligen Landes ist (4,25!). Jesus zieht nach Jerusalem und dort direkt in den Tempel. Jerusalem ist auch für ihn das Zentrum Israels, mit seinen eigenen Worten, die „heilige Stadt“ (4,5; 27,53). Auch Jerusalemer haben Jesus positiv aufgenommen (21,14-16; 21,46; 26,5).[20] Auf Ablehnung stösst Jesus nicht nur in Jerusalem, sondern bereits in Galiläa (vgl. z. B. 11,20-24). Das Bild Jerusalems ist also ambivalent: Obwohl es die Stadt von „Mördern“ ist (22,7), ist es voll und ganz Teil Israels. Es ist die „heilige Stadt“, die Stadt des Tempels, aber auch die Stadt der Mörder der Propheten und Jesu. Es ist die Stadt der „Autoritäten“, aber auch die Stadt von Jesusjüngern (z. B. 26,57). Dieselbe Ambivalenz gilt auch für Galiläa: Galiläa ist einerseits „Galiläa der Heiden“, das Land, wo dem im Finstern sitzenden Volk ein Licht leuchtet (4,15f) und von wo die Jünger Jesu zu den Völkern aufbrechen (28,16-20). Es ist aber auch das Land, in dem einzelne Städte Jesu Wunder missachteten und der Ort, wo das Volk die „Geheimnisse des Reiches“ nicht erkennt. Gerade in ihrer Ambivalenz gehören *beide* zusammen. *Beide,* Galiläa und Jerusalem, repräsentieren Israel. Nur darum kann Matthäus eine kleine Volksmenge in Jerusalem „das ganze Volk“ nennen. Darum trennt Matthäus das, was damals vor Pilatus geschehen ist, gerade nicht von Israel.

Mein Fazit: In 27,25 zielt die Bezeichnung „das ganze Volk“ über das Bezeichnete hinaus: Die vor Pilatus stehende „Jerusalemer Volks-

---

19 Konradt 216 fährt weiter: „Entsprechend ist die Zerstörung Jerusalems im matthäischen Sinn nicht als Strafgericht an ganz Israel ... zu verstehen“.

20 Vgl. Konradt 151-166.

menge" weist auf „das ganze heilige Volk". In diesem Sinn ist m. E. die kleine Episode, die sich nach Matthäus vor Pilatus ereignet hat, auch transparent für etwas, was jenseits ihrer geschehen ist. Wofür? Es ist die Ablehnung Jesu durch die Mehrheit des Volkes Israel in der eigenen Gegenwart des Evangelisten.[21] Παρὰ Ἰουδαίοις (28,15) meint m. E. mehr als „jüdische Kreise" (176),[22] aber weniger als „ganz Israel". Es *bleibt* Hoffnung für Israel; die Mission der Jünger in Israel geht bis zur Parusie weiter (10,23). Und dennoch ist das Nein der Mehrheit Israels zu Jesus, das sich in 28,15 spiegelt,[23] für die matthäische Gemeinde eine entscheidende und schmerzliche Erfahrung. Darum stellt er die Erscheinung des Auferstandenen vor den Elfen auf dem Berg in Galiläa und seinen Befehl, dass die Jünger „zu allen Völkern" gehen sollen, als Antwort Jesu darauf dar, eine Antwort, die zugleich eine Erweiterung und einen Kurswechsel bedeutet.

IV. Konsequenzen der negativer Reaktionen auf Jesu Wirken

Konradts viertes Kapitel beschäftigt sich mit den Gerichtsaussagen über Israel, genauer: mit der Parabeltrilogie 21,28-22,14; mit Mt 8,11f: mit den Worten gegen „dieses Geschlecht" und den Weherufen gegen die galiläischen Städte (11,16-24; 12,38-45; 16,1-4; 23,34-39); mit der Parabeltheorie von 13,3-23 und mit 19,28. Alle diese Texte weisen nach ihm in die selbe Richtung: Es gibt keine „Ablösung des alten durch ein neues Gottesvolk" (199 – zu 21,43). „Dieses Geschlecht" figuriert bei Matthäus nicht als Kollektivbezeichnung für Israel bzw. für *die* jüdischen Zeitgenossen Jesu" (262). „Die Konstatierung des Unverständnisses der Volksmengen" in Mt 13 ist nicht „als eine definitive Verwer-

---

21 Das ergibt sich m. E. aus der Gegenüberstellung von 28,11-15 und 28,16-20.

22 Konradt 176.

23 Man darf also auch in 28,15 nicht die jesusfeindlichen „Juden" von Jerusalem von den nach wie vor zu missionarischen Hoffnungen Anlass gebenden jesusfreundlichen „Volksscharen" unterscheiden, wie dies H. Frankemölle, Matthäus Kommentar 2, Düsseldorf 1997, 534 tut. Solche kommen in 28,11-15 (und überhaupt in der Passionsgeschichte) nicht mehr vor. Die Fremdbezeichnung Ἰουδαῖοι enthält ein Moment der Distanzierung (vgl. Luz, EKK I/4, 423f), ohne dass dies verallgemeinert werden dürfte: Mt sagt weder, dass *alle* Juden dem Gerücht vom Leichendiebstahl Glauben schenken, noch, dass dies nur eine Minderheit im Volk Israel tue.

fungsaussage zu deuten“ (278). In Mt 19,28 ist gerade nicht gesagt, dass die zwölf Jünger auf ihren Thronen die Stämme Israels *ver*urteilen werden.

Die Grundthesen sind klar, und ich kann ihnen auch weitgehend zustimmen. Nur scheint mir, dass Konradt zugunsten dieser Grundthesen manches über- und manches unterbelichtet hat. Ich gebe einige Beispiele und folge dabei der Reihenfolge der Texte im Evangelium:

Bei der Auslegung von *Mt 8,11f* betont Konradt, dass die „Söhne der βασιλεία“ ebenso wenig einfach mit Israel identifiziert werden dürften[24] wie die von Osten und Westen Herzuströmenden mit den Heiden (221- 224). Aber durch die Person des *heidnischen* Hauptmanns und durch die abschliessende Feststellung Jesu, dass er „so grossen Glauben bei keinem in Israel gefunden“ habe (8,10), wird doch diese Opposition nahegelegt. Durch die auf die Heiden weisenden „Signale“ im Prolog war sie vorbereitet und durch die Wiederaufnahme in 15,21-28 wird sie bestätigt. Dabei läuft der Text natürlich nicht auf eine Kollektivverurteilung Israels hinaus – eine Gerichts*androhung* ist keine Feststellung von Unabänderlichem.

Sicherlich geht es in *13,3-23* nicht um „eine definitive Verwerfungsaussage“ (278),[25] sondern eher um ein „Zwischenfazit“ (277), das die Tür zu einer Umkehr Israels offen hält: Wenn sie etwa umkehren sollten, „werde ich sie heilen“ (13,15fin.). Aber dieses negative Zwischenfazit ist gewichtig – schon der Prophet Jesaja hat es geweissagt. Das Nicht-Verstehen Israels wird Folgen haben – „was einer hat, wird ihm weggenommen werden“ (13,12). Gewiss ist das Unverständnis der Volksmengen „nicht als generelle Aussage über das Gottesvolk Israel im Ganzen zu lesen“ (270), aber das Jesajazitat spricht nicht nur von einigen, sondern von „diesem Volk“ (13,15). Gewiss „impliziert“ 13,12b, dass die Volksmengen wenigstens etwas verstehen, aber „blosses Interess(e)“ wird von Matthäus ausschliesslich negativ beurteilt und führt zu keinen Früchten – das zeigt das zweite und dritte Beispiel des Sämannsgleichnisses (13,20-22).

Als weiteres Beispiel wähle ich Konradts Auslegung der Parabel vom Hochzeitsmahl des Königsohns 22,1-14. Er möchte eine einlinige Deutung der zuerst Eingeladenen auf die Israeliten und der in V. 8-10 Eingeladenen auf die Heiden vermeiden und schlägt deshalb vor, die Parabel im Licht von 21,28-32 zu deuten und „unter den zuerst Geladenen die Notabeln des Reiches zu sehen, während in V. 9f das einfache Volk geladen wird“ (212). „So verstanden ist das Gleichnis gerade nicht Ausdruck einer völlig gescheiterten Israelmission“ (214). Ein faszinierender Perspektivenwechsel gegenüber der üblichen Auslegung! Aber ich glaube nicht, dass er tragfähig ist. 21,28-

---

24 Konradt 223f mit Berufung auf 13,38 – eine redaktionelle Stelle, welche die Leser/innen des Evangeliums allerdings bei ihrer Erstlektüre noch nicht kennen.

25 Meine von Konradt 266 zu Recht abgelehnte „indikativische“ Formulierung 13,12: „Es geht ... darum, dass Israel seine Erwählung verlieren wird, weil es sich auf Jesu Verkündigung nicht einlässt“ (EKK I/2, 313), ziehe ich zurück.

32 scheint mir als Schlüssel zum Verständnis dieser Parabel nicht geeignet, weil sich die zeitliche Perspektive in jeder der drei Parabeln der Trilogie überlappt und verschiebt: von Johannes dem Täufer (21,28-32) über die Sendung Jesu (21,37-39) bis zum Endgericht (22,11-14). Der Gedanke an die Heiden lag m. E. für die Leser/innen besonders nach 21,43 – trotz Konradt[26] – nicht ganz fern. Dass der Zorn des Königs sich (nur?) gegen die Gewalttäter von 22,6 richtet (216), ist richtig, aber auch alle übrigen der zuerst Eingeladenen kümmerten sich nicht um die Einladung des Königs und sagten ab. Bei den Eingeladenen *nur* an die jüdischen Führer zu denken, scheint mir nach 10,5f schwierig und wird von der Parabel durch nichts nahegelegt. Schliesslich legt die in V. 8f folgende Einladung an „die von den Ausgangspunkten der Strassen", d. h. von den Grenzen des Königreiches[27] m. E. eine Assoziation an Heiden nahe. Für das „einfache Volk" (Konradt 212) hätte das lukanische „Arme, Krüppel, Lahme, Blinde" besser gepasst. Der Beginn der Heidenmission nach der Zerstörung von Jerusalem[28] entspricht vielleicht der Situation der mt Gemeinden, die nach dem jüdischen Krieg wohl im heidnischen Syrien Zuflucht fanden, und widerspricht dem Missionsbefehl 28,16-20, wo sich die Zeiten im Sinne der mt „Transparenz" überlagern, m. E. nicht. Kurz: Ich finde Konradts Interpretationsvorschlag zwar anregend, möchte ihn aber nicht übernehmen.

Schwierigkeiten bereitet mir schliesslich Konradts Interpretation von *23,34-36*: Man mag ja versuchweise das ἐφ' ὑμᾶς von V. 35 ausschliesslich auf die Pharisäer und Schriftgelehrten beziehen, die in den Weherufen angesprochen sind (248). Aber die Leser/innen bzw. Hörer/innen des Evangeliums werden damit in Schwierigkeiten geraten. Sie erinnern sich daran, dass die ganze Rede Mt 23 nicht an die Pharisäer und Schriftgelehrten, sondern an die ὄχλοι gerichtet ist (23,1). Und sie wissen seit der Aussendungsrede in Kapitel 10, dass Jesus seine „Propheten, Weisen und Schriftgelehrten" (23,34) nicht nur zu den feindlichen Führern des Volkes, sondern zu allen verlorenen Schafen des Hauses Israel gesandt hatte. Sie kennen die biblische und jüdische Tradition von den Prophetenmorden in Israel, die 23,37 wieder aufnimmt, und wissen, dass die Pharisäer und Schriftgelehrten weder für den Mord an Abel, noch für den an Sacharja verantwortlich sind. Das alles spricht nicht dafür, „diese Generation" in V. 36 „auf die Autoritäten" (262) zu beschränken. Dieser Ausdruck weitet vielmehr die Gerichtsansage über den direkten Adressatenkreis der Weherufe hinaus aus und bezieht alle Zuhörer/innen der Rede ein.[29] Nicht nur die Führer Israels sind von der Zerstörung Jerusalems und „eures Hauses", des Tempels, (V 38) betroffen. Dabei setze

---

[26] Vgl. dazu Konradt 191-209. Auch mir ist wichtig, dass die βασιλεία τοῦ θεοῦ den Führern des Volkes weggenommen wird und nicht dem Volk. Dass sie aber einem ἔθνος gegeben werden wird, das seine Früchte bringt, und nicht anderen γεωργοί, ist doch eine auffällige und unerwartete Formulierung. Ἔθνος legt auch im Singular den Gedanken an ein nichtjüdisches Volk nahe; vgl. die einzige andere mt Stelle 24,7.

[27] Zur Auslegung vgl. Luz EKK I/3, 243.

[28] Ähnlich auch PsClem Rec 1,64,2.

[29] Das gilt m. E. auch für 11,16; 12,29,45; 16,4 und 17,17, was ich aber hier aus Raumgründen nicht zeigen kann.

ich klar voraus, dass 23,34-39 *nicht* das Endzeitgericht ankündigt und nicht das „finale Schicksal ganz Israels" im Auge hat (so auch Konradt 256). Die Gerichtsrede des Matthäusevangeliums beginnt erst mit Kap. 24 und unterscheidet klar zwischen den Drangsalen in Jerusalem und dem Endgericht des Menschensohns über alle Völker.

Fazit: Meine Fragen wollen zeigen, warum ich bei allem grundsätzlichen Einverständnis das Gewicht und die Reichweite der Ablehnung der Botschaft Jesu durch die Mehrheit Israels und demzufolge auch das der Gerichtsankündigungen an Israel für grösser einschätze als Matthias Konradt. Gewiss geht der „sich innerhalb Israels vollziehende Differenzierungsprozess" (284) und damit die Israelmission auch nach der Zerstörung Jerusalems weiter, aber der Schwerpunkt liegt nun auf der universalen Völkermission.

V. Der Gottessohn und die Sendung zu den Völkern

Das fünfte Kapitel unter dem wenig aussagekräftigen Titel „Israel und die Völker" behandelt vor allem die matthäische Christologie. Genauer: Nachdem in Kapitel 2 im Zusammenhang mit Jesu Sendung zu Israel von der Davidssohnchristologie die Rede war, geht es jetzt als Grundlegung für die Sendung der Jesusjünger zu den Völkern um die Gottessohnchristologie. Konradt zeigt schön, wie die Gottessohnschaft Jesu im Prolog zunächst nur „signalartig" angekündigt wird. Im Hauptteil des Evangeliums (4,17-20,34) wird sie nur von den Jüngern erfahren und bekannt (312-319).[30] Erst in Jerusalem im Zusammenhang mit der Passion wird Jesu Gottessohnschaft öffentlich proklamiert (21,37; 26,63f; 27,43.54; vgl. 26,29.39.42.53). Das Zerreissen des Tempelvorhangs ist die Antwort Gottes auf den vorangehenden diabolischen Spott der Vorübergehenden und der Hohenpriester in 27,43: Nach seinem Tod – erst jetzt – wird Jesus „von Gott selbst als sein Sohn ausgewiesen" (325). Die durch Leiden, Tod und Erhöhung Jesu offenbarte Gottessohnschaft Jesu ist die Grundlage für den Missionsbefehl des Erhöhten, der sich nun als universaler Weltenherr offenbart.

---

[30] Bei dem den ganzen Weg Jesu zusammenfassenden Ausdruck „Menschensohn" ist es ähnlich; vgl. Luz, EKK I/2 500. Konradt 318 macht plausibel, dass die beiden Schweigegebote 16,20 und 17,9 gerade die Gottessohnschaft Jesu einschliessen.

In seiner Analyse von 28,16-20 versucht Konradt, das Verhältnis von Jesu Sendung zu Israel und dem exklusiv israelbezogenen Missionsbefehl an die Jünger in 10,5f zu dem auf alle Völker bezogenen Missionsbefehl von 28,19f zu bestimmen. Zwischen ihnen besteht kein Gegensatz; 28,19f besagt, dass nun „die Jünger nicht mehr *allein* zu Israel" (339), sondern „auch zu der übrigen Menschheit gesandt sind" (348). Die heiss diskutierte Frage, ob πάντα τὰ ἔθνη mit „alle Heiden" oder mit „alle Völker" zu übersetzen sei,[31] ist eigentlich gar nicht mehr so wichtig, da der Missionsbefehl für Israel ohnehin bis zur Parusie gilt (10,23) (348). Israelmission und Völkermission gehören zueinander; beide zusammen entsprechen Jesu Abrahamskindschaft (1,1). „Universalismus und Zuwendung zu Israel werden von Matthäus nicht als miteinander konkurrierende ... Optionen präsentiert. Sie erscheinen vielmehr bereits durch 1,1 als zwei Dimensionen des Heilsgeschehens, die ... durch ihre gemeinsame Verankerung in der alttestamentlichen Verheissungsgeschichte miteinander verknüpft sind" (330). Darum weigert sich Konradt, zwischen 10,5f und 28,18-20 einen „‚Bruch' in der Erzählung zu konstatieren" (329).[32]

Ich stimme Konradts exegetischer und theologischer Interpretation zu, möchte aber trotzdem nicht auf die Konstatierung eines „Bruchs" verzichten. Es kommt darauf an, *wo* man einen Bruch konstatiert: Aus der Perspektive Gottes ist kein Bruch zu konstatieren. Es ist gewiss nicht so, dass Gott (vielleicht im Zorn über das Verhalten der jüdischen Führer!) seinen Heilsplan geändert hätte! Nach der Überzeugung des Matthäus (und des Paulus Gal 3,6-9!) ist die Erwählung Israels von Anfang an universal ausgerichtet. – Aus menschlicher Perspektive ist aber durchaus ein „Bruch" festzustellen: Gegenüber dem Endergebnis der Strategie der jüdischen Führer, die dazu führt, dass sich „bei Juden bis zum heutigen Tag" das Gerücht vom Leichendiebstahl hält (28,15), setzt der Auferstandene in 28,16-20 einen Kontrapunkt. Mt 28,16-20 ist Jesu Antwort auf die lügnerische – und „bei Juden" in ihrer Weise erfolgreiche – Strategie der jüdischen Führer. Dass die beiden Schlussperikopen 28,11-15 und 16-20 durch ihre abschliessenden Ausblicke auf die Gegenwart (28,15.20) von Mt bewusst aufeinander bezogen sind, wird von Konradt ausgeblendet. Auch auf der Ebene der Missionsbefehle gibt es ein Moment des Bruchs: Die *Exklusivität* der Sendung der Jünger zu Israel in 10,5f wird aufgehoben. Mt hätte in 10,5f Jesus durchaus nicht befehlen lassen müssen, dass die Jünger *nur* zu den verlorenen Schafen des Hauses Israel gehen sollen. Er hat aber exklusiv formuliert. Die jetzt aufgehobene Exklusivität

---

31 Sie ist exegetisch klar im letzteren Sinn zu entscheiden.
32 Gegen Luz, EKK I[5], 91f.

der Israelmission entspricht der durch 27,51-53 aufgehobenen Sühnefunktion des Tempels. – Auf der historischen Ebene wird man mindestens eine relative Diskontinuität postulieren dürfen: Es ist anzunehmen, dass die missionarischen Aktivitäten der mt Gemeinden im heidnischen Syrien gegenüber dem, was sie (oder Teile von ihnen)[33] früher im Land Israel taten, sich verschoben haben.

VI. Israel und die Kirche

Das Spannende am kurzen sechsten Kapitel ist, dass Konradt darauf verzichtet, eine matthäische Gottesvolk-Ekklesiologie zu entwerfen. Das ist m. E. richtig, denn zu einer eindeutigen ekklesiologischen Ortsbestimmung der Jesusgemeinde in oder gegenüber von Israel ist es im Matthäusevangelium noch nicht gekommen. Insofern ist seine Ekklesiologie erst im Entstehen begriffen. So kann man fast nur negative Thesen und Antithesen aufstellen: Die Kirche tritt nicht „als *neues* Gottesvolk zu Israel in Konkurrenz" (355). 'Εκκλησία ist kein „Wechselbegriff" (355) für λαός; „der Begriff des Gottesvolks (bleibt) für Israel reserviert" (373). Israel bleibt also Israel.[34] Ganz bescheiden muss man sagen: Im Blick auf Israel sind die Jünger „die Herde der schon gesammelten Schafe" (359). Die Rede vom „neuen Gottesvolk" oder vom „wahren Israel" gibt es bei Matthäus nicht. Es gibt keine Substitution Israels durch die Kirche, nur eine Substitution der Führer Israels durch ein Volk, das sich durch seine Früchte bewähren muss.

Ich würde sogar noch einen Schritt weitergehen und sagen: Bereits die Kapitelüberschrift „Israel *und die Kirche*" und der dominante Ge-

---

33 Meine eigene These, dass der jüdische Krieg für die nach Syrien vertriebene mt Gemeinde einen „Wendepunkt" bedeutete (ebd.), enthält natürlich einen kräftigen Schuss historischer Spekulation; vgl. ebd. EKK I/1[5] 94.

34 Mehr als dies lässt sich m. E. von Mt her kaum sagen. Ich kann also nicht, wie z. B. neuerdings G. Garbe, Der Hirte Israels, WMANT 108, Neukirchen 2005, 194-206, Mt 23,39 als eine „positive Begegnung zwischen (Jesus) und Israel" deuten; Konradt 250-256 denkt in eine ähnliche Richtung, bleibt aber sehr zurückhaltend. Ich kann auch nicht in 19,28 eine Ankündigung der „Wiederherstellung Israels in seinen zwölf Stämmen" (Garbe 188) finden. Eindeutig sagen lässt sich hingegen, dass κρίνω – das vermutlich mit „richten" und nicht mit „herrschen" zu übersetzen ist – ein Gericht mit offenem Ausgang und nicht ein Verurteilungsgericht (= κατακρίνω) meint. Hierin bin ich mit Garbe 192-194 und mit Konradt 281-283 einig. Einig bin ich mit ihnen auch darin, dass es bei Mt keine Analogie zu Röm 11,25f gibt.

brauch des Wortes *ecclesia* durch Konradt in diesem Kapitel gehen über das hinaus, was man von Matthäus her wirklich sagen kann. Das Wort ἐκκλησία kommt bei Matthäus bekanntlich nur zweimal vor: einmal als programmatische *Ankündigung* Jesu von etwas, was es erst nach Ostern geben wird (16,18), das andere Mal in völlig anderem Sinn für eine „Versammlung" einer christlichen Lokalgemeinde (18,18). Das Wort ist kein theologischer Leitbegriff und es gibt keinen einheitlichen Sprachgebrauch. Kann man die Versammlungen der Jünger und Jüngerinnen Jesu im Sinne des Matthäus überhaupt schon als „Kirche" verstehen? Das ist die Grundfrage, vor der man steht, wenn man über „Israel und die Kirche" bei Matthäus nachdenken will. Um darüber nachdenken zu können, braucht es aber Worte. Vielleicht hat Konradt darum das lateinische Wort *ecclesia* so häufig gebraucht, weil er damit die theologisch noch leere Stelle umschreiben wollte, die wir an diesem Punkt bei Matthäus finden.

VII. Schluss

Besteht ein Gegensatz zwischen meinem eigenen Matthäusverständnis und demjenigen von Konradt? Ich denke nein. Zwischen uns ist kein Gegensatz, sondern ein offenes Feld für Gespräche. Mit meinem Aufsatztitel „Gespaltenes Israel" habe ich versucht, so etwas wie eine Mittellinie in diesem Feld abzustecken. Sie erlaubt auch mir, kräftig zu sagen, dass der Jesusjünger Matthäus als Christ Jude bleibt, der aus der Hoffnung und dem Erbe Israels leben möchte. Sie erlaubt mir, mit Konradt zu sagen, dass der auferstandene Jesus nicht Davidssohn *war*,[35] sondern *ist*. Ich möchte zwar nicht mit Konradt von einer matthäischen Hoffnung auf eine „Restitution des Zwölfstämmevolkes" (z. B. 401) sprechen, wohl aber von einer matthäischen Hoffnung, die „verlorenen Schafe des Hauses Israel" zu finden, die immer noch zu Israel gehören, obwohl „Israel" nach dem Kommen des Davidssohns nicht mehr dasselbe ist, was es vorher war. Ich möchte die Spaltung Israels in matthäi-

[35] Als ob die Sendung Jesu zu Israel eine „blosse historische Reminiszenz" (so zu Recht abwehrend Konradt 342) wäre, die heute erledigt ist.

scher Perspektive nicht als blossen „Differenzierungsprozess in Israel“ (294) interpretieren, sondern lieber von der traumatisierenden Erfahrung des „Neins der grossen Mehrheit Israels“[36] sprechen, auf welche die matthäische Geschichte Jesu eine Antwort darstellt. Er erzählt seine *neue* Fassung dieser Geschichte Jesu so, dass er einerseits Jesus schroffer gegen die Führer der Jesus ablehnenden Mehrheit Israels sein „Wehe“ ausrufen lässt, andererseits aber so, dass er den heilenden Davidssohn tiefer im Erbe der Verheissungsgeschichte Israels verankert als seine Vorgänger.

---

[36] Luz, EKK I^5 98.

„Wer Ohren hat, der höre!“ (Mt 11,15)

Zeitansagen zur Gestalt der Kirche. Christoph Kähler zwischen Bischofsamt und Landessynode

Hans Mikosch

1. Die verfassungsgegebenen Rahmenbedingungen

Als Ironie der Fusions- und Kirchengeschichte bleibt eingangs festzuhalten: Christoph Kähler, einer der entschiedensten Vertreter der mitteldeutschen evangelischen Kirche, wird sie in ihrer Startphase zum 1. Januar 2009 mit dem Inkrafttreten der Verfassung gleichwohl nicht als amtierender Landesbischof „erleben“, sie vielmehr mittels Rat und gemäß Übergangsgesetzgebung in den dafür vorgesehenen Gremien bis zu seinem Dienstende begleiten.

Die vorliegende Darstellung bezieht sich von daher auf sein Agieren im Rahmen der Landessynode der Evangelisch-Lutherischen Kirche in Thüringen von 1. September 2001 bis Juli 2008 und der Föderationssynode der EKM von ihrer Konstituierung am 19. November 2004 bis Juli 2008.[1]

Zu Recht erinnert Hans-Peter Hübner, einer der geistigen Väter der EKM-Verfassung, in seinem Beitrag *Die Föderation Evangelischer Kirchen in Mitteldeutschland* daran, dass Kähler mit der Annahme seiner Wahl zum Landesbischof der ELKTh in ein Leitungsgefüge eintrat, in dem „einerseits die Leitungsorgane Landessynode und Landeskirchenrat um den Landesbischof herum ein System der konzentrischen Kreise[2] bild(et)en, andererseits aber die Landessynode mit dem

---

[1] Amtsblatt der ELKTh 12/2001-15/2004, Amtsblatt der Föderation der EKM 2/2005-1/2008.

[2] Hans-Peter Hübner, Die Föderation Evangelischer Kirchen in Mitteldeutschland, Zeitschrift für evangelisches Kirchenrecht 51, 2006, 3-48, 27 Anm. 90. Soweit ersichtlich, begegnet dieser Begriff zur Bezeichnung dieser Verfassungskonstruktion erstmalig im Bericht vor der Synode 1948 (ABl 79ff) im Hinweis von OKR Ger-

Landesbischof als ihren Vorsitzenden „Trägerin aller der Kirche zustehenden Rechte“ (war),[3] was auf den Punkt gebracht bedeutete: „Im Rheinland und in Westfalen nimmt der Präses der Landessynode auch bischöfliche Funktionen wahr, in Thüringen ist der Bischof gelegentlich auch Präses der Landessynode – in der Regel nur praktisch bis zur Wahl des Präsidenten, dem dann die Führung der Geschäfte obliegt (§ 75 Verfassung),[4] – somit im Ergebnis „die thüringische Konzeption von Kirchenleitung weder dem Regeltypus einer lutherischen Kirchenverfassung geschweige denn dem reformierten Einheits- beziehungsweise Synodalprinzip entspricht. In der Tat eine „einmalige (den leidvollen Erfahrung mit den deutschen Christen geschuldete – der Verf.) Regelung. Es gibt in den Verfassungen der evangelischen Kirchen keine auch nur annähernd ähnliche Lösung“.[5]

Demgegenüber wurden in der Föderationssynode neue Wege beschritten. Wie in vielen Verfassungen evangelischer Kirchen üblich, agierten die beiden Bischöfe der ELKTh und der EKKPS als Mitglieder des Kollegiums von dessen „Bank“ in der Föderationssynode aus.

Es wird im Folgenden darzustellen sein, inwieweit Christoph Kähler die ihm als Landesbischof und Synodalen wichtig gewordene geistlich-theologische wie auch gesellschaftspolitische, oftmals in die Entscheidung führende und damit zukunftsweisende Themen in seinen Bischofsberichten in die Tagungen der Landes- und Föderationssynoden einzubringen wusste.

---

hard Lotz, dass dieses Modell bereits mit der Bildung des erweiterten Landeskirchenrates verwirklicht worden sei. Vgl. auch Walter Weispfenning, Das Thüringer Verfassungsmodell der „konzentrischen Kreise“, in: Gott glauben – gestern, heute und morgen. Festschrift für Werner Leich, Weimar 1997, 133-142.

3 Hübner, a. a. O. 27.

4 Hübner, a. a. O. 27 Anm. 91; Wilhelm Maurer, Das synodale evangelische Bischofsamt seit 1918, in: ders., Die Kirche und ihr Recht. Gesammelte Aufsätze zum Kirchenrecht, hg. von G. Müller / G. Seebass, JusEccl 23, Tübingen 1976, 388-448 (433f).

5 Synodalpräsident Rudolf Lotz, a. a. O. 27 Anm. 94, Die Synode der Evangelisch-Lutherischen Kirche in Thüringen, in: Festschrift für Moritz Mitzenheim, Berlin 1961, 282-303 (294).

2. Bischofsberichte vor den Landessynoden der Evangelisch-Lutherischen Kirche in Thüringen und den Föderationssynoden der Föderation Evangelischer Kirchen in Mitteldeutschland

2.1 „Ihr sollt ein Segen sein!“: Herbstsynode 2001

Zehn Wochen nach Amtsantritt reflektiert der Thüringer Bischof in seinem ersten Bericht an die Landessynode Segen nicht nur auf seinem biblischen Hintergrund und seinen unterschiedlichen Vollzugsformen, sondern stellt sich auch der grundsätzlichen Frage: „Wieso kommt es in neuerer Zeit zu der verstärkten Nachfrage nach Segen und Segenshandlungen?“[6]

Kähler benennt sechs Bereiche, die für die weitere Wegesuche der Verständigung bedürfen:

(1) Die Seele wird „nicht satt, wenn ihr künftige Segnungen der Wissenschaft als Lösung der heutigen Lebensrätsel angeboten werden.“[7] Verweise u. a. auf die New-Age-Bewegung, aber auch auf Jürgen Habermaas, der auf seiner Frankfurter Rede zur Verleihung des Friedenspreises des Deutschen Buchhandels die Unterscheidung zwischen Schöpfer und Geschöpf als „gedankliches Bollwerk gegen die Benutzung der menschlichen Erbanlagen durch den Menschen“[8] ins Feld führte.

(2) Sprachwissenschaftlich weist nicht erst die englische Sprachphilosophie seit den sechziger Jahren darauf hin, dass „es bestimmte Sachverhalte gibt, die erst durch das Sprechen geschaffen werden (Taufe, Ernennungen, Liebeserklärungen, Flüche), schon Karl Barth erfasst in wünschenswerter Deutlichkeit in seiner Kirchlichen Dogmatik die Kriterien, die für Segenshandlungen gelten: „Gesegnet wird ein Wesen, wenn es zu einem bestimmten Tun von einem anderen, dem das zusteht,

---

6 ABl der ELKTh 12, 2001, 3., 254.

7 Ebenda 3.1.

8 Ebenda.

autorisiert, ermächtigt und zugleich mit der Verheißung des Gelingens versehen wird."[9]

(3) Alltäglich haben sich Bezeichnungen mit dem Kreuz beim Abendgebet mit Kinder, vor Abschieden, bei Mit-Vollzügen im Gottesdienst eingebürgert, was zu begrüßen und wozu unaufdringlich zu ermutigen ist.

(4) Bei weltlichen Feiern hingegen gilt grundsätzlich zunächst die Frage nach der Angemessenheit „evangelischer Beteiligung" (bei Kaufhallen, Sparkassen, Feuerwehrstationen etc.), um den Schutz Gottes bitten wir für Menschen.

(5) Eine Segnung von nichtehelichen Gemeinschaften zwischen Frau und Mann wird begehrt, wenn aus rentenrechtlichen Gründen keine Zivilehe mehr geschlossen wird, sich aber Frau und Mann auf Dauer, ganzheitlich, exklusiv und öffentlich aneinander binden; ein junges Paar sich in Wohngemeinschaft und sexueller Gemeinschaft ganz aufeinander einlässt, aber noch den Schritt der Ziviltrauung scheut. Kähler plädiert schon damals deutlich dafür, genau zu wissen, was damit begehrt und gemeint ist, sieht den breiten Bereich der stillen Seelsorge mit dem Zuspruch für den Einzelnen und hält demzufolge Experimente, „mit denen wir uns aus der allgemeinen Debatte um die Förderung von Ehe und Familie verabschieden, nicht für sinnvoll".[10]

(6) In der Frage der Segnung homosexueller Partnerschaften bezieht sich der Bericht des Bischofs sowohl auf den 1995 vorgelegten Abschlussbericht einer von der Thüringer Synode beauftragten Arbeitsgruppe „Liebe zwischen Menschen gleichen Geschlechts" als auch auf den Kompromiss der EKD, für den nicht die Segnung einer homosexuellen *Partnerschaft* als zulässig erscheint, sondern „allein die Segnung von Menschen"[11] in Betracht kommt. Vorstellbar ist ihm die in Bayern praktizierte „private Segnung" eines solchen Paares, die sich von einer Segnung im Gottesdienst unterscheidet.

---

9 Ebenda, Anm. 21: Karl Barth, KD III/1, 189f. Vgl. auch KD III/2, 705: „ Ein Segen ist ein Wort, das göttliche Kraft hat, einem Anderen Gutes zuzuwenden."

10 Ebenda, 255.

11 Ebenda, 256 Anm. 22: Mit Spannungen leben. Eine Orientierungshilfe des Rates der Evangelischen Kirche in Deutschland zum Thema „Homosexualität und Kirche", EKD-Texte 57, 1966, 53.

Allerdings spiegelt die Praxis in den Gemeinden seitdem ein sehr uneinheitliches Bild. Nicht wenige Pfarrerinnen und Pfarrer mit ihren Gemeindekirchenräten handhaben Segenshandlungen in qualifiziert seelsorgerlicher Weise: Gemeinsame Vorbereitung unter Einbeziehung der Erfahrung weiterer Kolleginnen und Kollegen. Daneben finden sich aber auch öffentlichkeitsheischende Trauungen, die es in der Regel schwer haben, das Verständnis der Gemeinden vor Ort zu finden.

2.2 In Unsicherheiten – Leben gewinnen: Frühjahrssynode 2002

Es ist ein Erfahrungsbericht nach 200 Tagen im Amt. Berichtet wird von einer Christvesper in der Jugendstrafvollzugsanstalt Ichtershausen bei Arnstadt mit 60 Besuchern bei 180 Insassen. Die Vollzugsbeamten waren teilweise 30 Jahre im Dienst. Berichtet wird von Kirch-, Glocken- und Orgelweihen aus Gemeinden, die selbst nicht nur kleine Einheiten darstellen (z. B. 20 Evangelische in einem 157-Seelen-Dorf), sondern deren Kirchen zum Teil auch dem Abriss preisgegeben waren. Gleichwohl bleibt es eine für die Zukunft offene Frage: Was geschieht in diesen Mauern, wenn sie renoviert sind? Die sehr kleinen Gemeinden sind eher selten bereit, zum Gottesdienst auch ins Nachbardorf zu fahren. Wie viele Gottesdienste sind für die Männer und Frauen im Pfarrdienst zumutbar? Wie lässt sich Arbeit konsolidieren und konzentrieren? Sollte man ein Modell entwickeln, nachdem es Kirchen gibt, in denen jede Woche ein Gottesdienst angeboten wird, in anderen monatlich und zu den deutlich am wenigsten frequentierten lediglich zu den großen Feiertagen? Gelingt es, zusätzlich zur großen Zahl der Ehrenamtlichen Kirchenälteste, Prädikanten und Lektoren gegebenenfalls dafür zu gewinnen, wöchentlich eine schlichte Andacht zu halten?

Ohne für die aufgeworfenen Fragen, die ihrerseits jeweils neue Fragehorizonte öffnen, fertige Antworten parat zu haben, scheint zumindest der in Thüringen entwickelte *„Leitfaden zur Übereinkunft zur Gestaltung der Dienste in einem Kirchspiel“* für die Gestaltung des Verhältnisses von Haupt- und Ehrenamtlichen unverzichtbar.

Das Thema des Bischofsberichtes umgreift weitere Kontexte, in die sich die Landeskirche gestellt sieht. Das betrifft etwa die Theologische

Fakultät in Jena, die dringend zügiger Neuberufungen bedarf. – Dies wird akut in dem sich schwierig gestaltenden Prozess des Miteinanders zwischen dem Christlichen Krankenhaus Eisenach und dem Wartburg-Klinikum, in dem längst überwundene Vorurteile wieder aufbrachen. – Das wird manifest in den Verhandlungen zwischen den konfessionelle Kirchenbünden, in denen sorgsam darauf zu achten ist, dass „bei aller Offenheit für notwendige Veränderungen und Verbesserungen wir von uns aus kein Gefäß zerschlagen, wenn wir noch nicht wissen, wo dessen Inhalt aufgehoben sein wird.“[12] – Mit dem Februar 2002 ist für Deutschland eine neue Lage entstanden, indem sich deutsche Truppen im militärischen Kampf in Afghanistan befinden. Die Erfahrungen der Kirchen aus DDR-Zeit, die veranlassten, über Ziele für einen gerechten Frieden nachzudenken, könnten heute hilfreich sein, wenn es darum geht, den Terrorismus auch als Symptom und Ausdruck globaler Ungerechtigkeit zu werten. – Im Zusammenhang mit dem Beschluss des deutschen Bundestages über den Import von embryonalen Stammzellen haben die thüringischen Bischöfe der Landsregierung ihre Stellungnahme übermittelt. Haltbare Richtlinien werde es, so Kähler, aber auf Dauer nur geben können, „wenn möglichst breit akzeptierte Regelungen in Europa geschaffen werden“. Zugleich stellt er den Stellenwert solcher Überlegungen und Entscheidungen klar: „Sie gehören als ethische Fragen zu den Folgerungen aus unserem Glauben, verändern aber seinen Kern nicht.“[13]

2.3 „Gebt dem Kaiser, was des Kaisers ist ...“ (Mk 12,17): Herbstsynode 2002 – Zum begrenzten politischen Mandat der Kirchen[14]

Es ist ein altes, aber immer wieder neu zu klärendes Problem. Ohne an dieser Stelle den Vortrag in toto referieren zu wollen, sei als Erinnerung

---

12 ABl der ELKTh 2002/4, 87.

13 Ebenda, 89.

14 ABl der ELKTh 2003/1, 2 Anm.1. Zum Thema ist zu vergleichen: Matthias G. Petzoldt, Begrenztes politisches Mandat der Kirche, BThZ 13, 1996, 36-59; erneut in: ders., Christsein angefragt. Fundamentaltheologische Beiträge, Leipzig 1998, 203-227.

und zum Verständnis auf folgende den kirchlichen wie gesellschaftlichen Horizont weitende Fragen und Aspekte verwiesen:

Wenn seit dem Kirchenvater Tertullian behauptet wird, ‚wie dem Kaiser die Münze mit seinem Abbild zustehe, so stehe der Mensch mit seiner ganzen Existenz Gott zu, da der Mensch Gottes Ebenbild und Gleichnis ist ...‘, so stellt sich (*heute)* umso mehr anhand der 1. These der Barmer Theologischen Erklärung das Problem , „wie Gottes kräftiger Anspruch auf unser ganzes Leben“ so zu bedenken ist, dass daraus weder eine Unterwerfung unter politische Autoritäten einerseits noch eine Ersetzung legitimer weltlicher Machtausübung durch kirchliche Entscheidungen andererseits wird.“[15]

Daraus resultiert die „Beschränkung des Staates auf seinen Charakter als lebensnotwendiges Instrument zur Gewährleistung von Recht und Frieden“ – allerdings unter dem Vorbehalt, dass „die Beziehung zu Gott durch staatliche Autorität in keiner Weise beeinträchtigt werden (darf)“.[16]

Darum üben Christen die reflektierte Loyalität gegenüber staatlichen Strukturen und wissen zugleich um die ihnen vorgegebene Einheit der Menschheit in Christus, die über staatliche Grenzen hinaus reicht.[17]

Dietrich Bonhoeffer hat die Kirche daran erinnert, dass sie „an den weltlichen Aufgaben des menschlichen Gemeinschaftslebens teilnehmen (muss), nicht herrschend, sondern helfend und dienend“[18] und Kirche von daher „nicht nur Mandate *hat,* sondern ein Mandat Gottes *ist.*“[19]

In diesem Sinnkontext vermochten die evangelischen Kirche der ehemaligen DDR das ihnen 1989 an die Hand gegebene Mandat auf Zeit wahrzunehmen und auf Grund ihrer synodalen Erfahrungen als Katalysatoren des gesellschaftlichen Prozesses in der Wendezeit wirksam zu werden, um sich sodann wieder ihrem eigentlichen Auftrag, aller Welt das Wort Gottes zu verkündigen, zuzuwenden.

---

15 ABl 2003/1,4.

16 Ebenda.

17 A. a. O. 5.

18 A. a. O. Anm. 23: Dietrich Bonhoeffer, Widerstand und Ergebung, Berlin 1972, 415f.

19 A. a. O. Anm. 24, nach Petzoldt, a. a. O. 211.

Die Landessynode hat den Bischofsbericht unter den Schwerpunkten

- „Kirche und Demokratie", verbunden mit der Bitte um Impulse gegen die „schwindende Akzeptanz gesellschaftlicher Institutionen und eine sich verbreitende Politikverdrossenheit,"
- „Kirche und Beteiligung", verbunden mit der Bitte nach „zeitgemäßen theologischen Leitbildern" und einer Ermutigung zum gesellschaftlichen Engagement sowie
- "Kirche und Markt", verbunden mit der Bitte, „dem globalen biblischen Anspruch von Frieden, Gerechtigkeit und Schöpfungsbewahrung im gesellschaftlichen Diskurs Gewicht zu verleihen",[20]

aufgenommen und den Gemeinden als Gesprächs- und Handlungsgrundlage empfohlen.

Der Bischofsbericht im Frühjahr 2003 berücksichtigt veränderte Koordinaten und wendet sich neuen Herausforderungen zu.

2.4 Kampf und Kontemplation: Frühjahrssynode 2003

'S ist Krieg! 's ist Krieg! O Gottes Engel, wehre
Und rede du darein!
'S ist leider Krieg – und ich begehre
Nicht schuld daran zu sein!

Das Kriegslied von Matthias Claudius bietet gleichsam eine Befindlichkeitsbeschreibung vieler Menschen angesichts des zur Zeit des Synodalberichtes gerade einmal 14 Tage alten Irak-Krieges. Der Thüringer Bischof verweist nicht nur darauf, dass „es auf der Hand liege, dass der Krieg im Irak eine der Folgen des Angriffs auf die Türme des Welthandelszentrums in New York ist", sondern erinnert im gleichen Atemzug an die friedensethische Entschließung der IX. (Thüringer) Landessynode vom Frühjahr 2002, die sich als „eine Sammlung wichtiger Prüfsteine herausgestellt"[21] habe. „Ich halte dabei nach wie vor fest, dass die pazifistische Option unter uns wichtig bleibt. Sie wird denen, die Krieg für eine ultima ratio halten, (zu ihnen rechne ich mich selbst), immer wieder die Frage eindringlich stellen dürfen und stellen müssen,

---

[20] A. a. O. 9.

[21] ABl der ELKTh 2003/5, 79.

ob der bewaffnete Schutz des eigenen Landes nicht zum Einfallstor schlichter machtpolitischer Durchsetzung in der Welt wird".[22]

Unter Verweis auf die abgegebenen Stellungnahmen zum Irak-Krieg seitens des Rates der EKD und der Bischofskonferenz der VELKD geht Kähler in der weiteren Abfolge seines Berichtes auch darauf ein, dass es Beschwerden darüber gibt, „dass die Struktur und Organisation der evangelischen Landeskirchen und ihrer Bünde für Außenstehende unverständlich seien."[23]

Nach einer ausführlichen Erörterung und einem differenzierten Abwägen der diskutierten Modelle einer besseren Zusammenarbeit im Rahmen der EKD, in denen auch die Ausarbeitung lutherischer Theologie ihren Platz haben muss, verweist Kähler zu Recht darauf, dass die seit 1969 geführten Lehrgespräche des Bundes der Evangelischen Kirchen in der DDR „in diesem Problemfeld gleichfalls brauchbare Ergebnisse hervorgebracht haben.[24] Dies gelte etwa für die Themenbereiche „Amt – Ämter – Dienste", „Ordination, Zweireichelehre und Königsherrschaft Christi", aber auch dem Zusammenhang von fixiertem Bekenntnis (des 16. Jahrhunderts) und dem aktuellen Bekennen (des 20. und auch 21. Jahrhunderts).[25]

Auf der Herbstsynode des gleichen Jahres wurde das Thema erneut aufgenommen.

2.5 Bekennen und Bekenntnis: Herbstsynode 2003 „Die Treue zur verbindlichen Tradition und die gegenwärtige Verantwortung für die angemessene Gestalt der Kirche"

Der Anlass, sich gerade dieser Thematik in qualifizierter Weise zu stellen, ergab sich zum Einem aus der Frage, ob nicht die VELKD künftig ihre Aufgaben besser innerhalb der EKD weiterführen und erfüllen könne, was nicht zuletzt auch eine Anfrage an das lutherische Bekenntnis implizieren würde, zum Anderen wurde auf der gleichen

---

22 A. a. O. 79.

23 Ebenda.

24 A. a. O. 813

25 Ebenda.

Synodaltagung ein Architektenplan für eine Föderation mit der EKKPS zur Beratung vorgelegt, in dessen Rahmen *auch* die Frage der Auswirkungen auf den Bekenntnisstandes der jeweiligen Kirche und der zukünftigen Kirchenföderation einer Prüfung zu unterziehen sein würde. Folgende Problemanzeigen traten zu Tage:

Lutherische Kirchen gehen eher davon aus, dass die altkirchlichen Bekenntnisse und die Bekenntnisschriften der Reformationszeit tendenziell abgeschlossen sind und keiner Ergänzung bedürfen, somit der Bekenntnisstand lutherischer Kirchen also hinreichend festgelegt ist.[26] Kähler vermag dem zuzustimmen, sofern damit gemeint ist, dass die lutherischen Bekenntnisschriften des 16. Jahrhunderts die gemeinsame Grundlage aller lutherischen Kirchen in der Welt sind. Er fügte aber sogleich hinzu: „Wenn damit aber das eigene Bekennen in der Gegenwart verhindert oder erschwert wird, dann möchte ich solchen Tendenzen deutlich widersprechen.“[27]

Die reformierten Kirchen schließen die Ergänzung durch neue Bekenntnisse aus aktuellem Bekennen heraus nicht aus und halten die jeweilige Synode für das gegebene Gremium, solche neuen Bekenntnisse anzunehmen. In diesem Zusammenhang bezeichnet Kähler die Barmer Theologische Erklärung als „ein gutes und hilfreiches Beispiel für aktuelles Bekennen auf den Grundlagen des lutherischen und des reformierten Bekenntnisses“[28] und fügt hinzu:

„Die ELKTh hat die Barmer Theologische Erklärung darum in mehreren Akten für sich angenommen und in Geltung gesetzt – nicht gegen oder abgesehen von den lutherischen Bekenntnissen des 16. Jahrhunderts, sondern in der Verpflichtung, Wegemarken unserer Zeit im Blick zu behalten.“ Unmittelbare Anmerkung Christoph Kählers dazu: „Mir macht es etwas Mühe, dass die Barmer Theologische Erklärung gelegentlich in einem Atemzug als Autorität zitiert wird, ihr aber zugleich der Bekenntnisrang vehement bestritten wird.“[29]

Allerdings setzt sich diese Fragestellung, wenngleich in modifizierter Form, in den Texten der neuen EKM-Verfassung fort und bedarf der

---

26 ABl der ELKTh 2003/5, 203.

27 Ebenda.

28 A. a. O. 204.

29 Ebenda; Anm. 11 im Text zitiert.

weiteren theologischen Sachdiskussion, wie auch der künftigen Klärung im Rahmen der Gliedkirchen der EKD und VELKD.

In Bezug auf das Verhältnis Bibel und (lutherische) Bekenntnisschriften erinnert der thüringische Landesbischof zunächst „an die eindeutige Zu- und Unterordnung der Bekenntnisse unter die Bibel.“[30] Danach wird die Bibel als *norma normans* (normierende Norm, sozusagen der Urmeter) betrachtet, während die Bekenntnisse als Auslegung der Bibel *norma normata* (normierte Norm: Zollstock)[31] sind.

Unter Hinweis auf das Treffen von Delegierten, die 1979 in Eisenach eine Vereinigte Evangelische Kirche in der DDR vorbereiteten und sich dabei gezwungen sahen, jeden der zu gehenden Schritte sehr sorgfältig theologisch zu prüfen, kommt Kähler zu den Schluss, dass eine Föderation zwischen der EKKPS und ELKTh auf gemeinsamen theologischen Grundlagen stehe, „aber auch, vor der gleichen Herausforderung, christlichen Glauben in einer entkonfessionalisierten Umwelt zu bezeugen.“[32] Daraus leiten sich weiterführende Fragen ab.

2.6 „Ein Weg für Thüringen? Föderation, Koalitionen oder Isolation?“: Frühjahrssynode 2004

Unter der Fragestellung „Was tun wir angesichts von Veränderungen,
- die wir nicht leugnen können,
- die wir nicht ignorieren können,
- die wir auch – nach menschlichem Ermessen – zunächst nicht umkehren können?“

stellt der leitende Geistliche der Synode drei Modelle vor:

A: „Es kann und wird so weitergehen wie bisher – jedenfalls in der Landeskirche!“

B: „Es wird nicht so weitergehen. Wir nehmen das aber in Kauf und bleiben unter uns.“

C: „Föderation. Wir bündeln unsere Kräfte.“

---

30 Ebenda.

31 Ebenda.

32 A. a. O. 208.

Erkennbar deutlich ist jeglichem unvoreingenommenen Betrachter: Eine Kirche, die auf augenblicks nicht absehbare Zeit auf Grund der demografischen wie wirtschaftlichen Trends mit Verlusten von jährlich etwa 10.000 Gemeindegliedern zu rechnen hat, wäre, würde sie vor diesen Entwicklungen die Augen verschließen, jenen Bauleuten vergleichbar (so Jesus in seinem Gleichnis nach Lukas 14), die sich mutwillig auf einen Bau einlassen, zu dessen Ausführung ihnen dann Kraft und Mittel fehlen.[33]

Das Modell B ignoriert dies nicht, behauptet aber gleichwohl, sehenden Auges mit den kommenden Reduzierungen leben zu können, ohne dabei zu berücksichtigen, dass mangelnde Quantitäten auch in mangelnde Qualitäten umschlagen werden. Zudem bliebe die geographische und damit kirchenpolitische Zersplitterung der Thüringer evangelischen Christen ungebremst wirksam. Die Kooperationen verschiedener kirchlicher Arbeitsbereiche auf der Basis freiwilliger Koalitionen wären abhängig von der Werbung umeinander und dem Vorhanden- bzw. Nichtvorhandensein regionaler Befindlichkeiten.

Die im Blick auf zukünftige Wege unumgänglichen Leitungsentscheidungen wären mangels autorisierter gemeinsamer Leitung nicht möglich. Das zweitgenannte Modell erwiese sich in seiner Konsequenz weitgehend als Aporie, ganz zu schweigen davon, dass auch ein Vordenken von Lösungen, wie Gemeindeleben unter schwierigeren Bedingungen gefördert werden kann, des Vorhaltens von „Stabskapazitäten“ bedarf, deren Selbstverständnis allerdings eher dem eines Dienstleisters als dem einer hierarchischen Überordnung entsprechen sollte.

Alle Indizien weisen damit auf das Wagnis des Versuchs einer Föderation (Modell C) hin, die „nicht nur Probleme löst, sondern auch Probleme schafft“.[34]

---

[33] ABl der ELKTh 2004/5, 51.
[34] ABl der ELKTh 2004/5, 51.

2.7 Dem Glauben ein Haus bauen: Föderationssynode Herbst 2004[35]

„Wir kümmern uns um die Institution Kirche allein, weil wir Gottvertrauen und die notwendige Einheit von evangelischen Christen fördern wollen; das aber in unserer Zeit, in unserem Land und unter unseren besonderen Bedingungen.“[36] Unter diesem Aspekt entfaltet Christoph Kähler auf der ersten Föderationssynode im Herbst 2004 „Kennzeichen von Kirche“. Er beschreibt sie als ‚Erzählgemeinschaft‘, als ‚Glaubensgemeinschaft‘, als ‚Zeugnis- und Dienstgemeinschaft‘, schließlich unter der Rubrik ‚Vielfalt und Einheit‘.

Unterschiede zwischen verschiedenen Christen und einzelnen Gemeinden und Kirchen, die wir heute einmal mit Freude wahrnehmen und ein andermal eher erleiden, kennzeichnen bereits die neutestamentlichen Gemeinden und ziehen sich durch die ganze Kirchengeschichte. Dies, so Kähler, hat den Neutestamentler Ernst Käsemann vor einer Generation zu den berühmten These geführt: „Der neutestamentliche Kanon begründet als solcher nicht die Einheit der Kirche, er begründet als solcher, d. h. in seiner dem Historiker zugänglichen Vorfindlichkeit, dagegen die Vielzahl der Konfessionen.“ Von daher:

Die Vielfalt der im neutestamentlichen Kanon sichtbaren Gemeindemodelle kann dazu ermutigen, mit angemessenem Ernst und fröhlicher Fantasie zugleich auf die konkrete Situation der Gemeinde einzugehen.[37]

Eine erstaunliche Bandbreite im Neuen Testament wird aufgezählt:

- Von der gesetzestreuen Gemeinde des Matthäus in der sehr strikt verstandenen Nachfolge Jesu, in der wohl Älteste eine gewisse Leitungsverantwortung übernehmen, aber eingeschärft und festgehalten wird: „Ihr sollt euch nicht Rabbi nennen lassen; denn einer ist euer Meister; ihr aber seid alle Brüder.“ (Mt 23,8),
- bis zur johanneischen Liebesgemeinschaft, in der keine besonderen Ämter herausgehoben und erkennbar werden,

[35] Gemeinsam mit Bischof Axel Noack verfasster Bericht: ABl der EKM 2005/2, 75.
[36] Ebenda.
[37] ABL der EKM 2005, 76.

- von der charismatisch vielfältigen Gemeinde des Paulus, die durch eine unglaublich Fülle von Ehrenamtlichen und Beauftragten gekennzeichnet sind,
- bis zu den so genannten Pastoralbriefen, die die Gemeinde als Hausgemeinschaft Gottes begreifen, von daher dann ziemlich hierarchisch und patriarchal organisieren und entsprechend auch Gehorsam gegenüber den „Vätern“ fordern,
- von der Aufnahme der Tradition vom Volke Gottes und dem politisch-öffentlichen Anspruch der Gemeinden bei Lukas,
- bis zu den verfolgten Gemeinden der Apokalypse, die eher im Verborgenen auf die Offenbarung der himmlischen Kirche warten (Apk 7 und 21).[38]

Von daher ergeben sich für Kähler Prüffragen:

Von Matthäus her: Wie gelingt uns die Einbeziehung der Gesamtgemeinde in die relevanten Entscheidungen vor Ort?

Von Johannes her: Wo und wie lässt sich in unseren großen Gemeinden die Solidarität der Gemeindeglieder untereinander praktizieren? Sie erinnern sich an Jesu Wort am Kreuz: „Frau, siehe, das ist dein Sohn! ... Siehe, das ist deine Mutter!“ (Joh 19,26f).

Von Paulus und seinen Gemeinden her: Wie fördern wir die Gaben unserer Gemeinden und damit die interne und externe Vielfalt?

Von den Pastoralbriefen her: Welche Strukturen sorgen in unserer Zeit für Erkennbarkeit, Verlässlichkeit und Berechenbarkeit im guten Sinne?

Von Lukas her: Wie stellen wir den Zusammenhang mit dem Volk Gottes, also mit der alttestamentlich-jüdischen Tradition her, und wie vertreten wir den Anspruch Gottes auf unser ganzes Leben öffentlich?

Angesichts der Offenbarung: Wie gelingt es uns, die Hoffnung wach zu halten auf das Kommen des Herrn in düsteren Zeiten – in Zeiten, die wieder christliche Märtyrer kennen?[39]

Der neutestamentliche Fragekontext ist Ausgangspunkt für eine Analyse der gegenwärtigen Situation der beiden Kirchen in Mitteldeutschland.

---

[38] A. a. O. 77.

[39] Ebenda.

Der Landesbischof sieht im Bevölkerungsschwund das größte gesellschaftliche Problem der östlichen Bundesländer: „Auch unsere relativ kleinen Kirchen sind davon massiv betroffen".[40]

Als Ursachen reklamiert er:

- den Wegzug in die westlichen Bundesländer,
- einen extremen Geburtenrückgang,
- die überalterte Wohnbevölkerung und
- einen zögerlichen Zuzug aus den westlichen Bundesländern.

Diese Situation erfordere von den Gemeinden wie den Pfarrern und Pfarrerinnen einen Spagat zwischen berechtigten und sich zugleich oft widersprechenden Erfahrungen.

Dazu gehört: Die Statistiken zeigen eine Bewegung nach unten, die nicht an allen Stellen und überall in gleicher Weise sichtbar wird, wobei sich die Erwartungshaltung der Gemeindeglieder und der Kirchenfernen nicht verringert, sondern im Gegenteil eher erhöht. Pfarrer werden erwartet, aber nicht in ihrer Profession gebraucht. In Dörfern und Städten freut man sich noch immer, wenn die Kirchen nicht verfallen, sondern wieder aufgebaut werden, kurz: Heimatgefühle gestärkt werden. „Aber was passiert, wenn der Kirchturm saniert, die Fassade wieder hell geputzt ist?"[41]

Dem entspricht: Gemeinden sind bei uns vorhanden und müssen doch in aller Regel erst mühsam gewonnen werden, das Gefühl „sammeln zu sollen, was unter den Händen zerrinnt", scheint weit verbreitet.

Schließlich: Kirchliche Hauptamtliche werden als Vertreter einer geschrumpften, aber strukturell unveränderten Volkskirche zu Antworten auf vieles verpflichtet, wo sie weithin selbst Fragende und Suchende sind. „Sie müssen die Kümmerlichkeit einer ehemals gesamtgesellschaftlichen Institution vertreten, wo sie vielfach die Wärme einer kleinen Gemeinschaft suchen und brauchen, nicht ganz selten erleben wir ein steiles Amtsverständnis als Reaktion auf die Einsamkeit des Theologen."[42]

Andererseits erweise sich gerade die Ermöglichung des Eintritts von Kindern in das Gemeindeleben als gebotene und chancenreiche Auf-

---

[40] Ebenda.
[41] A. a. O. 78.
[42] Ebenda.

gabe. Zugleich stelle die Aufgabe, in gehörigem Maße Informationen über Christentum, Kirche und Religionen zu verbreiten und gegebenenfalls Christenlehre und Religionsunterricht parallel zu halten, eine erhebliche Anforderung an alle Beteiligten dar, ja überfordere z. T. die verfügbaren Kräfte.[43]

Zusammenfassend: „Es kommt daher darauf an, nach den Punkten zu suchen wo sich die Sache des Evangeliums mit dem wirklichen Lebenspunkten der Menschen berühren, wo sich der Glaube als eine wirkliche Hilfe zu ihren konkreten Lebensumständen erweist. Dazu gehört ein Weiteres: Man muss die Menschen mögen, um sie erreichen zu können. „Kriterium für das Maß unseres Glaubens ist auch der Mut, genau hinzusehen, nichts schön zu färben und der Wahrheit über unsere Situation ins Auge zu blicken. Wer das Kreuz Christi vor Augen hat, schaut nicht weg, wenn es schwierig wird. Wir leben in einer Abschieds- und zugleich Aufbruchssituation. „Wir müssen sehen lernen, was wir nicht mehr haben, aber auch das, was wir wieder neu haben.“[44]

2.8 In Sturm und Wellen, aber in einem Boot (Mk 4,35-42): Frühjahrssynode 2005 Thüringen

Das Symbol eines Schiffes, das sich Gemeinde nennt, wird weidlich genutzt. „Das Schiff braucht je nach Größe Matrosen, Schiffsoffiziere, einen Steuermann, einen Kapitän und nach Bedarf einen Lotsen an Bord. Die einzelnen Aufgaben unterscheiden sich. Die Verantwortung wird verschieden zugeschrieben. Aber, dass es solche Verantwortung gibt und sie wahrgenommen werden muss, bleibt gleich. Das Symbol vom stürmischen Meer macht deutlich: Wir sitzen alle in einem Boot. Die Verantwortung tragen alle füreinander. Einer allein kann sich nicht gegen Wellen und Wind behaupten, sondern alle zusammen.“[45] Als Wellen, die wir in Thüringen erlebt haben und erleben, beschreibt Kähler die Wellen der Entkirchlichung im 19. Jahrhundert, in der Weimarer Republik, unter dem Nationalsozialismus und in der DDR-Zeit. „Sie alle

---

43 Ebenda.
44 A. a. O. 81.
45 ABl der EKM 2005/5, 162.

hatten und haben entsprechende Folgewellen auch nach Anfang der 90er Jahre, das heißt, dass uns nach wie vor Echowellen zu schaffen machen und erreichen“.[46] Sodann beschreibt Kähler die nächsten beiden Wellen, in denen wir zur Zeit manövrieren müssen. Sie heißen einerseits demographischer Wandel und andererseits Entvölkerung von Ost nach West. Dazu gehört nicht nur, dass wir in der Evangelisch-Lutherischen Kirche in Thüringen in den letzten zwölf Monaten um die 12.000 Gemeindeglieder wiederum verloren haben, „so dass wir auch mit der Tatsache leben müssen, dass wir in der ELKTh unter den Deutschen Evangelischen Kirchen die wenigsten Kirchenmitglieder pro Gemeinde, nämlich 364 haben“.[47]

Der Landesbischof beschreibt im Folgenden die Situation in Gemeindekirchenräten, die auf Grund der Kleinheit ihrer Gemeinde nicht mehr allein entscheiden sollen, aber dennoch verantwortlich bleiben für ihr Kirchengebäude und die sich fragen, was es denn heißt, wenn sich auch in der Kirche etwas ändert, nachdem Konsum, Arzt und Schule gegangen sind; welche Kränkung mit diesen oft zunächst unmerklichen Verkleinerungen einhergeht.[48]

Hier sind grundsätzliche Fragen gestellt: Wie gehen wir mit der entstandenen Situation um, ohne dafür Patentrezepte zu haben? Kähler berichtet sodann über Infrastrukturen im Bereich von Predigtkreisen etc. und auch von dem Zwischenbericht der Arbeitsgruppe 2019.

Als Zwischenfazit: „Darum wünschte ich mir auch, dass die manchmal fehlende Loyalität in der von gleicher stürmischer See bedrohten Mannschaft untereinander gestärkt werden kann. Gelegentlich sollte ein Blick über den Bootsrand ganz hilfreich sein, um zu wissen, warum der Nachbar solchen Schwankungen unterworfen ist“.[49]

Nicht vergessen wird in den Bericht, dass wir in einem Boot – bildlich gesprochen – auch mit den Kommunen, Kreisen und dem Land sitzen und dass es sich von daher ergibt, dass auch deren Einnahmen nicht im Steigen begriffen sind und von daher Zuschüsse für die Erwachsenenbildungen, für die Schulen in freier Trägerschaft, für Jugend-

[46] A. a. O. 163.
[47] Ebenda.
[48] A. a. O. 164.
[49] Ebenda.

arbeit und diakonische Aktivitäten wie die Telefonseelsorge nicht mehr in der gleichen Höhe gezahlt werden. Klar ist, dass dies von kirchlichen Haushalten so nicht aufgefangen werden kann. Deutlich ist aber auch: „Auch hinter diesen Zahlen stehen einzelne Männer und Frauen, Kinder und Jugendliche, Alte und Kranke, Bildungswillige und Ratsuchende, deren Betreuung schwerer fällt oder eingestellt werden muss.“[50]

Gleichwohl, wir sitzen in einem Boot und laden andere ins Boot ein. Kähler verifiziert das an Hand eines Wiedereintrittsprogramms und seiner, soweit bis dahin absehbar, positiven Ergebnisse. Dies gilt für die Ökumene, in der uns mehr eint als trennt, dies gilt für Deutschland, wobei die Frage gestellt werden muss: Wer rudert in welche Richtung? Kähler geht auf die soziale Situation und die unterschiedliche Herangehensweise ein, hierzu Erwartungen und Positionen zu formulieren: „Die einen, vor allem unter unseren Sozialarbeitern, die aus der Perspektive von Betroffenen die Stärkung des Sozialstaates fordern, argumentieren von der Bedürftigkeit her. Sie stellen heraus: Zur Würde des Menschen gehört es, dass die Gesellschaft (der Staat) eine Grundsicherung garantiert ... Die anderen, stärker im Gespräch mit der Wirtschaft, betonen die Eigenverantwortung des Einzelnen und sehen ein leistungsunabhängiges Bürgergeld kritisch, da eine Gesellschaft von ihren Mitgliedern auch etwas erwarten soll und darf. Für sie gehört es zur Würde des Menschen, dass ihn die Gesellschaft auch braucht, er sich mit seinen Gaben und Kräften einbringen kann.“[51]

Christoph Kähler endet mit der Überschrift „In Stürmen Kurs halten“ und stellt die Frage: „Wann dürfen wir den Herrn auf die Fahrt mitnehmen und wann müssen wir selbst rudern und steuern (V 36)?

Wann wird es Zeit, den scheinbar schlafenden Herrn anzurufen, zu wecken und unsere Ohnmacht, Angst und Wut herauszuschreien, wann ist Zeit, fremdes und eigenes Leid ins Gebet zu nehmen (V 38)?

Wann hören wir auf, zu klagen und anderen die Schuld zuzuweisen? Wann ist es Zeit, uns selbst kritisch zu befragen und befragen zu lassen und dementsprechend eigene Fehler und Schuld zuzugestehen (V 40)?

---

[50] A. a. O. 165.
[51] A. a. O. 161.

Schließlich, wann können wir noch atemlos unsere Rettung bekennen und unser Gottvertrauen aussprechen und wann spucken wir in die Hände, um fröhlich weiter zu rudern, bis wir endlich an Land sind (5,1)?“[52]

Ein Dank für die synodale Bootsgemeinschaft beschließt den Bericht.

2.9 Die Botschaft von der freien Gnade auswirken an alles Volk: 2.Tagung der Föderationssynode Herbst 2005 „Unsere missionarische Aufgabe in Mitteldeutschland“

Unter Bezugnahme auf Ps 66,16 „Kommt her, höret zu; ich will erzählen, was Gott an uns getan hat!“ nimmt der Vorsitzende der Föderationskirchenleitung zu Beginn seines Berichtes ein Zitat von Werner Krusche auf: „Mission ist nicht eine Funktion der Kirche, sondern Kirche ist eine Funktion der Mission Gottes, Gott ist als ein missionarischer Gott nicht einfach der Initiator der Mission der Kirche, sondern er will die Mission der Kirche an seiner Mission beteiligen. Die Kirche hat sich in ihrer Sendung an seinem Gesandten – an Jesus Christus, dem Missionar – zu orientieren.“[53]

Plakativ untersetzt Kähler das Zitierte: „Wenn (wozu uns immer wieder einmal geraten wird) wir eine unserer Stadt- oder Dorfkirchen aufgeben müssen, dann werden wir an diesem Ort und in seiner Umgebung nicht so schnell missionarische Erfolge feiern können. Umgekehrt führt ein Förderverein oft sehr viel mehr Nichtchristen als Kirchenglieder bei einem gemeinsamen Projekt zusammen und schafft auch für die christliche Gemeinde ein positives Umfeld.“

Weiter unten in seinem Bericht fährt er fort, „Es hat doch auch gute Gründe, warum Jahr für Jahr um die tausend Menschen in unsere Kirche wieder eintreten.“[54]

---

[52] A. a. O. 168.

[53] Abl der EKM 2005/12, 319 Anm. 2: W. Krusche, Die Kirche für andere: Der Ertrag der ökumenischen Diskussion über die Frage nach Strukturen missionarischer Gemeinden, in: ders., Schritte und Markierungen. Aufsätze und Vorträge zum Weg der Kirche, Berlin 1972, 133-175.

[54] A. a. O. 319.

In einem zweiten Punkt *Missionarische Kirche – Orientierungspunkte* geht Kähler auf den Missionsbefehl bei Matthäus im 28. Kapitel ein und resümiert: Für Matthäus und seine Gemeinde besagt diese Anordnung des Auferstandenen gegenüber den zweifelnden Jüngern, dass die Lehre eben sehr viel mehr ist als ein zeitlich und sachlich (immer) begrenzter Taufunterricht, weil sie das ganze Leben der Gemeinde und ihrer Glieder bestimmen kann und soll.[55]

Schon den Herrnhuter „Instruktionen für Missionare“ aus dem 18. Jahrhundert lagen diese Intentionen zugrunde:

1. „Denkt nur nicht, ihr brächtet Christus irgendwo hin, macht vielmehr die Augen auf und schaut, wo er bereits am Werke ist!“
2. Und dann heißt es weiter: „Mund halten, Sprache lernen!“
3. „Verhaltet euch so, dass sie notwendigerweise fragen, warum seid ihr so?“ Also: Lebt euren Glauben.
4. „Und wenn die Leute zu fragen anfangen, dann erzählt, was es euch im Herzen ist, erzählt, was Jesus Christus euch persönlich und für euren Gesprächspartner bedeutet.“[56]

Kähler fordert im Folgenden auf, das Gelingen zu sehen und benennt hierfür Rolf Schieder, den Praktischen Theologen in Berlin, der in den „Zeitzeichen“ so formulierte: „Die beste Mission der Kirchen besteht in einer hohen Qualität ihrer klassischen Tätigkeit!“[57]

Kähler ist sich sicher, „diese Botschaft, die die Mühseligen und Beladenen erquickt, wollen wir weiter sagen, mit dieser Botschaft werden wir gebraucht.“[58]

---

[55] A. a. O. 321 Anm. 9; U. Luz, Das Evangelium nach Matthäus (Mt 26-28), EKK I/4, Düsseldorf / Zürich / Neukirchen-Vluyn 2002, 454f.

[56] Abl der EKM 2005/12, 321 Anm.11: Karl Eugen Langerfeld (Herrnhut): Vortrag zur Geschichte der Beziehungen zwischen den Herrnhutern und den Kalmücken in Südrussland. Veröffentlicht (dt.-russ.) im Tagungsband der Konferenz zur Geschichte der kalmückisch-deutschen Beziehungen, Sarepta / Wolgograd.

[57] A. a. O. 322 Anm. 14: Rolf Schieder, Gott im Theater, Zeitzeichen 5, 2004/9, 30.

[58] A. a. O. 326 Anm. 22: Kundgebung der 9. Synode der EKD auf ihrer 4. Tagung (1999 in Leipzig), in: Reden von Gott in der Welt, hg. vom Kirchenamt der EKD im Auftrag des Präsidiums der Synode, Frankfurt / Main 2000, 36.

2.10 Evangelisch auf guten Grund: Frühjahrssynode 2006

Der Bericht zur Lage gliedert sich in vier Bereiche.

1. Auf gutem Grund: getauft!
2. Evangelisch: Drei Beispiele
3. Evangelisch Kirche sein: Herberge, Mission und Weltverantwortung
4. Zuversicht im Zweifel: „Taufet sie auf den Namen des Vater und des Sohnes und des heiligen Geistes“, so sprechen / hören wir es immer wieder bei jeder Taufe. Wir verweisen damit für das Leben der Täuflinge auf einen Grund, der fester und haltbarer ist, als alles, was wir Menschen schaffen können.[59]

Im Blick ist die Geschichte vom sinkenden Petrus, der zunächst auf dem Wasser geht, dann aber auf Wellen und Wind, also auf die Stürme der Zeit achtet und in seinem Zweifel nur durch die Hand dessen gerettet werden kann, dem alle Gewalt im Himmel und auf Erden gegeben ist.[60]

Unter Bezug auf Mt 14,30 schreibt Kähler: „So geht es nicht nur dem hervorragendsten Jünger, sondern so kann es wieder und wieder jedem getauften Christen ergehen. Man kann sich aber wie Luther an der Taufe festhalten, aber die Gewissheit des Glaubens bleibt einem immer wieder neu ein zu erbittendes Geschenk.“[61]

Anhand der EKM heißt dies: Die Zahl der Kinder, die bis zum Alter von einem Jahr getauft werden, sinkt stetig. Daraus lässt sich ablesen: Die traditionelle Taufe verliert bei jungen christlichen Eltern an Bedeutung als Begrüßungs- und Dankfest für das neue Erdenkind. Diese Beobachtung verweist auch darauf: Der Zusammenhalt in den Familien lockert sich offensichtlich. Denn: Wenn laut Pressemeldungen die Mehrzahl der Kinder in Ostdeutschland (über 60%) nicht in einer Ehe zur Welt kommen, dann ist dies ein weiteres Indiz für den Abbruch lebensdienlicher Traditionen.

Gleichwohl: Die Taufe hat grundlegende Bedeutung für unser Leben, sie hat auch grundlegende Folgen für die Gestaltung des kirchlichen Lebens, des Miteinanders in der Kirche. Kähler zitiert Martin Luther, der sie bekannter Weise beschrieb: „Was aus der Taufe gekrochen ist,

---

[59] ABl der EKM 2006/3, 64.
[60] ABl der EKM 2006/3, 65 Anm. 4: Mt 14,30.
[61] Ebenda.

das kann sich rühmen, schon zum Priester, Bischof und Papst Gewalt zu sein, obwohl es nicht einem jeden ziemt, solch Amt zu üben." („Wir sind Papst", war durchaus eine evangelische Bemerkung.)[62]

In der zweiten Rubrik stellt Kähler drei Beispiele für evangelisch vor: Dietrich Bonhoeffer, Johannes Rau und den Thüringer Synodalen Karl-Heinz Weißenborn, der für menschliches Begreifen viel zu früh heimgehen musste.

Nicht von ungefähr, sondern in einer logischen Reihenfolge folgt daraufhin die Situationsanalyse dessen, was in der Evangelisch-Lutherischen Kirche in Thüringen angesichts der gesellschaftlichen Situation zu leisten ist. Gerade im Gespräch mit den Parteien ist u. a. nach den Rahmenbedingungen eines Ausstiegs aus der Atomenergie zu fragen.

Sein Bericht endet mit einen Wort Dietrich Bonhoeffers: „Ich glaube, dass Gott kein zeitloses (Vater) Schicksal ist, sondern dass er auf aufrichtige Gebete und verantwortliche Taten wartet und antwortet."[63]

2.11 Kirche im Aufbruch: Frühjahrssynode 2007

Kähler erinnert im ersten Teil seines Lageberichtes an *erste Aufbrüche*, beschreibt den differenzierten Werdegang in den einzelnen ehemaligen Landeskirchen des Thüringer Landes bis hin zur Gründung der Evangelischen Kirche in Thüringen und resümiert: „Ja, es hat genügend Unterschiede gegeben, die zum Teil als so unüberbrückbar empfunden wurden, dass ein Zusammengehen unmöglich erschien. Man meinte aus theologischen Bekenntnis- oder Frömmigkeitsgründen, ja auch auf Grund der verschiedenen Strukturen und Traditionen sich nicht zu einer Thüringer Landeskirche zusammenschließen zu können. Ihre Differenzen waren womöglich größer, als die unverkennbaren, aber – wie ich meine – überbrückbaren Unterschiede zwischen der ELKTh und der EKKPS." Kähler zitiert zum Zweiten Anstöße aus der Bibel, nach denen der erste Landesoberpfarrer der Thüringer Kirche den Neubau der Thüringer Kirche auch als einen Auftrag Gottes ansah. Schon damals hatte

---

62 Ebenda.

63 A. a. O. 69 Anm. 10: Dietrich Bonhoeffer, Werke 8, hg. von E. Bethge u. a., Gütersloh 1998, 30f.

Reichardt in einer Predigt gemahnt – und ein Vergleich zu heutigen Befindlichkeiten in manchen Gemeinden und auch in der Pfarrerschaft dürfte keineswegs als zu gewagt wirken –: „Der Wald wächst, wo die einzelnen Bäume wachsen, der Strom wird stärker, wenn seine Zuflüsse stärker werden. In unserer Kirche wird es nur dann vorwärts gehen, wenn die einzelnen Kirchenglieder Männer und Frauen und die einzelnen Kirchgemeinden innerlich wachsen und erstarken.“[64]

Schließlich verweist der Thüringer Bischof in einem dritten Bereich auf Anstöße aus der EKD und aus der Ökumene. Er zitiert die Intendantin Dagmar Reim des aus dem Sender Freies Berlin (SFB) und dem Ostdeutschen Rundfunk Brandenburg (ORB) fusionierten Rundfunks Berlin-Brandenburg (rbb), die ihre Erfahrungen weitergibt, wenn sie berichtet:

1. Wir waren ehrlich und deutlich, niemandem haben wir etwas versprochen, was wir nicht halten können.
2. Wir haben den schmerzlichen Abschied von liebgewordenen Traditionen nicht beschönigt.
3. Wir haben versucht jeweils untereinander das zu schätzen, was es zuvor in beiden Häusern gegeben hatte.
4. Wir haben die Teams gemischt. Wenn Redaktionen erst einmal zusammenarbeiten, fragt nach acht Wochen niemand mehr: Woher kommst du, was hast du früher gemacht?
5. Umzüge haben uns sehr geholfen ...!

Aufgrund der Erfahrungen mit dem Aufbruch in Thüringen und den Gesamtrahmenbedingungen, die den Weg der Kirche in den kommenden Jahren begleiten werden, stellt Kähler schließlich die Frage: Wo stehen wir, was haben wir erreicht? Was bleibt zu tun?

Die Fragestellung kulminiert in der Überzeugung, dass die Vereinigung Probleme lösen und Chancen für die Landeskirche und ihre Gemeinden schaffen werde – und zwar in einem höheren Maße, als sie etwa auch Schwierigkeiten für die Mitarbeiter der Verwaltung mit sich bringe.

Positiv wird die Projektvorbereitung für das Elisabeth-Jahr und für die Bundesgartenschau bewertet.

---

[64] ABl der EKM 2007/6, 158.

Bei einem Blick in die gesellschaftliche Arbeit der Landeskirche werden stichwortartig die Baustellen „Schulfinanzen“, „Thüringer Bildungsplan bis 2010“ und „Bleiberecht“ benannt.

Ein letzter Punkt beinhaltet Anmerkungen zur Auseinandersetzung mit der Geschichte der Landeskirche. Das besondere Augenmerk hierbei gehört dem Ausmaß und den Gründen von Verstrickungen mit dem Ministerium für Staatssicherheit der DDR sowie dem Bericht, den Oberkirchenrat i. R. Walter Weispfenning im Auftrag der Landeskirche verfasst hat und der 2006 als epd -Dokumentation erschienen ist.

Es folgt der Vorschlag, die Landessynode möge den Landeskirchenrat darum bitten, „dass über die Arbeit des Untersuchungsausschusses im vorliegenden Bericht hinaus weitere Schritte unternommen werden, um die „Bearbeitung“ der Thüringer Landeskirche durch das MFS der DDR historisch und theologisch, seelsorgerlich und politikwissenschaftlich“ aufzuarbeiten.[65]

Diese Weiterarbeit an der wechselvollen Geschichte der Thüringer Landeskirche obliegt zukünftig der Evangelischen Akademie Thüringen und der Gesellschaft für Thüringische Kirchengeschichte in Abstimmung und Kooperation mit der Theologischen Fakultät in Jena, die um weitere Anstöße zu Forschungsarbeiten gebeten wird. Aus heutiger Sicht ist dem hinzuzufügen, dass diese Arbeiten nicht nur für das Gebiet der ab 1. Januar 2009 ehemaligen ELKTh zu leisten sein wird, sondern für die gesamte EKM. Dies ist, soweit ich feststellen kann, fester Wille der Kirchenleitung.

3. Evangelische Zeitansagen aus Mitteldeutschland (2001-2008)

Bischofsberichte vor der Synode dokumentieren das Leben einer Kirche in ihrem äußeren wie inneren Beziehungsgeflecht. Christoph Kähler beließ es gleichwohl in seinen Berichten nicht bei Analyse und Dokumentation. Er wusste sich in mehrfacher Hinsicht gegenüber seiner Evangelisch-Lutherischen Kirche in Thüringen verbunden und verpflichtet, was deren innere Entwicklung und Zukunftsfähigkeit (nicht

---

[65] A. a. O. 163.

zuletzt auf Grund der erkennbaren demographischen Entwicklungen) anbetraf; wenn es um ihre an der Schrift orientierte, bekenntnismäßige Verortung im Rahmen von EKD und VELKD ging; wenn es galt, auf gesellschaftspolitische Herausforderungen an Schrift und Bekenntnis sorgsam geprüfte Antworten zu geben.

Sein Thema war die geistlich-theologische wie institutionelle Gestalt der Kirche in ihrem mitteldeutschen Umfeld, wobei die zu DDR-Zeiten geleistete theologische Arbeit unter Einbezug der Theologischen Erklärung von Barmen seine besondere Wertschätzung erfuhr.

Auf Grund seiner theologischen wie kirchen- und gesellschaftspolitischen Einsichten hat er in seinen Wegmarkierungen vor den Synoden das Ziel einer Evangelischen Kirche in Mitteldeutschland mit Konsequenz nicht nur aufgezeigt, sondern auch die Führungsrolle dorthin übernommen.

Dass diese Kirche, soweit das von ihrem Herkommen und aus der vorliegenden Verfassung der EKM erkennbar ist, vor allem eine Kirche *„von Brüdern und Schwestern"* im Sinne etwa von Mt 23,8 sein wird, begreift sich nicht allein auf der Grundlage dessen, was den evangelischen Kirchen in Mitteldeutschland im 20. bzw. 21. Jahrhundert widerfuhr, schließlich auch nicht, weil es eine Kirchenleitung für gut und nützlich erachtete, sondern lässt voller Hoffnung und Bewunderung auf den Herrn der Kirche schauen.

Die Makarismen Jesu als Ausdruck seines Menschenbildes

Karl-Wilhelm Niebuhr

Seligpreisungen bilden einen prominenten Bestandteil innerhalb der Verkündigung Jesu. Die Makarismen der Bergpredigt gehören bis heute zu den am besten bekannten Texten des Neuen Testaments, weit über die Kreise kirchlicher Insider hinaus. Aber auch in den liturgischen Traditionen der Kirchen haben sie bis in die Gegenwart ihren Platz. Man denke nur an die Gesänge der Göttlichen Liturgie in den Ostkirchen, in der die Seligpreisungen im Rahmen der 2. Antiphon in jedem Sonntagsgottesdienst erklingen.[1] Dass dabei Texte aus dem Matthäusevangelium zur Sprache gebracht werden, gerahmt übrigens durch den Ruf des Schächers am Kreuz nach Lk 23,42, ist sicher vielen Gottesdienstbesuchern gar nicht bewusst. Gerade dies ist ein Zeichen dafür, wie das Matthäusevangelium als „Evangelium ecclesiasticum" bis heute die Gestalt der Kirche und ihre Lebensäußerungen prägt.

Der mit dieser Festschrift Geehrte hat sich in seiner leider unveröffentlicht gebliebenen Jenaer Dissertation[2] umfassend mit den Makarismen in der biblischen und frühjüdischen Überlieferung beschäftigt. Sein Werk wird bis heute in der bibelwissenschaftlichen Spezialforschung konsultiert. Es erscheint daher angebracht, ihn mit einer Studie zu den Makarismen Jesu zu grüßen, die zugleich einen Aspekt weiterführen will, der mich im Rahmen eines eigenen Projektes gegenwärtig beschäftigt: die Anthropologie des Neuen Testaments.

Die folgende Studie entstand in Korrespondenz zu einer weiteren, welche die Seligpreisungen Jesu nach Matthäus mit den Makarismen im Jakobusbrief in Zusammenhang gebracht und primär auf der Ebene

---

[1] Von dort aus haben sie inzwischen auch in das Evangelische Gesangbuch Eingang gefunden, siehe EG Nr. 307.

[2] C. Kähler, Studien zur Form- und Traditionsgeschichte der biblischen Makarismen, Diss. theol. Jena (masch.) 1974.

dieser beiden neutestamentlichen Autoren nach Grundzügen eines Menschenbildes gefragt hatte, das sich in den Makarismen niederschlägt.[3] Hier soll nun von den Seligpreisungen bei Matthäus und den beiden anderen Synoptikern ausgehend gezielt zurückgefragt werden nach Makarismen als einem wesentlichen Element der Verkündigung Jesu. Dabei wird auch noch einmal auf die schon von Christoph Kähler in seiner Dissertation breit untersuchte alttestamentliche und frühjüdische Überlieferung einzugehen sein,[4] da sich hier inzwischen, nicht zuletzt dank neuer Textfunde, ein noch klareres Bild ergeben hat. Vor allem aber soll versucht werden, die Makarismen Jesu in Beziehung zu setzen zu weiteren für seine Verkündigung und sein Wirken charakteristischen Elementen. Auf diese Weise soll deutlich werden, dass Jesu Wirken, Weg und Geschick als der Grundimpuls angesehen werden muss, von dem her alle Ausprägungen neutestamentlicher Theologie und Anthropologie verstanden werden und an dem sie sich auch messen lassen müssen.[5]

I. Die Seligpreisungen in der Bergpredigt

a) Zur Intention der matthäischen Seligpreisungen

Die Seligpreisungen Jesu haben im Matthäusevangelium kompositionell besonderes Gewicht.[6] Im Erzählkontext bilden sie den Auftakt zur

---

3 K.-W. Niebuhr, Die Seligpreisungen in der Bergpredigt nach Matthäus und im Brief des Jakobus. Zugänge zum Menschenbild Jesu?, in: Neutestamentliche Exegese im Dialog. Hermeneutik – Wirkungsgeschichte – Matthäusevangelium. FS U. Luz, hg. von P. Lampe u. a., Neukirchen-Vluyn 2008, 275-296.

4 Vgl. dazu Kähler, Makarismen (s. Anm. 2), 1-71.

5 Die exegetischen und hermeneutischen Implikationen und Konsequenzen dieses Interpretationsansatzes habe ich an anderer Stelle schon mehrfach skizziert, vgl. K.-W. Niebuhr, Jesu Heilungen und Exorzismen. Ein Stück Theologie des Neuen Testaments, in: W. Kraus / K.-W. Niebuhr (Hg.), Frühjudentum und Neues Testament im Horizont Biblischer Theologie. Mit einem Anhang zum Corpus Judaeo-Hellenisticum Novi Testamenti, WUNT 162, Tübingen 2003, 99-112; ders., Jesu Wirken, Weg und Geschick. Zum Ansatz einer Theologie des Neuen Testaments in ökumenischer Perspektive, ThLZ 127, 2002, 3-22: 16-19; ders., Zur Ökumene nach evangelisch-lutherischem Verständnis in biblischer Sicht, in: Wider die Müdigkeit im ökumenischen Gespräch. FS U. Kühn, hg. von Matthias Petzoldt u. a., Leipzig 2007, 127-142: 133-141.

6 Zur Textanalyse vgl. Niebuhr, Seligpreisungen (s. Anm. 3), 275-280.

Wortverkündigung Jesu in der Bergpredigt,[7] die freilich bei Matthäus mit seinem Wirken von Anfang an unlösbar verknüpft ist. Besonders sichtbar wird das an den beiden für Matthäus so charakteristischen Ausdrücken ἡ βασιλεία τῶν οὐρανῶν und ἡ δικαιοσύνη, die jeweils schon vorher in die Erzählung eingeführt worden sind, in den Seligpreisungen an prominenter Stelle aufgegriffen werden und für die weitere Entfaltung der Jesuserzählung zentrale theologische Bedeutung haben.[8]

Aus der Sprachform der Gattung Makarismus und ihrer spezifischen Anwendung in der Makarismenreihe bei Matthäus lassen sich die theologischen Konturen und die Aussageintention der Seligpreisungen bei Matthäus ableiten: Die zugesprochene Aussicht auf himmlischen Lohn verweist auf eine künftige Erfahrung aufgrund des gegenwärtigen Verhaltens bzw. Geschicks. Diese Zukunftserwartung bildet aber zugleich auch die Basis für die Ermahnungen zum Verhalten der Adressaten in der Gegenwart. In diesem Sinne ist der Anspruch Folge des Zuspruchs. Angesichts des sicher zu erwartenden künftigen Heils werden die Hörer zu einer schon jetzt zu praktizierenden Haltung aufgefordert. Die Makarismenreihe trägt somit bei Matthäus einen paränetischen Akzent. Der rechten Haltung der Angesprochenen entspricht ihr für die Zukunft erhofftes und von Jesus gegenwärtig zugesprochenes heilvolles Geschick. Den Charakter des Zuspruchs erhalten die Makarismen bei Matthäus vor allem dadurch, dass es Jesus ist, der solchen Anspruch auf ihr Leben erhebt.[9]

---

7 Vgl. zum Folgenden die Auslegungen der Bergpredigt von U. Luz, Das Evangelium nach Matthäus (Mt 1-7), EKK I/1, Zürich / Neukirchen-Vluyn [5]2002, 251-553; H. D. Betz, The Sermon on the Mount. A Commentary on the Sermon on the Mount, including the Sermon on the Plain (Matthew 5:3-7:27 and Luke 6:20-49), Hermeneia, Minneapolis 1995; G. Strecker, Die Bergpredigt. Ein exegetischer Kommentar, Göttingen 1984; W. Petersen, Zur Eigenart des Matthäus. Untersuchung zur Rhetorik in der Bergpredigt, Osnabrücker Studien zur Jüdischen und Christlichen Bibel 2, Osnabrück 2001; F. Zeilinger, Zwischen Himmel und Erde. Ein Kommentar zur „Bergpredigt“ Matthäus 5-7, Stuttgart 2002.

8 Vgl. Mt 5,3.10 mit 3,2; 4,17.23; 5,19f u. ö., Mt 5,6.10 mit 3,15; 5,20; 6,1.33; 21,32. Zum Gerechtigkeitsverständnis bei Matthäus vgl. jetzt die gewichtige Monographie von R. Deines, Die Gerechtigkeit der Tora im Reich des Messias. Mt 5,13-20 als Schlüsseltext der matthäischen Theologie, WUNT 177, Tübingen 2004.

9 Vgl. Niebuhr, Seligpreisungen (s. Anm. 3), 280-282.

b) Matthäische Akzentsetzungen gegenüber seinen Vorlagen

Wir beschränken uns beim synoptischen Vergleich zunächst auf Befunde, die solche matthäischen Akzente unterstreichen, die sich bereits aus der synchronen Analyse ergeben. Hierbei fallen vor allem die „Überschüsse" bei Matthäus gegenüber Lukas ins Gewicht, und zwar sowohl innerhalb der mit Lukas gemeinsamen Seligpreisungen (Mt 5,3[.4].6.[11]) als auch im Blick auf die Länge der Makarismenreihe insgesamt. Schon die begründenden Heilszusagen sprechen bei Matthäus stärker als bei Lukas die Sprache biblischer und frühjüdischer Verheißungen und Erwartungen.[10] Darin entsprechen sie zentralen Aussageinteressen des Matthäus, die sich vor allem mit dem Ausdruck ἡ βασιλεία τῶν οὐρανῶν verbinden.

Der deutlichste Akzent liegt aber auf der Betonung der paränetischen Ausrichtung bei Matthäus im Vergleich zu Lukas. Die Seliggepriesenen werden bei Lukas ausschließlich durch Mangelerfahrungen charakterisiert, die zudem in den ersten beiden Makarismen eindeutig sozial ausgerichtet sind (Armut, Hunger). Dem entsprechen bei Lukas die anschließenden Weherufe gegen die Reichen und Satten (Lk 6,24f). Bei Matthäus dagegen beziehen sich wenigstens drei der Makarismen eindeutig auf eine Haltung bzw. ein Verhalten ihrer „Empfänger" (Mt 5,7-9, vielleicht auch 5,5[11]). Die übrigen werden durch kleine Texterweiterungen in dieser Richtung interpretiert. In 5,3 wird durch die Wendung τῷ πνεύματι der soziale Aspekt der Armut abgeschwächt, der „psychische" dagegen verstärkt.[12] Daran schließen gut die Seligpreisungen der Trauernden und Demütigen an, die ebenfalls primär den Bereich der inneren Befindlichkeit, nicht so sehr der äußeren Not betreffen. Auch der Makarismus über die Hungernden und Dürstenden wird durch den Zusatz τὴν δικαιοσυνύνην zumindest metaphorisch entfaltet.[13]

---

10 Vgl. bes. Mt 5,4: πενθοῦντες ... παρακληθήσονται, gegenüber Lk 6,21b: κλαίοντες ... γελάσετε, siehe auch 5,5: κληρονομήσουσιν τὴν γῆν, 5,8: τὸν θεὸν ὄψονται, 5,9: υἱοὶ θεοῦ κληθήσονται (vgl. dazu u. [15f]).

11 Zu πραεῖς vgl. Ψ 36,11. S. dazu u. [16] mit Anm. 58.

12 Zur Interpretation vgl. Luz, Mt 1, 276-281; Zeilinger, Zwischen Himmel und Erde (s. Anm. 7), 38f; Broer, Seligpreisungen (s. Anm. 16), 68-75.

13 Vgl. dazu Deines, Gerechtigkeit (s. Anm. 8), 137-152. Deines setzt sich hier ausführlich mit der Position von Luz auseinander, für den allein schon durch die Einfügung des Terminus δικαιοσύνη eine „Ethisierung" der traditionellen Makarismen Jesu durch Matthäus erfolgt sei. Demgegenüber zeigt Deines anhand alt-

Damit kommt ein matthäisches Leitwort erneut in den Blick, das schon im ersten Wort Jesu im Evangelium begegnete (vgl. 3,15). Im Zusammenhang der Seligpreisungen bezeichnet es in 5,10 den Verfolgungsgrund (ἕνεκεν δικαιοσύνης). Die letzte Seligpreisung, die das Verfolgungsthema weiterführt, setzt an die Stelle der Gerechtigkeit Jesus selbst (ἕνεκεν ἐμοῦ). In der lukanischen Parallele steht hier ἕνεκα τοῦ υἱοῦ ἀνθρώπου (Lk 6,22). Das bedeutet: Der Bezug auf Jesus als Verfolgungsgrund ist wahrscheinlich schon traditionell vorgegeben. Die Nennung der δικαιοσύνη entspricht dagegen der spezifischen Aussageabsicht des Matthäus. Wie die δικαιοσύνη semantisch gefüllt ist, bleibt aber auch in den Seligpreisungen noch weitgehend offen. Die entscheidenden Weichen hierfür werden erst in 5,20 gestellt.[14]

Auf weitere überlieferungsgeschichtliche Rückfragen verzichten wir hier zunächst ebenso wie auf eine Rekonstruktion der Vorlagen für die Makarismenreihen bei Matthäus und Lukas. Sie sind in ihrem Wert für die Auslegung sowohl der Textzusammenhänge in den beiden Evangelien als auch hinsichtlich der Rückfrage nach Jesus zu relativieren. Der überaus hohe Bedarf an Arbeitshypothesen im Blick auf vormatthäisches Sondergut, im Blick auf Q, jeweils unterschieden nach Q^{Mt} und Q^{Lk} und gegebenenfalls noch weiteren redaktionellen Schichten,[15] und im Blick auf die mündliche Überlieferung bis hin zu Jesus kann schwerlich zu sicheren Ergebnissen führen und trägt für das Verständnis der Makarismen bei Matthäus wenig aus. Die maßgeblichen Akzente für sein Verständnis der Seligpreisungen Jesu lassen sich aus der synchronen Analyse und dem synoptischen Vergleich mit Lukas ausreichend deutlich und profiliert wahrnehmen.

---

testamentlicher Belege für Hungern und Dürsten im metaphorischen Sinn, dass allein mit dem Begriff keineswegs schon „ein aktives Bemühen um das ersehnte Objekt impliziert ist“ (a. a. O. 146).

14 Vgl. dazu Deines, Gerechtigkeit (s. Anm. 8), 413-434.

15 Vgl. dazu anstelle von Literaturangaben jetzt die umfassende Dokumentation der Forschung bei T. Hieke, Q 6:20-21. The Beatitudes for the Poor, Hungry, and Mourning, Documenta Q, Leuven / Sterling 2001, sowie die Gesamtdarstellung von J. S. Kloppenborg Verbin, Excavating Q. The History and Setting of the Sayings Gospel, Edinburgh 2000, 55-111, zu den Makarismen 104-107.

II. Seligpreisungen in der biblisch-frühjüdischen Überlieferung

Der Makarismus und die Makarismenreihe sind biblische Redeformen, die wir besonders häufig in der weisheitlichen Spruchüberlieferung (vgl. Spr 3,13; 8,32ff; 14,21; 16,20; 29,18) und in den weisheitlich geprägten Teilen des Psalters finden (vgl. Ps 1,1; 32[31],1f; 34[33],9; 112[111],1 u. ö).[16] Innerhalb der Weisheitstradition können sie als klassischer Ausdruck für den so genannten Tun-Ergehen-Zusammenhang gelten: Einem gerechten Tun wird ein ihm entsprechendes heilvolles Ergehen zugesprochen.[17] Bei der Rezeption der Makarismen im Frühjudentum und im Neuen Testament sind die Entwicklungen zu berücksichtigen, die sich in nachexilischer Zeit im Zuge der schrittweisen Herausbildung der Schrift als maßgeblicher Bezugsgröße im Frühjudentum vollzogen.[18]

---

16 Die Sekundärliteratur zu den Makarismen ist inzwischen uferlos. Einen knappen Überblick bieten die Lexikonartikel von M. Sæbø, Art. אשׁר, THAT 1, 1978, 257-260; H.-J. Fabry, Art. Seligpreisung. I. Biblisch, LThK[3] 9, 2000, 442-444; M. Frenschkowski, Art. Seligpreisungen, RGG[4] 7, 2004, 1184-1186. Vgl. weiterhin N. Walter, Die Bearbeitung der Seligpreisungen durch Matthäus, StEv 4, TU 102, 1968, 246-258; H. D. Betz, Die Makarismen der Bergpredigt (Matthäus 5,3-12). Beobachtungen zur literarischen Form und theologischen Bedeutung, ZThK 75, 1978, 3-19; K. Berger, Formgeschichte des Neuen Testaments, Heidelberg 1984, 188-194; I. Broer, Die Seligpreisungen der Bergpredigt. Studien zu ihrer Überlieferung und Interpretation, BBB 61, Bonn 1986; M. A. Powell, Matthew's Beatitudes: Reversals and Rewards of the Kingdom, CBQ 58, 1996, 460-479; D. Hellholm, Beatitudes and Their Illocutionary Functions, in: Ancient and Modern Perspectives on the Bible and Culture. FS H. D. Betz, hg. von A. Y. Collins, Atlanta 1998, 286-344; D. Dormeyer, Beatitudes and Mysteries, in: Ancient and Modern Perspectives on the Bible and Culture (a. a. O.), 345-357. Vgl. auch den kritischen Forschungsbericht von M. Hengel, Zur matthäischen Bergpredigt und ihrem jüdischen Hintergrund, ThR 52, 1987, 327-400 (= in: derselbe, Judaica, Hellenistica et Christiana. Kleine Schriften II, WUNT 109, Tübingen 1999, 219-292), zu den Makarismen: 329-341.348-362.

17 Vgl. dazu K.-W. Niebuhr, Weisheit als Thema biblischer Theologie, KuD 44, 1998, 40-60, und die dort verwendete Lit.; zur neueren Diskussion s. jetzt auch G. Freuling, „Wer eine Grube gräbt ...“. Der Tun-Ergehen-Zusammenhang und sein Wandel in der alttestamentlichen Weisheitsliteratur, WMANT 102, Neukirchen-Vluyn 2004.

18 Dass Makarismen auch eine außerbiblisch-frühjüdische Traditionsgeschichte haben, wie es besonders Betz in seinem Kommentar zur Bergpredigt ausführlich belegt hat (vgl. Betz, Sermon [s. Anm. 7], 92-105; derselbe, Makarismen [s. Anm. 16], 10-17; Hellholm, Beatitudes [s. Anm. 16], 304-312; Dormeyer, Beatitudes [s. Anm. 16], 349-357), soll nicht in Abrede gestellt werden, kann aber in unserem Zusammenhang außer Betracht bleiben, da die Seligpreisungen bei Matthäus ebenso wie in der

Diese Entwicklungsrichtung lässt sich in der Weisheitsüberlieferung auch an den biblischen Makarismen selbst ablesen. So leiten Makarismen in Ps 1,1 und 119,1 jeweils ganze Buchteile des Psalters ein. Die beiden genannten Psalmen selbst sind, obwohl sie gern als „Weisheitspsalmen“ charakterisiert werden, vor allem dadurch geprägt, dass sie die weisheitliche Ermahnung an der „Weisung JHWHs“ (בתורת יהוה) ausrichten, eine Wendung, die im Frühjudentum auf nichts anderes als auf die Tora des Mose bezogen werden konnte.[19] Damit gehen Weisheitstradition und Toratradition eine Bindung ein, die für das Frühjudentum insgesamt charakteristisch ist.[20]

Dies gilt ebenso für die zweite Traditionslinie, die für den Makarismus üblicherweise herangezogen wurde, die apokalyptische Tradition. Während beim weisheitlichen Makarismus der Zuspruch in der Regel das diesseitige Wohlergehen des Menschen betreffe, das freilich eine religiöse Deutung im Sinne des göttlichen Segens erhält (vgl. klassisch Ps 128!), richte sich der „apokalyptische“ Makarismus auf das eschatologische Geschick.[21] Aber auch für die sogenannte Apokalyptik zeigt sich in der neueren Forschung immer deutlicher das Phänomen der „Traditionsmischung“ (M. Hengel), der gegenseitigen Beeinflussung und Interpretation von Traditionslinien, speziell der Weisheit, der Tora und der prophetisch-eschatologischen Überlieferung. Dabei kommt der Tora zunehmend eine Leitfunktion zu, vor allem im Bereich der Paräne-

---

Jesus-Überlieferung jedenfalls in die Rezeptionsgeschichte der biblisch-frühjüdischen Tradition gehören, wie auch Betz selbst feststellt (vgl. Sermon [s. Anm. 7], 93: „the beatitudes in the SM and the SP are not drawn from ancient Greek mystery cults, but they have developed out of a Jewish matrix“).

19 Vgl. Ps 1,2; 118,1 LXX: ἐν (τῷ) νόμῳ κυρίου.

20 Zum Toraverständnis im Frühjudentum vgl. K.-W. Niebuhr, Die Antithesen des Matthäus. Jesus als Toralehrer und die frühjüdische weisheitlich geprägte Torarezeption, in: Gedenkt an das Wort. FS W. Vogler, hg. von C. Kähler / M. Böhm / C. Böttrich, Leipzig 1999, 175-200: 177-181, und die dort nachgewiesene Literatur; zum Verhältnis von Weisheitsüberlieferung und Toratraditionen vgl. ders., Hellenistisch-jüdisches Ethos im Spannungsfeld von Weisheit und Tora, in: M. Konradt / U. Steinert (Hg.), Ethos und Identität. Einheit und Vielfalt des Judentums in hellenistisch-römischer Zeit, Paderborn 2002, 27-50.

21 Vgl. etwa Dan 12,12 (Schluss des Buches!); 1Hen 58,2.

se.[22] Und genau dort findet der Makarismus in der frühjüdischen und neutestamentlichen Literatur seinen wichtigsten Platz.

So begegnen Makarismen und Makarismenreihen besonders dicht zum einen bei Ben Sira, der im Zentrum seiner Schrift hymnisch die „Hochzeit" von Weisheit und Tora preist.[23] Zum anderen finden wir sie etwa in dem jüdisch-hellenistischen, vielleicht noch vor 70 n. Chr. in Alexandria entstandenen slavischen Henochbuch (2Hen).[24] Dieses von der äthiopischen Henochapokalypse (1Hen) unabhängige Werk enthält zwar eine Fülle von kosmologischen und eschatologischen Vorstellungen und Motiven, verarbeitet sie aber ganz anders als die sogenannten „Apokalypsen" 1Hen, syrBar oder 4Esr, nämlich im Rahmen der Toraparänese.[25] Eher mit den Makarismen bei Matthäus zu vergleichen sind die Psalmen Salomos oder das Tobitbuch, in denen ebenfalls eschatologisch ausgerichtete, aber keineswegs „apokalyptische" Makarismen begegnen.[26] Makarismen stehen also jeweils im Dienst der Aussageabsicht der Gesamtschriften, und diese wiederum besteht wesentlich in der Ermahnung zur Treue gegenüber der Tora und zum Festhalten an der Treue Gottes gegenüber Israel. Nicht der Makarismus als solcher ist „weisheitlich" oder „apokalyptisch", sondern allenfalls manche der Schriften sind es, in denen er Verwendung finden kann.

Dieses Bild, das sich bei näherem Einblick aus der schon lange bekannten frühjüdischen Literatur ergibt, wird endgültig klar durch einen der Texte aus Höhle 4 von Qumran. Unter dem Siglum 4Q525 = 4QBeat(itudes)[27] verbergen sich rund 50 zum Teil umfangreiche Text

---

22 Vgl. dazu K.-W. Niebuhr, Gesetz und Paränese. Katechismusartige Weisungsreihen in der frühjüdischen Literatur, WUNT 2/28, Tübingen 1987.

23 Sir 24,23-34. Das Gesetz (ὁ νόμος) ist im griechischen männlich, die Weisheit (ἡ σοφία) weiblich! Makarismenreihen finden sich in Sir 14,1f.20-27; 25,7-11; vgl. 50,28, mit eschatologischen Tönen auch 48,11.

24 Makarismenreihen in 2Hen 42,6-14; 52,1-14 (antithetische Reihe).

25 Vgl. C. Böttrich, Das slavische Henochbuch, JSHRZ V/7, Gütersloh 1996, 952, Anm. 2 b): 2Hen „läßt den Makarismus ... klar als bevorzugte Form der Paränese erkennen".

26 Vgl. PsSal 4,23; 17,44; 18,6; Tob 13,14 (im Zusammenhang eines Lobpsalms); siehe auch Weish 3,13.

27 Edition: É. Puech, Qumran Grotte 4. XVIII: Textes hebreux (4Q521-4Q528, 4Q576-4Q579), DJD XXV, Oxford 1998, 115-178; Übersetzungen im Folgenden nach J. Maier, Die Qumran-Essener: Die Texte vom Toten Meer. Bd. II: Die Texte der Höhle 4, Basel 1995, 689-698; weitere Lit. mit Bezug auf die Seligpreisungen

fragmente. Fragment 2, Kolumne II, und Fragment 3 enthalten eine Reihe mit (mindestens) fünf Makarismen in Form des antithetischen *parallelismus membrorum*. Die Themen der einzelnen Seligpreisungen entsprechen typischen weisheitlichen Motiven: wahr reden, reines Herz, nicht verleumden, Weisheit suchen, Unrecht und Unverstand vermeiden. Der letzte Makarismus identifiziert im synonymen *parallelismus membrorum* Weisheit und Tora: „Glücklich ein Mensch, der Weisheit erlangt hat und der da wandelt in der Torah des Höchsten ..." (Z. 3f). Dies wird in einer Reihe von parataktisch angehängten Aussagen entfaltet, die gleichermaßen Mangelerfahrungen und die in ihnen bewiesene Haltung zum Thema haben.[28] Der Textzusammenhang mündet offenbar in eine Heilszusage.[29] Auch hier finden wir also die Verbindung von Weisheit, Tora und Zuspruch eschatologischer Vollendung wieder. Der Textzusammenhang lässt weder ein „apokalyptisches" Szenarium erkennen noch irgendwelche qumranspezifischen Prägungen. Wir haben vielmehr einen weiteren paränetischen Text vor uns, der das vielfältige Bild frühjüdischer Überlieferungen bereichert.

Die in der älteren Forschung verbreitete Unterscheidung in „weisheitliche" und „apokalyptische" Makarismen ist also zu schematisch, um der Gestaltung und Verwendung von Makarismen in der frühjüdischen Literatur gerecht zu werden. Auch für das Verständnis der Makarismen Jesu ist sie unbrauchbar. Gerade die Verbindung von weisheitlichen Sprachmustern, eschatologischer Orientierung und Toraparänese ist kennzeichnend für den „Sitz im Leben" der Makarismen im Frühjudentum wie im Neuen Testament. Die Vielfalt der Formen des Makarismus in der frühen rabbinischen Überlieferung (bis hin zu anti-

---

bei Matthäus: G. J. Brooke, The Wisdom of Matthew's Beatitudes (4QBeat and Mt. 5:3-12), ScrB 19, 1989, 35-41; É. Puech, 4Q525 et les Péricopes des Béatitudes en Ben Sira et Matthieu, RB 98, 1991, 80-106 (= engl. ders., The Collection of Beatitudes in Hebrew and in Greek [4Q525 1-4 and Mt 5,3-12], in: Early Christianity in Context. Monuments and Documents. FS E. Testa, hg. von F. Manns u. a., SBF.CMa 38, Jerusalem 1993, 353-368.

28 Z. 4: „sein Herz nach ihren Wegen ausrichtet", Z. 5: „sie nicht verläßt angesichts einer Bedrängnis, zur Zeit einer Notlage sie nicht verläßt", Z. 6: „und in Demut seiner Seele [sie] nicht verwirft, sondern regelmäßig in ihr studiert und in seiner Not spricht".

29 Z. 8f: „und es wird vervollkommnen sein Herz Got[t] ... setzt eine Krone ihm aufs Haupt und mit Königen läßt sie ihn sitz[en]".

thetischen Reihen![30]) bestätigt diesen Befund.[31] Ebenso wenig lässt sich hinsichtlich der Belege für Makarismen in der frühjüdischen Überlieferung ein Unterschied zwischen der Diaspora und dem Land Israel feststellen.

III. Seligpreisungen als Ausdruck der Verkündigung Jesu

a) Makarismen in der Jesus-Überlieferung

Mit der biblischen und frühjüdischen Überlieferung von Makarismen ist der Ursprungs- und zugleich auch der Rezeptionshorizont der Makarismen Jesu in den Blick gekommen. In einem vergleichbaren Milieu frühjüdischer Schriftauslegung und Toraparänese war offenkundig auch Jesus beheimatet. Im Munde Jesu begegnen Makarismen abgesehen von dem Überlieferungszusammenhang der Bergpredigt bzw. Feldrede noch in weiteren Schichten, Gattungen und Kontexten der Jesus-Überlieferung. Bevor wir die in der Bergpredigt / Feldrede überlieferten Makarismen als Zeugnisse des Wirkens Jesu in Betracht ziehen, wollen wir uns zunächst einen Überblick über die Bedeutung von Makarismen in der Jesus-Überlieferung insgesamt verschaffen.

Besonderes Gewicht im Rahmen der Q-Überlieferung kommt dem Makarismus in Lk 7,23 / Mt 11,6 zu. Als Abschluss des Jesus-Wortes im Rahmen eines Apophthegmas bringt er eine zusammenfassende Bewertung des Wirkens Jesu in Tat und Wort zum Ausdruck, das zur Stellungnahme ihm gegenüber herausfordert. Gegenüber einer schematischen Aufteilung von Wortverkündigung und Tatüberlieferung Jesu auf unterschiedliche Überlieferungsschichten und „Sitze im Leben" belegt gerade diese Perikope im Zusammenhang der Q-Überlieferung die ursprüngliche Zusammengehörigkeit von Reich-Gottes-Verkündigung

---

30 Vgl. 2Hen 52.

31 Vgl. dazu Hengel, Bergpredigt (s. Anm. 16), 332-341; Texte bei P. Fiebig, Jesu Bergpredigt. Rabbinische Texte zum Verständnis der Bergpredigt, ins Deutsche übersetzt, in ihren Ursprachen dargeboten und mit Erläuterungen und Lesarten versehen, FRLANT 37, Göttingen 1924, 1-20.

und Heilungswirken Jesu.[32] Das Fehlen explizit messianischer Prädikate in der Frage der Täuferjünger ebenso wie der von seiner Person ablenkende und auf sein Wirken hinweisende Charakter der Antwort Jesu deuten darüber hinaus auf Ursprünglichkeit der Überlieferung.[33] Die Spannung zwischen der Frage nach der Person Jesu und seiner Antwort mit Blick auf sein Wirken spricht ebenfalls eher für als gegen ihre Authentizität.[34] Auch dürfte der Makarismus von Anfang an zum Apophthegma hinzugehört haben, da erst durch ihn auch die an Jesus gestellte Frage nach seiner Person eine Antwort erhält, wenngleich keine im Sinn einer messianischen Titulatur.[35] Damit erhält der Makarismus die Funktion des Zuspruchs eines endzeitlich-zukünftigen Gutes an diejenigen, die Jesus in seinem gegenwärtigen Wirken begegnen, aufgrund ihrer jetzt eingenommenen Haltung zu ihm.[36]

Während in der Perikope von der Täuferanfrage die innere Spannung von Gegenwart und Zukunft der Heilszusage im Wirken Jesu noch lediglich implizit auszumachen war, wird sie in dem ebenfalls der Q-Überlieferung zuzurechnenden Makarismus Lk 10,23 / Mt 13,16 ausdrücklich thematisiert: μακάριοι οἱ ὀφθαλμοὶ οἱ βλέποντες ἃ βλέπετε /

---

32 Dieser Zusammenhang tritt in der jüngeren Jesusforschung stärker hervor, als in der älteren „neuen Frage" nach Jesus, für die oft eine recht schematische Trennung von Wortverkündigung und Tatüberlieferung typisch war. Vgl. dazu zuletzt C. Niemand, Jesus und sein Weg zum Kreuz. Ein historisch-rekonstruktives und theologisches Modellbild, Stuttgart 2007, 19-67; zur Bedeutung des Tatwirkens Jesu für sein Selbstverständnis vgl. auch J. D. G. Dunn, Jesus Remembered, Grand Rapids / Cambridge 2003, 667-696.

33 Vgl. zu der ganzen Perikope Lk 7,18-23 / Mt 11,2-6 K.-W. Niebuhr, Die Werke des eschatologischen Freudenboten (4Q521 und die Jesusüberlieferung), in: C. M. Tuckett (Hg.), The Scriptures in the Gospels, BEThL 131, Leuven 1997, 637-646: 640f, sowie Dunn, Jesus Remembered (s. Anm. 32), 447-450.

34 Vgl. die vorsichtige, differenzierende Beurteilung bei Luz, Mt (s. Anm. 7) 2, 165f.

35 Anders F. Bovon, Das Evangelium nach Lukas (Lk 1,1-9,50), EKK III/1, Zürich / Neukirchen-Vluyn 1989, 370. Das ἐν ἐμοί kann jedoch kaum als „explizite Christologie" angesehen werden.

36 G. Strecker, Art. μακάριος, EWNT 2, 1981, 925-932, 929: „Das künftige Heil wird denen zuteil, die sich dem Anspruch Jesu nicht verschließen." Vgl. auch M. Hüneburg, Jesus als Wundertäter in der Logienquelle. Ein Beitrag zur Christologie von Q, AzBG 4, Leipzig 2001, 80: „Das Ärgernis besteht ja gerade in dem unerhörten Anspruch, daß Jesu Taten als bereits gegenwärtige eschatologische Heilsereignisse verstanden werden sollen. Wenn das μακάριος nur denen gilt, die daran keinen Anstoß nehmen, entscheidet also die Stellung zur Person Jesu über die Teilhabe am eschatologischen Heil."

ὅτι βλέπουσιν. Er gehörte wohl ursprünglich mit dem folgenden Logion Lk 10,24 / Mt 13,17 zusammen und kann in seinem lukanischen Wortlaut der authentischen Jesus-Überlieferung zugerechnet werden.[37] Isoliert vom Zusammenhang mit weiteren Überlieferungen und Ausdrucksformen des Wirkens Jesu wirkt das Spruchpaar recht abstrakt.[38] Ein ursprünglicher Zusammenhang mit der Aussendungsüberlieferung, wie ihn Lukas wohl schon in der Q-Überlieferung vorgefunden hat, ist allerdings keineswegs zwingend, noch weniger wahrscheinlich ein solcher mit der Gleichnisüberlieferung nach Mk 4,1-9, wie ihn Matthäus hergestellt hat.[39] Eher bietet sich ein solcher mit Überlieferungen an, die das Tun Jesu und seine Reich-Gottes-Verkündigung miteinander verknüpfen und in beidem einen Ausdruck der endzeitlich-heilvollen Gegenwart Gottes sehen, wie sie in Jesu Wirken erfahrbar wird.[40] Neben der gerade besprochenen Perikope von der Täuferanfrage sind das insbesondere Logien wie Lk 11,20 / Mt 12,28 (Exorzismen Jesu und Gegenwart der βασιλεία τοῦ θεοῦ), Lk 10,18 (Satanssturz), Lk 16,16 (Stürmerspruch), aber auch Überlieferungen wie Mk 2,1-10 (Heilung des Gelähmten und Vergebung der Sünden), 2,18f (Fastenfrage) und Mk 3,22-27 (Beelzebul-Perikope). In ihnen wird deutlich, dass Jesu Wirken in Wort und Tat Ausdruck seines exklusiv-eschatologischen Selbstanspruchs als Repräsentant Gottes ist.[41]

Ganz auf die Endzeitverkündigung Jesu ausgerichtet sind die Makarismen, die in die Überlieferung des Gleichnisses vom guten und vom bösen Knecht bzw. Haushalter eingearbeitet sind (Lk 12,41-46 / Mt 24,45-51, vgl. Lk 12,37f). Sie lassen sich aus ihrem narrativen Kontext nicht herauslösen, sind also als Teiltexte nur im Zusammenhang der

---

37 Mit Luz, Mt 2, 302; vgl. auch Dunn, Jesus Remembered (s. Anm. 32), 439f.

38 Vgl. das unpersönliche οἱ βλέποντες ἃ βλέπετε bzw. ἰδεῖν ἃ ὑμεῖς βλέπετε ... ἀκοῦσαι ἃ ἀκούετε in der ursprünglichen, lukanischen Fassung.

39 Matthäus mag ihn anhand des folgenden Logions aus der Q-Überlieferung *ad vocem* ἀκοῦσαι hergestellt haben, nach dem er dann auch den Makarismus erweitert hätte, vgl. Lk 10,24b: καὶ ἀκοῦσαι ἃ ἀκούετε καὶ οὐκ ἤκουσαν.

40 Vgl. Hüneburg, Jesus als Wundertäter (s. Anm. 36), 176f: „Der Makarismus mit seiner Ansage endzeitlichen Heiles an die Jünger bezieht sich auf deren Erleben der Wirksamkeit Jesu in Wort und Wunder ... Das von Gott her erwartete eschatologische Heil wird präsent in dem Wunder und Verkündigung miteinander verbindenden Wirken Jesu.“

41 Vgl. dazu Näheres bei Niebuhr, Heilungen und Exorzismen (s. Anm. 5), 101-109.

Gleichnisse zu interpretieren und auch hinsichtlich ihrer Zuweisung zur Verkündigung Jesu nur im Zusammenhang mit ihnen zu beurteilen. Hierin haben sie primär paränetische Funktion, indem sie den Gedanken der Wachsamkeit angesichts des bevorstehenden Kommens des Weltenrichters, das Jesus ankündigt, einschärfen. Lk 12,37a.38 ist ein sorgfältig formulierter, chiastisch gebauter Doppel-Makarismus,[42] der auf das kurze Gleichnis von der Rückkehr eines Herrn von der Hochzeit (Lk 12,36) folgt. Motivische Verbindungen lassen sich zu Mt 25,1-13 herstellen, aber ebenso zu Lk 13,25. Beide Gleichnisse stehen in semantischem Zusammenhang mit weiteren Wachsamkeitsgleichnissen bzw. -texten,[43] die die Breite der Überlieferung im frühen Christentum belegen.[44] Ist schon die Zuweisung der vorlukanischen bzw. vormatthäischen Traditionen zu bestimmten Überlieferungsschichten hier schwierig, so scheitert sie hinsichtlich der Makarismen in diesem Überlieferungszusammenhang gänzlich.

Im lukanischen Sondergut finden sich noch mehrere weitere Makarismen. Einer schließt die Paränese zu Fragen der Tischgemeinschaft ab (Lk 14,14) und leitet über zum Gleichnis vom Gastmahl, das wiederum durch einen Makarismus eines der Tischgäste eingeleitet wird (14,15). Beide Makarismen können für sich stehen und dürften vorlukanisch-traditionell sein.[45] Je für sich betrachtet haben sie den Charakter eines in der Gewissheit der Zukunftserwartung begründeten Zuspruchs für die Gegenwart der Adressaten. Semantisch führt der erste in den Zusammenhang der Zuwendung Jesu zu den Bedürftigen, der zweite in den der Tischgemeinschaften Jesu als sichtbarem Ausdruck seines Wirkens. Im lukanischen Kontext sind beide Makarismen endzeitlich ausgerichtet und haben primär paränetische Funktion.

In die Passionsüberlieferung eingebaut findet sich allein bei Lukas noch ein Makarismus Jesu, der als Gerichtsankündigung formuliert ist

---

42 Zur Struktur vgl. Bovon, Lk (s. Anm. 35) 2, 320f.

43 Vgl. neben den synoptischen Parallelen (Mk 13,34-36parr) noch 1Thess 5,1-11; 2Petr 3,10; Offb 3,3, dazu T. Holtz, Der erste Brief an die Thessalonicher, EKK XIII, Zürich u. a. / Neukirchen-Vluyn 1986, 212-215.

44 Sie reicht bis in das Thomasevangelium und die Didache, vgl. EvThom 21; Did 16,1.

45 Vgl. zur Begründung Bovon, Lk 2, 486.504-507.

(Lk 23,29).[46] Er steht semantisch (wohl nicht traditionsgeschichtlich) in Verbindung sowohl mit dem Makarismus der namenlosen Frau aus der Menge über die Mutter Jesu in 11,27f als auch mit dem Weheruf Jesu über die Schwangeren und Säugenden in 21,23.[47] Hier spiegelt sich wohl zumindest eine Nachwirkung der Verwendung von Makarismen und Weherufen in der Endzeitverkündigung Jesu wider.

Zum Sondergut des Matthäus gehört der Makarismus über Simon Petrus in Mt 16,17, der freilich traditionsgeschichtlich nicht weiter in die Vorgeschichte des Matthäusevangeliums hinein zurückverfolgt werden kann.[48] Lediglich im Markus-Stoff scheinen Makarismen Jesu keinen Niederschlag gefunden zu haben. Von Mk 3,31-35 (Mutter und Brüder Jesu) lassen sich zwar Verbindungen zu Lk 11,27f (Seligpreisung der Mutter Jesu) herstellen. Das jeweils die Apophthegmen abschließende Jesus-Wort hat jedenfalls klare semantische Bezüge dazu,[49] wenngleich es bei Markus und in den Parallelen zu Mk 3,35 nicht als Makarismus formuliert ist. Der Makarismus Jesu in Lk 11,28 wäre also eher dem lukanischen Sondergut zuzuordnen.[50]

Die Seligpreisungen der Bergpredigt / Feldrede, auf die wir in unserem Überblick über die Seligpreisungen im Rahmen der Jesus-Überlieferung abschließend kurz blicken wollen, bilden also insgesamt lediglich eine Teilmenge innerhalb der Makarismen Jesu. Die im Rahmen der Bergpredigt allein bei Matthäus überlieferten Makarismen Mt 5,5.7-

---

46 Nach Kähler, Makarismen (s. Anm. 2), 203f, „ein ironisch gebrauchter Makarismus ... Der Text ist demnach als prophetische Unheilsdrohung zu werten, dem der Makarismus und das koordinierte Hoseazitat Farbe geben."

47 Vgl. bes. Lk 23,29: αἱ στεῖραι καὶ αἱ κοιλίαι ... καὶ μαστοί, mit Lk 11,27f: ἡ κοιλία ... καὶ μαστοὶ οὓς ἐθήλασας, und Lk 21,23: ταῖς ἐν γαστρὶ ἐχούσαις καὶ ταῖς θηλαζούσαις.

48 Vgl. dazu C. Kähler, Zur Form- und Traditionsgeschichte von Matth. XVI. 17-19, NTS 23, 1977, 36-58; Luz, Mt 2, 454, vermutet unter Hinweis auf „Matthäismen" und „Anklänge an 11,25-27", „daß Matthäus selbst der Autor von V 17 ist".

49 Vgl. bes. Lk 8,21: οἱ τὸν λόγον τοῦ θεοῦ ἀκούοντες καὶ ποιοῦντες, mit Lk 11,28: οἱ ἀκούοντες τὸν λόγον τοῦ θεοῦ καὶ φυλάσσοντες.

50 Bovon, Lk 2, 184f, vermutet zu den Versen Lk 11,27f: „Sie stehen der Perikope über die wahre Familie (8,19-21) nahe, bilden aber keine eigentliche Dublette dazu ... Ich bin eher der Meinung, daß der Evangelist ein traditionelles Apophthegma oder zumindest eine traditionelle Seligpreisung (die der anonymen Frau in V 27, welche das einzige traditionelle Element sein könnte) seinem Stil anpaßt."

10 können zum matthäischen Sondergut gerechnet werden.[51] Damit ist freilich über ihren Ursprung noch nichts gesagt, ebenso wenig mit dem Hinweis, sie seien sprachlich stark alttestamentlich geprägt.[52] Der Grad der redaktionellen Bearbeitung der vormatthäischen Makarismen wird unterschiedlich beurteilt.[53] Ihr Ursprung bei Jesus wird meist nicht einmal erwogen. Lässt sich aber für die Seligpreisung der Verfolgten aufgrund ihrer semantischen und textpragmatischen Nähe zu dem entsprechenden Makarismus der Q-Überlieferung in der Tat ein ähnlicher, nämlich nachösterlicher Ursprung annehmen, so wäre bei den verbleibenden Makarismen eine Zuweisung zur Jesus-Verkündigung m. E. ernsthaft zu prüfen.

Der oft gesehene Bezug der zweiten Seligpreisung zu Jes 61,1f[54] bekommt in diesem Zusammenhang zusätzlich Gewicht, wenn zum einen die Querverbindungen zwischen den verschiedenen Makarismen in der Jesus-Überlieferung gewürdigt werden, zum anderen der kreative Umgang mit Aussagen der Schrift im Frühjudentum[55] auch im Blick auf Jesus selbst als möglich erachtet wird.[56] Dass eine paränetische Aus-

---

51 Zur Begründung vgl. Luz, Mt 1, 270f.

52 Luz, Mt 1, 270.

53 Vgl. einerseits Luz, Mt 1, 270: „Sprachlich läßt sich nur V 10 als redaktionell erweisen.“, andererseits etwa Petersen, Eigenart (s. Anm. 7), 147-152, der die nicht aus Q stammenden Makarismen weitestgehend für redaktionell hält; ähnlich Zeilinger, Zwischen Himmel und Erde (s. Anm. 7), 35f. Zur Diskussion vgl. auch Broer, Seligpreisungen (s. Anm. 16), 53-63.

54 Vgl. z. B. Broer, Seligpreisungen (s. Anm. 16), 64-67; Hengel, Bergpredigt (s. Anm. 16), 351-353.

55 Vgl. dazu Niebuhr, Werke des eschatologischen Freudenboten (s. Anm. 33), 637-639.641-645; derselbe, 4Q 521,2 II – ein eschatologischer Psalm, in: Mogilany 1995. Papers on the Dead Sea Scrolls offered in memory of Aleksy Klawek, Qumranica Mogilanensia 15, hg. von Z. J. Kapera, Kraków 1998, 151-168; derselbe, Bezüge auf die Schrift in einigen „neuen“ Qumran-Texten, Theologische Fakultät Leipzig, Forschungsstelle Judentum, Mitteilungen und Beiträge 8, 1994, 37-54.

56 Nach Broer, Seligpreisungen (s. Anm. 16), 65, sei „die Frage, ob Jesus sich im Sinne des endzeitlichen Freudenboten des Propheten Trito-Jesaja verstand, ... von der Frage, ob dieser Text die Makarismen auf ihrer ältesten Traditionsstufe beeinflußt hat, deutlich zu trennen“. Aber sind beide für das Verständnis Jesu durchaus zentralen Fragen durch ihre (im Blick auf die Jesus-Überlieferung in den Evangelien jedenfalls künstliche) Trennung voneinander schon ausreichend beantwortet? Dass Jesus selbst sein Wirken im Licht von prophetischen Verheißungen wie denen von Jes 61,1f verstehen konnte, nimmt dagegen unter Verweis auf die erste Seligpreisung etwa auch Dunn, Jesus Remembered (s. Anm. 32), 516f, an.

richtung der Makarismen geradezu automatisch dazu führen müsste, sie Jesus abzusprechen, ist angesichts der eindeutig paränetisch ausgerichteten Intention anderer Teile der Jesus-Überlieferung wie z. B. der sogenannten weisheitlichen Mahnworte im Kontext frühjüdischer Toraparänese[57] wenig überzeugend, zumal wenigstens zwei der vier verbliebenen Makarismen des matthäischen Sondergutes (οἱ πραεῖς, οἱ καθαροὶ τῇ καρδίᾳ) eher Lebenshaltungen als Verhaltensweisen oder gar Handlungen bezeichnen. Es entspricht durchaus der Grundrichtung der Verkündigung Jesu, wenn sein Zuspruch der Gegenwart des Heils solchen gilt, die sich in ihrer Lebenshaltung ganz auf den Willen des Vaters im Himmel ausrichten, wofür insgesamt die stark durch biblische Sprache geprägten Prädikate der vier Makarismen des matthäischen Sondergutes stehen.[58]

Weitgehend Konsens besteht dagegen darüber, dass die drei ersten Makarismen (Lk 6,20b.21 / Mt 5,3.6) sowie der letzte (Lk 6,22f / Mt 5,11f) der Q-Überlieferung zugewiesen werden können, beide Überlieferungen hinsichtlich ihres Ursprungs aber unabhängig voneinander zu beurteilen sind. Während die letzte Seligpreisung aus sachlichen und formalen Gründen in der Regel der nachösterlichen Gemeinde zugewiesen wird,[59] nimmt man für die drei ersten Makarismen (nach Q) in aller Regel den Ursprung bei Jesus an.[60]

Damit verbleiben die Seligpreisungen der Armen, Hungernden und Weinenden als Grundbestand einer Makarismenreihe im Munde Jesu.

---

57 Vgl. dazu K.-W. Niebuhr, Jesus als Lehrer der Gottesherrschaft und die Weisheit. Eine Problemskizze, ZPT (EvErz) 53, 2001, 116-125: 122f.

58 Vgl. nur Mt 5,5 mit Ψ 36,11: οἱ δὲ πραεῖς κληρονομήσουσιν γῆν, Mt 5,7 mit Spr 17,5c: ὁ δὲ ἐπισπλαγχνιζόμενος ἐλεηθήσεται, Mt 5,8 mit Ψ 23,4: καθαρὸς τῇ καρδίᾳ, 50,12: καρδίαν καθαρὰν κτίσον ἐν ἐμοί ὁ θεός, Mt 5,9 mit Jes 61,3: κληθήσονται γενεαὶ δικαιοσύνης.

59 Nach Bovon, Lk 1, 295, geht freilich auch sie, „die jedoch zunächst gesondert tradiert wurde", auf Jesus zurück.

60 So etwa auch Luz, Mt 1, 271-273. Die bei Lukas an die Seligpreisungen angeschlossenen Weherufe, die in der Regel als traditionsgeschichtlich sekundär oder gar lukanisch-redaktionell beurteilt werden (vgl. nur Bovon, Lk 1, 295-298), müssen hier außer Betracht bleiben, wenngleich der sich darin niederschlagende Zusammenhang der Makarismen mit der Gerichtsverkündigung Jesu einer näheren Untersuchung wert wäre. Immerhin ließen sich in vergleichbarer Weise wie für die Seligpreisungen auch für die Weherufe durchaus Beziehungen zum Jakobusbrief herstellen, vgl. nur Jak 4,13-5,6.

Ihre Besonderheit besteht in der Spannung zwischen dem semantischen Gehalt des Wortes μακάριος und den Charakterisierungen der so Seliggepriesenen durch Mangel- bzw. Negativerfahrungen (οἱ πτωχοί, οἱ πεινῶντες, οἱ κλαίοντες), ihr „paradoxe(r) Charakter".[61] Im Sprechakt des Zuspruchs durch Jesus ereignet sich an ihnen bereits in der Gegenwart die von der Zukunft erwartete Umkehrung ihrer Erfahrungen ins Heilvolle.[62] Damit sind auch die Makarismen Ausdruck des endzeitlich gefüllten Anspruchs Jesu als Repräsentant Gottes in seinem Wirken an den Menschen, die ihm begegnen.

b) Makarismen als für Jesus charakteristische Redeform

Makarismen finden sich somit in jeder Hinsicht breit gestreut in der Jesus-Überlieferung. Allein schon das Kriterium der mehrfachen Bezeugung lässt sie als zentralen Bestandteil der Verkündigung Jesu erscheinen. Die Rezeption und produktive Fortschreibung von Makarismen auf den verschiedenen Überlieferungsstufen unterstreicht eher ihren Ursprung bei Jesus, als dass sie ihn in Frage stellen könnte.

Für die einzelnen Makarismen oder gar ihre Formulierung lässt sich freilich kaum Sicherheit hinsichtlich ihres Ursprungs bei Jesus gewinnen. Ebenso wenig lässt sich anhand der biblischen und frühjüdischen Vorgaben eine Unterscheidung in jesuanische und sekundäre Makarismen vornehmen. Die künstliche Trennung zwischen apokalyptischen und weisheitlichen Makarismen ist ebenfalls ungeeignet, um etwa matthäische oder vormatthäische von jesuanischen Makarismen zu unterscheiden. Die charakteristischen Elemente des „Traditionsgemischs", das in den Makarismen zusammenkommt, Weisheit, Tora, eschatologische Prophetie, lassen sich bei Jesus selbst ebenso wie bei Matthäus nachweisen, was natürlich nicht bedeutet, dass das jeweilige „Mischungsverhältnis" identisch sein muss. Noch weniger eignet sich freilich eine Zuordnung zur apokalyptischen oder weisheitlichen Tradition dazu, jesuanische bzw. matthäische Seligpreisungen von frühjüdischen Gestaltungsformen des Makarismus abzuheben. Vielmehr ordnen sich

---

61 Luz, Mt 1, 275.

62 Dunn, Jesus Remembered (s. Anm. 32), 412-417, stellt diese Makarismen in den Zusammenhang des für die Verkündigung Jesu charakteristischen Gedankens eines „eschatological reversal".

die Makarismen bei Matthäus (ebenso wie die antithetische Reihe bei Lukas) und die möglicherweise aus ihnen zu erschließenden Vorstufen bis hin zu Jesus ohne weiteres ein in die vielfältigen Gestaltungsmöglichkeiten frühjüdischer Seligpreisungen in biblischer Tradition. Ihre Eigenart im Munde Jesu kann nur im Kontext der biblisch-frühjüdischen Überlieferung herausgearbeitet werden, nicht im Gegenüber dazu.

Hinsichtlich der Intention und der inhaltlichen Füllung der Makarismen bei Jesus ergeben sich aus der Zusammenschau der in der Bergpredigt / Feldrede überlieferten mit den übrigen Seligpreisungen eine Reihe von weiterführenden Gesichtspunkten.

Erstens wird der Zusammenhang von Tatwirken und Wortverkündigung Jesu durch die Makarismen besonders plastisch sichtbar. Das Heilungswirken Jesu ist wie sein Zuspruch der Gottesherrschaft Ausdruck der Gegenwart Gottes bei den Menschen, die Jesus begegnen. In der Perikope von der Täuferanfrage (Lk 7,18-23 / Mt 11,2-6) spiegelt der textliche Zusammenhang, formal gebildet aus einem Apophthegma und einem Makarismus, diesen sachlichen Zusammenhang wider. Beide Teile der Texteinheit ergeben erst zusammengenommen den Sinn, der für das Wirken Jesu entscheidend ist. Je für sich betrachtet wäre das Logion keine Antwort auf die im Apophthegma gestellte Frage und der Makarismus ohne Anlass und damit ohne Pointe. Der traditions- bzw. literargeschichtliche Befund entspricht dem geschichtlichen: Im Wirken Jesu als Heiler liegt der Anstoß, der die ihm Begegnenden zur Stellungnahme gegenüber seiner Verkündigung und seinem Selbstanspruch zwingt. Noch deutlicher ist die Angewiesenheit der Makarismen auf den Deutungshorizont des Tatwirkens Jesu beim Makarismus der Sehenden (Lk 10,23 / Mt 13,16), der schon mit dem zentralen Stichwort οἱ βλέποντες einen impliziten Verweis auf das zu Sehende gibt, das Wirken Jesu in Wort und Tat, das aus seinem Anspruch als endzeitlicher Repräsentant Gottes herrührt.

Zweitens ergibt sich aus der Gesamtheit der Makarismen Jesu noch stärker als lediglich aus den in der Bergpredigt / Feldrede überlieferten die endzeitliche Verwurzelung und Ausrichtung der Verkündigung Jesu. Die eben herangezogene Seligpreisung der Sehenden ist ganz von dem Gedanken der Erfüllung endzeitlicher Verheißungen der Schrift bestimmt, der im folgenden Logion auch explizit ausgesprochen wird.[63] Das Vermeiden explizit messianischer Prädikate deutet auch hier (wie bei der Perikope von der Täuferanfrage) auf den Ursprung der Überlieferung bei Jesus. Gestützt wird diese eschatologische Ausrichtung der Verkündigung und des Wirkens Jesu durch die Makarismen im Zusammenhang mit den Wachsamkeitsgleichnissen (Lk 12,43 / Mt 24,46; Lk 12,37f). Aber auch die Makarismen zur Tischgemeinschaft bei Lukas (Lk 14,14f) lassen semantisch und traditionsgeschichtlich deutlich eschatologische Konnotationen erkennen.

Drittens spiegeln die Makarismen die Bedeutung der Zuwendung Jesu zu den Schwachen, Bedürftigen und „Randsiedlern" der Gesellschaft wider, die zu den charakteristischen Ausdrucksformen seines Wirkens und des mit ihm verbundenen endzeitlichen Selbstanspruchs gehörte. Nicht allein in den Makarismen zur Tischgemeinschaft, sondern besonders in denjenigen, die sich auf Mangel- und Negativerfahrungen richten (Lk 6,20b.21 / Mt 5,3.6), kommt diese Zuwendung Jesu zur Sprache, ein besonders sprechendes Beispiel für die Einheit von Wort und Tat auch im Wirken Jesu selbst.

Viertens ist mit den Makarismen ein paränetisches Anliegen verbunden, das nicht erst in die Rezeptionsgeschichte der Seligpreisungen Jesu gehört, sondern ihnen schon bei Jesus selbst innewohnt. Wenn die Grundintention des Makarismus im Zuspruch heilvollen Lebens an Menschen besteht, die Mangel leiden und Not erfahren, dann kann es sich dabei nicht lediglich um ein noetisches Geschehen handeln. Leben ist an Lebensvollzug gebunden, wenn es nicht ein Wort bleiben soll. Lebensvollzug besteht in Empfangen und Verschenken, in Handeln und Erleiden, in Zweifeln und Hoffen, in Hören und Sehen. Alle diese Elemente menschlichen Lebensvollzugs (und manche mehr) umschreiben eine Lebenshaltung des Menschen, auf die sich die Makarismen Jesu umfassend richten. Mangel- und Negativerfahrungen wie diejenigen in den drei Makarismen der Q-Überlieferung aus der Bergpredigt (Lk 6,20b.21) sind dadurch ebenso erfasst wie die Erfahrung und Wahrnehmung heilsamen Handelns Jesu an hilfs- und heilsbedürftigen Menschen, denen er begegnet (vgl. Lk 7,18-23 / Mt 11,2-6). Die Zuwendung

---

63 Lk 10,24: πολλοὶ προφῆται καὶ βασιλεῖς ἠθέλησαν ἰδεῖν ἃ ὑμεῖς βλέπετε.

Jesu zu Bedürftigen und Mangelleidenden durch sein Heilen, in ihrer Einbeziehung in die Tischgemeinschaft, im Zuspruch erfüllten Lebens an sie kreiert das Modell einer Lebenshaltung, das für die Empfangenden solcher Zuwendung prägend wird. Eine Unterscheidung von Zuspruch und Ermahnung verfehlt die Intention, ja, die performative Funktion der Makarismen Jesu, wie sie in der Makarismenreihe der Bergpredigt, und zwar unter Einschluss der Makarismen des matthäischen Sondergutes (Mt 5,5.7-9), exemplarisch zum Ausdruck kommt. In der Fluchtlinie dieser Intention Jesu liegen auch die Makarismen, die von der Reziprozität menschlichen Handelns und göttlicher Vergeltung geprägt sind (Lk 11,27; 14,14).[64]

Fünftens erweist sich für die Makarismen die Bindung an die Person und das Wirken Jesu als endzeitlicher Repräsentant Gottes als konstitutiv. Die endzeitliche Ausrichtung der Seligpreisungen Jesu dient nicht allein der Unterstreichung ihrer paränetischen Intention. Vielmehr hat sie vor allem die Aufgabe, auf Jesus selbst als Urheber und Mittler der Erfahrung gegenwärtigen Heils zu verweisen. Das Sehen Jesu öffnet die Augen für die endzeitliche Gegenwart Gottes bei seinem Volk (Lk 10,23f / Mt 13,16f). Die Begegnung mit Jesus führt in die Entscheidung für oder gegen seinen Selbstanspruch als Repräsentant Gottes (Lk 7,23 / Mt 11,6). Der Ruf Jesu in die Gottesherrschaft weckt Aufmerksamkeit für den Anbruch der endzeitlichen Ankunft des Weltenrichters (Lk 12,43 / Mt 24,46; Lk 12,37f). Im Horizont der Entscheidung für Jesus als endzeitlichen Repräsentanten Gottes sind auch diejenigen Makarismen zu verstehen, die Erfahrungen von Verfolgung auf Grund solcher Entscheidung thematisieren (Mt 5,10; Lk 6,22f).

---

[64] Hellholm, Beatitudes (s. Anm. 16), 335-337, spricht sich mit Blick auf Jesus dezidiert für ein deklarativ / performatives Verständnis der Makarismen und gegen jede direktiv / präskriptive Funktion aus. Der Zusammenhang der Makarismen mit weiteren Ausdrucksformen des Wirkens Jesu, wie er hier aufgewiesen worden ist, müsste m. E. zur Modifikation einer solchen einseitigen Interpretation führen.

IV. Die Makarismen und das Menschenbild Jesu

Mit Blick auf das Menschenbild Jesu, das sich aus seinem Wirken ablesen lässt, wird in der Exegese, wenn überhaupt, dann allein der Weg über die Rekonstruktion der vorliterarischen, im Wesentlichen vorsynoptischen Jesus-Überlieferung begangen. Außersynoptische Zeugnisse bleiben dabei weitgehend unbeachtet. In der Regel wird freilich ohnehin allenfalls versucht, Konturen der Verkündigung Jesu von der Gottesherrschaft zu rekonstruieren, sein Verhältnis zur Tora näher zu bestimmen, darüber hinaus vielleicht noch sein Wirken als Heiler in Betracht zu ziehen und seinen Weg ans Kreuz geschichtlich nachvollziehbar zu erfassen. Gezielt nach Konturen eines Menschenbildes Jesu wird dabei kaum gefragt. Dabei sind die methodischen Schwierigkeiten und Möglichkeiten für eine solche Rückfrage im Prinzip die gleichen wie bei den eben genannten Sachkomplexen des Wirkens Jesu.

Die Makarismen in der Jesus-Überlieferung bieten m. E. einen besonders geeigneten Zugang zum Menschenbild Jesu. Freilich kann sich die Erfassung eines solchen Menschenbildes Jesu nicht auf die Rekonstruktion einzelner Jesus-Worte in ihrem Wortlaut oder auch nur der so genannten *ipsissima vox* Jesu stützen. Dieser Weg hat sich im übrigen auch hinsichtlich der weiteren oben genannten Elemente des Wirkens Jesu als nicht besonders zielführend erwiesen. Vielmehr gilt es, in den Makarismen Grundzüge und Strukturkomponenten wieder zu erkennen, die sich in ein Gesamtbild von Jesu Wirken, Weg und Geschick einordnen lassen und darüber hinaus in der Perspektive des Osterbekenntnisses auch als Basis und Maßstab einer Theologie des Neuen Testaments zugrunde gelegt werden können.[65]

Im Rahmen eines solchen Zugangs sollen abschließend einige Grundzüge und Konturen des Menschenbildes Jesu skizziert werden, die sich aus den Makarismen ableiten lassen. In ihnen kann ein Grundimpuls entdeckt werden, der vom Wirken Jesu her bis in die verschiedenen Konzeptionen neutestamentlicher Anthropologie hinein wahrnehmbar ist.

---

[65] Vgl. zu diesem Ansatz der Rekonstruktion des Wirkens Jesu Niebuhr, Heilungen und Exorzismen (s. Anm. 5), 110-112; derselbe, Jesu Wirken, Weg und Geschick (s. Anm. 5), 16-19.

Die Menschen, denen von Jesus Heil zugesprochen wird, erscheinen offenbar als heils- und hilfsbedürftig. Dass Jesus sich besonders solchen Menschen zuwendet, entspricht seiner Grundhaltung der Proexistenz, die besonders plastisch in dem Wort vom Arzt zum Ausdruck kommt (Mk 2,17parr; vgl. auch Lk 4,23!). Das Menschenbild Jesu ist somit zunächst einmal ein Bild von Menschen voller Mangelerscheinungen, gezeichnet von Hunger, Durst, Krankheit, Trauer, Tod, aber auch Ausgestoßensein aus der Gemeinschaft, Verzweiflung, Scheitern an den eigenen Aufgaben und an denen, die Gott ihnen stellt. Die Besonderheit der Makarismen Jesu, auch im Kontext der biblischen und frühjüdischen Überlieferung, ist ihr paradoxer Charakter: Der Heilsruf ereilt gerade diejenigen, die Unheilserfahrungen ausgesetzt sind. So wird durch Jesu Zuspruch menschliches Unheil in Heil gewendet. Es ist deutlich, dass diesem in den Makarismen Jesu zum Ausdruck kommenden Aspekt seiner Wortverkündigung besonders sein Wirken als Heiler von Kranken, aber etwa auch die Überlieferungen von den Tischgemeinschaften Jesu, zu denen er gerade die „Randsiedler" der Gesellschaft, Zöllner, Sünder, Huren, einlädt, entsprechen.

Gerade von solchen Querverbindungen mit anderen Elementen des Wirkens Jesu her wird deutlich, dass es die heilsame Begegnung mit Jesus ist, durch die Menschen Heilung, Stärkung, Sättigung, Trost erfahren. Es geht nicht um abstrakte Heilsgüter oder um „Lebensqualität", die anhand der Seligpreisungen Jesu exemplarisch illustriert, oder gar um Programme gelingenden Lebens, die aus ihnen abgeleitet werden sollen. Vielmehr erfahren Menschen in der personalen Begegnung mit Jesus Wendung von Unheil und Mangel in Heilung und Fülle. Der Sprecher der Makarismen ist für die Realisierung der in ihnen zugesprochenen Heilsgüter im Leben der Seliggepriesenen von entscheidender Bedeutung. Denn er begegnet den Menschen in ihrer Not und Bedürftigkeit als Repräsentant des endzeitlich heilsam an ihnen handelnden Gottes Israels. Die Makarismen Jesu haben insofern deklarative und performative Funktion.[66]

Damit erscheinen die Menschen, denen Jesus begegnet, im Licht der biblischen Aussagen über den Menschen. Jesu Menschenbild ist ein

---

[66] Vgl. dazu Hellholm, Beatitudes (s. Anm. 16), 330-340.

biblisches Menschenbild. Der Realismus dieses Menschenbildes liegt darin, dass die Hilfsbedürftigkeit und Mangelhaftigkeit der Menschen nicht verschwiegen, sondern in den Horizont ihrer endzeitlichen Erlösung und Vollendung durch Gott gestellt wird. Jesus selbst ist derjenige, in dessen Wirken diese endzeitliche Erlösung und Vollendung der Menschen durch Gott erfahrbar gegenwärtig wird. Zugleich wird damit aber auch die Lebensführung der Menschen, ihre Haltung gegenüber Gott und Mitmenschen, die sich in ihrer Haltung Jesus gegenüber zeigt, in dieselbe endzeitliche Perspektive gerückt. Hier sind diejenigen Makarismen der Sache nach verwurzelt, die im Zusammenhang mit der Erwartung der Parusie stehen (vgl. bes. Lk 12,37f).

Somit gehört auch die Haltung der selig gepriesenen Menschen Jesus gegenüber in den Vorgang der Vergegenwärtigung von Heilserfahrungen hinein, der durch Jesu Makarismen erklärt und vollzogen wird. Besonders deutlich wird das im Makarismus über die Sehenden (Lk 10,23), der ja erst im Zusammenhang mit sichtbar wahrzunehmenden Zügen des Wirkens Jesu verständlich wird, aber ebenso im Makarismus im Anschluss an die Täuferfrage (Lk 7,23). Solches Wahrnehmen ist mehr als noetische Erkenntnis. Es birgt in sich die Zustimmung zu dem an und durch Jesus Wahrgenommen und seine Deutung als endzeitliches Erfüllungsgeschehen. Für das Menschenbild Jesu folgt daraus, dass die Menschen, denen er Heil zuspricht, als Gerufene und Antwortende erscheinen, als solche, die im Zuspruch von Heil zur Zuwendung zu Jesus und zu dem Gott Israels, den er repräsentiert, gerufen werden. Von diesem Gedanken her erscheinen m. E. auch die Makarismen an diejenigen, die um Jesu willen Verfolgung erleiden (Lk 6,22f; Mt 5,10), durchaus im Rahmen des Wirkens Jesu nachvollziehbar; zumindest können sie als den Grundzügen seines Wirkens angemessen angesehen werden. Sie führen den paradoxen Charakter der Makarismen Jesu konsequent weiter mit Bezug auf solche Menschen, deren Mangel- bzw. Noterfahrungen aus ihrer positiven Haltung Jesus gegenüber resultieren.

Damit ist aber zu dem deklarativen Aspekt der Makarismen Jesu bereits ein paränetisches Moment hinzugetreten, das nicht von vornherein als sekundäre, nachösterliche Weiterentwicklung interpretiert werden muss. Zunächst einmal bezieht sich dieses ermahnende Moment auf die Haltung Jesus gegenüber, die von denen erwartet wird, denen er in den Makarismen Heil zuspricht. Freilich ist einen solche Haltung wiederum nicht lediglich ein intellektueller, noetischer Akt. Vielmehr kann ebenso wenig wie mit Blick auf Jesus selbst mit Blick auf die Adressaten seines Wirkens Wort und Tat voneinander getrennt werden. Wenn in den Seligpreisungen der Bergpredigt nicht lediglich Zustände, sondern vielmehr Grundhaltungen von Menschen thematisiert werden, dann sollte auch hinsichtlich ihrer Zuweisung zum Wirken Jesu keine künstliche Trennung zwischen Zuspruch und Anspruch, zwischen deklarativem und präskriptivem Aspekt der Makarismen vorgenommen werden.

Eine solche Trennung würde auch dem biblischen und frühjüdischen Menschenbild widersprechen, das zentral dadurch bestimmt ist, dass Gott seinem Volk Israel souverän und barmherzig, in Zuspruch und Anspruch zugleich begegnet. Ausdruck dieser Begegnung Gottes mit seinem Volk ist das Geschehen der Erwählung, in welchem dem erwählten Volk zugleich die Tora als Gabe und Aufgabe übergeben wird. Dass auch das Wirken Jesu in wesentlichen Konturen durch ein solches Bild vom Menschen als Glied des erwählten und zum Toragehorsam gerufenen Volkes Israel geprägt ist, scheint mir eines der wichtigsten Ergebnisse der neueren Jesusforschung zu sein, das freilich noch zu wenig bei der Konzeption einer Anthropologie des Neuen Testaments Berücksichtigung gefunden hat.

Im Zuspruch der Makarismen begegnet somit zugleich der Anspruch, den Gott auf das Leben der Menschen erhebt. Die Prädikate bzw. Eigenschaften menschlichen Lebens, die bei der Charakterisierung der Seliggepriesenen oder im Zuspruch der Makarismen entfaltet werden, lassen sich als Elemente einer menschlichen Grundhaltung erfassen, die dem Willen Gottes entspricht, wie ihn Jesus in seinem Wirken zum Ausdruck bringt. Das Handeln der Menschen und ihre Haltung Gott gegenüber lassen sich im Lebensvollzug ebenso wenig auseinanderhalten wie Zuspruch und Anspruch in den Makarismen Jesu. Von hier aus lassen sich Verbindungslinien von den Makarismen Jesu zur frühjüdischen Toraparänese ziehen, für die ebenfalls die unlösbare Verknüpfung von Zuspruch und Anspruch Gottes in seiner Tora charakteristisch ist. Die traditionsgeschichtliche Verwurzelung der Gattung Makarismus in der frühjüdischen Toraparänese schlägt bis in die Verkündigung Jesu durch.

Fünf Euro für die Arbeiter im Weinberg (Mt 20,1-16) – eine Predigt

Axel Noack

Ein alt gewordener Straßenkehrmaschinenfahrer, der über 30 Jahre eine solche Maschine gefahren hatte, hat ein Problem: In DDR-Zeiten, als überall Arbeitskräftemangel herrschte, war es sehr schwer, Mitarbeiter zu finden, die den Dienst auf der Kehrmaschine zu tun bereit waren. Die gewöhnliche Arbeitszeit begann regelmäßig morgens um 2:00 Uhr.

Um dem Arbeitskräfteproblem abzuhelfen, versuchte die Betriebsleitung, Mitarbeiter dadurch zu gewinnen, dass bei Neueinstellungen die Normalarbeitszeit verkürzt und der Lohn angehoben wurden. Für diejenigen, die schon seit vielen Jahren die harte Arbeit erledigten, galt diese Regelung nicht. Sie mussten schließlich für weniger Geld länger arbeiten als die neuen Kollegen.

Kein Wunder, dass sie dieses Verfahren als ungerecht empfanden. Nun kannte der Straßenkehrmaschinenfahrer, der als Christ und ehrenamtlicher Mitarbeiter seiner Kirchengemeinde auch in seinem Betrieb bekannt war, natürlich die Geschichte von den Arbeitern im Weinberg im Matthäusevangelium. Für ihn war es – wen wird es verwundern – eine ärgerliche Geschichte. Zu sehr schien sie seine eigene berufliche Situation zu betreffen. Er gab gern zu, sich über diese Geschichte immer wieder geärgert zu haben.

Durch die Aktion der so genannten „5-Euro-Predigt“, mit der eine altmärkische Kirchengemeinde auf sich, auf die Bauprobleme ihrer Kirche, aufmerksam machen wollte, ergab sich für den Kehrmaschinenfahrer eine gute Gelegenheit.

Die Kirchengemeinde hatte – nach Rücksprache mit dem Landesbischof – bekannt gegeben, dass alle Bürger im Lande unter Hinzufügung von 5 Euro einen Predigttext aussuchen dürften, über den dann der Bischof eine Predigt am nationalen Feiertag, dem 03. Oktober, halten würde. Freilich war auch deutlich, dass unter den vielen Einsendern das Los würde entscheiden müssen. Der Straßenkehrmaschinenfahrer erfuhr von dieser Aktion durch die Zeitung und beteiligte sich sofort. Er schickte 5 Euro und wünschte sich Matthäus 20,1-16 als Predigttext.

Die Auslosung des „Gewinners“ fiel auf ihn und so wurde am 03. Oktober 2007 in Beetzendorf in Anwesenheit des Gewinners und einer großen Gemeinde eine “5-Euro-Predigt“ gehalten. Die Gemeindeglieder waren gebeten, sich selbst eine Sitzgelegenheit mit zu bringen, und so ergab sich ein buntes Bild von Stühlen aus der benachbarten Schule bis hin zu einem Liegestuhl. Die Kirche war festlich geschmückt – so weit das auf einer Baustelle möglich ist – und im Hintergrund war eine große altmärkische Kaffeetafel aufgebaut. Der Kanzelkorb war – dem Bibeltext entsprechend – mit Weinlaub umkränzt, so dass der Prediger „durch die Blume“ sprechen musste.

Hier also die Fünf-Euro-Wunschpredigt:

Liebe besondere Festgemeinde zur Wunschpredigt,
denken Sie bitte nicht, dass Pfarrerinnen und Pfarrer dies nicht öfter tun und über einen Text predigen, den sich die Hörerinnen und Hörer ausgewählt haben. Aber meistens geschieht das bei Taufen, Hochzeiten oder Beerdigungen. Da predigen wir Pfarrerinnen und Pfarrer sehr oft über Verse, die die Menschen sich selber aussuchen. Hier, in diesem besonderen Gottesdienst, ist es das erste Mal, dass ich dies an einem Feiertag tue und auch noch „durch die Blume“ predigen darf.

Das ist etwas ganz Besonderes, aber ich hoffe, Sie haben gemerkt, hier ist extra Weinlaub verwendet worden, um auf die Geschichte hinzuweisen, die heute für diesen besonderen Gottesdienst ausgesucht worden ist. Und ich muss sagen, glücklicher hätte die Wahl eigentlich gar nicht fallen können. Eine Geschichte vom Weinberg in der Woche nach dem Erntedanksonntag! Und eine Geschichte, in der es um Tarifautonomie und Mindestlöhne geht, an einem politischen Feiertag, also mit Themen, die die Gesellschaft beschäftigen!

Diese Geschichte ist sehr spannend und weckt bei den Menschen, die sie hören, verschiedene Empfindungen. Sie läuft ja genau auf das Ende zu. Am Anfang wird breit erzählt, wie der Herr losgeht und für Arbeiten in seinem Weinberg Leute einstellt. Und dann, am Ende, wo es ans Auszahlen geht, da wird es ganz besonders spannend, das interessiert die Menschen immer. Aber leider hat man meistens am Ende der Geschichte schon vergessen, wie es da am Anfang heißt: „*Das Himmelreich gleicht einem Hausherrn, der früh am Morgen ausging.*" Es ist also eine Geschichte, die das Himmelreich zum Vergleich hat. Wir reden ganz schnell von dem Gleichnis von den Arbeitern im Weinberg, aber es geht um das Himmelreich.

Wer im Evangelium des Matthäus nachliest, wird ganz viele Himmelreich-Vergleiche finden: das Himmelreich gleicht einem Senfkorn oder das Himmelreich gleicht einem Sauerteig, das Himmelreich gleicht einem verborgenen Schatz im Acker, das Himmelreich gleicht einem König, der mit seinen Knechten abrechnen wollte, wiederum gleicht das Himmelreich einem Kaufmann, und wer besonders gut in der Bibel Bescheid weiß, kennt sogar die Geschichte, die so beginnt: „*Das Himmelreich gleicht einem Netz, das ins Meer geworfen wird...*". Das kennen die Wenigsten.

Diese Himmelreichs-Vergleiche bei Matthäus spielen eine ganz wichtige Rolle. Und man ist überhaupt gefragt, womit vergleichen wir Himmelreich – vermutlich eher mit Schlaraffenland und gebratenen Tauben als mit einem Herrn, der am Morgen aufsteht und Arbeiter sucht für seinen Weingarten. Aber es wäre sicher lohnend und interessant, darüber nachzudenken, welche Bilder wir vom Himmel haben. Möglicherweise lässt sich sogar feststellen, dass unsere Zeit eine gewisse Scheu entwickelt hat, vom Himmel zu reden. Wir stehen doch mit beiden Beinen im Leben! Da legt sich der Verdacht nahe, dass gerade dann, wenn es um Arbeit und Bezahlung geht, das Himmelreich mit Vertröstung zu tun hat: Die Leute werden auf den Himmel verwiesen – hier auf Erden geht es dir schlecht, aber im Himmel wird es dir mal besser gehen – das macht „Himmelreich" verdächtig. Und in der Tat, solche missbräuchliche Rede vom Himmel hat es auch in den Kirchen immer wieder gegeben, aber dabei wollen wir es nicht belassen. Ich nenne hier eine These: Wir müssen heute in unserer Gesellschaft den Menschen vom Himmel reden, damit sie sich auf der Erde besser zurecht finden und besser orientieren können. Dem will auch unser Himmelreichgleichnis bei Matthäus dienen.

Und nun lassen Sie uns auf die Geschichte schauen, die uns da erzählt wird – mit den Arbeitern, mit den verschiedenen Arbeitszeiten –

und dann lassen Sie mal Ihr Gefühl sprechen. Wie empfinden Sie das, was da passiert? Die Geschichte ist ja leicht verständlich. Mit den Arbeitern wird ein Tariflohn vereinbart. Die, die den ganzen Tag gearbeitet haben, bekommen dann genau das, was vereinbart wurde. Die, die weniger gearbeitet haben, sogar die, die nur eine Stunde da waren, kriegen den gleichen Lohn. Und die, die die ganze Mühe gehabt haben, fangen an zu murren, heißt es. Also auf gut Deutsch: Sie meckern! Ähnlich wie das Volk Israel in der Wüste, als es hungert. Wir haben es ja vorhin gehört, als die Wachteln und das Manna vom Himmel fielen. Erst mal wird gemeckert.

Dann sagt der Hausherr, na ja, wieso, wir hatten einen Gulden, ein Goldstück, vereinbart, das hast du bekommen, was gibt es da zu meckern? Kann ich mit dem, was mir gehört, nicht tun, was ich will? Und ich weiß nicht, wie es Ihnen geht, aber ich habe schon als Schüler bei dieser Geschichte immer das Empfinden gehabt, der handelt nicht unrecht, das ist völlig in Ordnung, was er macht, und trotzdem ist es nicht richtig. Es ist in Ordnung, aber nicht richtig. Man kann die ein bisschen verstehen, die da sagen, wir haben den ganzen Tag gearbeitet, da müssten wir doch mehr kriegen. Das macht die Geschichte etwas unruhig für uns. Obwohl niemand dem Hausherrn etwas vorwerfen kann. Er kann doch in der Tat mit seinem Geld machen, was er will. Wenn er es verschenkt, ist das doch seine Sache. Man kann es verstehen, aber man empfindet es nicht als richtig. Als besonders erschwerend kommt nun noch hinzu, dass die ganze Geschichte mit dem Satz endet: *„Die Ersten werden die Letzten sein und die Letzten werden die Ersten sein!“*. Auch das ist ein ärgerlicher Satz. Was soll ich mich denn dann überhaupt noch anstrengen? Die Ersten werden die Letzten sein und die Letzten sollen die Ersten sein! Martin Luther hat in einer tollen Predigt über diesen Text genau diesen letzten Satz als Quintessenz genommen und gesagt, das sei überhaupt die Summe dieses Evangeliums.

Er sagt: *„So ist dies nun die Summa dieses Evangeliums, damit dass der Herr spricht, der Erste soll der Letzte sein, nimmt er dir alle Vermessenheit und verbietet dir, dass du dich über keine Hure erregest, wenn du gleich Abraham, David, Petrus oder Paulus wärest. Damit aber, dass er spricht, der Letzte soll der Erste sein, wehret er dir alle Verzweiflung und verbietet dir, dass du dich unter keinen Heiligen* *werfest und wenn du auch Pilatus, Herodes, Sodom und Gomorrha wärest. Dann gleich wie wir keine Ursache haben, uns zu vermessen, so haben wir auch keine Ursache, zu verzweifeln sondern die Mittelstraße wird durch dieses Evangelium bestätigt und bewahret, dass man nicht nach dem Groschen sehe sondern auf die Güte des Hausvaters".*

Vielleicht ist das wirklich ein Schlüssel für diese Geschichte: die Güte des Hausvaters. Und Sie erinnern sich: Es geht um den Himmel, es geht um die Güte Gottes! An der Güte Gottes wollen natürlich alle einen Anteil haben, keine Frage. Aber dann wird es kompliziert: Was ist, wenn die Güte Gottes so aussieht, wie in der Geschichte von den Arbeitern im Weinberg als Güte des Hausvaters beschrieben? Ist uns das denn recht? Vermutlich nicht! Ja, wenn sich das rumspricht, dann kommen doch alle nur noch am Nachmittag zur Arbeit. Das ist doch die große Sorge, wenn diese Art der Bezahlung publik wird!

Liebe Schwestern und Brüder, da können wir aber froh sein, dass wir in Sachsen-Anhalt leben, dem Land der Frühaufsteher! Wir sind alle schon früh dabei – also nicht erst am späten Nachmittag. Aber die Frage nach Gottes Güte und nach dem, wie sie mein Tun betrifft, ist eine ganz spannende Frage. Es geht letztlich um das Thema: mein Tun und das Handeln Gottes. Obwohl ich weiß, dass ich von Gottes Güte lebe, soll ich nicht faul sein. Obwohl ich weiß, ich kann nicht alles selber machen und ich bin abhängig von Gottes Gnade, soll ich mich dennoch anstrengen. Das wissen die Bauern beim Erntefest immer am allerbesten: *Wir pflügen und wir streuen den Samen auf das Land, doch Wachsen und Gedeihen steht nicht in unsrer Hand.*

Genau das gilt es, für das ganze Leben zu akzeptieren. Das fällt vielen Menschen schwer. Sie hätten lieber eine präzise Berechenbarkeit: Am liebsten hätten sie es, sie könnten alles selber bestimmen. Ich selber möchte doch „der Schmied meines Glückes" sein können: Ich bin ein bisschen ordentlich, dann muss der liebe Gott mich auch ordentlich behandeln. Das wäre natürlich schön, wenn man es so einfach berechnen könnte. Aber wir können mit Gott nicht so berechnend umgehen.

Freilich, gerade an dem Beispiel der Arbeiter im Weinberg wird schon deutlich: Hier auf der Erde brauchen wir unter uns verlässliche und berechenbare Verhältnisse. Wir hören diese Geschichte ja auch als eine Geschichte der Orientierung für unser Leben hier auf der Erde. Es braucht verlässliche Verhältnisse, es braucht ordentliche Löhne und Tarife, die müssen abgesprochen sein, und es braucht die Redlichkeit, dass solche Löhne dann auch gezahlt werden. Manche haben ja die Geschichte so ausgelegt und gesagt, die Arbeiter bekommen alle denselben Silbergroschen, weil das gerade das Maß sei, was ein Mensch mit seiner Familie zum Leben an einem Tag brauche. Und dann gibt es auch Auslegungen, die sagen, das sei schon Kommunismus, jeder kriegt dasselbe, jeder nach seinen Bedürfnissen und nicht nach seinen Leistungen. Aber die Geschichte weist uns zunächst und mindestens in die Richtung zu verlässlichen Verhältnissen. Es braucht verlässliche Verhältnisse in der Arbeitswelt. Und wir müssen gerade in unseren Tagen darüber diskutieren, wie es sein kann, dass Menschen, die den ganzen Tag arbeiten, richtig arbeiten, dann trotzdem von dem Lohn nicht leben können, den sie dafür erhalten.

Stimmt da etwas nicht? Können „Mindestlöhne" Besserung bringen? Da kann was nicht stimmen: Wenn einer den ganzen Tag arbeitet, müsste es doch zum Leben reichen! Und: Wenn es Tarifverträge gibt, sind sie auch einzuhalten und die Leute müssen ihren Lohn auch pünktlich erhalten. Wir alle hier im Osten wissen, wovon wir reden und wie viele Menschen nicht nach Tarif bezahlt werden und manchmal monatelang auf ihren Lohn warten müssen.

Das alles wird nicht in Frage gestellt. Aber die Geschichte sagt uns noch mehr: Neben der Verlässlichkeit, dass die Arbeitgeber ordentliche Arbeitgeber sein sollen, dass also im Land Recht und Gesetz herrschen sollen, braucht es mehr. Recht und Gesetz allein reichen nicht aus. Auch das erfahren wir aus dieser Geschichte. Da kommen immer noch welche unter die Räder – obwohl es ordentliche Tarifverträge gibt, kommen welche unter die Räder. Selbst wenn das alles funktioniert, kommen immer noch welche unter die Räder. Es stehen um 11:00 Uhr abends immer noch welche da und haben keine Arbeit und sagen, uns hat keiner geholt. Freilich ist die Gefahr groß, wenn man Güte und Barmherzigkeit predigt und übt, dass die Menschen faul werden, die Gefahr ist immer gegeben. Aber es braucht im Land Güte und Barmherzigkeit. Und deshalb denke ich, sollen wir vom Himmel reden, damit wir hier Orientierung finden für unser Handeln. Wir selber sind angewiesen auf Barmherzigkeit – und dann sollen wir auch davon leben und davon reden! Ein

Land, das nur nach Gesetz und Recht regiert wird, da kommen welche unter die Räder. Wir brauchen darüber Hinausgehendes, ohne dass man sagen könne, die Güte oder Barmherzigkeit des Hausherrn ersetzt das Recht. Hier geht Gnade vor Recht und nicht Gnade anstelle von Recht – Gnade vor Recht, weil Menschen sonst unter die Räder kommen, wenn es keine Barmherzigkeit gibt.

Martin Luther hat auch noch überlegt, ob das denn überhaupt funktionieren könne, dass es solche Hausherren gibt. Sind die denn so, die Hausherren und die Arbeitgeber? Und er vergleicht damals – natürlich in seiner Zeit – die Hausherren mit den Fürsten, die regieren. Und er überlegt: Wie müsste ein Fürst sein, eine Regierung, die danach leben wollte? Und er sagt, „*aufs Erste muss ein Fürst ansehen seine Untertanen und in dieser Richtung sein Herz recht einstellen. Das tut er aber dann, wenn er seinen ganzen Sinn darauf richtet, dass er denselben Untertanen nämlich nützlich und dienstlich sei und nicht denke, Land und Leute sind mein, ich will es machen, wie es mir gefällt, sondern so soll er denken, ich bin des Landes und der Leute Diener, ich soll es machen, dass es ihnen nützlich und gut ist, nicht soll ich danach trachten, wie ich hochfahre und herrsche sondern wie mit gutem Frieden die Leute beschützt und verteidigt werden. Und solch ein Fürst soll Christus sich vor Augen stellen und so sagen, siehe Christus, der oberste Fürst, ist gekommen und hat mir gedient, hat nicht gesucht, wie er Gewalt und Gut und Ehre an mir hätte, er hat nur meine Not angesehen und alles daran gewandt, dass ich Gewalt, Gut und Ehre an ihm und durch ihn hätte. So will ich es auch tun: nicht an meinen Untertanen das Meine suchen sondern das Ihre.*“

Und dann sagt er, “*aber dann sprichst du doch sofort, wer will dann noch Fürst sein.*“

Dann wird wohl keiner mehr regieren wollen, wenn es so ist. Luther gebraucht sehr schöne Vergleiche: Die Fürsten gehen zur Jagd und zum Tanz und vergnügen sich mit schönen Spielen, das machen doch alle Fürsten lieber als so zu regieren, wie sie es nach Gottes Gebot tun sollten. Deshalb die klare Ansage: Ein Fürst hat es ganz schwer, in den Himmel zu kommen.

Warum erwähne ich das alles? Weil es uns helfen soll, zu verstehen: Wie Gott an mir barmherzig gehandelt hat, weil er in Christus mir ganz nahe gekommen ist und nicht das Seine gesucht hat, sondern mich gesucht hat. Weil ich Barmherzigkeit und Güte erfahren habe, soll ich nun auch barmherzig und gütig sein. Weil ich weiß, dass Gott an mich denkt, muss ich nicht nur an mich selber denken, das ist der Grundgedanke dieser Geschichte. Im Himmel ist das so. Wir werden das Himmelreich auf Erden nicht herbeiführen, aber wir können schon ein bisschen vom Himmel lernen, wie es sein könnte und wie es sein soll und was wir daraus für Schlüsse ziehen für unser Leben und für unsere Orientierung hier auf der Erde. Und so gesehen ist die Geschichte von den Arbeitern im Weinberg eine ganz tolle Geschichte, weil sie uns alle auffordert, die Alten und Jungen und die, die Sorgen haben um ihre Kirche, alle Menschen fordert sie auf zu sagen: Wo hast du denn Güte erfahren? Macht diese Güte dich frei, andere in den Blick zu nehmen? Wo hast du es erfahren? Prüf es genau nach!

Allein deshalb sollen wir „nicht auf den Groschen sehen, sondern auf die Güte des Hausvaters“. Wo habe ich in meinem Leben die Güte Gottes erfahren, ganz konkret?

Ich hoffe, liebe Gemeinde hier in Beetzendorf, dass Sie viel Güte erfahren haben, auch noch weiterhin erfahren werden! Auch bei Ihren Sorgen um Ihre Kirche! Dabei sollen sie dann natürlich wissen: Wir müssen uns auch anstrengen! Wir sollen aber genauso auch auf Gottes Güte vertrauen und mit ihr rechnen und hoffen, dass es mit unserer Kirche gut wird. Also wünsche ich Ihnen, dass Sie diese Geschichte so hören als ein wirkliches Evangelium von der Güte Gottes, auf die wir sehen wollen und uns trotzdem immer noch mühen müssen und Barmherzigkeit üben mit denen, die erst um 11:00 Uhr abends Arbeit finden.

Amen.

Die langfristige Effizienz der Tora

Mt 4,1-11; Ex 17,1-7 und Num 20 im frühjüdischen Kontext

Susanne Plietzsch

Zu Beginn seines Aufsatzes „Satanischer Schriftgebrauch“[1] zu Mt 4,1-11 / Lk 4,1-13 weist Christoph Kähler auf die „differenzierte und reflektierte Hermeneutik in Gestalt einer fast sophistisch zu nennenden Schriftauffassung“[2] in der doppelt überlieferten Geschichte von der Versuchung Jesu durch den Satan hin. Der Aufsatz, ein Plädoyer für eine hermeneutica sacra ohne ideologische Absicherung, gewinnt seine Faszination vor allem durch das Interesse des Autors an der Vielschichtigkeit frühjüdischer Bibelhermeneutik. Angeregt von dieser Perspektive möchte ich in diesem Aufsatz Mt 4,1-11 einer Relecture unterziehen, die besonders nach den hermeneutischen Signalen der Perikope fragen soll: Was gibt die Versuchungsgeschichte über die Bibelrezeption und -interpretation des Mt zu erkennen?

Mt 4,1-11 weist in der Tat ein hochdifferenziertes Schriftverständnis auf – nicht zuletzt dadurch, dass in dieser Perikope „Hermeneutik“ selbst thematisiert und praktiziert wird: Die handelnden Personen zitieren die Schrift und argumentieren mit Schriftzitaten. Es gibt mit Dtn 8,3 LXX sogar ein Zitat, das vom Wort Gottes handelt! Zudem ist der Erzählung ein hohes Maß an Intertextualität eigen; direkt und indirekt nimmt sie auf die verschiedensten biblischen Topoi bzw. deren Interpretation Bezug. Literarisch besonders eindrucksvoll ist die Strukturierung der Versuchungsgeschichte durch die Zitate aus Dtn 6 und 8: Dtn 8,3 in 4,4, Dtn 6,16 in 4,7 und Dtn 6,13 in 4,10. Dadurch entsteht eine formale Nähe zur Gattung des rabbinischen Midrasch. Inhaltlich verknüpfen, wie schon oft erwähnt worden ist, diese Zitate Mt 4 mit dem Aufenthalt

[1] ThLZ 119, 1994, Nr. 10, 858-868.

[2] Ebd., 858.

Israels in der Wüste.[3] Doch mit welchem Ziel geschieht dies und welche Akzente werden dabei gesetzt?

Inwiefern Mt in der Herausarbeitung der Gestalt Jesu rhetorisch sowohl auf Israel als auch auf Mose verweist, wurde und wird in der neutestamentlichen Exegese breit und kontrovers diskutiert.[4] Davon, dass diese beiden Linien in unserer Perikope ineinanderfließen, geht Dale C. Allison m. E. zu Recht aus: „But if in Matthew 2 the evangelist glossed the traditional Moses typology with an Israel typology, in Matthew 4 just the opposite occured: the evangelist overlaid the existing Israel typology with specifically Mosaic motifs."[5] Allison setzt mit Bezug auf Mt 4,2 fort: „The proof of this is in the phrase, fasted forty days and forty nights'",[6] und kann überzeugend belegen, dass in dieser Formulierung die Motivik des Aufenthalts Israels in der Wüste mit der des Aufenthalts des Mose auf dem Sinai verknüpft wird. Ich möchte hier eine weitere Argumentationsmöglichkeit für eine in Mt 4,1-11 vorliegende Eintragung von „Mose-Rhetorik" in „Israel-Rhetorik" vorschlagen, die sich aufgrund der strukturierenden Funktion der erwähnten Dtn-Zitate vermuten lässt: *die Zusammenschau von Ex 16, Ex 17,1-7 und Num 20,1-13 (die jeweils in ihrer frühjüdischen Interpretation zu lesen wären)* könnte ein Subtext der mt Versuchungsgeschichte sein.[7]

Im Folgenden soll zunächst zusammengestellt werden, aufgrund welcher Beobachtungen in Mt 4,1-11 von einer Prägung der Perikope

---

3 Vgl. z. B. U. Luz, Das Evangelium nach Matthäus, EKK I/1, Düsseldorf [5]2002, 222, 225; P. Fiedler, Das Matthäusevangelium, ThKNT 1, Stuttgart 2006, 87-88.

4 Die Frage einer mt „Mose-Typologie" ist in der modernen exegetischen Literatur ein theologisch (und teilweise auch politisch) sensibles Thema, da es die Diskussion einer strukturellen „Abhängigkeit" des Christentums vom Judentum sowie eine Positionierung bezüglich des antithetischen Verständnisses beider Traditionen erfordert. Mit der Entscheidung der einzelnen AutorInnen müssten demzufolge auch ihre Motive und Ziele diskutiert werden. W. G. Kümmel, Einleitung in das Neue Testament, Berlin 1983, 77. 89, lehnt ein Verständnis des mt Jesus als „neuen Mose" ab, ebenso ist U. Luz in diesem Punkt zurückhaltend bzw. spart dieses Thema aus, vgl. z. B. EKK I/1, 163, Anm. 18. Neu aufgegriffen wurde diese Frage durch D. C. Allison, The New Moses. A Matthean Typology, Minneapolis 1993, vgl. den forschungsgeschichtlichen Überblick ebd., 293-328.

5 Allison, a. a. O. 166.

6 Ebd.

7 Verweise auf die Einzeltexte finden sich bei J. W. Van Henten, The First Testing of Jesus: A Rereading of Mark 1:12-13, NTS 45, 1999, 349-366.

durch die genannten Pentateuchtexte gesprochen werden kann. Im Anschluss daran soll gefragt werden, wie andere frühjüdische Ausleger mit diesen Texten umgehen. Zum Schluss möchte ich – was hier nur skizzenhaft möglich sein wird – prüfen, ob die bis dahin beschriebenen mt Akzentsetzungen mit dem gesamten MtEv im Einklang stehen.

Was den religionshistorischen Kontext dieser Auslegungen betrifft, schließe ich mich denjenigen an, die einer Anwendung der Kategorien „jüdisch" bzw. „christlich" *als Unterscheidungskriterium zweier Religionen* im ersten (und zweiten) Jahrhundert skeptisch gegenüberstehen.[8] In denselben Diskursen wird auch die Ansicht vertreten, dass der jüdischen Monotheismus der Zeit des zweiten Tempels wohl weit weniger rigide war, als spätere jüdische und christliche Quellen dies vermuten lassen. Dies führt Boyarin in „Border Lines" breit aus. Das folgende Zitat gibt Einblick in seine innovative Sicht auf kulturelle und religiöse Grenzziehungen:

> „In the first and second centuries, there were Jewish non-Christians who firmly held theological doctrines of a second God, variously called Logos, Memra, Sophia, Metatron, or Yahoel; indeed, most of the Jews did so at that time. There were also significant and powerful Christian voices who claimed that any distinction of persons within the godhead constituted ditheism. In short, the vertical axis – believers in Jesus versus nonbelievers in Jesus – did not form the boundary between believers in Logos theology and deniers of Logos theology. Rather, that distinction, like an horizontal axis, crossed through both categories defined by the vertical axis. Rotating this axis from the horizontal to the vertical was, I shall try to establish, the work of the heresiologists of both communities, and by the end of our period it had become the marker of the theological difference between Judaism and Christianity."[9]

Diese Sichtweise ermöglicht es wahrzunehmen, dass es eine Zeit gab, in der die später geläufigen Kriterien zur Unterscheidung von Judentum und Christentum, wenn sie überhaupt existierten, nicht in diesem Sinn

---

8 Das Standardwerk in dieser Frage ist mittlerweile D. Boyarin, Border Lines. The Partition of Judaeo-Christianity, Philadelphia 2004. Boyarin geht davon aus, dass die Entstehung der beiden getrennten Religionen Christentum und Judentum eher politisch als theologisch motiviert war und erst wesentlich später nachweisbar sei, als die Religionen selbst zugeben, die an möglichst früh datierbaren „klaren Verhältnissen" interessiert sind. Boyarin geht bis ins vierte Jahrhundert von einem institutionell ungeschützten Austausch und flexiblen Identifikationsmöglichkeiten aus, vgl. ebd., 1-33.

9 Boyarin, a. a. O. 92-93.

angewendet wurden. (Boyarin spitzt das sogar zu, indem er die Frage stellt, ob sich christliche Konzepte in der antiken Welt so wirkungsvoll hätten ausbreiten können, wenn sie keinen Rückhalt im bestehenden Judentum gehabt hätten.[10]) Eine sehr differenzierende Weiterführung dieser Diskussion findet sich in Philippa Townsends Aufsatz „Who Were the First Christians?“[11] Townsend weist darauf hin, dass die Identitätsbezeichnungen „jüdisch“ und „christlich“ im ersten und zweiten Jahrhundert keine „kompatiblen“, sondern allenfalls „komplementäre“ Begriffe waren. Sehr differenziert zeigt sie beide Tendenzen: die verschiedensten Gruppen, für die die Jesusanhängerschaft die Bezogenheit auf das Judentum im Selbst- wie im Fremdbild nicht beeinträchtigte, sowie andere (Townsend zufolge die Minderheit), die sich, obwohl im „konzeptuellen Kontext“, als außerhalb stehend verstanden.[12] Sie plädiert (mit deutlichem Anklang an Boyarin) für ein Überdenken der gewohnten Terminologie:

> „So when we classify first-century Jesus-following Jews such as Paul as ‚Christians‘ we are surely playing along with the heresiologists’ name game; but perhaps we fall into a similar trap when we more or less consciously classify all first-century Jesus-followers as ‚Jews‘.[13]

Die wechselseitige Entwicklung von „Häresiologien“ innerhalb der politischen Realität des römischen Reiches wird in diesen Diskursen als Instrument der Abgrenzung und Herausbildung zweier unterscheidbarer Religionen gesehen, ein Prozess, dessen Abschluss unterschiedlich datiert werden kann, je nachdem, wonach genau man fragt.[14] Innerhalb dieser eher kultur- und religionsgeschichtlichen als theologischen Diskussion erübrigt sich jedoch die traditionelle Fragestellung, ob das

---

[10] Vgl. ders., Dethroning the Son of Man: Daniel and the Antiquity of Christianity, in: Impulse für die Zukunft des jüdisch-christlichen Dialogs, als Tagungsbroschüre publizierte Vorträge der Tagung zum 60. Jahrestag der Seelisberger Thesen, Bad Schönbrunn (CH) 2007, 27-46, hier: 27.

[11] In: E. Iricinschi / H. Zellentin (Hg.), Heresy and Identity in Antiquity, Tübingen 2008, 212-230.

[12] Ebd., 224-225. 227.

[13] Ebd. 230.

[14] Boyarin, a. a. O. 152, benennt als eine Zäsur die Präsenz zweier Textkanons: des patristischen Korpus und des babylonischen Talmud.

MtEv *intra muros* oder *extra muros* verfasst worden sei,[15] da man davon ausgeht, dass „Mauern“ erst später errichtet wurden.

1. Intertextuelle Beobachtungen

Aufgrund welcher intertextueller Beobachtungen ist es möglich, von einer Bezugnahme der mt Versuchungsgeschichte auf Ex 16, Ex 17 und Num 20 zu sprechen?

(1) Eine Einzelperson wird zur Verantwortung gezogen (Mt 4,2-4): Mt 4,2-4 verweist mit der Frage nach übernatürlicher Nahrung auf die Erzählung vom Manna in der Wüste, wobei allerdings in der Hebräischen Bibel in diesem Zusammenhang von „Versuchung“ lediglich im Sinne einer Prüfung des Volkes durch Gott die Rede ist (Ex 16,4).[16] Doch ist in Mt 4,2-4 kein Kollektiv, sondern ein Einzelner im Blick, der zugleich Bedürftiger und erwünschter Wundertäter ist: Jesus soll, um sich als Sohn Gottes zu erweisen, (für sich selbst) Steine in Brot verwandeln – schon hier kann man „Israel“ und „Mose“ erkennen. Das Aufrufen eines einzelnen prospektiven Wundertäters erinnert weniger an Ex 16 und eher an Ex 17,5-6 bzw. an Num 20,7-11 – an Mose, der dem durstigen Volk Wasser aus dem Felsen hervorkommen lässt. In Ex 17,7 findet sich dann auch der Begriff der Versuchung im Sinne einer durch Israel verübten Versuchung Gottes (ועל נסתם את יי); dort und in Num 20,13 steht auch der Ausdruck „Streit“ bzw. „Streitwasser“ (מי מריבה), der das Hadern mit Gott zum Ausdruck bringt.[17]

---

15 Die diesbezügliche Forschungsgeschichte wird ausführlich dargestellt in: A. Runesson, Rethinking Early Jewish-Christian Relations: Matthean Community History as Pharisaic Intragroup Conflict, JBL 127/1, 2008, 95-132, hier: 95-98.

16 Die Midraschim betonen, dass das Manna im Einvernehmen zwischen Gott und Israel gegeben wurde, vgl. MekhY zu Ex 16,7.

17 Die Kommentatoren setzen sich mit der Relation der beiden Erzählungen bzw. Erzählungsversionen auseinander, wobei die Ansicht vorherrscht, dass beide Texte redaktionelle Bearbeitungen desselben Stoffes sind. L. Schmidt, ATD 7/2, 89-93, spricht von der priesterlichen Steigerung eines Demonstrationswunders in Num 20 (ebd., 92).

Ex 17,1-7	Num 20,1-13
17,1 Und die ganze Gemeinde der Israeliten brach aus der Wüste Sin zu ihrer Reise auf nach der Anordnung des HERRN, und sie lagerten sich in Refidim. Aber da war kein Wasser, dass das Volk hätte trinken können. 17,2 Da stritt das Volk mit Mose und sie sagten: Gib uns Wasser, damit wir trinken können! Und Mose sagte ihnen: Was streitet ihr mit mir? Was prüft ihr den HERRN? 17,3 Und das Volk dürstete dort nach Wasser; da murrte das Volk gegen Mose und sagte: Wozu, dass du uns aus Ägypten heraufgeführt hast? Um mich und meine Kinder und mein Vieh vor Durst sterben zu lassen?	20,1 Und die Israeliten, die ganze Gemeinde, kamen in die Wüste Zin im ersten Monat; und das Volk blieb in Kadesch; und Mirjam starb dort und wurde dort begraben. 20,2 und es war kein Wasser da für die Gemeinde; da versammelten sie sich gegen Mose und gegen Aaron. 20,3 Und das Volk stritt mit Mose, und sie sagten: Wären wir doch umgekommen, als unsere Geschwister vor dem Herrn umkamen! 20,4 Und warum habt ihr die Versammlung des HERRN in die Wüste gebracht, damit wir dort sterben, wir und unser Vieh? 20,5 Und warum habt ihr uns aus Ägypten heraufgeführt, um uns an diesen bösen Ort zu bringen? Es ist kein Ort der Saat und der Feigenbäume und Weinstöcke und Granatbäume, und Wasser zum Trinken ist nicht da.
17,4 Da schrie Mose zum HERRN und sagte: Was soll ich diesem Volk tun? Noch ein wenig, und sie steinigen mich.	20,6 Und Mose kam mit Aaron von der Versammlung zum Eingang des Zeltes der Begegnung und sie fielen auf ihr Angesicht nieder; und die Herrlichkeit des HERRN erschien ihnen.
17,5 Und der HERR sagte zu Mose: Tritt vor das Volk und nimm einige von den Ältesten Israels mit dir; auch deinen Stab, mit dem du den Nil geschlagen hast, nimm in deine Hand und geh! 17,6 Siehe, ich stehe dort vor dir auf dem Felsen am Horeb. Und du sollst auf den Felsen schlagen, und es wird Wasser aus ihm hervorströmen, und das Volk wird trinken. Und Mose tat so vor den Augen der Ältesten Israels.	20,7 Und der HERR redete zu Mose und sprach: 20,8 Nimm den Stab und versammle die Gemeinde, du und dein Bruder Aaron, und redet vor ihren Augen zu dem Felsen! Dann wird er sein Wasser geben; und du wirst ihnen Wasser aus dem Felsen hervorbringen und die Gemeinde tränken und ihr Vieh. 20,9 Und Mose nahm den Stab von vor dem HERRN, wie er ihm geboten hatte. 20,10 Und Mose und Aaron versammelten die Versammlung vor dem Felsen; und er sagte zu ihnen: Hört doch, ihr Widerspenstigen! Werden wir etwa aus diesem Felsen für euch Wasser hervorbringen? 20,11 Und Mose erhob seine Hand und schlug den Felsen mit seinem Stab zweimal; da kam viel Wasser heraus, und die Gemeinde trank und ihr Vieh.
17,7 Und er nannte den Namen des Ortes Massa und Meriba wegen des Steites der Israeliten, und weil sie den HERRN geprüft hatten, indem sie sagten: Ist der HERR nun in unserer Mitte oder nicht?	20,12 Da sprach der HERR zu Mose und zu Aaron: Weil ihr nicht an mich geglaubt habt, mich vor den Augen der Israeliten zu heiligen, deshalb sollt ihr diese Versammlung nicht in das Land bringen, das ich ihnen gegeben habe. 20,13 Das ist das Wasser von Meriba, wo die Israeliten mit dem HERRN stritten und er sich unter ihnen heiligte.

Während in Ex 17 das Volk und sein mangelnder Glaube an Gottes Präsenz kritisiert wird, bringt Num 20 eine schwerwiegende Konsequenz zum Ausdruck: Mose und Aaron sollen nicht in das Land gelangen. Num 20 gibt dabei nicht klar zu erkennen, worin genau die Verfehlung des Mose gesehen wird. Ist es das zweimalige Schlagen auf den Felsen, anstatt zu ihm zu sprechen (20,11), oder die unangemessene Bezeichnung des Volkes als „Widerspenstige" (20,10)?[18] Num 20,10-13 schreibt Mose eine sehr komplexe zweifelnde und verzweifelte Haltung zu, die ihn in einer bedrohlichen Situation daran hinderte, Gott vor den Augen des Volkes „zu heiligen".[19] Was die mt Versuchungsgeschichte und Num 20,1-13 literarisch verbindet, ist der Konflikt des Helden, einer quasi-göttlichen Identifikationsfigur, das geforderte bedingungslose Vertrauen auf Gott in Extremsituationen aufzubringen und durchzuhalten.

(2) „*Nicht vom* Brot *allein ...* " (Mt 4,3-4): Im Anschluss an Num 20,8 können in Bezug auf Mt 4,3 zwei Beobachtungen gemacht werden: „*So sprich, dass diese Steine Brote werden*" – Jesus wird aufgefordert, *mit seinem Sprechen* das Wunder zu bewirken, und: Trotz dieser Referenz auf Num 20,8 handelt es sich hier um *Brot*, und nicht um Wasser. Jesus soll ein als problematisch verstandenes Wunder wirken, aber nicht, wie zu erwarten gewesen wäre, Wasser aus dem Felsen hervorbringen, sondern Brot. Wieder wird in Mt 4,3 die Thematik des wundersam zugeteilten Manna (Ex 16) mit der Thematik der „Versuchung" bzw. des Konflikts des Helden (Ex 17 und Num 20) verknüpft: Der Verweis auf

---

18 Der Midrasch und die traditionelle jüdische Kommentarliteratur führen eine intensive Auseinandersetzung zu diesem Thema; Einzelheiten und Quellenverweise vgl. W. G. Plaut (Hg.), Die Tora in jüdischer Auslegung, Gütersloh 1999-2004, Bd. 4 (Bamidbar), 189-191. Plaut sieht eine gewisse Übereinkunft der traditionellen jüdischen Lektüre von Num 20,1-13 darin, dass die Zeit des Mose wie die der Wüstengeneration unwiederbringlich abgelaufen war und „ein neues Zeitalter einer neuen Vision bedurfte" (ebd., 191).

19 Vgl. dazu M. Margaliot, The Transgression of Moses and Aaron: Num 20,1-13, JQR.NS 74/2, 1983, 196-228. In einer detaillierten Textanalyse interpretiert Margaliot das Vergehen Moses als öffentliche Entweihung des göttlichen Namens. Durch die harsche Anrede an das Volk und insbesondere durch die Formulierung: *Werden wir euch etwa aus diesem Felsen Wasser hervorbringen?* (20,10) stellte er die Fähigkeit JHWHs, Israel zu helfen, in Zweifel (ebd., 218-219).

Ex 16 wird durch das Zitat Dtn 8,3 offensichtlich, wodurch die Rede vom „Brot“ in Mt 4,3 unterstützt wird:

Ex 16,4.6-7a	Dtn 8,3 MT
4 Das sprach der HERR zu Mose: Siehe, ich will euch Brot vom Himmel regnen lassen. Dann soll das Volk hinausgehen und den Bedarf des Tages an seinem Tag sammeln, damit ich es prüfe, ob es denn nach meiner Lehre wandeln will (הילך בתורתי) oder nicht. (...) 6 Da sagte Mose und (auch) Aaron zu allen Israeliten: Am Abend werdet ihr erkennen, dass der HERR euch aus dem Land Ägypten herausgeführt hat, 7a und am Morgen werdet ihr die Herrlichkeit des HERRN sehen, der ja euer Murren gegen den HERRN gehört hat.	Und er demütigte dich und ließ dich hungern. Und er ließ dich das Manna essen, das du nicht kanntest und das deine Vorfahren nicht kannten, um dich erkennen zu lassen, dass der Mensch nicht vom Brot allein leben soll, sondern von allem aus dem Mund des HERRN Hervorgehenden soll der Mensch leben.

Mt bietet damit eine Interpretation von Dtn 8,3: Das Zitat dient in Mt 4,4 dazu, die Forderung nach einem Wunder abzuwehren, indem die Aussage aufgegriffen wird, dass das Manna als nährendes „Brot“ auf das, „was aus dem Mund Gottes hervorgeht“ verweist. Dabei zielen die Versuchungsgeschichte wie auch Dtn 8,3 keineswegs auf die Vorordnung einer spirituellen Ebene vor der materiellen; Manna wie Wort Gottes werden als „Nahrung“ bezeichnet. Das, was in beiden Texten als „nährend“ verstanden wird, ist ein beziehungshaftes Geschehen, das mehr ist als die Abrufbarkeit von Bedürfnisbefriedigung. Das „Wunder“ der Speisung mit dem Manna wird als etwas gesehen, das die verlässliche Präsenz Gottes *erkennen* lassen soll, die nicht beliebig zur Verfügung steht bzw. mutwillig herausgefordert werden kann.

Dtn 8,3 in Mt 4,4 bietet Mt die Möglichkeit, den Bogen vom „Brot“ zum „Wort Gottes“ zu schlagen. Die LXX-Version unterstützt dabei gegenüber dem MT zusätzlich die Bedeutung „Wort Gottes“ im Sinne einer „Rede“, eines als Text offenbarten Wortes Gottes:

Dtn 8,3b LXX	Dtn 3b MT
οὐκ ἐπ’ ἄρτῳ μόνῳ ζήσεται ὁ ἄνθρωπος ἀλλ’ ἐπὶ παντὶ ῥήματι τῷ ἐκπορευομένῳ διὰ στόματος θεοῦ.	כִּ֣י לֹ֧א עַל־הַלֶּ֣חֶם לְבַדּ֗וֹ יִחְיֶ֣ה הָֽאָדָ֔ם כִּ֛י עַל־כָּל־מוֹצָ֥א פִֽי־יְהוָ֖ה יִחְיֶ֥ה הָאָדָֽם׃
Nicht von Brot allein soll der Mensch leben, sondern von jeder Rede, die herausgeht aus dem Mund Gottes.	Denn nicht vom Brot allein soll der Mensch leben, sondern von allem aus dem Mund des HERRN Hervorgehenden soll der Mensch leben.

Mt lässt Jesus auf das verführerische Ansinnen, ein Wunder zu wirken, mit einem Wort Gottes, das auf das Wort Gottes verweist, antworten. Durch die Präsenz dieses „Wortes“ ist die Verwandlung von Steinen in Brote an dieser Stelle nicht mehr nötig. (Literarisch wird dies vor allem dadurch möglich, dass in Mt 4,1-4 der Held allein ist und das Thema der Verantwortung für andere, die etwas zu essen brauchen, nicht behandelt werden muss.[20])

(3) Gott versuchen – der Sturz vom Tempel (Mt 4,5-7): In den Versen Mt 4,5-7 wird der stärkste Kontrast der mt Versuchungsgeschichte hergestellt: Die Aufforderung, sich vom höchsten Punkt des Tempels zu stürzen, um so in kürzester Zeit Gottes Eingreifen zu erzwingen, stellt eine Provokation höchsten Ranges dar. Diese „Versuchung“ ist nicht ganz leicht zu dekonstruieren, legitimiert sie sich doch scheinbar mit den Schutz verleihenden Versen Ps 91,11.12.[21] Das durch seine Platzierung in Mt 4,7 in der gesamten Perikope in zentraler Stellung befindliche Zitat Dtn 6,16 führt über das Stichwort „Massa“ direkt in den Zusammenhang Ex 17,1-7 hinein und „verlinkt“ sowohl Mt 4,5-7 als auch die gesamte Versuchungsgeschichte gleichsam mit jenem Erzählstoff, in dem Israel als Kollektiv Gott auf die Probe stellt:

---

20 Vgl. unten 3 (1).

21 Die frührabbinischen Belegstellen, die Ps 91 als apotropäischen Psalm ausweisen, führt Kähler an (861, Anm. 36). (Die Tosefta wäre nach der Ausgabe Zuckermandel zu zitieren: tSchab 17,2; tAZ 1,17; der palästinische Talmud: ySchab 6,2 [8b,16-24]; yEr 10,12 [26c].) Ergänzt werden könnte die ebenfalls antidämonische Funktion von Ps 91 in 11Q11 (Apocpyphal Psalms), vgl. dazu Michael Henze, Psalm 91 in Premodern Interpretation and at Qumran, in: ders. (Hg.), Biblical Interpretation at Qumran, Cambridge 2005, 168-193, hier: 189-192.

Mt 4,7 Da sprach Jesus zu ihm: Wiederum steht geschrieben (Dtn 6,16): *Du sollst den HERRN, deinen Gott, nicht versuchen.*

Dtn 6,16 Ihr sollt den HERRN, euren Gott, nicht prüfen, wie ihr (ihn) in Massa geprüft habt.

Ex 17,7 Und er nannte den Namen des Ortes Massa und Meriba wegen des Streitens der Israeliten, und weil sie den HERRN geprüft hatten, indem sie sagten: Ist der HERR nun in unserer Mitte oder nicht?

Der Konstruktion des tödlichen Tempelsturzes wird damit der Erzählstoff von Ex 17,1-7, in dem Israel die unterstützende Gegenwart Gottes auf die Probe stellt, als Deutungstext an die Seite gestellt. Eindrucksvoll ist dabei der Zusammenhang zwischen Ex 17,7b: *Ist der HERR in unserer Mitte oder vielleicht nicht?* und der in Mt 4,3 und 4,6 erscheinenden konditionalen Formulierung: *Wenn du der Sohn Gottes bist*, mit der ebenfalls nach einer Präsenz und nach der Befriedigung vitaler Bedürfnisse gefragt wird. Freilich ist hier auch an die Analogie zwischen dem Tempel und der physischen Existenz Jesu, die Mt beispielsweise in 26,61, aber auch in 27,51 beschreibt, zu denken. Dass Jesus für Mt der Tempel „ist" und somit als Ort des uneingeschränkten Lebens Gottes Gegenwart verkörpert, lässt das Ansinnen, dass er sich „von der Zinne des Tempels" stürzen soll, als eine Implosion des Lebens erscheinen.

(4) Das Land sehen – ins Land hineingelangen (Mt 4,8-10): Im Kontext aller drei als Antwort auf den Versucher verwendeten Zitate aus dem Dtn klingt das Motiv des Hineingelangens in das versprochene Land an:

6,10 Und es soll geschehen, wenn der HERR, dein Gott, dich in das Land bringt, das er deinen Vätern, Abraham, Isaak und Jakob, geschworen hat, dir zu geben: große und gute Städte, die du nicht gebaut hast, 6,11 und Häuser voll von allem Guten, die du nicht gefüllt hast, und ausgehauene Zisternen, die du nicht ausgehauen hast, Weinberge und Olivenbäume, die du nicht gepflanzt hast – und du essen und satt werden wirst, 6,12 so hüte dich, daß du den HERRN ja nicht vergisst, der dich herausgeführt hat aus dem Land Ägypten, aus dem Sklavenhaus. **6,13 Den HERRN, deinen Gott, sollst du fürchten und ihm sollst du dienen, und bei seinem Namen sollst du schwören.** 6,14 Ihr sollt nicht anderen Göttern nachgehen, von den Göttern der Völker, die euch umgeben – 6,15 denn ein eifersüchtiger Gott ist der HERR, dein Gott, in deiner Mitte –, damit nicht der Zorn des HERRN, deines Gottes, gegen dich entbrenne und er dich vom Erdboden weg vernichte.

6,16 Ihr sollt den HERRN, euren Gott, nicht prüfen, wie ihr (ihn) in Massa geprüft habt. 6,17 Gewiss halten sollt ihr die Gebote des HERRN, eures Gottes, und seine Zeugnisse und seine Ordnungen, die er dir geboten hat. 6,18 Und du sollst tun, was recht und gut ist in den Augen des HERRN, damit es dir gutgehe und du hineinkommest und das gute Land in Besitz nehmest, das der HERR deinen Vätern zugeschworen hat, 6,19 hinauszustoßen all deine Feinde vor dir, wie der HERR geredet hat.

8,1 Das ganze Gebot, das ich dir heute gebiete, sollt ihr halten, um es zu tun, damit ihr lebt und zahlreich werdet und hineinkommt und das Land in Besitz nehmt, das der HERR euren Vätern zugeschworen hat. 8,2 Und du sollst an den ganzen Weg denken, den dich der HERR, dein Gott, hat gehen lassen, diese vierzig Jahre in der Wüste, um dich zu demütigen, um dich zu prüfen – um zu erkennen, was in deinem Herzen ist, ob du denn seine Gebote halten würdest oder nicht. 8,3 Und er demütigte dich und ließ dich hungern. Und er ließ dich das Manna essen, das du nicht kanntest und das deine Vorfahren nicht kannten, um dich erkennen zu lassen, dass **der Mensch nicht vom Brot allein leben soll, sondern von allem aus dem Mund des HERRN Hervorgehenden soll der Mensch leben.**

Diese positiven Verweise auf das Hineingelangen in das Land enthalten einen Kontrast zu Texten wie Num 27,12; Dtn 3,23-28 und 32,48-52, in denen betont wird, dass Mose, der zwar das Land am Ende seines Lebens sieht, *nicht* hineingelangen wird. Damit wäre unweigerlich der Verweis auf Num 20,1-13 verknüpft, ist doch die Verfügung, dass Mose nicht in das Land gelangen soll, die Folge des dort beschriebenen Geschehens. Diese Spannung im Dtn-Text (und im gesamten Narrativ des Pentateuch) wird in die mt Versuchungsgeschichte hinübergenommen. Ihre Auflösung geschieht dadurch, dass Jesus das Angebot der Herrschaft als nicht von Gott, sondern vom Satan kommend entlarvt, und insofern dieselbe Konsequenz wie Mose auf sich nimmt. Die von Mt im Sinne einer Exklusivität vorgenommene Ergänzung des Zitats Dtn 6,13 (*ihm* allein *sollst du dienen*) könnte sogar als die in Num 20,12 eingeforderte „Heiligung" gelesen werden.

Die bisherigen Beobachtungen haben gezeigt, dass die mt Versuchungsgeschichte einige prägende Referenzen auf Ex 16.17 und Num 20 enthält. Im Folgenden sollen vor allem diejenigen, die sich auf Mose und die Tora beziehen, in den Kontext der frühjüdischen Bibelinterpretation gestellt werden.

2. Kontexte in der frühjüdischen Bibelinterpretation

2.1 Mose und der Messias: Überhöhungen und Ambivalenzen

In der Formulierung: *Wenn du Gottes Sohn bist, so sprich, dass diese Steine Brote werden* (Mt 4,3) werden zwei Themen zusammengebracht: Zum einen erinnert dies an Erzählstoffe, in denen das Aussprechen oder Aufschreiben des Gottesnamens Wunder bewirkt,[22] zum anderen ist die Kenntnis des Gottesnamens vor allem mit der Person des Mose verbunden, da ihm der Gottesname offenbart wurde. Eine sehr frühe Quelle, die Mose deshalb magische Fähigkeiten zuschreibt, ist Ant 2,276.[23] Josephus beschreibt hier, wie dem Mose am brennenden Dornbusch der göttliche Name übergeben wird, damit er seinem Volk helfen könne:

> Und Gott machte ihm seinen eigenen Namen kund, der vorher Menschen noch nicht übergeben worden war, und über den es für mich nicht erlaubt ist, zu sprechen. Mose konnte nun nicht nur damals Wundertaten verrichten, sondern immer, wenn er darum bat.

In dieser Tradition steht auch die Lesart von Num 20,8 in Targum Pseudo-Jonathan:[24]

---

[22] Allgemein zum Thema des Gottesnamens in der rabbinischen Literatur vgl. L. Blau, Das altjüdische Zauberwesen, 1898, Nachdr. Graz 1974, 119-128; vgl. C. Thoma, Art. Gott III, TRE 13, 626-645, hier: 628-632.

[23] Vgl. auch die Fragmente des Artapanos, in denen Mose mit Hilfe des Gottesnamens den ägyptischen Herrscher in Ohnmacht fallen lassen und seine Priester töten kann (JSHRZ I/2, 134); vgl. auch als Referenz für einen im Alltag bekannten magischen Gebrauch des Gottesnamens yJoma 3,7 (40d,74-41a,1).

[24] Die Datierung des Targum Pseudo-Jonathan ist umstritten, vgl. U. Gleßmer, Einleitung in die Targume zum Pentateuch, Tübingen 1995, 190-191.

סב ית חטר ניסיא וכנוש ית כנישתא אנת ואהרן אחוך	Nimm den Stab der Wunder und versammle die Gemeinde, du und dein Bruder Aaron,
ותומון תריכון ית כיפא בשמא רבא ומפרשא	und beschwört beide den Felsen mit dem großen ausgesprochenen Namen,
כד הינון חמיין ויתן מוהי	während sie ihn ansehen, und er wird sein Wasser geben.
ואין יסרב לאפוקי מחי אנת לחודך ביה בחוטרא דבידך	Und wenn er sich weigert, es hervorzubringen, schlage einmal auf ihn, mit dem Stab, der in deiner Hand ist,
ותהנפק להון מיא מן כיפא	und du wirst ihnen Wasser aus dem Felsen hervorbringen
ותשקי ית כנישתא וית בעירידון.	und du wirst die Gemeinde und ihr Vieh tränken.

Diese Vorstellungen sind Teil der gängigen und vielfältigen frühjüdischen Sicht auf Mose, die ihm selbstverständlich messianische bzw. göttliche Qualitäten zuschrieb.[25] Wayne A. Meeks wies nach, dass solches Traditionsmaterial sich in den verschiedensten kulturellen Bereichen des antiken Judentums findet:

„We have seen that in very diverse sources there persists the remnants of an elaborate cluster of traditions of Moses' heavenly enthronement at the time of Sinai theophany. These traditions were closely connected with scripture and at the same time thoroughly syncretistic. Central to the midrashic themes is the notion that, when God gave to Moses his own name (*elohim, theos*), he conveyed to him a divine status and a unique function among men. Here the usual Hellenistic conception of the ‚divine man' was modified by combination with the Semitic notion of the agent (*šaliah, apostolos*), as well as by the concept of the image of God. Thus Moses' enthronement in heaven, accompanied by his receiving the name „god" and God's crown of light, meant that the lost glory of Adam, the image of God, was restored to him and that Moses henceforth was to serve on earth as God's representative, both as revealer (prophet) and as vice-regent (king)."[26]

---

25 Vgl. dazu umfassend W. A. Meeks, The Prophet-King. Moses Traditions and the Johannine Christology, Leiden 1967.

26 Ders., Moses as God and King, in: J. Neusner (Hg.), Religions in Late Antiquity, Leiden 1968, 354-371, hier: 370-371. Damit, dass Mose den Namen *elohim* empfing, spielt Meeks auf eine midraschische Spitzenaussage an; im Zusammenhang mit Dtn 33,1 (איש האלהים) findet sich in PRK Anhang 1 (wesot haberakha, Ausgabe Mandelbaum 443) folgende Auslegung: „*Der Mann / Mensch Gottes*. Ein Mensch, als er in die Höhe aufstieg, ein Gott (elohim), als er nach unten herabstieg – *und es sahen Aaron und die Israeliten den Mose* (Ex 34,30)", vgl. ebd., 357. Da sich Meeks vor allem auf Diskurse der Herrschaft und Offenbarung konzentriert, wären noch die (hellenistischen und rabbinischen) Legenden um die wunderbare

Die Gestalt des Mose kann als die Traditionsgestalt mit der am meisten präsenten und unüberbietbaren Autorität betrachtet werden. Deshalb fällt es besonders auf, dass es die Rabbinen unternahmen, gewisse ambivalente Aspekte in ihre Moserezeption einzubeziehen – gerade im Zusammenhang mit Num 20,1-13 und dem damit verbundenen göttlichen Verbot für Mose, selbst in das Land zu kommen. Vermutlich hatte das Formulieren dieser Ambivalenzen das Ziel, eine kultische Verehrung des Mose zu verhindern und statt dessen die höchste Autorität bei der Tora (und ihren Auslegern) zu lassen. Sowohl in SifrNum als auch in SifrDtn wird darauf eingegangen, dass Mose zwar einerseits in uneinholbarer Größe zwischen Israel und Gott steht, andererseits aber wie ein gewöhnlicher Mensch einen Fehler begangen hat. So heißt es in SifrNum §137:

> *Weil ihr gegen meinen Befehl widerspenstig wart in der Wüste Zin, beim Streit der Gemeinde* (Num 27,14). Rabbi Schimon ben Elasar sagt: Sogar Mose und Aaron starben durch Ausrottung, denn es ist gesagt (Dtn 32,51b): *Dafür, dass ihr mich nicht geheiligt habt.* Denn wenn ihr mich geheiligt hättet, wäre eure Zeit, aus der Welt zu scheiden, noch nicht gekommen gewesen.
>
> Zwei Versorger erstanden Israel. Einer sagte: „Meine Verfehlung[27] soll nicht aufgeschrieben werden", und einer sagte: „Meine Verfehlung soll aufgeschrieben werden". David sagte: „Meine Verfehlung soll nicht aufgeschrieben werden", denn es ist gesagt (Ps 32,1): *Von David ein Gedicht. Wohl dem, dessen Verbrechen vergeben, dessen Sünde bedeckt ist.* Mose sagte: „Meine Verfehlung soll aufgeschrieben werden", denn es ist gesagt (Num 27,14): *Weil ihr gegen meinen Befehl widerspenstig wart in der Wüste Zin, beim Streit der Gemeinde, mich zu heiligen.*

SifrNum weist hier eigens darauf hin, wie brisant die Aussage sei, dass Mose und Aaron „durch Ausrottung", d. h. weil Gott es so verfügt hatte, gestorben seien, und versucht, noch mit dieser Niederlage die Bedeutung des Mose zu unterstreichen – indem herausgearbeitet wird, dass

---

Geburt des Mose hinzuzufügen, Quellennachweise hierzu wie allgemein zur frühjüdischen Moserezeption in: M. Niehoff, Art. Mose III/1, RGG[4] 5, 1539-1542; G. Oberhänsli-Widmer, Art. Mose / Moselied / Mosesegen / Moseschriften III, TRE 23, 347-357; A. Rothkoff, Art. Moses in the Aggadah, EJ 14, 2007, 534-536. Allison (Anm. 5), 23-134, geht ausführlich darauf ein, dass sowohl innerbiblisch als auch im frühjüdischen und frühchristlichen Kontext „Heldengestalten" in Anlehnung an Mose beschrieben wurden.

[27] Wörtlich: mein „übler Geruch" (schlechter Ruf).

Mose selbst die Verfehlung eingesteht und bekanntmachen lässt. Auch SifrDtn § 340 thematisiert den Tod Moses und Aarons infolge dieser Ereignisse:

> *Dafür, dass ihr mir untreu geworden seid* (Dtn 32,51a) – ihr bewirktet, dass man mir untreu wurde. *Dafür, dass ihr mich nicht geheiligt habt* (Dtn 32,51b) – ihr bewirktet, dass man mich nicht heiligte. *Weil ihr gegen meinen Befehl widerspenstig wart* (Num 27,14).
>
> Der Heilige, der gesegnet ist, sprach zu Mose: „Habe ich dir nicht gesagt (Ex 4,2a.3aα): *Was ist das da in deiner Hand? Wirf ihn auf die Erde!* Und du hast ihn auf die Erde geworfen. Zwar hast du die Zeichen durch deine Hand nicht gehindert, doch diese leichte Sache verhindertest du."
>
> Und woher, dass er nicht von der Welt schied, als bis ihn der Heilige, der gesegnet ist, in seine Flügel einhüllte? Weil gesagt ist (Num 20,12): *Darum sollt ihr diese Versammlung nicht (in das Land) bringen.*

Mose hatte zwar, so Sifr Dtn, die Anordnung Gottes, seinen Stab auf die Erde zu werfen und damit Wunder zu wirken, ausgeführt (Ex 4,2-3), doch bei der in Num 20 enthaltenen Anordnung hatte er versagt. Auch hier wird das „Unerhörte", dass Mose und Aaron „gesündigt" hätten, reflektiert, und durch eine dennoch bestehende besondere Beziehung zu Gott konterkariert: Dass er nicht in das Land kommen konnte, kann zwar als Bestrafung gelesen werden, erscheint jedoch hier als besondere Nähe Gottes zu Mose – Gott behielt ihn bei sich und hüllte ihn „in seine Flügel" ein.

Mt setzt die Verweise auf Mose ein, um die außerordentliche Bedeutung der Person Jesu zu vermitteln.[28] Doch in welchem Verhältnis stehen Mose und Jesus in unserer Perikope? Die Mose-Metaphorik ermöglicht es Mt, Jesus nicht als eigenständig auftretenden Wundertäter ohne Traditionsbezug, sondern als legitimierten Beauftragten Gottes und Vermittler des Gotteswortes darzustellen. Besonders angesichts dessen, dass es im frühjüdischen Kontext undenkbar war, kritisch von Mose zu sprechen, ist es kaum anzunehmen, dass bei Mt ein antithetisches oder im inhaltlichen Sinn überhöhendes Bestreben vorliegt.[29]

---

[28] Vgl. Allison, 30: „[…] the Moses typology depends upon Moses' status as exemplary deliverer or savior."

[29] In diesem Zusammenhang fiel mir auf, dass sich im Mt-Kommentar von Walter Grundmann (ThKNT 1, Berlin [6]1986, 100-104) einige Beobachtungen finden, die hier auch vertreten werden – wie z. B. die Annahme einer Referenz von Mt 4,8 auf

Vielmehr sollte hier an das frühjüdische Konzept der Mose-Messias-Typologie gedacht werden, das die messianische Zeit als überhöhende Wiederkehr der befreienden Wirksamkeit des Mose beschreibt.[30] Oft wird beispielhaft dafür der Ausspruch „wie der erste Erlöser, so der letzte Erlöser“ (KohR 1 zu Koh 1,9) angeführt.[31] Mose steht mit dem Exodus und der Tora für die Erkennbarkeit der Struktur der Erlösung (oder Befreiung), der Messias für ihre endzeitlich-politische Umsetzung. Das dialektische Verhältnis zwischen beiden kann eine Überhöhung ausdrücken, die nicht zu einer Minimierung der Bedeutung des Mose führt! Wenn Jesus bei Mt im Unterschied zu Mose die Versuchung „bestanden“ hat, was darin zum Ausdruck kommt, dass „der Teufel ihn verlässt“ und „Engel ihm dienen“ (4,11),[32] so lässt dies vermuten, dass Mt Jesus als Messias im zeitlichen Anschluss an Mose präsentieren will. Dies kommt nicht zuletzt darin zum Ausdruck, dass die auf das *Ende* der Wirkungszeit des Mose referierende Perikope Mt 4,1-11 am *Beginn* der öffentlichen Wirksamkeit Jesu lokalisiert ist. Mt nimmt indirekt den

---

den Blick des Mose über das Land (103) und allgemein eine Mose-Jesus-Typologie, welche Grundmann nur antithetisch deuten konnte; ein Beispiel dafür, dass Beobachtungen nie voraussetzungsfrei vermittelt werden können!

30 Vgl. dazu das in J. E. Bruns, The „Agreement of Moses and Jesus“ in the ‚Demonstratio Evangelica‘ of Eusebius, VigChr 31/2, 1977, 117-125 zusammengestellte Material (117-120). Dass die messianische Zeit als Überhöhung des Exodus verstanden wurde, kommt beispielsweise in tBer 1,12 (Zuckermandel, 2) zum Ausdruck, die eine ausführlichere Version als mBer 1,5 bietet und darüber hinaus formuliert: „[…] Ben Soma sprach zu den Gelehrten: Wird man denn in den Tagen des Messias den Auszug aus Ägypten erwähnen, er (der Schriftvers) sagt doch (Jer 23,7-8): *Siehe, Tage kommen, Spruch des HERRN, da wird man nicht mehr sagen: der HERR lebt, der die Israeliten aus Ägypten heraufgeführt hat, sondern: der HERR lebt, der die Nachkommen des Hauses Israel heraufgeführt und gebracht hat aus dem Land des Nordens* usw. Sie antworteten ihm: Nicht dass der Auszug aus Ägypten von ihnen (den übrigen Reichen, vgl. Jer 23,8) weggerissen werde, sondern er soll den Reichen hinzugefügt werden. Die Reiche seien die Hauptsache und Ägypten eine Nebensache.“ Die messianische Befreiung von Exilen und Fremdherrschaften soll zwar dem Exodus übergeordnet, dieser aber nicht für bedeutungslos erklärt werden. (Handelt es sich dabei um eine „Zähmung“ der messianischen Radikalität, die hier in der Tosefta noch deutlicher zu erkennen wäre als in mBer 1,5?) Vgl. dazu auch C. A. Evans, Mishna and Messiah „in Context“: Some Comments on Jacob Neusner's Proposals, JBL 112/2, 1993, 267-289, hier: 276-277.

31 Vgl. Bruns (wie Anm. 30), 119.

32 Die darin enthaltene Bezugnahme auf die Versuchung des / der ersten Menschen kann in diesem Rahmen nicht behandelt werden.

Zusammenhang Num 20 und damit das Ende der Ära des Mose auf, greift in dieser Konstellation ein und lässt Jesus als „letzten Erlöser“ an Mose anschließen. Dies dient zur Legitimation Jesu, aber nicht zur Abwertung des Mose.

2.2 Brot und Wort Gottes: die Bedürfnisse des täglichen Lebens

Die Diskussion darüber, welche Berechtigung die Sorge um das tägliche Auskommen hat, die Frage, „wovon der Mensch lebt“ (Dtn 8,3 in Mt 4,4), ist im tannaitischen Midrasch ausführlich vertreten. Die Frage nach dem Vertrauen auf Gott als alltäglichem Versorger war literarisch-theologisch weit verbreitet, ebenso auch das Bewusstsein für die Paradoxie dieses Themas. Welche Funktion hat der Brückenschlag vom „Brot“ zum „Wort Gottes“ in Mt 4? Die Aussage, dass der Mensch zwar „Brot“ braucht, aber letztlich von dem lebt, was Gott in einem beziehungshaften Geschehen kommuniziert, findet sich in Dtn 8,3 MT, wird aber bereits in den Targumim im Sinne der schöpferischen und lebensspendenden Funktion des göttlichen Wortes (memra) zugespitzt, das als Vermittlungsinstanz Gottes verstanden wird.[33] Lässt sich – mit dem Einsatz von Dtn 8,3 und insbesondere von Dtn 8,3 LXX – eine Nähe des Mt zu dieser Tradition aussagen?

Dtn 8,3 (Targum Onkelos)	Dtn 8,3 (Targum Pseudo-Jonathan)
ועניך ואכפנך ואוכלך ית מנא דלא ידעתא ולא ידעו אבהתך בדיל להודעותך ארי לא על לחמא בלחודוהי מתקיים אנשא ארי על כ ל אפקות מימר מן קדם יוי חיי אנשא:	ועניך ואכפנך ואוכלך ית מנא דלא ידעתון ולא ידעון אבהתך מן בגלל להודעותך ארום לא על לחמא בלחודוי חיי בר נשא ארום על כל מה דאתברי על מימרא דייי חיי בר נשא

33 Vgl. dazu Boyarin (wie Anm. 8), 113-119 u. ö.

Und er demütigte dich und ließ dich hungern und speiste dich mit Manna, das du nicht kanntest und das deine Vorfahren nicht kannten; um dir kundzutun, dass der Mensch nicht allein vom Brot erhalten wird, sondern von allem, was als *Wort* (memar) von vor dem HERRN hervorgeht, lebt der Mensch.	Und er demütigte dich und ließ dich hungern und speiste dich mit Manna, das du nicht kanntest und das deine Vorfahren nicht kannten; um dir kundzutun, dass der Mensch nicht vom Brot allein lebt, sondern von allem, was das *Wort* (memra) des HERRN schafft, lebt der Mensch.

Targum Onkelos arbeitet zwei Verständnisebenen von „Leben" heraus, indem er auf der Ebene der alltäglichen Ernährung lediglich von „erhalten werden, existieren (מתקיים)" spricht, und nur in Bezug auf das von Gott hervorgehende Wort vom „Leben (חיי)" des Menschen. Targum Pseudo-Jonathan geht noch weiter und hebt mit der Wurzel ברי (hebr.: ברא) das schöpferische Potential des Memra hervor. Mt setzt einen anderen Schwerpunkt als die Targumim: Während diese das Memra als göttliche Hypostase zeigen wollen, ist es bei Mt Jesus, der gleichsam als eine Mittlergestalt auf das Wort Gottes verweist. Auch dies verweist wieder auf Mose. Durch das dreimalige Zitieren aus Dtn lässt Mt Jesus den Pentateuch unmissverständlich als heilige Schrift bezeichnen. Mt setzt auf diese Weise einen deutlichen hermeneutischen Akzent: Es geht ihm nicht um das „Wort Gottes" in einem charismatischen Sinn, sondern um den Hinweis Jesu auf einen konkreten heiligen Text. Die Frage nach dem unmittelbaren Vertrauen auf Gott in materiellen Notlagen wird damit transformiert und es geht nun zusammen mit der Darstellung Jesu als Messias um die identitätsstiftende Bindung an den heiligen Text im jüdischen Sinn, die den Rezipierenden eingeschärft werden soll.

Eine auf ein bestimmtes Textkorpus bezogene Interpretation von Dtn 8,3 vertritt auch der tannaitische Midrasch. Die Akzentuierung, dass es sich bei dem, „was aus dem Mund Gottes hervorgeht" nicht nur um irgendeine verbale oder nonverbale Anordnung, sondern um das abgrenzbare und autoritative Wort der Tora im rabbinischen Sinn handelt, findet sich beispielsweise in Sifr Dtn § 48 zu Dtn 11,22:

> *Denn wenn ihr dieses ganze Gebot gewiss erfüllen werdet* (Dtn 11,22).
> (…) Dass du nicht sagen sollst: Siehe, ich lerne einen schwierigen Abschnitt und lasse den leichten weg! Die Schrift sagt (Dtn 32,47): *Denn es ist kein leeres Wort für euch* – das Wort, von dem ihr sagt, es ist leer, *es ist euer Leben.* Dass du nicht sagen sollst: Ich habe Halachot gelernt, es ist mir genug! Die Schrift sagt (Dtn

> 27,1): *Gebot* – das Gebot; das ganze Gebot lerne, Midrasch, Halachot und Aggadot, denn ebenso sagt er (Dtn 8,3): *Denn nicht vom Brot allein soll der Mensch leben* – das ist der Midrasch, *sondern von allem aus dem Mund des HERRN Hervorgehenden* – das sind Halachot und Aggadot.

Hier wird Dtn 8,3 im Sinne der Kategorisierung der rabbinischen Tora gelesen: „Midrasch" ist die Schrift mit ihrer Auslegung, zu der „Halachot und Aggadot" im Sinne des weiteren rabbinischen Traditionsmaterials treten, wodurch letzteres dem ersteren gleichgestellt wird und beide unter dem Begriff des „ganzen Gebotes" erfasst sind.

In der folgenden Interpretation zu Ex 16,4 aus MekhY Wajassa 2 werden anhand der Erzählung vom Manna in der Wüste die Themen „Ernährung" und „Tora" zusammengebracht, doch wieder so, dass das Bedürfnis nach dem „Wort Gottes" das Bedürfnis nach Nahrung mit umfasst:

> *Die Sache des Tages an seinem Tag* (Ex 16,4bα). (…) Rabbi Elasar aus Modiin pflegte zu sagen: Jeder der für heute etwas zu essen hat und spricht: Was werde ich morgen essen? ist kleingläubig, denn es ist gesagt (14bβ): *Damit ich es prüfe, ob es in meiner Tora wandelt oder nicht.*
>
> Rabbi Jehoschua sagt: Wenn ein Mensch zwei Halachot am Morgen und zwei am Abend lernt und sich den ganzen Tag mit seiner Arbeit beschäftigt, rechnet man es ihm an, als hätte er die ganze Tora erfüllt.
>
> Von da aus pflegte Rabbi Schimon ben Jochai zu sagen: Die Tora wurde, um sie auszulegen, nur den Manna-Essenden gegeben. Wie das? Da saß einer und legte aus und wusste nicht, wo er zu essen und zu trinken bekommen sollte, woher er sich kleiden und bedecken sollte. So (ist es gemeint:) die Tora wurde, um sie auszulegen, nur den Manna-Essenden gegeben; und nach ihnen kommen die, die *teruma* (Priesterhebe) essen.

Der Ausspruch des Rabbi Jehoschua ist dabei als Parallele zu der ersten, Rabbi Elasar aus Modiin zugeschriebenen Aussage (die an Mt 6,34 erinnert), konstruiert: Wie man sich nicht sorgen soll, ob man morgen noch genug zu essen hat, so soll man umgekehrt auch nicht ängstlich sein, die Tora gegenüber der Erwerbstätigkeit vernachlässigt zu haben. In beiden Fällen soll man darauf vertrauen, dass das, was man hat bzw. getan hat, ausreicht. Diese Haltung wird schließlich grundsätzlich mit der Tora in Verbindung gebracht; Tora auszulegen erfordert geradezu, so der dritte Ausspruch, ein Bewusstsein der Abhängigkeit und Ungesichertheit, wobei die Rabbinen (ihre eigene) Zurückstellung der Berufsarbeit zugunsten des Torastudiums mit der Abhängigkeit der Priester von den eingehenden Opfergaben auf einer Linie sehen, jene aber dieser voranstellen. Hier wie im Kontext der Versuchungsgeschichte wird vom heiligen Text als einer identitätsstiftenden Größe gesprochen, die eine umfassendere Kategorie als die tägliche Nahrung darstellt.

2.3 Ausblick auf Tempel und Land

Es fällt auf, dass in MekhY in die Auslegung von Ex 17,1-16 (Versuchung Gottes durch Israel, Auseinandersetzung mit Amalek) eine Passage integriert wird, die Dtn 3,23-26 aufgreift, d. h. die in Num 20 angekündigte Konsequenz behandelt. Dieser Text ist ein Beispiel dafür, dass auch in der rabbinischen Schriftinterpretation Ex 17 und Num 20 zusammen gelesen bzw. ineinander eingeschrieben gedacht werden. In MekhY Amalek 2 heißt es zu Ex 17,14:[34]

> *Und lege es in die Ohren des Josua.* (…) Damit sagte man zu ihm: Josua wird Israel in das Land hineinführen. Und am Ende steht Mose da und fleht, wie gesagt ist (Dtn 3,23): *Und zu jener Zeit flehte ich zum HERRN.*
>
> Gleichnis eines Königs, der über seinen Sohn verhängte, dass er nicht mit ihm in seinen Palast eintreten sollte. Er trat durch die erste Pforte und man schwieg über ihn. Durch die zweite – man schwieg über ihn. Durch die dritte – man tadelte ihn. Man sagte zu ihm: Es ist genug für dich bis hierher (vgl. Dtn 3,26)!
>
> So als Mose das Land der zwei Völker, das Land des Sichon und des Og eroberte und es den Rubeniten und den Gaditen und dem halben Stamm Manasse gab, sprach man zu ihm: Es scheint, dass diese Anordnung nur bedingt verhängt wurde, werden doch auch wir nur bedingt gerichtet. Da sprach Mose vor dem Heiligen, der gesegnet ist:
>
>> „Herr der Welt, vielleicht sind deine Wege wie die Wege von Fleisch und Blut: Ordnet ein Statthalter (אפוטרופוס / ἐπίτροπος)[35] etwas an, hebt der Causidicus (קלידיקוס / δικόλογος)[36] es wieder auf, ordnet der Causidicus etwas an, hebt der Dekurio (דיקוריון) es wieder auf, ordnet der Dekurio etwas an, hebt der Hegemon (היגמון) es wieder auf, ordnet der Hegemon etwas an, hebt der

---

34 Ex 17,4: *Und der HERR sprach zu Mose: Schreibe dies zur Erinnerung in ein Buch* ***und lege es in die Ohren des Josua****, dass ich das Andenken an Amalek gewiss unter dem Himmel auslöschen werde.*

35 Die folgenden Funktionsbezeichnungen sind übernommen aus: Z. Frankel, Geist der palästinischen und babylonischen Hagada, MGWJ 1854, Heft 5, 191-196, hier: 192-193.

36 Nach Frankel müsste es hier richtig heissen: דיקילקוס / dikologos, ebd. 193.

Präfekt (אפארכוס / ἔπαρχος) es wieder auf, ordnet der Präfekt etwas an, hebt der Konsul (איפטיקוס / ὑπάτικος) es wieder auf, ordnet der Konsul etwas an, kommt der große Herrscher (המושל הגדול)[37] und hebt das von ihnen allen (Angeordnete) wieder auf, weil sie einer dem anderen übergeordnet sind, wie gesagt ist (Koh 5,7): *denn ein Hoher wacht über einen anderen Hohen.*

Vielleicht sind deine Wege wie ihre Wege? *Denn wer ist ein Gott im Himmel und auf Erden, der es deinen Werken und deinen Großtaten gleichtun könnte* (Dtn 3,24b)? *Deinen Werken* – in Ägypten, *deinen Großtaten* – am Meer; *deinen Werken* – am Meer, *deinen Großtaten* – am Arnonfluss. *Ich will doch hinübergehen und sehen usw.* (Dtn 3,25). *„Doch“* ist immer ein Ausdruck der Bitte. *Ich will dieses gute Land sehen* (ebd.) – das ist das Land Israel, *diesen guten Berg* (ebd.) – das ist der Berg des Königs, *und den Libanon* (ebd.) – das ist der Tempel, denn es ist gesagt (Sach 11,1): *Öffne, Libanon, deine Tore* usw.; und er schreibt (Jes 10,34): *Und der Libanon wird durch einen Mächtigen fallen.*“

Und der HERR wurde zornig durch mich (Dtn 3,26a). Rabbi Elasar ben Schammua sagt: *„Durch mich“* ist ein starker Ausdruck, der für Fleisch und Blut nicht möglich gewesen wäre zu sagen. Dass ihr nicht etwa sagt: „für mich“ – die Schrift sagt (ebd.): *um euretwillen* – für euch, und nicht für mich; ihr habt mir verursacht, dass ich nicht in das Land Israel hineinkommen werde. *Und der HERR sprach zu mir: Genug für dich* (Dtn 3,26b)! D. h., man sprach zu ihm: genug für dich bis hierher! Rabbi Jehoschua sagt: *Genug für dich* – genug für dich für die kommende Welt!

Die Passage beginnt damit, dass von Ex 17,14 aus direkt auf Dtn 3,23ff geschlossen wird. In ergreifender Weise wird dargestellt, wie Mose versucht, die Unabänderlichkeit der Anordnung Gottes doch noch in Frage zu stellen – obwohl er weiß: die Chance, dass eine göttliche Anordnung verloren geht oder nur bedingt zu erfüllen ist, ist sehr gering, verglichen damit, wie die Hierarchiestufen der römischen Verwaltung einander entgegenarbeiten![38] Das Unvorstellbare, dass Mose mit seinen Bitten bei Gott nicht erfolgreich ist, wird schließlich mit Dtn 3,26a so gedeutet, dass Mose den göttlichen Zorn zugunsten des Volkes auf sich genommen hatte, bzw. dass er ohnehin genug getan hätte, um in die kommende Welt eingehen zu können.

---

37 Augustus.

38 Aus heutiger Sicht gibt es dem Text eine fast humorvolle Note, dass die Rabbinen Mose gegenüber Gott Vergleiche aus dem Bereich der römischen Verwaltung gebrauchen lassen. Dies ist ein Hinweis auf den unhinterfragten Anspruch der Zeitlosigkeit, der dem biblischen Text in seiner Buchstabengestalt aus rabbinischer Sicht zukommt.

Die Platzierung dieses Stoffes im Zusammenhang mit Ex 17,14 ermöglicht es auch an dieser Stelle, den kritischen Blick auf die Gestalt des Mose mit einem positiven Aspekt zu verbinden, mit dem Sieg über Amalek, der durch die erhobenen Hände des Mose zustande kam (Ex 17,11-13).[39] In MekhY wie in den Parallelüberlieferungen wird diese dem Mose scheinbar abträgliche Tradition mit Material kombiniert, das seine herausragenden und übermenschlichen Qualitäten betont. Auch, dass Mose im Gleichnis als „Sohn des Königs" bezeichnet wird, muss in diesem Sinn gelesen werden. Doch noch aus einem weiteren Grund ist dieses rabbinische Auslegungsmaterial in unserem Zusammenhang bedeutsam. In diesem Text wird selbstverständlich mitgeteilt, dass Mose darum bat, *das Land, den Ort der Königsherrschaft und den Tempel* zu sehen. Dies kann als ein weiterer Hinweis auf den hier vorgeschlagenen intertextuellen Zusammenhang gelesen werden: Mose will den Tempel und das Land sehen – in SifrDtn § 338 (zu Dtn 32,49) handelt es sich sogar um einen universalen, zeit- und grenzenlosen Blick auf die gesamte Schöpfung.

Der Vers Dtn 3,25 wird in MekhY Amalek 2 wie überhaupt in der rabbinischen Überlieferung als ein auf den Tempel verweisendes Signal gelesen. Er löst hier wie auch an anderen Stellen die Zitation weiterer Verse, in denen der Terminus „Libanon" ebenfalls auf den Tempel bezogen wird, aus.[40] Auch Targum Onkelos und Targum Pseudo-Jonathan

---

[39] In SifrNum §§ 134-135 werden z. T. dieselben Motive wie in dem hier vorgestellten Mekhiltaabschnitt präsentiert. Auch dort wird das Material nicht mit Num 20 verknüpft. SifrNum kommentiert Num 20 nicht, sondern setzt nach Kap. 19 erst wieder mit 25,1 ein. Der Kommentar wechselt nach Num 27,11 mit Num 27,12 zu Dtn 32,49, die Zitation: *Steige auf diesen Berg Abarim, den Berg Nebo* kann als Mischform aus beiden Versen gelesen werden. Im Anschluss daran werden in einem Exkurs Dtn 3,23-29 und im selben Abschnitt Dtn 34,4 kommentiert, bevor mit Num 27,13 der ursprüngliche Text wieder aufgenommen wird. Vgl. dazu Dagmar Börner-Klein, Der Midrasch Sifre zu Numeri, Stuttgart 1997, 562-564. Vgl. auch SifrDtn §§ 28-29.338.357.

[40] Die bekannteste dieser Zitationen ist Jes 10,34 in der Gründungslegende des rabbinischen Judentums, der Erzählung vom Erscheinen des Rabbi Jochanan ben Sakkai vor Vespasian (ARN A 4; bGittin 56a.b). Vermutlich spielt auch Josephus in Bell VI 5,4 auf Jes 10,34 (mit 11,1) an. Sach 11,1 wird ebenfalls als Prophezeiung der Tempelzerstörung gelesen, vgl. z. B. ARN B 4; bJoma 39b. In SifrDtn wird im Zusammenhang mit Dtn 3,25 die Verse Jer 22,6 und Jes 1,18 zitiert. Zur Entstehung der Metapher „Libanon" für den Tempel vgl. S. Japhet, „Lebanon" in the Transition from Derash to Peshat: Sources, Etymology and Meaning (with special attention to

lesen in Dtn 3,25 „Libanon“ als „Tempel“, wobei Targum Pseudo-Jonathan wieder die literarisch am meisten ausgeformte Lesart aufweist:[41]

Targum Pseudo-Jonathan Dtn 3,25	
אעיבר כדון ואחמי ית ארעא טבתא דבעיברא דיורדנא	Ich will jetzt hinübergehen und das gute Land jenseits des Jordan sehen,
טוורא טבתא דנן דביה מתבניא קרתא דירושלם	diesen guten Berg, auf dem die Stadt Jerusalem gebaut wird,
וטוור ליבנן דביה עתיד למישרי שכינתא	und den Berg Libanon, auf dem zukünftig die Schekhina weilen wird.

Eine andere Version dieses Zusammenhanges findet sich bei Pseudo-Philo (LAB 19). Der Autor erwähnt Num 20 ebenfalls nicht und begründet die biblische Vorgabe, dass Mose das Land nicht betreten solle, damit, dass er nicht die Kultbilder sehen solle, die das Volk dereinst dort errichten werde:

> Dir aber will ich das Land zeigen, bevor du stirbst, aber dort hineingehen wirst du nicht in dieser Weltzeit, damit du nicht die Bilder sehest, durch die dieses Volk sich betrügen und ablenken lassen wird. Und ich werde dir den Ort zeigen, an dem sie mir dienen werden 740 Jahre (LAB 19,7).[42]

Im selben Kapitel wird der Blick des Mose auf das Land geschildert und auch dort der Tempel erwähnt:

> Dann zeigte ihm der Herr das Land und alles, was darin ist, und sagte: „Dies ist das Land, das ich meinem Volke geben werde.“ Und er zeigte ihm den Ort, von dem die Wolken das Wasser heraufnehmen, um die ganze Erde zu bewässern, und (er zeigte) den Ort, woher der Fluss die Bewässerung empfängt, und das Land Ägyptens und den Ort des Firmaments, woher allein das heilige Land trinkt. Und er zeigte ihm den Ort, woher das Manna für das Volk (herab-)regnete, bis zu den Pfaden des Paradieses. Und er zeigte ihm die Maße des Heiligtums und die Zahl der Darbringungen und die Zeichen, mit denen sie beginnen werden, den Himmel zu betrachten (LAB 19,10).[43]

Aus den hier angeführten Zusammenhängen lässt sich schließen, dass innerhalb der Versuchungsgeschichte die Aneinanderreihung der Orte,

---

the Song of Songs), in: Emanuel. Studies in Hebrew Bible, Septuagint and Dead Sea Scrolls, Leiden 2003, 707-724.

41 Ebd., 708-709.

42 Zitiert nach: Chr. Dietzfelbinger, Liber Antiquitatum Biblicarum, JSHRZ II, 151.

43 Ebd., 152-153.

auf die Jesus blicken soll, „Tempel“ und „Herrschaftsgebiete / Welt“ nicht allein ein Entwurf des Mt ist. Sie ist vielmehr im Rahmen der angewendeten Mose-Rhetorik zu lesen und steht im Kontext der Rezeption des biblischen Motivs des Blicks des Mose über das versprochene Land unmittelbar vor seinem Tod. Auch hier ist die erwähnte Mose-Messias-Typologie zu erkennen (vgl. oben 2.1.), innerhalb derer der Messias zwar bedeutsamer ist als Mose, dieser aber vorgibt, in welchen Strukturen die endzeitlichen Ereignisse vorzustellen seien.

3. Tora, Tempel und „alle Reiche dieser Welt“: Vernetzung von Mt 4,1-11 innerhalb des MtEv

Es würde in diesem Rahmen zu weit führen, die Verortung der Versuchungsgeschichte im Rahmen des gesamten Mt ausführlich zu behandeln. Doch ist festzuhalten, dass Mt 4,1-11 in Bezug auf die Charakterisierung der öffentlichen Wirksamkeit Jesu Weichen stellt. Nur einige Vernetzungen der Versuchungsgeschichte innerhalb des gesamten MtEv sollen hier skizziert werden:

(1) Legitimierung Jesu durch die Tora: Die Wunder, von denen Mt berichtet – insbesondere die Brotwunder! – können nach Mt 4,1-11 als durch das Wort der Tora legitimiert angesehen werden. Dies steht im Kontext dessen, dass das Auftreten Jesu im MtEv grundsätzlich als ausstehende Aktualisierung der *Schrift* dargestellt wird. Insofern muss auch eine Linie von Mt 4,4 zu 5,17 gezogen werden. Ebenso wie in der frühjüdischen Überlieferung ein Querverweis vom Manna auf das Wort der Tora wahrgenommen wird, inszeniert auch Mt eine solche Verbindung. Dass sich Jesus in dieser Perikope gleichsam selbst legitimiert, indem er das Wort der Tora richtig anwendet, muss auch als Verweis auf die vorausgegangene Autorisierung durch die Himmelsstimme (Mt 3,17) bzw. als ihre Bestätigung angesehen werden.

(2) Beginn und Ende einer Ära: Wie die jüdische Überlieferung betont, dass Mose das Volk durch einen bestimmten Zeitabschnitt führte, so ist auch für Mt der *Zeitraum* der Wirksamkeit Jesu von Bedeutung. In diesem Sinn könnte man einen Bogen von der Versuchungsgeschichte zum Ende des MtEv schlagen; damit wäre im MtEv die

Struktur des Buches Dtn aufgenommen, an dessen Anfang und Ende der Blick des Mose über das versprochene Land steht, eine Struktur, die dort den Rahmen für eine Wiederholung des Narrativs Israels bildet. Immerhin wird der Blick Jesu über „alle Reiche dieser Welt“ (4,4) am Ende des MtEv wieder aufgegriffen, indem Jesus – der nun „alle Macht im Himmel und auf Erden“ (28,19) hat! – seine Jünger beauftragt, in seinem Namen tätig zu werden. Die Aufforderung an Israel, in das Land hineinzuziehen, bildet den Abschluss des Buches Dtn – in Mt 28,19 werden die Jünger aufgefordert, in die „ganze Welt“ hinauszugehen. Auch das Motiv des Lehrens bzw. Lernens und Bewahrens des Gebotenen spielt in beiden Zusammenhängen eine Rolle. Das gesamte MtEv wäre damit im Zeitraum des Blickes des Mose auf das Land angesiedelt.

(3) Der Tempel als zerstörtes Zentrum: Auch die Stellung des Mt zum Tempel bildet sich in der Versuchungsgeschichte ab. Wenn in Mt 26,61 und 28,40 die Person Jesu mit dem Tempel identifiziert wird, ist das Ansinnen von Mt 4,5-6 mehr als ein waghalsiges Experiment: Es wäre vielmehr die Inszenierung dessen, dass der „Tempel“ sich selbst töten würde, eine Demonstration des Zusammenbrechens des Narrativs Israels als eines Narrativs des Vertrauens. Mt führt den magischen Gebrauchs des Psalmverses 91,11-12 als selbstzerstörerisch vor und lässt Jesus das alltägliche Halten der Gebote dagegenhalten (Dtn 6,17-19; vgl. auch Mt 28,20a!). Die Passage Mt 4,5-7 lässt sich, da sie auf 4,3-4 folgt, als Deutung dieser Verse lesen, in dem Sinn, dass nur eine „richtige“, d. h. auf den gesamten biblischen Narrativ bezogene Anwendung des Gotteswortes, Leben hervorbringt und fördert. Mt 4,5-7 lässt sich aber auch politisch verstehen: als Kritik an einer Haltung, die die Realität ignoriert und unter allen Umständen „göttlichen Schutz“ für selbstverständlich hält. Angesichts der Tempelzerstörung wäre dies die Aufforderung, gemäßigt und gefasst zu bleiben und keinem „Wundertäter“ zu folgen. Das verweist auf die in Mt 24,24 ausgesprochene Warnung vor „falschen Messiassen und falschen Propheten“, die große Zeichen und Wunder tun, um so, wenn möglich, auch die Auserwählten zu verführen (!)“. Sich auf Rezeption und Praxis der Tora zu konzentrieren hält Mt für nachhaltiger und zielführender. Er kritisiert Elemente

der aktuellen Tempelpraxis als fehlgeleitet (21,12-13)[44] und stellt die ethischen Aspekte seiner jüdischen Tradition gegenüber den kultischen in den Vordergrund. Die Tempelzerstörung selbst ist für ihn jedoch ein zutiefst schmerzliches und einschneidendes Ereignis. Obwohl am Schluss des MtEv die Bedeutung Jesu die Bedeutung des Tempels übersteigt – der Tempel wird nach 27,51 nicht mehr erwähnt – und sich der Ort des Geschehens nach Galiläa verlagert, wird dies nie im Sinne einer inhaltlichen Überlegenheit Jesu über den Tempel kommuniziert.

4. Zusammenfassung: Literarische Möglichkeiten der hermeneutica sacra

Die Strukturierung seiner Erzählung durch Schriftzitate gibt Mt die Möglichkeiten, die der Midrasch bietet: Schriftverse neu zu deuten, Verknüpfungen zwischen den eigenen Inhalten und den Versen herzustellen und zu etablieren. Bei Mt wird freilich die Schriftdeutung durch den übergreifenden Narrativ des Evangeliums determiniert, was die mt Texte vom rabbinischen Midrasch unterscheidet, in dem – formal wenigstens – die Schriftverse der Ausgangspunkt des Geschehens sind.

Die implizite Bezugnahme auf Mose, den „ersten Erlöser“, ermöglicht es Mt, die Rezeption der Gestalt Jesu von Beginn an in bestimmte Bahnen zu lenken, d. h. Jesus mit unüberholbarer Bedeutung und Wirkmächtigkeit auszustatten. Mt betont dabei die Fähigkeit Jesu wie des Mose, das Wort Gottes richtig anzuwenden und sich einer vordergründigen, nur scheinbaren Problemlösung – die letztlich tödlich wäre – zu verweigern. Charismatischen Wundern wird die alltägliche Praxis der Gebote entgegengehalten. Um dies herauszuarbeiten greift Mt indirekt auf Num 20 zurück, eine Situation, in der Mose, gerade was die Anwendung des Gotteswortes betraf, einen folgenschweren Fehler beging. Dieser biblische Erzählstoff wird in der frühjüdischen Bibelrezeption nur mit äußerster Vorsicht behandelt bzw. sogar ausgespart. Mt bietet das Eingreifen an dieser Stelle, an der das Ende der Wirkungszeit

---

[44] Dies lässt sich im Kontext einer selbstkritischen Reflexion der Tempelzerstörung lesen wie sie in der rabbinischen Überlieferung begegnet.

des Mose erstmalig angedeutet wird, die Möglichkeit, Jesus gleichsam an die Stelle des Mose treten zu lassen und der Situation einen anderen Ausgang zu geben. Die zeitliche Abfolge Mose-Jesus ist im Sinne des rabbinischen Modells vom „ersten“ und „letzten Erlöser“ zu verstehen, keinesfalls in einem antithetischen Sinn. Dies ist sowohl deshalb ausgeschlossen, da Mt auf Mose verweisende rhetorische Elemente durchgängig positiv, d. h. um die Bedeutung Jesu zu untermauern, einsetzt, als auch wegen der hohen und uneingeschränkten Verehrung, die Mose im frühjüdischen Interpretationskontext zuteil wurde.

Indem Mt die Gestalt Jesu im idealen Einklang mit der Tora darstellt, nimmt er gleichzeitig politischen Einfluss auf die Rezipierenden. Er distanziert sich und die, die ihm folgen wollen, von einem kämpferischen Messiasverständnis, das schnelle Lösungen anstrebt. Ähnlich wie die rabbinische Bewegung plädiert er statt dessen für eine nachhaltige Lösung, ein Leben im Einklang mit den Geboten. Den sozialen und ethischen unter ihnen gibt er dabei Priorität vor den kultischen und mahnt zu einer bescheidenen Lebensführung. Die Verbreitung dieses Konzepts mittels der Person und Geschichte Jesu stellt für ihn die Realisierung und Weiterführung der Tora und des Narrativs Israels dar.

„Geistlicher“ sein und geistliche Erfahrungen sammeln

Bibelarbeit zu Mt 17,1-9[1]

Wolfgang Ratzmann

In einem Brief, den Christoph Kähler im März 2007, in einer Zeit der intensiven Diskussionen über notwendige Strukturveränderungen der Kirche auf allen Ebenen, nach Abschluss einer Besuchskette in den Konventen seiner Landeskirche an deren Teilnehmerinnen und Teilnehmer schrieb, heißt es: „Doch die ohne Zweifel uns alle umtreibende Frage lautet: Wie können wir angesichts der weiterwirkenden antikirchlichen Bestrebungen von zwei Diktaturen, der globalen Ökonomisierung unseres Lebens und der neuen Spaltungen unserer Gesellschaft Gottes Recht und Gottes freie Gnade verkünden? Und zwar so, dass Menschen Gottvertrauen fassen und weitergeben? ... Alle Veränderungen, die auf unsere Gemeindeglieder auch in vielen anderen Bereichen ihres Lebens zukommen, stellen zunächst und vor allem eine geistliche Herausforderung dar.“[2]

Es ist gut, wenn in Zeiten, in denen komplizierte Strukturfragen zu lösen sind, zugleich darauf hingewiesen wird, dass auch sie „geistlich“ herausfordern und letztlich „geistlich“ bewältigt werden müssen. Vor dieser Herausforderung stehen Gemeindeglieder ebenso wie Pfarrerinnen und Pfarrer. Denn sie sollen ja, so ein alter Terminus, sozusagen von Berufs wegen „Geistliche“ sein.

Der alte Begriff wirft berechtigte Fragen auf, vor allem die nach dem Unterschied zwischen den ordinierten Geistlichen und den Gemeindegliedern, die nach Röm 8 auch „geistlich“ sind, wenn sie „in Christus“

---

1 In einer ersten Fassung im Herbst 2005 vor den Superintendenten der sächsischen Landeskirche vorgetragen.

2 Brief des Landesbischofs an die Teilnehmer der Hauptkonvente der Ev.-Luth. Landeskirche in Thüringen vom 9. 3. 2007, masch.

sind. Aber für genaue amtstheologische Differenzierungen und Klärungen ist hier nicht der Ort. Es soll genügen festzuhalten: Auch heute noch erwarten die Menschen, dass Pfarrerinnen und Pfarrer in besonderer Weise für geistliches Fragen und geistliche Erfahrungen offen sind und dass sie – zwar nicht die einzigen, aber doch mindestens auch – sachkundige Experten für „Spiritualität" sind. Das modisch-changierende Wort „spirituell" meint ja zunächst nichts anderes als der deutsche Begriff „geistlich".

Das Verständnis für diese pastorale Aufgabe ist in der letzten Zeit auch in der akademischen Theologie gewachsen. Manfred Josuttis hat deswegen in seiner Pastoraltheologie den Pfarrer als „Führer in die verborgene Zone des Heiligen" beschrieben und sich dabei eng an das katholische Bild vom „Mystagogen" angelehnt.[3]

Auch wenn man die spirituelle Aufgabe des Pfarrers bzw. der Pfarrerin nicht so verabsolutiert wie Josuttis, wird man dennoch nicht leugnen können, dass sie in der Tat die Aufgabe wahrzunehmen haben, Menschen bei ihrer Suche nach Gott sachkundig zu begleiten, und dass sie eine solche Begleitung nicht leisten können, wenn sie nicht selbst auch eigene spirituelle Erfahrungen gemacht haben. Pfarrer und Pfarrerinnen sollen Geistliche sein und deshalb über eigene geistliche Erfahrungen und Einsichten verfügen. Was aber sind „geistliche Erfahrungen"? Ich möchte dieser Frage anhand eines Textes aus dem Matthäusevangelium nachgehen, in dem wesentliche Einsichten in „das Geistliche" narrativ verschlüsselt sind: Kap. 17,1-9.

1. Eine hermeneutische Vorbemerkung

Mit welcher hermeneutischen Einstellung lesen wir einen solchen Text? Wir merken sicher, wie viel Fremdes er enthält. Wie soll man sich das vorstellen, dass Jesus „verklärt" wurde? Ist das ein innerpsychisches oder ein äußerlich-reales Phänomen? Da ertönt eine Stimme aus einer lichten Wolke. Ist das nicht ausgesprochen weltbildhaft geprägt, was da erzählt wird? Da will einer Hütten für Mose und Elia bauen. Wir haben

[3] M. Josuttis, Die Einführung in das Leben, Gütersloh 1996, bes. 18-20.

wohl ganz andere Zukunftshoffnungen. Und vor allem: Da bricht in die Weltwirklichkeit der Jünger die Gotteswirklichkeit herein. Wie kann das geschehen? Der Text ist uns in vielem fremd, auch wenn wir über ihn schon oft nachgedacht und vielleicht auch mehrmals gepredigt haben.

Angesichts solcher Fremdheit haben wir unsere jeweiligen hermeneutischen Schlüssel entwickelt, um die Texte zu öffnen, um sie verstehen zu können und um ihren sachlich-spirituellen Gehalt auch anderen weitergeben zu können:

- Der Schlüssel der Bultmann-Schule und der sich daran anschließenden hermeneutischen Theologie war, danach zu suchen, welches Existenz- und Menschenverständnis sich in einem solchen Text ausdrückt.
- Der Schlüssel von Ernst Lange und der von ihm begründeten Predigtstudien war der der „Kommunikation des Evangeliums": in einem geordneten homiletischen Verfahren das herauszufiltern, was sich auf die Situation der heutigen Lebenswelt beziehen lässt und so Tradition und Situation zu „ver-sprechen".
- Der gegenwärtig populärste Schlüssel vieler Predigten in der Praxis ist demgegenüber vermutlich der der Assoziation: Einzelne Wendungen oder Bilder aus einem Text herauszugreifen, die Interesse wecken und zu denen sich Gegenwartsbeziehungen herstellen lassen, und andere Textteile, die sich als sperrig erweisen, eher beiseite zu lassen.

Das Gemeinsame bei diesen unterschiedlichen hermeneutischen Ansätzen, über deren gewiss unterschiedliche Qualität ich jetzt gar nicht urteilen will, ist vermutlich, dass der Text als alt und fremd gilt, und dass man ihn deswegen „übersetzen", „verständlich machen", plausibilisieren muss, um ihn für uns zu „retten". Aber manchmal endeten und enden solche Plausibilisierungsversuche in sehr platten Allerweltswahrheiten, die man wohl auch ohne diesen Text gewusst hätte. Ich denke vor allem an manche religionspädagogischen Wege zur Bibel in themenorientierten didaktischen Rahmenplänen, die die alten Texte verständlich und relevant machen wollen und die am Ende dennoch nur zu einer Bibeldistanz von Kindern und Jugendlichen beitragen. Oder ich denke an manche miterlebte und gehörte Predigt von Studierenden oder sogar von routinierten Predigern oder Predigerinnen.

In den letzten Jahren mehren sich die Stimmen, die vor einer Hermeneutik warnen, die von der „Wut des Verstehens“ geprägt ist,[4] d. h. von einem Verstehenwollen um jeden Preis, auch um den Preis des Textes. Kann man fremde Texte verstehen, wenn man in sie einzudringen sucht mit einer Mentalität des Eroberns, das Ausbeutens? Muss man nicht das Geheimnis des Fremden respektieren lernen, wenn man dem Verstehen wirklich eine Chance geben will? Hans Weder beendet deshalb seine „Neutestamentliche Hermeneutik“ mit einem Plädoyer für den Text als „fremden Gast“, der nicht einfach an unser Verstehen nach dem Brauchbarkeitskriterium assimiliert werden darf.[5] Was das praktisch heißen könnte, habe ich vor vielen Jahren einmal in einer Auslegung der Jungfrauengeburtsgeschichte bei Jörg Zink gelesen. Da findet sich der Satz: „Ich persönlich möchte annehmen, dass in die zauberhafte Geschichte sehr viel mehr Einsicht gefasst ist, als wir kopflastigen, verbildeten Mitteleuropäer in unserer intellektuellen Armut ihr bestenfalls entgegenbringen“. Und deshalb nähert er sich der Geschichte sehr aufmerksam und behutsam, mit viel Respekt vor der ganz anderen Weise, erzählend in Worte zu fassen, wie ein endlicher Mensch fähig wurde, das Unendliche und Göttliche zu fassen.[6]

Mit einem solchen aufmerksamen Respekt möchte ich gern auch mit unserem Text umgehen, und ich möchte es lernen, generell im Umgang mit biblischen Texten viel mehr ihr Geheimnis zu achten und sie nicht zu schnell meinen hermeneutisch-homiletischen Eroberungskünsten auszusetzen – damit sie das Ihre sagen können und nicht nur das, was ich auch vor ihnen schon längst wusste. Wenn wir diese Verse befragen, welche geistlichen Erfahrungen Menschen an der Seite Jesu machen, dann werden wir sie weder „voll ausschöpfen“ können, noch werden wir dann auf alle intellektuellen Fragen eine zufriedenstellende Antwort wissen – z. B. auf die Frage, ob die Verklärung Jesu ein innerpsychisches oder ein außerpsychisches Phänomen war.

---

4 J. Hörisch, Die Wut des Verstehens. Zur Kritik der Hermeneutik 1988 bzw. 1998, zit. von M. Nicol, Fremde Botschaft Bibel, PTh 93, 2004, 264-279, Zit. 268.

5 H. Weder, Neutestamentliche Hermeneutik, Zürich 1986, 428-435.

6 J. Zink, Erfahrung mit Gott. Einübung in den christlichen Glauben, Stuttgart 1974, 308-314, Zit. 312.

2. Zum Kontext

Schon ein flüchtiger Blick in die Lutherbibel mit den fett gedruckten Überschriften und Sprüchen lehrt uns zu sehen, in welchem Kontext die Geschichte steht: zwischen der ersten und der zweiten Ankündigung von Jesu Leiden und Auferstehung. Und unmittelbar voran geht der Ruf Jesu in die Nachfolge: „Will mir jemand nachfolgen, der verleugne sich selbst und nehme sein Kreuz auf sich und folge mir ...“ (Mt 16,24). Warum ist das wichtig?

Weil unsere Erzählung von der besonderen geistlichen Erfahrung einzelner Jünger mit Jesus dann einen anderen Sitz im Leben, im Christenleben, bekommt. Die Jünger sind von sich aus offensichtlich keine Experten in spirituellen Angelegenheiten. Sie sind handfeste Leute: Fischer, Tagelöhner, Handwerker. In der Lebensgemeinschaft mit dem Mann aus Nazareth werden nicht ständig Taizé-Melodien gesungen und wird nicht Weihrauch-Duft geatmet. Da gibt es sehr handfeste Begegnung mit Menschen, die heil werden wollen an Leib oder Seele oder an beidem. Da sind steinige Wege zurückzulegen, Quartiere zu suchen, Streitgespräche durchzustehen. Da wird gepredigt und bisweilen scharf diskutiert. Und da wird keine rosarote Zukunft ausgemalt, sondern ein harter Weg vorausgesetzt: nachfolgen, sich verleugnen, das eigene Kreuz auf sich nehmen, sein Leben finden, indem man es hingibt ... Das ist der Sitz im Leben für die Geschichte mit den exzeptionellen geistlichen Erfahrungen.

Was sind geistliche Erfahrungen nach unserem Text? Mir fällt eine Szene ein, die Fulbert Steffensky einmal erzählt hat: „In Hamburg stoße ich neuerdings öfter auf Gruppen, die sich regelmäßig zu frommen Feiern treffen. Man sitzt in einem Kreis, hat die Schuhe ausgezogen, eine Kerze brennt, ein Blumenstrauß steht in der Mitte. Man singt leise und schöne Lieder, man ist gestimmt. Aber die Gruppe hat kein Thema. Eigentlich ist dies nur Selbstgenuß und Selbsterfahrung. Man feiert sich selbst. Das ist die feine und ästhetische Spiritualität. Es gibt aber eine eher schmutzige Spiritualität, die sich mit den großen Themen des Lebens und seiner Bedrohung verbindet: mit der Sehnsucht nach Frieden, mit dem Kampf gegen die Zerstörungen, die der Mensch plant und anrichtet, mit dem Kampf um die Erhaltung des Lebens, mit dem

Kampf gegen die Unterdrückung des Menschen durch den Menschen. Die diese Spiritualität versuchen, wissen, wofür sie beten, fasten, beichten, schweigen, singen. Es sind Menschen mit einem großen Durst nach Leben. Sie leiden an dem, was dem Leben angetan wird. Und darum schreien und singen und beten sie ...“[7]

Der relativ stark politische Akzent in diesem Zitat ist nicht das Entscheidende. Wer Nachfolge zu leben versucht, wird sich nicht aus politischen Fragen heraushalten können. Wichtiger noch ist mir aber die generelle Kontextualisierung des Spirituellen, die Steffensky dabei anspricht.

Diese Einbindung der Sehnsucht nach spiritueller Vergewisserung in den Lebensvollzug in der Nachfolge – und das kann auch der Nachfolgeversuch in einem Pfarrerberuf sein – hält uns unsere Erzählung vor Augen. Was hier zu schauen und zu hören ist, ist für die bestimmt, die sich auf dem Weg der Nachfolge befinden und die erste Schritte hinter Jesus her gegangen sind – hindurch durch den „Schmutz“, den das Leben, den auch die Pfarrerexistenz mit ihren beruflichen und persönlichen Herausforderungen aufwühlt.

3. „Nach sechs Tagen“

Mit diesen drei kleinen Worten beginnt unser Text im engeren Sinne. Da klingt noch einmal der Kontext und das Nachfolgethema an: Alltag, Nachfolge in ihrer unterschiedlichen Gestalt, die eben auch Mühe macht und die einen Menschen ganz fordert. Auch der Pfarrerberuf ist oft sehr „alltäglich“: Zusammenarbeiten mit Menschen, die ihre engen Grenzen haben; Ablehnung und Kritik einstecken müssen; oft von der Arbeit zugeschüttet werden und sich nicht wehren zu können; immer wieder so viel „Uneigentliches“ machen müssen ... Auch von diesem Beruf gilt das nüchterne Wort der Bibel, dass man im Schweiße des Angesichts sein Brot essen soll (Gen 3,19). Er ist in seiner Weise oft schweißtreibend, anstrengend und mitunter frustrierend. Aber genau deshalb liegt in den drei kleinen Worten eine ganz eigene Faszination. Sie sig-

---

[7] F. Steffensky, Feier des Lebens, Stuttgart 1984, 40.

nalisieren eine wohltuende Begrenzung der Alltagserfahrung. Menschen können vieles aushalten, wenn die Macht begrenzt ist, die ihnen zusetzt, wenn deren Ansprüche nicht immer gelten, sondern nur auf eine befristete Zeit: nur für die Dauer von sechs Tagen. Dann hat sie zunächst Pause. Dann ist die Zeit des Sabbat oder des Sonntags.

Friedrich Schleiermacher hat seine Gottesdiensttheorie nicht zuletzt vom Gedanken der Unterbrechung des Alltags her begründet – jedenfalls im Blick auf die sich versammelnde Gemeinde. Die Zeit des wirksamen Handelns wird unterbrochen durch die Zeit, in der das darstellende Handeln zu seinem Recht kommt. Die Arbeit wird vom Fest unterbrochen, von der Teilnahme an Kunst oder religiöser Handlung.[8] Viele moderne Gottesdiensttheorien, die vorwiegend ästhetisch argumentieren, knüpfen nicht zufällig wieder stark an Schleiermachers Kategorien an, weil so spirituelle Betätigung und geistliche Erfahrungen in ihrer Eigenständigkeit und Unverzwecktheit verstanden werden können.

Aber wie ist das bei Pfarrern? Wenn Alltag bedeutet: sich einsetzen, Verantwortung haben, zeigen, was man kann, etwas leisten müssen, dann ist der Sonntag der alltäglichste Tag für Pfarrerinnen und Pfarrer, den sie kennen, der Hauptzeitraum für pastorale Arbeit. Wenn Alltag bedeutet: mit Enttäuschungen leben, oft vermischt mit ein bisschen Anerkennung, dann geschieht das konzentriert auch an diesem Tag, an dem die vielen freien Sitze im Kirchenschiff ihre eigene Sprache sprechen, an dem einem am Ausgang manches Dankeswort, vielleicht aber auch selten etwas Substantielles gesagt wird.

Der Sonntag ist für Pfarrerinnen und Pfarrer eher Alltag, Berufstag, wöchentliche „Saison", und das erst recht dann, wenn man nicht mehr nur einen, sondern mehrere Gottesdienste zu bestreiten hat, wenn man spürt, wie man mit den eigenen Kräften an Grenzen stößt und wenn auch der Sonntagnachmittag nicht mehr frei ist. Wie soll da noch Jesus

---

8 Vgl. Friedrich D. E. Schleiermacher, Die praktische Theologie nach den Grundsätzen der evangelischen Kirche, hg. von J. Frerichs, Berlin 1850, vor allem 70f; eine hilfreiche Zusammenfassung der Gottesdiensttheorie Schleiermachers stellt Dietrich Rössler vor: Unterbrechungen des Lebens. Zur Theorie des Festes bei Schleiermacher, in: P. Cornehl / M.Dutzmann / A.Strauch (Hg.), „... in der Schar derer die da feiern". Feste als Gegenstand praktisch-theologischer Reflexion, Göttingen 1993, 33-40.

auf einen „hohen Berg“ der Gottesgewissheit führen können? Die Konsequenz liegt dann nahe: Auch Pfarrer brauchen Unterbrechungen zur Rekreation ihrer physischen und ihrer geistlichen Kräfte: Urlaubszeiten, Weiterbildungszeiten, Sabbat-Semester, freie Zeiten in der Woche, Zeiten und Orte eigener geistlicher Erfahrung. Die Fachleute zur Bearbeitung des „Burn-out-Syndroms“ wissen das sehr genau, dass es auf Dauer nicht gut geht, wenn Menschen immer nur geben, aber kaum selbst empfangen, wenn sie immer nur aktiv sein müssen und nie passiv sein dürfen.

Der Sonntag ist der Hauptzeitraum für pastorale Arbeit und so gesehen Alltag. Und dennoch ist er manchmal auch noch etwas anderes. Obwohl er Pfarrerinnen und Pfarrer so sehr beansprucht, ist es nicht selten, dass sie es oft schwer verkraften, wenn sie – z. B. bei Wechsel in einen Spezialdienst oder beim Eintritt des Ruhestandes – Sonntag plötzlich keinen Gottesdienst mehr vorzubereiten und zu leiten haben. Woran liegt das? Sicher gibt es psychologische Gründe: Man steht als Predigerin oder als Liturg ja auch im Mittelpunkt eines kommunikativen Netzwerkes, und man merkt es, wenn man diese Stellung nicht mehr innehat. Aber wichtiger ist vielleicht der tiefere Grund: Die Arbeit an einem biblischen Text, der Versuch, eigene Worte zu finden für das, was sich von ihm her heute nahe legt, macht nicht immer nur Mühe, sondern bringt oft auch Gewinn, bringt nicht nur Last, sondern macht manchmal auch Lust. Es ist nicht ausgeschlossen, dass die Mühe der Predigtvorbereitung und der Gottesdienstgestaltung auch ihre eigenen Gipfel der Gottesvergewisserung kennt – vor allem dann, wenn ich nicht nur frage, was ich der Gemeinde weitergeben kann, sondern wenn ich auch zu entdecken suche, welche Aspekte des Textes auch mich persönlich betreffen. Manchmal frage ich mich, ob diese Form geistlicher pastoraler Vergewisserung aus der Begegnung mit einem biblischen Text langsam ausstirbt: vielleicht aus der Resignation der Bibel gegenüber, der man diese geistliche Autorität nicht mehr zuerkennt und die man zu ausschließlich als historisch bedingtes Menschenwort kennen gelernt hat; vielleicht aber auch durch das Eingespanntsein in die pastorale Hektik unserer Tage, in der keine Zeit mehr zu sein scheint, das biblische Wort mit sich selbst in Beziehung zu setzen.

„Nach sechs Tagen" – die drei Worte erinnern daran, dass Menschen, die als „Geistliche" tätig sein wollen, Zeiten brauchen, in denen eigene geistliche Erfahrungen möglich sind – Zeiten der regelrechten Unterbrechung der Arbeit oder auch kostbare Zeiten der eigenen geistlichen Entdeckungen bei der berufsbezogenen und zugleich auch personenbezogenen theologischen Arbeit.

4. „Nahm Jesus mit sich"

In unserer Geschichte geht die eigentliche Aktivität von Jesus aus. Er „nimmt" die drei Jünger und führt sie auf einen hohen Berg. Das ist ein Erzählzug, der uns in unserem protestantischen Selbstbewusstsein stärkt, dass man Glauben nicht „machen" kann, dass man geistliche Höhepunkterfahrungen letztlich nicht „inszenieren" kann und dass Vorsicht geboten ist, wenn in geistlichen Dingen zuviel von Aktivitäten des Menschen die Rede ist. Das Entscheidende tut Gott, tut Christus selbst. Er nimmt und führt – oder nimmt und führt eben nicht. Die drei nimmt er mit sich, die anderen neun lässt er in ihrem Erkenntnisstand.

Was bedeutet das? Die evangelische Kirche hat aus solchen Sätzen abgeleitet, dass es eher schwierig oder vielleicht gar nicht nötig sei, methodisch bestimmte Wege zu geistlicher Erkenntnis auszuformen. Wer evangelischer Pfarrer werden will, wird deshalb so gut wie gar nicht in spirituelle, sondern vor allem in wissenschaftliche Techniken eingeführt. Katholische Priesteramtskandidaten dagegen lernen methodisch neben ihrem exegetischen Handwerkszeug auch spirituelle Wege der Schriftauslegung kennen und sie täglich gebrauchen. Ist diese protestantische Zurückhaltung aber die einzig richtige Konsequenz aus der auch hier beschriebenen Aktivität Jesu?

D. Bonhoeffer hat 1936 in einem Brief an Karl Barth geschrieben: „Die Fragen, die heute im Ernst von jungen Theologen an uns gestellt werden, heißen: Wie lerne ich beten? Wie lerne ich die Schrift lesen? Entweder wir können ihnen da helfen oder wir helfen ihnen überhaupt nicht. Selbstverständlich ist da wirklich gar nichts."[9] Offenbar gibt es

9 Zit. in: E. Bethge, Dietrich Bonhoeffer. Eine Biographie, München 1967, 532.

Zeiten, in denen ein dringender Bedarf an Wegen zu geistlicher Vergewisserung gegeben ist, und in denen die klassisch-protestantische Zurückhaltung nicht mehr zureicht. In unseren Tagen hat M. Josuttis ein provozierendes Buch unter dem Titel „Religion als Handwerk" veröffentlicht,[10] in dem er sehr deutlich dafür plädiert, Methoden der Spiritualität zu lehren und zu lernen. Die reformatorische Skepsis gegenüber einem bestimmten spirituellem „Methodismus" (z. B. gegenüber dem Pensum an Stundengebeten in der Klöstern) ist ja zugleich verbunden mit Hinweisen auf sinnvolle geistliche Wege auch schon durch die Reformatoren.[11] Die evangelische Theologie konnte Fragen der Frömmigkeitspraxis so lange vernachlässigen, so lange eine gestaltete Frömmigkeit relativ selbständig in den Häusern der Gemeindeglieder und in den Pfarrhäusern gepflegt wurde. Aber wenn diese Praxis nicht mehr als Kultur oder als Brauch überliefert wird, braucht es eine neue Aufmerksamkeit für sie und eine reflektierte und organisierte Lehre des geistlichen Lebens – für Gemeindeglieder ebenso wie – erst recht – für „Geistliche".[12] Dabei ist es im Bereich der Spiritualität nicht grundsätzlich anders als in der Homiletik oder Gemeindepädagogik: Wir haben als Menschen das Unsere zu tun, so gut wir es können, und hoffen, das Gott das Seine hinzufügt. Im Bild unseres Textes gesprochen: Wir können nur dafür sorgen, dass Menschen hören, wenn Jesus sie „nehmen" und „führen" will. Das ist eine ernsthafte, auch methodisch zu bedenkende Aufgabe, die Inhalt und Struktur braucht. Aber dass er kommt und einzelne anspricht und andere nicht, bleibt dennoch seine, Jesu Sache und sein Geheimnis.

---

[10] Untertitel: Zur Handlungslogik spiritueller Methoden, München 2002.

[11] Vgl. z. B. Martin Luthers Brief an Meister Peter: Eine einfältige Weise zu beten, für einen guten Freund (1535), in: M. Luther, Ausgewählte Schriften, hg. von K. Bornkamm und G. Ebeling, Bd. II, Frankfurt a. M. 1982, 268-292, außerdem M. Nicol, Meditation bei Luther, Göttingen 1984.

[12] Sehr hilfreich ist dazu die Monografie von Peter Zimmerling, Evangelische Spiritualität. Wurzeln und Zugänge, Göttingen 2003.

5. Der hohe Berg

Es ist ein „hoher Berg", auf den Jesus die drei mitnimmt, nach alter Überlieferung der Tabor. Der Berg – ein uralter religiöser Ort, in Israel und anderswo: „Ich hebe meine Augen auf zu den Bergen ..." (Ps 121,1). Berge waren zugleich Orte der dichtesten Gotteserfahrungen in Israel; man denke an Abraham auf dem Berg Morija, Mose auf dem Sinai, Elia am Horeb. Was hier geschieht, erinnert schon vom Ort her an diese uralten Offenbarungsszenen: Gott, der sich offenbart und zugleich in der Wolke verbirgt, dessen Stimme hier vernommen wird. Auch heute noch verbindet sich für viele Menschen mit Gipfelerlebnissen mehr als nur ein schönes Naturschauspiel. Sie fühlen sich hier, oben auf dem Gipfel, dem Ewigen näher. Einzelne geben viel Geld aus und riskieren viel, um nicht nur die höchsten Gipfel der Alpen, sondern sogar solche des Himalaya besteigen oder ihnen wenigstens nahe sein zu können. Und da ist oft mehr im Spiel als nur sportliches Interesse. Es geht um Grenzüberschreitungen und Grenzerlebnisse, um die Suche nach Transzendenz im biologischen und auch im religiösen Sinne.

Ich verstehe das Bild vom Berg als Hinweis auf die besondere Bedeutung heiliger Orte. Es gäbe besondere „auratische Orte", glaubt man in der New-Age-Szene.[13] Ist das völlig falsch? Es geht mir dabei nicht um objektive göttliche oder numinose Sphären, die hier anwesend wären. Das wäre vermessen, weil Gott nicht dingfest gemacht werden kann. Aber es geht um subjektive Bedeutungszuschreibungen, die ein Gewicht haben: Plätze, um Gott zu erfahren, Orte, die öffnen für Christus, weil sich mit ihnen bestimmte Erinnerungen verbinden, Orte, die uns seelisch öffnen für eine spirituelle Praxis.

Welche Orte meine ich?

- Es können Plätze in der Natur sein, die uns in besonderer Weise für Gott öffnen.
- Es können natürlich auch Kirchen und Gemeindehäuser sein, zu denen allerdings dann auch eine entsprechende spirituelle Atmosphäre gehört.

---

[13] Vgl. u. a. Heiner Barz, Postmoderne Religion. Jugend und Religion 2, Opladen 1992, bes. 58-63.

– Es können auch Plätze im Haus, in unseren Pfarrhäusern sein, die sich zur Besinnung, zum Gebet, zur Gotteserfahrung eignen. Auch in katholischen Familien hat der Fernseher meist den „Herrgottswinkel" verdrängt. Haben wir als Geistliche noch einen geistlichen Ort mit den entsprechenden Zeichen im Wohnbereich oder im Arbeitszimmer?

Das Bild vom Berg weist uns darauf hin, wie gut es ist, solche besonderen Orte zu haben und sie aufzusuchen. Es ist eine wichtige Aufgabe der Kirche, sie zu bewahren und bereit zu halten. Es ist aber auch eine Frage an die persönliche und gemeindliche Raumgestaltung im Zuständigkeitsbereich der einzelnen Pfarrerinnen und Pfarrer.

6. Die Verwandlung

Was die drei nun erleben, ist eine Art Verwandlung der Gestalt Jesu. Sie sehen ihn, und zwar schon in der verwandelten Gestalt des Auferstandenen. Ich denke dabei an Matthias Grünewald und seinen Versuch, den Auferstandenen zu malen, leuchtend wie die Sonne, weiß wie das Licht. Er gleicht den kommenden Gerechten mit ihrem umgewandelten eschatologischen Leib (vgl. 1Kor 15,51f). Die Jünger blicken schon durch die Gegenwart hindurch auf die Zukunft des Ostersiegs Jesu. Sie sehen ihn bereits in der künftigen Gemeinschaft mit den großen Gotteszeugen Mose und Elia, deren Wiederkehr für die Endzeit verheißen ist. Die Exegeten weisen darauf hin, dass es hier ein wenig zugeht wie bei einem Thronbesteigungszeremoniell. Dazu gehört auch die Gottesstimme, die die unüberbietbare Würde Jesu bezeugt: „Das ist mein lieber Sohn, an dem ich Wohlgefallen habe; den sollt ihr hören". Wenn man einen – sicher ungenügenden – abstrakten Begriff sucht, um das zusammenzufassen, was hier bewirkt wird, dann ist es wohl der der Klarheit. Ganz klar wird es den Jüngern in Vision und Audition, wer dieser Jesus ist, dem man nachzufolgen bereit war und dessen Vollmacht man ahnte: der Gottessohn, der, dessen letzte Zukunft nicht dunkel, sondern hell ist; der, der zu Gott gehört – schon jetzt und in Ewigkeit.

Zwei Gesichtspunkte sind dabei besonders interessant:

– Der eine: Das tiefste geistliche Erlebnis, das die Jünger haben, ist ein Christuserlebnis. Sie gewinnen Klarheit, wer er ist. Seine „Verklärung“ erweist sich als Klärung ihres Glaubens. Dieser Grundzug neutestamentlicher Spiritualität ist heute wichtig, wo Weltliches im weitesten Sinne, die eigene Person, andere religiöse Gestalten sich mitunter in die Mitte einer bestimmten Spiritualität, bestimmter Erkenntnisse oder religiöser Rituale drängen und wo diese Christus-Klarheit geradezu verschleiert oder ausgeschlossen wird.
– Der andere: Die Verklärung erleben die Jünger nicht nur als Hör-, sondern auch als Sehereignis. Zur westlich-christlichen und evangelischen Tradition gehört es, dem Sehen, der visuellen Wahrnehmung gegenüber – besonders in religiösen Dingen – eher mit Skepsis zu begegnen. Die Wirklichkeit Gottes, so wissen wir, ist doch kein Objekt, das man mit den physischen Augen einfach sehen könnte. Die Bibel präsentiert ja viele Texte, in denen Gott nicht gesehen werden darf (Ex 3,6 u. ö.). Aber zugleich berichtet sie von vielen visuellen Begegnungen mit dem Heiligen,[14] wie es auch in unserer Erzählung geschieht. Kann man es sich mit dem religiösen Sehen dann so leicht machen und es theologisch abweisen und Menschen mit religiösen Seherlebnissen als religiös abartige Personen, wahrscheinlich sogar psychisch Kranke betrachten? M. Josuttis stellt gegen solche Tendenzen religionsphänomenologisch nüchtern fest: „Das Heilige erschließt sich auch und vor allem in Formen religiöser Tele-Vision“.[15]

Was heißt das für evangelische Spiritualität? Gibt es vielleicht auch unter unseren Gemeindegliedern und unter der Pfarrerschaft mehr Menschen mit inneren religiösen Seherfahrungen, als wir zur Kenntnis nehmen? Sind sie uns von vornherein verdächtig als Sektierer oder psychisch Labile? Oder geben wir auch solchen Erfahrungen Raum in seelsorgerlichen oder in Gruppengesprächen? Und darüber hinaus: Bieten wir in unseren Kirchen und Gemeindehäusern, aber auch in den Kinder- und Jugendgruppen eigentlich genügend Seh-Möglichkeiten an:

---

[14] Vgl. z. B. Jes 6 und die ntl. Ostererzählungen.

[15] Religion als Handwerk 236.

gute Kunstwerke, ästhetisch überzeugende Formen, aber auch innere Bilder durch gute Erzählungen und bildbezogene Meditationen? Haben wir selbst tragende Bilder für unseren Glauben? Das Wort ist sicher das wichtigste Medium religiöser Kommunikation; es will und darf aber das Bild nicht ganz verdrängen, weil geistliches Erleben auch bildhaft erfolgt. Schulen wir unsere „dritten Augen“ (H. Halbfas), mit denen wir durch die Oberflächen des Lebens hindurch auf das Eigentliche sehen lernen?

7. Bleibenwollen und Erschrecken

Die Jünger reagieren auf das, was geschieht, sehr ambivalent: sie wollen zunächst bleiben und Hütten bauen, sie erschrecken dann zutiefst.

Ambivalente Erfahrungen gehören wohl dazu, wo Geistliches in der Tiefe erlebt wird. Da ist zunächst die Erfahrung, bleiben zu wollen, ausgesprochen in dem fast sprichwörtlich gewordenen Petruswort: „Herr, hier ist gut sein! Willst du, so will ich hier drei Hütten bauen ...“ Ein solcher Wunsch ist zutiefst verständlich. Immer wieder wollen wir das Glück, das Schöne, das Besondere festhalten. Doch das Besondere lässt sich nicht auf Dauer stellen. Das gilt schon im menschlich-weltlichen Leben. Und das gilt auch im Bereich des Glaubens, weil das Besondere des künftigen Reiches Gottes vielleicht einen Moment lang durch die Ritzen des Himmels schimmert, wenn Gott Gnade gibt. Aber es bleibt dennoch Zukunft. Noch ist nicht Zukunft, sondern Gegenwart – mit ihren vielen Tälern, durch die wir zu gehen haben, mit ihren vielen Unklarheiten und Risiken, mit ihrem Schmutz. Deshalb geht das Geschehen in unserer Erzählung über diesen Wunsch einfach hinweg.

Die pastorale Variante dieses Wunsches nach Festhalten des Besonderen, der spirituellen Hoch-Zeit hat vermutlich mit Abkapselung, mit Kommunikationsverweigerung anderen gegenüber zu tun. Man igelt sich ein und pflegt das, was einem gefällt und was einem möglicherweise sogar geistlich zusagt. Das, was einem Pfarrer, einer Pfarrerin gefällt, kann recht unterschiedlich sein. Für die einen ist es die Dauergemeinschaft mit bestimmten Leuten aus der Gemeinde, die einem liegen: Jugendliche, junge Erwachsene, Dauerrüstzeit sozusagen. Für die anderen sind es bestimmte liturgische Regeln und Vollzüge, die man extensiv pflegt. Für das eine ist immer Zeit, für das andere selten oder nie. Sicher ist es schwer zu bestimmen, wie viel Zeit und Intensität legitim sind für die Pflege der eigenen Vorlieben und ab wann es um der anderen willen problematisch ist. „Herr, hier ist gut sein" – wer könnte diesen Wunsch nicht verstehen! Aber das geistliche Gipfelerlebnis hat seinen Ort auf dem Nachfolgeweg; und es darf nicht zur Flucht aus der Nachfolge werden.

Aber zum Erleben des Geistlichen gehört auch, dass sich der Wunsch, hier zu bleiben, schnell in tiefes Erschrecken transformiert: Die Jünger erleben den heiligen Schrecken vor der göttlichen Herrlichkeit und Wahrheit, die sie zu Boden wirft. Wo die Heiligkeit Gottes zu spüren ist, können nach biblischem Zeugnis Menschen zu Boden gehen wie die Wächter am Grab oder wie hier die Jünger. Oder da fangen sie an zu sagen: „Weh mir, ich vergehe, denn ich bin unreiner Lippen", wie Jesaja (Kap. 6,5). Gott wird hier noch nicht als niedlich oder kumpelartig vorgestellt wie in unseren Tagen, und seine Stimme sagt nicht nur, was Menschen hören wollen. Menschen entdecken sich vor ihm mit ihrer Begrenztheit und Sündhaftigkeit. Sie erschrecken.

Ich gestehe: Dieser Erzählzug ist mir mindestens genauso fremd wie die Schilderung der Verklärung. Ich habe mir – in aller Regel – Gott ziemlich zurechtgedacht. Er sagt dann meist, was ich meine, und ich habe keinen Anlass mehr, über ihn zu erschrecken. Freilich: Das Erschrecken über Gott oder vor Gott ist eine ambivalente Haltung. Es gibt eine sehr problematische Gottesfurcht, auch in der Christentumsgeschichte, die von Lehrern, Pfarrern oder Herrschern als Erziehungs- und Druckmittel benutzt wurde. Sie blieb nicht ohne problematische Folgen: Wenn man an Gott dachte, bekam man ein schlechtes Gewissen. Aus der Frohbotschaft der Bibel konnte wirkungsgeschichtlich manchmal eine Drohbotschaft werden. Man vermied des, dem Pfarrer zu begegnen. Man mied das Abendmahl aus Angst, sich die eucharistischen Gaben zum Gericht zu essen usw. Dabei hat Jesus das Gottesverhältnis mit dem Abba-Begriff ganz neu definiert: Das Vertrauen zu Gott steht im Zentrum des Glaubens. Das bleibt die entscheidende Basis allen Nachdenkens über Gott und den Glauben. Aber der Gott, dem wir zutiefst vertrauen können, ist dennoch nicht unser Kumpel. Er ist der Kyrios, der Herr aller Herren, der Schöpfer Himmels und der Erde.

Martin Luther hat nicht zufällig die mittelalterlich-klösterliche Praxis der Schriftmeditation mit ihrer Reihenfolge 1. „lectio“ (Schriftlesung), 2. „meditatio“ (Meditation), 3. „oratio“ (Gebet) und 4. „contemplatio“ (Betrachtung, Versenkung) charakteristisch verändert. An die Stelle der „contemplatio“ tritt bei ihm die „tentatio“ (Anfechtung, Versuchung). Wie kommt das? Er geht davon aus, dass Menschen die tiefste Gotteserfahrung in der Anfechtung machen. „Erst in der schmerzvollen Erfahrung des Menschen, dass er Sünder ist und aus eigenen Kräften nichts vermag, begegnet ihm dann andererseits Gott tröstlich als derjenige, der gerade den Sünder sucht und rechtfertigt“.[16]

Heute hat die Anfechtung wohl oft die Gestalt der Mutlosigkeit und Verzagtheit, des Zweifels an Gott, der Gleichgültigkeit. Da will man lieber die Flinte ins Korn werfen und vielleicht lieber liturgische oder kommunikative Hütten im Eigenen bauen, als den anstrengenden Weg der Nachfolge zu gehen. Und da gibt es wohl auch manches heilsame Erschrecken vor Gott über sich selbst. Vielleicht ist das eine wesentliche Form des Gottesschreckens heute. Der zunächst befremdliche Erzählzug kann einen solchen Prozess eröffnen, sich – getragen von der Zusage des Gottes, dem wir unbedingt vertrauen können – auch in der eigenen Gottesferne realistisch wahrnehmen und sich so bei ihm bergen zu können.

8. „Steht auf und fürchtet euch nicht“

Nach Luthers Stufenfolge erleben nun die Jünger genau das, was den geistlichen Reichtum der „tentatio“ bei der Schriftauslegung ausmacht: Sie erschrecken nicht nur über Gott und über sich, sondern sie erfahren gerade hier, wie Jesus ihnen nahe kommt und sie anrührt, wie er sie ermutigt aufzustehen und wie er ihnen die Furcht nimmt.

Er allein ist es nur noch, den sie jetzt sehen. Und er ist jetzt wieder der, als den sie ihn eigentlich kennen: eine besondere Autorität und

---

16 M. Nicol, Meditation bei Luther, 94f.

doch zugleich nichts anderes als ein Mensch unter Menschen. Nichts erinnert mehr an den Glanz und das österliche Licht. Er hat nur noch sein Wort, sein vollmächtiges Wort: „Steht auf und fürchtet euch nicht!"

Das muss bis auf weiteres für den Alltag der Nachfolge reichen. Die besondere Christusschau und die besondere Gottesstimme, die Erlebnisse der besonderen Gotteserfahrung sind Vergangenheit, sind nun kostbarer Schatz der eigenen Glaubenserfahrung, von dem sie zehren können auf dem Weg nach Jerusalem. Sie wissen, sie müssten wissen, worauf alles zuläuft: nicht nur auf das Kreuz, sondern auf die Auferstehung. Sie könnten aus ihm zehren, wenn sie das nächste Mal nichts verstehen oder wenn sie ohne Vollmacht handeln, wie es schon in den nächsten Versen erzählt wird. „Steht auf, fürchtet euch nicht" – mit diesen Worten gehen sie wieder hinab zu den anderen, hinunter in die schmutzige Zwielichtigkeit des Lebens, hinein in die Mühsal des Alltags.

Pfarrer und Pfarrerinnen sind Geistliche. Deshalb brauchen sie eigene geistliche Erfahrungen: Hoch-Zeiten der Glaubensgewissheit, der Klarheit über Jesus. Und deshalb brauchen sie auch das unspektakuläre Christuswort zwischendurch: „Steht auf, fürchtet euch nicht!" Unsere Geschichte will in aller ihrer Zugänglichkeit und Fremdheit zugleich nicht nur erzählen, was damals war, sondern sie will vor allem weitergeben, was immer wieder sein kann, wenn Menschen auf der Suche sind nach geistlicher Vergewisserung im Glauben – nicht zuletzt in Zeiten massiver struktureller Umbrüche mit ihren geistlichen Herausforderungen.

„Geht zu allen Völkern, tauft und lehrt sie!"

Der Missionsauftrag bei Matthäus als Impuls für eine missionarische Kirche heute

Joachim Wanke

Um die dem 1. Evangelium zugrunde liegende theologische Konzeption besser zu verstehen, ist es hilfreich, nach dem inneren Zusammenhang zwischen der auf Israel beschränkten Verkündigungstätigkeit Jesu und seiner Jünger mit dem universalen Missionsauftrag des Auferstandenen an alle Völker am Ende des Evangeliums zu fragen. Welches Signal will der Evangelist setzen, wenn er den Leser mit dieser zweifachen Sicht von Mission konfrontiert, die auf den ersten Blick widersprüchlich ist? Steht dahinter der Gedanke, dass erst die Erfahrung der Ablehnung der christlichen Botschaft in Israel die universale Mission an alle Völker und Menschen auslöst?[1] Oder will der Evangelist die Rolle der Jünger als bleibende „Träger des Lichtes für die Völker" akzentuieren, um an ihnen die Kontinuität und die bleibende Gültigkeit des Segens Abrahams für alle Welt aufzuzeigen?[2] Oder ist die Aufeinanderfolge der zwei unterschiedlichen Missionsbefehle Mt 10,5f und Mt 28,19f ein narratives Konzept, in dem Matthäus seine Christologie entfaltet?[3]

Die programmatische Aussage Jesu: „Ich bin nur zu den verlorenen Kindern des Hauses Israel gesandt" (Mt 15,24) ist zwar in die Geschichte der Heilung der Tochter einer heidnischen Frau eingebettet. Doch bleibt im Ganzen der von Matthäus erzählten Jesusgeschichte die Be-

---

1 So U. Luz, Das Evangelium nach Matthäus (Mt 1-7), EKK I/1, Zürich / Neukirchen-Vluyn [5]2002, 91.

2 Vgl. F. Wilk, Jesus und die Sicht der Völker in der Sicht der Synoptiker, BZNW 109, Berlin / New York 2002, 111: „Das Eintreten der Jünger Jesu in die Israel zugedachte Rolle als Gemeinschaft der Kinder Abrahams".

3 Das ist die These von M. Konradt, Israel, Kirche und Völker im Matthäusevangelium, WUNT 215, Tübingen 2007, 14. Ich greife im Folgenden auf seine Beobachtungen und Analysen zurück.

gegnung Jesu mit Heiden episodenhaft (vgl. noch Mt 8,28-34: Die beiden besessenen Gadarener; Mt 8,5-13: der Hauptmann von Kafarnaum). Dem entspricht, dass in Mt 10,5f auch die Jünger ausdrücklich nicht zu den Heiden, sondern nur zu den „verlorenen Schafen des Hauses Israel" gesandt werden.

Wir dürfen freilich diese „Selbstbeschränkung" des Wirkens Jesu und seiner Jünger vor dem Passionsgeschehen nicht als Einschränkung eines universalen Heilsverständnisses der Sendung Jesu für alle Völker verstehen. Dem widersprechen die nachfolgenden Hinweise.

1. Signale für ein universales Heilsverständnis im Evangelium

Allein schon der Anfang des Evangeliums muss uns vorsichtig machen. Dort verweist der Evangelist Matthäus auf Jesus, der nicht nur ein Sohn Davids ist, sondern auch ein Sohn Abrahams (vgl. Mt 1,1). Jesus ist beides: Heilsbringer für Israel und Heilsbringer für die Heidenwelt, wobei noch näher zu fragen ist, wie sich die Israelbezogenheit des irdischen Jesus und der ersten Aussendung der Jünger mit dem universalen Missions- und Lehrauftrag des Auferstanden zueinander verhalten.

Von Anfang an steht dem Evangelisten die Bedeutung des Jesusgeschehens für alle Völker vor Augen. Das wird nicht erst durch den Missionsbefehl in Mt 28,19f ausdrücklich, sondern immer wieder durch Hinweise im Verlauf des Evangeliums.

Der Stammbaum Jesu erwähnt bewusst vier der Herkunft nach heidnische Frauen: Tamar, Rahab, Rut und „die (Frau) des Urias" (Mt 1,3.5.6). „Die Nennung der vier nichtjüdischen Frauen im Stammbaum Jesu gibt ... nicht nur – die Rede von der Abrahamsohnschaft Jesu in 1,1 verstärkend – in christologischer Hinsicht einen Vorausverweis auf die universale Dimension des von Jesus gebrachten Heils, sondern lässt zugleich in ‚ekklesiologischer' Hinsicht anklingen, dass Israel schon immer für Nichtjuden offen war."[4] In die Kindheitserzählung wird von Matthäus die Geschichte von den Magiern aus dem Osten eingefügt (Mt

---

4 Vgl. Konradt, Israel (s. Anm. 3), 291.

2,1-12), die den neugeborenen König der Juden suchen, der sich in seinem endzeitlichen Handeln (vgl. die Szene vom Weltgericht Mt 25,34.40) als König aller Völker zeigen wird. Auch die vom Evangelisten in seine Vorlagen eingestreuten Reflexionszitate in Mt 4,14-16 und 12,17-21 weiten den Blick auf eine universale Heilssicht.

Bedeutsam ist, dass Matthäus in die Markusvorlage des Berichtes über die beiden besessenen Gadarener (Mk 8,28-34) die Dämonen sagen lässt, dass Jesus schon „vor der Zeit" gekommen sei, sie zu quälen. Damit wird der Exorzismus als eine Heilstat an Heiden bezeichnet, die gleichsam eigentlich noch nicht „an der Reihe" ist. Das weist schon auf die literarische Umsetzung des theologischen Konzepts des Evangelisten hin, der erst mit dem Tod und der Auferstehung Jesu die Zeit der universalen Mission beginnen lässt.[5]

Die matthäische Redaktion der Markusvorlage von der Bitte der kanaanäischen Frau (Mt 15,21-28) verstärkt einerseits, dass Jesus in seinem irdischen Wirken sich nur an Israel gesandt weiß. Doch die Antwort der Frau in V. 27 („Ja, du hast recht, Herr! Aber selbst die Hunde bekommen von den Brotresten, die vom Tisch ihrer Herren fallen") „zieht Zukünftiges in die Gegenwart".[6] Dem Evangelisten ist die Einsicht wichtig: Israel verliert nichts, wenn die Heiden etwas bekommen. Das sind Signale, die schon den Leser für die Sendung der Jünger am Schluss des Evangeliums zu allen Völkern vorbereiten.

Auch das von Matthäus in die Erzählung vom heidnischen Hauptmann aufgenommene Wort: „Viele werden von Osten und Westen kommen und mit Abraham, Isaak und Jakob im Himmelreich zu Tisch sitzen" (Mt 8,11) wäre hier zu erwähnen. Meistens sehen die Ausleger in den „Vielen" nur die Heidenvölker, die am eschatologischen Heil Anteil erhalten sollen. Doch ist eine ausschließliche Deutung auf die Heiden nicht unbedingt schlüssig.[7] Es sind auch die Heiden, aus Sicht des Evangelisten und aus seinem kirchlichen Zeithintergrund sogar vornehmlich die Heiden, aber eben nicht allein. Die „Vielen" sind das Volk aus Heiden und Juden, das nach Ansicht des Evangelisten „die erwarteten Früchte bringt" (Mt 21,44) – und dazu gehören gemäß der

---

5 Vgl. Konradt, Israel (s. Anm.3), 398f.
6 Vgl. Konradt, Israel (s. Anm. 3), 70.
7 Vgl. ausführlich Konradt, Israel (s. Anm. 3), 393-405.

konkreten Erfahrung, aus der heraus Matthäus sein Evangelium schreibt, schon seit langem beide: die dem Willen des Vaters im Himmel gehorsam gewordenen Heiden wie auch die gläubig gewordenen Juden. Es ist für das Verständnis des Matthäus hilfreich, sich den zeitgeschichtlichen Hintergrund seines Evangeliums zu vergegenwärtigen.

2. Die Situation der matthäischen Gemeinde

Die frühe Geschichte der christlichen Mission ist nicht unmittelbar aus den Schriften des Neuen Testamentes abzulesen. Auch die Apostelgeschichte, die am ehesten für eine Darstellung der frühen Missionstätigkeit in Betracht käme, folgt einem theologischen Erzählmodus, der weniger der historischen Abfolge der Geschehnisse als vielmehr einem literarischen Schema der Ausbreitung des Evangeliums von Jerusalem bis hin nach Rom verpflichtet ist. Doch ist aus den Hinweisen des Lukas in der Apostelgeschichte und besonders auch aus den paulinischen Schriften (vgl. besonders Gal 1 und 2) indirekt zu erschließen, dass die frühe Mission keineswegs systematisch und nach einheitlichen Vorgaben geplant vonstatten ging.

Wenn wir das Wirken der sog. „Hellenisten“ (Apg 6,1) mit ihrem Protagonisten Stephanus unter den Jerusalemer Jesusanhängern richtig deuten, ist die Botschaft von der Auferstehung des Gekreuzigten von Anfang an nicht nur den am Tempel und strenger Gesetzesobservanz orientierten Juden (den „Hebräern“) verkündet worden. Die griechischen Namen der Diakone, die nach Apg 6,5 für den Dienst an den Tischen in der Jerusalemer Urgemeinde bestimmt wurden, zeigen, dass schon am Anfang der Jesusbewegung auch Diasporajuden für das Evangelium gewonnen wurden.

Apg 8,1b heißt es: „Alle wurden in die Gegenden von Judäa und Samarien zerstreut mit Ausnahme der Apostel“. Die erste Verfolgung schien also nicht alle Jesusanhänger zu treffen, sondern vor allem die aus der griechisch sprechenden Diaspora stammenden tempelkritischen Jesusjünger. Diese brachten das Bekenntnis zu Jesus als dem Christus in die Jerusalem und Judäa benachbarten, auch heidnischen Regionen. Vor allem in Syrien, näherhin in Antiochien, haben wohl schon früh christliche Gemeinden bestanden (vgl. Apg 11,19ff).

Es scheint also nicht so zu sein, dass die frühe Mission der Jesusboten sich nur an Israel richtete und erst das Scheitern dieser Mission, nach außen hin manifest geworden durch das Ende der jüdischen Staatlichkeit und die Zerstörung des Tempels durch die Römer 70 n. Chr., die Hinwendung zur Mission unter Nichtjuden auslöste. Es ist wohl eher anzunehmen, dass von Anfang an Juden wie heidnische Griechen im Blick der ersten Sendboten des Auferstandenen waren.

Wir dürfen davon ausgehen, dass der in der jüdischen Diaspora (vielleicht Syrien, etwa Antiochien?[8]) schreibende Evangelist und seine Gemeinde in Konkurrenz zu einem pharisäisch dominierten Judentum stehen, das nach dem Ende des Tempels 70. n. Chr. auch in der Diaspora die innere Führung der Synagogen übernahm. Vermutlich hat sich die Gemeinde, für die Matthäus schreibt, schon längere Zeit vor dem Ende des jüdischen Krieges in der Diaspora gebildet, also nicht erst durch Exilanten, die im Zusammenhang des jüdischen Krieges Judäa verlassen mussten.[9] Natürlich verschärfte das Ende der jüdischen Staatlichkeit, die mit dem Tempel verbunden war, die theologische Frage nach dem Geschick Israels. Dieser Frage musste sich auch der Evangelist stellen. Er musste sich freilich nicht mehr (wie etwa Jesus und die früheste Jesusbewegung) mit einer sadduzäisch bestimmten Priesteraristokratie auseinandersetzen. Auch die essenischen, ebenfalls tempelkritischen Gruppierungen im Judentum waren ausgelöscht. Allein dem Pharisäismus gelang es, nach der Katastrophe des verlorenen Krieges die aus den Kerngebieten Judäas vertriebenen Juden neu zu sammeln und innerlich zu festigen.

Mit diesen pharisäisch bestimmten Juden aus Jerusalem und Judäa strömten durch Flucht und Vertreibung im Umfeld des Krieges 66-70 n.

---

8 So Konradt, Israel (s. Anm. 3), 388 mit Anm. 43, ähnlich, unter Abwägung der Gegengründe auch Luz (s. Anm. 1), 103: „eine größere syrische Stadt, deren lingua franca Griechisch war“. Vgl. auch B. Wander, Gottesfürchtige und Sympathisanten. Studien zum heidnischen Umfeld von Diasporasynagogen, WUNT 104, Tübingen 1998.

9 So Konradt, Israel (s. Anm. 3) 391, anders U. Luz, Der Antijudaismus im Matthäusevangelium als historisches und theologisches Problem. Eine Skizze, EvTh 53, 1993, 310-327, näherhin 311.

Chr. verstärkt auch Jesusjünger, die vormals den pharisäisch bestimmten Kreisen (vgl. die oben erwähnte interessante Notiz Apg 8,1b) nahe standen, in die jüdischen Diasporagebiete ein. So sah sich der Evangelist, der diese Flüchtlinge in seiner Gemeinde beheimaten wollte, einer zweifachen Aufgabe gegenüber. Er musste sich zum einen der Agitation der pharisäisch bestimmten Synagoge erwehren und zum anderen gleichzeitig auch Jesusjünger, die nicht das universalistische Heilsverständnis der Sendung Jesu und die auch Heiden einschließende Missionspraxis der matthäischen Gemeinde teilten, für seine Sicht zu gewinnen suchen.

Die Adressaten des Evangelisten sind also zum Teil die gleichen Leute, um die auch die pharisäischen Gegner des Matthäus warben. Das erklärt, warum der Evangelist so bemüht ist, auch die „Kleingläubigen" (vgl. Mt 6,30; 8,26; 14,31; 16,8; 17,20) und in ihrem Christusbekenntnis noch schwankenden Jesusjünger für seine Sicht einer universalen Bedeutung des Sterbens und Auferstehens Jesu zu gewinnen. Nicht umsonst nimmt im Evangelium die Gemeindeordnung Mt 18 mit ihren gestuften Regeln im Umgang mit „schwachen" Brüdern einen breiten Raum ein. Dort wird eingeschärft, auch die „Verlorenen" zu suchen, den Bruder geduldig zurechtzuweisen und neu für die Gemeinde zu gewinnen. Die Synagoge hatte vermutlich der matthäischen Gemeinde durchaus „Schafe" (vgl. Mt 18,12-14) abgeworben. Das erklärt auch, warum es in Mt 18 ein ausgeprägtes Vergebungsethos gibt. Die Tür zur Rückkehr und zu neuer Mitgliedschaft in der Gemeinde Jesu sollte allen offen stehen.

Anders springt der Evangelist mit seinen Gegnern um. Diese sollen gleichsam in ihrem Anspruch delegitimiert werden.[10] Darum sind die Ausführungen des Matthäus über die Pharisäer so polemisch. „Hier wird schwerlich lediglich auf einen zurückliegenden Konflikt zurückgeblickt, um diesen zu verarbeiten."[11] Hier spiegeln sich aktuelle Vorwürfe gegen ein Judentum, das seinerseits die Jesusbekenner in der matthäischen Gemeinde verunsichert. Hier sind konkret agierende „Schriftgelehrte

---

[10] Vgl. Konradt, Israel (s. Anm. 3), 387, mit Hinweis auf die Forschungen von Saldarini, vgl. Anthony J. Saldarini, Matthew's Christian-Jewish Community, Chicago Studies in History of Judaism, Chicago / London 1994.

[11] Konradt, Israel (s. Anm. 3), 380.

und Pharisäer" im Blick, die „über Land und Meer ziehen", um Proselyten zu gewinnen (vgl. Mt 23,15).

Die pharisäische Werbung muss also durchaus attraktiv gewesen sein. Der Evangelist muss sich beispielsweise des Vorwurfs erwehren, die Jünger hätten den Leichnam Jesu gestohlen und würden so die Menschen mit der Auferstehungsbotschaft betrügen (vgl. Mt 28,13), ein Vorwurf, der in die Herzmitte christlicher Verkündigung traf. Und auch der Vorwurf, Jesus habe mit Beelzebul im Bunde gestanden (vgl. Mt 12,24), wird aktuelle Polemik gegen die matthäische Gemeinde widerspiegeln.

Der Evangelist schaut ohne Zweifel auf das Ende des Jerusalemer Tempels zurück. In der Zerstörung des Tempels sieht Matthäus einen Hinweis auf Gottes Gerichtshandeln (vgl. Mt 23,38: „euer Haus wird verödet zurückgelassen"). Aber mit dem Ende des Tempels ist für Matthäus noch lange nicht entschieden, dass Gott sein Volk insgesamt verworfen hat. Gott selbst hat mit der Auferstehung und Erhöhung Jesu ein Zeichen gesetzt und nun alle Menschen, Juden wie Heiden, auf den wahren Lehrer aller Gerechtigkeit verwiesen, den von Gott bestätigten Messias und Herrn Jesus. Das ist die theologische Mitte der matthäischen Botschaft.

Dass diese Verkündigung unter Juden wie auch (schon mehrheitlich?) unter Heiden durchaus Erfolg hat, zeigt das Sämanngleichnis Mt 13 mit seinen Deutungen. Es gibt spärliches, aber andererseits auch reichliches Wachsen der Saat. Es gibt auch das Unkraut, mit dem es nach Gottes Willen und Zulassung zu rechnen gilt und dessen Vorhandensein die Jünger nicht verwirren soll. Matthäus hat also durchaus an der Heilsbotschaft Interessierte im Blick.

Wir werden uns die hinter dem Evangelium stehenden Gemeinden noch nicht als fest umrissene oder gar schon völlig von der Synagoge getrennte Gemeinschaft vorzustellen haben, wie etwa Jahre später in der Situation, die im Johannesevangelium erkennbar wird. Dort gibt es schon deutlicher als bei Matthäus erkennbar ein „innen" und „außen". Man wird sich die Christen, für die Matthäus schreibt, noch als Teil des „jüdischen Weges" denken müssen. „Das Judentum bildet den primären

Lebenskontext der matthäischen Gemeinde",[12] wobei der Unterschied zur pharisäisch geführten Synagoge darin bestand, dass diese den Proselyten als Gottesfürchtigen nur eine Teilzugehörigkeit zum Judentum zugestanden hat, die christliche Gemeinde jedoch Heiden voll als ihre Mitglieder und damit als Heilsanwärter aufgenommen hat.

So gab es unter den Christen, die der Evangelist im Blick hat, den Kern der fest an Jesus als den wahren Lehrer aller Gerechtigkeit Glaubenden, der sowohl den Juden aus der Beschneidung als auch den Unbeschnittenen (Proselyten wie Heiden) das Heil zusprechen kann. Aber da wird es eben auch Jesusbekenner gegeben haben, die zwischen der Synagoge und den matthäischen Kerngruppen gestanden haben bzw. solche Leute (vielleicht Flüchtlinge aus Jerusalem und Judäa), die sich von der Kritik der Synagoge an der vollen Aufnahme der Proselyten und Heiden durch die christliche Gemeinde unsicher machen ließen. Ist das Heil nicht doch Israel allein zugesagt? Gilt ihm nicht exklusiv der Bund Gottes mit den Vätern? Wird durch die Aufnahme der Heiden ohne Beschneidung ein einzigartiges Privileg aufgegeben, dessen sich auch Paulus noch voll bewusst ist (vgl. Phil 3,5)?

Vieles ist also im Umfeld des Matthäus noch umstritten, nicht nur das rechte Verständnis Jesu als des erwarteten Messias, sondern auch die Frage der Geltung des jüdischen Gesetzes und vor allem auch die Frage nach der Heilsmöglichkeit für Heiden ohne Beschneidung und Thoraobservanz. Das erklärt „die missionarische Ausrichtung des Matthäusevangeliums".[13] Mit seinem Evangelium will Matthäus nicht abgrenzen oder gar ausgrenzen. Er will vielmehr Zögernde und Unentschlossene für das Evangelium, wie er es versteht, werben. Matthäus ist der Meinung, dass dieses Bemühen nicht aussichtslos ist.

---

[12] Konradt, Israel (s. Anm. 3), 389.
[13] Konradt, Israel (s. Anm. 3), 382.

3. Die Gegnerschaft der jüdischen Autoritäten und die relative Offenheit der „Volksmenge“

Ein wichtiges Indiz für die missionarische Einstellung des Matthäus ist die Beobachtung, dass er beim Nacherzählen der Jesusgeschichte sorgfältig zwischen den jüdischen Autoritäten und der Volksmenge, die in ihrer Tendenz schwankend und durchaus nicht festgelegt erscheint, unterscheidet.

Schon bei der Verkündigungstätigkeit wird immer wieder auf die „Scharen“ verwiesen, die Jesus hören und ihm folgen (vgl. Mt 4,25; 8,1). Gemäß Mt 7,28f, als Abschlussbemerkung zur Bergpredigt, sind die Menschen „ganz außer sich über seine Lehre, denn er lehrte sie mit Vollmacht und nicht wie ihre Schriftgelehrten“. Für Matthäus scheinen diese hörbereiten Volksscharen „potentielle Kirche“ zu sein.[14] Mt 23,33 wiederholt der Evangelist diese positiv gemeinte Reaktion des Volkes in seiner Darstellung des Streitgesprächs mit den Sadduzäern über die Auferstehung.

Bedeutsam ist vor allem: Matthäus spricht dem jüdischen Volk nicht als Ganzem die Schuld an der Verurteilung Jesu zu, wie eine genauere Analyse der Passionstexte bei Matthäus[15] zeigen kann.

Manchmal wird die Aussage Mt 27,25 als Beleg dafür herangezogen, dass Matthäus ganz Israel mit der Schuld an Jesu Tod belasten wollte („Da rief das ganze Volk: Sein Blut komme über uns und unsere Kinder!“). Das aber widerspräche der heilsgeschichtlichen Konzeption des Evangelisten, der nicht die Ablösung Israels als Heilsgemeinde verkündet, sondern die Einlösung der Heilszusagen des „Gottes Israels“ (Mt 15,31) in der Sendung Jesu für Israel und zusätzlich für alle Völker in der fortdauernden Mission der Jünger Jesu. Wir müssen also Mt 27,25 als Aussage einer von den Jerusalemer Autoritäten verführten Volksmenge verstehen, die zusammen mit den Verführern die Schuld an der Zerstörung Jerusalems übernimmt. Der Gedanke einer Kollektivschuld Israels ist hier nicht in die Auslegung einzutragen. Freilich: Weil die Volksmenge damals dieser Verführung zur Ablehnung Jesu nachgab,

---

[14] Luz, Matthäus I (s. Anm. 1), 242.
[15] Konradt, Israel (s. Anm. 3), 151-180.

hat sie auch die Zerstörung Jerusalems als Konsequenz herbeigeführt. Der Evangelist trifft mit dieser Verknüpfung der Auslieferung Jesu in den Tod und der späteren Zerstörung Jerusalems auch jene, die nicht nur damals, sondern auch in seiner Zeit der Jesusverkündigung Widerstand leisteten.

Die Sendung der Jünger zu den „verlorenen Schafen des Hauses Israel" bleibt also nach Ansicht des Evangelisten bestehen. Wenn Matthäus immer wieder die Menge als hörbereit für Jesu Lehre kennzeichnet, schaut er damit auf die bleibende Aufgabe auch seiner Gemeinde, weiterhin Israel mit der Sendung und dem Anspruch Jesu zu konfrontieren. Das letzte Wort über Israel ist noch nicht gesprochen. Der Evangelist sieht diese Verkündigung als einen „offenen Prozess"[16], der neben Misserfolgen durchaus auch Erfolge zeitigt. Vor allem aber sieht er zu dieser bleibenden Sendung an Israel nun den Auftrag, alle Völker zu Jüngern Jesu zu machen (Mt 28,16-20).

4. Das Sterben und die Erhöhung Jesu als Fundament der universalen Mission bei Matthäus

Unsere Beobachtungen haben gezeigt, dass Matthäus den Weg von der Israelmission zur Völkermission nicht als einen Prozess der Ablösung versteht. Die Aussagen von Mt 10,5f und Mt 28,19f sind nicht als Gegensatz zu verstehen. Der Evangelist will die Sendung Jesu vielmehr ganz in die Traditionen Israels einbinden. Israel bleibt Gottes erwähltes Volk, dem auch jetzt die Verheißungen gelten. Matthäus kämpft nicht gegen Israel, sondern für Israel, für ein Israel freilich, das von Gott zu seiner eigentlichen Bestimmung geführt wird, „Licht für die in der Finsternis" zu sein (vgl. Röm 2,19).

In diese Verheißung sind also nach Jesu Sterben und Auferstehen auch alle Völker mit einbeschlossen. Dabei ist zu sehen, dass diese Sendung Jesu an Israel, auf der Erzählebene auf die vorösterliche Verkündigung Jesu beschränkt, schon vom Evangelisten so dargestellt wird, dass in ihr die universale Heilsbedeutung des Kommens Jesu aufleuchtet.

---

[16] Konradt, Israel (s. Anm. 3), 398.

Matthias Konradt beschreibt zusammenfassend diese Sicht des Evangelisten so: „Universalismus und Zuwendung zu Israel werden von Matthäus nicht als miteinander konkurrierende oder sich gar gegenseitig ausschließende Optionen präsentiert. Sie erscheinen vielmehr bereits durch (sc. Mt) 1,1 als zwei Dimensionen des Heilsgeschehens, die schon durch ihre gemeinsame Verankerung in der alttestamentlichen Verheißungsgeschichte miteinander verknüpft sind: Der matthäische Universalismus ist israelbezogen, und zugleich ist umgekehrt Israel für Matthäus von Abraham an auf die Völkerwelt hingeordnet. Die Ausweitung der Heilszuwendung auf die Völkerwelt wird in der Heilsgeschichte Israels verankert, indem signalisiert wird, dass Gottes Geschichte mit Israel von Anfang an auf dieses Ziel hin angelegt war.“[17]

Der theologische Grund für die universale Sicht der Heilsbedeutung liegt nach Matthäus in der soteriologischen Bedeutung des Sterbens Jesu für die „Vielen“ (Mt 26,28) und seiner Einsetzung zum Weltenherrn durch Gott (Mt 26,64). Mt 26,28 („Das ist mein Blut, das Blut des Bundes, das für viele vergossen wird zur Vergebung der Sünden“) steht in direkter Entsprechung zu Mt 1,21 („Ihm sollst du den Namen Jesus geben; denn er wird sein Volk von seinen Sünden erlösen“).

Dem entspricht auch die innere Verknüpfung der für Matthäus wichtigen Titel Jesu: Davidssohn und Gottessohn. In diesen beiden Würdebezeichnungen kommt die zweifache Bedeutung des Sterbens Jesu zur Darstellung. Als Davidssohn bringt Jesus die Israel gegebene Verheißung zur Erfüllung, als Sohn Gottes (Mt 27,54 von Nichtjuden Jesus zugesprochen) bezieht er alle Völker in die Heilszuwendung ein.[18]

Ein Hinweis für diese Sicht des Evangelisten ist die schon erwähnte Einfügung der Wendung „vor der Zeit“ in die Markusvorlage (Mt 8,29) zu werten. Die Dämonen beschweren sich gleichsam bei Jesus, dass er an ihnen schon „im Vorgriff“ auf die heilbringende Wirkung seines Sterbens und seiner Erhöhung als Menschensohn handelt. Es gibt einen

---

[17] Konradt, Israel (s. Anm. 3), 330.

[18] Konradt (s. Anm. 3), 333; F. Wilk, Eingliederung von „Heiden“ in die Gemeinschaft der Kinder Abrahams. Die Aufgabe der Jünger Jesu unter „allen Weltvölkern“, ZNT 8 (Heft 15) 2005, 52-59, hier 57: „(Die) Sendung Jesu zu Israel und seine Herrschaft über alle Weltvölker konvergieren in der Heilsbedeutung seines Todes für ‚viele‘“.

festgelegten Zeitpunkt für den Anfang der universalen Heilszuwendung an die Heiden. Diesen Kairos, diese innere Wende von der Israelmission zur Universalmission sieht Matthäus im Zeitpunkt des Sterbens und der Erhöhung Jesu zum Herrn der Welt.

Ebenso erhellend ist die Einfügung der Wörter „von nun an“ in Jesu Wort vor dem Hohenpriester: „Von nun an werdet ihr den Menschensohn zur Rechten der Macht sitzen und auf den Wolken des Himmels kommen sehen“ (Mt 26,64). Der Evangelist weist durch diese Einfügung ausdrücklich auf den Tod Jesu als den Zeitpunkt seiner Inthronisation als Weltenherr hin.

Eben diese Machtstellung ist die Grundlage des Missionsbefehls Jesu an die Jünger gemäß Mt 28,18, wie durch die begründende Partikel („darum“) im nachfolgenden Sendungsauftrag an die Jünger Mt 28,19 zum Ausdruck kommt. Jetzt wird vom Auferstandenen kundgetan, was in seinem Sterben für die „Vielen“ und in seiner Inthronisation geschehen ist. Alle Völker gewinnen von nun an durch die Verkündigung der Kirche Anteil an dem Heil, das Israel zugesprochen ist. Die „über die ganze Welt hin“ erfolgende Verkündigung durch die Jünger (vgl. Mt 24,14) ist gleichsam das Medium, in dem der bei seinen Jüngern bleibende Herr seine Macht über die Völker ausübt. Doch zugleich ist durch die erzählerische Konzeption des Evangelisten, der die Israelmission der Völkermission vorordnet, gesichert, dass für den Leser des Evangeliums der Gottessohn (für alle Völker) auch weiterhin der Sohn Davids (für Israel) bleibt.

5. Anregungen aus dem Evangelium für das Missionsverständnis und die Missionspraxis heute

1. Der für Matthäus in Mt 16,18 angekündigte Aufbau der Kirche beginnt mit Ostern. Dieser Aufbau ist ein Werk des Auferstandenen und hat (wie die Futura in Mt 16,18f besagen) eine Dimension, die auf Zukunft verweist. Die „Auferbauung“ der Kirche ist, solange die Verkündigung des Evangeliums währt, nicht abgeschlossen. Sie geschieht durch die Verkündigung der elf Jünger (und ihrer Nachfolger) an alle Völker, wobei darin bleibend auch Israel eingeschlossen ist, insofern es

dem erhöhten Herrn gehorsam wird und die in Jesu Sterben zugesprochene Sündenvergebung annimmt.

Diese auf die Zukunft gerichtete, nach vorn hin offene Dimension von Kirche schließt folglich auch die Hoffnung auf das endzeitliche Heil Israels ein. Von Matthäus gilt es zu lernen, dass ein Ersatz, eine „Substitution“ Israels durch die Kirche ausgeschlossen bleibt.[19] Das Verhältnis der Kirche Jesu Christi zum Judentum ist prinzipiell anders als zu anderen Religionen. Die Kirche bleibt nach Matthäus auf Dauer positiv auf Israel hin ausgerichtet. Aber in der Kirche gewinnt das Israel zugesprochene Heil eine von Gott von Anfang an gewollte Ausweitung auf alle Völker. Was die alten Autoritäten Israels selbst durch die Ablehnung Jesu verspielt haben, ist durch Jesu heilbringendes Sterben und sein Erhöhung auch für Israel neu gewonnen worden. Matthäus hofft, dass seine jüdischen Gesprächspartner dies erkennen und gläubig annehmen. Damit denkt Matthäus optimistischer als Paulus, der in Röm 9-11 die Rettung Israels angesichts des jüdischen „Eifers ohne Erkenntnis“ (Röm 10,2) ausschließlich als kommendes Heilsereignis von Gottes Erbarmen erwartet.

Das bedeutet: Für die Kirche, die den Weg Israels ihrem eigenen Selbstverständnis nach weitergeht, kann es keine Mission unter Juden im Sinne einer Gewinnung Israels für den einen Gott geben. Israel ist und bleibt Gottes erwähltes Volk. Gottes Bund mit Israel ist ungekündigt. Aber es ist gemäß Mt 28,18-20 der bleibende Auftrag der Kirche, auch Israel gegenüber Jesus Christus zu bezeugen als den von Gott verheißenen Davidsohn, durch dessen Sterben die Sünden vergeben und durch dessen Einsetzung als Herr über alle Völker auch die Sendung Israels zu ihrer eigentlichen Vollendung gelangt.

---

[19] H. Frankemölle, Der „ungekündigte Bund“ im Matthäusevangelium? Oder: Von der Unverbrüchlichkeit der Treue Gottes im Matthäusevangelium zu Israel und zu den Völkern, in: ders. (Hg.), Der ungekündigte Bund? Antworten des Neuen Testaments, QD 172, Feiburg / Basel / Wien 1998, 171-210, hier 207: „Matthäus vertritt also nicht eine Substitution Israels, wohl aber der alten Führungsschicht, der alten ‚Hirten‘ durch die Kirche“. Wie bedeutsam diese Aussage ist, zeigt die Kontroverse um die von Papst Benedikt XVI. in die alte, außerordentliche (!) Karfreitagsliturgie eingeführte Fürbitte, die wahrlich nicht auf Judenmission setzt, sondern auf das von Gott herbeizuführende Heil für Israel. Zur Interpretation dieser Fürbitte vgl. W. Kasper, Das Wann und Wie entscheidet Gott, in: FAZ vom 20. März 2008.

2. Von Matthäus ist zu lernen, dass die Jünger Jesu nur als „Gesendete“ Jesusjünger bleiben können. Man könnte zugespitzt sagen: Für Matthäus besteht das Wesen der Kirche in ihrer Sendung. Mission ist nicht ein Merkmal, das zu anderen Kennzeichen der Jüngergemeinde hinzutritt. „Die Mission stellt... nicht eine unter vielen Aufgaben der Kirche dar, sondern sie eignet ihr wesensmäßig“.[20] Kirche ist ihrem ganzen Sinn nach Mission, die darauf ausgerichtet ist, Gott ein Volk zu bereiten, das „die erwarteten Früchte bringt“ (Mt 21,44). Dass die Kirche natürlich selbst nach diesem strengen Maßstab gerichtet wird, wird vom Evangelisten immer wieder eingeschärft und muss hier nicht eigens nachgewiesen werden.

Unseren Kirchen ist dieses missionarische Selbstverständnis weithin verloren gegangen. Das hängt mit dem relativen Erfolg der christlichen Verkündigung im Verlauf der europäischen Geschichte zusammen. Man könnte beinahe sagen: Die „Erfolgsgeschichte“ des Christentums (was natürlich nur sehr bedingt so bezeichnet werden kann) hat zur gegenwärtigen Ausdünnung der missionarischen Haltung bei vielen Christen beigetragen. Umgekehrt ist von den im Matthäusevangelium erkennbaren Auseinandersetzungen zu lernen, dass eine Bestreitung der universalen christlichen Sicht von Heilsgeschichte im Gegenzug zu vertiefter Einsicht in das Evangelium führen kann.

Die heutigen Kontingenzerfahrungen der Christen angesichts der Pluralität religiöser und nichtreligiöser Lebens- und Weltsichten sind im Prinzip vergleichbar mit jenen der Christen im 1. Jahrhundert angesichts ihrer pharisäischen Gegner, die eine universale Bedeutung der Sendung Jesu ausschlossen. Wenn das vor uns liegende 21. Jahrhundert ein Jahrhundert des gemeinsamen Gespräches der Religionen miteinander werden wird – was nur zu hoffen ist –, kommt der Frage, was missionarische Haltung in diesem globalen Religionsgespräch eigentlich bedeutet, größte Bedeutung bei. Es kommt auf eine Auskunftsfähigkeit an, die angesichts der Bestreitung der eigenen Position durch den Gesprächspartner den eigenen Standpunkt vertieft und im erfahrenen Widerspruch umfassender die Wahrheit der Offenbarung Jesu Christi erkennt.

---

[20] G. Baumbach, Die Mission im Matthäus-Evangelium, ThLZ 92, 1967, 889-893, hier 892.

Die Auskunftsfähigkeit eines Gesprächsteilnehmers hängt wiederum von seiner Auskunftswilligkeit ab. Missionarische Spiritualität heißt: Bereitschaft, sich in Glaubensdingen ins Herz schauen zu lassen und zu bezeugen, wie dieser Glaube die eigene Biographie verändert. Das Religionsgespräch der Zukunft wird weniger um „Dogmatik“ als vielmehr um „Ethik“ kreisen. Auch Matthäus (übrigens in Eintracht mit Paulus) misst die Qualität des Christuszeugnisses unerbittlich an den „Früchten“, die dieses Bekenntnis zum Gekreuzigten und Auferstandenen vorzuweisen hat. Nach welchen Kriterien da zu urteilen ist, kann bleibend an der matthäischen Paränese abgelesen werden (vgl. etwa Mt 22,11-13: Das hochzeitliche Gewand; Mt 24,45-51: Der schlechte Knecht; Mt 25,14-30: Das Gleichnis von den Talenten; Mt 25,31-45: Das Gleichnis vom Weltgericht).

3. Der christliche Glaube hat eine universale Heilsbotschaft. Diese kann nicht auf eine Gruppe von Menschen, auf eine bestimmte Nation, Rasse oder Klasse eingeengt werden. Das wird das Evangelium unterscheidbar halten von Ideologien, die die willigen von den unbelehrbaren Menschen unterscheiden. Wir sahen: Matthäus hat gegenüber der Synagoge keine grundsätzlichen Mauern gezogen. Er hat gestritten und auch polemisiert – aber er hielt die Türen offen für alle, die sich dem Glauben an Jesus Christus öffneten.

Daraus ist für unsere heutige Situation zu folgern: Auch sich heute als „religiös unmusikalisch“ verstehende Menschen sind Adressaten des Evangeliums. Wir können, inspiriert von der Haltung des Evangelisten, sagen: Es gibt eine grundsätzliche Solidarität von Glaubenden und Nichtglaubenden. Die Heilsgabe Gottes ist allen zugesprochen. Das begründet eine existentielle Solidarität zwischen Glaubenden und Nichtglaubenden und verhindert jeden falschen Hochmut der Christen gegenüber Nichtchristen oder Andersgläubigen.

Die Verkündigung der christlichen Botschaft etwa an Menschen in den neuen Bundesländern muss sich dem weit verbreiteten Phänomen einer religiösen Indifferenz stellen. Es ist, als ob hierzulande viele Zeitgenossen eine Art religiösen „Sprachverlust“ erlitten haben. Sie sind nicht mehr in der Lage, bestimmte menschliche Grunderfahrungen in religiösen Worten oder Zeichen auszudrücken. Christlich-kirchliche

Vokabeln sind für sie wie „Chinesisch". Warum das so ist, ist nochmals eine eigene Frage.

Bezüglich der östlichen Bundesländer ist sicher eine Ursache dafür der Ausfall bzw. die staatlich verordnete Verdrängung von Religion aus der gesellschaftlichen Öffentlichkeit der vier Jahrzehnte nach dem letzten Weltkrieg. Da die kommunistische Ideologie die Religion und speziell das Christentum zu den reaktionären Kräften zählte, deren gesetzmäßiges Absterben sich freilich merkwürdig verzögerte, versuchte man dieses Absterben staatlicherseits zu beschleunigen. Von Gewicht war neben mancherlei Schikanen und Repressionen vor allem der Ausfall einer religiösen Wissensvermittlung im Bereich der schulischen und außerschulischen Bildung. Viele Menschen sind im Osten Deutschlands in einer völlig religionslosen Atmosphäre aufgewachsen. Dazu kommt jetzt nach dem politischen Umschwung der Verdacht, das Christentum sei eine Art „Ideologie" des Westens und solle den Ostdeutschen von den westdeutschen Eliten zum Zwecke der Westangleichung übergestülpt werden.

Freilich sollte diese Situation in den neuen Bundesländern nicht zu sehr als Sondersituation betrachtet werden. Die Herausforderungen für eine missionarische Verkündigung in Ost und West ähneln sich letztlich doch sehr. Es kann zudem manchmal ein Vorteil sein, wenn Menschen den christlichen Glauben unvermittelt als etwas überraschend Neues erfahren. Wenn Vorurteile fehlen, kann eine Begegnung besser glücken.

Für grundlegender als alle Erklärungsversuche für die Religionslosigkeit im ostdeutschen Raum, die mit der Historie, dem Ost-West-Gegensatz oder neuerdings mit soziokulturellen Milieus bzw. Lebenslagen-Forschung arbeiten, halte ich den inneren Einwand, der von manchen Zeitgenossen gegenüber einer sich religiös verstehenden Existenz gemacht wird: Es ist der Verdacht, mit einem religiösen Glauben verliere der Mensch seine Autonomie, seine Fähigkeit zur Selbstbestimmung. Religion, und eben auch christliche Religion sei ein Zustand der Fremdbestimmtheit, in der dem Menschen das Recht auf schöpferische Selbstverwirklichung und moralische Autonomie genommen würde. Das ist der geheime Stachel, der viele auch nachdenkliche Menschen vom Glauben an Gott und an das Evangelium abhält.

Darauf mag es manches zu antworten geben, von der Anthropologie her, die weiß, dass wir grundsätzlich dialogische und nicht monologische Wesen sind; von der Theologie her, die aufzeigen kann, dass Gottes Freiheit nicht als Konkurrenz, sondern nur als Ermöglichungsgrund der Freiheit des Menschen zu verstehen ist. Wer liebt, bleibt frei, auch wenn er sich auf Verantwortung, auf Verpflichtungen einlässt, aber eben auf einer anderen, sein Leben weitenden Wirklichkeitsstufe. Es gibt Bindungen, die frei machen, ja, die erst eigene Aktivität ermöglichen. Der Psalmist sagt: „In deinem Licht schauen wir das Licht!“ (Ps 36,10). Wer ein Buch liest, denkt dabei normalerweise nicht ans Auge. Religionslosigkeit ist so etwas wie eine Art geistlicher Amnesie, aus der man durchaus geweckt werden kann. Es lohnt sich also, auch heute den „Samen“ des Wortes auszustreuen.

4. Das Evangelium, von dem Matthäus spricht, ist mehr als die Verkündigung Jesu. Es ist die Botschaft bzw. die Proklamation des Auferstandenen und Erhöhten als Herrn der Welt. Hier gilt es einem latent verbreiteten „Jesuanismus“ zu wehren, der in der missionarischen Verkündigung nur die zeitverträglichen ethischen Momente der Botschaft Jesu in den Vordergrund rückt.

Nach Matthäus verkündet Jesus nicht nur das Evangelium, er ist das Evangelium selbst in seiner Person, in seinem Geschick, in seinem Leiden und seiner Erhöhung. Evangelium im christlichen Sinn meint, um ein Bild zu gebrauchen, die Ansage eines grundlegenden Machtwechsels, einer „Wende“, für die die letzte politische Wende im Osten Deutschlands und Europas nur eine schwache Analogie ist. Es geht um die Ablösung aller gottfeindlichen Mächte und Gewalten aus ihren angemaßten Machtpositionen. Matthäus betont, wie wir sahen, durch sein narratives Konzept die Einsetzung des Auferstandenen zum Herrn über alle Welt als Grundlage der missionarischen Sendung der Kirche. Dieser Botschaft, diesem Evangelium soll in jeder Generation durch die Kirche, durch die Glaubenden ein „Resonanzraum“ geschaffen werden, damit alle diese Ansage einer Zeitenwende, die Gott herbeigeführt hat, hören und danach ihr Leben neu, eben „österlich“ ausrichten.

Daraus ergibt sich aber auch Folgendes: Niemand wird als Christ geboren. Jeder Mensch muss für sich selbst, ganz persönlich, Christ werden, das „Licht“ aufnehmen, wie es im Johannesprolog heißt. Was das pastoral bedeutet, ist gegenwärtig für die missionarische Strategie kirchlichen Arbeitens noch nicht voll erkannt, geschweige denn umgesetzt. Existentielle Überzeugungen, zu denen auch der Gottesglaube gehört, werden durch „Selbstüberschreitungen“ gewonnen, die eine Evidenz eigener Art bewirken. Auslöser für solche Erfahrungen sind weithin Begegnungen von Mensch zu Mensch, das Aufleuchten einer Glaubenseinsicht durch einen „Zeugen“, wobei es durchaus auch andere vorbereitende Vermittlungen zu solchen Umkehrerfahrungen, etwa ästhetischer oder philosophischer Art, gibt. Es ist begründet zu vermuten, dass es eine neue, in ihrer Gestalt bislang noch nicht absehbare neue Missionsphase des Christentums geben wird.

5. Bei allem Realismus, der bezüglich der missionarischen Verkündigung in den matthäischen Texten zu finden ist, bleibt seine Sicht der Verkündigung erstaunlich optimistisch. Es ist möglich, dass die göttliche Saat „hundertfältige“ Frucht bringt, aber vielleicht auch nur „sechzigfache“ oder nur „dreißigfache“ (vgl. Mt 13,8).

Aber wo mit der Verkündigung anknüpfen? Spurenelemente des Christentums (Feiertagskultur, Brauchtum, Interesse an Geschichte) bzw. auch persönliche Erfahrungen (Tatsache der eigenen Taufe, Vermittlung von christlichem und religiösem Grundwissen in der Schule), an die eine Evangelisierung anknüpfen könnte, sind durchaus gegeben. Ich erinnere beispielsweise an die Ausstellung „1000 Jahre Taufe in Mitteldeutschland“ (2006) in Magdeburg, oder auch an die Jubiläumsjahre, die in den letzten Jahren an Martin Luther, Johann Sebastian Bach, hier in Thüringen an Meister Eckart oder Winfried Bonifatius und jüngst an Elisabeth von Thüringen erinnerten. Die Beteiligung und das öffentliche Interesse an diesen Gedenkjahren war groß, weit über den kirchlichen Rahmen hinaus.

Doch sollten auch andere, vielleicht noch tiefer im Wesen des Menschen ansetzende Anknüpfungen für das Evangelium in den Blick genommen werden. Aus meiner Erfahrung heraus ist das besonders die Erfahrung einer glückenden Beziehung, manchmal auch nur die Sehnsucht danach, oder auch die Erfahrung eines Scheiterns solcher Beziehungen. Solche Erfahrungen bilden so etwas wie ein „Tor zur Transzendenz“. Beziehungen kann man bekanntlich nicht machen. Sie sind zutiefst Geschenk. Und doch bestimmt ihr Gelingen oder Misslingen die Qualität des Lebens.

Einige Beispiele für diese Art der Anknüpfung der christlichen Verkündigung an die Lebenssituation von Menschen sind im Bistum Erfurt entwickelt worden, etwa der Segnungsgottesdienst am Valentinstag, das nächtliche Weihnachtslob für Nichtchristen im Erfurter Dom, die Feier der Lebenswende für junge, ungetaufte Menschen, das monatliche Totengedenken als Angebot für Bewohner der Stadt Erfurt, die ihre Angehörigen haben anonym bestatten lassen. Das jüngst in Erfurt eingerichtete Kolumbarium in der Allerheiligenkirche hat die Fragen nach Sterben, Tod und ewigem Leben breit in das öffentliche Gespräch gebracht. Neuerdings wollen wir in einer „Kosmas- und Damian-Liturgie“ besonders Menschen in der Situation chronischer Krankheit ansprechen, also Menschen, die eine Art medizinischer Grundversorgung erhalten, aber ansonsten mit ihren existentiellen Fragen an das Leben weithin alleingelassen werden. Wie die Erfahrung zeigt, lassen sich durchaus Nichtgetaufte auf solche Angebote ein.

In einer nichtchristlichen, von säkularer Ethik gespeisten Gesellschaft gilt es, stärker als in einer christentümlich geprägten Gesellschaft in der Verkündigung des Glaubens neue Wege zu gehen. Dabei geht es um ein Anbieten des Glaubens, das nicht „von oben“ her kommt, sondern das aus einer Haltung der Grundsympathie mit den Menschen jene Momente des Evangeliums zum Leuchten bringt, die den Menschen eine Identifizierung mit der christlichen Botschaft von innen her ermöglichen. Glaubensverkündigung und Seelsorge können ja nur „Hebammendienste“ im Blick auf das Gottesverhältnis der Menschen leisten, niemals den Glauben „produzieren“. Dieses Wissen verhindert zum einen die vorschnelle Etikettierung und Abwertung von Menschen als rettungslos unreligiös. Sie beflügelt zum anderen den seelsorglichen Einfallsreichtum, unter Umständen auch neue Wege in der Verkündigung an Nichtchristen zu beschreiten. Was wir brauchen, ist eine Erweiterung der „Beteiligungsmöglichkeiten“ von Nichtchristen an Kirche, über das herkömmliche Angebot hinaus.

Von Matthäus freilich sollten wir uns für die heutige Situation sagen lassen, dass eine Kirchendistanz von Zeitgenossen nicht unbedingt eine Distanz zum Evangelium sein muss. Wo Menschen heute „Jüngern des

Himmelreiches“ (Mt 13,52) begegnen, können durchaus auch Wunder geschehen.

Das Tun der Tora als Kriterium der Zugehörigkeit zur Gemeinde im Matthäusevangelium

Klaus Wengst

Gegenüber einer Zeit, in der das Matthäusevangelium relativ selbstverständlich als „heidenchristlich“ galt, ist in der neueren Forschung zunehmend herausgestellt worden, dass es in einem jüdischen Kontext zu verstehen ist.[1] Es kann dann noch diskutiert werden, ob die matthäische Gemeinde in irgendeiner Weise schon als „christliche Kirche“ sich dem Judentum entgegengesetzt weiß oder sich noch als Gruppe im Judentum versteht, wenn auch im Streit mit der sich nach 70 unter pharisäisch-rabbinischer Führung als normativ herausbildenden Mehrheit.[2] In jedem Fall aber lässt sich am Text des Matthäusevangeliums beobachten, dass in ihm die bleibende Geltung der Tora und das Tun des in ihr Gebotenen eine wichtige Rolle spielen. Dem soll hier nachgegangen werden sowie der Frage, wie Jesus als Ausleger der Tora verstanden ist. Am Schluss ist zu überlegen, was es für unsere christliche Rezeption des Matthäusevangeliums hinsichtlich dieser Thematik bedeutet, wenn dessen jüdische Eingebundenheit wahrgenommen wird.

1. Die unbedingte Geltung der Tora

Dass die Tora fraglos Geltung hat, wird von Matthäus nicht nur vorausgesetzt, sondern betont herausgestellt. Die ersten drei Verse der leseleitenden Einleitung zum Abschnitt Mt 5,21-48 in 5,17-20 bringen das massiv zum Ausdruck. In V. 17 verneint es Jesus zweimal, es sei Ziel seiner Sendung, „die Tora und die Propheten zu annullieren“; Ziel sei-

---

1 Ich nenne beispielhaft nur die Monographien von H.-J. Becker, Auf der Kathedra des Mose, ANTZ 4, Berlin 1990; M. Vahrenhorst, „Ihr sollt überhaupt nicht schwören“, WMANT 95, Neukirchen-Vluyn 2002; sowie den Kommentar von P. Fiedler, Das Matthäusevangelium, ThKNT 1, Stuttgart 2006.

2 Das mag hier offen bleiben; Letzteres ist mir ungleich wahrscheinlicher.

ner Sendung ist im Gegenteil, sie „zu bestätigen", „aufzurichten", „zu verwirklichen", „zu erfüllen".

Im griechischen Text stehen sich hier καταλῦσαι und πληρῶσαι gegenüber. Letzteres im Sinne von „erfüllen" zu verstehen, ließ Spekulationen zu, die klare Aussage des Verses doch wieder zu umgehen.[3] In V. 19 wird καταλύω aus V. 17 noch einmal mit dem Simplex λύω aufgenommen; dort steht auf der positiven Seite anstelle des πληρόω das Tun und Lehren. Damit gibt Matthäus selbst einen Hinweis, wie er das „Erfüllen" versteht. So entspricht es auch dem hebräischen Sprachhintergrund und der rabbinischen Verwendung. Die Übersetzungen ins Hebräische bieten für πληρῶσαι למלא (The United Bible Societies, Jerusalem 1983; Bible Society, Jerusalem 1986; letztere aramäisch: דאמלא) bzw. למלאת (Delitzsch). In der gesamten rabbinischen Literatur gibt es nur eine Stelle, an der מלא mit der Tora in Verbindung gebracht wird. In BerR 61,3 (Theodor / Albeck, 660) findet sich die Aufforderung: „Steht auf und füllt das ganze Land Israel mit Tora!" Das geschieht so, indem Tora gelehrt und getan wird. Die übliche Entgegenstellung ist לבטל („annullieren") und לקיים („aufrichten", „zustande bringen"). So heißt es mAv 4,9: „Wer die Tora in Armut verwirklicht (המקים), wird sie am Ende in Reichtum verwirklichen (לקימה); und wer die Tora im Reichtum zunichte macht (המבטל), wird sie am Ende in Armut zunichte machen (לבטלה)." Die in den „Reflexionszitaten" bei Matthäus begegnende Formulierung ἵνα πληρωθῇ τὸ ῥηθέν hat im Übrigen eine genaue Entsprechung in der hebräischen Wendung לקיים מה שנאמר („aufrichten, was gesagt ist"),[4] die im rabbinischen Schrifttum über 200mal begegnet. Es würde lohnen, die matthäischen Reflexionszitate einmal in diesem Zusammenhang zu untersuchen.

Was Matthäus Jesus in V. 17 sagen lässt, steht also in voller Übereinstimmung mit seiner jüdischen Umwelt. Er bricht nicht die Tora und setzt sie nicht außer Geltung, sondern hält und bekräftigt sie[5] – nicht nur die Tora, sondern die ganze Schrift, die mit der Wendung „die Tora und die Propheten" im Blick ist.

Der folgende Vers 18 unterstreicht die bleibende Geltung der Tora dadurch, dass von ihr kein einziges Jota vergeht. Dem entspricht, was

---

3 Vgl. die Aufstellung und Diskussion bei Fiedler, Matthäusevangelium (s. Anm. 1), 123f.

4 Vgl. schon W. Bacher, Die exegetische Terminologie der jüdischen Traditionsliteratur I, Leipzig 1899, 170.

5 Wie dem klaren Wortlaut ausgewichen werden kann, zeigt etwa J. Gnilka, wenn er dafür plädiert, „die Erfüllung durch Jesus auf seine Lehre zu beziehen, in der er Gesetz und Propheten auf die Gottes- und Nächstenliebe hin auslegt als deren Wesen und Vollendung" (Das Matthäusevangelium. I. Teil, HThK I/1, Freiburg u. a. 1986, 144). Dass die Zusammenfassung der Tora im Liebesgebot weder spezifisch für Jesus ist noch deren „Wesen und Vollendung" bezeichnet, wird gleich zu besprechen sein.

Rabbi Schim'on ben Jochaj nach jSan 2,6 (Krotoschin 20c) lehrte: „Das Buch Deuteronomium stieg hinauf, warf sich hin vor dem Heiligen, gesegnet er, und sagte vor ihm: ‚Herr der Welt, Du hast in Deiner Tora geschrieben: Jedes Testament, das teilweise ungültig ist (בטלה), ist ganz ungültig. Und sieh doch, Salomo will ein Jod aus mir herausreißen!' Der Heilige, gesegnet er, sagte zu ihm: ‚Salomo und tausend wie er vergehen (בטילין), aber von dir vergeht (בטל) kein Wort.'"

Nach Mt 5,18 wird nicht nur „kein einziges Jota", sondern auch „kein einziges Strichlein (κεραία) aus der Tora vergehen". Ich will hier eine Möglichkeit des Verständnisses darlegen, die bei Fiedler nur eben angedeutet ist.[6] Κεραία kann sich auf die Zierstriche beziehen, die in Torarollen seit der Antike bis heute an bestimmten Buchstaben angebracht werden und für das Lesen ohne jede Funktion sind. In der Geschichte von Mose im Lehrhaus Rabbi Akivas in bMen 29b stehen diese Zierstriche für die mündliche Tradition.[7] Mose trifft Gott am Sinai dabei an, wie er selbst diese Zierstriche in einer Torarolle anbringt. Auf seine Verwunderung darüber bekommt er zur Antwort, dass Rabbi Akiva aus jedem Strichlein „Halachot über Halachot" entwickeln wird. Beim anschließenden Aufenthalt im Lehrhaus Rabbi Akivas versteht Mose nichts, obwohl dort doch nichts anderes geschieht, als dass Mose ausgelegt wird; er beruhigt sich, als er zu hören bekommt: „Das ist Halacha des Mose vom Sinai." Die mündliche Tora erhält so dieselbe Autorität wie die schriftliche von Gottes Handeln am Sinai her. Dass „kein Strichlein aus der Tora vergeht", würde also über die unbedingte Geltung der schriftlichen Tora hinaus auch die der mündlichen feststellen. Das ist für das Matthäusevangelium alles andere als abwegig. In Mt 23,2 stellt Jesus fest, dass „auf dem Lehrstuhl des Mose die Schriftgelehrten und die Pharisäer sitzen". Für Matthäus sind damit die rabbinischen Weisen seiner Zeit im Blick, die die Tora auslegen.[8] Anschließend lässt er Jesus dessen Hörerschaft, als die „die Volksmengen und die Schüler" genannt werden, auffordern: „Alles nun, was immer sie euch sagen, tut und

---

6 Fiedler, Matthäusevangelium (s. Anm. 1), 124 Anm. 76.

7 Vgl. zu bMen 29b P. Lenhardt / P. von der Osten-Sacken, Rabbi Akiva, ANTZ 1, Berlin 1987, 318-329; K. Wengst, Jesus zwischen Juden und Christen, Stuttgart [2]2004, 36f.

8 Vgl. Becker, Kathedra (s. Anm. 1), 17-51.

bewahrt!“ (Mt 23,3a) Da „die Schüler“ im Matthäusevangelium transparent für die Gemeinde sind, heißt das, dass hier die mündliche Tora als verbindlich für die matthäische Gemeinde erklärt wird.

Die Aussage von Mt 23,3a ist von wünschenswerter Klarheit. Sie ist so klar, dass sich Ausleger immer wieder an ihr gestoßen haben und sie zu relativieren versuchen. Das sei an wenigen Beispielen gezeigt. Schweizer schreibt: „V. 2f haben keine Parallele, sind aber nicht von Matthäus selbst gebildet; denn sie widersprechen seiner Sicht (15,3ff; 16,11f; 5,21-48 ...). Sie stammen aus einer Zeit, in der sich die Gemeinde noch mühte, streng innerhalb der jüdischen Gesetzesbeobachtung zu leben“[9]. Aber was sollte den Evangelisten zwingen, Tradition mitzuschleppen, zu der er selbst im Widerspruch steht, und sie dann noch so zu positionieren, dass es sich nur um Irreführung seiner Leserschaft handeln kann? Warum er diese Tradition bietet, wenn es denn solche wäre, und wie er sie versteht, ist Schweizer keine Überlegung wert. Auch nach Gnilka steht Mt 23,3a „in einer unerträglichen Spannung zu 16,11f“ und „in einem Mißverhältnis zu den Antithesen der Bergpredigt“. Auch er hilft sich mit der Annahme „älterer Tradition“[10] und meint, dass Matthäus sie „in einem anderen als dem ursprünglichen Sinn, nämlich in einem eingeschränkten, verstand. Dann kann er die Autorität der Schriftgelehrten und Pharisäer auf deren Wiedergabe des AT (!) oder ihre richterliche Tätigkeit bezogen haben“.[11] Das ist allein schon im Blick auf die V. 3 einleitende Wendung πάντα οὖν ὅσα schlicht nur verschroben.[12] Luz hält V. 3 für redaktionell und sieht, dass hier „programmatisch und allgemein“ formuliert wird[13]. Aber auch er hält es dann für unmöglich, „daß Matthäus seine Gemeinde wirklich zum Gehorsam gegen alle Lehren der Schriftgelehrten und Pharisäer aufgefordert hat“. Ihm komme es auf V. 3b an, wofür V. 3a „nur rhetorische Vorbereitung“ sei (ebd.). Er paraphrasiert V. 3 so: „Haltet also meinetwegen alles, was euch die Schriftgelehrten und Pharisäer sagen – das ist nicht so schlimm!, – die Hauptsache ist aber, daß ihr euch nicht an ihre Taten haltet!“ (302) Luz fällt damit hinter die eigene Einsicht zurück, dass das V. 3 einleitende Gebot „programmatisch und allgemein“ formuliert ist. Auch Frankemölle spricht sich gegen eine „uneingeschränkte Anerkennung der Lehrautorität der Pharisäer von seiten ‚Jesu‘“ aus mit Verweis auf die schon genannten Stellen. „Von diesen kontextuellen Vorgaben kann der Leser erschließen, daß 2-3 vermutlich nicht so positiv zu instrumentieren sind, wie es üblicherweise (?) geschieht“.[14] Aber wie denn diese Verse nun verstanden werden sollen, führt er nicht aus. Er meint, V. 3a werde „sofort in 4a negativ interpretiert“. Mit diesem Urteil ignoriert er V. 4b und sieht nicht,

---

9 E. Schweizer, Das Evangelium nach Matthäus, NTD 2, Göttingen 1973, 281.

10 J. Gnilka, Das Matthäusevangelium. II. Teil, HThK I/2, Freiburg u. a. 1988, 273.

11 A. a. O. 274.

12 Zur Kritik an ähnlichen Aussagen Haenchens vgl. Becker, Kathedra (s. Anm 1), 80-83.

13 U. Luz, Das Evangelium nach Matthäus 3, EKK I/3, Zürich u. Düsseldorf / Neukirchen-Vluyn 1997, 301.

14 H. Frankemölle, Matthäus: Kommentar 2, Düsseldorf 1997, 368.

dass wie in V. 3b so auch in V. 4 der Vorwurf in der Diskrepanz von Lehren und Tun besteht.[15] Was die angeführten Texte betrifft, die zu Mt 23,2.3a im Widerspruch stehen sollen, sei zu den „Antithesen" auf die gleich folgenden Ausführungen verwiesen.[16]

In Mt 5,19 wird die Annullierung auch nur des kleinsten Gebotes sanktioniert, während das Tun und Lehren der Gebote Verheißung erhält. Auch hier ist ein Blick auf Kap. 23 hilfreich. Dort werden in V. 23 das Verzehnten von Minze, Dill und Kümmel einerseits und das Recht, das Erbarmen und die Verlässlichkeit andererseits unterschiedlich gewichtet. Aber dann heißt es abschließend: „Dies muss man tun und darf jenes nicht lassen." D. h. auch das Verzehnten von Minze, Dill und Kümmel ist verbindlich,[17] was nicht Gebot der schriftlichen, wohl aber der mündlichen Tora ist.

An der Intention der Verse Mt 5,17-19 im Ganzen gibt es nichts zu deuteln: Die Tora gilt unbedingt und ohne jeden Abstrich. Das wird auch durch V. 20 nicht zurückgenommen: „Ich sage nämlich: Wenn eure Gerechtigkeit die der Schriftgelehrten und Pharisäer nicht weit übertrifft, werdet ihr nicht ins Himmelreich hineinkommen." In Luthers Übersetzung ist von einer Gerechtigkeit die Rede, die „besser" sein soll. Damit wird ein qualitativer Unterschied suggeriert.[18] Der griechische Text enthält jedoch zwei eindeutig quantitative Begriffe (περισσεύω, πλεῖον), die ich mit der Neuen Zürcher Bibel mit „weit übertrifft" wiedergegeben habe. Worum es geht, wird wiederum aus Kap. 23 deutlich, wenn Matthäus nach der Aufforderung, alles zu tun und zu bewahren, was „die Schriftgelehrten und Pharisäer" sagen, in V. 3b distanzierend fortfährt: „Gemäß ihren Taten handelt aber nicht! Sie sagen's nämlich nur, tun's aber nicht." Matthäus beobachtet offenbar auf der anderen Seite eine Diskrepanz zwischen Lehre und Handeln. Solche Diskrepanz

---

15 Zum Verständnis von V. 4 vgl. Becker, Kathedra (s. Anm. 1), 161-168.

16 Zu Mt 15,1ff vgl. R. Hummel, Die Auseinandersetzung zwischen Kirche und Judentum im Matthäusevangelium, BEvTh 33, München 1966, 46-49; zu Mt 16,11f vgl. Becker, Kathedra, 21f. Vgl. auch den Exkurs bei Fiedler, Matthäusevangelium (s. Anm. 1), 125.

17 Von Frankemölle wird das hier erwähnte Verzehnten zwar konstatiert, aber faktisch in der Auslegung ignoriert (Matthäus 2, s. Anm. 11), 376.

18 Der wird auch häufig in der Forschung vertreten. So meint z. B. H. Frankemölle, dass ein Verständnis „im qualitativen Sinn" durch 5,21-48 entschieden werde (Matthäus: Kommentar 1, Düsseldorf 1994, 271). Dem liegt m. E. ein unzutreffendes Verständnis von Mt 5,21-48 zugrunde.

kommt bei Menschen vor. Aber Matthäus lässt sie für seine Darstellung der anderen Seite die alles bestimmende Perspektive sein, weshalb er ihre führenden Vertreter in Kap. 23 immer wieder als „Heuchler“ abqualifiziert. Ihm liegt an der Einheit von Lehre und Handeln. Die Gerechtigkeit, die diejenige der anderen „weit übertrifft“, besteht also darin, dass auch wirklich getan wird, was gesagt worden ist.[19]

Auf die Frage nach dem (ewigen) Leben wird im Matthäusevangelium von Jesus die im Judentum selbstverständliche Antwort gegeben: „Halte die Gebote!“ (Mt 19,17) Dafür werden dann beispielhaft Dekaloggebote und das Gebot der Nächstenliebe aufgezählt (Mt 19,18f). Erst wer weiter fragt, was ihm dann noch fehle, wird zur Nachfolge aufgefordert (V. 20f). Auch hier gilt also die Tora als eine selbstverständliche und grundlegende Gegebenheit, die in nichts in Frage gestellt wird.

Das schließt es keineswegs aus, dass Matthäus die Tora zusammenfassen und in ihr gewichten kann. Aber auch damit verhält er sich nicht anders als seine jüdische Tradition. Nach Mt 7,12 sagt Jesus: „Alles nun, was immer ihr wollt, dass euch die Leute es tun, das tut ihr ihnen ebenso. Denn das ist die Tora und die Propheten.“ Diese Aussage kommt sachlich ganz eng überein mit der „Geschichte über einen Nichtjuden“ in bShab 31a, „der zu Schammaj kam. Er sagte ihm: ‚Mache mich zum Proselyten unter der Bedingung, dass du mich die ganze Tora lehrst, während ich auf einem Bein stehe.‘ Er jagte ihn mit einer Bauelle weg, die in seiner Hand war. Er kam zu Hillel. Der machte ihn zum Proselyten. Er sprach zu ihm: ‚Was dir verhasst ist, das tue deinem Mitmenschen nicht an! Das ist die ganze Tora; alles Weitere ist Auslegung. Geh, lerne!‘“ Der Unterschied zwischen Schammaj und Hillel ist nicht der, dass Schammaj die ganze Tora für verbindlich hält, während Hillel meine, auf sie zugunsten der Goldenen Regel verzichten zu können. Selbstverständlich hält auch Hillel die ganze Tora für verbindlich. Das zeigt sich am Schluss, wenn er zum Lernen auffordert – der

---

19 Selbstverständlich ging es auch dem rabbinischen Judentum um die Einheit von Lehre und Tun; vgl. dazu Becker, Kathedra (s. Anm. 1), 107-120. Zur Problematik des Komparativs in 5,20 auch in quantitativem Sinn vgl. Fiedler, Matthäusevangelium (s. Anm. 1), 128f. Zu 5,17-20 im Ganzen vgl. auch Vahrenhorst, Schwören (s. Anm. 1), 234-249.

Tora in ihren Einzelgeboten natürlich.[20] Aber er kann die ganze Tora – wie es dann auch Matthäus tut – in der Goldenen Regel zusammenfassen und damit den Einzelgeboten Richtung und Linie geben. Auch der matthäische Jesus verzichtet nicht darauf, auf Einzelgebote zu verweisen und als Ausleger welche zu formulieren. Aus dem Tatbestand, dass die Goldene Regel bei Hillel negativ, bei Matthäus positiv formuliert ist, auf eine Überlegenheit des neutestamentlichen Textes über den talmudischen zu folgern,[21] ist m. E. nicht in der Sache, sondern im christlichen Überlegenheitswahn begründet. Denn einmal gibt es auch die positive Fassung an anderen Stellen der jüdischen Tradition;[22] und zum anderen ist die positive Fassung keineswegs davor geschützt, im Sinne des berechnenden Egoismus gebraucht zu werden. Die negative und die positive Fassung enthalten einen je besonderen Aspekt, der jeweils nur so zum Ausdruck gebracht werden kann. Was mir verhasst ist, weiß ich in der Regel viel besser als das, was ich mir positiv wünsche. Und dass ich anderen antun könnte, was ich, mir selbst angetan, gar nicht leiden kann, ist keine selten auftretende Gefahr, die mit der positiven Fassung nicht erfasst ist. Die wiederum betont die Aktivität im positiven Handeln für den Nächsten. Beide Aspekte haben ihr Gewicht; sie sind komplementär und sollten deshalb nicht gegeneinander ausgespielt werden.

Außer in der Goldenen Regel kann Matthäus die Tora im doppelten Liebesgebot zusammenfassen, in der Liebe zu Gott und zum Mitmenschen (Mt 22,34-40). In V. 40 stellt er ausdrücklich fest, wobei er den Schluss von 7,12 anklingen lässt: „An diesen beiden Geboten hängt die ganze Tora und die Propheten".[23] Sie haben damit dieselbe Funktion, die in der rabbinischen Tradition ein כלל גדול hat. Als eine solche „große Zusammenfassung" bezeichnet Rabbi Akiva das Gebot der Nächstenliebe aus Lev 19,18, während zwei Kollegen Gen 5,1 mit dem Hinweis auf

---

[20] Es ist bezeichnend, dass in christlichen Zitationen dieser Erzählung der Schluss: „Alles andere ist Auslegung. Geh, lerne!" ausgelassen wird, z. B. von Gnilka, Matthäusevangelium I (s. Anm. 5), 265, und Frankemölle, Matthäus 1 (s. Anm. 13), 270.

[21] Vgl. H. Weder, Die „Rede" der Reden, Zürich ^{2}1987, 231f.

[22] Vgl. Arist 207; 2Hen 61,2; ARN(A) 15 und 16.

[23] Eine unmittelbare Zusammenstellung von doppeltem Liebesgebot und negativ gefasster Goldener Regel findet sich in Did 1,2.

die Gottesebenbildlichkeit des Menschen für eine noch größere halten.[24] Die „große Zusammenfassung" zeigt die Perspektive auf und gibt die Dimension an, in denen die Einzelgebote zu tun sind.

Schließlich zeigt sich hinsichtlich der Tora eine enge Entsprechung zwischen Matthäus und der rabbinischen Tradition in der Gewichtung innerhalb ihrer. In Mt 23,23 benennt Jesus drei Dinge als „das Gewichtigere in der Tora": „das Recht, das Erbarmen und die Verlässlichkeit". Das kommt dem sehr nahe, was Rabban Schim'on ben Gamliel nach mAv 1,18 formuliert: „Auf drei Dingen steht die Welt: auf dem Recht, auf der Verlässlichkeit und auf dem Frieden".[25]

Dass Matthäus die Tora zusammenfassen und dass er in ihr gewichten kann, zeigt schon, dass er kein fundamentalistisches Verständnis der Schrift hat, wie das ja auch bei den Rabbinen nicht der Fall ist. Das ist auch daran deutlich, dass er die mündliche Tora, die Auslegung der Tora, akzeptiert; und so stellt er Jesus als vollmächtigen Ausleger der Tora dar.

2. Jesus als Ausleger der Tora

Erinnert man sich an die Aussagen von Mt 5,17-20 und ihre Intention und macht sich klar, dass diese Verse die Einleitung zu dem Abschnitt 5,21-48 bilden und so die Funktion einer Leseanweisung für diesen Abschnitt haben, ist es schlechterdings ausgeschlossen, dass Matthäus ihn als „Antithesen zum Gesetz" verstanden haben könnte. Von dieser Einleitung her muss es sich um Auslegungen der Tora handeln. Sechsmal wird aus der Tora zitiert, und sechsmal findet sich unmittelbar anschließend eine Auslegung dazu. Das antithetische Verständnis sieht seine Berechtigung in der sprachlichen Form der Einleitung dessen, was Jesus jeweils nach dem Zitat sagt; dort steht: ἐγὼ δὲ λέγω. Das wird üblicherweise übersetzt mit: „Ich aber sage." Das δέ wird somit ad-

24 BerR 24,7 (Theodor / Albeck, 236f); vgl. dazu Lenhardt / Osten-Sacken, Akiva (s. Anm. 7), 174-199. Zur Auseinandersetzung mit einer Position, die dennoch meint, hier „Überlegenheit der christlichen über die jüdische Ethik" zu erkennen, vgl. Fiedler, Matthäusevangelium (s. Anm. 1), 339f.

25 Vgl. ausführlich zu beiden Texten Wengst, Jesus (s. Anm. 7), 155-166.

versativ verstanden; und das „Ich“ gilt als betont, weil im griechischen Text die Person schon mit dem Prädikat gegeben ist und also fehlen könnte, wenn sie nicht hervorgehoben werden sollte. Die Übersetzung mit „Ich aber sage“ ist sprachlich möglich, aber sie ist keineswegs die einzige Möglichkeit.[26] Zum einen begegnet es im neutestamentlichen Griechisch öfter, dass das im finiten Verb schon mitgesetzte und deshalb überflüssige Personalpronomen dennoch steht, obwohl sich vom Kontext her nicht erkennen lässt, dass eine Hervorhebung beabsichtigt sei,[27] und zum anderen ist es auffällig, dass καί sehr häufig nicht anknüpfend, sondern leicht adversativ und δέ sehr häufig nicht leicht adversativ, sondern anknüpfend gebraucht ist. Letzteres findet sich im Zusammenhang von Mt 5,21-48 am Beginn von V. 31: ἐρρέθη δέ. Wenn das die Elberfelder Bibel mit: „Es ist aber gesagt“ wiedergibt, ist das schlicht sinnwidrig.[28] Beide genannten Phänomene erklären sich vom hebräischen Sprachhintergrund: καί und δέ stehen für hebräisches ו, das beide Leistungen enthält; und weil das Hebräische das Präsens mit dem Partizip konstruiert, muss das Personalpronomen gesetzt werden. Hinter ἐγὼ δὲ λέγω steht die hebräische Wendung ואני אומר. Bei ihr handelt es sich – wie bei שנאמר (ἐρρέθη: „es ist gesagt [worden]“), womit ein

---

26 Zum Folgenden vgl. ausführlicher K. Wengst, Hebräisch für Neutestamentler, in: Fragmentarisches Wörterbuch. FS Horst Balz, Stuttgart 2007, 177-187, spez. 182-184.

27 Mit λέγω und δέ verbunden erscheint ein solches ἐγώ im Munde Jesu im Matthäusevangelium noch 16,18: κἀγὼ δέ σοι λέγω. Die Übersetzungen, die hier adversativ anschließen und das Ich betonen, wirken im Zusammenhang eher seltsam (Elberfelder: „Aber auch ich sage dir“; katholische Einheitsübersetzung: „Ich aber sage dir“). Die Neue Zürcher und die „Bibel in gerechter Sprache“ bieten: „Und ich sage dir“, während bei Luther noch ein „auch“ angeschlossen ist. Dabei wird in dieser Wendung nicht das Ich des Sprechers herausgestellt, sondern es folgt in Wiederaufnahme der Redeeinleitung von V. 17 in der Rede des Sprechenden eine erneute Einleitung, um die folgende Aussage zu betonen.

28 Die Wendung λέγω δὲ ὑμῖν im Munde Jesu findet sich mehrmals im Matthäusevangelium. Dabei ist es in 17,12 klar, dass ein adversativer Anschluss vorliegt, da in V. 11 ein μέν steht. In Mt 6,29; 8,11; 12,36; 26,29 wirkt es wieder eher seltsam, wenn die Elberfelder und die Neue Zürcher Bibel das δέ durchgängig mit „aber“ wiedergeben. Besonders aufschlussreich ist Mt 19,9, weil hier das λέγω δὲ ὑμῖν sachlich dem sechsmaligen ἐγὼ δὲ λέγω ὑμῖν in Mt 5,21-48 entspricht, indem Jesus sagt, wie eine Anordnung des Mose zu verstehen ist; und hier steht kein ἐγώ. Die katholische Einheitsübersetzung übersetzt schlicht mit „Ich sage euch“, so auch die „Bibel in gerechter Sprache“.

Schriftzitat eingeleitet wird – um exegetische Terminologie. Mit ἐγὼ δὲ λέγω wird also eine Auslegung eingeleitet. Deshalb übersetzt Fiedler diese Wendung so: „Ich nun sage".[29]

Dass so und nicht antithetisch zu verstehen ist, ergibt sich auch vom Inhalt. Im Vergleich mit der rabbinischen Tradition zeigt sich weitgehende sachliche Übereinstimmung. Das sei kurz am ersten Beispiel gezeigt.[30] Der matthäische Jesus legt das Dekalogverbot zu morden in Mt 5,22 so aus: „Wer immer seinem Bruder oder seiner Schwester zürnt, wird vom Gericht verurteilt. Wer immer zu seinem Bruder oder zu seiner Schwester sagt: ‚Du Hohlkopf!', wird vom Synhedrium verurteilt. Wer immer sagt: ‚Du Trottel!', wird in die Feuerhölle verurteilt." Die nächste Parallele hierzu bietet ein Zeitgenosse des Matthäus. Von Rabbi Elieser ben Hyrkanos heißt es in DER 11:[31] „Wer seinen Mitmenschen hasst, siehe, der gehört zu denen, die Blut vergießen." Er begründet diese Aussage mit Dtn 19,11: „Denn es ist gesagt: ‚Und wenn ein Mensch seinen Nächsten hasst und ihm auflauert und sich gegen ihn erhebt'".[32] Sowohl die Auslegung Jesu als auch die Rabbi Eliesers sind als Rechtssatz formuliert. Weder hier noch da ist im Ernst daran gedacht, dass die Hassenden bzw. Zürnenden tatsächlich vor Gericht gestellt werden. Mit der Übertragung von Rechtsformen in den nichtjustiziablen Bereich liegt hyperbolische Rede vor, die für latente Vorformen des Mordens sensibilisieren will.[33]

---

29 Fiedler, Matthäusevangelium (s. Anm. 1), 130f. In ihrer Übersetzung in der „Bibel in gerechter Sprache" pointiert Luise Schottroff stärker, trifft aber das von Matthäus Gemeinte: „Ich lege das heute so aus."

30 Zu Mt 5,38-42 vgl. Wengst, Jesus (s. Anm. 7), 171-174, zu Mt 5,33-37 Vahrenhorst, Schwören (s. Anm. 1), 256-276.371-374.

31 In Billerbeck I 282 steht dieser Text unter falscher Stellenangabe: Dèrekh Ereç 10. Sie wird von vielen Kommentatoren abgeschrieben, z. B. von U. Luz, Das Evangelium nach Matthäus 1, EKK I/1, Neukirchen-Vluyn [5]2002, 339 Anm. 34.

32 Von weiteren möglichen Stellen sei nur noch Kalla Rabbati 8,4 genannt. Angesichts dessen berührt es seltsam, wenn Luther bei der Auslegung von Röm 2,12 auf Mt 5,20 zu sprechen kommt und dazu über „die Juden" sagt: „Sie behaupteten ..., der Zorn im Herzen sei noch keine Sünde, sondern erst das Töten" (M. Luther, Vorlesung über den Römerbrief 1515/16, übertragen von E. Ellwein, München [2]1928, 63).

33 Im Kommentar von Luz hat es zuweilen schon komische Züge, wenn er einerseits zu Mt 5,21-48 immer wieder inhaltliche Übereinstimmung zwischen der jüdischen Tradition und dem, was Jesus hier sagt, feststellt und ebenso immer wieder nach dem „Besonderen" Jesu fragt. Zu Mt 5,22 vgl. in dieser Hinsicht Luz, Matthäus 1

Natürlich ist Jesus für Matthäus nicht irgendein Ausleger. Als wen er den Sprecher der Berglehre[34] versteht, sei an deren ersten beiden Versen mit ihren Querverweisen ins Evangelium erschlossen. In Mt 5,1f heißt es: „Als Jesus die Volksmengen erblickte, stieg er auf den Berg. Als er sich hingesetzt hatte, traten seine Schüler zu ihm heran; und er öffnete seinen Mund und lehrte.“ Dass nicht nur an die Schüler als Hörerschaft gedacht ist, die als transparent für die Gemeinde zur Zeit des Evangelisten gelten, sondern auch an die zunächst genannten Volksmengen, ergibt sich eindeutig aus Mt 7,28f, wo deren Reaktion auf die Lehre Jesu mitgeteilt wird. Die Berglehre hat also zwei konzentrische Hörerkreise. Sie gilt zunächst der Schülerschaft, der Gemeinde, ist aber intentional auf einen weit darüber hinausgehenden Adressatenkreis. Der auffälligste Zug in V. 1 ist, dass Jesus sich setzt, obwohl er als Redner gegenüber einer großen Menge vorgestellt wird. Ein Redner steht, in der Antike allemal, in der es noch keine Stimmverstärkung durch Mikrophone gab. Weshalb Jesus sitzt, ergibt sich aus 5,2 und 7,28f: Matthäus will ihn damit – an dieser Stelle zumindest primär – als Lehrer darstellen.

Für das Sitzen des Lehrers sei hier nur ein – später – Beleg gegeben. In einer erzählerischen Ausgestaltung von mAv 1,1 („Mose erhielt die Tora vom Sinai und übergab sie Josua“) in TanB Vaetchanan § 6 (6b) will Mose vor seinem Tod und angesichts dessen, dass nun die Zeit Josuas kommt, vor Gott zu dienen, Schüler Josuas sein; Gott erlaubt es ihm. „Mose stellte sich früh an den Eingang von Josuas Zelt. Und Josua saß da und legte aus, Mose aber stand, beugte sich und legte seine Hand auf seinen Mund. Josuas Augen waren verhüllt, sodass er ihn nicht sah ... Die Israeliten gingen zum Eingang von Moses Zelt, fanden ihn aber am Eingang von Josuas Zelt; und Josua saß, Mose aber stand. Sie sagten zu Josua: ‚Was kam dir in den Sinn, dass Mose, unser Lehrer, steht, du aber sitzest?!‘“ Eine Himmelsstimme klärt dann, dass sie von nun an von Josua zu lernen haben. Eine geringfügig erweiterte Fassung dieser Erzählung findet sich in Tan Vaetchanan § 6 (313b).

Eine analoge Situation wie in 5,1 wird in Mt 24,3 entworfen: „Als er (Jesus) sich auf den Ölberg gesetzt hatte, traten seine Schüler für sich allein zu ihm.“ Im Folgenden hält Jesus die Endzeitrede, die ihn als den endzeitlichen Richter zeigt. Auch der Richter sitzt. In SifDev § 190

(s. Anm. 26), 340; vgl. 331f. Hier muss er Zuflucht bei der behaupteten „Antithetik“ suchen und ist in seinen gewundenen Ausführungen selbst damit alles andere als überzeugend.

[34] Zur Terminologie vgl. Frankemölle, Matthäus 1 (s. Anm. 13), 205.

(Finkelstein / Horovitz, 229) heißt es: „Die Richter sitzen, aber die Prozessparteien stehen.“ Zwischen 5,1 und 24,3 finden sich dieselben Motive – Jesus steigt auf „den Berg“, setzt sich und Menschen treten an ihn heran – noch einmal miteinander verbunden in Mt 15,29-31. Hier sind es nicht die Schüler, die an Jesus herantreten, sondern große Volksmengen, die Kranke zu ihm bringen; „und er heilte sie, sodass die Volksmenge staunte, als sie sahen, dass Stumme redeten, Verkrüppelte unversehrt waren, Lahme gingen und Blinde sahen.“ Wie schon in Mt 11,2-6 (vgl. besonders V. 5) nimmt Matthäus damit in Anknüpfung an Jes 35,5f und andere biblische Stellen die Tradition vom königlichen Gesalbten auf; Jesus ist der rettende und helfende messianische Endzeitkönig. Dass der König sitzt, während andere an ihn herantreten und stehen oder sich vor ihm niederwerfen, ist selbstverständlich. Von daher lässt sich auch „der Berg“ als Symbol der Macht verstehen.

Eine ähnliche Szenerie, in der allerdings das Motiv des Sitzens fehlt, die königliche Dimension jedoch besonders stark herausgestellt wird, findet sich schließlich im letzten Abschnitt des Matthäusevangeliums: 28,16-20. „Die elf Schüler“ gehen auf „den Berg“, zu dem Jesus sie beordert hatte, und werfen sich vor ihm nieder; und er sagt: „Mir ist alle Macht im Himmel und auf der Erde gegeben.“ ἐξουσία entspricht dem lateinischen *potestas*. Die *potestas* über die Erde, soweit sie vom *imperium romanum* beherrscht wird, beansprucht der Kaiser in Rom und übt sie durch die von ihm und vom Senat Beauftragten weltweit aus. „Alle Macht im Himmel und auf der Erde“ beansprucht in Mt 28,18 jemand, der erst vor wenigen Tagen von der römischen Macht hingerichtet worden war. In diesem Zusammenhang findet sich ein deutlicher Rückbezug auf die Berglehre, wenn Jesus zum Lehren all dessen auffordert, „was ich euch geboten habe“ (28,20). Was Jesus – in Auslegung der Tora – geboten hat, steht zwar nicht nur, aber doch in konzentrierter Weise in der Berglehre. Auch sie hat er nach Mt 7,29 – anders als die Schriftgelehrten – als jemand erteilt, der „Macht“ (ἐξουσία) hat. So kann sie verstanden werden als das Regierungsprogramm des messianischen Endzeitkönigs Jesus, der auch die Funktion des Lehrers und Richters ausfüllt. Ein Regierungsprogramm soll selbstverständlich in die Tat umgesetzt werden, zuerst und vor allem von Jesu Gemeinde. Aber dieses Programm ist intentional auf die Welt, wenn anders diesem König alle Macht im Himmel und auf der Erde gehört. Auf die Realisierung des Programms wird sich jedoch nur einlassen wollen, wer sich darauf verlassen mag, dass dem König Jesus diese Macht tatsächlich gehört.

Als Ausleger der Tora ist Jesus auch verstanden, wenn er vom „Willen meines Vaters im Himmel“ spricht. Nach Mt 12,50 ist ihm „Bruder, Schwester und Mutter“, „wer immer den Willen meines Vaters im Himmel tut“. Und nach Mt 7,21 formuliert er: „Nicht jeder, der zu mir sagt: ‚Herr, Herr!‘, wird in das Himmelreich hineinkommen, sondern wer den Willen meines Vaters im Himmel tut.“ Nach Lk 6,46 fragt Jesus rhetorisch: „Was nennt ihr mich aber ‚Herr, Herr!‘ und tut nicht, was ich sage?“ Das Herrsein eines Herrn erweist sich darin, dass getan wird, was er sagt; sein Wort ist verpflichtendes Gebot. Bei Matthäus steht an der Stelle dessen, „was ich sage“, „der Wille meines Vaters im Himmel“. Der eigentliche Herr ist Gott selbst; *sein* Wille soll getan werden (vgl. Mt 6,10). Dennoch wird Jesus zu Recht als „Herr“ angeredet; er spricht von Gott als „*meinem* Vater“. Damit ist keine exklusive Sohnschaft beansprucht; im Gebet in Mt 6,9 hatte Jesus ja seine Schüler gelehrt, Gott als „*unseren* Vater im Himmel“ anzusprechen. Wenn Jesus in hervorgehobener Weise vom „Willen *meines* Vaters im Himmel“ spricht, ist der Zusammenhang so zu denken, dass er es ist, der in der Auslegung der Tora, in der Gott seinen Willen bekundet, diesen Willen konkret zum Zuge bringt. Zu ihm können daher nur diejenigen zu Recht „Herr, Herr!“ sagen, die den Willen Gottes, wie Jesus ihn ausgelegt hat, in die Tat umsetzen.[35] In Mt 7,24.26 kann Jesus deshalb in gleicher Weise von „diesen (meinen) Worten“ sprechen.

---

[35] Mit der Rede vom „Tun des Willens des Vaters im Himmel“ partizipiert Matthäus an jüdisch-rabbinischer Sprechweise. In mAv 5,20 heißt es: „Jehuda ben Tema sagt: Sei stark wie der Panther, behände wie der Adler, schnell wie die Gazelle, tapfer wie der Löwe, um den Willen deines Vaters im Himmel zu tun!“ In BemR 4,20 (Wilna 13b) findet sich dieser Spruch anonym und hat dort die Fortsetzung: „... um dich zu lehren, dass es vor dem Ort (= Gott) keinen Ruhm gibt. Elija sagt: ‚Wenn jemand die Ehre des Himmels vermehrt und die eigene Ehre vermindert, vermehrt sich die Ehre des Himmels und vermehrt sich seine Ehre. Wenn jemand die Ehre des Himmels vermindert und die eigene Ehre vermehrt, bleibt die Ehre des Himmels unverändert, aber vermindert sich seine Ehre.“ Dieser Text widerlegt die Unterstellung, im Judentum werde durch das Tun der Tora der eigene Ruhm gesucht.

So sehr Matthäus die Autorität Jesu herausstellt, ist er jedoch auch gegenüber dessen Worten kein Fundamentalist, so wenig er das gegenüber den Worten der Tora ist. Er legt die ihm überlieferten Worte Jesu in seinen Kontext hinein überlegt aus. Im Vergleich etwa von Lk 6,21a und Mt 5,6 spricht vieles dafür, dass Lukas die ältere Fassung bietet. Dort werden Hungernde direkt angesprochen und glücklich gepriesen, weil sich ihre Situation ins Gegenteil verändern wird: „Glücklich, die ihr jetzt hungert! Denn ihr werdet satt werden." Demgegenüber werden bei Matthäus in der 3. Person Plural diejenigen glücklich gepriesen, die hungern und dürsten nach Gerechtigkeit. Das ist gelegentlich als Spiritualisierung und Ethisierung gescholten worden. Ich denke, zu Unrecht. Matthäus dürfte sich gefragt haben, wie denn die überlieferte Seligpreisung tatsächlich Hungernder verantwortlich aufgenommen werden kann, wenn sie gegenüber solchen gesagt wird, die nicht in der Situation von Bettelarmut leben. Er empfand es offenbar als unangemessen, eine Seligpreisung der Hungernden über Satten auszusprechen. So ergab sich ihm als Lösung, in der Form einer Seligpreisung indirekt den Hunger und Durst nach Gerechtigkeit zu fordern, also den Einsatz für diejenigen, die immer noch tatsächlich hungern müssen.

Die herausragende Stellung Jesu als Ausleger der Tora hebt selbstverständlich die Tora nicht auf. Und es ist auch keineswegs so, dass Matthäus nur für die Auslegung Jesu Anspruch auf Geltung erhöbe. Es sei an Mt 23,2.3a erinnert, wonach Jesus die mündliche Tora „der Schriftgelehrten und Pharisäer" für verbindlich erklärt. Was von Jesus an ethischen Weisungen überliefert ist und was Matthäus davon in seinem Evangelium gesammelt und umgesetzt hat, deckt ja längst nicht alle Lebensbereiche ab. Es ist viel zu wenig, um damit wirklich leben zu können. Das wäre auch eine absolute Überforderung eines Einzelnen – selbst wenn er der Messias ist. Auch die Christologie ist überfordert, wenn aus ihr die gesamte Ethik entwickelt werden sollte. So hat Matthäus sein Evangelium auch nicht geschrieben, um damit die Bibel seiner Zeit zu ersetzen; und er hat es auch nicht geschrieben, um die mündliche Tora zu ersetzen.

3. Mitlernen mit Israel

Was heißt es für uns, wenn wir nach einer langen Trennungsgeschichte von Christentum und Judentum wahrnehmen, dass das den neutestamentlichen Kanon eröffnende Matthäusevangelium bei seiner Entstehung tief in das Judentum eingebunden ist?[36] Wie gehen wir damit um, dass es die Tora und ihre Auslegung – und eben nicht nur die Auslegung Jesu – für unbedingt gültig erklärt, dass es das Tun und Bewahren des hier Gebotenen zum Kriterium für den Zugang zum Himmelreich und damit auch zum Kriterium der Zugehörigkeit zur Gemeinde macht? Den Ausgangspunkt zum Versuch einer Antwort will ich bei einer – umstrittenen – Übersetzung Luise Schottroffs nehmen. Den ersten Satz von Mt 28,19 (πορευθέντες οὖν μαθητεύσατε πάντα τὰ ἔθνη) gibt sie so wieder: „Macht euch auf den Weg und lasst alle Völker mitlernen."

Ich füge hier zunächst einen Exkurs ein zur Problematik der Übersetzung von μαθητής mit „Jünger". Obwohl Luther in Apg 13,1; Röm 2,20; 1Kor 12,28f; Eph 4,11; 1Tim 2,7; 2Tim 1,11; 4,3 und Jak 3,1 διδάσκαλος mit „Lehrer" wiedergibt, tut er das nicht in den Evangelien – und seltsamerweise auch nicht in Hebr 5,12. Hier übersetzt er es mit „Meister". μαθητής gibt er immer mit „Jünger" wieder. Selbstverständlich wusste Luther nicht nur von diesen Nomina, sondern auch von den ihnen zugrunde liegenden Verben her (διδάσκω: „lehren"; μανθάνω: „lernen"), dass sie in den Bereich der Schule gehören. Dennoch machte er in seiner Übersetzung einen Überschritt in den Bereich des Handwerks, doch sicherlich deshalb, weil zu seiner Zeit in den deutschen Ländern die Schule eben nicht zur Erfahrungswelt einer großen Mehrheit gehörte – bis zur allgemeinen Schulpflicht sollte es noch Jahrhunderte dauern –, wohl aber das Handwerk ein weit verbreiteter Bereich war, in dem gelehrt und gelernt wurde. In der Lutherbibel von 1984 ist der „Meister" in Mt 23,8 stehen geblieben; im dortigen Kontext hat man den „Lehrer" für καθηγηθής in V. 10 gebraucht. Ansonsten ist er jedoch durch den „Lehrer" ersetzt worden, während „die Jünger" geblieben sind. So verhält es sich in der Regel auch in anderen Übersetzungen. Dasjenige Wort, das auch heute noch im Bereich des Handwerks gebraucht wird („Meister"), ist also verschwunden, während das ungebräuchlich gewordene („Jünger") beibehalten wird. Ihm ist eine sehr spezifische Bedeutung zugewachsen, die nur noch in einem geringen Maß deckungsgleich mit dem sehr allgemeinen Begriff μαθητής („Schüler") ist. Diesen Begriff mit „Schüler" wiederzugeben, war Luther auch von einem anderen Grund verstellt. Er hat das Wort συναγωγή nämlich nicht mit „Synagoge" übersetzt, sondern mit „Schule". Das jüdische Versammlungshaus war für ihn offenbar der Ort, an dem „schulisch" gelehrt und gelernt wurde. So konsequent wollte er hinsichtlich dessen, „dass Jesus Christus ein geborner Jude sei", denn doch nicht sein, dass durch die Übersetzung mit „Lehrer" und „Schüler" für den lehrenden Jesus und die bei und von ihm Lernenden Assoziationen geweckt würden, die Jesus und die Seinen mit dem Luther gegenwärtigen Judentum verbunden hätten. Den Übergang von „Schule" zur „Synagoge" vollzog im Übrigen erst die Revision der Lutherbibel von 1956.

[36] M. E. gilt das nicht nur für das Matthäusevangelium, sondern für nahezu alle neutestamentlichen Schriften.

Soweit ich gesehen habe, lassen die Übersetzungen von Mt 28,19 die Angeredeten aufgefordert sein, alle Völker „zu Jüngern (und Jüngerinnen)“ zu machen. Diese Übersetzung hat teil an der Problematik der Wiedergabe von μαθηταί mit „Jünger“ (und „Jüngerinnen“) überhaupt. Die Übersetzung von μαθητεύσατε mit: „Lasst mitlernen“ bringt nicht nur zum Ausdruck, dass andere belehrt werden und also lernen sollen, sondern sie weist vor allem auch darauf zurück, dass die hier Aufgeforderten am Beginn des Abschnitts in Mt 28,16 ja selbst als μαθηταί, als „Schüler“,[37] als immer auch noch Lernende bezeichnet wurden. Und sie weist weiter darauf zurück, dass sie sich nach Mt 23,8 nicht „Rabbi“ nennen lassen sollen, weil sie einen einzigen als Lehrer haben, weil sie also selbst sozusagen noch weiter in die Schule Jesu gehen. So kann ihr Lehren immer nur so erfolgen, dass sie im Blick auf die Völker andere mitlernen lassen.[38]

Wir sind die Nachfahren derer aus den Völkern, die sich von Jesu – jüdischer! – Schülerschaft ins Mitlernen haben ziehen lassen. Wir sind ihre Nachfahren in einer Kirche, in der es – anders als im 1. Jahrhundert – schon lange kein gelebtes Judentum mehr gibt. Wir sind Erben einer Trennungsgeschichte, in der sich die Kirche als „wahres Israel“ an Israels Stelle gesetzt hat. Diese Substitution ist als Sünde erkannt und bekannt; es ist wahrgenommen, dass Gott seinem Volk treu bleibt und das Volk seinerseits dem zu entsprechen sucht in der Orientierung an der Tora und ihrer weitergehenden Auslegung. Auf diesem Hintergrund können die Feststellungen des matthäischen Jesus über die unbedingte Geltung der Tora bis ins Kleinste und seine Forderung, auch das in der mündlichen Tora Gebotene zu tun und zu bewahren, als Aufforderung aufgenommen werden, mit Israel zu lernen, die Tora und ihre Auslegung im Gespräch mit Jüdinnen und Juden in Geschichte und Gegenwart wahrzunehmen. Das nicht, um das Judentum zu kopieren, sondern um die Tora, die als Teil des Alten Testaments doch auch für

37 Indem auch die „Bibel in gerechter Sprache“ in den Evangelien μαθητής durchgehend mit „Jünger(in)“ wiedergibt, wird dieser Bezug allerdings nicht deutlich.

38 Ich stimme also sachlich dem in Schottroffs Übersetzung zum Ausdruck Gebrachten zu. Wenn ich selbst übersetzen müsste, bliebe ich wahrscheinlich mit Fiedler enger am griechischen Text: „Geht also hin und macht alle Völker zu Schülern“ (Matthäusevangelium, s. Anm. 1, 428).

uns kanonisch ist, besser zu verstehen und diesen reichen Schatz möglicher ethischer Urteilsbildung auch zu nutzen – um nur einen Punkt zu nennen. Dabei wird es auch darum gehen, das für Israel spezifisch Gebotene zu respektieren und nicht verächtlich zu machen. Das wäre eine Konkretion dessen, dass Rainer Kampling „die Bindung der Kirche an Israel in Vergangenheit, Gegenwart und Zukunft" als ein „*signum ecclesiae*" bezeichnet hat.[39]

[39] R. Kampling, Gott – sein Weg ist untadelig (Ps 18,30), in: ders. / M. Weinrich, Dabru emet – redet Wahrheit, Gütersloh 2003, 43-54, spez. 47.

Auf dem Wasser

Glauben zwischen Freiheit und Angst (Mt 14,28-32)

Jürgen Ziemer

Die Erzählung vom „sinkenden Petrus" ist sprichwörtlich und spricht unmittelbar an. Sie hat vielfältige Interpretationen erfahren. In diesem Beitrag wird versucht, den vertrauten Matthäustext praktisch-theologisch auszulegen.[1] Das kommt von der Gattung her dem nahe, was man auch eine „geistliche Schriftbetrachtung"[2] nennen könnte, und es bedeutet, dass die historischen und exegetischen Forschungsergebnisse nach Möglichkeit aufgenommen und berücksichtigt werden, insgesamt aber zugunsten der hermeneutischen und spirituellen Aspekte eher im Hintergrund bleiben. Akzentuierungen solcher Art sind vertretbar und sinnvoll, Trennungen dagegen wären fatal – und zumal zum gegebenen Anlass besonders unpassend!

1. Eine herausfordernde und anrührende Geschichte

Petrus, ein Heros des Glaubens und Repräsentant der werdenden Kirche, wird vom Evangelisten mit seinem Mut wie auch in seinem Scheitern vor Augen gestellt. Zahlreiche Werke der Kunst haben die Szene ins

---

1 Ich grüße damit Christoph Kähler zum 65. Geburtstag und wünsche ihm gute Fahrt – in künftig etwas ruhigeren Gewässern. Es hat sich gefügt, dass unsere Wege sich mehrfach und nachhaltig kreuzten. Ich bin von Herzen dankbar für Freundschaft und Kollegialität durch all die Jahre, für wechselseitiges Geben und Empfangen in guten wie in kritischen Zeiten.

2 Damit wird an einen Brauch angeknüpft, den der katholische Neutestamentler Wolfgang Trilling, bis 1985 unser unvergessener Kollege am Theologischen Seminar in Leipzig, geübt hat. Er lud neben seinen exegetischen Lehrveranstaltungen regelmäßig zu „geistlicher Schriftlesung" ein.

Bild gesetzt.[3] Es sind durchaus beide Aspekte, die die Geschichte so anziehend machen.

In der nichtexegetischen Auslegungsliteratur überwiegt die Tendenz, das Wagnis zu betonen und Mut zu machen, die Herausforderung eines großen Glaubens anzunehmen: „Wer auf dem Wasser gehen will, muss aus dem Boot steigen."[4] Das ist als Grundhaltung, aber vor allem auch als Entscheidung für den Glauben und zu einer ihm entsprechenden Lebenspraxis zu verstehen.

Im Sinne eines umfassenden existentiellen Anrufs angesichts der geschichtlichen Katastrophe hat Reinhold Schneider den Text am Ende des 2. Weltkrieges ausgelegt: Es käme jetzt darauf an, so schrieb er, der „Gestalt im Morgendämmer" zu vertrauen „und ohne den Sturm zu fürchten hinauszuschreiten auf die Wellen der empörten Zeit."[5] Der Text symbolisierte für Schneider die unbedingte Verpflichtung, dem Chaos und den Fragen der historischen Stunde nicht auszuweichen.

Reinhard Höppner will die Metapher vom „Wandern über das Wasser" als Ermutigung zum Handeln und Tun des Gerechten „in die Welt unserer harten politischen Realitäten" hineinholen.[6] Er weiß ja, wovon er spricht![7] Wer heute Politik treiben will, wer etwas bewegen, wohl gar reformieren will – auch in der Kirche – braucht den Mut, gelegentlich über das Wasser zu gehen. Wer dann „nur auf die Angstmacher starrt, der hat freilich keine Chancen, der geht unter, wie Petrus sinkt, als er auf die stürmischen Wellen schaut".[8] Solche Auslegungen sind vorwärts weisend, sie widerstehen einem Trend zu Klage und Resignation.

---

3 Schon in der ältesten uns bekannten christlichen Kirche – in Dura Europos (3. Jh.) – findet sich ein Fresko zu unserem Text, vgl. dazu Klaus Wessel, Reallexikon der Byzantinischen Kunst 1, Stuttgart 1966, 1220-1230. Gertrud Schiller weist darauf hin, dass die Alte Kirche in der Erzählung vom sinkenden Petrus einen typologischen Hinweis auf die Taufe sah: Ikonographie der christlichen Kunst 1, Gütersloh [3]1981, 176.

4 John Ostberg, Das Abenteuer, nach dem du dich sehnst. Wer auf dem Wasser gehen will, muss aus dem Boot steigen, Asslar [5]2006.

5 Reinhold Schneider, Und Petrus stieg aus dem Schiffe, Baden-Baden 1946, 19.

6 Reinhard Höppner, Wandern über das Wasser. Begegnungen zwischen Bibel und Politik, Stuttgart 2003, 7.

7 Höppner war 1980-1994 Präses der Synode der Evangelischen Kirchenprovinz Sachsen und 1994-2002 Ministerpräsident von Sachsen-Anhalt.

8 Ebenda 22.

Ihre anrührende Wirkung verdankt die Erzählung freilich mindestens ebenso sehr ihrem zweiten Aspekt. Sie zeigt uns den Meisterjünger Jesu, den Fels, auf den der Herr seine Kirche bauen will (Mt 16,18), in einer Stunde seiner Schwäche. Die Menschlichkeit dessen, was Petrus hier widerfährt, ist das, was uns besonders berührt. Je länger man das Bild auf sich wirken lässt und sich die angsterfüllten Augen des Apostelfürsten vorstellt, desto näher kommt er dem Betrachter. Die Angst des Petrus ist nicht weit von seinem Glauben entfernt. Das macht die Geschichte spannend und lebensnah. Es braucht nicht viel, um die Angst auf den Plan zu rufen. Ein starker Wind genügt. Die Angst droht zu vernichten, was wir uns mit dem Mut des Glaubens aufgebaut hatten.

Die so scheinbar ganz unmittelbar sich einstellende Evidenz dieser Erzählung erklärt ihre Popularität. Sie ist zugleich ihr hermeneutisches Problem. Man ist fast zu schnell mit ihr im Reinen. Selbst das „Wunder" des Seewandels stellt für die meisten nur ein geringes Verstehenshindernis dar.[9]

Es ist eine bekannte homiletische Erfahrung, dass Texte, die ganz einfach erscheinen, schwer zu predigen sind – es sei denn, man nimmt sich für sie wirklich Zeit.

Der Text ist vielfach umfassend und befriedigend ausgelegt worden.[10] Wir konzentrieren uns auf die Wahrnehmung und Reflexion der Impulse, die von dieser Geschichte für die Gestaltung des Spannungsverhältnisses von Angst und Freiheit im Akt des Glaubens ausgehen.

---

9 Nicht von Ungefähr war Mt 14,23-33 bevorzugtes Modell existentialer Interpretation in den Anfangsjahren der hermeneutischen Debatte um die Bibelauslegung. Hans Urners Auslegung, erstmals 1951 in ZdZ erschienen, war vielfach im Umlauf. Urner hatte in der Tradition von Bultmann und Dibelius den Text konsequent kerygmatisch interpretiert. Sein Skopussatz hieß: „Wir erfahren die reale Hilfe des auferstandenen Herrn im Hören auf sein Wort.": Hans Urner, Der sinkende Petrus. Matthäus 14,22-33. Mit einem brieflichen Nachwort von Günther Bornkamm, wiederabgedruckt in: Weg und Gemeinschaft, Aufsätze von und für Hans Urner, Berlin 1976, 83-90.

10 An erster Stelle sollte hier auf den Kommentar von Ulrich Luz verwiesen werden: Das Evangelium nach Matthäus (Mt 8-17), EKK I/2, Zürich / Neukirchen-Vluyn 1990, 404-413. Genannt seien ferner: Georg Braumann, Der sinkende Petrus, Matth. 14,28-31, ThZ 22, 1966, 403-414; Patrick Madden, Jesus' walking on the sea, Berlin 1997. Zur Person des biblischen Petrus erfährt man alles Notwendige bei Christfried Böttrich, Petrus. Fischer, Fels und Funktionär, Leipzig 2001. Darin zu unserem Text: 92-94 und 237-239.

2. Begegnung mit dem Anderen: Verwandte Motive und matthäische Prägung

Der Text ist Teil der größeren Seewandelerzählung Mt 14,22-33. Matthäus hat die Geschichte vom Seewandel Jesu aus Markus – Mk 6,45-52 – übernommen und modifiziert, während die Petrusgeschichte an die österliche Erzählung Joh 21,7f erinnert, was auf gleiches Überlieferungsmaterial schließen lässt.[11] Der Seewandel Jesu stellt wohl eine Epiphaniegeschichte dar. Dem Nichterkennen und der Furcht der Jünger (26) begegnet Jesus mit der Selbstvorstellungsformel: „Ich bin es" und einem: „Fürchtet euch nicht" (27). Nicht unerwartet mündet die Gesamterzählung dann in das erste Gottessohnbekenntnis der Jünger (33).

Dazwischen eingeschoben ist unser Text (28-32), Sondergut des Matthäus. Es gilt als sehr wahrscheinlich, dass der Evangelist für die Gestaltung der Szene mit dem Seewandel des Petrus auch durch außerchristliches Überlieferungsmaterial angeregt worden ist. Norbert Klatt[12] ist parallelen Darstellungen in biblischen und religionsgeschichtlichen Quellen ausführlich nachgegangen. Die Prüfung möglicher alttestamentlicher Analogien – z. B. Ps 77,20 und Hab 3,15 – ergibt, dass abgesehen von Hi 9,8 in der LXX-Übersetzung „das Motiv des Wasserwandelns dem vorchristlichen Judentum fern" sei, wohingegen im Hellenismus die Fähigkeit, „auf dem Wasser zu gehen", „öfters bezeugt"[13] werde. Allein das sehr häufige Vorkommen des Wasserwandel-Motivs – in der Regel als Zeugnis für einen gottbegnadeten Menschen – reiche nun freilich nicht aus, um über ein Abhängigkeitsverhältnis des matthäischen Textes von hellenistischen Erzählungen zu entscheiden. Klatt achtet deshalb deutlicher auf die Motivkomposition, und dabei fällt nun eine Strukturanalogie im Vergleich mit den bekannten buddhistischen Parallelen ins Auge. Das betrifft sowohl den Seewandel des Buddha mit

---

11 Madden, a. a. O. 105, hebt „four remarkable structural similarities" beider Texte hervor und hält es für wahrscheinlich, dass es sich um "two versions of the same event" handele.

12 Norbert Klatt, Literarkritische Beiträge zum Problem christlich-buddhistischer Parallelen, Köln 1982, 160-200.

13 Ebenda 171.

Jesus[14] wie auch den eines Buddha-Schülers mit Petrus. In einem Text der Jataka wird erzählt, wie ein Schüler des Buddha an einen Fluss kommt. Aber der Fährmann war gerade fort gegangen, „um die Predigt zu hören".

„Als nun jener an der Furt kein Schiff sah, trat er, von freudigen Gedanken an Buddha getrieben, auf den Fluß. Seine Füße sanken im Wasser nicht ein; er ging wie auf festem Boden. Als er aber in der Mitte angelangt war, sah er die Wellen. Da wurden seine freudigen Gedanken an Buddha schwächer und seine Füße begannen einzusinken. Doch er erweckte wieder stärkere freudige Gedanken an Buddha und ging weiter auf der Oberfläche des Wassers."[15]

Zwar stammt dieser Text erst aus dem 5. Jahrhundert, kann also nicht direkte Quelle eines Evangelientextes gewesen sein, aber Klatt hält es für wahrscheinlich, dass die mündliche Tradition dieses Textes älter ist und mindestens bis in neutestamentliche Zeit zurückgeht.[16] Ein Vergleich der Motive zeigt jedenfalls eine auffallende Ähnlichkeit.

Dass Matthäus eine Geschichte aufgreift, die er in welcher Form auch immer schon vorgefunden hatte, erscheint erst einmal überraschend, ist bei näherem Zusehen aber gut nachvollziehbar. Manchmal kommt einem eine Form von woanders her entgegen und hilft, auszudrücken, was einem wichtig ist. Es gibt in unterschiedlichen kulturellen und religiösen Kontexten ganz offensichtlich Verhaltensanalogien, die in der Menschlichkeit der jeweiligen Protagonisten begründet sind. Es sind innere Kräfte, die Menschen zu außerordentlichen Taten befähigen, und es sind deren Abschwächungen (der „Kleinglaube"!) und Zusam-

---

14 Ebenda 182-194. Dort 191f Zusammenfassung der parallelen Motivkomposition bei Buddha und Jesus (angefangen von der Ausgangssituation an einem „einsamen Ort" bis zur Erkennungsformel „Ich bin es ...").

15 Zitiert bei Klatt, a. a. O. 194f. Der ganze Text findet sich bei Josef Aufhauser, Buddha und Jesus in ihren Parallelen, Kleine Texte 157, Berlin 1926, 12.

16 Klatt erfuhr Widerspruch von J. Duncan M. Derrett, der umgekehrt einen christlichen Einfluss auf die buddhistische Erzählung behauptet (Der Wasserwandel in christlicher und buddhistischer Perspektive, ZRG 41, 1989, 193-214). Dagegen wiederum: Norbert Klatt, Jesu und Buddhas Wasserwandel / Walking on the Water of Jesus and of the Buddha, Göttingen 1990. Die buddhistische Parallele hatte übrigens schon früh Martin Dibelius benannt (Die Formgeschichte des Evangeliums, Berlin 1967, 112f; 277f). Auch die neuere Exegese nimmt das auf, z. B. Graumann, a. a. O. 403; Luz, a. a. O. 410; Wolfgang Wiefel, Das Evangelium des Matthäus, Berlin 1998, 276.

menbrüche, die ihn darin behindern können. Auf dem Wasser gehen und im Wasser versinken – das sind Metaphern, die Polaritäten anzeigen, zwischen denen sich die religiöse Existenz bewegt. Die indische Erzählung bot Matthäus die Gelegenheit, auf seine Weise etwas von der Kraft des Glaubens und der Überwindung der Ängste, die ihn gefährden, darzustellen.

Freilich wird auch deutlich, wie sich die Geschichte in ihrer Gestaltung durch Matthäus verändert. In der Buddhageschichte sind es im Wesentlichen innere Kräfte, die das Wunder inszenieren: „freudige Gedanken an Buddha". Petrus dagegen ist überwältigt von der für ihn ganz realen Gegenwart Jesu und lässt sich den Gang über das Wasser befehlen. Und er wird dann auch durch die Realität des Sturmes und der aufkommenden Wellen in seinem Vertrauen erschüttert und von der Angst heruntergerissen. In dieser Notsituation erneuert Petrus nicht seine „freudigen Gedanken", sondern er schreit um Hilfe zu Jesus: Herr, rette mich! Die Zwiesprache mit sich selbst wird zum dramatischen Dialog mit einem Anderen. Die Besinnungsgeschichte wird zu einer Begegnungsgeschichte. Der Prozess der inneren Läuterung und Klärung wird zur Erfahrung von tiefem Fall und wunderbarer Errettung. Dass Jesus dem sinkenden Petrus die Hand reicht[17], ist vielleicht der sinnenfälligste Ausdruck dieser Rettung. So inszeniert Matthäus mit dieser kleinen Geschichte die ganze Dynamik und das Wunder des Glaubens.

Zusammenfassend lässt sich das Verhältnis der Erzählung des Buddha-Schülers zu der Petrusgeschichte des Matthäus so ausdrücken: Gemeinsam ist beiden Geschichten, dass es die inneren Einstellungen des Glaubenden sind, die darüber entscheiden, ob der Gang über das Wasser gelingt oder nicht. Aber im Gegensatz zur indischen Überlieferung weiß Matthäus, dass es äußere, überindividuelle Realitäten (extra nos!) sind, die die Stabilität dieser inneren Einstellungen wesentlich im positiven wie im negativen Sinne bedingen: Es ist Jesu Wort, das Petrus zur Tat herausfordert (29), es ist die Naturgewalt, die ihn auf das Äußerste bedroht (30) und es ist die Hand des Kyrios, die ihn rettet (31).

---

[17] Timothy Wiarda, Peter in the Gospels, Tübingen 2000, sieht in dieser Geste Jesu das besondere und vermutet in ihr „a note of tenderness" (131).

Zwei gestalterische Akzentsetzungen des Matthäus kommen ihm bei der Adaption einer fremden Geschichte wie der aus der buddhistischen Überlieferung entgegen: Einmal ist hier die Art und Weise zu erwähnen, in der Matthäus die Gestalt des *Petrus* zeichnet. Es geht wohl um die einmalige Person des Fischers und Jüngers Jesu und des späteren Kirchengründers (16, 18f), aber zugleich ist dieser Petrus für den Evangelisten auch ein Typus für den glaubenden Menschen.[18] An seiner Person wird christliches Verhalten gerade auch in seinen ambivalenten Zügen deutlich. Das gilt für die einzelnen Christen, aber auch für die Gemeinschaft aller Glaubenden. Am Beispiel des Petrus zeigt Matthäus, dass die klare „Orientierung an Jesus" als eine „Richtungsvorgabe der Kirche"[19] verstanden werden soll. Zum anderen werden *Wundergeschichten* von Matthäus so erzählt, dass sie für das Verhalten und den Glauben der Gemeinde und Einzelner „transparent" werden.[20] Sie können und sollen zum Grund eigener Erfahrungen in der Gegenwart der jeweiligen Leser des Evangeliums werden. Es geht Matthäus weniger darum, diese ins Staunen darüber zu bringen, was durch Jesus damals geschah. Vielmehr möchte er durch die Erzählung vergangener Wirksamkeit Jesu zu Glauben und Nachfolge des gegenwärtigen Christus heute anregen. Man könnte auch sagen: Matthäus möchte den Gemeindegliedern die Gelegenheit geben, mit ihren eigenen Siegen und Niederlagen, mit ihrem Glauben und ihrem Kleinglauben in die Geschichten hineinzukommen und so mit ihnen und durch sie den Glauben immer wieder neu zu lernen und zu stärken.

3. Angst und Freiheit – anthropologische Aspekte des Glaubens

Nicht zufällig erzählt Matthäus diese Geschichte eines gefährdeten Glaubens von Petrus. Seine herausragende Rolle in der Urgemeinde und auch später wird dadurch hervorgehoben. Es ist gut nachvollziehbar,

---

18 Vgl. dazu den Exkurs „Petrus im Matthäusevangelium" bei Luz, a. a. O. 467-471.

19 Böttrich, a. a. O. 238.

20 Vgl. dazu Luz, a. a. O. 64-73; vgl. auch Hans Joachim Held, Matthäus als Interpret der Wundergeschichten, in: Günther Bornkamm u. a., Überlieferung und Auslegung im Matthäusevangelium, Neukirchen ^{2}1961, 155-287, z. St. 193-195.

dass einer, der maßgeblich die Kirche führt, nach der Validität seines Glaubens gefragt wird.

Petrus hatte wie die anderen Insassen des Bootes Christus auf dem See nicht erkannt, statt seiner ein „Gespenst" gesehen (26). Nachdem jedoch durch die Selbstoffenbarung Jesu – „Ich bin es" (27) – klar wurde, wer da auf dem See wandelte, ergreift Petrus von sich aus die Initiative: „Petrus aber antwortete ..." (28). Er spricht hier nicht für die anderen, er übernimmt nicht eine Stellvertreterrolle, er spricht für sich. Alles andere tritt in den Hintergrund, nur Petrus allein tritt ins Licht. Er möchte ein individuelles Glaubenszeugnis geben – in Ergänzung zu dem kollektiven Bekenntnis am Ende der Erzählung (33) und zwar nicht nur in Worten. Was Petrus hier für sich tut, muss man als einen Akt der Freiheit verstehen. Er löst sich aus dem Verbund. Er ergreift die Gelegenheit für einen Beweis des Glaubens, die ihn von den anderen isoliert und ihn herausfordert, den sicheren Boden des gemeinsamen Bootes zu verlassen. Ich denke, das ist keine Reaktion aus dem Moment des Überschwangs heraus, kein spontaner Gefühlsausbruch, auch kein Akt der Eitelkeit und Selbstüberhebung. Petrus erkennt die besondere Herausforderung des Augenblicks, die Chance der Reifung und Bewährung im Glauben. Hinauszutreten auf die Wellen – „Diese Freiheit ist unser."[21] Und man ahnt zugleich etwas vom „Schwindel der Freiheit" (Kierkegaard). Hier treffen sich in der gleichen Person unendliches Verlangen und retardierende Angst: Bleiben oder heraustreten, Sicherheit oder Wagnis. Petrus muss sich nun entscheiden. Es ist wohl ein Gefühl im Moment seelischer Überforderung, das ihn Jesus bitten lässt, er möge ihm „befehlen" (28), aus dem Boot zu steigen und auf das Wasser zu gehen. Ohne diesen Anstoß zum Wagnis kann er es nicht schaffen. Dass die Angst da ist, hat nichts mit moralischer oder mentaler Schwäche zu tun. Es geht ja auch um etwas ganz anderes als um eine Mutprobe. Die Angst des Petrus zeigt an, worum es in Wahrheit geht: um die Existenz des Glaubens als einer Existenz zwischen Gott und Welt, zwischen Zeit und Ewigkeit, in der Bildsprache des Textes: zwischen fruchtlosem Verharren hinter den Planken des Bootes und einem neue Räume erschließenden Aufbruch auf das Wasser. Angst ist – in philosophischer Be-

---

[21] Reinhold Schneider, a. a. O. 19.

grifflichkeit ausgedrückt – der „ständige Begleiter“ des Menschen, der sich der Aufgabe stellt, „werdend zu sein im Irdischen und dennoch bezogen zu sein auf das Ewige, Unendliche“. Die Angst ist „der Anruf der Unendlichkeit an den endlichen Menschen“.[22]

Sie verbindet sich mit der Erfahrung des Un-heimlichen, des „Nicht-zuhause-seins“.[23] Petrus steht in diesem Sinne mit seinem Glauben an der Schwelle zu etwas noch ganz Offenem, zwischen Angst und Freiheit.

Die existentielle Situation des offenen Wagnisses, die Petrus exemplarisch erlebt, hat Werner Bergengruen in dem Gedicht „Der Engel spricht“ klar und zugespitzt zum Ausdruck gebracht:

> Unberaten und unbegleitet
> Musst du das Wagnis des Petrus wagen.
> Ob dich die Wellen auf Händen tragen,
> Ob der Herr dir entgegenschreitet,
> Ich weiß es nicht, und du darfst mich nicht fragen.[24]

Petrus trat hinaus, ging auf dem Wasser, und dann wurde sein Blick fixiert von den wogenden Wellen. Sie bannen, weil Petrus die Angst schon in sich trägt. Das Wasser erscheint so als die Chaosmacht, die den Jünger ins Nichts herab zu reißen droht. Die Metaphorik ist hinreichend bekannt: „Das ‚Wasser’ steht symbolisch für alles, was im Leben nur irgend an Haltlosigkeit, an Bodenlosigkeit, an Abgründigem zu erfahren ist: die Angst vor dem Tod, die Angst vor dem Scheitern, die Angst vor der Sinnlosigkeit, die Angst vor dem Andrängen der Triebmacht des Unbewussten, die Angst vor allem noch Unfertigen, Ungestalteten, Ungeschlachten, Ungetümen ...“[25] Aber das Wasser ist auch „Leben“, Erneuerung, Frische, Weite, Unendlichkeit. Angesichts dieser ambivalenten Macht gilt es, „eine absolute Wahl zu treffen“: „Zu wählen ist zwischen Angst und Vertrauen, zwischen Ufer und Abgrund, zwischen Einheit und Untergang. Denn sieht man die Wellen und hört man den Wind, türmt die Angst sich auf mit Riesenwogen, und die Welt ist ein einziges verschlingendes Loch, und von allen Seiten bricht es über uns

---

22 Verena Kast, Vom Sinn der Angst, Freiburg 1996, 22.
23 Martin Heidegger, zitiert nach Kast, a. a. O. 26.
24 Zitiert nach Herbert Vincon (Hg.), Spuren des Wortes 1, Stuttgart 1988, 184.
25 Eugen Drewermann, Tiefenpsychologie und Exegese 2, Olten 1991, 30.

herein; sieht man dagegen unverwandt vor sich diese Gestalt vom anderen Ufer, die auf uns zukommt, so trägt das ‚Wasser' ...".[26]

Die eigentliche Not in einer solchen Stunde ist nicht nur die Größe der Gefahr. Vielmehr ist es der drohende Verlust der Freiheit. Wenn das Ich nicht mehr der Angst auslösenden Realität gegenüber zu stehen vermag, dann ist der Untergang besiegelt. Wenn das Ich selbst zur Angst geworden ist, dann gibt es kein Entrinnen mehr, dann gilt nur noch: „Ich bin meine eigene Angst."[27] Das ist das Ende der Freiheit. Diagnostisch-therapeutisch könnte man auch von einer schweren Depression sprechen, der Unfähigkeit, sich noch aus eigener Kraft bewegen zu können. Da erreicht einen nichts mehr, weder von innen, noch von außen. Dann ist es zu spät selbst zur Klage und zum Notruf.

Petrus musste nicht soweit kommen. Er war aber nicht weit davor, so wie der Beter des 69. Psalms: „Gott hilf mir, denn das Wasser steht mir bis zur Kehle. Ich versinke im tiefen Schlamm, wo kein Grund ist" (Ps 69,1f). So betet, wer in Gefahr, aber nicht untergegangen ist. Petrus hat noch die Wahl und er sieht noch jemand Anderen als sich selbst. Das ist seine Chance. Er kann noch sehen, was ihn rettet. Er kann beten: „Kyrios, rette mich!"

Die Schlussfrage Jesu an die Adresse des Petrus wirkt fast rhetorisch: „Du Kleingläubiger, warum hast du gezweifelt?" (32) Die Angst wird hier als Kleinglaube und Zweifel interpretiert. Zweifel ist die Ratlosigkeit, die angesichts der Freiheit zur Wahl aufkommt und die dann in die Angst führt. Die Frage richtet sich nicht nur an Petrus, sondern auch an die Leser des Evangeliums. Sie macht Mut, dem Glauben ebenso wenig auszuweichen wie der Angst, die er auslöst.

Denn das ist deutlich: Indem Matthäus diese Geschichte von Petrus erzählt, gibt er nicht einfach eine erbauliche story des Apostelfürsten zum Besten. Er erzählt vom Glauben und davon, dass er nicht ohne Angst und Zweifel in unserem diesseitigen Leben Gestalt gewinnen

---

[26] Ebenda 30f.

[27] So lautet der Spitzensatz der großartig erschütternden Angstmeditation des Schweizer Schriftstellers Walter Vogt. Der Satz übertrifft die „Angst vor dem Tod", sie folgt ihm im Grunde: Walter Vogt, Biographie der Angst, in: Renate Nagel (Hg.), Das helle und das dunkle Zimmer. Schweizer Schriftstellerinnen und Schriftsteller schreiben von der Angst, Zürich 1988, 43-51.

wird. Petrus ist typisch! Wer aufrichtig liest oder hört, erkennt in ihm etwas von sich selbst wieder.

4. Mit der Angst und gegen die Angst leben

Angst gehört zum menschlichen Leben. Sie ist ein Aspekt unseres „In-der-Welt-Seins", unserer Geschöpflichkeit. Und sie ist, wenn wir Mt 14,28-32 richtig verstehen, ein Aspekt der Existenz im Glauben.

Das bedeutet einmal: Glauben darf nicht einfach als Leben in der Angstlosigkeit verstanden (und als solches vielleicht auch noch missionarisch propagiert) werden.[28] Vielmehr kann Glauben geradezu als „Mut zur Angst" interpretiert werden. „Die spezifische Angst, die zur Erfahrung des Glaubens gehört, ist die Angst einer neu gewonnenen Freiheit ... Angst gehört zur Erfahrung der angefochtenen Freiheit." Und das bedeutet – unter Bezugnahme auf 2Kor 4,8f –: „Die menschliche Angst wird nicht zum verschwinden gebracht, sondern verwandelt und gewinnt damit eine neue Richtung."[29] Matthäus zeigt an Petrus: Es gibt eine Angst, die nicht zuschnürt und blockiert. Sie wird schmerzhaft erlebt als die andere Seite der Freiheit. Sie bringt allem zum Trotz dennoch voran.

Das bedeutet nun freilich auf der anderen Seite keinesfalls, dass damit alle Angst, die andere und uns selbst in Bann hält, im Glauben akzeptiert werden kann und muss. Das Geschäft mit der Angst und die Teufelskreise der Angst, denen Menschen heute keinesfalls nur im Kreise krimineller Machenschaften ausgesetzt sind, unterliegen unbedingt der Kritik des Glaubens. Es darf keine Bagatellisierung und erst recht keine Legitimierung Angst machender Strukturen im Namen des Christentums geben. Biblischer Glaube sollte als „Entängstigung des

---

28 Vgl. Gunda Schneider-Flume, Angst und Glaube, ZThK 88, 1991, 478-495, 479f.

29 Ulrich H. J. Körtner, „Um Trost war mir sehr bange". Angst und Glaube, Krankheit und Tod, in: ders. (Hg.), Angst. Theologische Beiträge zu einem ambivalenten Thema, 69-86, 79. Körtner bezieht sich u. a. auf Otto Haendler, Angst und Glaube, Berlin 1952, der dort (158) schreibt: „Wichtiger als dass die Angst gelöst wird, ist dass sie fruchtbar wird."

Menschen"[30] wirken. Aber Entängstigung und Angstfreiheit dürfen nicht einfach identifiziert werden. Es gibt kein Leben ohne Angst. Entängstigung kann auch bedeuten: mit Angst konstruktiv umgehen und leben lernen. Einen wichtigen Faktor solcher Entängstigung stellt die Differenzierung dar. Nicht alle Angst ist unvermeidbar. Aber es ist oft schwer, zwischen vermeidbarer und unvermeidbarer Angst, zwischen Existenzangst und geschürter Angst, zwischen Angst machenden Strukturen und – oft meist unbewusst – selbst errichteten Angstkonstrukten zu unterscheiden.

Die Existenz im Glauben schließt beides ein: mit und gegen die Angst zu leben. Das eine lässt sich vom anderen nicht trennen. Angstdifferenzierung ist eine sinnvolle Zielsetzung für den seelsorgerlichen Umgang mit Angstproblemen. Es kann notwendig sein, sich von unnötigen Ängsten zu befreien. Aber es ist auch entlastend zu wissen, dass es unvermeidbare Angst gibt, der ich nur im Wagnis und Vertrauen begegnen kann.

Blicken wir noch einmal auf unsere Erzählung vom Seewandel des Petrus, dann fallen zwei entscheidende Hilfen in der Auseinandersetzung mit der eigenen Angst ins Auge: das Gebet und die Gegenwart eines Anderen.

Das *Gebet* ist der Rettungsanker des Petrus. Das ist bemerkenswert. Ihn hat der Mut verlassen, seine Sicherheit ist gewichen. Petrus hat Jesus aus dem Blick verloren, die Angst hat von ihm Besitz ergriffen. Aber er hat drei Wörtlein nicht vergessen: „Kyrie, soson me!" „Herr, rette mich!" Das ist ein formulierter Gebetsruf nach Ps 69,2, der den einsamen Petrus, der mit den Wellen kämpft, zurückbindet in die Gemeinde der Glaubenden und Betenden. Als Petrus das Schiff verließ, trennte er sich für einen Moment von der Gemeinschaft, mit dem Kyrieruf, einer gleichsam liturgischen Bitte, reiht er sich wieder ein. Das Gebet integriert. Es aktualisiert und validisiert die communio sanctorum. Es durchbricht die Einsamkeit, in die die Angst führt. Mit ihm kommt Petrus in der entscheidenden Stunde weiter.

---

30 Paul Michael Zulehner, Angstlust. Vom Spiel mit der Angst in Politik, Gesellschaft und öffentlichem Diskurs, in: Körtner (Hg.), a. a. O. 53-57, 57.

Otto Haendler nennt Kurztexte dieser Gebetsform das „Grundgebet“: Es kann „theologisch dürftig sein, es kann so sein, dass man es nicht nur aus verständlicher Scheu, sondern auch um der Form willen nicht anderen mitteilen würde, weil man das Gefühl hätte, sich bloßzustellen. Aber es ist innerlich zwangsläufig so, wie es ist, einem selbst völlig überzeugend und völlig vertraut ... Die Bedeutung des Grundgebetes liegt darin, dass es immer bereit und dass es universal ist.“[31]

Das ist eine Einsicht, die wir in Seelsorge und religiöser Erziehung wohl noch stärker zur Wirkung bringen müssen. Sie macht Individuen im positiven Sinne angstfähig und steht einer Fixierung auf Angstabwehr entgegen, die sie so leicht unfrei macht. Das „Grundgebet“ müssen wir „lernen“, nicht nur als Text, sondern als Verhaltensalternative. Es sollte Teil der „Christenlehre“ für alle Generationen sein.

Die zweite entscheidende Hilfe gegen die Angst ist die hilfreiche *Gegenwart eines Anderen.* Das ist eine einfache anthropologische Wahrheit, und sie spricht für sich.[32] Es ist die Urerfahrung des Kindes, das an der Hand der Mutter oder des Vaters der Gefahr standhält.

Und jeder kann sie bestätigen, der kritische Situationen des eigenen Lebens zu bestehen vermochte, weil er oder sie nicht allein waren, weil sie Menschen in ihrer Nähe wussten und der Glaube an die Gegenwart des „ganz Anderen“ sich als stark genug erwiesen hatte. Aber es gibt, machen wir uns nichts vor, auch die negative Verifikation dieser Wahrheit, dass jemand untergegangen ist, weil er am Ende total verlassen war und es keinen vernünftigen Grund gab zu glauben, dass das nicht so wäre.

---

31 Haendler, a. a. O. 137. Erinnert sei in diesem Zusammenhang auch an das Jesusgebet aus der Tradition der Ostkirchen.

32 Es unterstreicht die Bedeutung dieses Aspekts, wenn Stressforscher experimentell beweisen, dass es kein wirksameres Mittel gegen die Angst gibt als die Gegenwart eines Anderen. Das „Gefühl, dass man nicht allein ist, dass jemand da ist, den man um Rat fragen kann, der einem zur Seite steht, der zuhört, tröstet und mitfühlt, führt dazu, dass die Angst verschwindet und die Stressreaktion angehalten wird.“ Das gilt für Tiere, bei denen man es durch Messung des Stresshormonspiegels nachweisen kann. Und das gilt für Menschen, bei denen im Gegensatz zu den Tieren der hilfreiche Andere nicht körperlich anwesend sein muss, es genügt, dass wir darum wissen, dass er existiert“ oder auch dass wir eben daran „glauben, dass es jemanden gibt, der seine Hand schützend über uns hält.“: Gerald Hüther, Biologie der Angst. Wie aus Stress Gefühle werden, Göttingen 1997, 52f.

Matthäus macht in seiner Art zu erzählen deutlich, dass die anthropologische Wahrheit zugleich auch eine theologische ist. Petrus kann nicht nur darauf vertrauen, dass „ein“ Anderer da ist, sondern „der“ Andere. Die Präsenz Christi ist es, die der Angst entgegensteht. Petrus hatte seinen Befehl, der auch eine Verheißung enthielt: „Komm!“ Die Begegnung auf dem Wasser nimmt vorweg, was Matthäus am Schluss des Evangeliums noch einmal als die grundlegende Verheißung Christi an seine Kirche zur Darstellung bringt: „Siehe, ich bin bei euch alle Tage, bis ans Ende der Welt.“ (28,20) Auch sie schloss freilich nicht aus, dass es im gleichen Kontext heißt – und wohl „bis ans Ende der Welt“ so gelten wird –: „einige aber zweifelten“ (28,17). Erst als Jesus „seine Hand ergriff“ (32), war Petrus errettet.

5. Vom Trost der Angst

Das Problem unserer kleinen Erzählung ist, dass sie gerade dem frommen Gemüt viel zu rasch einleuchtet. Die Knappheit des Textes verleitet dazu zu denken, die Lösung, die er intendiert, würde selbstverständlich funktionieren und möglichst auch sofort. Mit dieser Geschichte kann man Menschen, die an einem Tiefpunkt sind, täuschen und mit fragwürdigen Tröstungen abspeisen. Sie kann dazu verführen, die Symptome der Angst zu verharmlosen und sie so zu verstärken. Sie kann als Beweis für die Notwendigkeit, immer „positiv zu denken“, missbraucht werden. Hans-Christoph Piper warnte deshalb davor, in der Seelsorge mit leidenden Menschen eine biblische Geschichte wie die unsrige zu forsch bis zu ihrem guten Ende zu erzählen. So ist man viel zu schnell bei einer dann ziemlich abstrakt wirkenden Heilswahrheit, aber viel zu weit entfernt von den Menschen, die im Augenblick gerade wie Petrus mit den auf sie zukommenden Wellen zu tun haben.[33]

Es gibt aber gegen die Angst kein einfaches Rezept, weder vor dem Schritt ins Freie noch auf dem Wasser.

Man kommt einer Geschichte wie der vom Seewandel des Petrus persönlich und existentiell nur dann auf die Spur, wenn man sich viel

---

[33] Hans-Christoph Piper, Einladung zum Gespräch, Göttingen 1998, 94.

Zeit mit ihr lässt, wenn man versucht sich vorzustellen, was in Petrus vorging, als er aus dem Boot stieg, als er spürte, dass das Wasser trug und als der Boden unter ihm zu wanken begann. Wo die Angst des Jüngers nicht zu uns herüberkommt und fühlbar wird, bleibt die Erzählung unfruchtbar. Da kann dann auch unsere Angst nicht in die Geschichte gelangen.

Man verfehlt den Sinn der Geschichte, wenn man ihren guten Ausgang für zwangsläufig hält.

Es könnte sinnvoll sein, diese Erzählung konsequent als das „*Evangelium* vom sinkenden Petrus" zu erzählen. Das ist das wirklich Erbauende an dieser Erzählung, dass da von einem Heros des Glaubens als einem „Versinkenden" gesprochen wird.

Gerade wenn man selbst in einer kritischen Situation ist, können gut gemeinte Erzählungen von Glaubensbewährungen und Heilungserfahrungen anderer oft nur noch tiefer ins Elend führen.[34] Von der Solidarität der Gescheiterten kann dagegen Kraft ausgehen. Matthäus hat vom sinkenden Petrus nicht mit erhobenem Zeigefinder erzählt. Er hat der werdenden Kirche gerade auch das Bild des Versinkenden einprägen wollen. Dass auch des Petrus Glaube versagte, das ist – so paradox es zunächst klingt – wirklich tröstlich, vor allem wenn man, aus welchen Gründen auch immer, selbst am Versinken ist.[35]

Aber an Petrus wird auch deutlich: Es gibt noch eins, was man tun kann und tun muss, wenn der Boden unter einem nachgibt: zu beten „Herr, hilf mir."

---

34 Im Blick auf schwere Krankheitssituationen hat das Christoph Hinz durchmeditiert und darauf hingewiesen, das es „Heilungsargumentationen von ‚Gesund-Betern'" geben kann, die der wirklich Kranke „schier nicht mehr erträgt." Die Krankheitspsalmen, Berlin 1994, 42f.

35 Hans-Christoph Piper hat in seinen Seelsorgebüchern wiederholt darauf hingewiesen, wie wohltuend und tröstend es für schwer Leidende sein kann, wenn eine Seelsorgerin oder ein Seelsorger auch ihre eigene Unsicherheit und Angst einmal zu erkennen geben. Natürlich ist die Voraussetzung, dass solch eine Aussage ganz authentisch ist. Ein routiniertes „Ich habe auch meine Zweifel" wirkt eher formelhaft und abstoßend. Wie es gemeint ist, zeigt Piper an zwei Beispielen: a. a. O. 84 und 123ff.

6. Ein evangelium ecclesiasticum?

Wer praktisch-theologisch arbeitet, muss bei einem Text irgendwann nach dem „Evangelium" fragen, das aus ihm zu uns spricht. Davon war soeben die Rede. Es kann darüber hinaus durchaus sinnvoll sein, die Frage zu präzisieren als theologische Frage nach dem „evangelium ecclesiasticum".

Die Frage leuchtet nicht gleich ein. Die Seewandelerzählung ist zunächst einmal ja Glaubenserfahrung und Glaubenswagnis eines Individuums. Es ist gerade das Besondere, dass Petrus hier heraustritt, die Gemeinschaft hinter sich lässt. Er handelt als Einzelner. Er ist allein. An den großen Schwellen- und Wendepunkten in der eigenen Biographie und auch in unserer Glaubensgeschichte sind wir – wenigstens für den Moment der Entscheidung – allein. Luther hat das für die Todesstunde in unübertrefflicher Weise zu Ausdruck gebracht: Da ist jeder unvertretbar und keiner kann da für den andern stehen.[36] Und das gilt ebenso für die Geburtsstunde des Glaubens und seine Bewährungsmomente.

Dennoch ist es gerade die besondere Person Petrus, die Jesus dann als den „Felsen" seiner Kirche in eine besondere Verantwortung ruft und dem er stellvertretend die „Schlüssel" (Mt 16,18f) anvertraut. Es ist derselbe Petrus, der nicht nur dieses eine Mal (vgl. auch 26,69-75) mit der Freiheit der Wahl konfrontiert wird, der die Gelegenheit ergreift, scheitert und eben daran wächst.

Was Petrus erlebt und lernt, hat eine Bedeutung für das Handeln der Kirche und diejenigen, die darin eine besondere Verantwortung tragen.

Wir stehen als Kirchen in einer modernen Welt ähnlich wie Petrus vor der Herausforderung, bisherige Sicherheiten zu riskieren und neues Terrain zu betreten. Es bedarf der ganzen Freiheit des Glaubens, um auch gegen eigene und fremde Widerstände einen Schritt auf das Wasser, ins Ungesicherte zu riskieren. Keine Frage, die Angst ist dabei. Und schnell sind die Stimmen zu hören, die raten, bei dem zu bleiben, was ist, und nicht das Ganze aufs Spiel zu setzen. Wer im Boot bleibt, hat gut reden. Die Bestandswahrer sind oft in günstiger Position. Je schärfer

---

[36] Vgl. WA X/III, 1f.

der Wind weht, je lauter sind sie zu vernehmen und umso mehr verunsichern sie den Wassergänger.

Wer Verantwortung trägt, wird sich immer wieder auch der kritischen Überprüfung des eigenen Wagnisses unterziehen müssen. Es wird notwendig sein, zu überprüfen, ob der Schritt aus dem Boot dem Befehl des Kyrios am anderen Ufer folgt: „Komm!" Das ist das entscheidende geistliche Kriterium, das für alles Reformieren und Verändern in der Kirche gilt. Hier muss gerungen werden, um wirklich Freiheit zu gewinnen und dann mutig und entschlossen einen großen Schritt zu wagen. Die Angst ist deshalb nicht einfach weg, aber sie hat erst einmal ihre lähmende Macht verloren. Vielleicht kehrt sie bei der nächsten größeren Welle zurück.

Dann ist es Zeit, sich wieder der Verheißung Seiner Gegenwart zu erinnern. Wir kommen nur weiter, wenn wir den Kyrios am Ufer zu erkennen suchen und die drei Wörtlein nicht vergessen, die Petrus gerettet haben.

Bibliographie Christoph Kähler[1]

A. Selbständige Veröffentlichungen

Studien zur Form- und Traditionsgeschichte der biblischen Makarismen, Diss. Jena 1974.

Autorreferat in ThLZ 101, 1976, 77-80.

Jesu Gleichnisse als Poesie und Therapie. Versuch eines integrativen Zugangs zum kommunikativen Aspekt von Gleichnissen Jesu, WUNT 78, Tübingen 1995.

Dass. zuvor habil. masch. Jena 1992.

B. Herausgeberschaften

Gedenkt an das Wort. Festschrift für Werner Vogler zum 65. Geburtstag, hg. von Christoph Kähler / Martina Böhm / Christfried Böttrich, Leipzig 1999.

C. Exegetische Aufsätze und Beiträge

Zur Form- und Traditionsgeschichte von Matth. XVI. 17-19, in: NTS 23, 1976, 36-58.

---

[1] Die folgende Bibliographie ist von Christfried Böttrich, Dietmar Wiegand und Jens Walker zusammengestellt worden mit dem Ziel, das Spektrum der wissenschaftlichen und publizistischen Arbeiten Christoph Kählers möglichst umfassend abzubilden. Vollständigkeit ist dabei freilich nie zu erreichen. Vor allem die zahlreichen Artikel und Kolumnen aus der kirchlichen Presse, aus Tageszeitungen oder Journalen konnten hier nicht mit erfasst werden. Die Unterteilung in Sachgruppen soll einer besseren Übersicht dienen. Alle Abkürzungen folgen S. M. Schwertner, Theologische Realenzyklopädie, Abkürzungsverzeichnis, Berlin / New York ^{2}1994.

Die Redaktionsgeschichte ist tot, es lebe die Formgeschichte, in: ZdZ 31, 1977, 291-295.

Was wollen wir in der kirchlichen Jugendarbeit?, in: CL 33, 1980, 175-176.

Die Wirkung der Bergpredigt, in: Der verbotene Friede. Reflexionen zur Bergpredigt aus zwei deutschen Staaten, hg. von Wolfgang Erk, Stuttgart 1982, 288-292.

Kirchenleitung und Kirchenzucht nach Matthäus 18, in: Christus bezeugen. FS für Wolfgang Trilling zum 65. Geburtstag, hg. von Karl Kertelge / Traugott Holtz / Claus-Peter März, Leipzig 1989, 136-149.

Therapeutische Wahrheit. Zur kommunikationstheoretischen Interpretation der Gleichnisse Jesu, in: Veritas et communicatio. FS Ulrich Kühn, Göttingen 1992, 19-39.

Konflikt, Kompromiß und Bekenntnis. Paulus und seine Gegner im Philipperbrief, in: KuD 40, 1994, 47-64.

Satanischer Schriftgebrauch. Zur Hermeneutik von Mt 4,1-11 / Lk 4,1-13, in: ThLZ 119, 1994, 857-868.

Zwischen Recht und Gerechtigkeit. Anmerkungen aus theologischer Sicht, in: Kirche als Kulturfaktor. Festgabe der Theologischen Fakultät der Universität Leipzig zum 65. Geburtstag von Landesbischof Dr. Dr. h. c. Johannes Hempel D. D., hg. von Ulrich Kühn, Zur Sache – Kirchliche Aspekte heute 34, Hannover 1994, 51-61.

Antike Hauswirtschaft, Wucher und die anvertrauten Talente (Mt 25,14ff), in: The Bible in Cultural Context, hg. von Helena Pavlincová und Dalibor Papoušek, Brno 1994, 177-187.

Arbeitslosigkeit – ein theologisches Thema?, in: Leben mit Arbeitslosigkeit. Analysen, Herausforderungen, Perspektiven, hg. von Martin Steinhäuser / Jürgen Ziemer, Leipzig 1995, 9-12.

Oder hast du den bösen Blick? Zu Matthäus 20,1-15(16), in: Exegetische Skizzen. 27. DEKT, hg. von Margot Käßmann, Fulda 1996, 26-31.

Die Bibel im Widerstreit. Historisch-kritische und fundamentalistische Auslegungsansätze: Gibt es einen dritten Weg? in: Christlicher Wahrheitsanspruch zwischen Fundamentalismus und Pluralität. Texte der Theologischen Tage 1996, hg. von Ulrich Kühn / Michael Markert / Matthias Petzoldt, Leipzig 1998, 149-158.

Kennwort: Gleichnisse, in: Glauben und Lernen 13, 1998, 98-111.

Egyszerüség és komplexitás kérdése a példabeszédekben (Interpretációs modellek a liberális theológiától a modern kommunikációs elméletekig) [Die Frage der Einfachheit und Komplexität. Interpretationsmodelle von der liberalen Theologie bis zu den modernen Kommunikationstheorien], Példabeszédek. Szegedi Biblikus Konferencia, Szeged 1997, szeptember 1-4, Szeged 1998, 55-67.

Recht und Gerechtigkeit im Neuen Testament. Gemeindewirklichkeit und metaphorischer Anspruch im Matthäusevangelium, in: Recht – Macht – Gerechtigkeit, hg. von Joachim Mehlhausen, Veröffentlichungen der Wissenschaftlichen Gesellschaft für Theologie 14, Gütersloh 1998, 337-354.

Wer spricht vom Fall in die Grube? Werden, Wandel und Bedeutung einer Metapher, in: Gedenkt an das Wort. Festschrift für Werner Vogler zum 65. Geburtstag, hg. von Christoph Kähler / Martina Böhm / Christfried Böttrich, Leipzig 1999, 78-92.

Was tun wir, wenn wir segnen?, in: Theologische Beiträge 33, 2002, 260-273.

„Wenn ihr nicht werdet wie die Kinder ...“ Kindsein als Metapher im Neuen Testament, in: Schau auf die Kleinen ... Das Kind in Religion und Gesellschaft, hg. von Rüdiger Lux, Leipzig 2002, 102-117.

Glaubensfestigkeit und Toleranz. Konflikte und ihre unterschiedliche Bewältigung bei Paulus – im heutigen Interesse gelesen, in: Entwickeltes Leben. Neue Herausforderungen für die Seelsorge. FS Jürgen Ziemer, hg. von M. Böhme / F.-W. Lindemann / B. Naumann / W. Ratzmann, Leipzig, 2002, 127-141.

Dass. in: Tolerant aus Glauben [Textsammlung], 4. Tagung der 10. Synode der Evangelischen Kirche in Deutschland vom 6. bis 10. November 2005 in Berlin, Hannover 2005, 72-80.

Diakonisches Wort. Der Gleichniserzähler Jesus als Therapeut, in: 50 Jahre Diakoniewissenschaftliches Institut. Ergebnisse und Aufgaben der Diakoniewissenschaft, hg. von Volker Herrmann, DWI-INFO Sonderausgabe 5, Heidelberg 2005, 12-25.

Visitation – biblische Anmerkungen zu einem heutigen Thema, in: Visitation – urchristliche Praxis und neue Herausforderungen der Gegenwart, hg. von Klaus Grünwald und Udo Hahn im Auftrag der Bischofskonferenz der VELKD, Hannover 2006, 9-28.

Eine Positionsbestimmung zum Thema „Sterbehilfe – Hilfe beim Sterben – Sterbebegleitung“ aus kirchlicher Sicht, in: Würdig leben bis zuletzt. Sterbehilfe – Hilfe beim Sterben – Sterbebegleitung – Eine Streitschrift, hg. von Katrin Göring-Eckardt, Hannover 2006, 115-127.

Den biblischen Text übersetzen heißt: ihm dienen. Warum die „Bibel in gerechter Sprache“ auf Abwege geraten ist, in: Bibel in gerechter Sprache? Kritik eines misslungenen Versuchs, hg. von Ingolf Dalferth / Jens Schröter, Tübingen 2007, 121-130 [gemeinsam mit Hermann Barth].

Dass., in leicht gekürzter Fassung in der FAZ vom 6. Juni 2007.

Fremdheit und Nähe. Ein Konzept und ein Konflikt in neutestamentlicher Zeit, in: Wort Gottes im Gespräch. FS Matthias Petzoldt, hg. von Martin Beyer / Ulf Liedke, Leipzig 2008, 253-264.

D. Predigtmeditationen, Predigten, Bibelarbeiten

[Predigtmeditation] 20. Sonntag nach Trinitatis – Mk 10,2-9(10-16), in: EPM 1984/85 II, 288-291 = GPM 39, 1985, 443-448 = EPM 1990/91 II, 272-275.

Die Mauern von Jericho. Montagspredigt in der Leipziger Nikolaikirche am 13. November 1989, in: Die protestantische Revolution. 1987-1990 ein deutsches Lesebuch, hg. von Gerhard Rein, Berlin 1990, 291-293.

Dass., Amtsblatt der Evangelisch Lutherischen Landeskirche Sachsen, 1990, Nr. 5, B 13-14.

Dass., Predigt am 13. 11. 1989 in der Nikolaikirche Leipzig, in: Dona nobis pacem, Herbst '89 in Leipzig – Friedensgebete, Predigten und Fürbitten, hg. von G. Hanisch u. a., Berlin 1990, 126-129; ^{2}1996, 118-120.

Die Zeit ist erfüllt. Evangelisch-katholische Bibelarbeit mit Claus-Peter März, in: „... wie die Träumenden". Katholische Theologen zur Wende, hg. von F. G. Friemel, Leipzig 1990, 133-142.

Dass. in: Wie im Himmel so auf Erden, Dokumentation / 90. Deutscher Katholikentag vom 23. bis 27. Mai 1990 in Berlin, Paderborn 1991, 1018-1026.

[Predigtmeditation] 1. Sonntag nach Epiphanias – 9. 1. 1994, 1. Korinther 1,26-31, in: GPM 82, 1994, 85-90.

Auferstanden aus Ruinen. Von neuen und alten Leitbildern, in: bedingt menschlich. Orientierungen 50 Jahre danach. Sebalder Fastenpredigten 1995, hg. von Gerhard Schorr, Nürnberg 1995, 23-29.

Bibelarbeit zu Mk 10,17-27, in: Es ist dir gesagt, Mensch, was gut ist. 26. Deutscher Evangelischer Kirchentag, hg. von S. Natrup, Fulda 1995, 47-53.

[Bibelarbeit über Mk 10,17-27], in: Deutscher Evangelischer Kirchentag Hamburg 1995. Dokumente, hg. von Konrad von Bonin, Gütersloh 1995, 199-211.

[Predigtmeditation] Drittletzter Sonntag des Kirchenjahres – 10. 11. 1996, 1. Thessalonicher 5,1-6(7-11), in: GPM 84/85, 1996, 432-438.

Perspektivwechsel – oder „Wie oft darf mein Bruder oder meine Schwester mir schweres Unrecht tun?“ Mt 18,23-35, in: Aus der Versöhnung leben. Materialheft für Gottesdienst und Gemeindearbeit (Bibelsonntag 1997), hg. von Friedrich Murthum, Stuttgart 1997, 3-10.

[Predigtmeditation] 4. Sonntag nach Trinitatis – 5. 7. 1998, Römer 14,10-13, in: PTh 87, 1998 = GPM 52, 1998, 340-346.

„Dein Reich komme ...“, in: Übersetzungsversuche. Predigten über das Vaterunser und das Apostolische Glaubensbekenntnis, gehalten im Universitätsgottesdienst in St. Nikolai zu Leipzig 1996-1998, hg. von W. Ratzmann, Leipziger Universitätsreden NF 89, Leipzig 2001, 19-23.

„Ich glaube an Gott, den Vater, den Allmächtigen“, in: Übersetzungsversuche. Predigten über das Vaterunser und das Apostolische Glaubensbekenntnis, gehalten im Universitätsgottesdienst in St. Nikolai zu Leipzig 1996-1998, hg. von W. Ratzmann, Leipziger Universitätsreden NF 89, Leipzig 2001, 49-54.

Kirchen bleiben – eine Kirche werden? 29. DEKT, Frankfurt a. M., 13.-17. 06. 2001. Forum „Kurs Ökumene“, 16. 06. 2001, epd-Dokumentation 28, 2001, 2. Juli 2001, 36-40.

Dass. in: Deutscher Evangelischer Kirchentag Frankfurt am Main 2001. Dokumente, hg. von Christoph Quarch / Dirk Rademacher, Gütersloh 2001, 281-288.

Die königliche Hochzeit (Matthäus 22,1-14), in: Frohe Botschaft 103, 4. Folge, 14. April 2002, 1-2.

„Leben, das Hass überwindet“. Predigt im ökumenischen Gedenkgottesdienst am 3. Mai 2002 auf dem Domplatz in Erfurt anlässlich der Trauer um die Getöteten in der Gutenbergschule, ÖR 51 Heft 3, 2002, 343-344.

„Sei getreu bis in den Tod, so will ich dir die Krone ...“ Gedanken zum Predigttext des Volkstrauertages, Offenbarung des Johannes 2,8-12, in: Volkstrauertag 2006 am 19. November. Anregungen und Gedanken zur Gestaltung von Gedenkstunden und Gottesdiensten, hg. vom Volksbund Deutsche Kriegsgräberfürsorge e. V., Kassel 2006, 29-32.

Mütter und Väter im Glauben: Maria und Johannes unterm Kreuz, in: Frohe Botschaft. Evangelisches Monatsblatt 107, 2006, Nr. 4, 2. April / Judika, 3-4.

Neujahrstag. Jesaja 43,19 (Jahreslosung), in: Er ist unser Friede. Lesepredigten 1. Advent 2006 bis Pfingstmontag 2007, hg. von Wilfried Engemann i. V. mit Christoph Kähler u. a., Textreihe V/1, Leipzig 2006, 68-73.

Auf dem Weg ins gelobte Land. Ostermontag. Lukas 24,13-35, in: Kanzelreden. Im Namen Gottes, Band 1, hg. von Christoph Dinkel, Stuttgart 2008, 218-222.

Gottes Reich kommt. Drittletzter Sonntag des Kirchenjahres. Lukas 17,20-30, in: Kanzelreden. Im Namen Gottes, Band 1, hg. von Christoph Dinkel, Stuttgart 2008, 440-444.

Die besondere Predigt: Geh aus, mein Herz, und suche Freud!, in: Er ist unser Friede. Lesepredigten 1. Advent 2006 bis Pfingstmontag 2007, hg. von Wilfried Engemann i. V. mit Christoph Kähler u. a., Textreihe VI/2, Leipzig 2008, 232-236.

Neujahrstag. Lukas 18,27 (Jahreslosung), in: Er ist unser Friede. Lesepredigten 1. Advent 2008 bis Pfingstmontag 2009, hg. von Wilfried Engemann i. V. mit Christoph Kähler u. a., Textreihe I/1, Leipzig 2008, 79-84.

E. Lexikonartikel

Art. Haus III. Altes Testament / Neues Testament / Kirchengeschichte / Praktisch-theologisch, in: TRE 14, 1985, 478-492 [gemeinsam mit Karl-Heinrich Bieritz].

Art. Kähler, Martin, in: LThK 5, ^{3}1996, Sp. 1126.

Art. Sklaverei II. Neues Testament, in: TRE 31, 2000, 373-377.

Art. Gleichnis / Parabel II. Neues Testament, in: RGG^{4} 3, 2000, Sp. 1000-1003.

F. Hochschul- und kirchenpolitische Beiträge

Gesellschaftlicher Auftrag der Kirche – begründet durch das Evangelium, in: Amtsblatt der Evangelisch-Lutherischen Kirche Sachsens 1989, Nr. 16/17, B 56-62.

Über Nacht wurden alte Muster wertlos. Herausforderungen an die ostdeutschen Landeskirchen, in: Lutherische Monatshefte 30, 1991, 253-255.

Vierzig Jahre DDR. Folgen für die politische Kultur Deutschlands, in: Hirschberg. Monatsschrift des Bundes Neudeutschland 44, 1991, 327-338.

Kirchliche Hochschulen in der DDR, in: hochschule ost. politisch-akademisches journal aus ostdeutschland 5, 1992, 3-9.

Dass., Kirchliche Hochschulen, in: Hochschule & Kirche. Theologie & Politik. Besichtigung eines Beziehungsgeflechts in der DDR, hg. von Peer Pasternack, Berlin 1996, 241-250.

Leitungs- und Mitbestimmungsformen. Auseinandersetzungen um die Formen demokratischer Selbstverwaltung zu Zeiten der „Diktatur des Proletariats", in: Vier Jahrzehnte Kirchlich-Theologische Ausbildung in Leipzig. Das Theologische Seminar / Die Kirchliche Hochschule Leipzig, hg. von Werner Vogler, Leipzig 1993, 97-109.

Gedanken zur Wiedervereinigung, in: Nachrichtenblatt des Verbandes des Sächsischen Adels 21, 1993, Nr. 42 vom 15. 09. 1993, 6-7.

Wende an den Fakultäten? Zwischenbemerkungen zu Aufgaben, Konflikten und Entwicklungen an den theologischen Fakultäten der ehemaligen DDR, in: EvTh 54, 1994, 551-565.

Gemeinsam einen Baum gepflanzt, in: Universität Leipzig. Mitteilungen und Berichte für die Angehörigen und Freunde der Universität Leipzig, 1 (Januar) 1995, 6-7.

Theologie als wissenschaftlicher Austausch unter den Bedingungen der DDR, in: hochschule ost. Politisch akademisches Journal aus Ostdeutschland, Leipzig 1995 Heft 4, 9-19.

Dass. in: Kirchliche Hochschulen, in: Hochschule & Kirche. Theologie & Politik. Besichtigung eines Beziehungsgeflechts in der DDR, hg. von Peer Pasternack, Berlin 1996, 15-27.

Die Theologische Fakultät der Universität Leipzig in Landeskirche und Ökumene, in: Universität Leipzig. Die Theologische Fakultät. Ein Leitfaden durch Lehre und Studium, geistliches Leben, Geschichte und Forschung, Leipzig 1997, 9-11.

Zwischenruf. Zu Ernst Günther Schmidt: „Gefährdung und Wahrung der Tradition. Die Zeitschrift *Philologus* in den Jahren der DDR". Hochschule Ost 3-4, 1997, in: Hochschule Ost. Politisch akademisches Journal aus Ostdeutschland 7, Leipzig 1998 Heft 1, 223-226.

Erstaunlich, was sich alles bewegen ließ, in: Zeichen der Zeit / Lutherische Monatshefte 52 / 37, 1998, 22.

Editorial des Prorektors für Lehre und Studium, in: Universität Leipzig. Mitteilungen und Berichte für die Angehörigen und Freunde der Universität Leipzig, 2 (April) 1999, 1.

Mit Goethe – Nachdenken über die Universität, in: Universität Leipzig. Mitteilungen und Berichte für die Angehörigen und Freunde der Universität Leipzig, 3 (Juni) 1999, 20-21.

Editorial des Prorektors für Lehre und Studium, in: Universität Leipzig. Mitteilungen und Berichte für die Angehörigen und Freunde der Universität Leipzig, 7 (Dezember) 1999, 1.

Sitzung des Senats am 20. Juni 2000, in: Universität Leipzig. Mitteilungen und Berichte für die Angehörigen und Freunde der Universität Leipzig, 4 (Juli) 2000, 2-3. UL Heft 4. Juli 2000, 3.

Qualitätssicherung in der Entwicklung III. Halle – Jena – Leipzig [gemeinsam mit K. Dicke, R. Steyer, M. Winter], in: Voneinander lernen. Hochschulübergreifende Qualitätssicherung in Netzwerken und Verbünden. 2. Nationales Expertenseminar zur Qualitätssicherung, Bonn 23./24. September 1999, Beiträge zur Hochschulpolitik 7, 2000, 113-117.

Qualitätsmanagement im Hochschulbereich, in: Erfahrungsberichte zum Qualitätsmanagement im Hochschulbereich. Workshop der Universität Leipzig und der Hochschulrektorenkonferenz, Leipzig, 29. November 1999, Beiträge zur Hochschulpolitik 4, Bonn 2000, 5-6.

Zur Übertragung von Strukturen eines erprobten Qualitätsmanagementsystems auf Universitätsebene (Lehrberichtsverfahren), in: Erfahrungsberichte zum Qualitätsmanagement im Hochschulbereich. Workshop der

Universität Leipzig und der Hochschulrektorenkonferenz, Leipzig, 29. November 1999, Beiträge zur Hochschulpolitik 4, 2000, 49-52. 53. 55.

Evaluierung von Studiengängen und Qualitätsmanagement, in: Hochschulmanagement im 21. Jahrhundert: Ein Ländervergleich. Untersuchungen. Dokumente. Tendenzen, Heft 3, November 2000, 12-20.

Begrüßung, in: Mit Wort und Tat. Deutsch-Polnischer Kultur- und Wissenschaftsdialog seit dem 18. Jahrhundert [auf dem Einband: in Vergangenheit und Gegenwart]. Veröffentlichung zum 225. Jahrestag der Societas Jablonoviana 1774-1999, hg. von Dietrich Scholze / Ewa Tomicka-Krumrey, Leipzig 2001, 11-12.

Vorwort zu Hebe Kohlbrugge, Zwei mal zwei ist fünf. Mein unberechenbares Leben seit 1914, Leipzig 2003, 5-7.

Gemeinsam lohnender Streit um die Wahrheit, in: Mitten im Leben. Bischöfinnen und Bischöfe zur Zukunft des Protestantismus, hg. von Reiner Marquardt, Stuttgart 2003, 84-89.

Generationengerechtigkeit – Biblisch-theologische Anmerkungen, in: Generationengerechtigkeit – Inhalt, Bedeutung und Konsequenzen für die Alterssicherung. Jahrestagung des Forschungsnetzwerkes Alterssicherung (FNA) am 4. und 5. Dezember 2003 in Erfurt, Frankfurt / M., DRV-Schriften 51, 2004, 32-38.

Wer den Schöpfer der Welt verehrt, in: In einem Wort. Bekannte Autoren über Texte, die ihr Leben begleiten, hg. von Richard Riess, München 2004, 152-156.

Zum Umgang der Thüringer Landeskirche mit dem Widerstand in zwei deutschen Diktaturen. Beobachtungen am Beispiel des Martyriums von Pfarrer Werner Sylten, in: Gott mehr gehorchen als den Menschen. Christliche Wurzeln, Zeitgeschichte und Gegenwart des Widerstands, hg. von Martin Leiner u. a., Göttingen 2005, 231-241.

„Unser Ja und Nein“ aus einer kirchenleitenden Perspektive, in: Bonhoeffer-Rundbrief. Mitteilungen der Internationalen Bonhoeffer-Gesellschaft Sektion Bundesrepublik Deutschland, Nr. 76, Februar 2005, 5-16.

Festrede anlässlich der 3. Verleihung des Hanna-Jursch-Preises der EKD am 13. 12. 2005 in Jena, in: epd-Dokumentation 51, 2005, 4-6.

Kirche auf dem Lande. Perspektiven für Thüringen, in: Heimat Thüringen 12, 2005, Heft 4, 2-3.

Das Evangelium unter die Leute bringen: Missionarische Perspektiven im kirchenleitenden Amt, in: epd-Dokumentation 3, 2006, 6-18.

Am Haus des Glaubens bauen, in: Zukunft wagen! Träume und Visionen deutscher Bischöfinnen und Bischöfe, hg. von Udo Hahn / Marlies Mügge, Gütersloh 2006, 69-73.

Einfach eintreten? Wiedereintrittsstellen als missionarische Chance, in: Wiedereintritt in die Kirche. „Einfach eintreten?!“, epd-Dokumentation 5, 2007, 10-18.

Mehr als Rosen. Brot, in: Mehr als Rosen. Brot. Elisabeth von Thüringen heute – Mit einem Lebensbild von Christian Feldmann und Abbildungen aus der Kunst, Freiburg / Basel / Wien, 2007, 35-48.

Wie viel und welche Medienpräsenz brauchen die Kirchen?, in: Gedanken zu den Medien und ihrer Ordnung. FS Victor Henle, Schriftenreihe des Instituts für Europäisches Medienrecht 35, Baden-Baden 2007, 169-174.

Jesus im Knastbruder finden. Gefangene besuchen, in: Barmherzigkeit heute? Sieben Vorträge im Elisabeth-Jahr, Dokumentation der Eisenacher Vortragsreihe in Begleitung der 3. Thüringer Landesausstellung „Elisabeth von Thüringen – Eine europäische Heilige, hg. von der Sparkassen-Kulturstiftung Hessen-Thüringen, Ruhla 2007, 10-23.

Zur Ethik wirtschaftspolitischen und unternehmerischen Handelns, in: Europäisches Symposium. Ethik – Technik – Management: Verantwortung in einer europäischen Unternehmenskultur, hg. vom Europäischen Informations-Zentrum in der Thüringer Staatskanzlei, Tagungsberichte 60, Gotha 2008, 157-161.

Personalartikel:
- Wolfram Herrmann zum 65. Geburtstag am 31. Juli 1988, ThLZ 113, 1988, 555.
- Hans Seidel zum 65. Geburtstag am 22. November 1994, ThLZ 119, 1994, 1151.
- Gottfried Kretzschmar zum 65. Geburtstag, ThLZ 120, 1995, 853.
- Siegfried Wagner zum 65. Geburtstag, ThLZ 120, 1995, 854-855.
- Werner Vogler 1934-2000, in: leqach 1, 2001, 6-12.

Berichte von der Synode
- Was tun wir, wenn wir segnen? Bischofsbericht zur 11. Tagung der IX. Landessynode der Evangelisch-Lutherischen Kirche in Thüringen, in: Amtsblatt der ELKTh 54, 2001, Nr. 12, 250-257.
- In Unsicherheiten – Leben gewinnen. Bischofsbericht zur 12. Tagung der IX. Landessynode der Evangelisch-Lutherischen Kirche in Thüringen, in: Amtsblatt der ELKTh 55, 2002, Nr. 4, 82-89.
- Gebt dem Kaiser, was des Kaisers ist ... (Mk 12,17). Zum begrenzten politischen Mandat der Kirchen. Bischofsbericht zur 1. Tagung der X. Landessynode der Evangelisch-Lutherischen Kirche in Thüringen, in: Amtsblatt der ELKTh 56, 2003, Nr. 1, 2-9.
- Kampf und Kontemplation. Bischofsbericht zur 2. Tagung der X. Landessynode der Evangelisch-Lutherischen Kirche in Thüringen, in: Amtsblatt der ELKTh 56, 2003, Nr. 5, 78-84.
- Bekennen und Bekenntnis. Die Treue zur verbindlichen Tradition und die gegenwärtige Verantwortung für die angemessene Gestalt der Kirche. Bischofsbericht zur 3. Tagung der X. Landessynode der Evangelisch-Lutherischen Kirche in Thüringen, in: Amtsblatt der ELKTH 56, 2003, Nr. 12, 201-208.
- Ein Weg für Thüringen? – Föderation, Koalitionen oder Isolation? Bischofsbericht zur 4. Tagung der X. Landessynode der Evangelisch-

Lutherischen Kirche in Thüringen, in: Amtsblatt der ELKTh 57, 2004, Nr. 5, 50-62.

- Dem Glauben ein Haus bauen. Evangelische Kirche in unseren Regionen. Bischofsbericht vor der 1. Föderationssynode, in: Amtsblatt der FEKM 1, 2005, Nr. 2, 75-81.
- In Sturm und Wellen, aber in einem Boot. Bischofsbericht zur 6. Tagung der X. Landessynode der Evangelisch-Lutherischen Kirche in Thüringen, in: Amtsblatt der FEKM 1, 2005, Nr. 5, 25-31.
- Die Botschaft von der freien Gnade ausrichten an alles Volk: Unsere missionarische Aufgabe in Mitteldeutschland. Bischofsbericht zur 2. Tagung der Synode der Föderation Evangelischer Kirchen in Mitteldeutschland, in: Amtsblatt der Föderation Evangelischer Kirchen in Mitteldeutschland 1, 2005, Nr. 12, 319-326.
- Evangelisch auf gutem Grund. Bischofsbericht zur 7. Tagung der X. Landessynode der Evangelisch-Lutherischen Kirche in Thüringen, in: Amtsblatt der FEKM 2, 2006, Nr. 3, 64-69.
- Heilige – Vorbilder im Glauben. Bischofsbericht zur 8. Tagung der X. Landessynode der Evangelisch-Lutherischen Kirche in Thüringen, in: Amtsblatt der FEKM 3, 2007, Nr. 1, 25-31.
- Kirche im Aufbruch. Bischofsbericht zur 9. Tagung der X. Landessynode der Evangelisch-Lutherischen Kirche in Thüringen, in: Amtsblatt der FEKM 3, 2007, Nr. 6, 157-164.
- Verantwortung und Verbindlichkeit. Evangelische Entscheidungsfindung. Bischofsbericht zur 10. Tagung der X. Landessynode der Evangelisch-Lutherischen Kirche in Thüringen, in: Amtsblatt der FEKM 4, 2008, Nr. 1, 9-18.
- Zur Verfassung der EKM. Bischofsbericht zur 11. Tagung der X. Landessynode der Evangelisch-Lutherischen Kirche in Thüringen, in: Amtsblatt der FEKM 4, 2008, Nr. 8, 236-239.
- Was nehmen wir mit? Was lassen wir zurück? Bischofsbericht zur 12. Tagung der X. Landessynode der Evangelisch-Lutherischen Kirche in Thüringen, in: Amtsblatt der FEKM 4, 2008, Nr. 12, 371-378.

G. Rezensionen

Berger, Klaus: Die Amenworte Jesu. Eine Untersuchung zum Problem der Legitimation in apokalyptischer Rede, BZNW 39, Berlin 1970, in: ThLZ 97, 1972, 200-202.

Dietzfelbinger, Christian: Die Antithesen der Bergpredigt, TEH 186, München 1975, in: ThLZ 102, 1977, 361-362.

Räisänen, Heikki: Das „Messiasgeheimnis" im Markusevangelium. Ein redaktionskritischer Versuch, SESJ 28, Helsinki 1976, in: ThLZ 103, 1978, 429-430.

Bogart, John: Orthodox and heretical perfectionism in the Johannine community as evident in the first epistle of John, SBL.DS 33, Missoula / Mont. 1977, in: ThLZ 106, 1981, 494-495.

Holmberg, Bengt: Paul and Power. The Structure of Authority in the Primitive Church as Reflected in the Pauline Epistles, CB.NT 11, Lund 1978, in: ThLZ 107, 1982, 679-681.

Dewey, Joanna: Markan public debate. Literary technique, concentric structure, and theology in Mark 2:1-3:6, SBL.DS 48, Chico / Cal. 1980, in: ThLZ 108, 1983, 900-902.

Simonis, Walter: Der gefangene Paulus. Die Entstehung des sogenannten Römerbriefs und anderer urchristlicher Schriften in Rom, Frankfurt u. a. 1990, in: ThLZ 115, 1990, 815-816.

Weaver, Dorothy Jean: Matthew's Missionary Discourse. A Literary Critical Analysis, JSNT.SS 38, Sheffield 1990, in: ThLZ 116,1991, 432-433.

Rau, Eckhard: Reden in Vollmacht. Hintergrund, Form und Anliegen der Gleichnisse Jesu, FRLANT 149, Göttingen 1990, in: ThLZ 116, 1991, 506-508.

Bucher, Anton A.: Gleichnisse verstehen lernen. Strukturgenetische Untersuchungen zur Rezeption synoptischer Parabeln, Praktische Theologie im Dialog 5, Fribourg 1990, in: ThLZ 117, 1992, 831-834 [gemeinsam mit W. Engemann].

Hezser, Catherine: Lohnmetaphorik und Arbeitswelt in Mt 20,1-16. Das Gleichnis von den Arbeitern im Weinberg im Rahmen rabbinischer Lohngleichnisse, NTOA 15, Fribourg / Göttingen 1990, in: ThLZ 117, 1992, 911-914.

Lambrecht, Jan: Out of the Treasure. The Parables in the Gospel of Matthew, Louvain Theological and Pastoral Monographs 10, Leuven 1992, in: ThLZ 118, 1993, 926-928.

Schottroff, Luise: Die Gleichnisse Jesu, Gütersloh 2005, ^{2}2007, in: EvTh 67/1, 2007, 61-64.

Zu den Autorinnen und Autoren

Dr. Hermann Barth, Präsident des Kirchenamtes der Evangelischen Kirche in Deutschland (EKD)

PD Dr. Martina Böhm, Neues Testament, Theologische Fakultät der Universität Leipzig

Prof. Dr. Christfried Böttrich, Professor für Neues Testament an der Ernst-Moritz Arndt-Universität Greifswald

Bischof Dr. Johannes Friedrich, Landesbischof der Evangelisch-Lutherischen Kirche in Bayern

Prof. Dr. Jens Herzer, Professor für Neues Testament an der Universität Leipzig

Bischof Prof. Dr. Wolfgang Huber, Bischof der Evangelischen Kirche Berlin-Brandenburg-schlesische Oberlausitz, Vorsitzender des Rates der Evangelischen Kirche in Deutschland (EKD)

OKR Dr. jur. Hans-Peter Hübner, Landeskirchenrat der Evangelisch-Lutherischen Kirche in Bayern, vormals stellvertretender Vorsitzender des Landeskirchenrates und Rechtsdezernent der Evangelisch-Lutherischen Kirche in Thüringen

Bischof Frank Otfried July, Landesbischof der Evangelischen Landeskirche in Württemberg

Prof. Dr. Thomas Knittel, Dozent für Neues Testament an der Fachhochschule für Religionspädagogik und Gemeindediakonie Moritzburg

Prof. Dr. Ernst Koch, Honorarprofessor für Kirchengeschichte, Theologische Fakultät der Universität Jena

Prof. Dr. Ulrich Kühn, emer. Professor für Systematische Theologie, Theologische Fakultät der Universität Leipzig

Prof. Dr. Dr. h. c. mult. Ulrich Luz, emer. Professor für Neues Testament an der Universität Bern

OKR Dr. Hans Mikosch, Regionalbischof für Ostthüringen

Prof. Dr. Karl-Wilhelm Niebuhr, Professor für Neues Testament an der Friedrich-Schiller-Universität Jena

Bischof Axel Noack, Bischof der Evangelischen Kirche der Kirchenprovinz Sachsen

Dr. Susanne Plietzsch, Wissenschaftliche Mitarbeiterin am Institut für jüdische Studien der Universität Basel

Prof. Dr. Wolfgang Ratzmann, Professor für Praktische Theologie an der Theologischen Fakultät der Universität Leipzig

Kirchenrätin Dr. Kerstin Voigt, Referatsleiterin im theologischen Personaldezernat des Landeskirchenamtes der Evangelischen Kirche in Mitteldeutschland, Eisenach, vormals Referentin des Landesbischofs der Evangelisch-Lutherischen Kirche in Thüringen

Bischof Dr. Joachim Wanke, Bischof des Bistums Erfurt

Prof. Dr. Klaus Wengst, emer. Professor für Neues Testament an der Evangelisch-Theologischen Fakultät der Ruhr-Universität Bochum

Pfr. Dietmar Wiegand, Pfarrer in der Kirchengemeinde Schmölln, vormals Referent des Landesbischofs der Evangelisch-Lutherischen Kirche in Thüringen

Prof. Dr. Jürgen Ziemer, emer. Professor für Praktische Theologie an der Theologischen Fakultät der Universität Leipzig